DIE WIRTSCHAFTLICHE ENTWICKLUNG DER DRUCKINDUSTRIE IN DER BUNDESREPUBLIK DEUTSCHLAND UND BERLIN (WEST) IM ZEITRAUM VON 1960 - 1988

Analyse der Wachstums- und Strukturwandlungsprozesse unter besonderer Berücksichtigung der einzelnen Produktbereiche und Produktgruppen der Druckindustrie

Dissertation

zur Erlangung des akademischen Grades
eines Doktors der Wirtschafts- und Sozialwissenschaften
(Dr. rer. pol.)
an der Universität Hamburg

vorgelegt von
Diplom-Volkswirt Gunnar Kauffeldt
aus Hamburg

Hamburg 1991

Die vorliegende Arbeit wurde unter dem Titel "Die wirtschaftliche Entwicklung der Druckindustrie in der Bundesrepublik Deutschland und Berlin (West) im Zeitraum von 1960 - 1988" vom Fachbereich Wirtschaftswissenschaften der Universität Hamburg als Dissertation angenommen.

Tag des wissenschaftlichen Gesprächs: 18. April 1991

Prüfungsausschuß:
Vorsitzender: Prof. Dr. U. Westphal
1. Gutachter: Prof. Dr. E. Kantzenbach
2. Gutachter: Prof. Dr. H. Hofmann

Herausgeber:
Bundesverband Druck E.V.
Abt. Wirtschaftspolitik

Art.-Nr.82022

ISBN-Nr.3-88701-114-7

INHALTSVERZEICHNIS

ANHANG

I. EINFÜHRUNG

1. PROBLEMSTELLUNG

Die Druckindustrie, deren zentrale Funktion darin besteht, Text- und Bildinformationen zu Druckvorlagen zu verarbeiten und diese auf dem Medium Papier[1] vervielfacht wiederzugeben, ist als Zulieferer für nahezu sämtliche Wirtschaftszweige sowie für private Endabnehmer tätig. Die gedruckten Informationen werden dabei zu den unterschiedlichsten Verwendungszwecken genutzt und stellen - trotz der wachsenden Bedeutung der Elektronischen Medien - weiterhin den mit Abstand wichtigsten Informations- und Kommunikationsträger dar. Seit Anfang der 60er Jahre war die bundesdeutsche Druckindustrie[2] jedoch vielfältigen, z.T. tiefgreifenden strukturellen Veränderungen ausgesetzt, die sowohl nachfrage- als auch angebotsseitig induziert wurden. Die Wachstums- und Strukturwandlungsprozesse wurden dabei - im Gegensatz zu anderen Industriezweigen - durch keine branchenspezifischen staatlichen Regulierungsmaßnahmen beeinflußt und die staatliche Subventionierung wirkte sich nur in sehr begrenztem Umfang, und zwar mittelbar in Form des vergünstigten Postzeitungsdienstes, wachstumsfördernd auf die Druckindustrie aus.[3]

Die nachfrageseitigen Strukturveränderungen äußerten sich insbesondere

---

[1] Neben dem Bedruckstoff Papier werden auch diverse andere Materialien bedruckt, wie z.B. Karton, Pappe, Kunststoff, Metall, Textilien, Glas oder Holz. Diese bedruckten Produkte zählen jedoch aus Gründen, die an anderer Stelle erörtert werden, nicht zur Druckindustrie im engeren Sinn. Vgl. im Text S.23ff.

[2] Wie schon aus der Begrenzung des Untersuchungszeitraums auf die Jahre 1960-1988 hervorgeht, bezieht sich die nachfolgende Untersuchung ausschließlich auf die "alten Bundesländer" sowie auf den Westteil der Hauptstadt Berlin.

[3] Die Kostenunterdeckung des Postzeitungsdienstes betrug lt. Angaben des Bundesministeriums für das Post- und Fernmeldewesen im Jahr 1988 542,7 Mio. DM, wobei jedoch der Kostendeckungsgrad schrittweise von 36,7% im Jahr 1960 auf 56,0% im Jahr 1988 angehoben wurde.

in einer divergierenden Wachstumsentwicklung der verschiedenen Produktbereiche bzw. -gruppen der Druckindustrie sowie im gleichzeitigen Wandel der produktionstechnischen Anforderungen. Ursächlich hierfür waren einerseits die unterschiedlichen Entwicklungsphasen, in denen sich die Absatzmärkte befanden, sowie andererseits die substitutiven, teilweise aber auch komplementären Nachfragebeziehungen, die zwischen Drucksachen und den Nutzungsmöglichkeiten der elektronischen Informations-, Kommunikations- und Datenverarbeitungstechniken bestanden, deren Einsatzgebiete - bedingt durch den technischen Fortschritt - stetig ausgeweitet wurden. Die Folge hiervon war, daß bezüglich der Funktionen von Drucksachen nachhaltige Verschiebungen, und zwar zulasten der traditionellen Verwendungszwecke, eintraten, wodurch sich zugleich der Stellenwert der einzelnen Wachstumsdeterminanten der Druckproduktion schrittweise veränderte.

Die angebotsseitigen Strukturveränderungen zeigten sich in erster Linie anhand der Entwicklung der Produktionsstruktur sowie der Marktstruktur. Anstelle einer handwerklich geprägten Fertigungsweise wurden mit Beginn der 60er Jahre nicht nur in den Großbetrieben, sondern zunehmend auch in den Klein- und Mittelbetrieben industrielle Produktionsprozesse eingeführt, so daß im Jahr 1968 die verbandsmäßige Branchenbezeichung von "Graphisches Gewerbe" in "Druckindustrie" umbenannt wurde.[1] Die durch den technischen Fortschritt ausgelösten Strukturveränderungen betrafen dabei gleichermaßen die Druckverfahren und die Maschinentypen, die zur Druckvorbereitung, zum eigentlichen Druckvorgang und zur Druckweiterverarbeitung eingesetzt wurden. Hinsichtlich der Marktstruktur waren ebenfalls deutliche Veränderungen zu verzeichnen, und zwar zum einen in der zahlenmäßigen Entwicklung und zum anderen in der Größenstruktur der Druckbetriebe, die ihrerseits wiederum Auswirkungen auf die Wettbewerbsverhältnisse in der Druckindustrie hatten.

Die Branchenstudie zielt demzufolge darauf ab, für den Untersuchungs-

---

[1] Zum Unterschied zwischen den Begriffen "Graphisch" und "Druck", vgl.: R. LEMPEN, Selektives Marketing für die Druckindustrie, Diss. Hochschule St. Gallen 1973, veröff. in Winterthur 1973, S.26ff.

zeitraum der Jahre 1960 bis 1988 die brancheninternen Wachstums- und Strukturwandlungsprozesse sowie die bestehenden direkten und indirekten Wirkungszusammenhänge aufzuzeigen und die dafür maßgeblichen Determinanten zu bestimmen. Die Erkenntnisse dieser Ex-post-Analyse, die durch die Auswertung eines umfangreichen Zahlenmaterials gewonnen werden, richten sich insbesondere auf die trendmäßig verlaufenden Entwicklungen in der Druckindustrie. Aus methodologischer Sicht handelt es sich dabei um singuläre Prozesse, die jedoch nicht nur weitreichende Einblicke in die Ursachen und Folgen der strukturellen Entwicklung der bundesdeutschen Druckindustrie ermöglichen, sondern darüber hinaus die Grundlage für die Erstellung fundierter Prognosen über die mittelfristige Branchenentwicklung bilden, was allerdings im weiteren nicht zum Gegenstand dieser Untersuchung zählt.

2. GANG DER UNTERSUCHUNG

Im Anschluß wird die Druckindustrie unter Gliederungspunkt 3 zunächst kurz typisiert, wobei ein historischer Abriß über die drucktechnische Entwicklung sowie deren Implikationen für die derzeit angewendeten Fertigungsprozesse im Mittelpunkt steht, da dies zum weiteren Verständnis der Branchenstudie beiträgt.

Im Rahmen der vorliegenden Branchenstudie wird dabei das Ziel verfolgt, die Determinanten der wirtschaftlichen Entwicklung in der Druckindustrie unter Zuhilfenahme geeigneter wirtschaftstheoretischer Erkenntnisse zu bestimmen. Die theoretische Grundlage für die Erklärung der zu verzeichnenden Wachstums- und Strukturwandlungsprozesse sowie deren Folgen bildet im weiteren Untersuchungsverlauf die allgemeine Wirtschaftstheorie, da eine geschlossene Strukturtheorie, "...die die relative Bedeutung der einzelnen

Strukturdeterminanten zu erklären hätte"[1], bislang nicht existiert.Eine Falsifizierung bzw. Verifizierung bestimmter Theorieansätze im Sinne von *K. Popper* wird hierbei zumindest nicht explizit angestrebt. Dies ist auch der entscheidende Grund, weshalb in Kap.II "Theoretische Grundlegung" auf eine umfassende Darstellung bestimmter Wirtschaftstheorien verzichtet wird.

In Kap.II werden hingegen erstens die zentralen Begriffe "Wachstum" und "Struktur" definiert, zweitens wird das nachfolgend zugrundeliegende Strukturkonzept bestimmt und drittens werden die in der Realität grundsätzlich bestehenden Interdependenzen zwischen Wachstums- und Strukturwandlungsprozessen dargelegt, wobei in diesem Kontext nur diejenigen Arten von Strukturveränderungen einbezogen sind, die in den nächsten Kapiteln untersucht werden.

In Kap.III "Wirtschaftliche Entwicklung der Druckindustrie im interindustriellen Vergleich" ist es zunächst erforderlich, die in den amtlichen Statistiken bei der Abgrenzung und der statistischen Erfassung der Druckindustrie auftretenden Schwierigkeiten zu erörtern, um somit deren Aussagefähigkeit prüfen und beurteilen zu können. Danach wird ein Querschnittsvergleich zwischen der Druckindustrie, dem Verbrauchsgüter- und dem Industriesektor durchgeführt, wobei anhand von ausgewählten statistischen Kennzahlen die Stellung und die Entwicklung der Druckindustrie im interindustriellen Wachstums- und Strukturwandlungsprozeß sowie mögliche Branchenbesonderheiten aufgezeigt werden sollen. Darüber hinaus soll die Druckindustrie dahingehend klassifiziert werden, ob sie ein vergleichsweise wachstumsstarker

---

[1] Zitat: B. GAHLEN, Vorwort des Herausgebers, in: B.Gahlen (Hrsg.), Strukturberichterstattung der Wirtschaftsforschungsinstitute, S.VII-XIII, Tübingen 1982, S.XII. Vgl. auch: E. HELMSTÄDTER, Gestaltete Expansion bei Vollbeschäftigung, in: Ifo-Studien, Nr.25, S.1-18, München 1979, S.8f. Anzumerken ist jedoch in diesem Kontext, daß eine geschlossene und widerspruchsfreie Wachstumstheorie, Konjunkturtheorie, Verteilungstheorie oder auch Außenhandelstheorie ebenfalls nicht existierten. Vgl.: G. FELS/ K.-D. SCHMIDT, Stellungnahme des Instituts für Weltwirtschaft, in: B. Gahlen (Hrsg.), Strukturberichterstattung der Wirtschaftsforschungsinstitute, S.162-S.173, Tübingen 1982, S.169.

und/oder produktivitätsstarker Wirtschaftszweig bzw. keines von beiden ist.

In Kap.IV "Entwicklung der Wachstumsprozesse auf der Ebene der einzelnen Produktbereiche und Produktgruppen der Druckindustrie" konzentriert sich das Interesse hauptsächlich darauf, wie die Wachstumsentwicklung in nominalen und realen Werten verlief, welchen Einfluß der Außenhandel auf die inländische Produktionsentwicklung ausübte, welche Ursachen für die Entwicklung der Inlandsnachfrage ausschlaggebend waren und inwieweit die Substitutionskonkurrenz insbesondere seitens der Elektronischen Medien hierzu beitrug. Desweiteren wird die Frage untersucht, von welchen Produktbereichen bzw. Produktgruppen über- oder unterdurchschnittliche Wachstumsimpulse ausgingen. Abschließend wird angestrebt, die auf dem niedrigen Aggregationsniveau der einzelnen Produktgruppen bzw. Druckmärkte gewonnenen Ergebnisse zu systematisieren, um dadurch grundsätzliche Aussagen über die Wachstumsdeterminanten und deren sich im Zeitablauf wandelnde Bedeutung ableiten zu können.

In Kap.V "Entwicklung der Nachfrage- und Angebotsstrukturen in der Druckindustrie unter besonderer Berücksichtigung der Wachstumsprozesse" ist in bezug auf die nachfrageseitigen Strukturveränderungen zu klären, wie sich die Produkt- und die Auftragsstruktur im Zeitablauf entwickelten, wobei hier hauptsächlich die Veränderungen der produktionstechnischen Anforderungen der Druckaufträge von Interesse sind. Dies ist damit zu begründen, daß die Veränderungen der Auftragsstruktur - wenn auch mit Zeitverzug - die Entwicklung der Angebotsstruktur nachhaltig mitbestimmten. Die Identifizierung der nachfrageseitigen Strukturveränderungen sowie der dafür entscheidenden Bestimmungsgründe basiert dabei im wesentlichen auf den in Kap.IV gewonnenen Erkenntnissen.

Die Untersuchung der angebotsseitigen Strukturveränderungen, die abgesehen von den nachfrageseitigen Einflußfaktoren in erster Linie durch den Prozeß des technischen Fortschritts determiniert wurden, konzentriert sich einerseits auf die Produktionsstruktur, und zwar auf die eingesetzten Druckverfahren und Maschinentypen, sowie andererseits auf die Marktstruktur, deren Veränderungen sich u.a. anhand der Zahl sowie der Größenstruktur der Druckbetriebe zeigten. Neben der Darstellung und Begründung der zu verzeichnenden Entwicklung der Produktions- und der Marktstruktur sollen in diesem Kontext die davon ausgehenden Folgen auf die Wettbewerbsverhältnisse in der Druckindustrie diskutiert werden.

Zum Abschluß des Kap.V werden die Wechselwirkungen, die zwischen nachfrage- und angebotsseitigen Strukturveränderungen bestanden, zusammenfassend erörtert, so daß in der Schlußbetrachtung in Kap.VI die Ergebnisse nicht erneut angeführt werden müssen und die Branchenstudie stattdessen mit einem kurzen Ausblick auf die 90er Jahre beendet wird.

3. TYPISIERUNG DER DRUCKINDUSTRIE

Die Druckindustrie ist in der Systematik des Statistischen Bundesamtes ebenso wie die anderen Industriezweige dem Verarbeitenden Gewerbe zugeordnet, und zwar dem Verbrauchsgüter produzierenden Gewerbe. Die von der Druckindustrie erstellten Drucksachen werden aber nicht allein als Verbrauchsgüter von privaten Endnachfragern genutzt, sondern daneben in fast allen Wirtschaftsbereichen als Vorleistungen eingesetzt. Die Druckindustrie ist somit gleichermaßen als eine Verbrauchsgüter- sowie eine Vorleistungsindustrie zu typisieren[1] und wies demzufolge eine äußerst heterogene Kundenstruktur auf.[2]

Zur Druckindustrie zählten gemäß Umsatzsteuerstatistik 1988 14.491 Druckunternehmen, die Umsatzerlöse in Höhe von 37,0 Mrd. DM[3] erwirtschafteten

---

[1] Vgl.: E. GÖRGENS, Wandlungen der industriellen Produktionsstruktur im wirtschaftlichen Wachstum, Bern u. Stuttgart 1975, S.54: Tab.10, S.55 sowie S.113: Tab.113.

[2] Vgl.: K. GREFERMANN, Druckerei- und Vervielfältigungsindustrie, Hrsg.: IFO-Institut, Reihe Industrie Heft 32, Berlin (West) u. München 1980, S.14: Tab.1.

[3] Vgl.: STATISTISCHES BUNDESAMT, Fs.14: R.8, Jg.1988, Stuttgart 1990.

und lt. Arbeitsstättenzählung 1987 257.268 Mitarbeiter beschäftigten.[1] Die in der Druckindustrie angewendeten Produktionsprozesse lassen sich vereinfachend entsprechend der Oberflächenstruktur der Druckformen in drei Druckverfahren unterteilen, nämlich in das Hoch-, das Flach- und das Tiefdruckverfahren,[2] wobei die verfahrenstechnische Entwicklung nachfolgend in einem kurzen historischen Abriß dargestellt werden soll.

Die erste drucktechnische Umwälzung geht auf die Jahre 1440-1445 zurück als *J. Gutenberg* aus Mainz auswechselbare Metalletter und damit den Bleisatz erfand. Mit Hilfe des Bleisatzverfahrens konnten aus beweglichen Schrifttypen Druckformen erstellt werden, die die Grundlage für den Buchdruck bildeten, der zu den Hochdruckverfahren zählt. Mit der Entwicklung von Bleisatz und Buchdruck bestand erstmals die Möglichkeit, Bücher "in Auflagen" zu drucken. Der Druckvorgang erfolgte dabei nach dem sog. Tiegeldruckprinzip, bei dem sowohl die Druckform als auch die Gegendruckform flach sind. Diese manuell zu betätigenden Tiegeldruckpressen wurden in den nächsten Jahrhunderten fortwährend technisch weiterentwickelt, wobei im Jahr 1810 mit der Mechanisierung der Tiegeldruckpressen durch *F. König* ein bedeutender technischer Durchbruch gelang. Im Jahr 1811 wurde von *F. König* in Zusammenarbeit mit *A.F. Bauer* ein vollkommen neuartiges Druckmaschinenprinzip vorgestellt, nämlich das Zylinder/Flachformdruckprinzip, die sog. "Schnellpresse". Die Neuerung bestand dabei in einer zylindrischen Gegendruckform, die eine erhebliche Leistungssteigerung des Buchdrucks bewirkte. Eine solche Schnellpresse, angetrieben mit Hilfe von Dampfmaschinen, wurde erstmals im Jahr 1814 von der "Times" in London zur industriellen Fertigung von Zeitungen (→ Presseerzeugnissen) eingesetzt.[3]

Die nächste einschneidende technische Umwälzung erfolgte um das Jahr 1870 als die Rotationsbuchdruckmaschine erfunden wurde, deren Druck- und

---

[1] Vgl.: STATISTISCHES BUNDESAMT, Fs.2, Heft 11, Stuttgart 1989.

[2] Vgl. im Anhang S.LXII: Abb.II

[3] Vgl.: O.V., 175 Jahre industrieller Zeitungsdruck, in: Druck Print, Jg.1990, Heft Nr.1, Heusenstamm 1990, S.27-29.

Gegendruckform beide zylindrisch sind und welche die Verarbeitung von Papierrollen zuließ, wodurch die Druckleistung erneut sprunghaft anstieg.[1] In Zusammenhang mit der beginnenden Mechanisierung des Bleisatzes durch die Erfindung der "Linotype"-Bleisetzmaschine im Jahr 1884 durch *O. Mergenthaler* wurden die produktionstechnischen Grundlagen für die Herstellung von Massendrucksachen mit hohen Aktualitätsanforderungen - insbesondere von großauflagigen Tageszeitungen - geschaffen.

Die unangefochtene Stellung von Bleisatz und Buchdruck in mehr als vier Jahrhunderten setzte sich im 20.Jahrhundert zunächst weiter fort, obwohl inzwischen zwei neuartige Druckverfahren entwickelt worden waren. Zum einen das Tiefdruckverfahren, das auf Basis von Druckplatten im Jahr 1877 von *C. Guy* erfunden und von *E. Mertens* in den Jahren 1909/1910 zum Rotationstiefdruck weiterentwickelt wurde sowie zum anderen der Offsetdruck, den *W. Rubel* im Jahr 1904 erfand und der als indirektes Flachdruckverfahren zu klassifizieren ist.[2] Diese beiden später entwickelten Druckverfahren wurden in den folgenden Jahrzehnten lediglich in Randbereichen der Druckproduktion eingesetzt. Die Nutzung des Tiefdruckverfahrens beschränkte sich auf den Illustrationsdruck, d.h. auf mehrfarbige bebilderte Drucksachen wie Publikumszeitschriften (→ Illustrierten), sofern sie in Großauflagen gedruckt wurden. Der Offsetdruck wurde dagegen vor allem für einfache Papiersorten präferiert, denn aufgrund des indirekten Druckvorgangs über ein Gummituch konnten auch Druckpapiere mit rauhen Oberflächen flächendeckend bedruckt werden.

Ein tiefgreifender Wandel setzte erst Anfang der 60er Jahre ein und wurde in erster Linie durch den technischen Fortschritt im Fotosatz ausgelöst,[3] der in Kombination mit dem Offsetdruck enorme Produktivitätssteigerungen gegenüber dem Bleisatz und Buchdruck ermöglichte und zu einer schrittweisen

---

[1] Vgl.: S. CORSTEN/ G. PFLUG u.a. (Hrsg.), Lexikon des gesamten Buchwesens, 2.bearb. u. erw. Aufl., Stuttgart 1987, Bd.I, S.583ff.

[2] Vgl. im Text S.342f.

[3] Vgl. im Text S.354ff.

Substitution des Buchdrucks durch den Offsetdruck führte, der seit dem Jahr 1981 - gemessen an der wertmäßigen Druckproduktion - eindeutig das dominierende Druckverfahren darstellt.[1]

Die technische Entwicklung im Druckmaschinenbau war demnach durch eine zunehmende Mechanisierung und Automatisierung gekennzeichnet, die dazu führte, daß industrielle Produktionsprozesse an die Stelle traditionell handwerklicher Fertigungsabläufe traten, womit zugleich ein Anstieg der Kapitalintensität[2] sowie ein Rückgang der Arbeitsintensität verbunden war.[3] Die Druckindustrie war allerdings im interindustriellen Vergleich unverändert durch eine weit überdurchschnittliche Arbeitsproduktivität gekennzeichnet, was hauptsächlich darauf zurückzuführen war, daß in der Druckindustrie die auftragsorientierte Fertigungsweise vorherrschte, wohingegen in den anderen Industriezweigen die marktbezogene Produktion dominierte.[4]

Der Grad der betrieblichen Industrialisierung differierte dabei erheblich, denn neben den großen Verlagsdruckbetrieben, die Zeitungen, Zeitschriften und Bücher bereits in weitgehend vollautomatisierter Serienfertigung erstellten, existierten Ende der 80er Jahre weiterhin handwerklich geprägte Druckbetriebe, wobei es sich nahezu ausnahmslos um Kleinbetriebe mit weniger als 20 Beschäftigten handelte. Die Kleinbetriebe, wozu mehr als 3/4 aller Druckbetriebe zählten und die somit ein typisches Branchenmerkmal darstellten,[5] wendeten jedoch inzwischen in der Mehrzahl ebenfalls industrielle Produktionsprozesse an, so daß der ungewöhnlich hohe Anteil von Kleinbetrie-

---

[1] Vgl. im Text S.343: Tab.80.

[2] Vgl. im Text S.48f., insbes. Tab.13.

[3] Die Arbeitsintensität verringerte sich in der Druckindustrie gemessen an der Lohnquote von 34,9% im Jahr 1970 auf 28,5% im Jahr 1988. Vgl.: B. GÖRZIG / J. SCHINTKE/ M. SCHMIDT, Produktionsvolumen und -potential, Produktionsfaktoren des Bergbaus und des Verarbeitenden Gewerbes in der Bundesrepublik Deutschland, Hrsg.: DIW, 31.Folge, Berlin (West) 1989, S.70.

[4] Vgl. im Text S.339ff.

[5] Vgl. im Text S.393: Tab.96.

ben nicht als ein Indiz für die Dominanz handwerklicher Produktionsmethoden aufzufassen ist.[1] Abschließend ist vielmehr festzuhalten, daß die Druckbranche insgesamt betrachtet eindeutig dem Industriesektor zuzuordnen ist, da die handwerklich geprägten Druckbetriebe nur unwesentlich zu den Umsatzerlösen beitrugen, weshalb auch im folgenden die Bezeichnung Druckindustrie als Synonym für die gesamte Druckbranche einschließlich der Handwerksbetriebe benutzt wird.

---

[1] Diese Feststellung steht auch nicht im Widerspruch zu der großen Zahl von Handwerksbetrieben, denn die statistische Abgrenzung von Handwerks- und Industriebetrieben beruht nicht auf produktionstechnischen Merkmalen, sondern ausschließlich auf den zumeist traditionsbedingten Eintragungen in den Handwerksrollen der Handwerkskammern. Vgl. im Text S.391: Tab.95 sowie im Anhang S.IV f.

II. THEORETISCHE GRUNDLEGUNG

1. ABGRENZUNG DER BEGRIFFE "WACHSTUM" UND "STRUKTUR"

Die Begriffe Wachstum und Struktur können theoretisch eindeutig voneinander isoliert werden, denn die Struktur von ökonomischen Aggregaten ist als deren innerer Aufbau bzw. deren Zusammensetzung definiert, wobei die Struktur durch folgende Merkmale bestimmt wird: "...die Zahl der Teilgrößen, ihre qualitative Beschaffenheit sowie ihre relative Häufigkeit"[1]. Unter dem Begriff Wachstum wird dagegen die Entwicklung der Niveaulage von ökonomischen Größen verstanden, und zwar im Unterschied zum Begriff Konjunktur nicht die kurz- bzw. mittelfristig auftretenden zyklischen Schwankungen,[2] sondern die langfristige, trendmäßige Niveauentwicklung.[3] Zur Untersuchung von Wachstumsprozessen werden deshalb in der Realität zumeist mehrjährige Untersuchungsperioden abgegrenzt, um somit die konjunkturellen Einflüsse zu eliminieren, wobei allerdings eine vollständige Trennung von kurzfristigen und langfristigen Phänomenen in praxi nicht möglich ist.[4]

In der nachfolgenden Untersuchung wird die zeitliche Begrenzung auf die Jahre 1960 bis 1988 und die Einteilung in die vier Perioden 1961-1968, 1969-1976, 1977-1982 und 1983-1988 zudem dadurch präjudiziert, daß vergleichbare statistische Daten jeweils nur für begrenzte Zeitspannen verfügbar sind, so daß die Möglichkeiten konjunkturelle Effekte auszuschließen, von vorn-

---

[1] Zitat: K. HERDZINA, Wirtschaftliches Wachstum, Strukturwandel und Wettbewerb, Quaestiones oeconomicae Bd.7, Hrsg.: H.Besters, Berlin (West) 1981, S.123.

[2] Vgl.: H. GIERSCH, Konjunktur- und Wachstumspolitik in der offenen Wirtschaft, Bd.2, Wiesbaden 1977, S.15ff. sowie A. STOBBE, Volkswirtschaftslehre, Bd.I, 6.rev. Aufl., Berlin (West); Heidelberg u.a. 1984, S.153.

[3] Vgl.: H. ENKE/ H. GESCHWENDTNER/ M. KÖRBER-WEIK u. H. LINDNER, Struktur, Konjunktur und Wirtschaftswachstum, Tübingen 1984, S.44f.

[4] Vgl.: K.H. OPPENLÄNDER, Begründung, Funktion und Fundierung der Strukturberichterstattung, in: B. Gahlen (Hrsg.), Strukturberichterstattung der Wirtschaftsforschungsinstitute, S.148-160, Tübingen 1982, S.154f.

herein eingeschränkt sind.[1]

Im Gegensatz zum Wachstumsprozeß kann der Prozeß des Strukturwandels grundsätzlich in zwei Verlaufsformen unterschieden werden, nämlich zum einen in stetige, trendmäßige Entwicklungen sowie zum anderen in abrupte Veränderungen, die in Form von sog. Strukturbrüchen auftreten.[2] Als essentielles Merkmal ist jedoch beiden Verlaufsformen das aperiodische und azyklische Element gemein, was allerdings nicht bedeutet, daß Strukturveränderungen - quasi ex definitione - als prinzipiell irreversibel anzusehen sind, da ein Umschlagen von strukturellen Entwicklungen durchaus möglich ist.[3]

2. BESTIMMUNG DES ZUGRUNDELIEGENDEN STRUKTURKONZEPTES

In der ökonomischen Forschung existieren diverse Strukturkonzepte, die jeweils mit bestimmten Strukturbegriffen verknüpft sind, wie z.B. der historische, der ökonometrische, der kausalanalytische und der statistische Strukturbegriff, um nur die wichtigsten zu erwähnen.[4] In der nachfolgenden Untersuchung wird dabei der statistische Strukturbegriff zugrundegelegt, und zwar einerseits "...weil er der vergleichsweise klarste ist..."[5] und andererseits, weil das statistische Strukturkonzept nicht zugleich wie auch immer geartete Er-

---

[1] Zu den Bestimmungsgründen für die Auswahl des Untersuchungszeitraumes sowie zur Einteilung der vier Untersuchungsperioden, vgl. im Anhang S.XII ff.

[2] Dementsprechend wird auch zwischen der prozeßorientierten und der rahmenorientierten Strukturanalyse unterschieden. Vgl.: E. HELMSTÄDTER, Ordnungspolitische Probleme der Strukturberichterstattung, in: B. Gahlen (1982), Strukturberichterstattung... a.a.O., S.53-68, Tübingen 1982, S.57ff.

[3] Vgl.: E. HELMSTÄDTER (1982), Ordnungspolitische Probleme... a.a.O., S.53ff.

[4] Zu den jeweiligen Begriffsabgrenzungen und divergierenden Strukturkonzepten, vgl.: F. MACHLUP, Structure and structural change: Weaselwords and Jargon, in: Zeitschrift für Nationalökonomie (ZfN), Bd.XVIII, Wien 1958, S.280-298 J. ÅKERMANN, Theory of Industrialism, Causal Analysis and Economic Plans, Lund/ Schweden 1960, S.183ff.

[5] Zitat: K. HERDZINA (1981), Wirtschaftliches Wachstum... a.a.O., S.119.

klärungsbestandteile von bestimmten Strukturtheorien impliziert.[1] Außerdem werden bei der Anwendung des statistischen Strukturbegriffs gerade die sich im Zeitablauf vollziehenden strukturellen Veränderungen registriert, so daß nicht nach invarianten Strukturen gesucht wird und somit auch nicht "...die Hypothese der Konstanz bestimmter Strukturen von vornherein..."[2] vorausgesetzt wird. Das statistische Strukturkonzept zielt somit zunächst lediglich darauf ab, mit Hilfe von Strukturkennziffern, also unter Verwendung von Beziehungs- und Gliederungszahlen[3], tatsächlich eingetretene Strukturveränderungen statistisch-empirisch zu ermitteln,[4] ohne jedoch per se einen Beitrag zur Erklärung der identifizierten Strukturveränderungen zu leisten. Die statistische Strukturanalyse bildet folglich erst "...die Voraussetzung vertiefender ökonometrischer und kausalanalytischer Studien..."[5], wobei die für die Erklärung von Strukturwandlungsprozessen unabdingbaren Theorieansätze aus der allgemeinen Wirtschaftstheorie, und zwar insbesondere aus der Theorie der Haushalte und Unternehmen sowie der Industrieökonomie,[6] abgeleitet werden müssen, da eine umfassende Strukturtheorie gegenwärtig nicht existiert.[7]

---

[1] Im Gegensatz dazu basieren der ökonometrische und der historische Strukturbegriff insofern auf einem anderen methodologischen Ansatz, als daß sie bereits Erklärungsbestandteile beinhalten. Vgl.: J. ÅKERMANN (1960), Theory of Industrialism... a.a.O., S.183ff.

[2] Mit dem ökonometrischen Strukturkonzept wird hingegen die Konstanz von ökonometrischen Größen im Zeitablauf untersucht. Zitat: G. BOMBACH, Der Strukturbegriff in der Ökonomie, in: F. Neumark (Hrsg.), Strukturwandlungen einer wachsenden Wirtschaft, Schriften des Vereins für Socialpolitik, N.F. Bd.30/I, S.10-17, Berlin (West) 1964, S.12.

[3] Vgl.: H. ENKE/ H. GESCHWENDTNER/ M. KÖRBER-WEIK/ H. LINDNER, (1984), Struktur, Konjunktur... a.a.O., S.8ff.

[4] Vgl.: K.H. OPPENLÄNDER (1982), Begründung, Funktion... a.a.O., S.153.

[5] Zitat: K. HERDZINA (1981), Wirtschaftliches Wachstum... a.a.O., S.119.

[6] Vgl.: P. OBERENDER/ A. VÄTH, Von der Industrieökonomie zur Marktökonomie, in: P. Oberender (Hrsg.), Marktökonomie, S.3-27, München 1989, S.4ff.; insbes. S.25.

[7] Vgl.: K.H. OPPENLÄNDER (1982), Begründung, Funktion... a.a.O., S.155f.

3. INTERDEPENDENZEN ZWISCHEN WIRTSCHAFTLICHEN WACHSTUMS- UND STRUKTURWANDLUNGSPROZESSEN

Die wirtschaftlichen Wachstums- und Strukturwandlungsprozesse sind in der Realität eng miteinander verbunden, denn die Wachstumsentwicklung der verschiedenen Branchen und Produktgruppen[1] verläuft typischerweise nicht gleichgewichtig, sondern zumeist sind divergierende Zuwachsraten zu registrieren. Diese Wachstumsdifferenzierung ist grundsätzlich dadurch bedingt, daß die Wachstumsentwicklung von Branchen und Produktgruppen i.d.R. nicht linear verläuft, zumal im Wege des technischen Fortschritts permanent neue Produkte bzw. Produktqualitäten entwickelt werden, wodurch neuartige substitutive bzw. komplementäre Nachfragebeziehungen zu den bereits eingeführten Produkten entstehen. Als Begleiterscheinung von Wachstumsprozessen findet demzufolge im allgemeinen eine Verschiebung der Produktionsanteile zwischen den einzelnen Branchen und Produktgruppen statt.[2] In diesem Sinn ist der Strukturwandel als ein Prozeß der Wachstumsdifferenzierung zu interpretieren,[3] der durch unterschiedlich hohe positive bzw. auch

---

[1] Im weiteren werden anstelle des Begriffs Gütergruppe der Begriff Produktgruppe benutzt, wobei Produkte als produzierte Güter zu definieren sind. Vgl.: W. WEBER, Gut, in: Handwörterbuch der Sozialwissenschaften, Hrsg.: E. v.Beckerath u.a., 4.Bd., S.735-741, Göttingen 1965, S.735.

[2] Im weiteren wird somit die Wachstumsentwicklung der faktischen Produktion, also die wertmäßige Produktionsentwicklung, betrachtet und nicht die Wachstumsentwicklung der (potentiellen) Produktionskapazitäten.

[3] Auf volkswirtschaftlicher Ebene stellt der Strukturwandel dabei eine "...Begleiterscheinung und zugleich auch Vorbedingung des wirtschaftlichen Wachstumsprozesses" dar, denn das wirtschaftliche Wachstum resultiert u.a. daher, daß produktivitätsstarke Wirtschaftssektoren oder Branchen überdurchschnittlich wachsen, was aber nur dann eintritt, wenn entsprechende Strukturveränderungen möglich sind. Zitat: G. BOMBACH (1964), Der Strukturbegriff... a.a.O., S.16.

negative Veränderungsraten verursacht wird.[1]

Zu unterscheiden ist dabei zwischen dem interindustriellen Strukturwandel, der in Kap.III untersucht wird, sowie dem intraindustriellen Strukturwandel, der in Kap.IV untersucht wird.

Der interindustrielle Strukturwandel resultiert daher, daß sich die Produktionsanteile der Branchen im Zeitablauf verändern, wobei die konzeptionelle Branchenabgrenzung auf Unterschieden in den technologischen Produktionsbasen beruht.[2] Im Gegensatz zum Marshall'schen Industriebegriff[3] werden die Branchen (Industrien) demzufolge im weiteren nicht mit einem einzigen nachfrageseitig abgegrenzten Produktmarkt identifiziert, sondern werden vielmehr angebotsseitig bezüglich der Art der Produktionsprozesse unterteilt.[4] Dementsprechend führt der interindustrielle Strukturwandel definitionsgemäß zu einer Veränderung der Produktionsstruktur, d.h. zu einer Veränderung der Anteilswerte, mit denen die Produktionsbasen jeweils zum Bruttoproduktionswert des Industriesektors beitragen. Darüber hinaus impliziert der interindustrielle Strukturwandel zugleich einen Wandel der Produktstruktur, da sämt-

---

[1] Vgl.: B. GAHLEN, Probleme des Strukturwandels und der Strukturpolitik, in: G. Bombach/ B. Gahlen/ A. Ott (Hrsg.), Probleme des Strukturwandels und der Strukturpolitik, S.3-27, Tübingen 1977, S.10 sowie K. HERDZINA (1981), Wirtschaftliches Wachstum... a.a.O., S.168.

[2] Die Absatzmärkte und technologischen Produktionsbasen sind vollkommen unabhängig voneinander abgegrenzt, so daß zwischen den verschiedenen Produkten einer technologischen Produktionsbasis keine substitutiven Nachfragebeziehungen bestehen müssen. Vgl.: E. KANTZENBACH, Die Funktionsfähigkeit des Wettbewerbs, Wirtschaftspolitsche Studien, Heft Nr.1, Göttingen 1966, S.85.

[3] Vgl.: A. MARSHALL, Principles of Economics, 8.Ed.(repr.), London 1961, S.270.

[4] Zur unterschiedlichen Verwendung des Industriebegriffs, vgl. zudem: J. ROBINSON, The Economics of Imperfect Competition, London, Ed.1961, S.17f.; J.M. CLARK, Competition as a Dynamic Process, 2nd Printing, Washington 1963, S.102f.; J.S. BAIN, Industrial Organization, New York 1959, S.6f.; H. SCHLÖGL, Mehrproduktunternehmung, Marktentwicklung und Wettbewerb, Diss. Univ. Marburg 1972, Frankfurt a.M. 1972, S.179ff. sowie E. KAUFER, Industrieökonomik - Eine Einführung in die Wettbewerbstheorie, München 1980, S.18ff.

liche Branchen mehrere Produktgruppen umfassen, die aus Nachfragersicht jeweils unterschiedliche Funktionen erfüllen.[1]

Der intraindustrielle Strukturwandel ist hingegen mit einem Wandel der Produktstruktur gleichzusetzen, der auf eine divergierende Wachstumsentwicklung der Produktgruppen einer bestimmten Branche zurückzuführen ist. Da die Produktgruppen allerdings i.d.R. spezifische produktionstechnische Anforderungen stellen, verändert sich hierdurch gleichzeitig auch die Produktionsstruktur[2], und zwar in bezug auf die eingesetzten Verfahren und Maschinentypen.[3]

Die Druckindustrie weist in diesem Zusammenhang insofern eine Branchenbesonderheit auf,[4] als daß in der Mehrzahl der Produktionsprozesse die Auf-

---

[1] Die Druckindustrie umfaßt eine Vielzahl von Produktgruppen, die vollkommen nachfrageunabhängig voneinander sind, da zwischen ihnen weder Substitutionalität noch Komplementarität besteht.

[2] In der Literatur existiert keine allgemeingültige Definition für den Begriff Produktionsstruktur, denn z.T. ist damit die Produktstruktur oder die Produktionsfaktorenstruktur gemeint, wohingegen im weiteren hierunter die technische Produktionsstruktur verstanden wird. Vgl.: K. HERDZINA (1981), Wirtschaftliches Wachstum... a.a.O., S.130.

[3] In welchem Maße sich die Veränderungen der Produktstruktur auf die Produktionsstruktur auswirken, hängt entscheidend von der Breite des Anwendungsspektrums der Verfahren und vom Spezialisierungsgrad der Maschinentypen ab.

[4] In der Mehrzahl der anderen Branchen dominiert hingegen die marktorientierte Fertigung, bei der für "anonyme Absatzmärkte" produziert wird.

tragsfertigung[1] vorherrscht,[2] deren wesentliches Merkmal darin besteht, daß die produktionstechnischen Anforderungen artmäßig, mengenmäßig und terminmäßig erst durch den Bestellvorgang, der dem Herstellungsprozeß zeitlich vorgelagert ist, spezifiziert werden.[3] Die Entwicklung der Produktionsstruktur wird demzufolge in der Druckindustrie nachfrageseitig nicht primär durch die Veränderungen der Produktstruktur, sondern durch diejenigen der Auftragsstruktur beeinflußt, wobei zu den produktionstechnisch-relevanten Kriterien, nach denen die Druckaufträge zu klassifizieren sind, die Druck- und Papierqualität, die Auflagengröße, der Aktualitätsgrad sowie das Merkmal Einzel- oder Serienfertigung zählen.

Die Entwicklung der Auftragsstruktur wird wiederum z.T. durch die Veränderungen der Produktstruktur bestimmt, da die produktionstechnischen Anforderungen - wenn auch in unterschiedlichem Umfang[4] - produktspezifisch, d.h. durch die Funktion der Drucksachen[5] prädisponiert sind. Die produktspezifischen Anforderungen unterliegen jedoch i.d.R. ebenfalls einem zeitlichen

---

[1] Die Auftragsfertigung wird häufig auch als Kunden- oder Bestellproduktion bezeichnet. Vgl.: H.-U. KÜPPER, Produktionstypen, in: W.Kern (Hrsg.), Handwörterbuch der Produktionswirtschaft, Enzyklopädie der Betriebswirtschaftslehre, Bd.7, S.1636-1647, Stuttgart 1979, S.1639f.

[2] Die marktorientierte Fertigung ist in der Druckindustrie auf die Eigenverlagsfertigung beschränkt, wobei die Verlagsdruckbetriebe häufig auch externe Kundenaufträge fertigen, so daß in diesen Fällen ein nebeneinander von auftrags- und marktorientierter Fertigung besteht. Vgl.: R. MAASS, Produktion in der Druckindustrie, in Handwörterbuch der Produktionswirtschaft, Hrsg.: W. Kern u.a., Enzyklopädie der Betriebswirtschaftslehre, Bd.7, S.415-421. Stuttgart 1979, S.416.

[3] Vgl.: R. LEMPEN (1973), Selektives Marketing... a.a.O., S.44f.

[4] Dies ist insbesondere bei Verlagserzeugnissen, wie Zeitungen, Zeitschriften, Telefon- und Adreßbüchern sowie bei Endlosformularen, Versandhauskatalogen, Plakaten und Wertpapieren der Fall, die deshalb auch häufig auf Spezialmaschinen gefertigt werden. Vgl.: P. MEIER, Die Möglichkeiten und Grenzen der Planung und Steuerung im Druckereibetrieb, Diss. Hochschule St.Gallen 1971, veröffentl. in Zürich 1971, S.5.

[5] Die Endprodukte der Druckindustrie werden im weiteren als Drucksachen bezeichnet, während das Statistische Bundesamt die Bezeichnung Druckerzeugnisse verwendet.

Wandel, so daß Veränderungen der Auftragsstruktur auch vollkommen unabhängig von der Entwicklung der Produktstruktur eintreten können.

Die intraindustriellen Wachstumsprozesse, deren Bestimmungsgründe ausschließlich auf der Ebene von homogenen Produktgruppen[1] zu analysieren sind,[2] können somit gleichzeitig nachfrage- und angebotsseitige Strukturveränderungen auslösen. Die angebotsseitigen Strukturveränderungen werden aber nur z.T. durch die nachfrageseitigen Entwicklungen determiniert, denn die Veränderungen der Produktionsstruktur werden zudem entscheidend durch den Prozeß des technischen Fortschritts beeinflußt.

Die Veränderungen der Produktionsstruktur können sich unter Umständen ihrerseits wiederum auf die Entwicklung der Marktstruktur und damit auf die Wettbewerbsverhältnisse auswirken, denn sowohl die kostenoptimale Unternehmens- bzw. Betriebsgröße[3] als auch der Grad der vertikalen Integration der Betriebe sind maßgeblich von der Art der eingesetzten Verfahren und Maschinentypen abhängig.

Darüber hinaus besteht die Möglichkeit, daß zwischen den Wachstums- und Strukturwandlungsprozessen zirkuläre Interdependenzen existieren, und zwar dadurch bedingt, daß das Ausmaß des technischen Fortschritts und die Höhe der erzielten Produktivitätszuwächse bei den verschiedenen Produktionstechniken variieren, mit der Folge, daß zwischen Branchen und Produktgruppen relative Kosten- und Preisdifferenzen entstehen, je nachdem auf

---

[1] Eine Produktgruppe ist dann als homogen zu bezeichnen, wenn die dazugehörigen Produkte aus Nachfragersicht dieselben Verwendungszwecke erfüllen, also als enge Substitute zu klassifizieren sind.

[2] Vgl.: E. HELMSTÄDTER, Gestaltete Expansion bei Vollbeschäftigung - Strukturwandel als Erkenntnis- und Gestaltungsaufgabe, in: IFO-Studien, Heft Nr.25, S.1-18, München 1979, S.11.

[3] Auf den Zusammenhang zwischen den Maschinengrößen, den kostenoptimalen Betriebsgrößen und den Marktzutrittsmöglichkeiten wird in Kap.V näher eingegangen, vgl. im Text S.408f, S.417f. sowie S.421f.

welcher Produktionstechnik ihre Fertigung basiert.[1] Demzufolge können die Wachstumsprozesse und die Veränderungen der Produktstruktur auch angebotsseitig beeinflußt werden.

Im Fall des intraindustriellen Strukturwandels sind die Wirkungen, die von den nachfrageseitigen Veränderungen auf die Produktionsstruktur ausgehen, i.d.R. jedoch erheblich ausgeprägter als umgekehrt die angebotsseitigen Auswirkungen auf die Produktstruktur, denn der technische Fortschritt innerhalb einer technologischen Produktionsbasis ist zumeist nicht auf einzelne Verfahren oder Maschinentypen beschränkt.

In der Druckindustrie wird die Höhe der realisierten Produktivitätszuwächse allerdings maßgeblich durch die Auflagengröße der Druckaufträge determiniert, denn bei kleinauflagigen Druckaufträgen lassen sich maschinelle Leistungssteigerungen i.d.R. nur in wesentlich geringerem Umfang nutzen als bei mittleren oder großen Druckauflagen. Obwohl in der Mehrzahl der Produktgruppen der Druckindustrie eindeutig bestimmte Auflagengrößen dominierten und dementsprechend die relative Preisentwicklung durch die unterschiedlichen Möglichkeiten, Produktivitätszuwächse zu realisieren, mitbestimmt wurde,[2] ist der Einfluß des technischen Fortschritts auf die Entwicklung der Produktstruktur zu vernachlässigen, denn die nachfrageseitigen Faktoren sind von weitaus größerer Bedeutung.[3] Dies läßt sich u.a. daran verdeutlichen, daß der prozentuale Anteil der kleinauflagigen Druckaufträge - trotz geringerer Produktivitätszuwächse - im Zeitablauf trendmäßig zunahm.[4]

Demgegenüber werden die Wachstumsprozesse vor allem dadurch ange-

---

[1] Vgl.: K. HERDZINA (1981), Wirtschaftliches Wachstum... a.a.O., S.174.

[2] Vgl. im Text S.319f.

[3] Außerdem sind die mengenmäßigen Nachfragereaktionen auf die kosteninduzierten Preisanhebungen von der jeweiligen Preiselastizität der Nachfrage auf den verschiedenen Absatzmärkten der Druckindustrie abhängig, so daß die relative Preisentwicklung nicht zwangsläufig mit einer entsprechenden Differenzierung in der Wachstumsentwicklung der Produktgruppen einhergehen muß.

[4] Vgl. im Text S.322ff.

botsseitig beeinflußt, daß durch den technischen Fortschritt die Einführung neuartiger Produkte und Produktqualitäten ermöglicht wird bzw. daß wie in der Druckindustrie eine Ausweitung der Leistungsangebote stattfindet.

Abschließend ist festzuhalten, daß die intraindustriellen Wachstumsprozesse in der Realität typischerweise mit einem Wandel der Produktstruktur und in der Druckindustrie zudem mit Veränderungen der Auftragsstruktur verbunden sind, die wiederum in Zusammenhang mit dem Prozeß des technischen Fortschritts einen nachhaltigen Einfluß auf die Produktionsstruktur ausüben. Die Veränderungen der Produktionsstruktur können sich ihrerseits zum einen unter bestimmten Bedingungen prägend auf die Marktstruktur auswirken sowie zum anderen auf die Wachstumsprozesse einwirken, und zwar in erster Linie durch Produktinnovationen bzw. im Fall der Auftragsfertigung durch neuartige Leistungsangebote.

III. WIRTSCHAFTLICHE ENTWICKLUNG DER DRUCKINDUSTRIE IM INTERINDUSTRIELLEN VERGLEICH

1. VORBEMERKUNG

Anschließend wird unter Gliederungspunkt 2 dargelegt, nach welchen Kriterien die Druckindustrie in den amtlichen Statistiken gegenüber anderen Branchen abgegrenzt wird und welche Probleme dabei auftreten. In diesem Zusammenhang wird anhand der Merkmale Umsatzerlöse und Beschäftigtenzahl untersucht, inwieweit die verzeichnete Branchenentwicklung von der Wahl der Erhebungs- und Darstellungseinheit abhängig ist, die nach Unternehmen, fachlichen Unternehmensteilen, Betrieben und fachlichen Betriebsteilen unterschieden wird. Desweiteren soll geprüft werden, zu welchem prozentualen Anteil die Druckbetriebe in den amtlichen Statistiken erfaßt wurden und inwieweit die Umsatz- und Beschäftigtenentwicklung der nicht erfaßten Druckbetriebe von derjenigen der erfaßten Druckbetriebe abwich, um dadurch die Aussagefähigkeit der nachfolgend verwendeten Statistiken für die Druckindustrie insgesamt einschätzen zu können.

Unter Gliederungspunkt 3 wird die wirtschaftliche Entwicklung der Druckindustrie mit derjenigen des Verbrauchsgüter- und des Industriesektors in Relation gesetzt. Mit Hilfe dieser Querschnittsbetrachtung sollen dabei Erkenntnisse über die Stellung und die Entwicklung der Druckindustrie im interindustriellen Wachstums- und Strukturwandlungsprozeß gewonnen werden, die u.a. auch eine Klassifizierung der Druckindustrie ermöglichen. Der Verbrauchsgütersektor wird deshalb - neben dem Industriesektor - als ein zusätzlicher Vergleichsmaßstab berücksichtigt, weil die Druckindustrie in den amtlichen Statistiken zu den Verbrauchsgüterbranchen zählt und ein wesentliches Merkmal des interindustriellen Strukturwandels bislang darin bestand, daß der Umsatz- bzw. Wertschöpfungsanteil des Verbrauchsgütersektors mit fortschreitender Industrialisierung stetig abnahm, während der entspechende Anteilswert des Investitionsgütersektors vice versa zunahm.[1] Vor diesem Hintergrund soll der Frage nachgegangen werden, inwieweit die Druckindustrie dem negativen Entwicklungstrend des Verbrauchsgütersektors folgte.

Zuerst wird dazu untersucht, ob die Druckindustrie - gemessen an den Umsatzerlösen in nominalen und realen Werten - Strukturgewinne oder -verluste verzeichnete. Danach werden dann bestimmte nachfrage- und angebotsseitige Entwicklungen aufgezeigt, die die Wachstumsentwicklung beeinflußten, ohne daß hierbei jedoch eine detaillierte Ursachenanalyse der Wachstumsdeterminanten erfolgt. Den Ansatzpunkt bildet dabei der Außenhandel, wobei der Grad der Außenhandelsverflechtung sowie die Beeinflußung der Branchenentwicklung durch den Außenhandel untersucht wird. Auf die Determinanten der in- und ausländischen Nachfrageentwicklung wird an dieser Stelle nicht näher eingegangen, da eine entsprechende Untersuchung zweckmäßigerweise auf der Ebene von nachfrageseitig abgegrenzten Produktgruppen durchgeführt wird und aus diesem Grund in Kap.IV erfolgt.

Demgegenüber läßt sich die angebotsseitige Beeinflußung der Wachstumsentwicklung in Form von Produktivitätsveränderungen am sinnvollsten auf dem Aggregationsniveau der Branchen untersuchen, da die Wirkungen des technischen Fortschritts - wie bereits erwähnt - typischerweise die technologische Produktionsbasis insgesamt betreffen und sich insofern nicht primär auf die Produktgruppen einer Branche spezifisch auswirken. Außerdem ist eine Quantifizierung der Produktivitätsentwicklung gegliedert nach Produktgruppen grundsätzlich nicht praktikabel, weil das Statistische Bundesamt auf diesem Aggregationsniveau keine entsprechenden Daten erhebt. Für die Druckindustrie wird deshalb die Entwicklung der Arbeits- und Kapitalproduktivität sowie die der definitorischen Komponenten nicht nur in Relation zum Verbrauchsgüter- und Industriesektor betrachtet, sondern darüber hinaus

---

[1] Vgl.: L. SCHOLZ, Ursachen und Ausmaß sektoraler Strukturwandlungen in der verarbeitenden Industrie, in: IFO-Schnelldienst, 30.Jg., Heft 11/12, München 1977, S.31 sowie E. HELMSTÄDTER, Sektorales Wachstum, Zur Leistungsfähigkeit der Hoffmannschen Typisierung des Industrialisierungsprozesses, in: E. Helmstädter, Die Bedingungen des Wirtschaftswachstums in Vergangenheit und Zukunft, S.143-151, Tübingen 1984.

im Periodenvergleich, um somit die angebotsseitigen Auswirkungen auf die Wachstumsentwicklung der Druckindustrie verdeutlichen zu können. Zum Abschluß des Kap.III soll die Druckindustrie auf der Basis der im Querschnittsvergleich gewonnenen Ergebnisse klassifiziert werden.

2. ABGRENZUNG UND ERFASSUNG DER DRUCKINDUSTRIE IN DEN STATISTIKEN DES STATISTISCHEN BUNDESAMTES

Die Einteilung der Wirtschaftszweige seitens des Statistischen Bundesamtes basiert grundsätzlich darauf, daß bestimmte Produktgruppen zusammengefaßt werden, und zwar in erster Linie solche Produktgruppen, die mit technisch vergleichbaren Produktionsverfahren erstellt werden. Die Druckindustrie wird dabei vom Statistischen Bundesamt in der Systematik der Wirtschaftszweige als "Druckerei und Vervielfältigung" (Melde-Nr.57) bezeichnet,[1] wozu abhängig von der institutionellen Erhebungseinheit diejenigen Unternehmen, fachliche Unternehmensteile, Betriebe bzw. fachliche Betriebsteile zählen, die "Druckereierzeugnisse und Vervielfältigungen" (Melde-Nr.57) produzieren.[2] Diese Gütergruppe umfaßt dabei - neben Vorprodukten und Lohnveredlungsarbeiten - ausschließlich Drucksachen, die aus Papier[3] bestehen, wohingegen Drucksachen aus anderen Bedruckstoffen, wie Karton, Pappe, Kunststoffe, Metalle, Textilien, Glas oder Holz anderen Wirtschaftszweigen

---

[1] Vgl.: STATISTISCHES BUNDESAMT, Systematik der Wirtschaftszweige mit Betriebs- und ähnlichen Benennungen, Ausgabe 1979, Stuttgart u. Mainz 1982, S.243ff. Die Branchenbezeichnung Druckindustrie wird im folgenden synonym zur Bezeichnung des Wirtschaftszweiges Druckerei und Vervielfältigung seitens des Statistischen Bundesamtes verwandt, wobei anzumerken ist, daß seit 1977 neben den Industriebetrieben auch Handwerksbetriebe miteinbezogen sind. Vgl. im Text S.29f. sowie im Anhang S.II u. S.VI.

[2] Vgl.: STATISTISCHES BUNDESAMT (1982), Systematisches Güterverzeichnis... a.a.O.

[3] Eine genaue Abgrenzung der Bedruckstoffe Papier und Karton existiert bislang zwar nicht, aber im allgemeinen weisen Druckpapiere ein Flächengewicht bis zu 150 g/m^2 auf, während das Flächengewicht von Karton 150-600 g/m^2 beträgt. Vgl.: VERBAND DEUTSCHER PAPIERFABRIKEN e.V., Kleines Papier-ABC, Bonn, o.J.

zugeordnet werden.[1] Die enggefaßte Abgrenzung des Wirtschaftszweigs "Druckerei und Vervielfältigung" hat zur Folge, daß die erfaßten Drucksachen durch eine weitgehende stoffliche und technologische Homogenität gekennzeichnet sind.[2] Zugleich werden dadurch bedingt aber auch sämtliche Druckbetriebe, die auf andere Bedruckstoffe spezialisiert sind, statistisch zu anderen Wirtschaftszweigen gerechnet, obwohl sich die eingesetzten Druckverfahren und Maschinentypen größtenteils nicht unterscheiden. Hiervon betroffen sind vor allem Verpackungsdruckbetriebe, die überwiegend Karton und Pappe bedrucken sowie die Siebdruckbetriebe, die allerdings bereits verfahrensbedingt auf andere Bedruckstoffe als Papier spezialisiert sind.

Hinsichtlich der Abgrenzung der Gütergruppe "Druckereierzeugnisse und Vervielfältigungen" gegenüber der Gütergruppe "Papier- und Pappeverarbeitung" (Melde-Nr.56) treten zudem eine Vielzahl von Überschneidungen auf. Die folgenden Positionen des Systematischen Güterverzeichnisses umfassen nämlich zumindest teilweise auch Drucksachen, die aus Papier bestehen und somit der Gütergruppe "Druckereierzeugnisse und Vervielfältigungen" zuzuordnen wären:[3]

- "Tapeten aus Papier" (Melde-Nr.5611 00)
- "Millimeter-, Registrier-, Logarithmen- u.ä. Papiere" (Melde-Nr.5627 50)
- "Geschäftsbücher, Register, Quittungsbücher u.ä. Bücher" (Melde-Nr.5631 10)
- "Notizbücher und -blöcke [ohne Kalendarium]" (Melde-Nr.5631 20)

---

[1] Die Bedruckstoffe Kunststoff, Metall, Textilien, Glas und Holz lassen sich nur mit speziellen Druckverfahren, und zwar insbesondere dem Siebdruckverfahren, bearbeiten.

[2] Vgl.: R. MAASS, Produktion in der Druckindustrie, in: W. Kern u.a. (Hrsg.), Handwörterbuch der Produktionswirtschaft, Bd.7, S.415-421, Stuttgart 1979, S.417.

[3] Vgl.: K. GREFERMANN (1980), Druckerei- und Vervielfältigungsindustrie a.a.O., S.25.

- "Taschenkalender" (Melde-Nr.5631 81)
- "Tisch-, Umsteck- und sonstige Terminkalender" (Melde-Nr.5631 85)
- "Buchbinderische Erzeugnisse" (Melde-Nr.5671 00)

Dementsprechend werden einstufige Buchbindebetriebe ebenfalls nicht der Druckindustrie, sondern dem Wirtschaftszweig "Papier- und Pappeverarbeitung" zugeordnet.[1] Zudem bestehen Abgrenzungsprobleme gegenüber der Gütergruppe "Musikinstrumente, Spielwaren, Sportgeräte, Schmuck, belichtete Filme, Füllhalter u.ä." (Melde-Nr.39), denn "Belichtete und entwickelte fotografische Platten" (Melde-Nr. 3981 11), "Gummi-und Polymerstempel" (Melde-Nr.3985 10) und "Flexoklischees" (Melde-Nr.3985 50) werden überwiegend als Druckformen in der Druckindustrie eingesetzt.

Umgekehrt sind auch Fehlzuordnungen unter der Güterklasse "Verpackungs- und Ausstattungsdrucksachen" (Melde-Nr.5716 0.), die zur Gütergruppe "Druckereierzeugnisse und Vervielfältigungen" zählt, festzustellen, denn Schallplattenhüllen aus Karton werden hierunter ebenso erfaßt wie bedruckte Etiketten, die zumindest teilweise aus Kunststoffolien bestehen.

Insgesamt betrachtet haben die fehlerhaften bzw. ungenauen Zuordnungen aber keine gravierenden Auswirkungen, da der Bruttoproduktionswert der oben angeführten Drucksachen vergleichsweise niedrig ist.

Von entscheidender Bedeutung ist demgegenüber, daß ausschließlich Drucksachen aus Papier zur Druckindustrie gerechnet werden, denn unter Einbeziehung sämtlicher Drucksachen - unabhängig von der Art des Bedruckstoffes - würde die Druckindustrie eine wesentlich größere Zahl von Druckbetrieben umfassen und folglich auch höhere Umsatzerlöse bzw. Beschäftigtenzahlen aufweisen.

---

[1] Im Jahr 1988 zählten dabei allein 1.213 einstufige Buchbindebetriebe zum Produzierenden Handwerk; über die entsprechende Zahl der Industriebetriebe sind hingegen keine Daten verfügbar. Vgl.: DEUTSCHER HANDWERKSKAMMERTAG, Betriebsstatistik, Bonn 1988.

Die Abgrenzung der Druckindustrie ist darüber hinaus davon abhängig, nach welcher institutionellen Erhebungs- und Darstellungseinheit die Statistiken gegliedert werden. In den Statistiken für das Produzierende Gewerbe wird vom Statistischen Bundesamt eine Gliederung nach vier verschiedenen institutionellen Einheiten durchgeführt, und zwar nach Unternehmen, fachlichen Unternehmensteilen, Betrieben und fachlichen Betriebsteilen.[1]

Bei einer Gliederung nach Unternehmen und Betrieben wird die Zuordnung zu den Wirtschaftszweigen durch den Produktionsschwerpunkt bestimmt,[2] wodurch bei Mehrproduktunternehmen bzw. -betrieben[3], die unterschiedliche Produktionstechniken anwenden, einzelne fachliche Unternehmens- bzw. Betriebsteile zwangsläufig den "falschen Wirtschaftszweigen" zugerechnet werden. Die statistische Gliederung nach Unternehmen und Betrieben bedeutet demnach, daß die Wirtschaftszweige nicht exakt abgegrenzt werden, da deren Güter bzw. Umsatzerlöse z.T. mit Produktionsmitteln erwirtschaftet werden, die unter produktionstechnischen Kriterien zu anderen Wirtschaftszweigen zählen.[4] Der Heterogenitätsgrad der Wirtschaftszweige fällt bei Zugrundelegung von Unternehmenseinheiten anstelle von Betriebseinheiten wesentlich höher aus. Dies ist darauf zurückzuführen, daß in diesem Fall auch die Mehrbetriebsunternehmen, die in ihren verschiedenen Betrieben

---

[1] Vgl.: A. SOBOTSCHINSKI, Die Neuordnung der Statistik des Produzierenden Gewerbes, in: Wirtschaft und Statistik, Heft Nr.7, Jg.1976, S.405-412, Stuttgart u. Mainz 1976, S.406.

[2] Der Produktionsschwerpunkt wird dabei an der Höhe des Nettoproduktionswertes bzw. an der Beschäftigtenzahl gemessen. Vgl.: E. HEPPT, Umstellung des kurzfristigen Berichtssystems im Bergbau und im Verarbeitenden Gewerbe, in: Wirtschaft und Statistik, Heft Nr.6, Jg.1979, S.394-402, Stuttgart u. Mainz 1979, S.395.

[3] Unter Mehrproduktunternehmen bzw. -betrieben werden in diesem Zusammenhang solche Unternehmen und Betriebe verstanden, die verschiedenartige Produkte erstellen, also Produkte, die zu unterschiedlichen Wirtschaftszweigen zählen.

[4] Vgl.: K.-D. SCHMIDT/ E. GUNDLACH/ H. KLODT, Im Strukturwandel vorangekommen?, Hrsg.: Institut für Weltwirtschaft, Kieler Diskussionsbeiträge, Heft Nr.122, Kiel 1986, S.6: Tab.1.

jeweils unterschiedliche Produktionstechniken nutzen, miteinbezogen sind.

Im Unterschied zu den institutionellen Einheiten Unternehmen und Betriebe wird durch die Verwendung von fachlichen Unternehmens- und Betriebsteilen[1] gewährleistet, daß die Güterproduktion auf die einzelnen Wirtschaftszweige exakt zugerechnet wird.[2] Die Verwendung von Statistiken, die nach fachlichen Unternehmens- bzw. Betriebsteilen aufbereitet sind, wäre deshalb für diese Branchenstudie am aussagekräftigsten. Da das Statistische Bundesamt jedoch nur für wenige statistische Kennzahlen eine Gliederung nach fachlichen Unternehmens- bzw. Betriebsteilen durchführt, werden nachfolgend ausschließlich solche Statistiken verwendet, in denen die Betriebe als institutionelle Einheit zugrundeliegen.[3] Zur Druckindustrie zählen demzufolge im weiteren ausschließlich diejenigen Betriebe, die schwerpunktmäßig Druckereierzeugnisse und Vervielfältigungen produzieren.[4] Die sog. Hausdruckereien[5], die insbesondere von großen Industriebetrieben eingerichtet wurden, bleiben somit unberücksichtigt, wohingegen die Nebentätigkeiten der Druckbetriebe, die eigentlich anderen Wirtschaftszweigen zuzurechnen sind, wie z.B. Verlagstätigkeiten, graphische Arbeiten u.ä., zur Druckindustrie gezählt werden.

---

[1] Die statistische Aufbereitung nach fachlichen Betriebsteilen wurde vom Statistischen Bundesamt bis zum Jahr 1976 als sog. "Beteiligten-Konzept" bezeichnet.

[2] Vgl.: A. SOBOTSCHINSKI (1976), Die Neuordnung... a.a.O., S.406.

[3] Den Untersuchungen in Kap.IV liegt hingegen die amtliche Produktionsstatistik (Fs.4: R.3.1) zugrunde, deren Erhebung nicht nach institutionellen, sondern nach funktionellen Kriterien durchgeführt wird, so daß der Bruttoproduktionswert der Druckerzeugnisse von sämtlichen Unternehmen bzw. Betrieben erfaßt wird, die zum Monatsbericht melden, unabhängig davon, zu welchem Wirtschaftszweig sie zählen.

[4] Vgl.: STATISTISCHES BUNDESAMT, Systematisches Güterverzeichnis für Produktionsstatistiken, Ausgabe 1982, Stuttgart u. Mainz 1982.

[5] Die Hausdruckereien fungieren typischerweise nicht als eigenständige Betriebe, sondern sind vielmehr als Betriebsteile zu klassifizieren, die überwiegend von großen Industrie- und Dienstleistungsunternehmen, Verbänden, Behörden und anderen öffentlichen Institutionen betrieben werden, um hauptsächlich qualitativ einfache Drucksachen für den betriebsinternen Bedarf zu erstellen.

Die Auswirkungen, die daher resultieren, daß Statistiken verwendet werden, die nicht nach fachlichen Betriebsteilen, sondern nach Betrieben, d.h. nach dem Schwerpunktprinzip gegliedert sind, sollen anschließend für die Druckindustrie exemplarisch anhand der Kennzahlen Umsatzerlöse und Beschäftigtenzahl untersucht werden, für die entsprechende Daten verfügbar sind. Die Differenz in den Vergleichsdaten zeigt folglich den Saldo der fehlerhaften Zuordnungen, der sich aufgrund der Gliederung nach dem Schwerpunktprinzip ergibt. Wie aus Tab.1 erkennbar ist, wurde die Umsatz- und Beschäftigtenentwicklung der Druckindustrie lediglich in geringem Ausmaß durch die Wahl der Erhebungs- und Darstellungseinheit beeinflußt.[1]

Tab.1: Entwicklung der Umsatzerlöse und Beschäftigtenzahl in der Druckindustrie gegliedert nach den institutionellen Einheiten "Betriebe" sowie "Fachliche Betriebsteile", durchschnittliche jährliche Veränderungsraten

Betriebe \ Periode *	1961-68	1969-75	1977-82	1983-88	1961-75	1977-88
Umsatzerlöse, nom.	7,6%	9,1%	7,9%	4,6%	8,3%	6,3%
Beschäftigtenzahl	1,6%	-1,2%	0,4%	-0,7%	0,3%	-0,2%
Fachl. Betriebsteile \ Periode *	1961-68	1969-75	1977-82	1983-88	1961-75	1977-88
Umsatzerlöse, nom.	7,4%	9,2%	6,6%	4,7%	8,2%	5,7%
Beschäftigtenzahl	1,4%	-1,1%	-0,1%	-0,7%	0,2%	-0,4%

* Die durchschnittlichen jährlichen Veränderungsraten werden als Geometrisches Mittel berechnet. Für das Jahr 1976 sind keine vergleichbaren Daten verfügbar. Quelle: Statistisches Bundesamt, Fs.4: R.4.1.1, versch. Jgg.; eigene Berechung der Werte.

In absoluten Werten gemessen fiel die Beschäftigtenzahl in der Gliederung nach Betrieben im Jahr 1988 um 2,4% größer aus als in derjenigen nach

[1] Im Jahr 1988 wurden in den Statistiken für das Produzierende Gewerbe 1.926 in der Druckindustrie schwerpunktmäßig tätige Betriebe erfaßt. Die Zahl der erfaßten fachlichen Betriebsteile, in denen Drucksachen erstellt wurden, betrug hingegen 2.041. Vgl.: STATISTISCHES BUNDESAMT, Fs.4, R.4.1.1, Jg.1988, Stuttgart 1989.

fachlichen Betriebsteilen[1] und die Umsatzerlöse lagen unter Zugrundelegung der Betriebe um 5,7% höher.[2] Folglich war der Leistungsumfang der Nebentätigkeiten von Druckbetrieben, die insbesondere im Verlagsbereich sowie im Bereich der Werbegestaltung erbracht wurden, größer als umgekehrt die Druckleistungen, die von Betrieben des Produzierenden Gewerbes außerhalb der Druckindustrie für betriebsexterne Abnehmer erstellt wurden.[3]

Da für die nachfolgende Untersuchung über die Stellung der Druckindustrie im interindustriellen Wachstums- und Strukturwandlungsprozeß die absoluten Umsatz- und Beschäftigtenzahlen der Druckindustrie unbedeutend sind und vielmehr die langfristigen Entwicklungsverläufe betrachtet werden, wird die Aussagefähigkeit der Statistiken durch die Gliederung nach dem Schwerpunktprinzip für die Druckindustrie im wesentlichen nicht eingeschränkt.

Desweiteren muß bei einer Beurteilung der Aussagefähigkeit der Statistiken des Produzierenden Gewerbes berücksichtigt werden, daß in der Mehrzahl der Statistiken - unabhängig von der jeweiligen institutionellen Gliederung - nur diejenigen Betriebe erfaßt wurden, die der Meldepflicht für den Monatsbericht des Statistischen Bundesamtes unterlagen. Der Berichtskreis des Monatsberichts umfaßte dabei bis zum Jahr 1976 ausschließlich Industriebetriebe mit im allgemeinen mindestens 10 Beschäftigten, wohingegen industrielle Kleinbetriebe mit im allgemeinen 1-9 Beschäftigten ebenso unberücksichtigt blieben wie sämtliche Handwerksbetriebe. Seit der Umstellung des kurzfristigen Berichtssystems in den Jahren 1976/1977 sind Industriebetriebe von Unternehmen des Produzierenden Gewerbes mit im allgemeinen minde-

---

[1] Die Beschäftigtenzahl der Druckindustrie betrug im Jahr 1988 in der Gliederung nach Betrieben 166.539 und in der Gliederung nach fachlichen Betriebsteilen 162.682.

[2] Die Umsatzerlöse der Druckindustrie betrugen im Jahr 1988 in der Gliederung nach Betrieben 28.040,5 Mio. DM und in der Gliederung nach fachlichen Betriebsteilen 26.540,5 Mio. DM.

[3] Betriebsinterne Leistungen werden grundsätzlich in den Statistiken für das Produzierende Gewerbe grundsätzlich nicht erfaßt. Dies gilt nicht nur für die Hausdruckereien, sondern auch für die Eigenleistungen der Druckbetriebe.

stens 20 Beschäftigten meldepflichtig sowie erstmals auch Handwerksbetriebe, sofern sie ebenfalls im allgemeinen mindestens 20 Mitarbeiter beschäftigen.[1] Von den industriellen Kleinbetrieben mit im allgemeinen 1-19 Mitarbeitern werden demnach seit dem Jahr 1976 nur diejenigen erfaßt, die sich im Besitz von Mehrbetriebsunternehmen mit 20 und mehr Beschäftigten befinden. Die industriellen Einzelbetriebe mit 1-19 Beschäftigten bleiben hingegen in den Statistiken ebenso unberücksichtigt wie die Handwerksbetriebe mit 1-19 Beschäftigten, und zwar unabhängig davon, ob es sich um selbständige Handwerksbetriebe handelt oder um Handwerksbetriebe, die mehrbetrieblichen Handwerksunternehmen mit 20 und mehr Beschäftigten angehören. Darüber hinaus werden unabhängig von der institutionellen Gliederung weder die von öffentlichen Einrichtungen betriebenen Regiedruckereien[2] noch die Hausdruckereien von Verbänden, Vereinen und Instituten erfaßt, da diese nicht zum Produzierenden Gewerbe zählen und somit auch nicht der Meldepflicht zum Monatsbericht unterliegen.

Die Begrenztheit des Berichtskreises hatte insbesondere für die Druckindustrie weitreichende Folgen, da die Mehrzahl der Druckbetriebe zu den Kleinbetrieben mit weniger als 10 bzw. 20 Beschäftigten zählte, so daß lediglich ein Bruchteil der existierenden Druckbetriebe in den Statistiken für das Produzierende Gewerbe berücksichtigt wurde. Der Anteil der meldepflichtigen Druckbetriebe nahm zudem während des Untersuchungszeitraums stark ab, denn zum einen vergrößerte sich die Zahl der Kleinbetriebe kontinuierlich und zum anderen wurde - wie bereits erwähnt - in den Jahren 1976/1977 die Erfassungsgrenze von Betrieben mit mindestens 10 Beschäftigten auf Betriebe von Unternehmen mit mindestens 20 Beschäftigten heraufgesetzt.

---

[1] Vgl. im Anhang S.I f.

[2] Die Hausdruckereien produzierten dabei nicht nur für den internen Bedarf, sondern akquirierten z.T. auch externe Druckaufträge. Dies gilt gleichermaßen für die Regiedruckereien, die in erster Linie Annextätigkeiten für öffentliche Institutionen ausführten. Vgl.: E. HAMER, Wenn der TÜV Drucksachen anbietet, Hausdruckereien als unlautere Konkurrenz, in: F.A.Z., Ausgabe v. 16.12.1986, Frankfurt a.M. 1986.

Im Jahr 1988 wurden in den Statistiken des Produzierenden Gewerbes von den insgesamt 11.474 Druckbetrieben[1] nur 16,9% erfaßt, während der Anteil der erfaßten Druckbetriebe im Jahr 1979 noch 19,5% betragen hatte.[2] Vor der Neuabgrenzung des Berichtskreises im Jahr 1976 waren in den Statistiken sogar 29,4% der Druckbetriebe miteinbezogen, wobei sich der Anteilswert damals bereits gegenüber den 60er Jahren deutlich verringert hatte, denn im Jahr 1963 - für das erstmals eine entsprechende Berechnung durchgeführt werden konnte - lag der Anteil der erfaßten Druckbetriebe sogar noch bei 36,0%.

Demzufolge stellt sich die Frage, welcher Stellenwert den erfaßten Druckbetrieben in bezug auf die gesamte Druckindustrie zukommt und inwieweit die in den Statistiken verzeichneten Entwicklungsverläufe als repräsentativ für die Gesamtentwicklung der Druckindustrie anzusehen sind. Hierzu besteht die Möglichkeit, die Umsatz- und Beschäftigtenentwicklung sämtlicher Druckbetriebe zu berechnen, da die entsprechenden Daten für die industriellen Kleinbetriebe und die Handwerksbetriebe in speziellen Statistiken erhoben werden.[3]

Wie Tab.2 zeigt, entfiel auf die erfaßten Druckbetriebe trotz rückläufiger Umsatz- und Beschäftigtenanteile in den Jahren 1987 bzw. 1988 immer noch

---

[1] Zur Berechnungsmethode der Zahl der Druckbetriebe, vgl. im Anhang S.II ff. Entsprechend der neuesten Umsatzsteuerstatistik existierten im Jahr 1988 sogar 14.491 Druckbetriebe, wobei allerdings auch Kleinstbetriebe mit Jahresumsätzen von 20.000-50.000 DM berücksichtigt wurden. Vgl.: STATISTISCHES BUNDESAMT, Fs.14: Finanzen und Steuern, R.8: Umsatzsteuer 1988, Stuttgart 1990.

[2] Vgl. im Anhang S.XIV: Tab.I.

[3] Es besteht jedoch ausschließlich die Möglichkeit, die Umsatzerlöse und die Beschäftigtenzahl für sämtliche Druckbetriebe zu berechnen. Hierzu wurde neben der "Vierteljährlichen Erhebung für industrielle Kleinbetriebe (Fs.4: R.4.1.2) die Handwerksberichterstattung (Fs.4: R.7.1) verwendet sowie für die Jahre 1978-1988 eine Arbeitsunterlage des Statistischen Bundesamtes mit dem Titel: "Beschäftigte und Umsatz von Unternehmen des Handwerks im Verarbeitenden Gewerbe und im Ausbaugewerbe mit weniger als 20 Beschäftigten (Teil der Handwerksberichterstattung)".

83,0% der gesamten Umsatzerlöse in Höhe von 31.184,9 Mio. DM[1] und 77,5% der insgesamt 217.509 Beschäftigten der Druckindustrie, so daß die industriellen und handwerklichen Kleinbetriebe, die nahezu 3/4 aller Druckbetriebe darstellten, vergleichsweise nur von geringer Bedeutung waren.

Tab.2: Entwicklung der Umsatzerlöse und Beschäftigtenzahl in der Druckindustrie sowie die Umsatz- und Beschäftigtenanteile der in den Statistiken für das Produzierende Gewerbe erfaßten bzw. nicht erfaßten Druckbetriebe

Druckindustrie \ Jahr	1962	1967 *	1976 *	1982	1985	1987
Umsatzerlöse, in Mio. DM	5.656,7	.	.	24.848,2	28.983,9	31.184,9
Umsatzanteil, erfaßt	88,1%	87,5%	86,7%	83,9%	83,4%	83,0%
Umsatzanteil, nicht erfaßt	11,5%	12,5%	13,3%	16,1%	16,6%	17,0%
Druckindustrie \ Jahr	1963	1967	1976	1982	1985	1988
Beschäftigtenzahl	238.970	251.829	226.832	219.239	211.524	217.509
Beschäftigte, erfaßt	86,9%	85,0%	82,7%	79,2%	77,5%	77,5%
Beschäftigte, nicht erfaßt	13,1%	15,0%	17,3%	20,8%	22,5%	22,5%

* Die Umsatzerlöse konnten für die Jahre 1967 u. 1976 nur auf Monatsbasis berechnet werden. Quelle: Statistisches Bundesamt, Fs.4: R.4.1.2 u. R.7.1, versch. Jgg. sowie Fs.D: Handwerkszählung 1963, 1968 u. Fs.4: Handwerkszählung 1977; eigene Berechnung der Werte.

Aufgrund der stetigen Abnahme der Umsatz- und Beschäftigtenanteile der erfaßten Druckbetriebe ist jedoch zu prüfen, ob bezüglich der Umsatz- und Beschäftigtenentwicklung zwischen den erfaßten Druckbetrieben und derjenigen von sämtlichen Druckbetrieben gravierende Abweichungen zu verzeichnen sind. Anhand der rückläufigen Umsatz- und Beschäftigtenanteile der er-

[1] Entsprechend der Umsatzsteuerstatistik betrugen die Umsatzerlöse der Druckindustrie im Jahr 1986 30.092,5 Mio. DM und im Jahr 1988 bereits 36,959,0 Mio. DM.

faßten Druckbetriebe ist bereits deren unterdurchschnittliche Umsatz- und Beschäftigtenentwicklung ablesbar. Die nicht erfaßten Kleinbetriebe wiesen demgegenüber - wie aus Tab.3 ersichtlich - zeitweilig sogar weit überdurchschnittliche Umsatz- und Beschäftigtenzuwächse auf. Trotzdem bestanden zwischen der Umsatz- und Beschäftigtenentwicklung der erfaßten Druckbetriebe und der Gesamtzahl der Druckbetriebe keine ausgeprägten Wachstumsdifferenzen, was auf den verhältnismäßig geringen Umsatz- und Beschäftigtenanteil der nicht erfaßten Kleinbetriebe zurückzuführen ist.

Tab.3: Entwicklung der Umsatzerlöse und Beschäftigtenzahl der in den Statistiken für das Produzierende Gewerbe erfaßten bzw. nicht erfaßten Druckbetriebe, durchschnittliche jährliche Veränderungsraten

Druckindustrie \ Periode *	1963-68	1969-76	1979-82	1983-87	1963-76	1979-87
Umsatzerlöse, insges.	8,1%	9,5%	5,8%	4,8%	8,9%	5,1%
Umsatzerlöse, erfaßt	7,9%	9,5%	5,6%	4,4%	8,8%	4,9%
Umsatzerlöse, nicht erfaßt	10,0%	9,6%	6,7%	5,8%	9,8%	6,2%
Druckindustrie \ Periode *	1964-68	1969-76	1979-82	1983-88	1964-76	1979-88
Beschäftigte, insges.	1,3%	-1,4%	-0,2%	-0,1%	-0,4%	-0,1%
Beschäftigte, erfaßt	0,9%	-1,8%	-0,6%	-0,5%	-0,8%	-0,5%
Beschäftigte, nicht erfaßt	3,8%	0,5%	1,6%	1,2%	1,8%	1,4%

* Für die Jahre 1960, 1961, 1977 u. 1988 waren keine Umsatzdaten und für die Jahre 1960, 1961, 1962 u. 1977 keine Beschäftigtendaten verfügbar. Quelle: Statistisches Bundesamt, Fs.4: R.4.1.2 u. R.7.1, versch. Jgg. sowie Fs.D: Handwerkszählung 1963, 1968 u. Fs.4: Handwerkszählung 1977; eigene Berechnung der Werte.

Der Beschäftigtenrückgang ist allerdings unter Berücksichtigung sämtlicher Druckbetriebe merklich niedriger ausgefallen als dies in den Statistiken des Produzierenden Gewerbes verzeichnet wurde, wobei auf diesen Umstand in

Kap.V nachfolgend noch näher eingegangen wird.[1]

Zusammenfassend ist festzuhalten, daß die im weiteren Untersuchungsverlauf zugrundeliegenden Statistiken für das Produzierende Gewerbe in der institutionellen Gliederung nach Betrieben trotz der bestehenden Abgrenzungs- und Erfassungsprobleme eine hinreichende Aussagekraft über die wirtschaftliche Entwicklung der Druckindustrie insgesamt besitzen.

---

[1] Vgl. im Text S.407, S.416f. sowie S.421.

3. STELLUNG DER DRUCKINDUSTRIE IM INTERINDUSTRIELLEN STRUKTURWANDLUNGS- UND WACHSTUMSPROZESS

Der Wachstumsprozeß verlief in der Druckindustrie[1] während der vier Untersuchungsperioden gemessen an den nominalen Umsatzerlösen weitgehend gleichgerichtet zum Verbrauchsgüter- und Industriesektor[2], wobei jedoch die Zuwachsraten in der Druckindustrie deutlich höher ausfielen.

Tab.4: Entwicklung der Umsatzerlöse in der Druckindustrie, im Verbrauchsgüter- sowie im Industriesektor, in nominalen Werten, durchschnittliche jährliche Veränderungsraten

Umsatzerlöse \ Periode	1961-68	1969-76	1977-82	1983-88	1961-76	1977-88
Druckindustrie, nom.	7,6%	9,3%	6,9%	4,6%	8,4%	5,8%
Verbrauchsgütersektor, nom.	5,3%	7,5%	4,0%	3,9%	6,4%	4,0%
Industriesektor, nom.	5,4%	9,2%	5,8%	3,3%	7,3%	4,5%

Quelle: Statistisches Bundesamt, Fs.4: R.4.1.1, versch. Jgg.; eigene Berechnung der Werte.

Die positive Wachstumsdifferenz der Druckindustrie war dabei im Vergleich zum Industriesektor in der Periode 1961-1968 mit Ø 2,3% p.a. sowie in der Periode von 1983-1988 mit Ø 1,3% p.a. am ausgeprägtesten. Gegenüber dem Verbrauchsgütersektor fiel der Wachstumsvorsprung der Druckindustrie noch größer aus und zudem wies die Druckindustrie im betrachteten Zeitraum hinter der Kunststoffwarenindustrie die zweithöchsten Umsatzzuwächse aller

---

[1] Die Umsatzerlöse der Druckindustrie beziehen sich dabei nicht allein auf die reinen Druckerzeugnisse, sondern auch auf andere Druckereierzeugnisse, wie belichtete Filme, Druckformen, Satzarbeiten u.a.

[2] Zum Industriesektor zählen im weiteren - wie allgemein üblich - das Verarbeitende Gewerbe und der Bergbau bzw. bis 1976 die Verarbeitende Industrie und der Bergbau. Vgl.: IFO-INSTITUT, Strukturdaten der Industrie, 15.Folge 1970-1985, München 1986, Anmerkungen zu den Tabellen.

Verbrauchsgüterbranchen auf.[1]

Der auf die fremdbezogenen Materialien und Waren entfallende Umsatzanteil der Druckindustrie nahm dabei im Zeitablauf zu, und zwar von 33,4% im Jahr 1978 auf 36,1%[2] im Jahr 1986,[3] so daß die Brutto-Wertschöpfung in der Druckindustrie mit - wenn auch nur geringfügig - niedrigeren Zuwachsraten anstieg als die entsprechenden Umsatzerlöse.[4]

Im Verbrauchsgüter- und Industriesektor stieg der Vorleistungsanteil gleichfalls an, so daß die überdurchschnittlich hohen Umsatzzuwächse der Druckindustrie nicht auf die Entwicklung der Vorleistungen zurückzuführen waren.[5]

Wie Tab.5 zeigt, entfiel als Folge der überdurchschnittlich hohen Umsatzzuwächse ein steigender Umsatzanteil des Verbrauchsgüter- wie auch des Industriesektors auf die Druckindustrie. Im Jahr 1988 lag die Druckindustrie mit Umsatzerlösen in Höhe von 28.040,5 Mio. DM[6] von den 10 Verbrauchsgüterbranchen an 4.Stelle und bezogen auf die insgesamt 35 Industriebranchen an 13.Stelle.

---

[1] Vgl.: R. KRENGEL/ E. BAUMGART u.a., Produktionsvolumen und -potential, Produktionsfaktoren der Industrie im Gebiet der Bundesrepublik Deutschland, Hrsg.: DIW, 16.Folge, Berlin (West) 1975 sowie B. GÖRZIG/ J. SCHINTKE/ M. SCHMIDT (1989), Produktionsvolumen und -potential... a.a.O.

[2] Für den Zeitraum vor 1978 liegen keine Vergleichsdaten vor, anzunehmen ist jedoch, daß die Vorleistungsquote, d.h. der Umsatzanteil der Vorleistungen angesichts der Produktivitätszuwächse tendenziell gestiegen ist.

[3] Die von der Druckindustrie fremdbezogenen Vorleistungen setzten sich dabei im Jahr 1986 wertmäßig zu 60,4% aus Druckpapieren, zu 18,4% aus Betriebs- und Brennstoffen, zu 6,3% aus Druckfarben sowie zu 5,4% aus belichteten Druckplatten und anderen Druckereierzeugnissen zusammen, um nur die wichtigsten Positionen anzuführen. Vgl.: STATISTISCHES BUNDESAMT, Fs.4, R.4.2.4, Jg.1986, Stuttgart 1989.

[4] Vgl. im Anhang S.XV: Tab.II.

[5] Die Vorleistungsquote des Verbrauchsgütersektors stieg zwischen 1978 und 1986 von 45,6% auf 47,0% und diejenige des Industriesektors von 49,7% auf 50,5%.

[6] Die Umsatzerlöse beziehen sich ausschließlich auf die statistisch erfaßten Druckbetriebe, denn die insgesamt in der Druckindustrie erwirtschafteten Umsatzerlöse fielen deutlich höher aus. Vgl. im Text S.32, insbes. FN.1.

Tab.5: Entwicklung der prozentualen Anteilswerte, mit denen die Druckindustrie zu den Umsatzerlösen des Verbrauchsgüter- und Industriesektors beitrug, in nominalen Werten

Druckindustrie \ Jahr	1960	1968	1976 *	1976 ⁺	1979	1982	1985	1988
Verbrauchsgüterumsatz	8,33%	9,94%	11,33%	10,56%	11,63%	12,44%	12,47%	12,91%
Industrieumsatz	1,52%	1,79%	1,80%	1,56%	1,70%	1,67%	1,62%	1,80%

* Industriebetriebe mit mind. 10 Beschäftigten. ⁺ Betriebe von Unternehmen des Produzierenden Gewerbes mit mind. 20 Beschäftigten. Quelle: Statistisches Bundesamt, Fs.4: R.4.1.1, versch. Jgg.; eigene Berechnung der Werte.

Der Stellenwert der Druckindustrie wird dabei insofern unterschätzt, als daß den statistisch nicht erfaßten Kleinbetrieben in der Druckindustrie eine überdurchschnittliche Bedeutung zukommt. Außerdem wies die Druckindustrie eine unterdurchschnittliche Vorleistungsquote auf,[1] so daß sie mit einem wesentlich höheren Anteilswert zur Brutto-Wertschöpfung[2] als zu den Umsatzerlösen des Industriesektors beitrug, nämlich mit 2,49% gegenüber 1,80% im Jahr 1988.

Unabhängig von der absoluten Höhe des Umsatzanteils ist festzuhalten, daß die Druckindustrie - unter Zugrundelegung nominaler Umsatzwerte - im interindustriellen Wachstums- und Strukturwandlungsprozeß deutliche Strukturgewinne erreichte.

Demgegenüber ergibt sich bei Betrachtung der realen Umsatzentwicklung

---

[1] Die Vorleistungsquote, also der Anteil der Material- und Warenbezüge an den Umsatzerlösen, betrug in der Druckindustrie im Jahr 1986 36,1%, wohingegen die Vorleistungsquote im Verbrauchsgütersektor 47,0% und im Industriesektor insgesamt 50,5% betrug. Vgl.: STATISTISCHES BUNDESAMT, Fs.4: R.4.2.4, Stuttgart 1989.

[2] Der Anteilswert bezieht sich auf das Brutto-Wertschöpfungsvolumen in konstanten Preisen von 1980 lt. Berechnungen des DIW. Vgl.: B. GÖRZIG/ J. SCHINTKE/ M. SCHMIDT (1989), Produktionsvolumen und -potential... a.a.O.

ein zumindest teilweise davon abweichendes Bild, denn wie Tab.6 zeigt, erzielte die Druckindustrie - mit Ausnahme der Periode 1977-1982 - nur unterdurchschnittliche bzw. dem Industriedurchschnitt entsprechende reale Umsatzzuwächse, so daß der Stellenwert der Druckindustrie innerhalb des Industriesektors in realen Werten gemessen annähernd konstant blieb.

Tab.6: Entwicklung der Umsatzerlöse in der Druckindustrie, im Verbrauchsgüter- sowie im Industriesektor, in realen Werten, durchschnittliche jährliche Veränderungsraten

Umsatzerlöse \ Periode	1961-68	1969-76	1977-82	1983-88	1961-76	1977-88
Druckindustrie, real	4,5%	3,2%	2,5%	1,8%	3,9%	2,3%
Verbrauchsgütersektor, real	3,9%	2,7%	-0,2%	2,0%	3,3%	0,9%
Industriesektor, real	4,5%	3,8%	1,2%	2,4%	4,2%	1,8%

Quelle: Statistisches Bundesamt, Fs.4: R.4.1.1, Fs.17: R.2, versch. Jgg.; eigene Berechnung der Werte.

In Relation zum Verbrauchsgütersektor erwirtschaftete die Druckindustrie hingegen überdurchschnittlich hohe reale Umsatzzuwächse und zählte dabei eindeutig zu den wichtigsten Wachstumsträgern des Verbrauchsgütersektors, dennoch fiel die positive Wachstumsdifferenz der Druckindustrie im Vergleich zur nominalen Umsatzentwicklung wesentlich geringer aus.

Damit wird zugleich deutlich, daß die weit über dem Industriedurchschnitt liegenden nominalen Umsatzzuwächse der Druckindustrie in erheblichem Maße darauf basierten, daß die Erzeugerpreise von Druckereierzeugnissen stärker angehoben wurden als diejenigen von Verbrauchs- bzw. Industriegütern insgesamt.[1]

Die überdurchschnittlichen Preiserhöhungen können u.a. damit begründet

[1] Der zugrundegelegte Erzeugerpreisindex "Druckereierzeugnisse" (Melde-Nr.57) berücksichtigt dabei keinen Preisrepräsentanten für Vervielfältigungen.

werden, daß die Druckindustrie mit einer Importquote von weniger als 5% zu den nationalen Branchen zählte,[1] die auf den Inlandsmärkten lediglich in vergleichsweise geringem Ausmaß dem internationalen Preiswettbewerb ausgesetzt waren.[2] Das bedeutete zugleich, daß die Druckindustrie ebenso wie andere nationale Branchen größere Möglichkeiten besaß, kosteninduzierte Preiserhöhungen auf den Absatzmärkten durchzusetzen als die international verflochtenen Industriezweige, und zwar deshalb, weil die Kostenentwicklung in hohem Maße länderspezifisch determiniert war.[3]

Tab.7: Entwicklung der Erzeugerpreise in der Druckindustrie, im Verbrauchsgüter- sowie im Industriesektor, durchschnittliche jährliche Veränderungsraten

Erzeugerpreise \ Periode	1961-68	1969-76	1977-82	1983-88	1961-76	1977-88
Druckindustrie *	2,9%	5,9%	4,3%	2,5%	4,4%	3,4%
Verbrauchsgütersektor	1,3%	4,7%	4,2%	1,9%	3,0%	3,0%
Industriesektor	0,8%	5,1%	4,5%	0,9%	3,0%	2,7%

* Preisindex für Druckereierzeugnisse. Quelle: Statistisches Bundesamt, Fs.17: R.2, versch. Jgg.; eigene Berechnung der Werte.

Darüber hinaus sind die überdurchschnittlichen Preissteigerungen in der Druckindustrie aber auch auf unterdurchschnittliche Produktivitätszuwächse zurückzuführen, deren Entwicklung noch an anderer Stelle aufgezeigt wird.[4]

---

[1] Vgl. im Text S.41f., insbes. Tab.9.

[2] Vgl.: K. BREITHAUPT/ E.-J. HORN/ H. KLODT/ K.-P. KRIEGSMANN u.a., Analyse der strukturellen Entwicklung der deutschen Wirtschaft, Kiel 1979, S.34 sowie W. LAMBERTS, Geldzins, Güterzins und Arbeitsproduktivität, Teil 1: Die Determinanten der Produktivitätsrate, in: Mitteilungen des RWI, Jg.34, S.143-159, Essen 1983, S.147ff.

[3] Ursächlich hierfür ist vor allem die unterschiedliche Entwicklung der Arbeitskosten und/oder der Währungsparitäten.

[4] Vgl. im Text S.55f.

Zusammenfassend betrachtet zeigt sich, daß der Wachstumsprozeß der Druckindustrie wesentlich stärker mit dem Wachstumsprozeß des Industriesektors übereinstimmte als mit demjenigen des Verbrauchsgütersektors. Während nämlich der Umsatzanteil des Verbrauchsgütersektors im Untersuchungszeitraum - in konstanten Preisen von 1960 - sukzessive bis auf 13,25% im Jahr 1988 abnahm, entwickelte sich der Umsatzanteil der Druckindustrie zugleich nahezu konstant und betrug im Jahr 1988 1,32%.

Ausschlaggebend hierfür ist, daß sich die Druckindustrie im Unterschied zur Mehrzahl der anderen Verbrauchsgüterindustrien auch als Vorleistungsindustrie klassifizieren läßt, die für nahezu sämtliche Wirtschaftsbereiche Vorprodukte erstellt, wie z.B. Werbe-, Geschäfts- und Verpackungsdrucksachen.[1] Demzufolge wurde die Wachstumsentwicklung der Druckindustrie auch weniger durch die Entwicklung der privaten Verbrauchsausgaben als vielmehr durch die gesamtwirtschaftliche Entwicklung bestimmt.[2]

Tab.8: Entwicklung der prozentualen Anteilswerte, mit denen die Druckindustrie bzw. der Verbrauchsgütersektor zu den Umsatzerlösen des Industriesektors beitrugen, in realen Werten **

Industrieumsatz \ Jahr	1960	1968	1976 *	1976⁺	1979	1982	1985	1988
Druckindustrie	1,52%	1,52%	1,44%	1,25%	1,32%	1,35%	1,29%	1,32%
Verbrauchsgütersektor	18,19%	17,31%	15,84%	14,73%	14,46%	13,56%	13,02%	13,25%

* Industriebetriebe mit mind. 10 Beschäftigten. ⁺ Betriebe von Unternehmen des Produzierenden Gewerbes mit mind. 20 Beschäftigten. ** Zur Deflationierung wurden Preisindizes mit der Basis 1960=100 verwendet. Quelle: Statistisches Bundesamt, Fs.4: R.4.1.1, versch. Jgg.; eigene Berechnung der Werte.

---

[1] Vgl.: E. GÖRGENS (1975), Wandlungen der industriellen... a.a.O., S.113: Tab.20.

[2] Vgl.: E. GÖRGENS (1975), Wandlungen der industriellen... a.a.O., S.114: insbes. Tab.21.

Anschließend soll sowohl für die Druckindustrie als auch für den Verbrauchsgüter- und Industriesektor die Bedeutung des Außenhandels untersucht werden. In diesem Kontext wird zum einen der Grad der Außenhandelsverflechtung anhand der Import- und Exportquoten aufgezeigt und zum anderen wird die inländische Nachfrageentwicklung[1] mit der Umsatzentwicklung der inländischen Betriebe in Beziehung gesetzt, um feststellen zu können, ob während des Untersuchungszeitraums vom Außenhandel expansive oder kontraktive Wachstumsimpulse ausgingen.[2]

Tab.9: Entwicklung der Import- und Exportquoten in der Druckindustrie, im Verbrauchsgütersowie im Industriesektor, in nominalen Werten

Importquote \ Jahr	1960	1968	1976 *	1976 +	1979	1982	1985	1988
Druckindustrie **	1,6%	2,2%	3,2%	3,3%	3,6%	4,0%	4,7%	4,9%
Verbrauchsgütersektor	9,0%	14,5%	24,8%	23,9%	27,0%	28,8%	32,5%	33,6%
Industriesektor	12,0%	17,4%	25,1%	22,3%	24,5%	27,9%	30,0%	28,3%
Exportquote \ Jahr	**1960**	**1968**	**1976 ***	**1976 +**	**1979**	**1982**	**1985**	**1988**
Druckindustrie **	4,3%	7,1%	8,6%	8,9%	9,7%	11,4%	13,9%	11,0%
Verbrauchsgütersektor	9,2%	14,7%	21,9%	21,1%	22,3%	27,0%	31,8%	31,9%
Industriesektor	17,6%	23,9%	30,4%	27,2%	27,6%	32,2%	34,8%	35,4%

* Industriebetriebe mit mind. 10 Beschäftigten. + Betriebe von Unternehmen des Produzierenden Gewerbes mit mind. 20 Beschäftigten. ** Um den geschätzten Verlagsanteil bereinigte Werte. Quelle: Statistisches Bundesamt, Fs.4: R.4.1.1, R.3.1 sowie Fs.7: R.2, versch. Jgg.; eigene Berechnung der Werte.

---

[1] Wie bereits erwähnt, ist mit der Inlandsnachfrage die Inlandsverfügbarkeit gemeint, also die von inländischen Unternehmen erwirtschafteten Umsatzerlöse abzüglich des Ausfuhrwertes und zuzüglich des Einfuhrwertes.

[2] Die Außenhandelswerte der Druckindustrie mußten dabei um den geschätzten Verlagsanteil bereinigt werden. Zu den Berechnungsmethoden, die hierzu verwendet wurden, vgl. im Anhang S.XX ff.

Wie Tab.9 zeigt, fiel die Außenhandelsverflechtung der Druckindustrie sowohl im Vergleich zum Verbrauchsgüter- als auch zum Industriesektor extrem niedrig aus, wobei allerdings festzustellen ist, daß die Einfuhr- und Ausfuhrwerte der Druckindustrie während des Untersuchungszeitraums überdurchschnittlich stark zunahmen.[1] Dennoch lag die Importquote der Druckindustrie im Jahr 1988 mit 4,9% weiterhin unterhalb der 5%-Grenze, wodurch zugleich der äußerst begrenzte Einfluß der ausländischen Druckbetriebe auf die Inlandsmärkte der Druckindustrie deutlich wird. Die Druckindustrie unterschied sich damit fundamental von den anderen Verbrauchsgüterbranchen, für die seit Mitte der 70er Jahre z.T. sogar überdurchschnittlich hohe Importquoten verzeichnet wurden.[2]

Die Exportquote der Druckindustrie betrug mit 11,0% im Jahr 1988 demgegenüber mehr als das Doppelte der Importquote, lag aber in Relation zum Verbrauchsgüter- und Industriesektor unverändert auf einem sehr niedrigen Niveau, was daran erkennbar ist, daß im Jahr 1988 lediglich die Industriezweige "Gewinnung von Erdöl und Erdgas" (Melde-Nr.2160) sowie "Mineralölverarbeitung" (Melde-Nr.22) mit 1,0% bzw. 3,1% geringere Exportquoten aufwiesen.[3]

Auffallend ist zudem, daß in der Druckindustrie im Vergleich zu anderen Verbrauchsgüterindustrien ein hoher Außenhandelsüberschuß erwirtschaftet wurde,[4] dessen Stellenwert mit Hilfe der Saldenquote verdeutlicht werden

---

[1] Vgl. im Anhang S.XV: Tab.III.

[2] Vgl.: IFO-INSTITUT, Strukturdaten der Industrie, 16.Folge: 1970-1986, München 1987, Tab.9.

[3] Vgl.: B. GÖRZIG/ J. SCHINTKE/ M. SCHMIDT (1989), Produktionsvolumen und -potential... a.a.O., S.9.

[4] Der in der Druckindustrie erwirtschaftete Außenhandelsüberschuß betrug - bereinigt um den geschätzten Verlagsanteil - im Jahr 1988 rd.1.800 Mrd. DM.

kann.[1] Während für den Verbrauchsgütersektor im Untersuchungszeitraum zumeist eine negative Saldenquote registriert wurde, wies die Druckindustrie eine durchgehend positive Saldenquote auf, die sukzessive bis zum Jahr 1985 auf 6,9% zunahm, seither jedoch geringfügig auf 6,4% im Jahr 1988 absank.[2]

Tab.10: Entwicklung der Saldenquoten in der Druckindustrie, im Verbrauchsgüter- sowie im Industriesektor, in nominalen Werten

Saldenquote \ Jahr	1960	1968	1976 *	1976 ⁺	1979	1982	1985	1988
Druckindustrie	1,7%	3,4%	3,5%	3,6%	4,2%	5,4%	6,9%	6,4%
Verbrauchsgütersektor	0,2%	0,2%	-3,8%	-3,7%	-6,5%	-2,6%	-1,0%	-2,6%
Industriesektor	6,4%	7,9%	7,0%	6,3%	4,1%	6,0%	6,9%	10,0%

* Industriebetriebe mit mind. 10 Beschäftigten. ⁺ Betriebe von Unternehmen des Produzierenden Gewerbes mit mind. 20 Beschäftigten. Quelle: Statistisches Bundesamt, Fs.4: R.4.1.1, R.3.1 sowie Fs.7: R.2, versch. Jgg.; eigene Berechnung der Werte.

In Relation zum Industriesektor fiel die Saldenquote der Druckindustrie dagegen bis zum Jahr 1979 unterdurchschnittlich aus, da die Investitionsgüterindustrien z.T. weit höhere Saldenquoten als die Druckindustrie verzeichneten. Seit Anfang der 80er Jahre stimmte die Saldenquote der Druckindustrie jedoch annähernd mit dem Industriedurchschnitt überein, obwohl seit dem Jahr

[1] Die oftmals auch als Nettoexportquote bezeichnete Saldenquote wird als Quotient aus dem Außenhandelssaldo und den Umsatzerlösen berechnet. Vgl.: H.-H. HÄRTEL, Internationale Wettbewerbsposition der deutschen Wirtschaft, in: W. Gerstenberger (Hrsg.), Ansätze und Methoden zur Strukturanalyse, Sonderhefte zum Allgemeinen Statistischen Archiv, Heft Nr.24, S.47-69, Göttingen 1986, S.51f.

[2] Der bereinigte Einfuhrwert von Druckereierzeugnissen betrug im Jahr 1988 rd.1.300 Mio. DM, wovon rd.1.200 Mio. DM auf die Druckerzeugnisse entfielen. Demgegenüber lag der Ausfuhrwert von Druckereierzeugnissen bei rd.3.100 Mio. DM, wovon rd.3.000 Mio. DM auf die Druckerzeugnisse entfielen. Der Außenhandelsüberschuß betrug somit im Jahr 1988 in der Druckindustrie rd.1.800 Mio. DM.

1987 wiederum ein unterdurchschnittlicher Entwicklungsverlauf zu registrieren war.

Insgesamt gesehen ist festzustellen, daß die Druckindustrie im Rahmen einer forcierten Erschließung der Auslandsmärkte ihre internationale Wettbewerbsposition stetig verbessern konnte, so daß die Druckindustrie - gemessen an der Saldenquote - trotz ihrer geringen Außenhandelsverflechtung zu den wettbewerbsstärksten Verbrauchsgüterbranchen zählte und innerhalb des Industriesektors immerhin eine mittlere Position einnahm.[1]

Tab.11: Entwicklung der Inlandsnachfrage sowie der Umsatzerlöse der inländischen Unternehmen in der Druckindustrie, im Verbrauchsgüter- sowie im Industriesektor, in nominalen Werten, durchschnittliche jährliche Veränderungsraten

Umsatzerlöse * \ Periode	1961-68	1969-76	1977-82	1983-88	1961-76	1977-88
Druckindustrie	7,9%	9,3%	6,9%	4,6%	8,4%	5,8%
Verbrauchsgütersektor	5,3%	7,5%	4,0%	3,9%	6,4%	4,0%
Industriesektor	5,4%	9,2%	5,8%	3,3%	7,3%	4,5%
Inlandsnachfrage + \ Periode	1961-68	1969-76	1977-82	1983-88	1961-76	1977-88
Druckindustrie	7,3%	9,2%	6,5%	4,8%	8,2%	5,7%
Verbrauchsgütersektor	5,3%	8,0%	3,9%	4,0%	6,7%	3,9%
Industriesektor	5,2%	9,3%	5,8%	2,6%	7,2%	4,2%

* Umsatzerlöse d. inländ. Unternehmen. + Umsatzerlöse d. inländ. Unternehmen zuzügl. Einfuhrwerte, abzügl. Ausfuhrwerte. Quelle: Statistisches Bundesamt, Fs.4: R.4.1.1 sowie Fs.7: R.2, versch. Jgg.; eigene Berechnung der Werte.

Wie Tab.11 zeigt, wurde die Umsatzentwicklung der inländischen Unternehmen weder in der Druckindustrie noch im Verbrauchsgüter- oder Industrie-

[1] Vgl.: IFO-INSTITUT (1985), Strukturdaten der Industrie a.a.O. sowie H.-H. HÄRTEL (1986), Internationale Wettbewerbsposition... a.a.O., S.53.

sektor nachhaltig von der Außenhandelsentwicklung beeinflußt. Im Fall der Druckindustrie wuchs der Außenhandelsüberschuß während des Untersuchungszeitraums mit Ø 12,3% p.a. gegenüber Ø 7,3% p.a. zwar wesentlich stärker als die Umsatzerlöse der bundesdeutschen Druckbetriebe, aber aufgrund der geringen Außenhandelsverflechtung waren die hiervon ausgehenden Wachstumsimpulse unbedeutend. Dies wird daran deutlich, daß die Umsatzzuwächse der inländischen Druckbetriebe - in nominalen Werten gemessen - während des Untersuchungszeitraums lediglich um Ø 0,2% p.a. höher lagen als die inländischen Nachfragezuwächse nach Druckereierzeugnissen.

Als Fazit ist festzuhalten, daß in der Druckindustrie - trotz der wachsenden Bedeutung des Außenhandels - weiterhin die Binnenmarktorientierung eindeutig dominierte, und zwar ausgeprägter als in sämtlichen anderen bundesdeutschen Industriezweigen mit Ausnahme der Mineralölgewinnung und -verarbeitung. Die Wachstumsentwicklung der bundesdeutschen Druckindustrie war deshalb auch in den 80er Jahren unverändert im wesentlichen von der inländischen Nachfrageentwicklung nach Druckereierzeugnissen abhängig. Die Wachstumsdeterminanten der inländischen Drucknachfrage sollen dabei - wie schon erwähnt - in Kap.IV detailliert auf der Ebene der Produktbereiche und -gruppen analysiert werden.

Im Anschluß wird die angebotsseitige Entwicklung der Druckindustrie untersucht und mit den entsprechenden Entwicklungsverläufen im Verbrauchsgüter- und Industriesektor in Beziehung gesetzt. Von zentraler Bedeutung ist dabei die Produktivitätsentwicklung, durch die die Wachstumschancen der Industriezweige mittelbar beeinflußt werden. Die Produktivitätsentwicklung bestimmt nämlich zusammen mit der Entwicklung der Faktorpreise die Entwicklung der durchschnittlichen Stückkosten[1] und damit unter Voraussetzung einer wettbewerblichen Marktkoordination zugleich die Entwicklung der Erzeugerpreise, die wiederum in Abhängigkeit von der jeweiligen Preiselastizität zu mengen-

---

[1] Darüber hinaus sind die durchschnittlichen Stückkosten vom Auslastungsgrad der Produktionskapazitäten abhängig.

mäßigen Nachfragereaktionen führt. Neben der Produktivitätsentwicklung soll nachfolgend zudem auf die damit in Zusammenhang stehende Entwicklung der Faktorintensitäten der Produktionsfaktoren Arbeit und Sachkapital eingegangen werden.[1]

Die Produktivitätsentwicklung wird anhand der faktorbezogenen Produktivitätskennziffern Arbeits- und Kapitalproduktivität untersucht, die im wesentlichen die Entwicklung der Gesamtproduktivität determinieren.[2] Dies gilt insbesondere für die Druckindustrie, deren Produktionsprozesse gleichermaßen als arbeits- und kapitalintensiv zu charakterisieren sind.[3]

Die Arbeitsproduktivität, berechnet als Brutto-Wertschöpfungsvolumen je Beschäftigten in konstanten Preisen, bildet dabei den Anknüpfungspunkt der Untersuchung.[4]

Wie Tab.12 zeigt, war die Entwicklung der Arbeitsproduktivität während des Untersuchungszeitraums in der Druckindustrie durch erhebliche Wachstumsschwankungen gekennzeichnet, wobei die Produktivitätszuwächse der Druckindustrie sowohl in Relation zum Verbrauchsgütersektor als auch zum Industriesektor in den Perioden 1961-1968 und 1969-1976 unterdurchschnittlich, in den Perioden 1977-1982 und 1983-1988 dagegen überdurchschnittlich aus-

---

[1] Neben der Produktivitätsentwicklung existieren allerdings auch andere angebotsseitige Faktoren, wie z.B. Produktinnovationen bzw. die Mobilität der Produktionsfaktoren, die die Wachstumsentwicklung beeinflussen, die jedoch im weiteren nicht in die Untersuchung miteinbezogen werden. Vgl.: K. HERDZINA (1981), Wirtschaftliches Wachstum... a.a.O., S.176.

[2] Die Arbeits- und Kapitalproduktivität beziehen sich im folgenden auf das Bruttowertschöpfungsvolumen und nicht auf die Umsatzerlöse, so daß die Vorleistungen nicht berücksichtigt werden.

[3] Die faktorbezogene Produktivitätskennziffern sind nur aussagekräftig, wenn die entsprechenden Produktionsfaktoren auch in nennenswertem Umfang im Produktionsprozeß eingesetzt werden. Vgl.: K. HERDZINA (1981), Wirtschaftliches Wachstum... a.a.O., S.176.

[4] Die Arbeitsproduktivität wird vom DIW/Berlin (West) auf der Grundlage von entsprechenden Daten des Statistischen Bundesamtes berechnet. Vgl.: B. GÖRZIG/ J. SCHINTKE/ M. SCHMIDT (1989), Produktionsvolumen und -potential... a.a.O., Erläuterungen und Quellenhinweise.

fielen. In absoluten Werten betrachtet, lag die Arbeitsproduktivität in der Druckindustrie im Jahr 1988 - in konstanten Preisen von 1980 - mit 75.300 DM je Beschäftigten - ebenso wie im Jahr 1960 - geringfügig oberhalb des Industriedurchschnitts in Höhe von 71.630 DM.[1] Im Vergleich zum Verbrauchsgütersektor nahm der bestehende Produktivitätsvorsprung der Druckindustrie im Zeitablauf zwar tendenziell ab, trotzdem wies die Druckindustrie im Jahr 1988 weiterhin von allen Verbrauchsgüterindustrien die höchste Beschäftigtenproduktivität auf.[2]

Tab.12: Entwicklung der Arbeitsproduktivität in der Druckindustrie, im Verbrauchsgüter- sowie im Industriesektor, in realen Werten, durchschnittliche jährliche Veränderungsraten

Arbeitsproduktivität * \ Periode	1961-68	1969-76	1977-82	1983-88	1961-76	1977-88
Druckindustrie, real	2,8%	4,0%	1,9%	3,1%	3,4%	2,5%
Verbrauchsgütersektor, real	4,4%	5,3%	1,1%	3,2%	4,9%	2,1%
Industriesektor, real	4,4%	4,4%	1,4%	3,0%	4,4%	2,2%

* Bruttowertschöpfung je Beschäftigten. Quelle: Berechnungen des DIW, veröff. in: B. Görzig/ J. Schintke/ M. Schmidt, Produktionsvolumen und -potential a.a.O., versch. Ausgaben; eigene Berechnung der jährlichen Veränderungsraten.

Größere Unterschiede als bei der Entwicklung der Arbeitsproduktivität bestanden zwischen der Druckindustrie und dem Verbrauchsgüter- bzw. dem Industriesektor bezüglich der Entwicklung der definitorischen Komponenten der Arbeitsproduktivität,[3] d.h. bei der Entwicklung der Kapitalintensität und

[1] Vgl.: B. GÖRZIG/ J. SCHINTKE/ M. SCHMIDT (1989), Produktionsvolumen und -potential... a.a.O., S.85.

[2] Die zweithöchste Arbeitsproduktivität wurde mit 70.220 DM je Beschäftigten in der Papier- und Pappeverarbeitung (Melde-Nr.56) erreicht. Vgl.: B. GÖRZIG/ J. SCHINTKE/ M. SCHMIDT (1989), Produktionsvolumen und -potential... a.a.O., S.85.

[3] Vgl.: K-H. OPPENLÄNDER (1977), Der Strukturwandel in der Bundesrepublik Deutschland... a.a.O., S.65f.

der Kapitalproduktivität, die evident mit dem technischen Fortschritt in Zusammenhang steht.[1]

Tab.13: Entwicklung der Kapitalintensität in der Druckindustrie, im Verbrauchsgüter- sowie im Industriesektor, in realen Werten, durchschnittliche jährliche Veränderungsraten

Kapitalintensität * \ Periode	1961-68	1969-76	1977-82	1983-88	1961-76	1977-88
Druckindustrie, real	5,7%	5,7%	4,2%	4,4%	5,7%	4,3%
Verbrauchsgütersektor, real	7,7%	6,7%	3,8%	2,6%	7,2%	3,2%
Industriesektor, real	6,9%	5,1%	2,7%	1,9%	6,0%	2,3%

* Brutto-Anlagevermögen je Beschäftigten. Quelle: Vermögensrechnung des DIW, veröff. in: B. Görzig/ J. Schintke/ M. Schmidt, Produktionsvolumen und -potential a.a.O., versch. Ausgaben; eigene Berechnung der jährlichen Veränderungsraten.

Der Prozeß der Kapitalintensivierung verlief in der Druckindustrie während der vier Untersuchungsperioden weitgehend konstant, wobei in den Perioden 1977-1982 und 1983-1988 weit überdurchschnittliche Zuwachsraten zu registrieren waren, da sich der Prozeß der Kapitalintensivierung sowohl im Verbrauchsgüter- als auch im Industriesektor sukzessive verlangsamte. Die in der Druckindustrie seit Mitte der 70er Jahre zu verzeichnende überdurchschnittliche Kapitalintensivierung hatte zur Folge, daß sich die Kapitalintensität der Druckindustrie in absoluten Werten gemessen weitgehend an das durchschnittliche Industrieniveau anglich. Während die Kapitalintensität der Druckindustrie im Jahr 1976 um 23,4% unter dem Industriedurchschnitt lag,[2] fiel die Kapitalintensität der Druckindustrie im Jahr 1988 - in konstanten Preisen von 1980 - mit 131.070 DM je Beschäftigten nur noch um 3,1% niedriger aus als der In-

[1] Die Wirkungen des technischen Fortschritts bestehen i.d.R. in Produktivitätserhöhungen sowie in einer Kapitalintensivierung der Produktionsprozesse.

[2] Vgl.: B. GÖRZIG/ J. SCHINTKE/ P. BAUMANN (1987), Produktionsvolumen und -potential... a.a.O., S.132.

dustriedurchschnitt, der 135.210 DM je Beschäftigten betrug.[1] Im Vergleich zum Verbrauchsgütersektor lag die Kapitalintensität der Druckindustrie im Jahr 1988 um 23,9% höher und wies zugleich hinter dem Industriezweig "Herstellung und Verarbeitung von Glas" (Melde-Nr.52) die zweithöchste Kapitalintensität aller Verbrauchsgüterbranchen auf.[2]

Festzuhalten ist an dieser Stelle, daß die Druckunternehmen offenbar keine Verhaltensänderung "...von der arbeitssparenden zur kapitalsparenden Investitions- und Produktionspolitik..."[3] vornahmen, wie es in den meisten anderen Industriezweigen als Folge der I.OPEC-Ölkrise im Jahr 1973 und der anschließenden Rezessionsphase 1975/1976 zu beobachten war.[4]

Die Kapitalintensität, die als Indikator für den Substitutionsgrad der Produktionsfaktoren Arbeit und Sachkapital anzusehen ist,[5] kann dabei durch eine Erhöhung des Brutto-Anlagevermögens oder durch einen Abbau der Beschäftigtenzahl gesteigert werden.

Wie Tab.14 zeigt, ist der überdurchschnittliche Anstieg der Kapitalintensität in der Druckindustrie in den Perioden 1977-1982 und 1983-1988 ausschließ-

---

[1] Vgl.: B. GÖRZIG/ J. SCHINTKE/ M. SCHMIDT (1989), Produktionsvolumen und -potential... a.a.O., S.132.

[2] Vgl.: B. GÖRZIG/ J. SCHINTKE/ M. SCHMIDT (1989), Produktionsvolumen und -potential... a.a.O., S.132.

[3] Zitat: W. LAMBERTS, Geldzins, Güterzins und Arbeitsproduktivität, Teil 2: Der Einfluß der Realzins-Rendite-Spanne auf die Produktivitätsgestaltung, in: Mitteilungen des RWI, Jg.34, S.161-177, Essen 1983, S.161.

[4] Vgl.: W. LAMBERTS (1983), Geldzins, Güterzins... a.a.O., Teil 1, S.155ff.

[5] Vgl.: J. PRIEWE, Produktivität - Sektoraler Strukturwandel und Produktivitätsentwicklung, in: Wirtschaftsdienst, 59.Jg., Heft Nr.II, S.82-89, Hamburg 1979, S.85.

lich darauf zurückzuführen, daß das Brutto-Anlagevermögen[1] der Druckindustrie überdurchschnittlich stark erhöht wurde.[2] Die rückläufige Beschäftigtenentwicklung trug zwar gleichfalls zum Anstieg der Kapitalintensität der Druckindustrie bei, war aber für die überdurchschnittliche Kapitalintensivierung insofern nicht ursächlich, als daß der Beschäftigtenabbau im Verbrauchsgüter- und Industriesektor stärker ausfiel als in der Druckindustrie.

Tab.14: Entwicklung der Beschäftigtenzahl in der Druckindustrie, im Verbrauchsgüter- sowie im Industriesektor, durchschnittliche jährliche Veränderungsraten

Beschäftigtenzahl \ Periode	1961-68	1969-76	1977-82	1983-88	1961-76	1977-88
Druckindustrie	1,6%	-1,4%	-0,2%	-0,7%	0,1%	-0,5%
Verbrauchsgütersektor	-0,6%	-2,1%	-2,1%	-1,3%	-1,4%	-1,7%
Industriesektor	-0,3%	-0,8%	1,1%	-0,4%	-0,5%	-0,7%

Quelle: Statistisches Bundesamt, Fs.4: R.4.1.1, versch. Jgg.; eigene Berechnung der Werte.

Die überdurchschnittliche Zunahme des Brutto-Anlagevermögens in der Druckindustrie ist aus Tab.15 ersichtlich, wobei die positive Wachstumsdifferenz im Zeitraum 1977-1988 in Relation zum Verbrauchsgüter- und zum

---

[1] Das Anlagevermögen umfaßt den Bestand an dauerhaften reproduzierbaren Produktionsmitteln, wobei zwischen Ausrüstungen und Bauten unterschieden wird. Immaterielle Wirtschaftsgüter sowie Grund und Boden sind hingegen nicht enthalten. Die Verwendung des Brutto-Konzeptes bedeutet, daß die Anlagegüter während ihrer gesamten Nutzungsdauer mit dem Neuwert (Wiederbeschaffungspreis) nachgewiesen werden. Vgl.: L. SCHMIDT, Reproduzierbares Anlagevermögen in erweiterter Bereichsgliederung, in: WiSta, Jg.1986, Heft Nr.7, S.499-509, Stuttgart u. Mainz 1986, S.500ff.

[2] Die Berechnung des Brutto-Anlagevermögens basiert größtenteils auf geschätzten Daten, wobei im folgenden die Daten aus der Vermögensrechnung des DIW zugrundeliegen. Vgl.: K. VOGLER-LUDWIG, Kapitalstockentwicklung und Einflußnahme des Staates auf die Kapitalbildung, in: W. Gerstenberger (1986), Ansätze und Methoden... a.a.O., S.70- S.96, Göttingen 1986, S.73ff.

Industriesektor mit Ø 3,8% p.a. gegenüber Ø 1,5% p.a. gleichhoch ausfiel.

Tab.15: Entwicklung des Brutto-Anlagevermögens in der Druckindustrie, im Verbrauchsgüter- sowie im Industriesektor, in realen Werten, durchschnittliche jährliche Veränderungsraten

Anlagevermögen \ Periode	1961-68	1969-76	1977-82	1983-88	1961-76	1977-88
Druckindustrie, real	7,4%	4,3%	3,9%	3,6%	5,8%	3,8%
Verbrauchsgütersektor, real	7,0%	4,4%	1,7%	1,3%	5,7%	1,5%
Industriesektor, real	6,6%	4,3%	1,6%	1,4%	5,7%	1,5%

Quelle: Vermögensrechnung des DIW, veröff. in: B. Görzig/ J. Schintke u. M. Schmidt, Produktionsvolumen und -potential a.a.O., versch. Ausgaben; eigene Berechnung der jährlichen Veränderungsraten.

Die Entwicklung des Brutto-Anlagevermögens wird durch die Entwicklung der Netto-Anlageinvestitionen, d.h. durch den Saldo aus Zu- und Abgängen von Kapitalgütern, determiniert. Wie Tab.16 zeigt, ist die überdurchschnittliche Erhöhung des Brutto-Anlagevermögens der Druckindustrie in erster Linie durch die starken Zugänge an Kapitalgütern bedingt, was daran erkennbar ist, daß die Brutto-Anlageinvestitionen in der Druckindustrie zwischen 1976 und 1988 mit real Ø 6,7% p.a. wesentlich stärker wuchsen als im Verbrauchsgüter- und im Industriesektor, deren Brutto-Anlageinvestitionen in realen Werten um Ø 3,7% p.a. bzw. Ø 3,2% p.a. ausgeweitet wurden.

Die weit überdurchschnittliche Erhöhung der Brutto-Anlageinvestitionen in der Druckindustrie auf 2.200 Mio. DM im Jahr 1988 bewirkte, daß die Investitionsquote[1] der Druckindustrie im Jahr 1978 erstmals diejenige des Industriesektors übertraf und auch in den folgenden Jahren bis einschließlich 1988 - mit Ausnahme des Jahres 1982 - jeweils über dem Industriedurchschnitt

[1] Die Investitionsquote wird als prozentualer Anteil der Brutto-Anlageinvestitionen an der effektiven Brutto-Wertschöpfung jeweils in konstanten Preisen berechnet.

lag.[1]

Tab.16: Entwicklung der Brutto-Anlageinvestitionen in der Druckindustrie, im Verbrauchsgütersowie im Industriesektor, in realen Werten, durchschnittliche jährliche Veränderungsraten

Anlageinvestitionen \ Periode	1961-68	1969-76	1977-82	1983-88	1961-76	1977-88
Druckindustrie, real	-1,8%	0,6%	4,8%	8,6%	-0,6%	6,7%
Verbrauchsgütersektor, real	-0,3%	-0,1%	-0,5%	8,1%	-0,2%	3,7%
Industriesektor, real	-0,7%	1,5%	1,6%	4,7%	0,4%	3,2%

Quelle: IFO-Investitionstest u. Statistisches Bundesamt, Fs.18: R.1; Berechnungen des DIW, veröff. in: B. Görzig/ J. Schintke/ M. Schmidt, Produktionsvolumen und -potential a.a.O., versch. Ausgaben; eigene Berechnung der jährlichen Veränderungsraten.

Die hohen realen Investitionszuwächse und die dadurch bedingte überdurchschnittliche Kapitalintensivierung führte dabei in der Druckindustrie jedoch nicht zu einem entsprechenden Anstieg der Arbeitsproduktivität, da sich die Kapitalproduktivität zugleich rückläufig entwickelte, und zwar um Ø 1,8% p.a. in den Jahren 1977-1988.[2] Demgegenüber ging der Prozeß der Kapitalintensivierung im Industriesektor in den Jahren 1977-1988 nicht mit einer sinkenden Kapitalproduktivität einher, so daß die Arbeitsproduktivität mit Ø 2,2% p.a. nahezu in gleichem Maße anstieg wie die Kapitalintensität, die um Ø 2,3% p.a. wuchs. Im Verbrauchsgütersektor nahm die Kapitalproduktivität im Zeitraum von 1977-1988 ebenfalls ab, jedoch in geringerem Umfang als in der Druckindustrie.

---

[1] Die Investitionsquote betrug im Jahr 1988 in der Druckindustrie 14,4%, im Verbrauchsgütersektor 12,6% und im Industriesektor 12,7%. Vgl. im Anhang S.XVI: Tab.IV.

[2] Eine sinkende Kapitalproduktivität ist gleichbedeutend mit einem steigenden Kapitalkoeffizienten. Vgl.: K.-H. OPPENLÄNDER (1977), Der Strukturwandel... a.a.O., S.67.

Tab.17: Entwicklung der Kapitalproduktivität in der Druckindustrie, im Verbrauchsgüter- sowie im Industriesektor, in realen Werten, durchschnittliche jährliche Veränderungsraten

Kapitalproduktivität * \ Periode	1961-68	1969-76	1977-82	1983-88	1961-76	1977-88
Druckindustrie, real	-2,8%	-1,6%	-2,2%	-1,2%	-2,2%	-1,8%
Verbrauchsgütersektor, real	-3,1%	-1,3%	-2,6%	0,5%	-2,2%	-1,1%
Industriesektor, real	-2,3%	-0,7%	-1,3%	1,1%	-1,3%	-0,1%

* Bruttowertschöpfung je 1.000 DM Brutto-Anlagevermögen. Quelle: Vermögensrechnung des DIW, veröff. in: B. Görzig/ J. Schintke/ M. Schmidt, Produktionsvolumen und -potential a.a.O., versch. Ausgaben; eigene Berechnung der jährlichen Veränderungsraten.

Ein wichtiger Grund, weshalb sich die Kapitalproduktivität in der Druckindustrie zwischen 1977 und 1988 überdurchschnittlich verringerte, besteht darin, daß die Produktionskapazitäten durch die außerordentlich hohe Investitionszunahme schneller ausgeweitet wurden als das Produktionsvolumen, mit der Folge, daß die durchschnittliche Kapazitätsauslastung der Druckindustrie tendenziell sank, wie Tab.18 zeigt.[1]

Tab.18: Entwicklung der Kapazitätsauslastung in der Druckindustrie, periodendurchschnittliche Indexwerte

Kapazitätsauslastung \ Periode	1960-68	1969-76	1977-82	1983-88	1960-76	1977-88
Druckindustrie	90,3%	92,8%	87,6%	86,5%	91,4%	87,0%

Quelle: Berechnungen des DIW, veröff. in: B. Görzig/ J. Schintke/ M. Schmidt, Produktionsvolumen und -potential a.a.O., versch. Ausgaben; eigene Berechnung der periodendurchschnittlichen Indexwerte.

Das Halten von größeren Reservekapazitäten wurde dabei von den Druck-

[1] Vgl.: J. PRIEWE (1979), Produktivität... a.a.O, S.85.

unternehmen teilweise bewußt angestrebt,[1] um dadurch die Anpassungsflexibilität an Nachfrageschwankungen erhöhen[2] und kurzfristige Lieferfristen gewährleisten zu können, die als Wettbewerbsparameter - speziell bei der auftragsorientierten Fertigung - von wachsender Bedeutung waren. Darüber hinaus kann die trendmäßig rückläufige Kapazitätsauslastung in der Druckindustrie damit erklärt werden, daß die Investitionsobjekte, d.h. die Druckmaschinen, nur bedingt teilbar waren[3] und deren Druckleistungen durch den technischen Fortschritt drastisch erhöht wurden.[4]

Daneben dürfte die Effizienz des Kapitaleinsatzes aber auch deswegen zurückgegangen sein, weil der Mechanisierung und Automatisierung der Produktionsabläufe insbesondere bei kleinauflagigen Druckaufträgen Grenzen gesetzt sind,[5] so daß die Rationalisierungseffekte der zunehmenden Kapital-

---

[1] Im Jahr 1987 wurden - lt. IFO-Investitionstest - in der Druckindustrie 25% der Investitionen mit dem Ziel der Kapazitätserweiterung getätigt, wohingegen 35% der Investitionen zur Rationalisierung und 40% zur Ersatzbeschaffung dienten. Vgl.: IFO-INSTITUT, Investitionsbericht - Erhebung 1986/1987, Druckerei und Vervielfältigung, unveröff., München 1987, S.5.

[2] Vgl.: W. FASSING, Konzentration, Wachstum und Strukturwandel, in: WSI-Mitteilungen, Jg.1983, Heft Nr.3, S.301-309, Düsseldorf 1983, S.302.

[3] Die Unteilbarkeit ist in erster Linie damit zu begründen, daß die Kapazitätsleistung der Druckmaschinen entscheidend von der Formatgröße und der Zahl der Druckwerke abhängt. Das bedeutet, daß zur Fertigung von großformatigen bzw. mehrfarbigen Druckaufträgen Druckmaschinen eingesetzt werden müssen, die produktionstechnisch bedingte Mindestkapazitäten aufweisen.

[4] Vgl. im Text S.368ff.

[5] Beispielgebend hierfür ist die Zunahme der technisch möglichen Druckgeschwindigkeiten, deren produktivitätssteigernde Wirkung entscheidend von der Auflagengröße der Druckaufträge abhängig ist.

intensivierung teilweise abnahmen.[1]

Zusammenfassend ist festzuhalten, daß sich in der Druckindustrie sowohl die Arbeitsproduktivität als auch die Kapitalproduktivität während des Untersuchungszeitraums - im interindustriellen Vergleich - unterdurchschnittlich entwickelten. Demzufolge dürfte auch die Gesamtproduktivität[2] in der Druckindustrie nur unterdurchschnittlich gewachsen sein,[3] wobei dies vor allem darauf zurückzuführen ist, daß sich die Effizienz des eingesetzten Sachkapitals in der Druckindustrie vergleichsweise stark verringerte.

Die unterdurchschnittlichen Produktivitätszuwächse in der Druckindustrie bedeuteten zugleich, daß die gestiegenen Faktorkosten nur in geringerem Umfang über eine erhöhte Produktionseffizienz kompensiert werden konnten als dies im Industriedurchschnitt der Fall war.[4] Da die Entwicklung der Faktorkosten weitgehend exogen bestimmt war, mußte seitens der Unternehmen anstelle der Produktivitätsreaktion eine entsprechende Preisreaktion erfolgen,

---

[1] Daneben existieren weitere Faktoren, die die Entwicklung der Kapitalproduktivität beeinflußen, wie z.B. Änderungen im Altersaufbau des Kapitalstocks oder mangelnder kapitalsparender technischer Fortschritt, auf die an dieser Stelle nicht näher eingegangen wird. Vgl.: E. GÖRGENS, Investitionsquote und Kapitalkoeffizient als Anknüpfungspunkte wachstumspolitischer Empfehlungen, in: WiSt, 6.Jg., Heft Nr.3, S.103-109, München u. Frankfurt 1977, S.107f.

[2] Zur Berechnung der Gesamtproduktivität müßten die eingesetzten Produktionsfaktoren nach einem einheitlichen Maßstab bewertet werden, worauf in diesem Zusammenhang verzichtet wird. Eine entsprechende Berechnung zur Entwicklung der Gesamtproduktivität in der Druckindustrie wurde jedoch für die Jahre 1951-1967 bereits im Rahmen einer anderen Untersuchung durchgeführt. Vgl.: H. BRODBECK, Ökonomische Wirkungen des Technischen Fortschritts in der westdeutschen Druck-Industrie (1951-1967), CH-Freiburg 1972, S.173ff.

[3] Diese Annahme wird dadurch gestützt, daß die Entwicklung der Lohn- und Gehaltssumme je Beschäftigten in der Druckindustrie annähernd dem Industriedurchschnitt entsprach. Vgl. im Anhang S.XVI: Tab.V.

[4] Vgl.: W. LAMBERTS (1983), Geldzins, Güterzins... a.a.O., Teil 1, S.150ff.

um die Erlössituation stabil zu halten.[1]

Dementsprechend ist festzustellen, daß die überdurchschnittlichen Preiserhöhungen[2] für Druckereierzeugnisse nicht auf einen überdurchschnittlichen Anstieg der Faktorkosten zurückzuführen waren,[3] sondern vielmehr darauf, daß in stärkerem Maße kosteninduzierte Preisüberwälzungen erforderlich waren als im Industriedurchschnitt.

Unter der realitätsnahen Prämisse, daß die Preiselastizität der Drucknachfrage weitgehend mit derjenigen der Industriegüternachfrage übereinstimmte, ist zu folgern, daß die Wachstumsentwicklung in der Druckindustrie in stärkerem Umfang negativ durch die preisinduzierten mengen- und wertmäßigen Nachfragereaktionen beeinflußt wurde als der Industriesektor insgesamt.

Im Längsschnittvergleich zeigt sich, daß die Nachfrageentwicklung in der Druckindustrie insbesondere in den Perioden 1961-1968 und 1977-1982 angebotsseitig durch die Produktivitätsentwicklung beeinträchtigt wurde, denn in diesen beiden Perioden erhöhte sich die Arbeitsproduktivität lediglich um Ø 2,8% p.a. bzw. Ø 1,9% p.a.,[4] während die Kapitalproduktivität zugleich um Ø 2,8% p.a. bzw. Ø 2,2% p.a. abnahm.[5] Dadurch bedingt konnten die Faktorkostensteigerungen in diesen beiden Perioden nicht in dem Ausmaß durch Produktivitätszuwächse ausgeglichen werden wie in den Perioden 1969-1976 und 1983-1988, in denen der Anstieg der Arbeitsproduktivität mit Ø 4,0% p.a.

---

[1] Vgl.: F. RAHMEYER, Sektorale Preisentwicklung in der Bundesrepublik Deutschland: 1951-1977, Tübingen 1983, S.209ff.

[2] Vgl. im Text S.39: Tab.7.

[3] Die interindustriellen Differenzen in der Lohn- und Gehaltsentwicklung sind unbedeutend und die Erzeugerpreise für Papier- und Pappewaren wuchsen deutlich geringer als die Erzeugerpreise für Druckereierzeugnisse, so daß deren überdurchschnittliche Zunahme nicht dadurch verursacht wurde, daß etwa die Faktorkosten überdurchschnittlich gestiegen wären. Vgl. im Anhang S.XVI: Tab.V sowie S.XVII: Tab.VI.

[4] Vgl. im Text S.47: Tab.12.

[5] Vgl. im Text S.53: Tab.17.

bzw. Ø 3,1% p.a. erheblich stärker, der Rückgang der Kapitalproduktivität mit Ø 1,6% p.a. bzw. Ø 1,2% p.a. dagegen wesentlich niedriger ausfiel. Die Zunahme der Faktorkosten konnte demzufolge in den Perioden 1961-1968 und 1977-1982 in weitaus geringerem Maße durch Produktivitätszuwächse ausgeglichen werden als in den Perioden 1969-1976 und 1983-1988, mit entsprechend negativen Auswirkungen auf die Nachfrageentwicklung.

Die Druckindustrie ist abschließend als eine relativ produktivitätsschwache, zugleich jedoch relativ wachstumsstarke Branche[1] zu klassifizieren, die eine derart ausgeprägte Binnenmarktorientierung aufwies, wie sie ansonsten nur bei den privaten Dienstleistungsbranchen und staatlich regulierten Wirtschaftsbereichen anzutreffen war.[2] Der strukturelle Positionsgewinn[3], der in nominalen Umsatzwerten für die Druckindustrie gemessen wurde, basierte dabei auf überdurchschnittlich hohen Preissteigerungen, denn unter realer Betrachtung blieb der Umsatzanteil, mit dem die Druckindustrie zum Industriesektor beitrug, im Zeitablauf nahezu konstant. Allerdings ist davon auszugehen, daß die Umsatzerlöse in realen Werten überdurchschnittlich gewachsen wären, wenn die Produktivitäts- und die Preisentwicklung dem Industriedurchschnitt entsprochen hätten.

---

[1] Vgl.: F. RAHMEYER (1983), Sektorale Preisentwicklung... a.a.O., S.211.

[2] Vgl.: W. LAMBERTS (1983), Geldzins, Güterzins... a.a.O., Teil 1, S.148.

[3] Vgl.: K.-P. KRUBER, Marktentwicklung im Wirtschaftswachstum, in: WISU, Heft Nr.10, 2.Jg., S.467-473, Tübingen u. Düsseldorf 1973, S.471.

IV. ENTWICKLUNG DER WACHSTUMSPROZESSE AUF DER EBENE DER EINZELNEN PRODUKTBEREICHE UND PRODUKTGRUPPEN DER DRUCKINDUSTRIE

1. VORBEMERKUNG

In Kap.IV. soll untersucht werden, welche nachfrageseitigen Determinanten für die Wachstumsentwicklung der Druckproduktion im Untersuchungszeitraum maßgebend waren. Hierzu müssen die Drucksachen[1] entsprechend ihrer jeweiligen Funktion in möglichst homogene Produktgruppen unterteilt werden. Die Wachstumsentwicklung der Druckproduktion, die anhand von Bruttoproduktionswerten gemessen wird,[2] kann jedoch nur für einige Produktgruppen und dabei ausschließlich für begrenzte Zeitspannen exakt quantifiziert werden, da die Daten der Produktionsstatistik überwiegend höher aggregiert sind.

---

[1] In Kap.IV werden im weiteren ausschließlich die "Druckerzeugnisse" (Melde-Nr.57 1) berücksichtigt, also die zum Absatz bestimmten Endprodukte der Druckindustrie, die im weiteren als Drucksachen bezeichnet werden. Andere Produkte und Dienstleistungen der Druckindustrie, wie z.B. Mikrofilme, Druckformen und Reproduktionen bzw. Fremdsatz oder Lohnveredelungsarbeiten, wie Lackieren, Kaschieren, Kalandrieren etc., die in der Produktionsstatistik als "Vervielfältigungen und sonstige Druckereierzeugnisse" (Melde-Nr.57 5) bzw. als "Lohnveredelungsmaßnahmen" (Melde-Nr.57 9) bezeichnet werden, bleiben hingegen unberücksichtigt.

[2] Die Verwendung von Bruttoproduktionswerten anstelle von Umsatzerlösen ist dabei allein durch die statistische Datenverfügbarkeit bedingt. Die Bruttoproduktionswerte, denen die erzielten Verkaufspreise ab Werk einschließlich der Verpackung, jedoch abzüglich der Umsatzsteuer, der Verbrauchssteuer sowie der gewährten Rabatte zugrundeliegen, sind zur Beurteilung der Nachfrageentwicklung zumindest in der Druckindustrie ebenso aussagefähig wie die Umsatzerlöse, denn die Lagerproduktion ist in der Druckindustrie aufgrund der überwiegend kundenindividuellen Fertigungsweise unbedeutend; zumal die Mehrzahl der Drucksachen einen hohen Aktualitätsgrad aufweist, so daß eine Lagerung von vornherein ausgeschlossen ist. In der Produktionsstatistik werden die Daten dabei nach funktionalen und nicht nach institutionalen Kriterien erfaßt, d.h., daß die Druckproduktion von sämtlichen Industriebetrieben mit mindestens 10 Beschäftigten (bis 1976) bzw. von sämtlichen Betrieben des Produzierenden Gewerbes mit mindestens 20 Beschäftigten (ab 1977) berücksichtigt worden ist. Vgl.: STATISTISCHES BUNDESAMT, Fs.4: R.3.1.

Der Aggregationsgrad der Produktionsstatistik wurde im Zeitablauf schrittweise verringert, wobei die Drucksachen in den 60er Jahren ausnahmslos in Produktbereiche eingeteilt waren, die sich jeweils aus mehreren Produktgruppen zusammensetzten. Die Ebene der Produktbereiche bildet deshalb im folgenden den Anknüpfungspunkt der Untersuchung, wobei sechs Produktbereiche unterschieden werden, deren Abgrenzung - von zwei Ausnahmen abgesehen - mit den vierstelligen Melde-Nummern der Produktionsstatistik übereinstimmt.[1]

Die Untersuchung beginnt jeweils mit einer Typisierung der Produktbereiche, mit der aufgezeigt wird, welche Produktgruppen zum Produktbereich zählen, mit welchem Produktionsanteil sie zum Produktbereich beitragen, welchen Stellenwert der Produktbereich insgesamt für die Druckindustrie besitzt und inwieweit sich die Nichterfassung von Kleinbetrieben statistisch auswirkt.

Daran anschließend wird die Produktionsentwicklung des Produktbereichs während der vier Untersuchungsperioden dargestellt, und zwar sowohl in nominalen als auch in realen Werten. In diesem Kontext ist zu untersuchen, ob die Erzeugerpreise des Produktbereichs über- oder unterdurchschnittlich angehoben wurden, um dadurch Rückschlüsse auf angebotsseitig bedingte Sondereinflüsse und deren Auswirkungen auf die Entwicklung der Drucknachfra-

---

[1] Die beiden Abweichungen gegenüber der letzten Ausgabe des Systematischen Güterverzeichnisses aus dem Jahr 1982 bestehen zum einen in der Zusammenfassung der sog. Güterklassen "Zeitungen" (Melde-Nr.5714 0.) und "Zeitschriften" (Melde-Nr.5715 0.) zum Produktbereich Pressedrucksachen sowie zum anderen in der Zusammenfassung der Güterklassen "Wandbilder, Bilddrucke und Karten" (Melde-Nr.5717 0.) und "Sonstige Druckererzeugnisse" (Melde-Nr.5719 0.) zum Produktbereich Sonstige Drucksachen. Die Zusammenfassung von Zeitungen und Zeitschriften wurde deswegen durchgeführt, weil das Statistische Bundesamt erst im Jahr 1970 mit einer separaten Erfassung begann, wohingegen die Zuordnung von Wandbildern, Bilddrucken und Karten zu den Sonstigen Drucksachen deshalb erfolgte, weil deren Bruttoproduktionswert derart niedrig war, daß eine separate Untersuchung nicht zweckmäßig erschien.

ge im Produktbereich ziehen zu können.[1] Darüber hinaus muß auch die Darstellung der Außenhandelsentwicklung auf der Ebene der Produktbereiche erfolgen, da Außenhandelsdaten für die Mehrzahl der Produktgruppen nicht separat erfaßt werden.[2] In diesem Zusammenhang wird angestrebt, den Grad der Außenhandelsverflechtung der Produktbereiche damit zu erklären, daß die betreffenden Drucksachen aufgrund von produktspezifischen bzw. produktionsspezifischen Eigenarten in unterschiedlichem Maße für den Außenhandel prädestiniert waren. Außerdem wird untersucht, in welchem Umfang die Produktionsentwicklung der Produktbereiche durch den Außenhandel beeinflußt wurde, ohne daß dabei aber die im Zeitablauf variierenden Bestimmungsgründe der Außenhandelsentwicklung analysiert werden.[3]

Da die inländische Produktionsentwicklung im wesentlichen nicht durch die ausländische, sondern durch die inländische Nachfrageentwicklung bestimmt wurde[4] und die Inlandsnachfrage[5] nach Drucksachen zudem nur in sehr be-

---

[1] Daten zur Entwicklung der Erzeugerpreise sind ebenfalls größtenteils nur auf der Ebene der Produktbereiche und nicht für einzelne Produktgruppen verfügbar.

[2] Die Außenhandelsdaten werden vom Statistischen Bundesamt nach einer anderen Systematik erhoben als die Bruttoproduktionswerte und die Erzeugerpreise, so daß eine exakte Zuordnung zu den Produktbereichen z.T. problematisch ist. Vgl. im Anhang S.XX ff.

[3] Hierzu müßte u.a. die Veränderung der Währungsparitäten sowie die Entwicklung der Faktorkosten im In- und Ausland berücksichtigt werden, was angesichts der vergleichsweise niedrigen Außenhandelsverflechtung der Druckindustrie und des hohen Untersuchungsaufwandes im Rahmen dieser Arbeit nicht zu rechtfertigen ist.

[4] Die Exportquoten der Produktbereiche mit der stärksten Außenhandelsverflechtung erreichten Maximalwerte von rd.20%, so daß in sämtlichen Produktbereichen mindestens 80% der inländischen Druckproduktion von inländischen Kunden nachgefragt wurde.

[5] Die Inlandsnachfrage wird dabei nachfolgend mit der Inlandsverfügbarkeit gleichgesetzt. Die Berechnung erfolgt, indem vom inländischen Bruttoproduktionswert der Ausfuhrwert subtrahiert und der Einfuhrwert addiert wird.

grenztem Umfang durch Einfuhren gedeckt wurde[1], bestand in der Druckindustrie folglich ein äußerst enger Zusammenhang zwischen der inländischen Nachfrage- und Produktionsentwicklung. Die Analyse der Produktionsentwicklung auf der Ebene der Produktgruppen kann deshalb im weiteren auf die Determinanten der inländischen Nachfrageentwicklung beschränkt werden, ohne daß hierdurch der Erklärungswert der Untersuchung nachhaltig beeinträchtigt wird.

Um die Determinanten der inländischen Nachfrageentwicklung adäquat analysieren zu können, müssen die Produktbereiche zunächst in möglichst homogene Produktgruppen disaggregiert werden, wobei sich deren Abgrenzung an den Kriterien der funktionalen und reaktiven Äquivalenz[2] orientiert. Von entscheidender Bedeutung für die Eingruppierung der Drucksachen ist demzufolge die Substituierbarkeit aus Nachfragersicht, wobei daneben allerdings auch Praktikabilitätsüberlegungen zu berücksichtigen sind, denn zum einen muß die Datenverfügbarkeit gewährleistet sein und zum anderen sollen die Produktgruppen mit einem Mindestanteil von 5% zum Bruttoproduktionswert der jeweiligen Produktbereiche beigetragen haben, da eine zu starke Disaggregation im Extremfall nur zu unbedeutenden Detailinformationen führt.[3] Aus diesem Grund werden die beiden Produktbereiche Verpackungsdrucksachen und Sonstige Drucksachen, deren Produktionsanteil während des Untersuchungszeitraums weniger als 10% betrug, nachfolgend nicht in mehrere Produktgrup-

---

[1] Die Importquoten lagen mit Ausnahme des Produktbereichs Bücherdrucksachen, dessen Importquote im Jahr 1988 den bisherigen Maximalwert von 12,9% erreichte, deutlich niedriger als 10%. Vgl. im Text S.104: Tab.24.

[2] Die reaktive Äquivalenz zeigt sich anhand einer hohen Kreuzpreiselastizität, während sich die funktionale Äquivalenz in gleichartigen qualitativen Produkteigenschaften äußert. Vgl.: E. HOPPMANN, Die Abgrenzung des relevanten Marktes im Rahmen der Mißbrauchsaufsicht über marktbeherrschende Unternehmen, Baden-Baden 1974 sowie E. KAUFER, Die Bestimmung von Marktmacht, Diss. Marburg 1965, Bern u. Stuttgart 1967.

[3] Dies gilt insbesondere für die Druckindustrie, denn in enger Interpretation werden mit jedem Druckauftrag heterogene Produkte angefertigt, die aus Nachfragersicht aufgrund der kundenindividuellen Gestaltung nicht oder nur in sehr begrenztem Umfang substituierbar sind.

pen weiter unterteilt.[1]

Auf der Ebene der Produktgruppen wird zunächst angestrebt, die Produktionsentwicklung möglichst exakt nachzuvollziehen. Soweit die benötigten Daten aus der Produktionsstatistik nicht verfügbar sind, muß die Produktionsentwicklung der Produktgruppen, ausgehend von der Produktionsentwicklung des jeweiligen Produktbereichs und unter Zuhilfenahme geeigneter Wachstumsindikatoren, geschätzt werden. Anschließend wird die zentrale Fragestellung behandelt, nämlich welche nachfrageseitigen Determinanten für die zuvor registrierte bzw. geschätzte Produktionsentwicklung der Produktgruppen in den vier Untersuchungsperioden ausschlaggebend waren. Im Rahmen der Analyse der nachfrageseitigen Determinanten müssen dazu die sachlich relevanten Absatzmärkte bzw. Bedarfsmärkte betrachtet werden,[2] was bedeutet, daß auch die engen Substitute anderer Branchen und die davon ausgehende Substitutionskonkurrenz mitzuberücksichtigen sind.[3] Außerdem ist zu prüfen, ob eventuell komplementäre Beziehungen zwischen der Drucknachfrage und der Nachfrage nach anderen Produkten feststellbar sind.[4]

Nachdem auf der Ebene der Produktgruppen die maßgeblichen Determinanten für die Entwicklung der Inlandsnachfrage und damit zugleich der Inlandsproduktion analysiert worden sind, soll abschließend beurteilt werden, inwie-

---

[1] Der Produktionsanteil, mit dem die Produktbereiche Verpackungsdrucksachen und Sonstige Drucksachen zur gesamten Druckproduktion beitrugen, lag im Jahr 1988 bei 6,8% bzw. 4,4%.

[2] Da lediglich die Determinanten der inländischen Drucknachfrage analysiert werden, findet demzufolge auch eine räumliche Abgrenzung statt, und zwar auf das Gebiet der BR Deutschland einschl. Berlin (West) in den bis zum 03.10.1990 gültigen Grenzen.

[3] Vgl.: I. SCHMIDT, Wettbewerbspolitik und Kartellrecht, 2. bearb. u. erw. Aufl., Stuttgart u. New York 1987, S.49ff.

[4] Vgl.: R. ERTEL/ W. MEYER, Zur Abgrenzung substitutiver und komplementärer Gutsbeziehungen, Diskussionspapier der Fakultät für Wirtschaftswissenschaften der Technischen Universität Hannover, Heft Nr.20, Serie C, Hannover 1977 sowie K. PANTFÖRDER, Die Substitutionskonkurrenz in der modernen volkswirtschaftlichen Theorie und ihre Bedeutung für die Marktformenlehre, Diss. Freiburg/Schweiz 1969, veröff. Reinheim/Odw. 1969, S.93ff.

weit die Produktionsentwicklung der einzelnen Produktgruppen zur Wachstumsentwicklung des jeweiligen Produktbereichs beigetragen hat.

Der Einfluß angebotsseitiger Faktoren auf die Nachfrageentwicklung, wie z.B. die Faktorpreis- und Produktivitätsentwicklung, die in Kap.III für die Druckindustrie insgesamt aufgezeigt wurde, soll nachfolgend auf der Ebene der Produktbereiche bzw. -gruppen nicht erneut erörtert werden, da deren Entwicklung im allgemeinen nicht produktabhängig ist. Die Einführung neuartiger bzw. modifizierter Produktionstechniken, die eine Ausweitung des Leistungsangebots der Druckindustrie ermöglichten und von denen somit Wachstumsimpulse ausgingen, werden hingegen explizit in die Analyse der Nachfrageentwicklung miteinbezogen.

Die Untersuchung in Kap.IV endet mit einer zusammenfassenden Betrachtung der verzeichneten Wachstumsprozesse, mit der das Ziel verfolgt wird, trendmäßige Nachfrageentwicklungen zu identifizieren, um dadurch generelle Aussagen über die Wachstumsentwicklung der Druckindustrie und deren Determinanten treffen zu können.

2. PRODUKTBEREICH "GESCHÄFTSDRUCKSACHEN"

2.1. TYPISIERUNG DES PRODUKTBEREICHS

Zum Produktbereich Geschäftsdrucksachen[1] zählen einerseits Einzel- und Endlosformulare, Briefbogen und -umschläge, Karteikarten, Lochkarten sowie Postkarten,[2] also im wesentlichen Vorleistungsprodukte, die in sämtlichen Wirtschaftsbereichen[3] und teilweise auch im Privatbereich zu Informations-, Kommunikations- und Dokumentationszwecken verwendet werden. Andererseits umfaßt der Produktbereich Geschäftsdrucksachen aber auch Drucksachen, die vollkommen andere Funktionen erfüllen, wie Aktien, Schecks, Banknoten, Briefmarken, Billets, Lose u.ä.[4]

Der Produktbereich Geschäftsdrucksachen wird im weiteren in die folgenden drei Produktgruppen unterteilt: Formulare, Briefpapiere und Wertpapiere; wobei im Jahr 1988 schätzungsweise 70% des Bruttoproduktionswertes von Geschäftsdrucksachen auf die Produktgruppe Formulare, ca.25% auf die Pro-

---

[1] Der Produktbereich Geschäftsdrucksachen stimmt bezüglich der Abgrenzung mit der Güterklasse "Geschäftspapiere und ähnliche Drucksachen" überein, die vom Statistischen Bundesamt in der Produktionsstatistik unter der Melde-Nr.5711 0. erfaßt wird. Vgl.: STATISTISCHES BUNDESAMT, Systematisches Güterverzeichnis für Produktionsstatistiken, Ausgabe 1982, Stuttgart u. Mainz 1983.

[2] Hierzu zählen jedoch nicht die bebilderten Ansichtskarten, die dem Produktbereich Sonstige Drucksachen zugeordnet sind.

[3] Die inländischen Hauptabnehmer von Geschäftsdrucksachen waren zu 55-60% Industrie- und Handelsunternehmen, zu rd.25% Banken und Versicherungen sowie zu rd.10% öffentliche Verwaltungen und wissenschaftliche Institutionen u.ä. Vgl.: K. GREFERMANN, Druckerei- und Vervielfältigungsindustrie, Berlin (West) u. München 1980, S.43.

[4] Weshalb das Statistische Bundesamt die Wertpapiere zu den Geschäftsdrucksachen zugeordnet hat, ist nicht nachvollziehbar, denn Wertpapiere unterliegen nicht nur anderen Nachfragedeterminanten als Formulare und Briefpapiere, sondern stellen daneben auch spezielle produktionstechnische Anforderungen, denn sie werden zumeist sogar auf Spezialmaschinen erstellt. In der Außenhandelsstatistik werden Aktien, Banknoten und Briefmarken folgerichtig auch separat ausgewiesen.

duktgruppe Briefpapiere und ca.5% auf die Produktgruppe Wertpapiere entfielen. Der Bruttoproduktionswert des Produktbereichs Geschäftsdrucksachen betrug im Jahr 1988 4.475,7 Mio. DM, so daß auf die Geschäftsdrucksachen 18,0% des gesamten Bruttoproduktionswertes der Druckindustrie in Höhe von 24.850,8 Mio. DM entfielen. Der Produktbereich Geschäftsdrucksachen lag somit hinter den beiden Produktbereichen Pressedrucksachen (35,5%) und Werbedrucksachen (26,9%) an dritter Position.

Unter Berücksichtigung der in der Produktionsstatistik nicht erfaßten Kleinbetriebe dürfte der Produktionsanteil von Geschäftsdrucksachen jedoch merklich höher gelegen haben, denn im Produktbereich Geschäftsdrucksachen dominierten die kleinauflagigen Druckaufträge in weit stärkerem Maße als in irgendeinem der anderen Produktbereiche der Druckindustrie. Die Geschäftsdrucksachen bildeten deshalb - neben den Werbedrucksachen - für die statistisch nicht erfaßten Kleinbetriebe den wichtigsten Produktionsschwerpunkt, zumal auch die Anforderungen an die Druckqualität bei Geschäftsdrucksachen vergleichsweise gering waren, da keine Bildreproduktionen und häufig nur eine einfarbige Druckausstattung nachgefragt wurden.[1] Die Geschäftsdrucksachen wurden deswegen in der Produktionsstatistik lediglich unterproportional berücksichtigt. Dies verdeutlicht auch die Produktionsstatistik aus dem Jahr 1976, denn damals wurde die Erfassungsgrenze der meldepflichtigen Betriebe von mindestens 10 Beschäftigte auf mindestens 20 Beschäftigte erhöht, und dabei zeigte sich, daß der Produktionsanteil von Geschäftsdrucksachen in der Betriebsgrößenklasse mit 10-19 Beschäftigten 45,0% betrug, während bei den Druckbetrieben mit 20 und mehr Beschäftigten im Jahr 1976 lediglich ein Produktionsanteil von 21,3% auf die Geschäftsdrucksachen entfiel.

Demnach ist anzunehmen, daß der Produktbereich Geschäftsdrucksachen bezogen auf sämtliche Druckbetriebe im Jahr 1988 nicht mit 18,0%, sondern vermutlich mit ca.21-22% zum gesamten Bruttoproduktionswert der Druckindu-

---

[1] Vgl.: HAUPTVERBAND DER GRAPHISCHEN UNTERNEHMUNGEN ÖSTERREICHS (Hrsg.), Druck 2000 - Denkanstöße für eine erfolgreiche Zukunft, Teil III: Drucktechnik 2000 - Markt und Technologie, Wien 1984, S.32ff.

strie beitrug.[1] Außerdem ist in diesem Zusammmenhang zu erwähnen, daß in der Produktionsstatistik die Druckleistungen der Regiedruckereien einschließlich der Bundesdruckerei in Berlin (West)[2] grundsätzlich nicht berücksichtigt wurden. Dies gilt gleichermaßen für die von Hausdruckereien zu betriebsinternen Zwecken erstellten Druckleistungen, so daß ausschließlich der Bruttoproduktionswert der im Fremdauftrag gefertigten Drucksachen statistisch erfaßt wurde, sofern die betreffenden Hausdruckereien von Industriebetrieben mit mindestens 10 Beschäftigten (bis 1976) bzw. von Unternehmen des Produzierenden Gewerbes mit mindestens 20 Beschäftigten (seit 1977) betrieben wurden.[3] Nähere Angaben über die Zahl der bestehenden Haus- und Regiedruckereien bzw. über deren Bruttoproduktionswert sind bislang nicht verfügbar, zumal in den letzten Jahren die definitorische Abgrenzung von Haus- und Regiedruckereien dadurch erheblich erschwert wurde, daß anstelle von traditionellen Druckmaschinen vermehrt Hochleistungskopier- und Laserdruckgeräte eingesetzt wurden, die die gleichen Funktionen erfüllten, aber auf einer anderen technologischen Grundlage, nämlich dem sog. "Non-impact-printing"[4]

---

[1] Diese Einschätzung wird durch die "Marketing-Umfrage des BVD" aus dem Jahr 1977 gestützt, denn damals gaben 42,7% der befragten Kleinbetriebe mit 1-19 Beschäftigten an, daß sie im Formularbereich einen Produktionsschwerpunkt hätten, wobei dies der mit Abstand höchste Anteilswert aller Betriebsgrößenklassen war. Vgl.: H.-J. TEICHMANN (1982), Neue technische Kommunikation... a.a.O., S.55 sowie BVD (1977), Marketing-Umfrage... a.a.O.

[2] Die Bundesdruckerei in Berlin (West) meldet ausschließlich zur Außenhandelsstatistik.

[3] Die Hausdruckereien von Dienstleistungsunternehmen, wie Banken, Versicherungen, Sparkassen, Werbeagenturen u.ä. sowie von Verbänden und Vereinen, blieben demzufolge auch dann statistisch unberücksichtigt, wenn sie Fremdaufträge fertigten.

[4] Im Gegensatz zu den konventionellen Druckverfahren zählen Kopiergeräte und Laserdrucker zu den anschlag- bzw. berührungslosen Druckverfahren (Non-Impact-Printing), die auf dem elektrofotografischen bzw. elektrografischen Funktionsprinzip basieren. Vgl.: J. SCHNEIDER, Intelligente Drucksysteme als Hilfsmittel bzw. Alternative in der Satzherstellung, Hrsg.: BVD, Wiesbaden 1987, S.2f.

basierten. Festzuhalten bleibt jedoch, daß in den Haus- und Regiedruckereien überwiegend Formulare und Briefpapiere erstellt wurden,[1] so daß der gesamte Bruttoproduktionswert bzw. der Produktionsanteil von Geschäftsdrucksachen unter Einbeziehung von Haus- und Regiedruckereien beträchtlich höher zu veranschlagen ist.

2.2. DARSTELLUNG DER PRODUKTIONS- UND AUSSENHANDELSENTWICKLUNG DES PRODUKTBEREICHS

Die Produktionsentwicklung des Produktbereichs Geschäftsdrucksachen war - wie aus Tab.19 erkennbar - während des Untersuchungszeitraums dadurch gekennzeichnet, daß die Zuwachsraten sowohl in nominalen als auch in realen Werten drastisch zurückgingen und daß der reale Bruttoproduktionswert von Geschäftsdrucksachen in der Periode von 1977-1982 sogar um Ø 0,9% p.a. sank. Dieser negative Entwicklungstrend hatte zur Folge, daß der Bruttoproduktionswert von Geschäftsdrucksachen - trotz geringer Produktionszuwächse in der Periode 1983-1988 - im Jahr 1988 preisbereinigt lediglich auf dem Niveau des Jahres 1976 lag.[2]

Im Vergleich zur gesamten Produktionsentwicklung von Drucksachen fielen die realen Produktionszuwächse des Produktbereichs Geschäftsdrucksachen in allen vier Untersuchungsperioden unterdurchschnittlich aus und der Produktbereich Geschäftsdrucksachen war somit zugleich der bei weitem wachstumsschwächste von allen Produktbereichen der Druckindustrie. Die negative Wachstumsdifferenz des Produktbereichs Geschäftsdrucksachen vergrößerte sich dabei bis zur Periode 1977-1982 trendmäßig, wohingegen in der Periode 1983-1988 wiederum eine merkliche Verringerung der Wachstumsdifferenz

---

[1] Vgl.: HAUPTVERBAND DER GRAPHISCHEN UNTERNEHMUNGEN ÖSTERREICHS (1984), Druck 2000 a.a.O., Teil II: Der Markt der Druckereien und Druckformhersteller, S.49.

[2] Der Bruttoproduktionswert des Produktbereichs Geschäftsdrucksachen betrug im Jahr 1988 - in Preisen von 1980 - 3.196,6 Mio. DM und fiel damit sogar etwas niedriger aus als im Jahr 1976, denn damals betrug der Bruttoproduktionswert - in Preisen von 1980 - bereits 3.273,4 Mio. DM.

eintrat.[1]

Tab.19: Entwicklung der Bruttoproduktionswerte von Geschäftsdrucksachen sowie von Drucksachen insgesamt, in nominalen und realen Werten, durchschnittliche jährliche Veränderungsraten

Produktionswert \ Periode	1961-68	1969-76	1977-82	1983-88	1961-76	1977-88
Geschäftsdrucksachen, nom.	7,5%	7,9%	4,8%	4,1%	7,7%	4,5%
Drucksachen insges., nom.	8,2%	8,9%	6,9%	5,0%	8,5%	5,9%
Geschäftsdrucksachen, real	4,4%	2,6%	-0,9%	0,5%	3,5%	-0,2%
Drucksachen insges., real	5,1%	2,8%	2,3%	2,3%	3,9%	2,3%

Quelle: Statistisches Bundesamt, Fs.4: R.3.1 u. Fs.17: R.2, versch. Jgg.; eigene Berechnung der Werte.

Auffallend in diesem Zusammenhang war, daß die negative Wachstumsdifferenz von Geschäftsdrucksachen in den beiden Perioden 1977-1982 und 1983-1988 in realen Werten wesentlich größer ausfiel als in nominalen Werten. Die Druckunternehmen konnten anscheinend die Nachfrageeinbußen bei Geschäftsdrucksachen zumindest teilweise durch überdurchschnittliche Preisanhebungen kompensieren.[2] Umgekehrt trug der starke Preisanstieg unter Umständen mit dazu bei, daß die Nachfrage nach Geschäftsdrucksachen in den Perioden 1977-1982 und 1983-1988 stagnierte bzw. sich rückläufig entwickelte. Die überdurchschnittlichen Preisanhebungen im Produktbereich Geschäftsdrucksachen lassen sich in erster Linie damit erklären, daß

---

[1] Vgl. im Text S.309: Tab.71.

[2] In diesem Zusammenhang ist allerdings darauf hinzuweisen, daß die Höhe des verzeichneten Preisanstiegs bei Geschäftsdrucksachen sowohl seitens des BVD als auch z.T. von Druckunternehmen, die zum IFO-Konjunkturtest meldeten und die schwerpunktmäßig im Formulardruck tätig waren, zumindest zeitweise, insbes. bis Anfang der 80er Jahre, angezweifelt wurde. Vgl.: K. GREFERMANN (1980), Druckerei- und Vervielfältigungsindustrie a.a.O., S.43: FN.18 sowie im Anhang S.XLIV: Tab.XVI.

Geschäftsdrucksachen zumeist in kleinen und mittleren Auflagengrößen produziert wurden, denn bei kleinen und mittleren Druckauflagen fielen die technisch bedingten Produktivitätszuwächse weitaus niedriger aus als beim Hochauflagendruck, der nicht nur am stärksten von der Erhöhung der Druckgeschwindigkeiten profitierte, sondern auch zur Automatisierung der Produktionsprozesse prädestiniert war. Demzufolge konnten bei Geschäftsdrucksachen und anderen kleinauflagigen Druckaufträgen steigende Faktorpreise nicht in dem Maße durch Produktivitätsfortschritte kompensiert werden wie in den Produktbereichen mit überwiegend großauflagigen Druckaufträgen.

Die für die verzeichnete Produktionsentwicklung des Produktbereichs Geschäftsdrucksachen ursächlichen inländischen Nachfragedeterminanten sollen im weiteren Untersuchungsverlauf auf der Ebene der drei Produktgruppen des Produktbereichs Geschäftsdrucksachen separat analysiert werden. Die Außenhandelsentwicklung kann hingegen ausschließlich für die Produktgruppe Wertpapiere exakt nachvollzogen werden, wohingegen für die Produktgruppe Formulare erst seit dem Jahr 1986, und zwar ausschließlich für Endlosformulare Außenhandelswerte ausgewiesen werden, und für die Produktgruppe Briefpapiere bislang überhaupt keine Außenhandelsdaten vorliegen.[1] Aus diesem Grund soll an dieser Stelle erörtert werden, inwieweit die Geschäftsdrucksachen grundsätzlich seitens der produktionstechnischen Anforderungen für den Außenhandel prädestiniert waren und ob die Wachstumsentwicklung des Produktbereichs Geschäftsdrucksachen hiervon möglicherweise maßgebend beeinflußt wurde.

Ausgehend von der Tatsache, daß bei Geschäftsdrucksachen typischerweise kleinauflagige Druckaufträge mit eher niedrigen Druckqualitäten vorherrschen und somit auch die Auftragswerte i.d.R. verhältnismäßig gering sind, kann gefolgert werden, daß der Umfang des Außenhandels bei Geschäftsdrucksachen sehr beschränkt war. Der hierbei unterstellte positive Zusammen-

[1] Im Unterschied zu den anderen Produktbereichen der Druckindustrie kann somit nicht quantifiziert werden, wie sich der Außenhandel im Produktbereich Geschäftsdrucksachen während des Untersuchungszeitraums entwickelte.

hang zwischen der Höhe der Auftragswerte und dem Umfang des Außenhandels läßt sich wiederum im wesentlichen auf drei Ursachen zurückführen. Erstens stellen die Transaktionskosten im engeren Sinn - bestehend aus Anbahnungs-, Vereinbarungs- und Kontrollkosten[1] - speziell bei den Kleinaufträgen ein besonders gewichtiges Außenhandelshemmnis dar, da die Transaktionskosten weitgehend unabhängig vom Druckvolumen bzw. Auftragswert sind, zugleich aber mit wachsender räumlicher Distanz zwischen Druckort und Kundensitz stark zunehmen. Zweitens sind die Transportkosten bei Kleinaufträgen insofern von größerer Bedeutung als bei Großaufträgen, da sich die Transportkosten mit steigendem Transportgewicht nur unterproportional erhöhen. Drittens lassen sich bei kleinauflagigen Druckaufträgen a priori nur in sehr begrenztem Umfang Massenproduktionsvorteile im Fortdruck nutzen, so daß die mit der räumlichen Entfernung zum Kundensitz ansteigenden Transaktions- und Transportkosten im Gegensatz zu Großaufträgen hierdurch nicht kompensiert werden können. Der Außenhandel mit Geschäftsdrucksachen - wie auch mit allen anderen Drucksachen - ist deswegen generell auf Großaufträge sowie auf diejenigen Druckaufträge beschränkt, die außergewöhnliche produktionstechnische Anforderungen stellen. Einen Ausnahmefall bilden lediglich Druckbetriebe, die in den grenznahen Regionen ansässig sind, wobei dies insbesondere für die an Österreich und die Schweiz angrenzenden Regionen gilt, da in diesen Fällen keine Sprachbarrieren bestehen, die als Außenhandelshemmnis grundsätzlich von großer Bedeutung sind. Der innerdeutsche Handel mit der ehemaligen DDR, der nicht in der Außenhandelsstatistik erfaßt wurde, war demgegenüber wenigstens quantitativ zu vernachlässigen und beschränkte sich im wesentlichen auf den Austausch von Verlagserzeugnissen wie Büchern, Zeitungen und Zeitschriften.[2]

---

[1] Vgl. z.B.: A. PICOT, Transaktionskostenansatz in der Organisationstheorie - Stand der Diskussion und Aussagewert, in: Die Betriebswirtschaft (DBW), Jg.42, Heft Nr.2, S.267-284, Stuttgart 1982, S.270ff.

[2] Bei Formularen betrugen die bundesdeutschen Lieferungen an die DDR im Jahr 1988 lediglich 216.000 DM und die Bezüge aus der DDR lagen sogar nur bei 99.000 DM. Vgl.: STATISTISCHES BUNDESAMT, Fs.6: R.6.

Dementsprechend ist davon auszugehen, daß der Außenhandel mit Geschäftsdrucksachen im wesentlichen auf Endlosformulare, die teilweise in Großauflagen gedruckt wurden, sowie auf Aktien, Banknoten und Briefmarken begrenzt war, die nur von wenigen Druckbetrieben auf Spezialmaschinen hergestellt wurden. Andere Geschäftsdrucksachen, wie Briefpapiere und Einzelformulare dürften hingegen nur unwesentlich zum Außenhandel mit Geschäftsdrucksachen beigetragen haben und wurden auch aus diesem Grund in der Außenhandelsstatistik nicht separat ausgewiesen.

Unter Zugrundelegung der Außenhandelswerte für Endlosformulare, Aktien, Banknoten und Briefmarken ergibt sich für das Jahr 1988 somit eine Exportquote von 2,1%, eine Importquote von 0,3% und eine Saldenquote von 1,8%.[1] Die Außenhandelsverflechtung des Produktbereichs Geschäftsdrucksachen war damit erheblich niedriger als in sämtlichen anderen Produktbereichen der Druckindustrie und anhand der vergleichsweise niedrigen Saldenquote von 1,8% wird zugleich ersichtlich, daß der Außenhandel während des Untersuchungszeitraums mit Sicherheit keinen maßgebenden Einfluß auf die Wachstumsentwicklung der Inlandsproduktion von Geschäftsdrucksachen ausgeübt hat.

2.3. ANALYSE DER PRODUKTIONSENTWICKLUNG DER PRODUKTGRUPPEN

2.3.1. ABGRENZUNG DER PRODUKTGRUPPEN

Der Produktbereich Geschäftsdrucksachen wird im folgenden in die Produktgruppen Formulare, Briefpapiere und Wertpapiere unterteilt, da diese Druck-

---

[1] Die Importquote wurde berechnet als Quotient aus Einfuhrwert und Inlandsverfügbarkeit (Inländischer Bruttoproduktionswert abzügl. des Ausfuhrwertes und zuzügl. des Einfuhrwertes). Die Exportquote wurde berechnet als Quotient aus Ausfuhrwert und inländischem Bruttoproduktionswert. Der Ausfuhrwert von Endlosformularen, Aktien, Banknoten und Briefmarken betrug im Jahr 1988 94,4 Mio. DM, während der entsprechende Einfuhrwert nur bei 13,9 Mio. DM lag. Vgl.: STATISTISCHES BUNDESAMT, Fs.7: R.2.

sachen verschiedene Verwendungszwecke erfüllen und deren Produktionsentwicklung demzufolge durch unterschiedliche Nachfragedeterminanten bestimmt wird. Die Formulare, die als funktionell gestaltete Vordrucke zur vereinfachten Speicherung und Weitergabe von schriftlichen Informationen zu kennzeichnen sind,[1] werden dabei gleichermaßen zu betriebsinternen (→ Lohnabrechnungen) wie auch zu betriebsexternen Informations- und Kommunikationszwecken (→ Angebote, Auftragsbestätigungen, Lieferscheine, Rechnungen etc.) eingesetzt.

Die Briefpapiere dienen ebenfalls der schriftlichen Informationsspeicherung und -übermittlung und sind deshalb funktionell nicht eindeutig von den Formularen abzugrenzen.[2] Trotzdem erscheint eine Unterteilung von Formularen und Briefpapieren insofern als zweckmäßig, als die universell einsetzbaren Briefpapiere insbesondere zur persönlichen Ansprache geeignet sind. Außerdem werden Briefpapiere - anders als Formulare - ausschließlich zu betriebsexternen Zwecken verwendet und dienen darüber hinaus auch zur privaten Kommunikation.

Die Produktgruppe Wertpapiere umfaßt hingegen äußerst heterogene Produkte wie Aktien, Banknoten und Briefmarken, deren einzige Gemeinsamkeit darin besteht, daß sie ähnliche produktionstechnische Anforderungen stellen.[3] Diese Produkte werden im weiteren deswegen zu einer Produktgruppe zu-

---

[1] Vgl.: H.K. JOSCHKE, Formulare, in: Management-Enzyklopädie, Hrsg.: Verlag Moderne Industrie, Bd.2, S.1029-1040, München 1972, S.1029.

[2] Insbesondere zwischen Briefbogen und Endlosformularen bestehen Überschneidungen, denn anstelle von Schreibmaschinen werden zunehmend Matrixdrucker eingesetzt, wofür entweder Briefbogen im Endlosformat oder auf Trägerband geleimte Briefbogen benutzt werden.

[3] Für den Druck von Aktien, Banknoten, Briefmarken u.ä. werden Spezialpapiere verwendet, die z.T. in äußerst aufwendigen Druckverfahren, wie z.B. dem Stichtiefdruck verarbeitet werden; weshalb auch spezielle Banknoten- und Briefmarkendruckmaschinen eingesetzt werden. Die spezifischen produktionstechnischen Anforderungen kommen auch mit dem Begriff "Wertpapierdruck" bzw. "security-printing" zum Ausdruck. Vgl.: O.V., Goebel - Ein Pionier im Endlosdruck, in: Profit - Fachzeitschrift für Rationalisierung und Marketing in der Druckindustrie, 3.Jg., Heft Nr.12, S.24-25, Offenbach a.M. 1986, S.24.

sammengefaßt, weil eine separate Untersuchung aufgrund der relativ geringen Bruttoproduktionswerte unangemessen wäre.[1]

2.3.2. PRODUKTGRUPPE "FORMULARE"

Auf die Produktgruppe Formulare, die neben Einzel- und Endlosformularen u.a. auch Kartei- und Lochkarten miteinschließt,[2] entfielen während des Untersuchungszeitraums rd.3/4 des gesamten Bruttoproduktionswertes von Geschäftsdrucksachen, so daß die Wachstumsentwicklung der Produktgruppe Formulare weitgehend mit derjenigen des Produktbereichs Geschäftsdrucksachen übereinstimmte.[3] In der Periode 1961-1968 wuchs der Bruttoproduktionswert der Produktgruppe Formulare allerdings mit weit überdurchschnittlich hohen Zuwachsraten,[4] wohingegen in der Periode 1977-1982 die verzeichneten realen Produktionseinbußen des Produktbereichs Geschäftsdruck-

---

[1] Der in der Produktionsstatistik erfaßte Bruttoproduktionswert von Aktien, Schecks, Banknoten und Briefmarken betrug im Jahr 1988 schätzungsweise 220 Mio. DM und trug demnach nur mit ca.5% zum gesamten Bruttoproduktionswert des Produktbereichs Geschäftsdrucksachen bei. Vgl. im Text S.89.

[2] Diese Abgrenzung der Produktgruppe Formulare entspricht der Vorgehensweise des Statistischen Bundesamtes während des Zeitraums von 1970-1981 als unter der Güterart "Formulare und verwandte Erzeugnisse" (mit der Melde-Nr.5711 2.) Behördenformulare und allgemeine Formulare, Kartei- und Lochkarten, Kartei-, Scheck-, Wechsel-, Quittungs- und Endlosformulare, Urkunden, Policen und Diplome erfaßt wurden. Der Bruttoproduktionswert von Kartei- und Lochkarten dürfte dabei im Vergleich zu den Einzel- und Endlosformularen jedoch niedrig gewesen sein und derjenige von Urkunden, Policen und Diplomen war mit Sicherheit derart gering, daß auf diese Drucksachen nachfolgend nicht speziell eingegangen wird.

[3] Eine exakte Quantifizierung des Bruttoproduktionswertes der Produktgruppe Formulare ist allein für den Zeitraum zwischen 1970-1981 möglich, da das Statistische Bundesamt im Jahr 1982 eine Neuabgrenzung der Güterklasse "Geschäftspapiere und ähnliche Drucksachen" durchführte und seitdem nur noch die Endlosformulare (unter der Melde-Nr.5711 3.) gesondert ausweist.

[4] Der reale Bruttoproduktionswert der Produktgruppe Briefdrucksachen wuchs nämlich in der Periode 1961-1968 weit unterdurchschnittlich. Vgl. im Text S.90: Tab.20.

sachen von Ø 0,9% p.a. allein auf den Formulardruck zurückzuführen waren.[1]

Die Produktionsentwicklung der Produktgruppe Formulare hing dabei - ebenso wie diejenige der Produktgruppe Briefpapiere - grundsätzlich von der Entwicklung des gesamtwirtschaftlichen Informations-, Kommunikations- und Dokumentationsbedarfs ab, der wiederum maßgebend durch die gesamtwirtschaftliche Wachstumsentwicklung beeinflußt wurde.[2] Der enge Zusammenhang zwischen der gesamtwirtschaftlichen Wachstumsentwicklung sowie der Nachfrageentwicklung bei Formularen und Briefpapieren kann dadurch verdeutlicht werden, daß die jährlichen Veränderungsraten des Bruttoinlandsproduktes und des Bruttoproduktionswertes von Geschäftsdrucksachen weitgehend gleichgerichtet verliefen.[3] Wie eine entsprechende lineare Einfachregression zeigt, kann die Variation der Zuwachsraten des realen Bruttoproduktionswertes von Geschäftsdrucksachen im Zeitraum von 1961-1988 zu 73,5% mit der Variation der Zuwachsraten des realen Bruttoinlandsproduktes erklärt wer-

[1] Der reale Bruttoproduktionswert der Produktgruppen Briefpapiere und Wertpapiere nahm demgegenüber in der Periode 1977-1982 weiterhin unvermindert zu. Vgl. im Text S.90 sowie S.96.

[2] Dementsprechend unterlag die Produktionsentwicklung des Produktbereichs Geschäftsdrucksachen wesentlich stärkeren konjunkturellen Schwankungen als die übrigen Produktbereiche der Druckindustrie. Die Standardabweichung der jährlichen Veränderungsraten des realen Bruttoproduktionswertes betrug in den Jahren 1961-1988 im Produktbereich Geschäftsdrucksachen $\sigma = 6,4$ Prozentpunkte, während die entsprechende Standardabweichung für Drucksachen insgesamt nur $\sigma = 4,4$ Prozentpunkte betrug.

[3] Der Einfluß der Produktgruppe Wertpapiere kann hierbei, bedingt durch den geringen Produktionsanteil von rd.5% im Jahr 1988, vernachlässigt werden.

den.[1].

Abb.1: Entwicklung des Bruttoproduktionswertes von Geschäftsdrucksachen sowie des Bruttoinlandsproduktes (BIP), in realen Indexwerten, Basis 1960=100

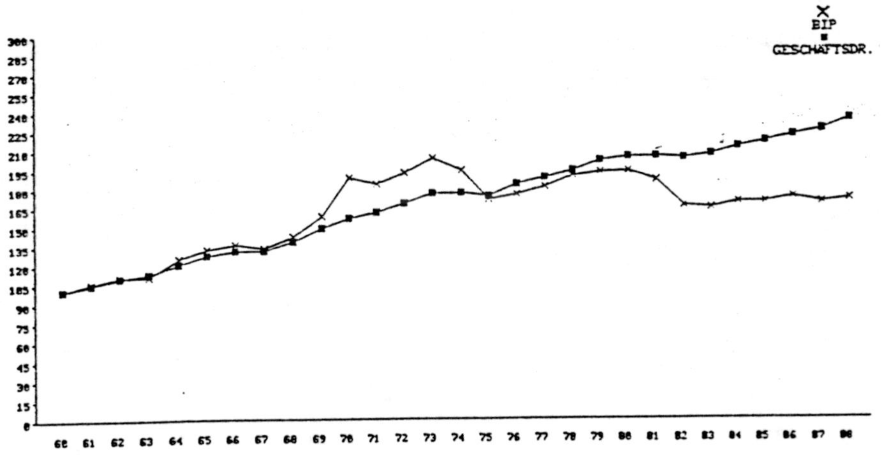

Die Wachstumsentwicklung der Produktgruppe Formulare wurde darüber hinaus auch durch andere Faktoren beeinflußt, denn wie aus Abb.1 erkenn-

[1] Das einfache lineare Bestimmtheitsmaß beträgt: $r^2 = 0,735$; das bedeutet, daß mit Hilfe der Regressionsfunktion 73,5% der Variation der jährlichen Veränderungsraten des realen Bruttoproduktionswertes von Geschäftsdrucksachen erklärt werden können. Wie der sog. "Student"-t-Test zeigt, ist der Regressionskoeffizient b_2 dabei unter Zugrundelegung eines Signifikanzniveaus von $\alpha = 0,005$ gegen null gesichert, denn der t-Wert liegt mit $t = 8,50$ eindeutig über dem kritischen Wert t_c, der bei n-1 Freiheitsgraden und $\alpha = 0,005$ (entsprechend der t-Tafel) den Wert $t_{c27;0,005} = 2,77$ annimmt. Darüber hinaus zeigt der sog. "Durbin-Watson-Test", daß keine Hinweise auf eine Autokorrelation der Residuen festzustellen sind, da die Testgröße d innerhalb des relevanten Intervalls von: $d_o \leq d \leq 4-d_o$ liegt. Die Testgröße d beträgt nämlich 2,23 und $d_{o28} = 1,33$ bei einer Irrtumswahrscheinlichkeit von 5%; daraus folgt: $1,33 \leq 2,23 \leq 2,67$, so daß demnach keine Autokorrelation der Residuen nachzuweisen ist. Vgl.: J. BLEYMÜLLER/ G. GEHLERT/ H. GÜLICHER, Statistik für Wirtschaftswissenschaftler, München 1983, S.135ff. u. S.148f; E. FÖRSTER/ B. RÖNZ, Methoden der Korrelations- und Regressionsanalyse, Berlin (Ost) 1979, S.251f., S.304 u. S.310 sowie E.P. BILLETER-FREY/ V. VLACH, Grundlagen der statistischen Methodenlehre, Stuttgart 1982, S.327ff.

bar ist,[1] wurden für die Geschäftsdrucksachen zwischenzeitlich in der Periode 1969-1976 - in Relation zum Bruttoinlandsprodukt - überdurchschnittliche Produktionszuwächse verzeichnet, wohingegen die Produktionsentwicklung von Geschäftsdrucksachen in der Periode 1983-1988 nur unterdurchschnittlich verlief.

Anschließend sollen die jeweiligen Nachfragedeterminanten, die während der vier Untersuchungsperioden hierfür ursächlich waren, chronologisch untersucht werden, wobei insbesondere auf die Auswirkungen der betrieblichen Nutzung von elektronischen Informations- und Kommunikationssystemen sowie auf den damit verbundenen Substitutionsprozeß zwischen Einzel- und Endlosformularen näher einzugehen ist.

Einschneidende Veränderungen in der Formularnachfrage waren bereits in der Periode 1961-1968 zu beobachten, denn durch den vermehrten betrieblichen Einsatz von elektronischen Datenverarbeitungssystemen (EDV-Systemen) wurden anstelle von Einzelformularen verstärkt EDV-gerechte Endlosformulare nachgefragt.[2] Die dadurch induzierten Nachfrageveränderungen blieben dabei zunächst auf die hochauflagigen Druckaufträge beschränkt, denn spezielle EDV-Abteilungen, die zur Nutzung von zentralen Großcomputern notwendig waren, wurden zunächst ausschließlich von Großunternehmen und öffentlichen Verwaltungen eingerichtet.[3] Die Datenausgabe erfolgte vorwiegend über zentrale Druckerstationen, in denen sämtliche Kopien für die einzelnen Betriebsabteilungen erstellt wurden, weshalb auch in dieser Phase

---

[1] Vgl. im Anhang S.XLIV: Tab.XVII.

[2] Endlosformulare werden im Unterschied zu Einzelformularen nicht in Bogenform, sondern als Papierbahnen in Rollen- oder Stapelform hergestellt und weisen als typisches Merkmal seitliche Lochränder auf, die für die exakte Papierführung insbesondere bei Computerdruckern mit hoher Druckgeschwindigkeit notwendig sind. Als Einzelformular- bzw. Endlosformularsätze werden hingegen solche Formulare bezeichnet, die mehrere Blätter (Kopien) umfassen.

[3] Vgl.: D. BUSSE, Der Schlüssel zur Computer-Hardware, Hrsg.: M.F. Wolters, Düsseldorf u. Wien 1981, S.80ff.

vor allem extrem dicke Endlosformularsätze mit acht und mehr Blättern dominierten.[1]

Die Produktionsentwicklung der Produktgruppe Formulare wurde durch den sprunghaften Nachfrageanstieg bei Endlosformularen in der Periode 1961-1968 positiv beeinflußt. Der Einsatz von EDV-Systemen bewirkte eine drastische Ausweitung des verfügbaren Informationsvolumens, so daß mit der Einführung von EDV-Systemen i.d.R. eine zusätzliche Formularnachfrage verbunden war, die bei weitem über die reine Substitution von Einzelformularen durch Endlosformulare hinausging. Dementsprechend dürfte der Bruttoproduktionswert der Produktgruppe Formulare in der Periode 1961-1968 mit deutlich höheren realen Zuwachsraten angestiegen sein als das Bruttoinlandsprodukt.[2]

Darüber hinaus hatte die steigende Drucknachfrage nach Endlosformularen aber auch produktionstechnische Folgen, denn zur Druckherstellung von Endlosformularen waren Druckmaschinen mit speziell entwickelten Aggregaten zur Herstellung der längsseitigen Führungslochränder sowie der Querperforation der Druckbogen erforderlich, die ggf. auch eine Stapelablage ermöglichten. Zu veränderten produktionstechnischen Anforderungen führte daneben die fortschreitende Substitution von Karteikarten durch Lochkarten, wobei der wesentliche Nutzervorteil darin bestand, daß Lochkarten maschinenlesbar waren und somit eine effizientere betriebliche Datenspeicherung ermöglichten

---

[1] Vgl.: U. LEHMANN, Das gestaltete Formular ist unersetzbar, in: Der Polygraph, 40.Jg., Heft Nr.II, S.937-942, Frankfurt a.M. 1987, S.937 u. S.939.

[2] Die realen Produktionszuwächse des Produktbereichs Geschäftsdrucksachen lagen in der Periode 1961-1968 mit Ø 4,4% p.a. in annähernd gleicher Größenordnung wie die realen Zuwachsraten des Bruttoinlandsproduktes, die Ø 4,1% p.a. betrugen. Anzunehmen ist jedoch, daß der Bruttoproduktionswert der Produktgruppe Formulare mit deutlich höheren realen Zuwachsraten gestiegen ist, denn die Produktgruppe Briefpapiere wies in der Periode 1961-1968 mit Ø 1,5% p.a. lediglich weit unterdurchschnittliche reale Produktionszuwächse auf. Vgl. im Anhang S.XLIV: Tab.XVII sowie im Text S.90: Tab.20.

als Karteikarten.[1] Die Lochkarten dürften deshalb angesichts der stark zunehmenden Zahl von EDV-Anwendern in der Periode 1961-1968 - neben den Endlosformularen - die höchsten Produktionszuwächse innerhalb der Produktgruppe Formulare aufgewiesen haben.

In der Periode 1969-1976 war die Entwicklung der Mikroelektronik weiterhin durch eine außerordentlich hohe technische Fortschrittsrate gekennzeichnet, wobei mit der Miniaturisierung und zunehmenden Integration der Schaltkreise zugleich eine sprunghafte Verbesserung des Preis-Leistungsverhältnisses von EDV-Anlagen verbunden war.[2] Nachhaltige Wachstumsimpulse gingen dabei in der Periode 1969-1976 in erster Linie von den Minicomputern[3] aus, die Anfang der 70er Jahre neuentwickelt wurden, denn diese ermöglichten erstmals auch den mittelständischen Betrieben einen effizienten EDV-Einsatz zur Rationalisierung der arbeitsintensiven Bürotätigkeiten. Die Vergrößerung des Nutzerkreises von EDV-Anlagen führte dazu, daß in der Periode 1969-1976 die Drucknachfrage nach Endlosformularen unvermindert stark anstieg,[4]

---

[1] Allerdings wurden elektronisch gespeicherte Daten z.T. auch auf Endloskarteikarten ausgedruckt, die z.B. als Kundendatei, zur Anlagebuchhaltung, als Produktdokumentation oder als Bezugsquellennachweise verwendet wurden. Vgl.: O.V., Endloskarteikarten decken vielfältigen Bedarf, in: Allgemeine Papier-Rundschau (apr), Jg.1986, Heft Nr.9, Heusenstamm 1986, S.255.

[2] Die Integration der Schaltelemente erhöhte sich mit der Einführung der Mikroprozessortechnik (Large-Scale-Integration) im Jahr 1971 im Vergleich zur Einführung der Miniaturtechnik (Scale-Integration) im Jahr 1964 von bis zu 1.000 Schaltelementen/cm^2 auf bis zu 10.000 Schaltelemente/cm^2. Vgl.: COMMERZBANK AG, Handbuch Elektronic Banking, 3.veränd. Aufl., Frankfurt a.M. 1989, S.102.

[3] Die sog. Minicomputer zählen zum Bereich der mittleren Datentechnik und werden auch als Bürocomputer bezeichnet. Vgl.: D. BUSSE (1981), Der Schlüssel... a.a.O., S.79.

[4] Wie eine Untersuchung der Fa.Diebold über die Entwicklung der "Formulartechnischen Informationsfläche von Endlosformularen" ergab, nahm dieser Wachstumsindikator zwischen 1970 und 1977 um rd.180% zu. Vgl.: EUROPA BIRKNER MARKETING REPORT, Bd.2, Länderprofile, Hamburg 1979, S.85.

wohingegen sich die Produktionsentwicklung von Einzelformularen - in realen Werten gemessen - tendenziell rückläufig entwickelte. Im Unterschied zur Vorperiode war bei den Endlosformularen zugleich eine sinkende durchschnittliche Auflagenhöhe je Druckauftrag und eine Verringerung der Blattzahl bei Endlosformularsätzen zu beobachten.[1] Ausschlaggebend hierfür waren zwei Entwicklungen: Einerseits nahm die Zahl der mittelständischen Nachfrager, die kleinere Druckauflagen in Auftrag gaben, fortwährend zu, und andererseits fand in den Großbetrieben und öffentlichen Verwaltungen schrittweise eine Dezentralisierung des EDV-Einsatzes statt, denn die zentralen Großcomputer wurden zumindest teilweise durch dezentral aufgebaute Computersysteme ersetzt und auch die Datenausgabe erfolgte zunehmend dezentral, und zwar wurden i.d.R. auf Abteilungsebene mehrere kleinere Computerdrucker installiert.

Insgesamt gesehen fielen die realen Produktionszuwächse der Produktgruppe Formulare während der Periode 1969-1976 - in Relation zum Bruttoinlandsprodukt - jedoch lediglich bis zum Jahr 1973 überdurchschnittlich aus, denn als Folge der I.OPEC-Ölkrise im Jahr 1973 bemühten sich die Unternehmen verstärkt um Kostenreduktionen und setzten dazu auch bei den Formularkosten an, zumal die Druckkosten von Formularen wegen sprunghafter Papierpreiserhöhungen im Jahr 1974 stark angestiegen waren.[2] In der Folgezeit bis zum Jahr 1976 reduzierten vor allem die Großunternehmen die Zahl der benutzten Formulartypen und schränkten daneben die Datenausgabe soweit wie möglich ein, mit dem Resultat, daß der reale Bruttoproduktionswert

---

[1] Vgl.: O.V., Formulardruck: Probleme einer Branche unter >Fremdbestimmung<, in: Der Druckspiegel, 33.Jg., Heft Nr.2, S.96-101, Stuttgart u. Heusenstamm 1978, S.98 sowie B.W. POLANE, The Role of Business Forms in Office Automation, Seminar der OECD in Paris von 10.-12. Dez. 1985 zum Thema:"Impact of new Information and Communication Technologies on the Pulp and Paper Industry", Paris 1986, S.6f.

[2] Die Erzeugerpreise für Papier und Pappe, unveredelt, stiegen im Jahr 1974 um 34,3%. Die Erzeugerpreise von Geschäftsdrucksachen wurden dadurch bedingt ebenfalls stark erhöht, und zwar im Jahr 1974 um 18,9% und im Jahr 1975 um 12,0%. Vgl.: STATISTISCHES BUNDESAMT, Fs.17, R.2.

der Produktgruppe Formulare zwischen 1973 und 1976 um insgesamt 15,1% zurückging,[1] während das Bruttoinlandsprodukt in realen Werten gemessen um 4,0% anstieg.[2] Hierzu trug allerdings auch der starke Produktionsrückgang bei Kartei- und Lochkarten bei,[3] der daher resultierte, daß die auf Papier basierenden Datenträger in den meisten Anwendungsbereichen durch die damals neuentwickelten elektromagnetischen Speichermedien wie Magnetbänder, Magnetbandkassetten, Magnetplatten bzw. Disketten substituiert wurden.[4] Die elektromagnetischen Datenträger zeichneten sich gegenüber den Datenträgern aus Papier insbesondere durch ihre Wiederverwendbarkeit, durch die höhere und zudem kostengünstigere Speicherkapazität sowie durch eine vereinfachte Datenerfassung aus.[5]

In der Periode 1977-1982 entwickelte sich der Bruttoproduktionswert der Produktgruppe Formulare im Verhältnis zum Bruttoinlandsprodukt weiterhin

---

[1] Der Bruttoproduktionswert der Produktgruppe Formulare, der ausschließlich in den Jahren 1970-1981 erfaßt wurde, sank - berechnet in Preisen von 1980 - von 3.059,9 Mio. DM im Jahr 1973 auf 2.596,8 Mio. DM im Jahr 1976 (Industriebetriebe mit 10 und mehr Beschäftigten).

[2] Das Bruttoinlandsprodukt stieg - berechnet in Preisen von 1980 - von 1.271,6 Mrd. DM im Jahr 1973 auf 1.322,7 Mrd. DM im Jahr 1976 an.

[3] Die Produktionsmenge von Lochkarten ging im Zeitraum von 1970-1977 von rd.60.000 t auf rd. 22.000 t zurück. Vgl.: K. GREFERMANN (1980), Druckerei- und Vervielfältigungsindustrie a.a.O., S.45.

[4] Zwischen den elektromagnetischen Datenträgern und den Datenträgern aus Papier bestanden aber auch komplementäre Nachfragebeziehungen, denn zur Kennzeichnung von Magnetplatten, Disketten u.ä. wurden zumeist bedruckte Papieretiketten verwendet. Vgl.: O.V., Datenträgeretiketten für EDV-Anwender, in: apr, Jg.1987, Heft Nr.46, Heusenstamm 1987, S.1386.

[5] Vgl.: K. GREFERMANN (1980), Druckerei- und Vervielfältigungsindustrie a.a.O., S.45.

unterdurchschnittlich[1] und preisbereinigt dürfte der Bruttoproduktionswert von Formularen im Jahr 1982 sogar niedriger gelegen haben als noch im Jahr 1977.[2] Wachstumshemmende Auswirkungen auf die Formularnachfrage gingen dabei in der Periode 1977-1982 speziell von der zunehmenden Verbreitung lokaler Netzwerke[3], also von Rechnerverbundsystemen aus,[4] die zuerst in Großunternehmen und öffentlichen Verwaltungen installiert wurden. Mit Hilfe von lokalen Netzwerken konnte ein Großteil der unternehmens- bzw. behördeninternen Informations- und Kommunikationsprozesse, der sog. Bürokommunikation, elektronisch per Bildschirm abgewickelt werden, ohne daß hierzu eine Datenausgabe auf Papier erforderlich war.

Außerdem setzte sich in den Großunternehmen, und zwar speziell im Bank- und Versicherungswesen, schrittweise auch eine direkte Datenausgabe von Computern auf Mikrofilme durch.[5] Die Mikrofilme, die typischerweise als Massenspeicher genutzt wurden, ersetzten dabei hauptsächlich einfache Endlosformulare wie Tabellierpapiere.[6] Dieser Substitutionsprozeß hatte allerdings

---

[1] Diese Aussage trifft wenigstens für die Zeitspanne von 1977-1981 zu, in der entsprechende Bruttoproduktionswerte für die Produktgruppe Formulare erhoben wurden. Während nämlich der Bruttoproduktionswert der Produktgruppe Formulare zwischen 1977-1981 um Ø 1,5% p.a. wuchs, nahm das Bruttoinlandsprodukt im Vergleich dazu immerhin um Ø 2,3% p.a. zu.

[2] Ausschlaggebend hierfür war das Rezessionsjahr 1982, in dem der reale Bruttoproduktionswert des Produktbereichs Geschäftsdrucksachen um 10,9% zurückging, wozu die Produktionseinbußen bei Formularen in entscheidendem Maße beitrugen.

[3] Von Rechnerverbundsystemen spricht man, wenn mehrere Rechner und Terminals (Datenstationen) über ein Leitungsnetz miteinander verbunden sind. Diese lokalen, zumeist auf Betriebs- bzw. Abteilungsebene begrenzten Netzwerke werden auch als "LAN's" (Local Area Networks) bezeichnet.

[4] Vgl.: N. MIDDEKE, Ohne Existenzangst in der Welt der Neuen Medien, Gespräch mit dem Druck-Verbandspräsidenten H.-F. Sutter, in: Handelsblatt, Jg.1983, Ausgabe v. 26.10.1983, Düsseldorf 1983.

[5] Die Datenspeicherung auf Mikrofilm wird auch als COM-System (Computer output on microfilm) bezeichnet.

[6] Als Tabellierpapier wird liniertes Endlospapier bezeichnet.

keine statistischen Auswirkungen, weil Tabellierpapiere überhaupt erst seit dem Jahr 1982 vom Statistischen Bundesamt zu den Geschäftsdrucksachen gerechnet wurden.[1] Darüber hinaus nahm die Bedeutung der von den Großunternehmen bzw. öffentlichen Verwaltungen betriebenen Haus- und Regiedruckereien tendenziell zu,[2] wofür zumeist eine schnellere und flexiblere Auftragsabwicklung und weniger etwaige Kostendifferenzen ausschlaggebend waren.[3] Eine Ausnahme bildeten allerdings die Haus- und Regiedruckereien von gemeinnützigen Institutionen, da diese einen steuerlich bedingten Wettbewerbsvorteil hatten.[4] Um ihren i.d.R. niedrigen Auslastungsgrad zu erhöhen und Kosteneinsparungen zu erzielen, begannen die gemeinnützigen Institutionen seit Mitte der 70er Jahre zunehmend mit der Akquirierung externer Druckaufträge und traten als neue Marktteilnehmer auf,[5] ohne in der Produktionsstatistik berücksichtigt zu werden.[6]

Festzuhalten bleibt für die Periode 1977-1982, daß aufgrund der verstärk-

---

[1] Bis zum Jahr 1981 wurde Tabellierpapier zur Gütergruppe "Papier- und Pappeverarbeitung" gezählt, und zwar unter der Güterklasse "Rollen u.ä." (Melde-Nr.5636).

[2] Die Zunahme des Produktionsanteils von Haus- und Regiedruckereien beim Formulardruck läßt sich allerdings nicht quantifizieren. Vgl.: K. GREFERMANN (1980), Druckerei- und Vervielfältigungsindustrie a.a.O., S.43.

[3] Im Rahmen einer im Jahr 1983/84 in Österreich durchgeführten Befragung erwähnten die Unternehmen, die eine Großkopieranlage bzw. eine Hausdruckerei betrieben, als Hauptvorteile die größere Schnelligkeit und Flexibilität, wohingegen hohe Druckkosten als der Hauptnachteil angeführt wurden. Vgl.: HAUPTVERBAND DER GRAPHISCHEN UNTERNEHMUNGEN ÖSTERREICHS (1984), Druck 2000 a.a.O., Teil II, S.35ff.

[4] Vgl.: E. HAMER, Regiedruckereien verzerren Wettbewerb, in: Druckwelt, Jg.1987, Heft Nr.3, Hannover 1987, S.16f.

[5] Vgl.: HAUPTVERBAND DER GRAPHISCHEN UNTERNEHMUNGEN ÖSTERREICHS (1984), Druck 2000 a.a.O., Teil III, S.12.

[6] In der Produktionsstatistik werden ausschließlich die Betriebe des Verarbeitenden Gewerbes erfaßt, die mehr als 10 respektive 20 Beschäftigte aufwiesen. Die Hausdruckereien von Dienstleistungsunternehmen, Verbänden, Vereinen u.ä. bleiben demzufolge ebenso unberücksichtigt wie die Regiedruckereien.

ten Nutzung von elektronischen Informations-, Kommunikations- und Dokumentationssystemen die Endlosformularnachfrage weiterhin zulasten der Einzelformularnachfrage anstieg, so daß der Produktionsanteil von Endlosformularen in den Jahren 1981/1982 bereits rd.40% betrug.[1] Insgesamt gesehen stagnierte jedoch der reale Bruttoproduktionswert der Produktgruppe Formulare trotz des unvermindert wachsenden Informations- und Kommunikationsbedarfs, da auch die "computergerechten Datenträger aus Papier" wie Endlosformulare und Lochkarten in bestimmten Anwendungsbereichen durch elektromagnetische Datenträger ersetzt wurden.

Die Periode 1983-1988 war dadurch geprägt, daß mit der Markteinführung von leistungsfähigen, arbeitsplatzorientierten Mikrocomputern bzw. Personalcomputern[2] die Zahl der Klein- und Mittelbetriebe, die die elektronische Datenverarbeitung nutzten, sprunghaft anstieg.[3] Dadurch bedingt wurden in der Periode 1983-1988 für die Endlosformulare weiterhin reale Produktionszuwächse in Höhe von Ø 2,1% p.a. registriert, wobei damit gleichzeitig eine merkliche Veränderung der Auftragsstruktur von Endlosformularen in Richtung kleiner und mittlerer Druckauflagen einherging.[4]

---

[1] Hierbei wurden der Bruttoproduktionswert von "Endlosformularen" im Jahr 1982 mit 1.013,5 Mio. DM sowie derjenige von "Formularen und verwandten Erzeugnissen" im Jahr 1981 mit 2.583,8 Mio. DM zugrundegelegt.

[2] Vgl.: D. BUSSE (1981), Der Schlüssel zur Computer-Hardware a.a.O., S.77.

[3] Bis Anfang 1987 waren in der BR Deutschland - lt. Angaben der Fa.Diebold/ Frankfurt a.M. - schätzungsweise 2.990.000 Mikrocomputer mit einem Kaufpreis bis 25.000 DM installiert, während von den kleinen EDV-Systemen bis zu 100.000 DM 139.280 Anlagen, von den mittleren EDV-Systemen bis zu 500.000 DM 90.800 Anlagen und von den großen EDV-Systemen über 500.000 DM 15.000 Anlagen existierten. Von den Kleinbetrieben und Freiberuflern nutzten dabei im Jahr 1986 - lt. einer Untersuchung der Societät für Marktforschung und Marketingberatung - bereits 28% einen Personalcomputer. Vgl.: COMMERZBANK AG (1989), Handbuch Electronic Banking a.a.O., S.104 u. S.109.

[4] Vgl.: O.V., Endlosdruck - Kleinauflagen zwingen zum Umdenken, in: Druckwelt, 37.Jg., Heft Nr.3, S.46-48, Hannover 1987, S.46.

Im Vergleich zum Bruttoinlandsprodukt fielen die realen Produktionszuwächse bei Endlosformularen mit Ø 2,1% p.a. gegenüber Ø 2,4% p.a. allerdings nur unterdurchschnittlich aus. Entscheidend hierfür war, daß der Verwendungsbereich von Endlosformularen weiter eingeschränkt wurde und somit Druckaufträge wegfielen. Zurückzuführen ist dies im wesentlichen darauf, daß anstelle von unifunktionalen "Insellösungen" betriebsintern zunehmend vernetzte multifunktionale Bürokommunikationssysteme eingesetzt wurden.[1] Außerdem wurden im Unternehmensbereich immer häufiger Laserdrucker[2] anstelle von Matrix- oder Typenraddruckern[3] genutzt, obwohl deren Druckkosten vergleichsweise hoch ausfielen.[4] Die Laserdrucker wirkten sich insofern

---

[1] Im Jahr 1987 waren - lt. Angaben von G. Dieterle, Leiter des Fachbereichs Kommunikationstechnik bei der Fa. SCS Organisationsberatung und Informationstechnik GmbH/München - bereits über 15.000 lokale Netzwerke (LANs) installiert. Vgl.: M. REITZ, Lokale Netze - Kommunizierende Kanäle, in: Wirtschaftswoche-Special-Supplement, Heft Nr.5/87: Computer und Kommunikation, S.33-39, Düsseldorf 1987, S.36 sowie H.-G. HEGERING, Grenzen sprengen - LANs vielfältig einsetzbar, in: F.A.Z., Ausgabe Nr.241 v. 17.10.1989, Frankfurt a.M. 1989, S.B7.

[2] Der Marktanteil von Laserdruckern an der Gesamtzahl der verkauften Computerdrucker betrug im Jahr 1986 16,3% und dürfte seither deutlich gestiegen sein. Trotzdem hat die absolute Zahl der in der BR Deutschland verkauften Matrixdrucker (all serial dot matrix printer) weiter zugenommen und lag im Jahr 1988 bei mehr als 1 Mio. Exemplaren. Vgl.: H. FUCHS, Peripherie: Ergänzungsmöglichkeiten für moderne Personalcomputer, in: Wirtschaftswoche-Special-Supplement, Heft Nr.3/88, Büroautomation II: Vielfalt für die Praxis, S.38-42, Düsseldorf 1988, S.42 sowie Angaben der Fa. International Data Corporation Deutschland GmbH (IDC)/Eschborn.

[3] Zu den technischen Unterschieden, die zwischen den verschiedenen Arten von Computerdruckern bestehen, vgl.: J. SCHNEIDER (1987), Intelligente Drucksysteme... a.a.O.

[4] Darüber hinaus wiesen die Laserdrucker bei gleichzeitigem Formularausdruck häufig niedrigere Druckgeschwindigkeiten auf als herkömmliche Matrixdrucker. Die wesentlichen Vorteile bestanden hingegen in der hohen Druckqualität und der geringen Geräuschentwicklung beim Druckvorgang. Vgl.: J. GROSSE, Der Formulardrucker als Dienstleister - den Nutzen hat der Kunde, vervielf. Referat, gehalten am 28.10.1988, anläßlich der XIV. Woche der Druckindustrie bei der Fachveranstaltung Endlosformulardruck, Nürnberg 1988, S.5ff.

wachstumshemmend auf die Endlosformularnachfrage aus, als bei Laserdruckern mit der Datenausgabe auf Papier zugleich die jeweiligen Formularaufdrucke miterzeugt wurden,[1] so daß im Unterschied zu Matrix- und Typenraddruckern keine standardisierten Formularvordrucke notwendig waren.[2] Die dadurch entstandene Funktionsverlagerung von Druckmaschinen zu Laserdruckern und damit von den Druckbetrieben zu den bisherigen Abnehmern war zunächst wiederum auf große Industrieunternehmen, Banken, Versicherungen, Einzelhandelskonzerne sowie auf die öffentlichen Verwaltungen begrenzt,[3] da eine rationelle Nutzung von hochleistungsfähigen Laserdruckern mit Endlospapierzuführung ein ausreichend großes Druckvolumen bedingte.[4]

Daneben bestanden aber auch bedeutende funktionelle Beschränkungen, denn mit der Laserdrucktechnik konnten lediglich einfarbige Formulare mit relativ geringer Auflösung erstellt werden, so daß mehrfarbige Formulare sowie Formulare mit höheren Druckqualitäten ebenso wie Formularsätze weiterhin mit konventionellen Druckverfahren produziert werden mußten.[5] Aus diesen Gründen wurden mit Laserdruckern vorwiegend solche Formulartypen erzeugt, die für betriebsinterne Verwendungszwecke bestimmt waren und des-

---

[1] Mit Laserdruckern kann somit eine Vielzahl verschiedener Endlosformulare erzeugt werden. Vgl.: O.V., Endlosdruck - Markt fordert Technik heraus, in: Druckwelt, 37.Jg., Heft Nr.3, S.34-36, Hannover 1987, S.34.

[2] Die verschiedenen Formulartypen können von den Anwendern unter Verwendung sog. Desktop-Publishing-Programme (DTP) mit herkömmlichen Personalcomputern sozusagen "am Büroschreibtisch" entworfen werden, denn die DTP-Programme ermöglichen eine integrierte Bearbeitung von Texten, Grafiken und Bildern.

[3] Vgl.: J. GROSSE, Über die Zukunft des Endlosformulardrucks entscheidet neben dem Markt auch das Maschinenangebot der Lieferindustrie, in: Druckwelt, 36.Jg., Heft Nr.3, S.24-26, Hannover 1986, S.24 sowie BVD, Jahresbericht 1987, Wiesbaden 1988, S.43.

[4] Vgl.: O.V., Endlosdruck - Erfa-Kreis packt die Probleme selbst an, in: Druckwelt, 37.Jg., Heft Nr.3, S.42-44, Hannover 1987, S.42.

[5] Die Laserdrucker zählen - wie bereits erwähnt - zu den anschlaglosen Druckverfahren, so daß beim Druckvorgang keine Durchschläge möglich sind und Kopien demzufolge nacheinander ausgedruckt werden müssen.

halb weder eine besonders hohe Druckqualität noch eine mehrfarbige Gestaltung erforderten.

Demgegenüber war bei Formulartypen, die zu betriebsexternen Zwecken dienten, ein gegenläufiger Entwicklungstrend zu höheren Druck- und Papierqualitäten festzustellen. Insbesondere diejenigen Formulartypen, die an den Kundenkreis gerichtet waren, wurden nämlich verstärkt als Werbeträger zur Imagebildung von Unternehmen und Marken genutzt.[1] Die Folge hiervon war, daß in der Periode 1983-1988 die Nachfrage nach mehrfarbigen Formularen, die i.d.R. kundenindividuell unter Verwendung der Hausfarben und Firmenlogos gestaltet und auf hochwertigen Papiersorten[2] gedruckt wurden, merklich zunahm.[3] Um die Werbewirksamkeit ihrer Formulare zu erhöhen, setzten deshalb auch Unternehmen, die anstelle von Matrixdruckern bzw. Typenraddruckern Laserdrucker zur Datenausgabe benutzten, zumindest für bestimmte Formulartypen - von der Druckindustrie vorproduzierte - mehrfarbige Einzel- oder Endlosformulare ein.[4]

Dagegen wurden betriebsextern genutzte Formulare, die zur regelmäßigen

---

[1] Insbesondere im Rahmen von sog. Corporate-Identity und Corporate-Design Strategien wird durch Hausfarben, Logos u.ä. versucht, ein unverwechselbares und wiedererkennbares Erscheinungsbild des eigenen Unternehmens bzw. der eigenen Marken in der Öffentlichkeit zu erreichen. Vgl.: E.C. BRITSCHGI, Geschäftsdrucksachen - Entdecken Sie ein unterschätztes Werbemittel (wieder), in: Marketing-Journal, 22.Jg., Heft Nr.5, S.478-481, Hamburg 1989, S.478 sowie O.V., Der Markt für Endlosformulare ist in Bewegung, in: Der Polygraph, 40.Jg., Heft Nr.17, S.1651-1653, Frankfurt a.M. 1987, S.1651.

[2] So wurden für Einzelformular- und Endlosformularsätze anstelle von Kohlepapier-Zwischenblättern in steigendem Maße wesentlich teurere selbstdurchschreibende Druckpapiere (SD-Papiere) eingesetzt. Mitentscheidend für den Einsatz von SD-Papieren war, daß die Zwischenblätter aus Kohlepapier Datenträger darstellten, die oftmals aus Datenschutzgründen vernichtet werden mußten und somit zusätzliche Kosten verursachten.

[3] Vgl.: U. LEHMANN (1987), Das gestaltete Formular... a.a.O., S.940.

[4] In dieser Verwendungsrichtung besteht zwischen Einzelformularen und Laserdruckern eine komplementäre Beziehung, die mit dem Verhältnis von Einzelformularen zu Schreibmaschinen vergleichbar ist.

Übermittlung großer Datenmengen dienten, wie z.B. zwischen verschiedenen Betrieben eines Großunternehmens oder zwischen Produzenten und Zuliefererbetrieben, in steigenden Umfang durch den elektronischen "On-line-Dialog" per Datenfernübertragung ersetzt. Die elektronische Datenfernübertragung über das Datex-P-Netz bzw. das Datex-L-Netz der Deutschen Bundespost[1] stellte u.a. auch eine Vorbedingung für die Koordination der "Just-in-time-Produktion" dar,[2] weil hierbei in kurzen Zeiträumen große Datenmengen übermittelt werden mußten. In welchem Maße die Nutzung der elektronischen Datenfernübertragung ausgeweitet wurde, kann ansatzweise anhand der Zahl der Datenstationen verdeutlicht werden, die beim Datex-P-Netz in den Jahren zwischen 1982 und 1988 von 1.720 auf 33.135 Datenstationen anstieg und beim Datex-L-Netz von 9.061 auf 21.903 Datenstationen zunahm.[3] Dementsprechend wurden in der Periode 1983-1988 erheblich weniger Bestellformulare, Rechnungsformulare, Lieferscheine u.ä. nachgefragt, wobei überwiegend die großauflagigen Druckaufträge von Großunternehmen entfielen.

Im Bereich der Datendokumentation wurden die auf Papier basierenden Datenträger, wie Tabellierpapiere, Kartei- und Lochkarten, wie schon in der Vorperiode z.T. durch andere Speichermedien verdrängt. Anstelle von Tabellierpapieren und Karteikarten wurde besonders die Mikroverfilmung als Massenspeichermedium verstärkt verwendet, die im Vergleich zu den 70er Jah-

---

[1] Zu den unterschiedlichen Postdiensten, vgl.: BUNDESMINISTERIUM FÜR DAS POST- UND FERNMELDEWESEN, Dateldienste - Fragen und Antworten zum Thema Datenkommunikation, Bonn 1986.

[2] Vgl.: J. BERKE, Datenfernübertragung - Elektronische Partner, in: Wirtschaftswoche-Special-Supplement, Jg.1987, Heft Nr.5, S.48-53, Wiesbaden 1987.

[3] Zahl der Datenstationen des öffentlichen DATEX-L-NETZES ohne Teletex-Teilnehmer. Quelle: BUNDESMINISTERIUM FÜR DAS POST- UND FERNMELDEWESEN (1989), Statistisches Jahrbuch 1988 a.a.O., S.37.

ren technisch erheblich weiterentwickelt worden war.[1] Die Lochkarten wurden dagegen - abgesehen von bestimmten Spezialeinsatzgebieten[2] - nahezu vollständig substituiert, und zwar größtenteils durch elektromagnetische Datenträger, wohingegen die Bedeutung der neuentwickelten optischen Speichermedien bisher unerheblich war.[3]

Eine Quantifizierung der Produktionsentwicklung der Produktgruppe Formulare kann an dieser Stelle für die Periode 1983-1988 - bedingt durch die Umstellung der Produktionsstatistik im Jahr 1982 - nicht durchgeführt werden. Dennoch ist davon auszugehen, daß sich die zuvor beschriebenen gegenläufigen Nachfrageeffekte per Saldo eindeutig negativ auf die Produktionsentwicklung von Formularen ausgewirkt haben und daß der reale Bruttoproduktionswert der Produktgruppe Formulare zurückgegangen sein dürfte. Von den Produktionseinbußen waren dabei in erster Linie die Einzelformulare, Kartei- und Lochkarten betroffen, während der reale Bruttoproduktionswert von Endlosformularen in der Periode 1983-1988 mit Zuwachsraten von Ø 3,9% p.a. zunahm.[4]

Für die Produktgruppe Formulare bleibt demnach festzuhalten, daß einer-

---

[1] Die Speicherdichte wurde enorm erhöht und mit sog. CAR-Systemen (computer assisted retrieval) konnten die Zugriffszeiten erheblich verkürzt werden. Vgl.: O.V., Wälle gegen die Informationsflut, in: Diebold Management Report, Jg.1985, Heft Nr.8, Frankfurt a.M. 1985, S.2ff.

[2] Spezielle Lochkarten, die mit kameralesbaren Strichcodes versehen sind, werden immer noch als Materialbegleitscheine eingesetzt. Vgl.: O.V., Endlosdruck - Kleinauflagen zwingen zum Umdenken, in: Druckwelt, 37.Jg., Heft Nr.3, S.46-48, Hannover 1987, S.47.

[3] Zu den optischen Speichern zählen sowohl die sog. CD-ROM's (read-only-memory) als reine Lesespeicherplatten wie auch die CD-WORM's (Write-once-read-often), die vom Anwender einmal selbst beschrieben werden können. Vgl.: O.V., Wälle gegen die Informationsflut, in: Diebold Management Report, Jg.1985, Nr.8, Frankfurt a.M. 1985, S.3ff.

[4] Allerdings stagnierte der Bruttoproduktionswert von Endlosformularen in den Jahren 1986-1988, so daß deren Produktionsanteil am Produktbereich Geschäftsdrucksachen seit dem Jahr 1986 geringfügig sank. Vgl. im Anhang S.XLV: Tab.XVIII.

seits zwischen den Einzelformularen und Endlosformularen ein Substitutionsprozeß stattfand und daß andererseits seit Ende der 70er Jahre der Formulardruck insgesamt in vielen Anwendungsbereichen durch die starke Zunahme des elektronischen Datenaustauschs entbehrlich wurde. Außerdem gingen der Druckindustrie beim Formulardruck auch deswegen eine Vielzahl von Druckaufträgen verloren, weil zum Ausdruck von elektronisch gespeicherten Daten immer häufiger Laserdrucker benutzt wurden. In Übereinstimmung hiermit war seit Mitte der 70er Jahre trotz gesamtwirtschaftlichen Wachstums eine Stagnation des realen Bruttoproduktionswertes von Formularen festzustellen[1] und seit Anfang der 80er Jahre dürfte sich der reale Bruttoproduktionswert von Formularen sogar tendenziell rückläufig entwickelt haben.

2.3.3. PRODUKTGRUPPE "BRIEFPAPIERE"

Die zur Produktgruppe Briefpapiere zählenden Drucksachen, also Briefbogen, Briefumschläge sowie Postkarten, werden im Unterschied zu den Formularen nahezu ausschließlich zu betriebsexternen Informations- und Kommunikationsprozessen eingesetzt, wobei das spezifische Merkmal in der persönlichen bzw. individuellen Ansprache besteht. Die Produktionsentwicklung der Produktgruppe Briefpapiere, auf die ca.1/4 des gesamten Bruttoproduktionswertes von Geschäftsdrucksachen entfiel, muß im weiteren geschätzt werden, da vom Statistischen Bundesamt während des gesamten Untersuchungszeitraums keine entsprechenden Bruttoproduktionswerte separat erfaßt wurden.[2] Als aussagefähiger Wachstumsindikator für die reale Entwicklung des inländischen Bruttoproduktionswertes von Briefpapieren bietet sich dabei die Zahl

---

[1] Der Bruttoproduktionswert der Produktgruppe Formulare stieg - in Preisen von 1980 - zwischen 1976 und 1981 lediglich von 2.250,2 Mio. DM auf 2.423,8 Mio. DM bzw. um insgesamt 7,7%.

[2] Im Unterschied zur Produktgruppe Formulare gilt dies auch für den Zeitraum von 1970-1981, denn während dieser Zeitspanne wurden die Bruttoproduktionswerte von Briefpapieren und Wertpapieren zusammen erfaßt.

der Briefsendungen an.[1] Wie eine Untersuchung der Deutschen Bundespost zeigt, stammen rd.2/3 der Briefsendungen von Unternehmen bzw. öffentlichen Verwaltungen,[2] so daß demnach der weit überwiegende Teil der Briefsendungen bedruckt sein dürfte.[3]

Tab.20: Entwicklung der bei der Deutschen Bundespost eingelieferten Briefe, Briefdrucksachen und Postkarten, durchschnittliche jährliche Veränderungsraten

Deutsche Bundespost \ Periode	1961-68	1969-76	1977-82	1983-88	1961-76	1977-88
Zahl der Briefsendungen *	1,5%	1,9%	2,0%	0,2%	1,7%	1,1%

* 1961-1968: ohne Briefdrucksachen, 1961-1976: Zahl der beförderten Sendungen. Quelle: Statistisches Jahrbuch der Deutschen Bundespost, versch. Jgg.; eigene Berechnung der Werte.

Ausgehend von der in Tab.20 aufgezeigten zahlenmäßigen Entwicklung von Briefsendungen ist zu folgern, daß der Bruttoproduktionswert der Produktgruppe Briefpapiere in den Perioden 1961-1968, 1969-1976 und 1977-1982 mit realen Zuwachsraten von schätzungsweise Ø 1,5-2,0% p.a. stetig zunahm und im Unterschied zur Produktgruppe Formulare erst in der Periode 1983-

---

[1] Zu den Briefsendungen zählen dabei sowohl die Briefe und Briefdrucksachen als auch die Postkarten.

[2] Im Jahr 1973 wurde im Telekommunikationsbericht der Deutschen Bundespost festgestellt, daß 56,3% der Briefsendungen von Unternehmen stammten, 14,8% von Behörden, 22% von Privatpersonen und 7% nicht eindeutig zuzuordnen waren. Anzunehmen ist, daß hinsichtlich der Aufteilung der Briefsendungen auf die verschiedenen Kundengruppen keine gravierenden Veränderungen eingetreten sind. Vgl.: BUNDESMINISTRIUM FÜR DAS POST- UND FERNMELDEWESEN, Telekommunikationsbericht, Anlageband 4, Bonn 1976, S.196.

[3] Die von Privatpersonen stammenden Briefsendungen und vor allem die Briefsendungen, die nicht zugeordnet werden können, sind z.T. ebenfalls bedruckt.

1988 stagnierte.[1]

In Relation zum gesamten Produktbereich Geschäftsdrucksachen verlief die Wachstumsentwicklung der Produktgruppe Briefpapiere während der beiden Perioden 1961-1968 und 1969-1976 offenbar jedoch nur weit unterdurchschnittlich.[2] Ein wachstumshemmender Einfluß ging in dieser Zeitspanne vor allem von der Substitutionskonkurrenz seitens der Fernmeldedienste Telefon und Telex aus, denn sowohl die Teilnehmerzahlen[3] als auch die Nutzungshäufigkeit nahmen sprunghaft zu.

Tab.21: Entwicklung der Zahl der Telefonverbindungen, durchschnittliche jährliche Veränderungsraten

Deutsche Bundespost \ Periode	1961-68	1969-76	1977-82	1983-88	1961-76	1977-88
Zahl der Telefonverbindungen *	7,6%	8,2%	7,9%	3,9%	7,9%	5,9%

* Ortsverbindungen und abgehende Fernverbindungen (In- und Ausland). Quelle: Statistisches Jahrbuch der Deutschen Bundespost, versch. Jgg.; eigene Berechnung der Werte.

Ausschlaggebend waren dabei im wesentlichen wiederum zwei Ursachen, nämlich zum einen, daß die Fernmeldedienste im Unterschied zur brieflichen Korrespondenz eine persönliche Kommunikation ohne Zeitverzug erlaubten und zum anderen, daß die Postgebühren für Briefsendungen während des Untersuchungszeitraums erheblich stärker angehoben wurden als die Telefon- und Telexgebühren. Die briefliche Korrespondenz beschränkte sich deshalb

---

[1] Der reale Bruttoproduktionswert der Produktgruppe Formulare ist demgegenüber bereits seit dem Jahr 1974 trendmäßig zurückgegangen.

[2] Vgl. im Text S.68: Tab.19.

[3] Die Zahl der Telefonhauptanschlüsse (ohne öffentliche Sprechstellen) stieg von 3.220,9 Mio. im Jahr 1960 auf 28.412,5 Mio. im Jahr 1988; die Zahl der Telexanschlüsse erhöhte sich zugleich von 35.236 auf 158.279. Quelle: BUNDESMINISTERIUM FÜR DAS POST- UND FERNMELDEWESEN. Statistisches Jahrbuch der Deutschen Bundespost 1988, Bonn 1989, S.36 u. S.44.

zunehmend auf solche Geschäftsvorgänge, bei denen die Briefpapiere als Datenträger zur Belegbarkeit unbedingt erforderlich waren.

Der wachsende betriebliche Einsatz von EDV-Anlagen war hingegen für die Nachfrageentwicklung bei Briefpapieren zunächst von untergeordneter Bedeutung, denn abgesehen vom Telexdienst wurden die technischen Voraussetzungen für eine elektronische Fernübertragung von Texten mit anschließender Druckausgabe auf Papier erst zu Beginn der 80er Jahre geschaffen, als die Deutsche Bundespost die Fernmeldedienste Teletex und Telefax einführte.[1] Dies dürfte auch der wesentliche Grund gewesen sein, weshalb die Produktgruppe Briefpapiere im Gegensatz zur Produktgruppe Formulare in der Periode 1977-1982 weiterhin reale Produktionszuwächse verzeichnete und erst später in der Periode 1983-1988 in die Stagnationsphase eintrat.

Die Hauptursache für die in der Periode 1983-1988 eingetretene Stagnation des Bruttoproduktionswertes von Briefpapieren bestand demzufolge darin, daß anstelle der brieflichen Korrespondenz vermehrt die neuartigen Fernmeldedienste Telefax und Teletex für die Textübermittlung genutzt wurden. Der wachsende Stellenwert von Telefax und Teletex läßt sich dabei durch die entsprechenden Anschlußzahlen verdeutlichen, denn zwischen 1982 und 1988 nahm die Zahl der Telefaxanschlüsse von 10.211 auf 197.245 zu und diejenige von Teletexanschlüssen stieg von 1.199 auf 19.071, so daß sich die Teilnehmerzahlen gleichermaßen fast verzwanzigfacht haben.[2]

Der Einsatz von Telefax und Teletex blieb allerdings auf die Kommunikation zwischen Unternehmen bzw. Betrieben begrenzt, wohingegen bei den Privatkunden weiterhin die briefliche Korrespondenz dominierte. Dies änderte sich auch nicht mit der Einführung des Bildschirmdialogsystems Btx, denn obwohl

---

[1] Telefax und Teletex können synonym als Fernkopieren und Bürofernschreiben bezeichnet werden, wobei der Teletex-Dienst gegenüber dem herkömmlichen Telex-Dienst den Vorteil einer deutlich höheren Übertragungsgeschwindigkeit und Übertragungsqualität bietet.

[2] Quelle: BUNDESMINISTERIUM FÜR DAS POST- UND FERNMELDEWESEN, Statistisches Jahrbuch 1988 - Deutsche Bundespost, Bonn 1989, S.36.

hierdurch die technischen Voraussetzungen für eine elektronische Abwicklung z.B. von Banküberweisungen oder Versandhausbestellungen gegeben waren,[1] bestand seitens der Privatpersonen bislang nur ein äußerst geringes Interesse am Btx-System und einer damit verbundenen Umstellung der Nutzungsgewohnheiten.[2]

Darüber hinaus wurde die Produktionsentwicklung der Produktgruppe Briefpapiere in der Periode 1983-1988 dadurch negativ beeinträchtigt, daß Briefbogen und Briefumschläge in steigendem Maße z.T. unter Verwendung von DTP-Programmen selbst gestaltet und über Laserdrucker ausgegeben oder mit hochleistungsfähigen Kopiergeräten vervielfältigt wurden,[3] so daß sich der Druckvorgang sukzessive von den Druckbetrieben auf die bisherigen Abnehmer der Druckindustrie verlagerte.

2.3.4. PRODUKTGRUPPE "WERTPAPIERE"

Die Produktgruppe Wertpapiere stellt insofern einen Sonderfall dar, als daß die Bundesdruckerei in Berlin (West) - vergleichbar den Regiedruckereien - grundsätzlich nicht zur Produktionsstatistik meldet, sondern ausschließlich in der Außenhandelsstatistik berücksichtigt wird. Der Bruttoproduktionswert der Produktgruppe Wertpapiere wird demzufolge nur unvollständig erfaßt, denn von der Bundesdruckerei wurden während des gesamten Untersuchungszeitraums - abgesehen von wenigen Ausnahmen - sämtliche bundesdeutschen

---

[1] Vgl.: O.V., Vermarktung durch Btx, in: Der neue Vertrieb, 37.Jg., Heft Nr.9, S.48-54, Hamburg 1985, S.51.

[2] Im Jahr 1988 existierten überhaupt erst 146.929 Btx-Anschlüsse, die zum weit überwiegenden Teil zu geschäftlichen Zwecken genutzt wurden. Der Innovations-Diffusions-Prozeß verlief damit seit der Btx Einführung im Jahr 1984 wesentlich langsamer als von der Deutschen Bundespost prognostiziert worden war. Vgl.: B. SCHMIDT, Bildschirmtext ist immer noch kein Medium für den privaten Markt, in: F.A.Z, Ausgabe v. 04.10.1989, Frankfurt a.M. 1989.

[3] Vgl.: D. SCHEITER, Photokopieren im digitalen Zeitalter, in: F.A.Z., Ausgabe Nr.241 v. 17.10.1989, Frankfurt a.M. 1989, S.B19.

Postwertzeichen[1] und wertmäßig knapp 50% des Druckvolumens von DM-Banknoten[2] gefertigt. Außerdem trug die Bundesdruckerei erheblich, und zwar im Jahr 1988 mit ca.20-25%, zum Ausfuhrwert von Banknoten bei, die in der Bundesrepublik Deutschland i.A. ausländischer Zentralbanken produziert wurden.[3]

Dementsprechend wurde also in der Produktionsstatistik nur derjenige Teil des Bruttoproduktionswertes von Wertpapieren erfaßt, den die privaten Druckbetriebe erwirtschafteten. Der erfaßte Bruttoproduktionswert betrug im Jahr 1988 schätzungsweise 220 Mio. DM, so daß im Jahr 1988 rd.5% des gesamten Bruttoproduktionswertes des Produktbereichs Geschäftsdrucksachen auf die Produktgruppe Wertpapiere entfielen. Der Bruttoproduktionswert verteilte sich dabei zu ca.80 Mio. DM auf die i.A. der Deutschen Bundesbank gedruckten DM-Banknoten,[4] zu ca.40 Mio. DM auf die Ausfuhr von Aktien, Banknoten,

---

[1] Im Jahr 1988 wurden lt. Angaben der Deutschen Bundespost 4,2 Mrd. Briefmarken verkauft, wobei die Druckkosten bei Dauerserien 0,4 Pf. und bei Sonderserien zwischen 1,3 Pf. und 1,4 Pf. lagen. Der jährliche Bruttoproduktionswert von bundesdeutschen Briefmarken dürfte demnach schätzungsweise bei ca.30-40 Mio. DM gelegen haben.

[2] Von der Bundesdruckerei werden die 5 DM-Noten, die 10 DM-Noten, die 50 DM-Noten sowie die 500 DM-Noten gedruckt, wohingegen die 20 DM-Noten, die 100 DM-Noten sowie die 1000 DM-Noten von privaten Druckbetrieben erstellt werden.

[3] Darüber hinaus druckte die Bundesdruckerei auch Briefmarken für ausländische Postverwaltungen. Da der gesamte "Briefmarkenexport" der BR Deutschland im Jahr 1988 jedoch lediglich 3,7 Mio. DM betrug, war der Einfluß, der hierdurch auf die Produktionsstatistik ausging, zu vernachlässigen. Demgegenüber wurden Aktien, Schecks u.ä. lt. Angaben der Bundesdruckerei nahezu ausnahmlos von privaten Druckbetrieben hergestellt. Vgl.: H.-J. CORDUAN, Werdegang einer Briefmarke, in: Zeitschrift für das Post- und Fernmeldewesen (ZPF), Heft Nr.8, Starnberg u. Bonn 1988, S.1 sowie STATISTISCHES BUNDESAMT, Fs.7: R.2.

[4] Die Deutsche Bundesbank wendete im Jahr 1988 für den Notendruck 152,8 Mio. DM auf, wovon auf die Bundesdruckerei nach eigenen Angaben knapp 50% entfielen. Demzufolge wurden von den privaten Druckbetrieben im Jahr 1988 DM-Banknoten im Wert von rd.80 Mio. DM gedruckt. Vgl.: DEUTSCHE BUNDESBANK, Geschäftsbericht der Deutschen Bundesbank 1988, Frankfurt a.M. 1989, S.144.

Briefmarken[1] sowie zu rd.100 Mio. DM auf Aktien, Schecks u.ä., die für inländische Auftraggeber erstellt wurden.[2]

Tab.22: Entwicklung der Einfuhr- und Ausfuhrwerte der Produktgruppe Wertpapiere, in Mio.DM

Wertpapiere \ Jahr	1960	1968	1976	1979	1982	1985	1988
Einfuhrwert *	8,5	0,2	0,6	1,5	3,3	1,9	3,3
Ausfuhrwert *	1,6	2,4	23,2	54,6	58,8	58,9	49,3

* Einschließlich der Bundesdruckerei in Berlin (West). Quelle: Statistisches Bundesamt, Fs.7: R.2, versch. Jgg.; eigene Berechnung der Werte.

Dies bedeutet zugleich, daß die Exportquote der Produktgruppe Wertpapiere im Jahr 1988 ungefähr bei 20% lag, wohingegen die Importquote niedriger als 2% ausfiel. Die Entwicklung der Auslandsnachfrage war demnach für die inländische Produktionsentwicklung von nachhaltiger Bedeutung[3] und hat sich - wie der drastische Anstieg des Ausfuhrwertes zeigt - insbesondere während der 60er und 70er Jahre wachstumsfördernd ausgewirkt.

---

[1] Der Ausfuhrwert von Aktien betrug im Jahr 1988 25,9 Mio. DM, derjenige von Banknoten 19,7 Mio. DM und derjenige von Briefmarken 3,7 Mio. DM. Da die Bundesdruckerei nach eigenen Angaben mit rd.20-25% an der Ausfuhr von Banknoten beteiligt war und zudem für ausländische Postverwaltungen Briefmarken druckte, dürften vom gesamten Ausfuhrwert, in Höhe von 49,3 Mio. DM, ca.10 Mio. DM auf die Bundesdruckerei und ca.40 Mio. DM auf die privaten Druckbetriebe entfallen sein.

[2] Diese Schätzung basiert darauf, daß der Bruttoproduktionswert von Aktien, Schecks u.ä., der im Jahr 1974 rd.60 Mio. DM betrug, seither in gleichem Maße gewachsen ist wie der gesamte Produktbereich Geschäftsdrucksachen. Vermutlich wuchs die Druckproduktion von Aktien, Schecks u.ä. aber überdurchschnittlich, so daß der gesamte Bruttoproduktionswert der Produktgruppe Wertpapiere in Höhe von 220 Mio. DM als untere Schätzgrenze anzusehen ist.

[3] Die Produktgruppe Wertpapiere wies somit - neben den beiden Produktgruppen Bücher und Kataloge - die stärkste Exportorientierung aller Produktgruppen der Druckindustrie auf.

Eine Quantifizierung der Produktionsentwicklung der Produktgruppe Wertpapiere ist im weiteren nicht durchführbar, da entsprechende Bruttoproduktionswerte vom Statistischen Bundesamt lediglich für den Zeitraum von 1970-1974 gesondert ausgewiesen wurden.[1] Anzunehmen ist jedoch, daß während des Untersuchungszeitraums nicht nur die Auslandsnachfrage, sondern auch die Inlandsnachfrage stetig zunahm, wenn auch in deutlich geringerem Ausmaß als die Auslandsnachfrage. Die Aufwendungen der Deutschen Bundesbank für den Notendruck wuchsen nämlich während des Untersuchungszeitraums in nominalen Werten gerechnet um Ø 9,6% p.a.[2] und dies, obwohl der bargeldlose Zahlungsverkehr zunehmend an Bedeutung gewann, was sich wiederum positiv auf das Druckvolumen von Schecks auswirkte. Außerdem dürfte sich - angesichts der gestiegenen Zahl von Neuemissionen - besonders seit Anfang der 80er Jahre auch das Druckvolumen von bundesdeutschen Aktien stark erhöht haben.

Die Produktgruppe Wertpapiere war demnach während des gesamten Untersuchungszeitraums durch eine stetige Wachstumsentwicklung gekennzeichnet, wozu sowohl die inländische Nachfrageentwicklung als auch die drastischen Exportzuwächse beitrugen.

2.3.5. ZWISCHENERGEBNIS

Zusammenfassend ist festzuhalten, daß die rückläufige Wachstumsentwicklung des Produktbereichs Geschäftsdrucksachen im wesentlichen auf die sprunghafte Zunahme des betrieblichen EDV-Einsatzes zurückzuführen ist. Dadurch bedingt wurde der Datenträger Papier sukzessive von der elektro-

---

[1] Im Zeitraum von 1970-1974 wurden Banknoten, Briefmarken, Aktien u.ä. unter der Güterart "Wertpapiere u.ä. Druckereierzeugnisse" (Melde-Nr.5711 4.) erfaßt. Der Bruttoproduktionswert der Produktgruppe Wertpapiere betrug dabei im Jahr 1974 102,8 Mio. DM, wovon ca.30 Mio. DM auf den Druck von DM-Banknoten entfielen, ca.60 Mio. DM auf Aktien, Schecks u.ä., die für inländische Abnehmer produziert wurden sowie ca.10 Mio. DM auf die Ausfuhr von Aktien, Banknoten und Briefmarken.

[2] Die Aufwendungen der Deutschen Bundesbank für den Notendruck stiegen von 11,6 Mio. DM im Jahr 1960 auf 152,8 Mio. DM im Jahr 1988.

nischen Datenübermittlung und -speicherung auf elektromagnetischen Datenträgern verdrängt.

Wachstumshemmende Auswirkungen resultierten zudem daher, daß der Datenausdruck auf Papier vermehrt über Laserdrucker erfolgte, mit denen zusammen mit der Datenausgabe oftmals die Formularvordrucke bzw. Briefköpfe generiert wurden. Darüber hinaus wurden die Formulare und Briefbogen immer häufiger mit hochleistungsfähigen Kopiergeräten vervielfältigt, die z.T. sogar eine mehrfarbige Druckausgabe ermöglichten.

Die Folge hiervon war, daß trotz des exponentiell wachsenden Informations- und Kommunikationsbedarfs die Nachfrage nach Formularen und Briefpapieren stagnierte bzw. sich sogar rückläufig entwickelte. Die zunehmende Entkoppelung der Produktionsentwicklung der Produktgruppen Formulare und Briefpapiere von derjenigen des Informations- und Kommunikationsbedarfs war dabei im wesentlichen auf die betriebsinterne Bürokommunikation beschränkt, auf die allerdings mit ca.80% der bei weitem größte Teil der geschäftlichen Kommunikation entfiel.[1] Für betriebsexterne Zwecke wurde die elektronische Datenübertragung demgegenüber - abgesehen von Telefax und Teletex - bislang fast ausschließlich von Großunternehmen genutzt, und zwar speziell zur Übermittlung großer Datenmengen.

Neben diesen kontraktiv wirkenden Einflußfaktoren waren im Bereich der betriebsexternen Kommunikation aber auch Wachstumsimpulse zu verzeichnen, denn die Formulare und Briefpapiere erfüllten - neben ihren originären Funktionen - vermehrt Werbefunktionen und wurden deshalb in steigendem Maße mehrfarbig gestaltet. Die mengenmäßigen Nachfrageeinbußen, die vor allem bei betriebsintern verwendeten Formularen eintraten, konnten allerdings durch die gestiegene Nachfrage nach qualitativ höherwertigen Formularen und Briefpapieren nur teilweise kompensiert werden.

Die Produktgruppe Wertpapiere verzeichnete dagegen hohe reale Produk-

---

[1] Vgl.: K. SCHRAPE, Mediennutzung im Wandel - Der Endverbraucher zwischen Möglichkeiten und Machbarkeiten, vervielf. Referat, gehalten anläßlich der Imprinta 1984 in Düsseldorf, Ergänzende Dokumentation zum Referat, Hrsg.: BVD, Wiesbaden 1984, S.4.

tionszuwächse, so daß sich der Produktionsanteil von Wertpapieren (ohne Einbeziehung der Bundesdruckerei) am Produktbereich Geschäftsdrucksachen von 3,4% im Jahr 1974 auf mindestens 5% im Jahr 1988 vergrößerte.[1] Der relativ niedrige Produktionsanteil verdeutlicht jedoch, daß die Wachstumsentwicklung des Produktbereichs Geschäftsdrucksachen hierdurch nur in geringem Ausmaß beeinflußt wurde.

[1] Unter Berücksichtigung der Bundesdruckerei wäre der Bruttoproduktionswert der Produktgruppe Wertpapiere im Jahr 1988 um mindestens 100 Mio. DM höher gewesen und der Produktionsanteil am Produktbereich Geschäftsdrucksachen hätte ca.6,5% betragen.

3. PRODUKTBEREICH "BÜCHERDRUCKSACHEN"

3.1. TYPISIERUNG DES PRODUKTBEREICHS

Der Produktbereich Bücherdrucksachen[1] umfaßt neben Büchern und Broschüren,[2] die gleichsam die "Urproduktion der Druckbranche" darstellen, auch Adreß- und Telefonbücher sowie Geschäftsberichte, Unternehmensfestschriften u.ä.[3] Diese heterogenen Produkte werden nachfolgend den drei Produktgruppen Bücher, Nachschlagewerke und Unternehmensbroschüren zugeordnet, wobei im Jahr 1988 schätzungsweise 85% des Bruttoproduktionswertes des Produktbereichs Bücherdrucksachen auf die Produktgruppe Bücher entfielen, wohingegen die beiden Produktgruppen Nachschlagewerke und Unternehmensbroschüren lediglich einen Produktionsanteil von 10% bzw. 5% auf sich vereinigten.

Mit einem Bruttoproduktionswert von 2.071,0 Mio. DM bzw. einem Produktionsanteil von 8,3% zählte der Produktbereich Bücherdrucksachen im Jahr 1988 zusammen mit den Produktbereichen Verpackungsdrucksachen (6,8%) und Sonstige Drucksachen (4,4%) zu den weniger bedeutenden Produktbereichen der Druckindustrie. Zudem muß hierbei berücksichtigt werden, daß der Produktionsanteil von Bücherdrucksachen unter vollständiger Einbeziehung der Kleinbetriebe mit 1-19 Beschäftigten noch deutlich niedriger ausgefallen

---

[1] Die Bezeichnung "Bücherdrucksachen" wurde deshalb gewählt, weil der Begriff Buchdruck oftmals als Synonym für das Hochdruckverfahren benutzt wird. Vgl. im Text S.342.

[2] Die begriffliche Unterscheidung von Büchern und Broschüren beruht auf dem bibliographischen Kriterium des Seitenumfangs. Danach gelten Veröffentlichungen dann als Bücher, wenn sie einen Umfang von mindestens 49 Seiten aufweisen. Broschüren bestehen dagegen aus 5-48 Seiten und sind anders als Bücher i.d.R. nicht gebunden oder geleimt, sondern geheftet. Vgl.: BÖRSENVEREIN DES DEUTSCHEN BUCHHANDELS, Buch und Buchhandel in Zahlen 1987, Frankfurt a.M. 1987, S.12.

[3] Der Produktbereich Bücherdrucksachen stimmt hinsichtlich der Abgrenzung mit der Güterklasse "Bücher und Broschüren" überein, die vom Statistischen Bundesamt unter der Melde-Nr.5713 0. erfaßt wird.

wäre. Erkennbar ist dies anhand des Jahres 1976, als die Erfassungsgrenze des Berichtskreises angehoben wurde, denn während der Produktionsanteil des Produktbereichs Bücherdrucksachen bei Industriebetrieben mit 20 und mehr Beschäftigten im Jahr 1976 9,0% betrug, lag der entsprechende Produktionsanteil in der Betriebsgrößenklasse mit 10-19 Beschäftigten lediglich bei 4,9%.[1] Unter Berücksichtigung aller Druckbetriebe dürfte der Produktionsanteil des Produktbereichs Bücherdrucksachen demnach im Jahr 1988 nur rd.8% betragen haben.[2]

3.2. DARSTELLUNG DER PRODUKTIONS- UND AUSSENHANDELS-ENTWICKLUNG DES PRODUKTBEREICHS

Wie Tab.23 zeigt, wurden für den Produktbereich Bücherdrucksachen in der Periode 1961-1968 mit Ø 5,8% p.a. überdurchschnittlich hohe reale Produktionszuwächse verzeichnet. Die dynamische Wachstumsentwicklung endete jedoch in den Jahren 1967/1968[3] abrupt und seither fielen die realen Zuwachsraten des Produktbereichs Bücherdrucksachen - in Relation zur gesamten Druckproduktion - weit unterdurchschnittlich aus, wobei die Wachstumsverlangsamung in der Periode 1969-1976 - gegenüber der Vorperiode - besonders ausgeprägt war. Neben der Nachfrageentwicklung waren hierfür allerdings zwei Einflußfaktoren mitbestimmend, die sich nur rein statistisch auswirkten.

---

[1] Deutlich wurde dies auch bei der "Marketing-Umfrage des BVD", denn damals gaben lediglich 8,2% der befragten Kleinbetriebe mit 1-10 Beschäftigten an, daß bei ihnen Bücher und Broschüren einen Produktionsschwerpunkt bilden. Dies war zugleich der mit Abstand niedrigste prozentuale Anteilswert von allen Betriebsgrößenklassen. Vgl.: H.-J. TEICHMANN (1982), Neue technische Kommunikation... a.a.O., S.55 sowie BVD (1977), Marketing-Umfrage a.a.O.

[2] Hierbei wurde unterstellt, daß bei den nicht erfaßten Druckbetrieben im Jahr 1988 5% des Bruttoproduktionswertes auf die Bücherdrucksachen entfielen.

[3] Im Jahr 1967 betrug der reale Produktionszuwachs lediglich 2,6% und im Jahr 1968 war sogar ein Produktionsrückgang von real 5,8% zu registrieren.

Tab.23: Entwicklung der Bruttoproduktionswerte von Bücherdrucksachen sowie von Drucksachen insgesamt, in nominalen und realen Werten, durchschnittliche jährliche Veränderungsraten

Produktionswert \ Periode	1961-68	1969-76	1977-82	1983-88	1961-76	1977-88
Bücherdrucksachen, nom.	8,9%	8,0%	6,6%	4,0%	8,5%	5,3%
Drucksachen insges., nom.	8,2%	8,9%	6,9%	5,0%	8,5%	5,9%
Bücherdrucksachen, real	5,8%	0,9%	1,7%	1,3%	3,3%	1,5%
Drucksachen insges., real	5,1%	2,8%	2,3%	2,3%	3,9%	2,3%

Quelle: Statistisches Bundesamt, Fs.4: R.3.1 u. Fs.17: R.2, versch. Jgg.; eigene Berechnung der Werte.

Erstens führten die Buchverlage in der Periode 1969-1976 den Papiereinkauf in zunehmendem Umfang eigenständig durch,[1] so daß der Bruttoproduktionswert der Druckbetriebe in diesen Fällen um den wertmäßigen Papieranteil zurückging und zweitens wurden anfallende Buchbindearbeiten vermehrt an spezialisierte, einstufige Buchbindereien vergeben,[2] die in der Produktionsstatistik nicht zur Druckindustrie, sondern zur Gütergruppe "Papier- und Pappe-

---

[1] Die Zulieferung des benötigten Papiers erfolgte hauptsächlich bei solchen Druckaufträgen, bei denen die Papierqualität von übergeordneter Bedeutung war, wie z.B. bei Kunst- und Bildbänden. In dieser Buchkategorie wurde der Papiereinkauf Anfang der 80er Jahre bereits zu rd.3/4 von den Buchverlagen selbst durchgeführt. Vgl.: J. SCHILLING, Basisstudie zum Thema Buchmarkt, vervielf., Gütersloh 1984, S.53: Abb.30.

[2] Vgl.: K. GREFERMANN, Papierverarbeitung und Druckerei-Industrie aus Sicht der siebziger Jahre, Hrsg.: IFO-Institut, Struktur und Wachstum, Reihe Industrie, Heft Nr.22, Berlin u. München 1973, S.76.

waren" zählten.[1]

Demgegenüber dürften die realen Produktionszuwächse im Produktbereich Bücherdrucksachen in der Periode 1977-1982 tatsächlich niedriger ausgefallen sein als dies in der Produktionsstatistik verzeichnet wurde, denn im Jahr 1977 wurden erstmals auch die Handwerksbetriebe mit mindestens 20 Beschäftigten in der Produktionsstatistik berücksichtigt. Der Produktbereich Bücherdrucksachen wurde hiervon in besonderem Maße beeinflußt, weil die mittleren und großen Handwerksbetriebe traditionell bedingt überwiegend Bücher druckten,[2] so daß der außergewöhnlich hohe reale Produktionszuwachs im Produktbereich Bücherdrucksachen von 7,6% im Jahr 1977 in erster Linie auf die Neuabgrenzung des Berichtskreises der Produktionsstatistik zurückzuführen war.[3]

Unter Einbeziehung der oben angeführten Sondereinflüsse kann festgehalten werden, daß die Wachstumsentwicklung im Produktbereich Bücherdrucksachen in den Perioden 1969-1976, 1977-1982 und 1983-1988 stetig verlief,[4] und zwar mit realen Produktionszuwächsen von Ø rd.1% p.a.

In nominalen Werten fiel die Wachstumsverlangsamung in der Periode 1969-

---

[1] Bis zum Jahr 1982 wurden die buchbinderischen Erzeugnisse unter der Güterart "Sonstige buchbinderisch hergestellte Erzeugnisse" (Melde-Nr.5621 50) erfaßt und werden seither unter der Güterart "Buchbinderisch hergestellte Kataloge, Werbedrucksachen, Bücher, Boschüren..." (Melde-Nr.5671 00) geführt. Lt. Information des BVD ist eine Umgruppierung der buchbinderischen Erzeugnisse zur Gütergruppe "Druckereierzeugnisse, Vervielfältigungen" bei der nächsten Umstellung des Systematischen Güterverzeichnisses der Produktionsstatistik geplant.

[2] Die Handwerksbetriebe der Druckbranche stehen in der handwerklichen Tradition des "Graphischen Gewerbes" und produzieren vielfach auch heutzutage noch im "Buchdruckverfahren", das historisch eng mit der Herstellung von Büchern verbunden ist.

[3] Vgl. im Anhang S.XLV: Tab.XIX.

[4] Die im Jahr 1982 erfolgte Zuordnung der Güterart "Noten- und Liederbücher" zur Güterklasse "Bücher und Broschüren", die zuvor unter der Güterklasse "Sonstige Druckerzeugnisse" (Melde-Nr.5719 0.) erfaßt wurde, hatte keine merklichen Auswirkungen auf die Wachstumsentwicklung des Produktbereichs Bücherdrucksachen.

1976 wesentlich geringer aus als in realen Werten, da die Druckbetriebe in diesem Produktbereich überdurchschnittliche Preissteigerungen durchsetzen konnten.[1] Die Preisentwicklung übte im Produktbereich Bücherdrucksachen aber nur einen vergleichsweise geringen Einfluß auf die Nachfrageentwicklung aus, da bezogen auf den Verkaufspreis von Büchern nur Ø 25-30% auf die Druck- und Papierkosten entfielen.[2] Die in der Periode 1969-1976 eingetretene Wachstumsverlangsamung des Produktbereichs Bücherdrucksachen läßt sich deswegen nicht mit dem starken Anstieg der Druck- und Papierkosten erklären. Außerdem hat sich die Preisentwicklung im Produktbereich Bücherdrucksachen in den beiden folgenden Perioden an die durchschnittliche Preisentwicklung von Drucksachen angeglichen, so daß keine systematischen Preiszuschläge festzustellen waren.

Im Anschluß soll aufgezeigt werden, welche Bedeutung der Außenhandel im Produktbereich Bücherdrucksachen hatte und inwieweit die inländische Produktionsentwicklung durch den Außenhandel beeinflußt wurde. Der Außenhandel mit Bücherdrucksachen ist dabei grundsätzlich in zwei verschiedene Gruppen zu unterteilen, und zwar zum einen in Bücher, die sowohl im Herkunftsland gedruckt als auch verlegt wurden, und zum anderen in Bücher bzw. Druckbogen, die im Herkunftsland gedruckt wurden, aber erst im Bestimmungsland verlegt bzw. zuvor noch weiterverarbeitet wurden. Diese Unterteilung in Verlagserzeugnisse und reine Druckerzeugnisse ist deshalb bedeutsam, weil die Außenhandelswerte der Verlagserzeugnisse um den wertmäßigen Verlagsanteil bereinigt werden müssen, wobei nachfolgend unterstellt wird, daß die Druckleistung mit Ø 30% und die Verlagsleistung mit Ø 70% zum Warenwert

---

[1] Vgl. im Anhang S.XLVI: Tab.XX.

[2] Die restlichen 70-75% der Buchverkaufspreise setzen sich aus Honoraren bzw. Lizenzgebühren, Verlagsgemeinkosten, Werbekosten, Auslieferungskosten sowie Vertriebskosten zusammen. Vgl.: C. LEONHARDT, Das Taschenbuch - seine Stellung und sein Einfluß im deutschen Buchmarkt, Diss. Würzburg 1982, veröff. in: Beilage zum Börsenblatt für den Deutschen Buchhandel - Frankfurter Ausgabe - (Bbl.), Heft Nr.77, S.1947-2048, Frankfurt a.M. 1985, S.1965: Tab.3.

von Büchern beitrug.[1]

Tab.24: Entwicklung der Import-, Export- und Saldenquote im Produktbereich Bücherdrucksachen, in nominalen Werten

Bücherdrucksachen \ Jahr	1960	1968	1976	1979	1982	1985	1988
Importquote, bereinigt *	7,5%	8,9%	10,4%	11,2%	11,3%	11,8%	12,9%
Importquote, unbereinigt	14,6%	16,6%	19,7%	22,0%	22,2%	23,5%	23,2%
Exportquote, bereinigt *	13,4%	17,5%	15,2%	16,6%	17,8%	21,4%	22,7%
Exportquote, unbereinigt	38,0%	46,5%	45,2%	48,9%	48,9%	56,8%	58,9%
Saldenquote, bereinigt *	5,3%	7,7%	3,6%	4,1%	5,1%	8,0%	7,9%

* Außenhandelswerte bereinigt um den geschätzten 70%igen Verlagsanteil. Quelle: Statistisches Bundesamt, Fs.4: R.3.1 u. Fs.7: R.2, versch. Jgg.; eigene Berechnung der Werte.

Wie Tab.24 zeigt, nahm die Außenhandelsverflechtung des Produktbereichs Bücherdrucksachen während des Untersuchungszeitraums zwar nicht in derart starkem Maße zu wie in in den anderen Produktbereichen der Druckindustrie, aber aufgrund der vergleichsweise hohen Außenhandelsverflechtung im Ausgangsjahr 1960 wies der Produktbereich Bücherdrucksachen im Jahr 1988 mit 12,9% bzw. 22,7% - neben dem Produktbereich Sonstige Drucksachen - weiterhin die mit Abstand höchste Import- und Exportquote von allen Produktbereichen auf.[2]

Der Außenhandel wurde dabei hauptsächlich mit Österreich, der Schweiz

---

[1] Zur Berechnungsmethode vgl. im Anhang S.XXI ff.

[2] Der Einfuhrwert des Produktbereichs Bücherdrucksachen betrug bereinigt um den Verlagsanteil im Jahr 1988 rd.300 Mio. DM, während der Ausfuhrwert rd.470 Mio. DM betrug.

sowie mit den EG-Ländern abgewickelt.[1] Der innerdeutsche Handel mit dem damaligen DDR-Gebiet war demgegenüber unbedeutend und dies, obwohl der weitaus größte Teil der Lieferungen und Bezüge aus Verlagserzeugnissen, und zwar speziell aus Büchern bestand.[2]

Ursächlich für die starke Außenhandelsverflechtung des Produktbereichs Bücherdrucksachen waren mehrere Faktoren: Zum einen entfielen im Jahr 1988 44,6% des bereinigten Einfuhrwertes und 68,3% des bereinigten Ausfuhrwertes auf Verlagserzeugnisse, bei denen nicht die Druckleistung, sondern das literarische Werk als solches den wesentlichen Grund für den Außenhandel darstellte. Zum anderen wurde der Austausch von reinen Druckleistungen nur in geringem Maße durch die Transaktionskosten belastet, da bei Büchern Druckaufträge mit hohen Auftragswerten dominierten. Zudem scheiterte bei der Buchherstellung die Auftragsvergabe an ausländische Druckbetriebe - anders als bei Drucksachen mit hohem Aktualitätsgrad wie Zeitungen und Zeitschriften - nur selten wegen kurzfristiger Lieferfristen.[3] Darüber hinaus waren z.B. bei Kunst- und Bildbänden sowie anderen Büchern mit hochqualitativer Druckausstattung nicht nur die Produktionskosten entscheidend für die Auftragsvergabe, sondern auch die qualitative Gewährleistung. Die Zahl der Druckbetriebe, die solche extrem hohen produktionstechnischen Anforderungen erfüllen konnten, war nämlich stark beschränkt, so daß entsprechende Druckaufträge oftmals auf westeuropäischer Ebene vergeben wurden.

Die bundesdeutsche Druckindustrie erzielte im Produktbereich Bücherdrucksachen - wie anhand der Saldenquote erkennbar ist - während des

---

[1] Am bereinigten Einfuhrwert waren im Jahr 1988 zu 47,2% die EG-Länder, zu 17,1% die Schweiz und zu 10,6% Österreich beteiligt. Vom bereinigten Ausfuhrwert entfielen hingegen 33,8% auf die EG-Länder, 24,9% auf die Schweiz und 21,8% auf Österreich.

[2] Die aus der DDR bezogenen Bücher hatten im Jahr 1988 einschließlich des wertmäßigen Verlagsanteils einen Warenwert von 21,5 Mio. DM, während der Warenwert der aus der BR Deutschland gelieferten Bücher 14,7 Mio. DM betrug.

[3] Tendenziell ist jedoch vor allem bei der Unterhaltungsliteratur eine starke Zunahme des Aktualitätsgrades zu registrieren.

gesamten Untersuchungszeitraums Außenhandelsüberschüsse,[1] die jedoch im Zeitablauf stark schwankten und in der Periode 1969-1976 deutlich zurückgingen.

Tab.25: Entwicklung der Inlandsproduktion und Inlandsnachfrage von Bücherdrucksachen, in realen Werten, durchschnittliche jährliche Veränderungsraten

Bücherdrucksachen \ Periode	1961-68	1969-76	1977-82	1983-88	1961-76	1977-88
Inlandsproduktion, real	5,8%	0,9%	1,7%	1,3%	3,3%	1,5%
Inlandsnachfrage, real	5,9%	1,6%	1,6%	1,0%	3,7%	1,3%

Quelle: Statistisches Bundesamt, Fs.4: R.3.1, Fs.7: R.2 sowie Fs.17: R.2 u. R.8, versch. Jgg.; eigene Berechnung der Werte.

Die Inlandsproduktion wuchs dementsprechend in der Periode 1969-1976 mit realen Zuwachsraten von Ø 0,9% p.a. in merklich geringerem Umfang als die Inlandsnachfrage[2], die sich um Ø 1,6% p.a. erhöhte, so daß die Wachstumseinbußen z.T. durch die Außenhandelsentwicklung bedingt waren. Ursächlich hierfür war die rückläufige Ausfuhrentwicklung, die wiederum u.a. auf den damaligen Anstieg des DM-Außenwertes zurückzuführen war. In den drei anderen Untersuchungsperioden wirkte sich der Außenhandelseinfluß hingegen nur unbedeutend auf die inländische Produktionsentwicklung aus, so daß im wesentlichen die Inlandsnachfrage entscheidend war, deren Determinanten anschließend auf der Ebene der einzelnen Produktgruppen untersucht werden

---

[1] Im Jahr 1988 betrug der Außenhandelsüberschuß im Produktbereich Bücherdrucksachen rd.160 Mio. DM.

[2] Unter der Inlandsnachfrage wird im folgenden die Inlandsverfügbarkeit verstanden, also der inländische Bruttoproduktionswert abzüglich des Ausfuhrwertes und zuzüglich des Einfuhrwertes. In diesem Zusammenhang ist allerdings einschränkend zu erwähnen, daß eine vollständig isolierte Erfassung der Nachfrageentwicklung prinzipiell nicht möglich ist, da die Nachfrageentwicklung durch die Entwicklung der Angebotskomponenten mitbeeinflußt wird.

sollen.

3.3. ANALYSE DER PRODUKTIONSENTWICKLUNG DER PRODUKTGRUPPEN

3.3.1. ABGRENZUNG DER PRODUKTGRUPPEN

Die nachfolgende Unterteilung des Produktbereichs Bücherdrucksachen in die drei Produktgruppen Bücher, Nachschlagewerke und Unternehmensbroschüren beruht wiederum auf funktionalen Kriterien, wobei allerdings in der Produktgruppe Bücher verschiedene Buchgruppen, die zumindest teilweise unterschiedlichen Nachfragedeterminanten unterliegen, zusammengefaßt werden, wie z.B. Unterhaltungsliteratur, Fach- und Wissenschaftsbücher, Schulbücher etc. Eine weitergehende Untergliederung der Produktgruppe Bücher wird deswegen nicht durchgeführt, weil entsprechende Daten über die Produktionsentwicklung der einzelnen Buchgruppen nicht verfügbar sind.

Unabhängig von der Buchgruppe erfolgt die Druckherstellung von Büchern typischerweise in Verlagsdruckereien oder in Druckbetrieben, die langfristig mit bestimmten Buchverlagen kooperieren.[1] Die Buchverlage vertreiben dabei die Bücher größtenteils über den Buchhandel,[2] der sie wiederum an die Privatkunden absetzt, die somit letztlich die Nachfrageentwicklung bestimmen.

Die Produktgruppe Nachschlagewerke umfaßt demgegenüber keine literarischen Werke, sondern die unterschiedlichen Arten von Telefon- und Adreßbüchern und somit ausschließlich Adressenverzeichnisse über Privatpersonen und Unternehmen, die nach bestimmten Kriterien selektiert werden.[3] Die En-

---

[1] Außer den Buchverlagen geben in steigendem Umfang auch Zeitungsverlage Bücher heraus. Vgl.: H. DÜRR, Zeitungsverlage greifen zum Buch, in: Die Zeit, Ausgabe v. 15.05.1981, Hamburg 1981.

[2] Zum Buchhandel gehören u.a.: Sortimentsbuchhandel, Reise- und Versandbuchhandel sowie Buchgemeinschaften. Vgl.: T. BEZ, Der deutschsprachige Buchmarkt, in: Bbl., Heft Nr.99, S.907-983, Frankfurt a.M. 1978, S.923ff.

[3] Vgl.: G.F. HEUER, Adreß- und Fernsprechbücher, in: J. Ruland (Hrsg.), Werbeträger, 6.veränd. Aufl., S.203-216, Bad Homburg 1981, S.203.

zyklopädien und Lexika, die oftmals ebenfalls als Nachschlagewerke bezeichnet werden, zählen dagegen im weiteren zur Produktgruppe Bücher, da sie nicht als Werbeträger fungieren und i.d.R. nur käuflich zu erwerben sind. Die Telefon- und Adreßbücher werden hingegen - von wenigen Ausnahmen abgesehen - vollständig über die Anzeigenwerbung finanziert und unentgeltlich an bestimmte Interessentenkreise verteilt.

Die Unternehmensbroschüren sind im Unterschied zu den Nachschlagewerken zum weit überwiegenden Teil nicht als Informations- und Werbeträger, sondern als reine Werbemittel zu klassifizieren, die speziell zur Unternehmenspräsentation in der Öffentlichkeit eingesetzt werden.

3.3.2. PRODUKTGRUPPE "BÜCHER"

Die Produktgruppe Bücher[1], die mit einem Produktionsanteil von mehr als 80% den Produktbereich Bücherdrucksachen eindeutig dominierte, war die einzige Produktgruppe der Druckindustrie, die weder direkt noch indirekt von der Entwicklung des Werbesektors beeinflußt wurde. Die Produktionsentwicklung der Produktgruppe Bücher stimmte dabei weitgehend mit der zuvor aufgezeigten Produktionsentwicklung des Produktbereichs überein, wobei die Zuwachsraten unterdurchschnittlich ausgefallen sein müssen, da die beiden anderen Produktgruppen Nachschlagewerke und Unternehmensbroschüren überdurchschnittlich hohe Produktionszuwächse aufwiesen. Der Bruttoproduktionswert der Produktgruppe Bücher dürfte demnach - in realen Werten gemessen - während der Perioden 1969-1976, 1977-1982 und 1983-1988 kaum noch gewachsen sein.[2]

---

[1] Außer den Büchern und Broschüren zählen hierzu auch die Publikationen mit weniger als 5 Seiten, die als "Flugblätter" bezeichnet werden. Die Flugblätter sind aber quantitativ gesehen von untergeordneter Bedeutung und tragen mit weniger als 1% zur gesamten Titelproduktion bei. Ansonsten verteilt sich die Titelproduktion der im Buchhandel erhältlichen Titel zu rd.80% auf Bücher und zu rd.20% auf Broschüren. Vgl.: BÖRSENVEREIN DES DEUTSCHEN BUCHHANDELS (1987), Buch und Buchhandel... a.a.O., S.12.

[2] Vgl. im Text S.101: Tab.23

Der Bruttoproduktionswert von Büchern wurde von der privaten und in geringerem Maße von der öffentlichen Buchnachfrage bestimmt, wobei neben der mengenmäßigen Nachfrageentwicklung die strukturelle Entwicklung der Buchnachfrage in bezug auf die Druckausstattung sowie die durchschnittliche Auflagenhöhe je Buchtitel als wesentliche Determinanten der Produktionsentwicklung anzuführen sind.

Dementsprechend wird zuerst untersucht,[1] wie sich die mengenmäßige Buchnachfrage während des Untersuchungszeitraums entwickelte und welche Bestimmungsgründe hierfür ursächlich waren. Anschließend wird geprüft, ob strukturelle Verschiebungen hinsichtlich der Druckaustattung von Büchern eintraten und ob eine Veränderung der durchschnittlichen Auflagenhöhe je Buchtitel zu verzeichnen war, die möglicherweise Auswirkungen auf die Realisation von Massenproduktionsvorteilen hatte.

Zur mengenmäßigen Nachfrageentwicklung von Büchern ist lediglich eine Expertenschätzung für den Zeitraum von 1974-1980 verfügbar,[2] wonach die Zahl der verkauften Bücher zwischen 1974 und 1980 von 246,3 Mio. Exemplaren auf 290,6 Mio. Exemplare bzw. mit einer Zuwachsrate von Ø 2,8% p.a. anstieg. Die Buchverkaufszahl erhöhte sich somit während dieser Zeitspanne

---

[1] Die Untersuchung muß dabei im weiteren auf den Absatzweg Buchhandel beschränkt bleiben, da über direkt vertriebene Publikationen, wie z.B. "Servicebroschüren" von Verbänden, Vereinen und anderen privaten sowie öffentlichen Institutionen keine Daten verfügbar sind. Vgl.: R. HOFSÄHS, Zukunft des Buches, Anmerkungen zu medienpolitischen Fragen des Buches, in: Bertelsmann Briefe, Heft Nr.100 4/79, S.25-31, Gütersloh 1979, S.26f.

[2] Vgl.: C. LEONHARDT (1982) Das Taschenbuch... a.a.O., S.1989: Tab.23; Quelle der Daten: H. BENZING, Was tut sich auf dem Buchmarkt?, in: Lektüre, Zeitschrift für die Mitarbeiter der Verlagsgruppe Bertelsmann, Heft Nr.1, Gütersloh 1980, S.7.

deutlich stärker als der reale Bruttoproduktionswert von Büchern.[1] Die Feststellung, daß die mengenmäßige Buchnachfrage stärker zugenommen hat als der reale Bruttoproduktionswert von Büchern wurde allerdings bereits Anfang der 60er Jahre als ein Charakteristikum des deutschen Buchmarktes erwähnt.[2] Die Buchverkaufszahl vergrößerte sich demzufolge in der Periode 1961-1968 mit Zuwachsraten von mindestens Ø 6% p.a., so daß die Zuwachsraten ungefähr doppelt so hoch ausfielen wie im Zeitraum von 1974-1980. Für die 80er Jahre ist davon auszugehen, daß die mengenmäßige Buchnachfrage weiterhin - wenn auch mit niedrigeren Zuwachsraten - angestiegen ist.

Zu konstatieren ist somit, daß die drastische Wachstumsverlangsamung des realen Bruttoproduktionswertes von Büchern, die seit Ende der 60er Jahre zu beobachten war, zum erheblichen Teil daher resultierte, daß sich die mengenmäßigen Nachfragezuwächse rückläufig entwickelten.

Bevor im einzelnen untersucht wird, welche Bestimmungsgründe in den vier Untersuchungsperioden jeweils von besonderer Relevanz waren, sollen zunächst die wichtigsten Einflußfaktoren der mengenmäßigen Buchnachfrage kurz dargelegt werden.[3]

Von grundlegender Bedeutung für die Entwicklung der mengenmäßigen Buchnachfrage ist vor allem die zahlenmäßige Entwicklung der "Lesebevölke-

---

[1] Der reale Bruttoproduktionswert des Produktionbereichs Bücherdrucksachen wuchs zwischen 1974 und 1980 um Ø 1,8% p.a. Hierbei ist jedoch zu beachten, daß die Produktionszuwächse der Produktgruppe Bücher nur unterdurchschnittlich ausfielen. Außerdem war die Zuwachsrate von Ø 1,8% p.a. bedingt durch die im Jahr 1977 erstmalig erfolgten Einbeziehung von Handwerksbetrieben (mit mindestens 20 Beschäftigten) überhöht.

[2] Vgl.: R. SCHROEDER, Papierverarbeitung und Druckerei-Industrie, Hrsg.: Ifo-Institut, Struktur und Wachstum, Reihe Industrie, Heft 12, Berlin (West) u. München 1965, S.51.

[3] Zu den Determinanten der Buchnachfrage, vgl. auch: W.D. VON LUCIUS, Wachsende Märkte für das Buch?, in: Börsenblatt, Heft Nr.14, S.204-211, Frankfurt a.M. 1973, S.204ff.; T. BEZ (1978), Der deutschsprachige Buchmarkt a.a.O., S.912 sowie E. NOLTE, Die Bedarfsfaktoren im Büchermarkt, Diss. Mannheim 1962, S.127ff.

rung"[1] sowie der Haushalte, da bezogen auf den einzelnen Haushalt die sog. "Konkurrenz der Stücke"[2] besonders gewichtig ist. Die Buchnachfrage wird daneben von der durchschnittlichen Nutzungsdauer von Büchern beeinflußt, die wiederum entscheidend davon abhängt, welcher prozentuale Anteil der verfügbaren Freizeit für die Mediennutzung aufgewendet wird und wie das Medium Buch im intermediären Wettbewerb um das beschränkte Zeitbudget der Mediennutzer abschneidet. Als ein weiterer Einflußfaktor ist die Einkommenshöhe der privaten Haushalte anzuführen, denn die Einkommenselastizität der Buchnachfrage ist als hoch einzuschätzen. Die Mehrfachnutzung von Büchern bzw. die Konkurrenz der Stücke ist nämlich im wesentlichen von der Einkommenshöhe abhängig. Die öffentliche Buchnachfrage wird hingegen durch die Höhe der Buchetats für Bibliotheken, Schulen sowie Behörden bestimmt und wird dementsprechend mittelbar durch die gesamtwirtschaftliche Entwicklung beeinflußt.

Tab.26: Entwicklung der Bevölkerungszahl mit 14 Jahren und älter sowie der Zahl der Privathaushalte in der BR Deutschland, durchschnittliche jährliche Veränderungsraten

BR Deutschland \ Periode	1962-68	1969-76	1977-82	1983-88	1962-76	1977-88
Bevölkerung ≥ 14 Jahre	0,6%	0,8%	0,9%	-0,1%	0,7%	0,5%
Privathaushalte	1,8%	1,1%	0,9%	1,3%	1,4%	1,1%

Quelle: Statistisches Bundesamt, Statistisches Jahrbuch, versch. Jgg.; eigene Berechnung der Werte.

Wie Tab.26 zeigt, nahm sowohl die Zahl der Lesebevölkerung als auch die

---

[1] Hierunter wird im allgemeinen die Bevölkerung mit 14 Jahren und älter verstanden.

[2] Die Konkurrenz der Stücke resultiert aus dem Gebrauchsgutcharakter von Büchern, so daß zur Buchlektüre nicht unbedingt ein Neuerwerb von Büchern erforderlich ist, sondern die Ausleihe bzw. der Erwerb von gebrauchten Büchern als Alternativen bestehen. Vgl.: T. BEZ (1978), Der deutschsprachige Buchmarkt a.a.O., S.957.

Zahl der Privathaushalte in den Perioden 1961-1968, 1969-1976 und 1977-1982 stetig zu, wohingegen in der Periode 1983-1988 von der demographischen Entwicklung keine merklichen Wachstumsimpulse mehr auf die mengenmäßige Buchnachfrage ausgingen. Die demographische Entwicklung kann demnach nicht dafür ursächlich gewesen sein, daß die mengenmäßige Buchnachfrage während der 70er Jahre mit weitaus geringeren Zuwachsraten anstieg als in der Dekade zuvor.

Die durchschnittliche Nutzungsdauer von Büchern verringerte sich von Ø 28 Min. pro Tag im Jahr 1967 auf Ø 26 Min. pro Tag im Jahr 1973,[1] was mit Sicherheit wachstumshemmende Auswirkungen auf die Entwicklung der mengenmäßigen Buchnachfrage hatte. Die verfügbare Freizeit nahm demgegenüber - bedingt durch die Arbeitszeitverkürzungen - sukzessive zu und auch die gesamte Mediennutzungsdauer wuchs in demselben Zeitraum erheblich, und zwar von Ø 25 Std. pro Woche auf Ø 31 Std. pro Woche,[2] wobei die zusätzliche Mediennutzung fast ausschließlich auf das Medium Fernsehen entfiel.[3] Der prozentuale Anteil der Buchlektüre an der gesamten Mediennutzungsdauer nahm dagegen ab, und zwar von 13% im Jahr 1967 auf 9% im Jahr 1973.[4] In den 80er Jahren war bezüglich der Mediennutzung eine entgegengesetzte Entwicklung festzustellen, denn wie zwei Studien aus den Jahren 1978 und

---

[1] Vgl.: BÖRSENVEREIN DES DEUTSCHEN BUCHHANDELS (1974), Buch und Buchhandel... a.a.O., S.102ff. Quelle der Daten: G. SCHMIDTCHEN, Lesekultur in Deutschland, Allensbach-Untersuchungen aus den Jahren 1968 und 1974, veröff. in: Bbl., Heft Nr.39, S.707-806, Frankfurt a.M. 1974.

[2] Vgl.: B. FRANZMANN, Plädoyer für Buch und Lesen, in: Buch und Lesen, Bertelsmann Texte Nr.7, S.175-191, Gütersloh 1978, S.187.

[3] Mitentscheidend für den Anstieg der Nutzungsdauer war die starke Zunahme der Anschlußdichte des Fernsehens, denn zwischen 1967 und 1973 erhöhte sich die Zahl der erteilten Fernsehgenehmigungen von 12,7 Mio. auf 18,1 Mio. Vgl.: SPIEGEL-VERLAG (Hrsg.), Spiegel-Dokumentation - Daten, Fakten, Trends 1947-87, Hamburg 1987, S.245.

[4] Vgl.: B. FRANZMANN (1978), Plädoyer für Buch und Lesen a.a.O., S.187.

1989 belegen,[1] erhöhte sich die Nutzungsdauer von Büchern zwischen den Jahren 1977 und 1988 von Ø 20 Min. auf Ø 28 Min. täglich.[2] Außerdem stieg gleichzeitig auch der Anteilswert der Buchlektüre an der gesamten Mediennutzungsdauer von 6,7% auf 9,1% an.[3] Der Umstand, daß der Buchlektüre wieder eine längere Zeitdauer gewidmet wurde, wird in den Perioden 1977-1982 und 1983-1988 zur Stimulation der mengenmäßigen Buchnachfrage beigetragen haben.

Die Entwicklung der Nutzungsdauer von Büchern wurde sowohl durch das aktuelle Buchangebot als auch durch das Programmangebot seitens der anderen Medien beeinflußt. Der intermediäre Wettbewerb um das begrenzte Zeitbudget der Rezipienten war besonders ausgeprägt zwischen der Buchlektüre und der Fernsehnutzung,[4] blieb dabei aber hauptsächlich auf die aktuelle Unterhaltung beschränkt.[5] Zudem waren die Nachfragebeziehungen nicht nur substitutiver, sondern z.T. auch komplementärer Art, wie z.B. bei literarischen

---

[1] Vgl.: U. SAXER/ W. LANGENBUCHER/ A. FRITZ, Kommunikationsverhalten und Medien, Hrsg.: Bertelsmann Stiftung, Gütersloh 1989 sowie BERTELSMANN STIFTUNG (Hrsg.), Kommunikationsverhalten und Buch, Gütersloh 1978.

[2] Die Daten beziehen sich auf die durchschnittliche Nutzungsdauer der Medien [gestern/vorgestern] einschließlich der Nichtnutzer. Vgl.: U. SAXER/ W. LANGENBUCHER/ A. FRITZ (1989), Kommunikationsverhalten und Medien a.a.O., S.59: Tab.19.

[3] Vgl.: U. SAXER/ W. LANGENBUCHER/ A. FRITZ (1989), Kommunikationsverhalten und Medien a.a.O., S.59: Tab.19.

[4] Dabei wurde festgestellt, daß Buchleser zwar Viel-Medien-Nutzer sind, aber speziell das Medium Fernsehen nur unterdurchschnittlich nutzen, wohingegen Nichtleser das Medium Fernsehen weit überdurchschnittlich nutzen. Zudem ist die Nutzungsdauer und Nutzungsintensität von Büchern positiv mit dem Bildungsniveau und negativ mit dem Lebensalter korreliert. Vgl.: U. SAXER/ W. LANGENBUCHER/ A. FRITZ (1989), Kommunikationsverhalten und Medien a.a.O., S.75: Tab.28, S.76, S.81: Tab.34, S.51: Tab.13 u. S.55: Tab.16 sowie B. FRANZMANN, Leseverhalten im Spiegel neuerer Untersuchungen, in: Media Perspektiven, Jg.1989, Heft Nr.2, S.86-98, Frankfurt a.M. 1989, S.92.

[5] Vgl.: U. SAXER/ W. LANGENBUCHER/ A. FRITZ (1989), Kommunikationsverhalten und Medien a.a.O., S.86f.

Spielfilmen, anläßlich deren Ausstrahlung eine Buchneuauflage erschien oder bei Buchbesprechungen im Fernsehen. Die Medien Buch und Fernsehen wiesen jeweils spezifische Funktionen und Nutzungsmöglichkeiten auf und wurden deshalb oftmals parallel genutzt.[1]

Tab.27: Entwicklung der privaten Verbrauchsausgaben, in realen Werten, durchschnittliche jährliche Veränderungsraten

BR Deutschland \ Periode	1961-68	1969-76	1977-82	1983-88	1961-76	1977-88
Privater Verbrauch, real	4,4%	4,5%	1,8%	2,4%	4,4%	2,1%

Quelle: Statistisches Bundesamt, Fs.18: R.1.2, versch. Jgg.; eigene Berechnung der Werte.

Die privaten Einkommen und die privaten Verbrauchsausgaben nahmen während des Untersuchungszeitraums stark zu und dadurch bedingt gewann der Buchneukauf zu Lasten der Buchausleihe an Bedeutung. Außerdem trat mit höherem Einkommensniveau - neben dem primären Nutzungszweck der Buchlektüre - das Bedarfsmotiv "Besitz von Büchern"[2] immer stärker in den Vordergrund, da das Buchlesen in hohem Maße prestigebesetzt war.[3] Die Folge hiervon war, daß ein zusätzliches Absatzsegment entstand, dessen Wachstumsentwicklung unabhängig von der Entwicklung der tatsächlichen Nutzungsdauer von Büchern war. Die Einkommensentwicklung wirkte sich somit während des Untersuchungszeitraums wachstumsfördernd auf die Entwicklung der privaten Buchnachfrage aus.

Die öffentliche Buchnachfrage trug ebenfalls zum Anstieg des Bruttoproduk-

---

[1] Im Unterschied zum Fernsehen ermöglichen Bücher u.a. eine zeit- und ortsungebundene, selbstgesteuerte Informationsaufnahme und besitzen dadurch einen Aufforderungscharakter zur Eigenaktivität, wohingegen die Rezeption beim Fernsehen wesentlich einfacher ist als bei Büchern.

[2] Vgl.: T. BEZ (1978), Der deutschsprachige Buchmarkt... a.a.O., S.913.

[3] Vgl.: U. SAXER/ W. LANGENBUCHER/ A. FRITZ (1989), Kommunikationsverhalten und Medien a.a.O., S.24f.

tionswertes der Produktgruppe Bücher bei, denn die Bibliothekenetats wurden während des gesamten Untersuchungszeitraums angehoben. Entsprechende Daten konnten jedoch allein für die Perioden 1977-1982 und 1983-1988 berechnet werden. In der Periode 1977-1982 stiegen die Erwerbungsausgaben "ausgewählter wissenschaftlicher Bibliotheken"[1] - in nominalen Werten - um Ø 10,7% p.a. und in der Periode 1983-1988 erhöhten sich die Erwerbungsausgaben der öffentlichen und wissenschaftlichen Bibliotheken um Ø 5,7% p.a.[2] Bei Schulbüchern waren dagegen aufgrund der rückläufigen Schülerzahlen in den Perioden 1977-1982 und 1983-1988 Absatzeinbußen zu verzeichnen.[3] Insgesamt gesehen dürfte jedoch die mengenmäßige Buchnachfrage seitens der öffentlichen Institutionen in diesen beiden Perioden trotzdem deutlich angestiegen sein.

Zusammenfassend bleibt festzuhalten, daß in der Periode 1961-1968 die mengenmäßige Buchnachfrage deswegen äußerst stark zugenommen hat, weil die Bevölkerungs- und Haushaltszahl merklich anstieg, die Privateinkommen wuchsen und die öffentlichen Etats zur Anschaffung von Büchern erhöht wurden. Zudem wurde in der Periode 1961-1968 eine zusätzliche Buchnachfrage dadurch induziert, daß die Angebotsvielfalt von Taschenbüchern sprunghaft zunahm.[4] Mit der vermehrten Einführung preisgünstiger Taschenbuchausgaben, die i.d.R. erst mit einer zeitlichen Verzögerung von mindestens 2 Jah-

---

[1] Die Erwerbungsausgaben wurden in den Statistischen Jahrbüchern nur für ausgewählte wissenschaftliche Bibliotheken veröffentlicht, wobei für die Jahre 1977-1982 derselbe Kreis von Bibliotheken berücksichtigt wurde.

[2] Die Erwerbungsausgaben für sämtliche öffentlichen und wissenschaftlichen Bibliotheken wurden erstmals im Berichtsjahr 1980 erhoben. Die Erwerbungsausgaben stiegen dabei von 324,4 Mio. DM im Jahr 1982 auf 452,9 Mio. DM im Jahr 1988. Vgl.: DEUTSCHES BIBLIOTHEKSINSTITUT, Deutsche Bibliotheksstatistik, versch. Jgg., Berlin (West).

[3] Vgl.: C. LEONHARDT (1982), Das Taschenbuch... a.a.O., S.1988: Tab.22.

[4] Die Zahl der Taschenbuchtitel stieg von 1.070 Titel im Jahr 1961 auf 3.957 Titel im Jahr 1970 und der prozentuale Anteil der Taschenbuchtitel an der Gesamtzahl von Buchtiteln stieg von 4,6% auf 8,4%. Vgl.: BÖRSENVEREIN DES DEUTSCHEN BUCHHANDELS (1987), Buch und Buchhandel... a.a.O., S.18.

ren auf die Originalausgabe in gebundener Buchform folgten,[1] konnten neue Käufergruppen gewonnen werden, die wegen der hohen Verkaufspreise keine gebundenen Bücher kauften bzw. die Taschenbücher zusätzlich erwarben.

Die merkliche Wachstumsverlangsamung der mengenmäßigen Buchnachfrage in der Periode 1969-1976 dürfte im wesentlichen durch die stagnierende Nutzungsdauer von Büchern bedingt gewesen sein. Die demographische Entwicklung wirkte sich hingegen ebenso wie der weitere Anstieg der Privateinkommen und die deutlich höheren öffentlichen Aufwendungen für Bücher[2] wachstumsfördernd auf die Buchnachfrage aus.

In den Perioden 1977-1982 und 1983-1988 nahm die durchschnittliche Nutzungsdauer von Büchern wieder zu und darüber hinaus trug insbesondere das stark gestiegene Informations- und Bildungsbedürfnis der Bevölkerung[3] zum weiteren Anstieg der Buchnachfrage bei. Dies wird daran deutlich, daß die Nachfrage nach Fach- und Wissenschaftsbüchern überdurchschnittlich wuchs. Dementsprechend vergrößerte sich auch der Umsatzanteil der Buchkategorie Fach- und Wissenschaftsbücher von rd.22% im Jahr 1974 auf rd.30% im Jahr 1981, wohingegen der Umsatzanteil der Buchkategorie Unterhaltungsliteratur (ohne Taschenbücher) zugleich von rd.59% auf rd.48% im Jahr 1981 zurückging.[4] Für den Zeitraum von 1982-1985 wurde vom Börsenverein des Deutschen Buchhandels eine Umsatzschätzung veröffentlicht, die gleichfalls zu dem Ergebnis gelangt, daß die Buchkategorie Fach- und Wissenschaftsbücher den mit Abstand höchsten prozentualen Umsatzzuwachs erzielte, während

---

[1] Vgl.: C. LEONHARDT (1982), Das Taschenbuch... a.a.O., S.1960.

[2] Vgl.: B. FRANZMANN, Buchmarkt- und Leserforschung in Deutschland, in: Buch und Lesen, Bertelsmann Texte Nr.7, S.147-173, Gütersloh 1978, S.160.

[3] Eine Umfrage des IfD über die Freizeitbeschäftigung der erwachsenen Bevölkerung ergab, daß der Anteil derjenigen, die mindestens einmal wöchentlich ein Buch zur Weiterbildung lesen, zwischen 1967 und 1981 zugenommen hat, während der Anteil derjenigen, die ein Buch zur Unterhaltung lesen, abnahm. Vgl.: INSTITUT FÜR DEMOSKOPIE ALLENSBACH (IfD), Allensbacher Archiv, IfD-Umfragen 2032, 2098, 3053 u. 3096.

[4] Vgl.: C. LEONHARDT (1982), Das Taschenbuch... a.a.O., S.1988: Tab.22.

umgekehrt der Umsatzanteil der Unterhaltungsliteratur weiter schrumpfte.[1] Von der demographischen Entwicklung gingen dagegen in der Periode 1983-1988 erstmals keine Wachstumsimpulse mehr aus, wobei allerdings zu beachten ist, daß die Zahl der Haushalte weiterhin deutlich zunahm.[2] Daneben unterlag die mengenmäßige Buchnachfrage in der Periode 1982-1988 aber auch kontraktiven Einflüssen, denn zum einen war bei Schulbüchern ein starker Nachfragerückgang festzustellen[3] und zum anderen wurde die Kopiertätigkeit, die bereits in der Periode 1977-1982 einen beträchtlichen Umfang erreicht hatte, abermals drastisch ausgeweitet.

Die genaue Anzahl der jährlich angefertigten Fotokopien ist zwar unbekannt, dürfte aber im Jahr 1988 bei schätzungsweise 50 Mrd. Bogen gelegen haben,[4] wovon rd.1/4 auf urheberrechtlich geschütztes Material entfiel.[5] Neben den Fachzeitschriften wurden dabei vorwiegend Fach- und Wissenschaftsbücher

---

[1] Vgl.: BÖRSENVEREIN DES DEUTSCHEN BUCHHANDELS (1986), Buch und Buchhandel... a.a.O., S.10.

[2] Der durchschnittliche Buchbestand je Haushalt wuchs aus den zuvor angeführten Gründen weiterhin und lag im Jahr 1988 bei 180 Exemplaren je Haushalt. Vgl.: U.SAXER/ W. LANGENBUCHER/ A. FRITZ (1989), Kommunikationsverhalten und Medien a.a.O., S.43: Tab.9.

[3] Dies ist auch anhand der Umsatzentwicklung von Schulbüchern erkennbar, die zwischen 1981 und 1986 durch einen Umsatzrückgang von insgesamt 35% auf eine Umsatzhöhe von ca.340 Mio. DM gekennzeichnet war. Die Schulbuchumsätze sind damit noch stärker gesunken als die Schülerzahlen, die von 1981-1986 nur um 13% abnahmen. Vgl.: ZENTRALAUSSCHUSS DER WERBEWIRTSCHAFT (ZAW), ZAW-service, Heft Nr.136, Bonn 1986, S.13.

[4] Diese Schätzung stammt von Herrn H.H. Dittner, Unternehmensberatung System Marketing/Herrsching. Vgl.: O.V., Papiermarkt - Reißfeste Zukunft, in: Wirtschaftswoche-Special-Supplement, Heft Nr.2/88, Büroautomation I: Wettlauf der Systeme, S.63-68, Düsseldorf 1988, S.63.

[5] Vgl.: BÖRSENVEREIN DES DEUTSCHEN BUCHHANDELS, Kopierrecht, Frankfurt a.M. 1978, Kap.3. Quelle der Daten: Kopierstudie 1978 (IfP/IFAK-Umfrage).

fotokopiert;[1] die dadurch entstandenen Umsatzeinbußen wurden von den Buchverlagen auf bis zu 20-30% der erzielten Umsatzerlöse beziffert.[2] Demzufolge ist anzunehmen, daß die mengenmäßige Nachfrage nach Fach- und Wissenschaftsbüchern ohne die z.T. widerrechtliche Kopiertätigkeit noch bedeutend stärker gewachsen wäre als dies ohnehin schon der Fall war.

Im folgenden soll - wie zuvor bereits erwähnt - untersucht werden, ob sich die Zusammensetzung der Buchnachfrage in bezug auf die Druckausstattung verändert hat und inwieweit die Produktionsentwicklung der Produktgruppe Bücher hierdurch beeinflußt wurde. Die Druckausstattung von Büchern, also die jeweilige Druck- und Papierqualität, die Formatgröße sowie die Art des Bucheinbandes, bestimmt nämlich in hohem Maße die Produktionskosten je Buchexemplar.[3] Vereinfacht lassen sich dabei zwei verschiedene Buchformen unterscheiden:[4] Einerseits die gebundenen Bücher (Hard-cover-book) und

---

[1] Vgl.: M. WEGENER, Das Buch und die neuen Medien, in: Neue Medien, Hrsg.: Konrad Adenauer-Stiftung e.V., Forschungsbericht Nr.33, S.249-252, Melle 1984, S.249.

[2] Die Schulbuchverlage schätzen beispielsweise, daß ihnen jährlich etwa 50 Mio. DM an Vergütungen für rd.1 Mrd. widerrechtlich angefertigter Kopien während eines Schuljahres vorenthalten werden. Diese Aussage stammt von H.-P. Vonhoff, Geschäftsführer des Verbandes der Schulbuchverleger, vgl.: O.V., Fotokopien bringen Schulbuchverlage in Not, in: Frankfurter Rundschau, Ausgabe v. 22.07.1986, Frankfurt a.M. 1986.

[3] Vgl.: T. BEZ (1978), Der deutschsprachige Buchmarkt a.a.O., S.922. Der Seitenumfang beeinflußt ebenfalls die Produktionskosten je Buch, bleibt jedoch im weiteren unberücksichtigt, da produktionstechnisch bei vorgegebenem Textumfang nur noch geringfügige Veränderungen durch die Auswahl der Typographie sowie des Satzspiegels möglich sind.

[4] Außer dem Taschenbuch und dem Gebundenen Buch existiert zusätzlich noch die Zwischenform "Paperback", worunter ein geleimtes Buch mit festem Einband im Format gebundener Bücher mit vergleichsweise niedrigerem Verkaufspreis verstanden wird. Auf diese weitere Differenzierung der Buchformen wird aber im folgenden verzichtet. Vgl.: C. LEONHARDT (1982), Das Taschenbuch... a.a.O., S.1958ff.

andererseits die sog. Taschenbücher[1] (Pocket-book). Die zwischen diesen beiden Buchformen bestehenden Kostenunterschiede sind gravierend, denn bei Taschenbüchern betragen die Produktionskosten je Buchexemplar im allgemeinen lediglich rd.20-25% der Produktionskosten, die bei gebundenen Büchern entstehen.[2]

Während des Untersuchungszeitraums traten zwischen den beiden Buchformen deutliche Strukturverschiebungen ein, denn die Bedeutung der Taschenbücher als Repräsentanten der einfachen und damit zugleich auch kostengünstigen Art der Druckausstattung nahm stetig zu. Ersichtlich wird dies anhand der Entwicklung des Anteilswertes von Taschenbüchern an den im Weihnachtsgeschäft verkauften Büchern, der von 18,3% im Jahr 1962 auf 26,4% im Jahr 1979 wuchs und seither weiter angestiegen sein dürfte.[3] Bestätigt wird dieser Entwicklungstrend durch eine Schätzung der Jahresverkaufszahlen von Büchern für die Jahre 1974-1980, wonach der Anteilswert der Taschenbücher

---

[1] Eine allgemein anerkannte Klassifikation von Taschenbüchern existiert bislang nicht; als bedeutende Merkmale gelten jedoch: Eine einfache Buchausstattung, d.h. ein kleines Format (z.B.:11x18cm) und ein flexibler Einband ohne Schutzumschlag sowie ein kompakter Satzspiegel, ein niedriger Verkaufspreis, eine Erscheinungsweise in Reihen sowie eine relativ große Druckauflage.

[2] Die Differenz in den durchschnittlichen Verkaufspreisen kann als grober Indikator für die Differenz der Produktionskosten je Exemplar angesehen werden. Der Verkaufspreis von Taschenbüchern beinhaltet dabei allerdings eine höhere Einzelhandelsspanne als die gebundenen Bücher, so daß die Produktionskostendifferenz eher noch größer ausfällt. Vgl.: BÖRSENVEREIN DES DEUTSCHEN BUCHHANDELS, Buch und Buchhandel in Zahlen, Ausgabe 1979, Tab.26 und Ausgabe 1986, S.49: Tab.22a sowie F. HINZE, Wandlungen am Buchmarkt - Der Taschenbuchmarkt in Deutschland, in: W. Adrian/ F. Hinze u.a. (Hrsg.) Das Buch in der dynamischen Gesellschaft, S.185-200, Trier 1970, S.194.

[3] Diese Erhebung des Sortimentsbuchhandels wurde letztmalig für das Weihnachtsgeschäft des Jahres 1979 durchgeführt. Vgl.: H. MACHILL, Weihnachtserhebung des Sortimentsbuchhandels 1979, in: Archiv für Soziologie und Wirtschaftsfragen des Buchhandels XLVIII, Bbl. Heft Nr.25, Frankfurt a.M. 1980, S.1167.

von 29% im Jahr 1974 auf 34,5% im Jahr 1980 zunahm.[1] Im Gegensatz zu den 60er Jahren bildeten die Taschenbücher dabei nicht mehr einen weitgehend komplementären Teilmarkt, sondern traten zunehmend in Substitutionskonkurrenz zu den gebundenen Büchern. Ursächlich hierfür war in erster Linie das Unterlaufen des Prinzips der zeitlichen Preisdifferenzierung und Produktvariation in Form von Taschenbuchlizenzausgaben. Die Originalausgaben von Büchern wurden seit Anfang der 70er Jahre in steigendem Umfang zeitgleich als gebundene Bücher und als Taschenbücher herausgegeben, so daß im Jahr 1980 bereits rd.30% der neu erschienenen Taschenbuchtitel zu den Originalausgaben zählten.[2]

Die überdurchschnittlichen Zuwachsraten des mengenmäßigen Taschenbuchabsatzes stellten somit - anders als in den 60er Jahren - primär keine zusätzliche Buchnachfrage mehr dar, sondern führten zu einer Nachfragebeschränkung bei gebundenen Büchern und wirkten sich demzufolge wachstumshemmend auf die Produktionsentwicklung der Produktgruppe Bücher aus.

Daneben war jedoch hinsichtlich der Druckausstattung von Büchern auch ein gegenläufiger Entwicklungstrend festzustellen, denn erstens waren speziell bei Kunst- und Bildbänden, Reiseführern sowie Faksimile-Ausgaben, also bei Büchern mit höchsten Druck- und Papierqualitäten, starke mengenmäßige Nachfragezuwächse zu registrieren. Zweitens wurden bei gebundenen Büchern anstelle von schwarz-weißen Bildreproduktionen zunehmend farbige Bildreproduktionen verwendet[3] und drittens wurden für Taschenbücher immer

---

[1] Der prozentuale Anteilswert von Taschenbüchern fiel - im Vergleich zum Weihnachtsgeschäft - bezogen auf das gesamte Geschäftsjahr deshalb höher aus, weil Taschenbücher nur in unterdurchschnittlichem Maße zu Geschenkzwecken gekauft wurden. Vgl.: BÖRSENVEREIN DES DEUTSCHEN BUCHHANDELS (1986), Buch und Buchhandel... a.a.O., S.105: Tab.80 und S.106: Tab.81. sowie C. LEONHARDT (1982), Das Taschenbuch... a.a.O., S.1989: Tab.23 und S.2020f.

[2] Vgl.: E.-M. ECK, Zwischen Buch und Bildschirm, in: Medienspiegel des Instituts der deutschen Wirtschaft, Heft Nr.8, Köln 1980, S.6.

[3] Vgl.: O.V., Perspektiven im internationalen Druckgeschäft, in: Der Polygraph, 39.Jg., Heft Nr.24, S.2308-2314, Frankfurt a.M. 1986, S.2312.

häufiger qualitativ höherwertige Druckpapiere eingesetzt[1] und der Farbanteil nahm ebenfalls tendenziell zu.

Trotz der trendmäßigen Entwicklung in Richtung qualitativ höherwertiger Druckausstattungen sowohl bei gebundenen Büchern als auch bei Taschenbüchern dürften die durchschnittlichen Produktionskosten je Buchexemplar, bedingt durch die Substitution von gebundenen Büchern durch Taschenbücher, im Zeitablauf - zumindest preisbereinigt - zurückgegangen sein. Damit kann zugleich erklärt werden, weshalb der Bruttoproduktionswert der Produktgruppe Bücher in realen Werten gemessen während der Perioden 1969-1976, 1977-1982 und 1983-1988 stagnierte,[2] wohingegen die mengenmäßige Buchnachfrage gleichzeitig weiter zunahm.[3]

Die Produktionskosten je Buchexemplar sind allerdings nicht nur von der Druckausstattung abhängig, sondern auch von der Auflagenhöhe der Bücher, da bei der Druckherstellung mit steigender Auflagengröße erhebliche Kostendegressionen eintraten.[4] Ursächlich für die Kostendegressionen sind die hohen auflagenfixen Kosten, wie Satz- und Reprokosten, Montagekosten, Korrekturkosten, Druckplattenkosten und Einrichtungskosten von Druck- und Bindemaschinen etc., die auftragsgebunden sind.

Im betrachteten Zeitraum war festzustellen, daß die durchschnittliche Auflagenhöhe von Büchern trendmäßig abnahm, und zwar sowohl bei Taschen-

---

[1] Vgl.: H. KNAUEL, Rationell? Automatisch? Preiswert? - Herstellung: Taschenbücher vom Fließband, in: Bbl., Heft Nr.24/80, S.647-651, Frankfurt a.M. 1980, S.648.

[2] Vgl. im Text S.108.

[3] Vgl. im Text S.109f.

[4] Die Bedeutung der "economies of scale" bei der Buchherstellung kann daran verdeutlicht werden, daß die Herstellungskosten je Taschenbuch bei einer Auflagenhöhe von 20.000 Exemplaren um rd.30% niedriger ausfallen als bei einer Auflagengröße von 8.000 Exemplaren. Vgl.: C. LEONHARDT (1982), Das Taschenbuch... a.a.O., S.1964 u. S.1962: Tab.2.

büchern als auch bei gebundenen Büchern.[1] Die rückläufigen Auflagenhöhen je Buchtitel resultierten aus der Zersplitterung des Buchangebots, denn aufgrund der starken Ausweitung der Titelzahl nahm das Absatzrisiko der Buchverlage erheblich zu, so daß die Buchverlage "vorsichtiger disponierten" und kleinere Erstauflagen drucken ließen.[2] Die Zahl der Buchtitel verdreifachte sich während des Untersuchungszeitraums von 22.524 Titel im Jahr 1960 auf 68.611 Titel im Jahr 1988,[3] wobei die Zahl der Taschenbuchtitel weit überproportional anstieg, und zwar von 1.070 Titel im Jahr 1961 auf 12.396 Titel im Jahr 1988.[4] Die dadurch bewirkte Zunahme der Absatzrisiken und der Rückgang der Erstauflagenhöhen führte dazu, daß sich seit Anfang der 70er Jahre der Anteil der neuaufgelegten Buchtitel - die nur bei entsprechender Nachfrageentwicklung im nachhinein produziert wurden - stetig erhöhte, und zwar folgerichtig bei Taschenbüchern in stärkerem Maße als bei gebundenen

---

[1] Trotz des Trends in Richtung Kleinauflagen erschien daneben eine zunehmende Zahl von Büchern in Millionenauflage, wobei jedoch der Autorenkreis auf einige wenige beschränkt war.

[2] Im Unterschied zu Zeitungen und Zeitschriften ist die Nachfrageentwicklung bei Büchern zumeist weitgehend unsicher und kaum zu kalkulieren, da i.d.R. übertragbare Erfahrungswerte fehlen. Die Buchverlage setzten deshalb häufig die Erstauflage - trotz höherer Stückkosten - relativ niedrig an, um das Absatzrisiko zu minimieren, das sich nicht nur wegen der gestiegenen Zahl von Neuerscheinungen ständig erhöhte, sondern auch wegen der Verkürzung der "Buch-Lebenszyklon", die speziell bei Fach- und Wissenschaftsbüchern sowie bei aktueller Unterhaltungsliteratur zu beobachten war.

[3] Vgl.: BÖRSENVEREIN DES DEUTSCHEN BUCHHANDELS, Jahrbuch '89, Frankfurt a.M. 1989, S.115: Tab.1. Quelle der Daten: Wöchentliches Verzeichnis der Deutschen Bibliographie. Im Gegensatz zu den "Zugängen der Deutschen Bibliothek" werden hierbei nur diejenigen Buchtitel berücksichtigt, die in der BR Deutschland veröffentlicht wurden und die über den Buchhandel erhältlich sind.

[4] Vgl.: BÖRSENVEREIN DES DEUTSCHEN BUCHHANDELS (1989), Jahrbuch '89 a.a.O., S.121: Tab.3.

Büchern.[1]

Demzufolge ist davon auszugehen, daß die durchschnittliche Auflagenhöhe von Taschenbüchern noch stärker sank als diejenige von gebundenen Büchern.[2] Hierauf deutet auch die Entwicklung der Ladenpreise hin, denn der durchschnittliche Ladenpreis von Taschenbüchern ist zwischen 1975 und 1985 - bezogen auf die Neuerscheinungen - um 57,6% gestiegen und damit wesentlich stärker als der durchschnittliche Ladenpreis von Büchern insgesamt, der lediglich um 37,6% zunahm.[3]

Die durch den Rückgang der durchschnittlichen Auflagengrößen induzierten Wachstumsimpulse dürften jedoch im Vergleich zu den beiden anderen Bestimmungsgründen der Produktionsentwicklung von Büchern, nämlich der Entwicklung der mengenmäßigen Buchnachfrage sowie der Druckausstattung, quantitativ gering gewesen sein.

---

[1] Die Trendumkehr erfolgte in den Jahren 1972/1973, als der Anteilswert der Erstauflagen mit 85% der gesamten Titelproduktion das bisherige Maximum erreichte. Seither ist der Anteil der Erstauflagen bis auf 74% im Jahr 1988 gesunken. Weitaus drastischer verlief die Entwicklung bei Taschenbüchern, denn hier ging der Anteil der Erstauflagen von 73,0% in den Jahren 1972/1973 auf lediglich 51,9% im Jahr 1988 zurück. Vgl.: BÖRSENVEREIN DES DEUTSCHEN BUCHHANDELS (1989), Jahrbuch '89 a.a.O., S.115: Tab.1 u. S.121: Tab.3.

[2] Die Mindestauflagengröße konnte bei gebundenen Büchern schon deshalb nicht in dem Maße sinken wie bei Taschenbüchern, weil die Untergrenze der rentablen Auflagenhöhe, die z.B. im Fall der Unterhaltungsliteratur bei rd. 2.000 Exemplaren liegt, in vielen Fällen bereits erreicht worden war und die Verkaufspreise an Preisobergrenzen stießen, deren Überschreiten wahrscheinlich zu starken Nachfrageeinbußen geführt hätte. Vgl.: C. LEONHARDT (1982), Das Taschenbuch... a.a.O,S.1978ff. und S.1989: Tab.23; T. BEZ (1978), Der deutschsprachige Buchmarkt a.a.O., S.945f. sowie O.V., Bücher, Broschüren, Drucksachen - heute und morgen, in: Druckwelt, 39.Jg., Heft Nr.14-15, S.53-56, Hannover 1989, S.54.

[3] Die Taschenbuchpreise wurden nur von 1974 bis 1985 separat erfaßt, wobei das Jahr 1974 wegen statistischer Erfassungsfehler unberücksichtigt blieb. Die Durchschnittspreise beziehen sich nur auf die Buchtitel des jeweiligen Erscheinungsjahrgangs und damit ungefähr auf 15-18% der lieferbaren Buchtitel. Vgl.: BÖRSENVEREIN DES DEUTSCHEN BUCHHANDELS, Buch und Buchhandel... a.a.O., Ausgabe 1979, Tab.26; Ausgabe 1986, S.49: Tab.22a sowie Ausgabe 1987, S.24.

Abschließend kann dementsprechend für die Produktgruppe Bücher festgehalten werden, daß die starke Verringerung der Produktionszuwächse in der Periode 1969-1976 überwiegend auf die Entwicklung der mengenmäßigen Buchnachfrage zurückzuführen war. Die Wachstumsentwicklung der Produktgruppe Bücher wurde darüber hinaus speziell in den Perioden 1969-1976, 1977-1982 und 1983-1988 durch die zunehmende Attraktivität von Taschenbüchern nachhaltig beeinträchtigt. Die Substitution von gebundenen Büchern durch Taschenbücher führte dazu, daß die durchschnittlichen Produktionskosten je Buchexemplar preisbereinigt abnahmen, obwohl bei allen Buchformen höherwertige Papierqualitäten sowie ein größerer Anteil von Farbreproduktionen verwendet wurden und sich auch die durchschnittliche Auflagenhöhe tendenziell rückläufig entwickelte.

3.3.3. PRODUKTGRUPPE "NACHSCHLAGEWERKE"

Zur Produktgruppe Nachschlagewerke zählen im folgenden die drei verschiedenen Arten von Telefonbüchern[1], nämlich die Amtlichen Telefonbücher, die Örtlichen Telefonbücher und die Branchen-Telefonbücher GELBE SEITEN sowie die verschiedenen Arten von Adreßbüchern[2], wie Bundes- und Landesadreßbücher, Internationale Adreßbücher, Export-Adreßbücher, Fach-Adreßbücher sowie Einwohner-Adreßbücher[3].

Der Bruttoproduktionswert der Produktgruppe Nachschlagewerke läßt sich im folgenden wiederum nur schätzen, wobei - lt. BVD - davon auszugehen ist, daß die Druck- und Papierkosten von Telefon- und Adreßbüchern durchschnittlich in einer Größenordnung von knapp 20% der von den Adreßbuchverlagen

---

[1] Vgl.: ZENTRALAUSSCHUSS DER WERBEWIRTSCHAFT (ZAW), Edition ZAW - Werbung in Deutschland 1989, Bonn 1989, S.212ff.

[2] Vgl.: VERBAND DEUTSCHER ADRESSBUCHVERLEGER e.V. (VDAV), Offizielles Verzeichnis der bei den Mitgliedern des Verbandes Deutscher Adreßbuchverleger e.V. erscheinenden Adreßbücher und Fernsprechbücher 1987/1988, Düsseldorf 1987.

[3] Als Einwohner-Adreßbücher werden die Stadt-, Gemeinde- und Kreis-Adreßbücher bezeichnet. Vgl.: ZAW (1987), ZAW-Jahrbuch a.a.O., S.248.

erzielten Umsatzerlöse gelegen haben. Die Umsatzerlöse der Adreßbuchverlage betrugen im Jahr 1988 1.198,6 Mio. DM,[1] so daß die Produktgruppe Nachschlagewerke demzufolge im Jahr 1988 einen Bruttoproduktionswert von schätzungsweise 200 Mio. DM auf sich vereinigte und mit annähernd 10% zum gesamten Bruttoproduktionswert des Produktbereichs Bücherdrucksachen beitrug.

Der Bruttoproduktionswert der Produktgruppe Nachschlagewerke entfiel dabei zu ca.2/3 auf die Druckproduktion von Telefonbüchern und zu ca.1/3 auf die Druckproduktion von Adreßbüchern. Der Auflagenanteil von Telefonbüchern fiel hingegen mit rd.85% weitaus höher aus als der Produktionsanteil; so wurden im Jahr 1986 z.B. fast 70 Mio. Telefonbücher, aber lediglich 10 Mio. Adreßbücher gedruckt.[2] Diese Diskrepanz ist im wesentlichen darauf zurückzuführen, daß die durchschnittliche Auflagenhöhe je Titel bei Telefonbüchern bedeutend größer ausfiel als bei Adreßbüchern,[3] mit der Folge, daß bei der Druckproduktion von Telefonbüchern in weit stärkerem Ausmaß Massenproduktionsvorteile realisiert werden konnten als beim Druck von Adreßbü-

---

[1] Die Umsatzerlöse beziehen sich auf die Mitgliedsunternehmen des VDAV, die ca.95% aller Adreβbuchverlage repräsentieren. Vgl.: ZAW (1989), ZAW-Jahrbuch a.a.O., S.212 sowie K. GREFERMANN (1980), Druckerei- und Vervielfältigungsindustrie a.a.O., S.54: FN.30.

[2] Die Gesamtauflagenhöhe von Telefon- und Adreßbüchern betrug im Jahr 1986 ca.80 Mio. Exemplare. Davon entfielen 26,5 Mio. Exemplare auf die Amtlichen Telefonbücher, jeweils ca.21 Mio. Exemplare auf die Örtlichen Telefonbücher und die Branchen-Telefonbücher GELBE SEITEN, ca.2 Mio. Exemplare auf die Wirtschaftsadreβbücher und die restlichen 9-10 Mio. Exemplare auf andere Arten von Adreßbüchern, wie z.B. Einwohner-Adreβbücher. Vgl.: N. BELECKE, Adreβbücher wird es auch noch übermorgen geben, in: Der Polygraph, 40.Jg., Heft Nr.II v. 05.06.1987, S.893-894, Frankfurt a.M. 1987, S.893f; ZAW (1987), ZAW-Jahrbuch a.a.O., S.244ff. sowie Angaben seitens der Deutschen Postreklame GmbH/ Frankfurt a.M.

[3] Dies wird auch daran deutlich, daß unter den mehr als 1.500 verschiedenen Telefonbuch- und Adreßbuchtiteln, die im Jahr 1987 von rd.170 Verlagsunternehmen herausgegeben wurden, immerhin über 500 Adreßbuchtitel vertreten sind. Auf die Telefonbücher entfielen hingegen ca. 1.000 Titel und damit lediglich rd.2/3 der Gesamttitelzahl. Vgl.: VDAV (1987), Offizielles Verzeichnis... a.a.O., Teil I.

chern.

Die Telefon- und Adreßbücher dienten entsprechend der jeweils zugrundeliegenden Adressenselektion zu unterschiedlichen Informationszwecken. Neben der Funktion als Informationsträger wurden die Telefon- und Adreßbücher - vergleichbar mit Zeitungen und Zeitschriften - nahezu ausnahmslos als Werbeträger für die Anzeigenwerbung benutzt. Die Anzeigenwerbung war dabei für die Finanzierung der Telefon- und Adreßbücher von überragender Bedeutung, denn im Durchschnitt stammten 90% der Umsatzerlöse aus dem Anzeigengeschäft und lediglich 10% aus dem Vertriebsgeschäft.[1] Die Telefon- und Adreßbücher wurden - abgesehen von den Einwohner-Adreßbüchern[2] - unentgeltlich an ausgewählte Zielgruppen verteilt bzw. gegen eine geringe, nicht kostendeckende Schutzgebühr abgegeben. Einen Sonderfall bildeten bis zum Jahr 1980 die Telefonbücher, die zwar unentgeltlich abgegeben wurden, aber größtenteils über Gebühreneinnahmen finanziert werden mußten, da die Deutsche Bundespost bestimmten Vorschriften unterlag, die die Nutzung von Telefonbüchern als Werbeträger stark begrenzten. Dies änderte sich erst im Jahr 1981 als die verlegerische Verantwortung für die Telefonbücher von der Deutschen Bundespost auf private Verlagsunternehmen übertragen wurde und die Telefonbücher zugleich zur unbeschränkten werblichen Nutzung freigegeben wurden.[3] Seither werden die Produktionskosten von Telefonbüchern ebenfalls vollständig durch Anzeigenerlöse gedeckt.[4]

Da zur Produktionsentwicklung der Produktgruppe Nachschlagewerke keine exakten Daten vorliegen, muß die Produktionsentwicklung nachfolgend mit Hilfe von Wachstumsindikatoren geschätzt werden. Im Fall der Telefonbücher

---

[1] Die Angaben zur Erlösstruktur stammen vom VDAV. Vgl.: ZAW (1987), ZAW-Jahrbuch a.a.O., S.243.

[2] Vgl.: VDAV (1987), Offizielles Verzeichnis... a.a.O., S.21.

[3] Vgl.: ZAW (1989), ZAW-Jahrbuch a.a.O., S.214.

[4] Möglich wurde die vollständige Kostendeckung durch eine zusätzliche Anzeigenwerbung im Satzspiegel und durch eine drastische Verringerung der Produktionskosten um annähernd 30% (lt. Angaben des BVD).

ist zumindest die Entwicklung der Druckauflagenhöhe bekannt, wobei die registrierten Auflagenzuwächse als untere Schätzgrenze für die realen Produktionszuwächse anzusehen sind, denn der Seitenumfang von Telefonbüchern wurde im Zeitablauf stark ausgeweitet. Zum einen, weil die Zahl der Telefonteilnehmer permanent wuchs und zum anderen, weil die genutzte Anzeigenfläche - insbesondere seit der verlegerischen Neuordnung im Jahr 1981 - drastisch ausgeweitet wurde.

Tab.28: Entwicklung der Druckauflage von Amtlichen Telefonbüchern, Örtlichen Telefonbüchern und Branchen-Telefonbüchern GELBE SEITEN sowie des realen Bruttoproduktionswertes von Bücherdrucksachen, durchschnittliche jährliche Veränderungsraten

Druckauflage \ Periode	1961-68	1969-76	1977-82	1983-88	1961-76	1977-88
Telefonbücher	8,4%	9,3%	7,9%	1,5%	8,9%	4,7%
Produktionswert \ Periode	1961-68	1969-76	1977-82	1983-88	1961-76	1977-88
Bücherdrucksachen, real	5,8%	0,9%	1,7%	1,3%	3,3%	1,5%

Quelle: Angaben der Deutschen Postreklame GmbH/ Frankfurt a.M.; Statistisches Bundesamt, Fs.4: R.3.1 u. Fs.17: R.2, versch. Jgg.; eigene Berechung der Werte.

Wie Tab.28 zeigt, wurden in den Perioden 1961-1968, 1969-1976 und 1977-1982 hohe Auflagenzuwächse von Ø 8-9% p.a. verzeichnet, so daß das Druckvolumen von Telefonbüchern und damit auch die wertmäßige Druckproduktion während dieser Zeitspanne preisbereinigt mit zweistelligen Zuwachsraten angestiegen sein dürfte. In der Periode 1983-1988 betrug das Auflagenwachstum demgegenüber lediglich Ø 1,5% p.a. Ursächlich hierfür war, daß angesichts der hohen Anschlußdichte, die im Jahr 1988 bei rd.46 Telefon-Hauptanschlüssen je 100 Einwohner lag, während der 80er Jahre eine weitgehende Marktsättigung eingetreten war.[1] Dementsprechend nahm die Auf-

[1] Vgl.: ZAW (1989), Werbung in Deutschland, S.213.

lagenhöhe von Telefonbüchern, die im wesentlichen von der Zahl der Telefon-Hauptanschlüsse abhing, gleichfalls nur noch geringfügig zu. Allerdings ist anzunehmen, daß die wertmäßige Druckproduktion von Telefonbüchern in der Periode 1983-1988 weiterhin stärker zunahm als der gesamte Bruttoproduktionswert des Produktbereichs Bücherdrucksachen, da das Anzeigenvolumen und damit verbunden der Seitenumfang von Telefonbüchern in dieser Periode stark ausgeweitet wurde.

Die Auflagenentwicklung von Adreßbüchern wurde hingegen nur unvollständig erfaßt, so daß lediglich die Umsatzentwicklung der Adreßbuchverlage einen Anhaltspunkt für die Entwicklung der Druckproduktion von Adreßbüchern bietet. Die Grundüberlegung ist hierbei, daß zwischen dem Umfang des Druckvolumens und der Höhe der Anzeigenerlöse, auf die rd.90% der Umsatzerlöse von Adreßbuchverlagen entfallen, Interdependenzen bestanden. Auf der einen Seite wurde die Höhe der Anzeigenpreise wesentlich von der Reichweite des Werbeträgers und damit verbunden durch die Auflagenhöhe beeinflußt,[1] auf der anderen Seite war der Seitenumfang von Adreßbüchern u.a. auch vom Anzeigenvolumen abhängig. Das Anzeigenvolumen wurde wiederum maßgeblich durch das Werbeträgerangebot, also die Zahl der Adreßbuchtitel mitbestimmt; somit wird deutlich, daß sich das Druckvolumen und die Anzeigenerlöse von Adreßbüchern vermutlich gleichgerichtet entwickelt haben. Die Umsatzentwicklung der Adreßbuchverlage ist demnach zumindest als ein grober Wachstumsindikator für die Entwicklung der Druckproduktion von Adreßbüchern zu betrachten.

Wie aus Tab.29 erkennbar ist, verzeichneten die Adreßbuchverlage im Zeitraum von 1963-1988 hohe, zumeist zweistellige nominale Umsatzzuwächse.[2]

---

[1] Allerdings ist dieser Zusammenhang nur eingeschränkt gültig, denn zumindest bei zielgruppenspezifischer Werbung nehmen i.d.R. mit steigender Auflagenhöhe die Streuverluste der Werbung zu.

[2] Für die Jahre 1961 und 1962 existieren keine Daten über die Umsatzentwicklung von Adreßbuchverlagen. Seit dem Jahr 1985 werden in den Umsatzerlösen der Adreßbuchverlage neben den Adreßbüchern auch die Amtlichen Telefonbücher berücksichtigt. Vgl.: ZAW, ZAW-Jahrbuch a.a.O., versch. Jgg.

Daraus ist zu schließen, daß die Adreßbücher - ebenso wie die Telefonbücher - in Relation zum gesamten Produktbereich Bücherdrucksachen überdurchschnittliche Produktionszuwächse aufwiesen.[1]

Tab.29: Entwicklung des Werbeumsatzes von Adreßbüchern sowie vom Werbesektor insgesamt, in nominalen Werten, durchschnittliche jährliche Veränderungsraten

Werbeumsatz \ Periode	1963-68	1969-76	1977-82	1983-88	1963-76	1977-88
Adreßbücher	7,6%	12,0%	12,3%	11,8%	10,1%	12,0%
Werbesektor insges.	·	·	7,9%	6,6%	·	7,2%

Quelle: VDAV, Erhebung bei den Verbandsmitgliedern, die rd. 95% aller Adreßbuchverlage repräsentieren; Statistisches Bundesamt, Fs.4: R.3.1 u. Fs.11: R.5 sowie ZAW-Jahrbuch, versch. Jgg.; eigene Berechnung der Werte.

Die Umsatzerlöse der Adreßbuchverlage, die - wie bereits erwähnt - zu rd.90% im Anzeigengeschäft erwirtschaftet wurden, wuchsen dabei in den Perioden 1977-1982 und 1983-1988 - für die entsprechende Vergleichsdaten berechnet werden konnten - weitaus stärker als die gesamten Umsatzerlöse des Werbesektors.[2] Der Stellenwert des Werbeträgers Adreßbücher innerhalb des Werbesektors nahm somit stetig zu, und im Jahr 1988 wiesen die Telefon- und Adreßbücher zusammengerechnet bereits einen Anteil von 4,1% an den gesamten Werbeaufwendungen auf. Auf den Werbeträger Telefon- und Adreßbücher entfielen dabei im Jahr 1988 ein Werbeumsatz in Höhe von rd.1.080 Mio. DM[3] und damit deutlich mehr als z.B. auf die Hörfunkwerbung, für die im

[1] Vgl. im Text S.101: Tab.23.

[2] Zur Abgrenzung des Werbesektors und der Berechnung der Umsatzerlöse des Werbesektors, vgl. im Anhang S.XXXIV ff.

[3] Von den Umsatzerlösen der Adreßbuchverlage in Höhe von 1.198,6 Mio. DM im Jahr 1988 stammten rd.90% aus dem Anzeigengeschäft, so daß im Jahr 1988 rd.1.080 Mio. DM für die Anzeigenwerbung in Telefon- und Adreßbüchern aufgewendet wurden.

Jahr 1988 nur 792,8 Mio. DM aufgewendet wurden.[1]

Die spezifischen Merkmale des Werbeträgers Telefon- und Adreßbücher bestehen zum einen in der Langlebigkeit des Werbeträgers, resultierend aus der jährlichen bzw. zweijährlichen Erscheinungsweise, wodurch eine hohe Kontaktwahrscheinlichkeit gewährleistet wird.[2] Zum anderen weisen Nachschlagewerke generell eine hohe Nutzungsintensität und Nutzungshäufigkeit auf.[3] Die Adreßbücher dürften jedoch vor allem deshalb überdurchschnittlich an den gestiegenen Gesamtwerbeaufwendungen partizipiert haben, weil mit der Anzeigenwerbung in Adreßbüchern eng begrenzte Zielgruppen erreichbar waren,[4] so daß bei zielgruppenorientierter Werbung die Streuverluste minimiert werden konnten. Zudem bestanden zwischen den einzelnen Adreßbuchtiteln - anders als bei Fachzeitschriften, die gleichfalls für zielgruppenorientierte Werbezwecke prädestiniert sind - nahezu keine inhaltlichen Überschneidungen. Dadurch bedingt konnte mit der Anzeigenwerbung in Adreßbüchern bei der jeweiligen Zielgruppe auch ohne kostensteigernde Mehrfachbelegung verschiedener Adreßbuchtitel eine hohe Reichweite erreicht werden.

Darüber hinaus wurden die Adreßbücher inhaltlich immer weiter differenziert und die Zahl der Adreßbuchtitel vergrößerte sich somit stetig. Die Folge war, daß mit der Anzeigenwerbung in Adreßbüchern noch enger abgegrenzte Zielgruppen erreichbar waren, wodurch sich die Attraktivität des Werbeträgers Adreßbücher weiter erhöhte. Demzufolge steigerten die Adreßbuchverleger die Gesamtauflagenhöhe von Adreßbüchern in erster Linie durch die Publika-

---

[1] Quelle der Daten: ZAW (1989), ZAW-Jahrbuch a.a.O., S.189. Vgl. auch im Anhang S.XLII f.: Tab.XV.

[2] Vgl.: G.F. HEUER (1981), Adreßbuch- und Fernsprechbücher a.a.O., S.207.

[3] Vgl.: ZAW (1989), ZAW-Jahrbuch a.a.O., S.217.

[4] Zu den verschiedenen Abgrenzungskriterien von Zielgruppen, vgl.: W. ZOHLNHÖFER, Zur Ökonomie des Pressewesens in der Bundesrepublik Deutschland, in: B. Röper (Hrsg.), Wettbewerb im Medienbereich, Schriften des Vereins für Socialpolitik, N.F., Bd.162, S.45-87, Berlin (West) 1987, S.59 sowie M.-L. KIEFER, Zielgruppen - Wer, Wie, Wo?, in: Media Perspektiven, Jg.1983, Heft Nr.9, S.601-609, Frankfurt a.M. 1983.

tion zusätzlicher Adreßbuchtitel, wohingegen sich die durchschnittliche Auflagenhöhe je Adreßbuchtitel angesichts der zunehmenden inhaltlichen Differenzierung vermutlich sogar rückläufig entwickelte.

Insgesamt gesehen waren die Telefon- und Adreßbücher demnach während des gesamten Untersuchungszeitraums gleichermaßen durch hohe reale Produktionszuwächse gekennzeichnet und dies, obwohl die Telefonbücher sowie eine Vielzahl von Adreßbüchern bereits seit mehreren Jahren über das Btx-System und/oder über Wirtschaftsdatenbanken elektronisch abrufbar waren.[1] Die elektronischen Auskunftssysteme wirkten sich insofern nicht wachstumshemmend auf die Produktionsentwicklung von gedruckten Nachschlagewerken aus, als daß der Btx-Nutzerkreis bislang sehr begrenzt war und auch die Datenbanken - im Vergleich zu den USA oder Kanada - in der BR Deutschland nur in verhältnismäßig geringem Umfang genutzt wurden.

3.3.4. PRODUKTGRUPPE "UNTERNEHMENSBROSCHÜREN"

Die Produktgruppe Unternehmensbroschüren umfaßt Image-Broschüren[2], Geschäftsberichte, Festschriften u.ä., also unternehmensbezogene Druckschriften, die sowohl zur Selbstdarstellung von Unternehmen sowie ihren Aktivitäten und Zielen in der Öffentlichkeit (Public-relations) dienen, als auch zur Unverwechselbarkeit des Erscheinungsbildes von Unternehmen (corporate-identity[3]) beitragen. Die Unternehmensbroschüren sind demnach in erster Linie als Kommunikationsinstrumente zu charakterisieren und werden größtenteils aus den Werbebudgets der Unternehmen finanziert.

Für die Unternehmensbroschüren wird der Bruttoproduktionswert zwar statistisch nicht separat erfaßt, zumal zwischen Unternehmensbroschüren und

---

[1] Vgl.: VDAV (1987), Offizielles Verzeichnis... a.a.O., Teil I.

[2] Image-Broschüren werden mit dem Ziel konzipiert, ein positives Erscheinungsbild der Unternehmen in der Öffentlichkeit zu schaffen bzw. sollen dazu beitragen, das bestehende Erscheinungsbild zu verbessern.

[3] Vgl.: K.-P. WIEDMANN, Corporate Identity als Unternehmensstrategie, in: WiSt, 17.Jg., Heft Nr.5, S.236-242, München u. Frankfurt a.M. 1988.

Werbeprospekten z.T. Abgrenzungsschwierigkeiten bestehen, aber als grober Anhaltspunkt ist davon auszugehen, daß auf die Produktgruppe Unternehmensbroschüren im Jahr 1988 ein Produktionsanteil von mindestems 5% bzw. 100 Mio. DM entfiel. Neben den Image-Broschüren, die als reine Werbemittel zu kennzeichnen sind, trugen hierzu insbesondere die Geschäftsberichte bei,[1] zu deren Publikation Aktiengesellschaften, Kommanditgesellschaften auf Aktien sowie Genossenschaften gesetzlich verpflichtet waren.[2] Die Geschäftsberichte, in denen zentrale Unternehmensinformationen offenzulegen waren, wurden darüber hinaus in steigendem Umfang zu Zwecken der Unternehmenspräsentation und Vertrauenswerbung in der Öffentlichkeit genutzt und teilweise auch zur internen Unterrichtung der Belegschaft.[3] Dementsprechend weitete die Mehrzahl der publizitätspflichtigen Unternehmen den Empfängerkreis im Zeitablauf drastisch aus[4] und versendete die Geschäftsberichte an Aktionäre, Lieferanten, Kunden, Behörden, wissenschaftliche Institute und an-

---

[1] Die Produktionskosten der Geschäftsberichte schwankten dabei stark zwischen den einzelnen Branchen und Unternehmen. Die Deutsche Bank wendete beispielsweise im Jahr 1982 rd.2 Mio. DM und die Commerzbank immerhin rd.1 Mio. DM für die Geschäftsberichte auf, während der Geschäftsbericht der Fa. Aral lediglich Produktionskosten in Höhe von 20.000 DM verursachte. Vgl.: O.V., Geschäftsberichte - Mehr Pflicht als Kür, in: Wirtschaftswoche, 37.Jg., Heft Nr.23, S.42-46, Düsseldorf 1983, S.43.

[2] In der BR Deutschland existierten dabei im Jahr 1988 2.373 Aktiengesellschaften und Kommanditgesellschaften auf Aktien. Vgl.: STATISTISCHES BUNDESAMT, Statistisches Jahrbuch 1988, S.113 sowie AktG §§160, 170 und GenG §33.

[3] Vgl.: O.V. (1983), Geschäftsberichte - Mehr Pflicht als Kür a.a.O., S.46. Die wachsende Bedeutung von Geschäftsberichten ist auch daran ersichtlich, daß seit dem Jahr 1983 von der Zeitschrift "Industriemagazin" ein Wettbewerb um den besten Geschäftsbericht durchgeführt wird. Vgl.: O.V., Der beste Geschäftsbericht, in: Industriemagazin, Jg.1988, Heft Nr.11, S.84/85, München 1988.

[4] Nach den Vorschriften des Aktiengesetzes muß der Geschäftsbericht nur dem Handelsregister am Sitz der Gesellschaft eingereicht werden und zwei Wochen vor der Hauptversammlung in den Geschäftsräumen der Gesellschaft für die Aktionäre zur Einsichtnahme ausliegen.

dere auch innerbetriebliche Empfängergruppen.[1]

Die Nutzung von Imagebroschüren hat während des Untersuchungszeitraums gleichfalls außerordentlich stark zugenommen, denn die Durchsetzung von Unternehmenszielen bedurfte in steigendem Maße der öffentlichen Rechtfertigung und Akzeptanz, wobei in bestimmten Wirtschaftzweigen die Öffentlichkeitsarbeit sogar von existentieller Bedeutung für die Unternehmen war.[2] Demzufolge war zu beobachten, daß die Auflagenhöhe von Unternehmensbroschüren sprunghaft anstieg, ohne daß hierbei allerdings eine genaue Quantifizierung möglich gewesen wäre.

Daneben wurden für Geschäftsberichte und Image-Broschüren fortwährend höherwertigere Druck- und Papierqualitäten eingesetzt,[3] so daß die Unternehmensbroschüren zwischenzeitlich zu den am aufwendigsten gestalteten Druckschriften zählten.[4]

Abschließend kann festgehalten werden, daß die Produktgruppe Unternehmensbroschüren mit Sicherheit eine der wachstumsstärksten Produktgruppen der Druckindustrie war, denn zu Beginn der 60er Jahre wurde die Vorlage von Geschäftsberichten von der weit überwiegenden Zahl der Unternehmen als reine Pflichterfüllung betrachtet, so daß der Empfängerkreis äußerst begrenzt und die Druckausstattung einfach war. Die unternehmerische Selbstdarstellung mit Hilfe von Image-Broschüren wurde hingegen Anfang der 60er Jahre sogar von den Großunternehmen - mit Ausnahme von Unternehmensfestschriften - kaum praktiziert, weil die "breite Öffentlichkeit" als unternehmerisches Umfeld erst in den letzten beiden Dekaden von den Unternehmen explizit berücksichtigt werden mußte.

---

[1] Vgl.: H. BLOHM, Geschäftsbericht, in: Verlag Moderne Industrie (Hrsg.), Management-Enzyklopädie, 3.Bd., S.109-119, München 1970, S.112f.

[2] Vgl.: H. SCHWALBE/ E. ZANDER, Schneller besser mehr verkaufen, Heidelberg 1986, S.218f.

[3] Vgl.: R. ANTONOFF, Die Identität des Unternehmens - Ein Wegbegleiter zur Corporate Identity, Hrsg.: F.A.Z., Frankfurt a.M. 1987, S.109ff.

[4] Vgl.: M. KÜCHLER, Image-Broschüren - von Planung bis Einsatz, in: Der Arbeitgeber, 36.Jg., Heft Nr.24, S.1035f., Köln 1984.

3.3.5. ZWISCHENERGEBNIS

Die Wachstumsverlangsamung des Produktbereichs Bücherdrucksachen wurde im wesentlichen dadurch bestimmt, daß die mengenmäßige Buchnachfrage - mit Ausnahme der Fach- und Wissenschaftsbücher - seit Ende der 60er Jahre mit weitaus geringeren Zuwachsraten angestiegen ist als in den Jahren zuvor. Außerdem wurden in zunehmendem Maße die Taschenbücher als die preisgünstigere Buchform anstelle von gebundenen Büchern präferiert, so daß der gesamte Bruttoproduktionswert von Büchern - in realen Werten gemessen - während der 70er und 80er Jahre nahezu stagnierte.

Der Umstand, daß im Produktbereich Bücherdrucksachen in den Perioden 1969-1976, 1977-1982 und 1983-1988 dennoch reale Produktionszuwächse in Höhe von Ø 1-2% p.a. realisiert wurden, war insbesondere darauf zurückzuführen, daß die Adreßbücher und Unternehmensbroschüren, die als Werbeträger bzw. Werbemittel genutzt wurden, sogar überproportional von der dynamischen Wachstumsentwicklung des Werbesektors profitieren konnten und dadurch bedingt zweistellige reale Produktionszuwächse aufwiesen.

Darüber hinaus trug zumindest bis Anfang der 80er Jahre die gestiegene Drucknachfrage von Telefonbüchern zur Wachstumsentwicklung des Produktbereichs Bücherdrucksachen bei; allerdings in weit geringerem Umfang als diejenige von Adreßbüchern und Unternehmensbroschüren.

4. PRODUKTBEREICH "PRESSEDRUCKSACHEN"

4.1. TYPISIERUNG DES PRODUKTBEREICHS

Zum Produktbereich Pressedrucksachen[1] zählen nachfolgend sämtliche periodisch erscheinenden Druckschriften, die eine kontinuierliche Stoffdarbietung aufweisen, wie: Tages- und Wochenzeitungen, Anzeigenblätter, Amtsblätter, Hauszeitungen, Publikumszeitschriften, Fachzeitschriften, Kundenzeitschriften, Comic-, Roman- und Rätselhefte u.ä.[2] Die Pressedrucksachen werden typischerweise von Verlagsunternehmen herausgegeben und größtenteils in verlagseigenen Druckbetrieben produziert. Diejenigen Verlagsunternehmen, die keine eigenen Druckbetriebe besitzen, sind zumeist im Rahmen von Kooperationsverträgen langfristig an bestimmte Druckunternehmen gebunden; z.T. werden die Pressedrucksachen aber auch von den Druckunternehmen selbst herausgegeben. Zwischen den Druckunternehmen und den Endnachfragern besteht wie bei den Bücherdrucksachen kein direkter Kontakt und zudem ist die Nachfrageentwicklung in erster Linie von der Verlagsleistung und nicht von der Druckleistung abhängig. Auf die Produktionsstufe der Druckherstellung, die im weiteren Untersuchungsverlauf von zentralem Interesse ist, entfallen dabei in der Regel lediglich 30-40% des gesamten Bruttoproduktionswertes von Pressedrucksachen.

---

[1] Die Bezeichnung Pressedrucksachen wurde deshalb gewählt, weil in diesem Produktbereich die Erzeugnisse der journalistischen Presse zusammengefaßt werden. Zu erwähnen ist in diesem Zusammenhang, daß zu den Presseerzeugnissen i.w.S. auch Bücher, Broschüren, Flugblätter und Plakate gerechnet werden, wobei die gemeinsame Bezeichnung daher stammt, daß diese "originären Erzeugnissen der Druckbranche" in früheren Jahrhunderten mit sog. Druckpressen hergestellt wurden. Vgl. im Text S.7.

[2] Der Bruttoproduktionswert von Pressedrucksachen wurde in der amtlichen Produktionsstatistik bis zum Jahr 1969 unter der Bezeichnung "Zeitungen und Zeitschriften" (Melde-Nr.5714 0.) erfaßt. Seit 1970 werden die Bruttoproduktionswerte für "Zeitungen" (Melde-Nr.5714 0.) und "Zeitschriften" (Melde-Nr.5715 0.) separat ausgewiesen.

Die Pressedrucksachen sind grundsätzlich durch zwei spezifische Merkmale gekennzeichnet, und zwar durch einen extrem hohen Aktualitätsgrad und dadurch, daß sie zugleich zwei verschiedenartige Funktionen erfüllen. Die Pressedrucksachen fungieren nämlich auf der einen Seite als Informations- bzw. Unterhaltungsmedium und auf der anderen Seite als Werbeträger für die Anzeigen- und Beilagenwerbung. Trotz dieser Gemeinsamkeiten sind die Pressedrucksachen jedoch sowohl in bezug auf die publizistischen Funktionen und Inhalte als auch hinsichtlich ihrer Werbefunktionen als äußerst heterogen einzustufen. Der Produktbereich Pressedrucksachen wird deswegen im folgenden in fünf Produktgruppen unterteilt, und zwar in Tages- und Wochenzeitungen, Anzeigenblätter, Publikumszeitschriften, Fachzeitschriften und in Sonstige Zeitschriften. Die mit Abstand wichtigsten Produktgruppen waren dabei die Tages- und Wochenzeitungen, auf die im Jahr 1988 ein Produktionsanteil von ca.50% entfiel, sowie die Publikumszeitschriften, die mit ca.30% zum Bruttoproduktionswert des Produktbereichs Pressedrucksachen beitrugen. Demgegenüber wiesen die Fachzeitschriften mit ca.8%, die Anzeigenblätter mit ca.6% und die Sonstigen Zeitschriften mit ca.5% deutlich niedrigere Produktionsanteile auf.

Der Produktbereich Pressedrucksachen bildete während des gesamten Untersuchungszeitraums den weitaus größten Produktbereich der Druckindustrie, wobei der Bruttoproduktionswert von Pressedrucksachen[1] im Jahr 1988 8.821,6 Mio. DM betrug, was einem Produktionsanteil von 35,5% entsprach. Hierbei ist allerdings wiederum zu berücksichtigen, daß die Kleinbetriebe in der Produktionsstatistik zum überwiegenden Teil nicht berücksichtigt worden sind. Der Produktionsanteil von Pressedrucksachen wird dadurch überzeichnet, denn bei den Pressedrucksachen dominierten mittlere und große Druck-

[1] Unter dem Bruttoproduktionswert von Pressedrucksachen wird im weiteren - falls nicht ausdrücklich anders erwähnt - generell nur der auf die Produktionsstufe der Druckherstellung entfallende Bruttoproduktionswert verstanden.

auflagen,[1] die aus produktionstechnischen Gründen nicht von Kleinbetrieben gefertigt wurden, so daß der Bruttoproduktionswert von Pressedrucksachen demnach in der Produktionsstatistik nahezu vollständig erfaßt worden ist.[2] Unter Einbeziehung aller Druckbetriebe dürfte der Produktionsanteil von Pressedrucksachen deshalb im Jahr 1988 schätzungsweise nur mit rd.32% zur Druckproduktion beigetragen haben.[3]

4.2. DARSTELLUNG DER PRODUKTIONS- UND AUSSENHANDELSENTWICKLUNG DES PRODUKTBEREICHS

Die Produktionsentwicklung von Pressedrucksachen stimmte während des betrachteten Zeitraums im Vergleich zu den anderen Produktbereichen der Druckindustrie in hohem Maße mit der Entwicklung der gesamten Druckproduktion überein, wobei jedoch in der Periode 1977-1982 expansive und in der Periode 1983-1988 kontraktive Wachstumsimpulse vom Produktbereich Pressedrucksachen ausgingen. Wie Tab.30 zeigt, war die Produktionsentwicklung von Pressedrucksachen während der vier Untersuchungsperioden durch keinen trendmäßigen Verlauf gekennzeichnet, denn nachdem in der Periode

---

[1] Im Jahr 1986 entfielen Ø rd.83% der Verkaufsauflage von Tageszeitungen auf Gesamtausgaben mit einer Verkaufsauflage von mehr als 50.000 Exemplaren je Erscheinungstag. Bei den Zeitschriften lag der entsprechende Anteil im Jahr 1986 bei Ø knapp 82%. Quelle: STATISTISCHES BUNDESAMT, Fs.11: R.5; eigene Berechnung.

[2] Der Produktionsanteil von Pressedrucksachen betrug im Jahr 1976 in der Betriebsgrößenklasse mit 10-19 Beschäftigten lediglich 24,4% und in der Marketing-Umfrage des BVD im Jahr 1977 gaben sogar weniger als 5% der Druckbetriebe mit 1-19 Beschäftigten an, im Zeitungs- bzw. Zeitschriftendruck einen Produktionsschwerpunkt zu haben. Vgl.: H.-J. TEICHMANN (1982), Neue technische Kommunikation... a.a.O., S.55 sowie BVD (1977), Marketing-Umfrage a.a.O.

[3] Hierbei wurde unterstellt, daß bei den nicht erfaßten Druckbetrieben im Jahr 1988 lediglich 15% des Bruttoproduktionswertes auf die Pressedrucksachen entfielen, denn die Kleinbetriebe mit weniger als 10 Beschäftigten dürften nur unwesentlich zum Bruttoproduktionswert von Pressedrucksachen beigetragen haben.

1961-1968 mit Ø 5,2% p.a. zunächst hohe reale Produktionszuwächse registriert wurden, halbierten sich die Zuwachsraten in der Periode 1969-1976 annähernd auf Ø 2,8% p.a. In der Periode 1977-1982 setzte sich die Wachstumsverlangsamung nicht weiter fort, sondern es trat vielmehr eine leichte Erhöhung der realen Produktionszuwächse auf Ø 3,4% p.a. ein.

Tab.30: Entwicklung der Bruttoproduktionswerte von Pressedrucksachen sowie von Drucksachen insgesamt, in nominalen und realen Werten, durchschnittliche jährliche Veränderungsraten

Produktionswert \ Periode	1961-68	1969-76	1977-82	1983-88	1961-76	1977-88
Pressedrucksachen, nom.	8,3%	9,4%	7,4%	3,6%	8,8%	5,5%
Drucksachen insges., nom.	8,2%	8,9%	6,9%	5,0%	8,5%	5,9%
Pressedrucksachen, real	5,2%	2,8%	3,4%	1,7%	4,0%	2,6%
Drucksachen insges., real	5,1%	2,8%	2,3%	2,3%	3,9%	2,3%

Quelle: Statistisches Bundesamt, Fs.4: R.3.1 u. Fs.17: R.2, versch. Jgg.; eigene Berechnung der Werte.

Die dynamische Produktionsentwicklung von Pressedrucksachen endete in der Periode 1983-1988 mit einer erneuten Halbierung der Zuwachsraten auf nunmehr Ø 1,7% p.a. und seither sind in einigen Produktgruppen Anzeichen einer beginnenden Stagnation zu erkennen.

Die Erzeugerpreise von Pressedrucksachen entwickelten sich weitgehend parallel zur durchschnittlichen Preisentwicklung von Drucksachen, allerdings fiel der Preisanstieg von Pressedrucksachen im Zeitraum von 1976-1988 unterdurchschnittlich aus.[1] Dies dürfte darauf zurückzuführen sein, daß im Hochauflagendruck, wozu die Mehrzahl der Pressedrucksachen zählt, größere Produktivitätszuwächse erzielt werden konnten als bei mittleren und kleinen

---

[1] Die Erzeugerpreise von Pressedrucksachen beziehen sich auf die Produktionsstufe der Druckherstellung und nicht auf die Vertriebspreise. Vgl. im Anhang S.XLVII: Tab.XXII.

Druckauflagen. Die höheren Druckgeschwindigkeiten, die im Wege des technischen Fortschritts im Druckmaschinenbau ermöglicht wurden, wirkten sich um so stärker produktivitätssteigernd aus, je größer die Druckauflage war. Die Preisentwicklung auf der Ebene der Druckherstellung hatte aber nur begrenzte Auswirkungen auf die Nachfrageentwicklung, da die Druck- und Papierkosten - wie bereits erwähnt - nur mit 30-40% zu den gesamten Produktionskosten beitrugen. Außerdem wurden die Vertriebspreise von Pressedrucksachen im allgemeinen durch Werbeeinnahmen intern subventioniert, so daß zumindest kein unmittelbarer Zusammenhang zwischen der Entwicklung der Verkaufsauflage und der Preisentwicklung auf der Produktionsstufe der Druckherstellung bestand.

In der Produktionsstatistik des Statistischen Bundesamtes werden seit dem Jahr 1970 die Bruttoproduktionswerte für Zeitungen und Zeitschriften getrennt veröffentlicht. Die Einteilung der Pressedrucksachen in Zeitungen und Zeitschriften erfolgte in erster Linie anhand von produktionstechnischen Kriterien, weshalb auch im weiteren die Bezeichnungen Zeitungs- und Zeitschriftendruck verwendet werden. Die spezifischen Merkmale des Zeitschriftendrucks bestehen darin, daß mehrfarbige Bildreproduktionen und hochwertige Papierqualitäten verwendet werden,[1] während im Zeitungsdruck eine schwarz-weiße bzw. einfarbige Druckausstattung auf qualitativ einfachen Druckpapieren dominiert,[2] wodurch zugleich die Reproduktionsqualität begrenzt ist. Außerdem sind die Pressedrucksachen im Zeitschriftendruck im Gegensatz zum Zeitungsdruck zumeist geheftet oder gebunden. Zum Zeitungsdruck zählen demzufolge neben den Tages- und Wochenzeitungen auch Anzeigenblätter, Amtsblätter sowie Hauszeitungen. Der Zeitschriftendruck umfaßt dagegen unabhängig von

---

[1] Für den Zeitschriftendruck werden zumeist holzfreie und gestrichene Druckpapiere eingesetzt, die von ihrer Oberflächenstruktur für eine mehrfarbige Druckherstellung prädestiniert sind. Vgl.: VERBAND DEUTSCHER PAPIERFABRIKEN e.V. (VDP), Kleines Papier-ABC, Bonn, o.J.

[2] Zeitungsdruckpapiere sind stark holz- oder altpapierhaltige, maschinenglatte Papiere (bis zu 90% aus Holzschliffanteil) mit einem Flächengewicht von 40-57 g/m^2. Vgl.: VDP (o.J.), Kleines Papier-ABC a.a.O.

den jeweiligen publizistischen Funktionen und Werbefunktionen sämtliche Arten von Zeitschriften.[1] Die Abgrenzung des Zeitungs- und Zeitschriftendrucks wurde dabei im Zeitablauf zunehmend schwieriger, denn einerseits wurde eine steigende Zahl von Zeitschriftenausgaben auf Zeitungsdruckpapier gedruckt und andererseits wurde bei den Tages- und Wochenzeitungen der Anteil der mehrfarbigen Bildreproduktionen sukzessive erhöht, so daß sich teilweise produktionstechnische Überschneidungen ergaben.

Darüber hinaus traten aber auch nachfrageseitige Zuordnungsschwierigkeiten auf, denn Zeitungsmagazine und andere Zeitungs-Supplements[2] wurden aufgrund ihrer Druckausstattung dem Zeitschriftendruck zugeordnet, obwohl sie ausschließlich in Verbindung mit der dazugehörigen Zeitungsausgabe zu erwerben waren. Da der Bruttoproduktionswert von Zeitungs-Supplements jedoch im Verhältnis zum gesamten Bruttoproduktionswert von Pressedrucksachen unbedeutend war,[3] können die bestehenden komplementären Nachfragebeziehungen im weiteren vernachlässigt werden.

Die Produktionsentwicklungen im Zeitungs- und Zeitschriftendruck werden anschließend deswegen dargestellt, weil sie die Grundlage zur Schätzung der Produktionsentwicklung auf der Ebene der Produktgruppen bilden. Eine exak-

---

[1] In der Pressestatistik werden hingegen sowohl die Anzeigenblätter als auch die Amtsblätter zu den Zeitschriften gezählt. Vgl.: STATISTISCHES BUNDESAMT, Fs.11: R.5.

[2] Als Supplements werden diejenigen Beilagen bezeichnet, die fester Bestandteil des jeweiligen Trägermediums sind. Zu den verschiedenen Arten von Supplements vgl.: J. DOHMEN, Supplements im Medienmarkt - Der unaufhaltsame Aufstieg eines neuen Mediums, in: ZV+ZV, Zeitschrift für Presse und Werbung, 76.Jg., Heft Nr.24, S.983-987, Bonn 1979, S.983f.

[3] Die Auflage von Supplements betrug im 4.Jahresquartal 1986 Ø 8,5 Mio. Exemplare je Erscheinungstag, wovon der weit überwiegende Teil den Zeitungen beigelegt wurde. Quelle: IVW, Auflagenliste der IVW, Bonn 1986; veröff. u.a. in: ZAW, ZAW-Jahrbuch Werbung 1987, Bonn 1987, S.131. Da aber sämtliche Supplements lediglich mit 3,1% zur gesamten Zeitschriftenauflage von Ø 272,7 Mio. Exemplaren je Erscheinungstag im 4.Quartal 1986 beitrugen, und da zudem der Seitenumfang von Supplements i.d.R. erheblich geringer ausfiel als bei Zeitschriften, kann gefolgert werden, daß der Bruttoproduktionswert von Supplements vergleichsweise unbedeutend war.

te Quantifizierung ist zwar erst beginnend mit dem Jahr 1970 möglich, aber die Produktionsentwicklung des Zeitschriftendrucks kann für den Zeitraum von 1960-1969 anhand der Produktionsentwicklung der im Tiefdruckverfahren gefertigten Pressedrucksachen geschätzt werden, denn von den Pressedrucksachen werden nahezu ausschließlich Zeitschriften im Tiefdruckverfahren gefertigt.[1] Der Tiefdruckanteil betrug im Zeitschriftendruck im Jahr 1970 62,3% und veränderte sich seither nur geringfügig und lag im Jahr 1988 bei 58,8%. In den 60er Jahren dürfte sich der Tiefdruckanteil im Zeitschriftendruck ebenfalls annähernd konstant entwickelt haben, so daß anzunehmen ist, daß die Produktionsentwicklung von im Tiefdruckverfahren gefertigten Pressedrucksachen weitgehend mit derjenigen des Zeitschriftendrucks übereinstimmte. Demzufolge dürften im Zeitschriftendruck in der Periode 1961-1968 reale Produktionszuwächse von Ø rd.8% p.a. realisiert worden sein,[2] wohingegen die realen Produktionszuwächse im Zeitungsdruck schätzungsweise Ø rd.3% p.a. betrugen.[3]

Wie Tab.31 zeigt, war der Zeitschriftendruck während der vier Untersuchungsperioden durch einen trendmäßigen Rückgang der realen Produktionszuwächse gekennzeichnet, denn während in der Periode 1961-1968 reale Produktionszuwächse von ungefähr Ø 8% p.a. erzielt wurden, trat in der Periode 1969-1976 eine drastische Verringerung der realen Zuwachsraten auf Ø 2,6% p.a. ein, die sich in den beiden folgenden Perioden in abgeschwächter Form fortsetzte. Damit wird zugleich deutlich, daß die Wachstumsschwankungen in der Produktionsentwicklung von Pressedrucksachen nicht durch den Zeitschriftendruck, sondern durch den Zeitungsdruck verursacht wurden.

---

[1] Im Jahr 1970 entfiel die Tiefdruckproduktion im Produktbereich Pressedrucksachen zu 98,9% auf den Zeitschriftendruck und lediglich zu 1,1% auf den Zeitungsdruck. Vgl.: STATISTISCHES BUNDESAMT, Fs.4: R.3.1., versch. Jgg.; eigene Berechnung.

[2] Der Bruttoproduktionswert des Tiefdruckverfahrens erhöhte sich im Produktbereich Pressedrucksachen während der Periode 1961-1968 um real Ø 7,8% p.a.

[3] Der Bruttoproduktionswert im Zeitungsdruck ergibt sich als Residualwert aus der Schätzung des Bruttoproduktionswertes im Zeitschriftendruck.

Tab.31: Entwicklung der Bruttoproduktionswerte im Zeitungs- und Zeitschriftendruck sowie von Pressedrucksachen insgesamt, in realen Werten, durchschnittliche jährliche Veränderungsraten

Produktionswert \ Periode	1961-68	1969-76	1977-82	1983-88	1961-76	1977-88
Zeitungsdruck, real *	ca.3%	ca.3%	4,9%	1,8%	ca.3%	3,3%
Zeitschriftendruck, real *	ca.8%	ca.2,5%	1,8%	1,6%	ca.5%	1,7%
Pressedrucksachen, real	5,2%	2,8%	3,4%	1,7%	4,0%	2,6%

* 1961-1970: Geschätzte Werte. Quelle: Statistisches Bundesamt, Fs.4: R.3.1 u. Fs.17: R.2, versch. Jgg.; eigene Berechnung der Werte.

Im Zeitungsdruck verlief die Produktionsentwicklung während der Perioden 1961-1968 und 1969-1976 mit Ø rd.3% p.a. nahezu konstant und in der Periode 1977-1982 konnten die realen Produktionszuwächse - im Unterschied zum Zeitschriftendruck - merklich auf Ø 4,9% p.a. gesteigert werden. In der Periode 1983-1988 endete die dynamische Wachstumsentwicklung im Zeitungsdruck und die realen Zuwachsraten lagen mit Ø 1,8% p.a. nur noch unwesentlich höher als im Zeitschriftendruck.

Zusammenfassend ist somit zu konstatieren, daß im Produktbereich Pressedrucksachen die entscheidenden Wachstumsimpulse zunächst vom Zeitschriftendruck ausgingen, wobei sich jedoch die Wachstumsimpulse im Zeitablauf deutlich abschwächten, wohingegen die Wachstumsimpulse des Zeitungsdrucks zumindest bis Anfang der 80er Jahre stetig zunahmen. Die stagnativen Entwicklungstendenzen von Pressedrucksachen, die seit Anfang der 80er Jahre registriert wurden, sind dagegen gleichermaßen auf den Zeitungs- und Zeitschriftendruck zurückzuführen.

Dementsprechend hat seit Anfang der 70er Jahre eine nachhaltige Verschiebung der Produktionsanteile zugunsten des Zeitungsdrucks stattgefunden. Während der Zeitungsdruck im Jahr 1970 mit 49,5% zum Bruttoproduktionswert des Produktbereichs Pressedrucksachen beitrug, erhöhte sich der entsprechende Produktionsanteil - in realen Werten gemessen - bis zum Jahr 1988 auf 55,3%.[1] In absoluten Werten betrachtet nahm der Bruttoproduktionswert des Zeitungsdrucks zwischen 1970 und 1988 - in konstanten Preisen von 1980 - von 2.775,7 Mio. DM auf 4.094,3 Mio. DM zu; das entspricht einer prozentualen Steigerung von insgesamt 47,5%.[2] Demgegenüber erhöhte sich der Bruttoproduktionswert des Zeitschriftendrucks - in konstanten Preisen von 1980 - von 2.828,5 Mio. DM im Jahr 1970 auf 3.309,8 Mio. DM im Jahr 1988 und somit lediglich um insgesamt 17,0%.[3]

Die Bestimmungsfaktoren für die divergierende Produktionsentwicklung im Zeitungs- und Zeitschriftendruck sollen im weiteren Untersuchungsverlauf auf der Ebene der nachfrageseitig abgegrenzten Produktgruppen eingehend analysiert werden. Zuvor soll jedoch aufgezeigt werden, wie die Außenhandelsentwicklung im Produktbereich Pressedrucksachen[4] verlaufen ist und welche produktspezifischen Gründe für den Grad der Außenhandelsverflechtung des Produktbereichs Pressedrucksachen maßgebend gewesen sind. Darüber hinaus soll quantifiziert werden, in welchem Ausmaß die inländische Produktionsentwicklung von Pressedrucksachen durch den Außenhandel beeinflußt worden ist.

Der Außenhandel entwickelte sich im Produktbereich Pressedrucksachen in den Jahren 1961-1988 äußerst dynamisch, wobei der Einfuhrwert in realen

---

[1] Vgl. im Anhang S.XLVII: Tab.XXIII.

[2] In nominalen Werten erhöhte sich der Bruttoproduktionswert des Zeitungsdrucks von 1.579,4 Mio. DM im Jahr 1970 auf 4.741,7 Mio. DM im Jahr 1988 und damit um insgesamt rd.200%.

[3] In nominalen Werten wuchs der Bruttoproduktionswert des Zeitschriftendrucks zwischen 1970 und 1988 von 1.609,4 Mio.DM auf 4.078,9 Mio. DM und stieg somit in dieser Zeitspanne um rd.150%.

[4] Eine separate Untersuchung der Außenhandelsentwicklung für Zeitungen und Zeitschriften bzw. für die einzelnen Produktgruppen ist nicht durchführbar, weil in der Außenhandelsstatistik die Ausfuhrwerte von Zeitungen und Zeitschriften erst seit dem Jahr 1975 und die Einfuhrwerte sogar erst seit dem Jahr 1988 gesondert ausgewiesen werden. Vgl.: STATISTISCHES BUNDESAMT, Fs.7: R.2.

Werten mit Ø 12,6% p.a. etwas stärker stieg als der Ausfuhrwert, der um Ø 10,9% p.a. wuchs.[1] Die Außenhandelswerte von Pressedrucksachen mußten dabei wiederum um den Verlagsanteil bereinigt werden, wobei im weiteren - wie bei den Bücherdrucksachen - ein durchschnittlicher Verlagsanteil von 70% des gesamten Bruttoproduktionswertes unterstellt wird.

Die Außenhandelsverflechtung des Produktbereichs Pressedrucksachen erhöhte sich ebenfalls stark, denn wie Tab.32 zeigt, hat sich die Importquote zwischen 1960 und 1988 von 0,5% auf 1,9% nahezu vervierfacht und die Exportquote von 2,0% auf 5,1% mehr als verdoppelt. Trotz der drastischen Zunahme fiel die Außenhandelsverflechtung des Produktbereichs Pressedrucksachen weiterhin vergleichsweise niedrig aus, denn abgesehen vom Produktbereich Geschäftsdrucksachen wiesen im Jahr 1988 sämtliche Produktbereiche der Druckindustrie deutlich höhere Import- und Exportquoten auf.

Tab.32: Entwicklung der Import-, Export- und Saldenquote im Produktbereich Pressedrucksachen, in nominalen Werten

Pressedrucksachen \ Jahr	1960	1968	1976	1979	1982	1985	1988
Importquote, bereinigt *	0,5%	0,6%	0,8%	0,9%	1,2%	1,5%	1,9%
Importquote, unbereinigt	0,9%	1,1%	1,6%	1,8%	2,5%	3,0%	3,7%
Exportquote, bereinigt *	2,0%	2,7%	3,3%	3,3%	3,8%	4,5%	5,1%
Exportquote, unbereinigt	5,8%	8,1%	9,7%	9,7%	11,3%	13,2%	15,1%
Saldenquote, bereinigt *	1,5%	2,2%	2,5%	2,4%	2,5%	2,9%	3,2%

* Außenhandelswerte bereinigt um den geschätzten 70%igen Verlagsanteil. Quelle: Statistisches Bundesamt, Fs.4: R.3.1 u. Fs.7: R.2, versch. Jgg.; eigene Berechnung der Werte.

Der innerdeutsche Handel war gleichfalls unbedeutend, denn die Bezüge aus der DDR betrugen im Jahr 1988 lediglich 2,1 Mio. DM und auch die Lie-

[1] Vgl. im Anhang S.XLVIII: Tab.XXIV.

ferungen aus der BR Deutschland waren mit 16,1 Mio. DM zu vernachlässigen.[1]

Hinsichtlich der Bestimmungsfaktoren für die niedrige Außenhandelsverflechtung im Produktbereich Pressedrucksachen muß - wie im Produktbereich Bücherdrucksachen - zwischen dem Außenhandel mit Verlagserzeugnissen einerseits und dem Außenhandel mit reinen Druckerzeugnissen andererseits differenziert werden.

Der Außenhandel mit im Herkunftsland verlegten Pressedrucksachen, auf den im Jahr 1988 43,9% des bereinigten Einfuhrwertes und 83,9% des bereinigten Ausfuhrwertes entfielen, wird wie bei den Büchern dadurch beschränkt, daß Verlagserzeugnisse generell sprachgebunden sind. Darüber hinaus sind die Absatzgebiete von Pressedrucksachen deshalb räumlich stark begrenzt, weil Zeitungen und Zeitschriften i.d.R. inhaltlich auf nationale bzw. regionale Themenschwerpunkte ausgerichtet sind. Die wichtigsten Absatzgebiete für bundesdeutsche Zeitungen und Zeitschriften waren dementsprechend die deutschsprachigen Nachbarländer Österreich und Schweiz sowie aufgrund der großen Zahl deutscher Touristenaufenthalte die südeuropäischen Staaten.[2] Umgekehrt stammten die bundesdeutschen Importe ausländischer Zeitungen und Zeitschriften ebenfalls überwiegend aus Österreich und der Schweiz sowie aus den Heimatländern der in der Bundesrepublik ansässigen Gastarbeiter.[3]

Der Außenhandel mit Pressedrucksachen, die im Bestimmungsland verlegt wurden und bei denen ausschließlich die Druckherstellung im Herkunftsland erfolgte, konzentrierte sich hingegen aufgrund des extrem hohen Aktualitäts-

---

[1] Vgl.: STATISTISCHES BUNDESAMT, Fs.6: R.6, Jg.1988.

[2] Im Jahr 1988 entfielen 26,1% des bereinigten Ausfuhrwertes von Pressedrucksachen auf Österreich, 16,6% auf die Schweiz sowie 47,0% der Ausfuhren auf den Außenhandel mit den EG-Ländern.

[3] Im Jahr 1988 entfielen 27,4% des bereinigten Einfuhrwertes von Pressedrucksachen auf Österreich, 9,3% auf die Schweiz sowie 48,8% der Einfuhren auf den Außenhandel mit den EG-Ländern.

grades von Pressedrucksachen[1] im wesentlichen auf die grenznahen Regionen. Von entscheidender Bedeutung war hierbei insbesondere der Zeitverzug,[2] der mit einer wachsenden räumlichen Distanz zwischen dem Druckort und dem Absatzgebiet verbunden ist, sowie der positive Zusammenhang zwischen der Höhe der Transportkosten und dem zur Verfügung stehenden Distributionszeitraum.[3] Aus den obengenannten Gründen haben sich sowohl inländische als auch ausländische Zeitungsverlage für eine räumliche Trennung von Redaktions- und Druckort entschieden, die durch die Möglichkeiten zur elektronischen Text- und Bildübertragung per Satellit produktionstechnisch bereits seit mehreren Jahren praktikabel ist.[4] Die Pressedrucksachen wurden demzufolge zumeist standortnah in bezug auf den jeweiligen Absatzmarkt gedruckt, so daß sich weder der Außenhandel mit reinen Druckerzeugnissen noch der Außenhandel mit Verlagserzeugnissen während des Untersuchungszeitraums nachhaltig auf die inländische Produktionsentwicklung von Presse-

---

[1] Im Gegensatz zu Zeitungen differieren die Zeitschriftenausgaben sehr stark in bezug auf ihre Affinität zum aktuellen Zeitgeschehen. Im allgemeinen gilt, daß Zeitschriften mit kürzerer Erscheinungsweise einen höheren Aktualitätsbezug haben. Vgl.: E. DREPPENSTEDT, Der Zeitungs- und Zeitschriftenmarkt, Diss. Univ. Erlangen-Nürnberg 1968, S.10.

[2] Die Bedeutung der Zeitkomponente wird daran deutlich, daß z.B. der Süddeutsche Verlag GmbH/München angekündigt hat, daß im Fall einer Geschwindigkeitsbegrenzung auf den bundesdeutschen Autobahnen sofort ein zweiter Druckort benötigt würde, da die Zeitungsexemplare derzeit mit Personenwagen nach Norddeutschland transportiert werden. Vgl.: M. PSOTTA, Süddeutscher Verlag hofft auf neue Leser in der DDR, in: F.A.Z. v. 19.12. 1989, Frankfurt a.M. 1989.

[3] Die Transportkosten sind speziell bei verhältnismäßig schweren Gütern wie Drucksachen entscheidend von der Wahl des Verkehrsmittels und damit auch von der zur Verfügung stehenden Transportzeit abhängig.

[4] Beispielsweise fertigt die Axel Springer Verlag AG/Hamburg die "Bild-Zeitung" an verschiedenen bundesdeutschen Druckorten. Außerdem werden in der BR Deutschland mehrere italienisch- und türkischsprachige Tageszeitungen gedruckt, deren Redaktionsorte im Ausland liegen. Vgl.: J. RULAND, Gastarbeiter und ihre Medien, in: J. Ruland (Hrsg.), Werbeträger - Handbuch für die Praxis des Werbeträgereinsatzes, S.171-180, Bad Homburg 1981, S.177.

drucksachen auswirkte.

Der begrenzte Einfluß der Außenhandelsentwicklung im Produktbereich Pressedrucksachen ist daran erkennbar, daß zwischen der Wachstumsentwicklung der Inlandsproduktion und der Inlandsnachfrage lediglich marginale Abweichungen festzustellen sind.

Tab.33: Entwicklung der Inlandsproduktion und Inlandsnachfrage von Pressedrucksachen, in realen Werten, durchschnittliche jährliche Veränderungsraten

Pressedrucksachen \ Periode	1961-68	1969-76	1977-82	1983-88	1961-76	1977-88
Inlandsproduktion, real	5,2%	2,8%	3,4%	1,7%	4,0%	2,6%
Inlandsnachfrage, real	5,1%	2,8%	3,4%	1,7%	4,0%	2,5%

Quelle: Statistisches Bundesamt, Fs.4: R.3.1, Fs.7: R.2 sowie Fs.17: R.2 u. R.8, versch. Jgg.; eigene Berechnung der Werte.

Allerdings bestanden bei den einzelnen Produktgruppen deutliche Unterschiede bezüglich des Außenhandelseinflusses, denn im Jahr 1988 entfielen ungefähr 60% des bereinigten Ausfuhrwertes allein auf die Publikumszeitschriften, rd.30% auf die Tages- und Wochenzeitungen sowie rd.10% auf die Fachzeitschriften.[1]

Die Bedeutung des Außenhandels war im Produktbereich Pressedrucksachen im Jahr 1988 gleichfalls unverändert gering, denn bei einem Bruttoproduktionswert von 8.821,6 Mio. DM betrug der Außenhandelsüberschuß in bereinigten Werten lediglich rd.280 Mio. DM,[2] was einer Saldenquote von

---

[1] Bei den Einfuhrwerten von Pressedrucksachen dürfte das anteilsmäßige Verhältnis in ähnlicher Größenordnung wie bei den Ausfuhrwerten liegen, ohne daß jedoch eine entsprechende Quantifizierung möglich ist, da in der Außenhandelsstatistik bei den Einfuhren von im Ausland verlegten Pressedrucksachen (Melde-Nr.4902 90 006) nicht zwischen Zeitungen und Zeitschriften unterschieden wird. Vgl.: STATISTISCHES BUNDESAMT, Fs.7: R.2, Jg.1988.

[2] Der bereinigte Ausfuhrwert von Pressedrucksachen betrug im Jahr 1988 rd.450 Mio. DM und der bereinigte Einfuhrwert rd.170 Mio. DM.

3,2% entspricht.[1]

4.3. ANALYSE DER PRODUKTIONSENTWICKLUNG DER PRODUKTGRUPPEN

4.3.1. ABGRENZUNG DER PRODUKTGRUPPEN

Der Produktbereich Pressedrucksachen wird entsprechend der publizistischen Funktionen der Presseerzeugnisse in fünf Produktgruppen unterteilt: Tages- und Wochenzeitungen, Anzeigenblätter, Publikumszeitschriften, Fachzeitschriften sowie Sonstige Zeitschriften. Die Produktgruppe Sonstige Zeitschriften bildet dabei insofern eine Ausnahme, als daß sie verschiedene Zeitschriftenarten wie Politische Wochenblätter, Konfessionelle Zeitschriften, Kundenzeitschriften u.a. umfaßt, die deswegen nicht separat untersucht werden, weil sie gemessen am Produktionsanteil von untergeordneter Bedeutung waren. Die vier anderen Produktgruppen lassen sich demgegenüber zumindest bezüglich ihrer zentralen publizistischen Funktionen voneinander abgrenzen. Die Tages- und Wochenzeitungen sind dabei als aktuelles Informationsmedium mit themenmäßiger Vielfalt zu klassifizieren, wohingegen die Publikums- und Fachzeitschriften typischerweise durch themenspezifische Inhalte gekennzeichnet sind und sich überwiegend an bestimmte Zielgruppen richten. Die Unterschiede zwischen Publikums- und Fachzeitschriften bestehen darin, daß in Publikumszeitschriften Unterhaltungsbeiträge überwiegen, während in Fachzeitschriften Informationsbeiträge im Mittelpunkt stehen, deren Lektüre anders als bei Publikumszeitschriften i.d.R. wissenschaftliche, berufs- oder branchenbezogene Fachkenntnisse erfordert. Die Anzeigenblätter sind dagegen als reines Werbemittel einzustufen, deren redaktioneller Teil ausschließlich zur Steigerung der Werbewirksamkeit dient.

Trotz der publizistischen Unterschiede weisen die derart abgegrenzten Produktgruppen z.T. aber erhebliche Überschneidungen hinsichtlich ihrer Werbefunktionen auf, wobei insbesondere zwischen der Anzeigenwerbung in Tages-

[1] Vgl. im Text S.144: Tab.32.

zeitungen und Anzeigenblättern substitutive Konkurrenzbeziehungen existieren, die nachfolgend explizit untersucht werden sollen.

4.3.2. PRODUKTGRUPPE "TAGES- UND WOCHENZEITUNGEN"

Die Produktgruppe Tages- und Wochenzeitungen setzte sich, ausgehend von der durchschnittlich verkauften Zeitungsauflage je Woche, im Jahr 1987 zu 96,7% aus Tageszeitungen und zu 3,3% aus Wochenzeitungen zusammen.[1] Die Tageszeitungen wiesen dabei zum weitaus größten Teil ein regionales Verbreitungsgebiet auf, denn auf die überregional erscheinenden Tages- und Wochenzeitungen entfielen im Jahr 1987 lediglich 16,7% der durchschnittlichen Verkaufsauflage je Erscheinungstag.[2]

Der Bruttoproduktionswert der Produktgruppe Tages- und Wochenzeitungen kann in Form von Residualwerten abgeleitet werden, indem geschätzt wird, mit welchem Produktionsanteil die Produktgruppe Anzeigenblätter zum Zeitungsdruck beitrug.[3] Eine entsprechende Schätzung kann allerdings lediglich für die Perioden 1977-1982 und 1983-1988 durchgeführt werden, da die Umsatzerlöse von Tages- und Wochenzeitungen sowie Anzeigenblättern, die die

---

[1] In der Pressestatistik gelten Druckschriften nur dann als Zeitungen, wenn sie öffentlich zugänglich sind (Publizitätskriterium), zeitnah berichten (Aktualitätskriterium), mindestens zweimal wöchentlich erscheinen (Periodizitätskriterium) und eine inhaltliche Vielfalt (Universalitätskriterium) aufweisen. Trotzdem werden die Wochenzeitungen einschließlich der Sonntagszeitungen in der Pressestatistik mitberücksichtigt und ferner ist auch wegen der Selbstzuordnung davon auszugehen, daß die Wirtschaftszeitungen in den Zeitungsdaten der Pressestatistik miteinbezogen sind. Vgl.: L. HAKE, Der Aufbau einer Pressestatistik, in: Wirtschaft und Statistik, Jg. 1977, Heft Nr.5, S.291-296, Stuttgart u. Mainz 1977, S.294f.

[2] Als überregional erscheinende Tages- und Wochenzeitungen werden dabei diejenigen Zeitungen angesehen, die keine lokale Berichterstattung aufweisen.

[3] Die in der Produktionsstatistik für den Zeitungsdruck verzeichneten Bruttoproduktionswerte umfassen - wie bereits erwähnt - neben Tages- und Wochenzeitungen auch Anzeigenblätter, Amtsblätter und Hauszeitungen.

Grundlage der Schätzung bilden,[1] zuvor nicht erhoben wurden.[2] In den Perioden 1961-1968 und 1969-1976 wurde die Produktionsentwicklung im Zeitungsdruck vermutlich nur unwesentlich durch die Produktgruppe Anzeigenblätter beeinflußt, denn die Anzeigenblätter wurden erst seit Anfang der 70er Jahre in bedeutendem Umfang als Werbemittel genutzt und im Jahr 1976 trugen die Anzeigenblätter erst mit einem Produktionsanteil von maximal 4% zum Zeitungsdruck bei. Demnach ist zu folgern, daß die Produktionsentwicklung der Produktgruppe Tages- und Wochenzeitungen in den Perioden 1961-1968 und 1969-1976 weitestgehend mit der zuvor verzeichneten Produktionsentwicklung im Zeitungsdruck übereinstimmte. In den Perioden 1977-1982 und 1983-1987 stieg der Produktionsanteil der Produktgruppe Anzeigenblätter sukzessive bis auf schätzungsweise 10-12% im Jahr 1987 an.[3]

Tab.34: Entwicklung der Bruttoproduktionswerte von Tages- und Wochenzeitungen sowie im Zeitungsdruck insgesamt, in realen Werten, durchschnittliche jährliche Veränderungsraten

Produktionswert \ Periode	1961-68	1969-76	1977-82	1983-87
Tages- u. Wochenzeitungen, real *	ca.3%	ca.3%	ca.4%	ca.1,5%
Zeitungsdruck insges., real +	ca.3%	ca.3%	4,9%	2,4%

* 1961-1987: Geschätzte Werte; + 1961-1970: Geschätzte Werte. Quelle: Statistisches Bundesamt, Fs.4: R.3.1, Fs.11: R.5 u. Fs.17: R.2, versch. Jgg.; eigene Berechnung der Werte.

---

[1] Die Grundlage und die Aussagefähigkeit dieser Schätzung wird im Text auf den S.172ff. unter dem Gliederungspunkt 4.3.3. Produktgruppe "Anzeigenblätter" erörtert.

[2] Die zugrundeliegenden Umsatzdaten stammen aus der amtlichen Pressestatistik, die erstmals für das Jahr 1975 veröffentlicht wurde. Vgl.: STATISTISCHES BUNDESAMT, Fs.11: R.5.

[3] Die Pressestatistik 1988 wird voraussichtlich erst Anfang 1991 veröffentlicht werden, so daß die Untersuchung im weiteren nur bis einschließlich 1987 durchgeführt werden kann.

Die Produktionszuwächse der Produktgruppe Tages- und Wochenzeitungen fielen demzufolge im Vergleich zum gesamten Zeitungsdruck unterdurchschnittlich aus. Wie Tab.34 zeigt, lagen die realen Produktionszuwächse der Produktgruppe Tages- und Wochenzeitungen dabei in den Perioden 1977-1982 und 1983-1987 um ca.1-Prozentpunkt niedriger als im Zeitungsdruck.

Insgesamt gesehen ist jedoch erkennbar, daß die Produktionsentwicklung im Zeitungsdruck im wesentlichen durch die Produktionsentwicklung der Produktgruppe Tages- und Wochenzeitungen bestimmt wurde, wohingegen der Einfluß der Produktgruppe Anzeigenblätter zumindest bislang relativ begrenzt war.

Die Produktionsentwicklung von Tages- und Wochenzeitungen wurde in erster Linie durch das Druckvolumen, also durch die Auflagenhöhe und den Seitenumfang je Exemplar unmittelbar bestimmt,[1] während die Veränderungen in der Druck- und Papierqualität einen vergleichsweise geringen Einfluß ausübten. Im weiteren soll untersucht werden, in welchem Maße von diesen drei Bestimmungsgrößen expansive oder kontraktive Wachstumsimpulse ausgingen und welche Gründe dafür ausschlaggebend waren. In diesem Kontext ist zu beachten, daß die Veränderungen der Auflagenhöhe, des Seitenumfangs je Exemplar sowie die Veränderungen der Druck- und Papierqualität bezüglich ihrer Auswirkungen auf den Bruttoproduktionswert multiplikativ miteinander verknüpft waren.

Die Auflagenentwicklung von Tages- und Wochenzeitungen war während des Untersuchungszeitraums durch trendmäßig abnehmende Zuwachsraten gekennzeichnet und seit dem Jahr 1983, als mit Ø 25,8 Mio. verkauften Tages- und Wochenzeitungen je Erscheinungstag (im 4.Jahresquartal) das

---

[1] Darüber hinaus war das Druckvolumen von Tages- und Wochenzeitungen auch von den verwendeten Druckformaten abhängig. Der von den Formatveränderungen auf die Produktionsentwicklung ausgehende Einfluß dürfte aber äußerst gering gewesen sein und wird deshalb nicht weiter berücksichtigt.

bisherige Auflagenmaximum erreicht wurde,[1] stagnierte die Auflagenhöhe.[2]

Tab.35: Entwicklung der Auflagenhöhe von Tages- und Wochenzeitungen, durchschnittliche jährliche Veränderungsraten

Auflagenhöhe * \ Periode	1961-68	1969-76	1977-82	1983-87	1961-76	1977-87
Tages- u. Wochenzeitungen	2,4%	1,0%	1,3%	0,0%	1,7%	0,7%

* 1961-1976: Ø Druckauflage je Erscheinungstag; Quelle: IVW-Auflagenliste, versch. Jgg.; 1977-1987: Ø Verkaufsauflage je Woche; Quelle: Statistisches Bundesamt, Fs.11: R.5, versch. Jgg.; eigene Berechnung der Werte.

Wie Tab.35 zeigt, trug das Auflagenwachstum in der Periode 1961-1968 zunächst erheblich zum Anstieg des Bruttoproduktionswertes von Tages- und Wochenzeitungen bei.[3] Dies änderte sich jedoch in den Perioden 1969-1976

[1] Im Jahr 1960 lag die Verkaufsauflage von Tages- und Wochenzeitungen demgegenüber - lt. IVW-Auflagenliste - erst bei 18,1 Mio. Exemplaren je Erscheinungstag.

[2] Im 4.Quartal 1987 betrug die Verkaufsauflage von Tages- und Wochenzeitungen Ø 25,4 Mio. Exemplare je Erscheinungstag. Die wöchentliche Verkaufsauflage von Tages- und Wochenzeitungen entwickelte sich ebenfalls seit dem Jahr 1983 leicht rückläufig und lag im 4.Quartal 1987 bei Ø 131,2 Mio. Exemplaren.

[3] Die Auflagenentwicklung in den Perioden 1961-1968 und 1969-1976 bezieht sich dabei auf die Ø Druckauflage je Erscheinungstag, wogegen in den Perioden 1977-1982 und 1983-1987 die Ø Verkaufsauflage je Woche zugrundeliegt. Zu erwähnen ist in diesem Zusammenhang, daß die Druckauflage, wozu die Gesamtzahl der gedruckten Zeitungsexemplare abzüglich der Makulatur zählt, im Jahr 1988 um 13,3% höher ausfiel als die Verkaufsauflage, wobei jedoch die prozentuale Differenz zwischen Druckauflage und Verkaufsauflage im Zeitablauf nahezu unverändert blieb. Die Berücksichtigung der Erscheinungshäufigkeit hatte ebenfalls keine gravierenden Auswirkungen auf die Auflagenentwicklung von Tages- und Wochenzeitungen, da mehr als 90% der Zeitungsauflage je Erscheinungstag auf solche Tageszeitungen entfielen, die mindestens fünfmal wöchentlich erschienen. Quelle: IVW, IVW-Auflagenliste, Bonn sowie STATISTISCHES BUNDESAMT, Fs.11: R.5; versch. Jgg.

und 1977-1982, denn die Auflagenhöhe von Tages- und Wochenzeitungen wuchs nur noch mit Zuwachsraten von Ø rd.1% p.a. und in der Periode 1983-1987 gingen von der Nachfrageentwicklung auf dem Lesermarkt erstmalig überhaupt keine Wachstumsimpulse auf die Produktionsentwicklung aus. Die Auflagenentwicklung war somit weder für den verzeichneten sprunghaften Anstieg der realen Produktionszuwächse von Tages- und Wochenzeitungen in der Periode 1977-1982 ursächlich noch für die in der Periode 1983-1987 eingetretene drastische Verringerung der realen Produktionszuwächse, so daß hierfür eindeutig andere Einflußfaktoren entscheidend gewesen sein müssen. Bevor jedoch die beiden anderen unmittelbaren Determinanten der realen Produktionsentwicklung von Tages- und Wochenzeitungen untersucht werden, soll zunächst aufgezeigt werden, welche Gründe für die Nachfrageentwicklung bzw. für die Auflagenentwicklung von Tages- und Wochenzeitungen bestimmend waren.

Die Hauptgründe für die Verringerung der Auflagenzuwächse und die seit Anfang der 80er Jahre einsetzende Auflagenstagnation bestanden einerseits in der demographischen Entwicklung und andererseits in den publizistischen Funktionen von Tages- und Wochenzeitungen. Die demographische Entwicklung wirkte sich insofern wachstumshemmend aus, als daß die Zahl der potentiellen Zeitungsleser, wozu im allgemeinen die Bevölkerungsgruppe mit einem Lebensalter von 14 Jahren und mehr gerechnet wird, während des Untersuchungszeitraums nur noch geringfügig zunahm[1] und die "Lesebevölkerung"

---

[1] Vgl. im Text S.111: Tab.26. Die in der BR Deutschland ansässigen Ausländer, deren Anteil stetig zunahm, wurden bewußt zur Lesebevölkerung mitgerechnet, weil lt. einer Repräsentativumfrage im Auftrag der ARD/ZDF Medienkommission im Jahr 1981, immerhin rd.30% der Ausländer deutschsprachige Zeitungen und Zeitschriften nutzten und weil die fremdsprachigen Zeitungen teilweise auch im Inland gedruckt wurden. Vgl.: M. DARKOW/ J. ECKHARDT, Massenmedien und Ausländer in der Bundesrepublik Deutschland, in: Media Perspektiven, Jg.1982, Heft Nr.7, S.462-473, Frankfurt a.M. 1982, S.466.

seit Anfang der 80er Jahre mit rd.52 Mio. Personen stagnierte.[1] Die Nachfrageentwicklung von Tages- und Wochenzeitungen wurde dabei in weit stärkerem Maße durch die demographische Entwicklung beeinflußt als dies bei Zeitschriften oder Büchern der Fall war, denn zum einen zählten die Tageszeitungen in der weit überwiegenden Zahl von Haushalten zur Grundausstattung und zum anderen war lediglich ein Bruchteil der Zeitungsleser an einer parallelen Nutzung von mehreren Zeitungsausgaben interessiert, so daß die Nachfrage i.d.R. auf eine Zeitungsausgabe je Haushalt begrenzt war.[2] Demgegenüber erfüllten die Wochenzeitungen offenbar aus Nachfragersicht eine Komplementärfunktion zu den Tageszeitungen, denn zwischen 1977 und 1987 wurden für die Wochenzeitungen mit Ø 1,8% p.a. weit überdurchschnittliche Auflagenzuwächse verzeichnet, ohne daß sich dies meßbar zulasten der Auflagenentwicklung von Tageszeitungen auswirkte. Die zu beobachtende Selbstbeschränkung der Lesebevölkerung auf eine Tageszeitungsausgabe ist vor allem auf die publizistischen Merkmale von Tageszeitungen zurückzuführen, denn bedingt durch die tägliche Erscheinungsweise fällt der Zeitaufwand für die Nutzung einer Tageszeitungsausgabe mit Ø ca.30-40 Min. täglich wesentlich höher aus als etwa bei Zeitschriftenausgaben, die nur wöchentlich oder

---

[1] Die Zahl der Privathaushalte, die besonders die Auflagenhöhe von Abonnementszeitungen mitbeeinflußt haben dürfte, stieg im Untersuchungszeitraum zwar mit ungefähr doppelt so hohen Zuwachsraten wie die Zahl der Lesebevölkerung, aber mit Zuwachsraten von Ø 1,3% p.a. in den Jahren 1977-1988 sind hiervon ebenfalls keine bedeutenden Wachstumsimpulse auf die Auflagenentwicklung ausgegangen. Vgl. im Text S.111: Tab.26.

[2] Insbesondere die Abonnementszeitungen, aber auch die Kaufzeitungen werden zumeist von den Personen eines Haushalts gemeinsam genutzt, so daß die Reichweite von Tageszeitungen im allgemeinen deutlich größer ist als die Auflagenhöhe. Der Grad der Haushaltsabdeckung ist deshalb als ein grober Indikator für den Grad der Marktsättigung bei Tageszeitungen anzusehen.

noch seltener erscheinen.[1] Die Nachfrage nach Tageszeitungen ist aber nicht allein wegen des hohen Zeitbedarfs begrenzt, sondern auch deswegen, weil in Tageszeitungen typischerweise schwerpunktmäßig über das aktuelle Zeitgeschehen berichtet wird, und zwar ohne eine Spezialisierung auf bestimmte Themengebiete. Dementsprechend wiesen die verschiedenen Ausgaben von Tageszeitungen zwangsläufig erhebliche inhaltliche Überschneidungen auf, so daß die Bereitschaft zur Nutzung mehrerer Tageszeitungsausgaben auch aus diesem Grund beschränkt war.

Der intra- und intermediäre Wettbewerb durch Bücher, Zeitschriften, Fernsehen und Hörfunk übte dagegen nur einen verhältnismäßig geringen Einfluß auf die Nachfrageentwicklung in der Produktgruppe Tages- und Wochenzeitungen aus.[2] Grundsätzlich bestanden zwar zwischen sämtlichen Medientypen substitutive Beziehungen, da alle um das begrenzte Zeit- und Geldbudget der Rezipienten konkurrierten, aber die hiervon ausgehenden Wettbewerbswirkungen wurden im betrachteten Zeitraum dadurch erheblich gemindert, daß sowohl die zur Verfügung stehende Freizeit als auch die Pro-Kopf-Einkommen stark anstiegen. Die Tages- und Wochenzeitungen waren dabei hinsichtlich ihrer publizistischen Funktionen insbesondere der Substitutionskonkurrenz durch die elektronischen Medien Hörfunk und Fernsehen ausgesetzt, da in deren Programmen gleichfalls umfassend über tagesaktuelle Ereignisse jeglicher Art berichtet wurde. Trotz der bestehenden Funktionsüberschneidungen hatte anscheinend weder die rapide Programmausweitung von Hörfunk

---

[1] Im Jahr 1985 betrug der geleistete Zeitaufwand für die Nutzung von Tageszeitungen Ø 33 Min. pro Werktag. Vgl.: M.-L KIEFER, Massenkommunikation 1964 bis 1985 - Trendanalyse zur Mediennutzung und Medienbewertung, in: Media Perspektiven, Jg. 1987, Heft Nr.3, S.137-148, Frankfurt a.M. 1987, S.139.

[2] Als intramediär gelten im weiteren die Nachfragebeziehungen zwischen den verschiedenen Druckmedien, wohingegen die Nachfragebeziehungen zwischen den Druckmedien und den elektronischen Medien als intermediär bezeichnet werden.

und Fernsehen noch deren drastische Reichweitensteigerung[1] nachhaltige Auswirkungen auf die Nutzungsdauer von Tageszeitungen, denn Personen in Haushalten mit Fernsehgeräten wendeten während des Untersuchungszeitraums durchschnittlich die gleiche Zeitdauer für die Lektüre von Tageszeitungen auf wie die Gesamtbevölkerung.[2] Die Tatsache, daß die Nutzungsdauer von Tageszeitungen zwischen den Jahren 1964 und 1985 - bezogen auf die Gesamtbevölkerung - von Ø 35 Min. auf Ø 33 Min. je Werktag zurückging, während zugleich der Zeitaufwand für Fernsehen und Hörfunk zusammengerechnet von Ø 2:39 Std. auf Ø 4:35 Std je Werktag zunahm,[3] stand demzufolge zumindest in keinem direkten Zusammenhang. Der Grund, weshalb die publizistische Konkurrenz seitens der elektronischen Medien keine wesentlichen Auswirkungen auf die Nachfrageentwicklung von Tages- und Wochenzeitungen hatte,[4] bestand vor allem darin, daß die Tageszeitungen inhaltlich überwiegend lokal bzw. regional orientiert waren,[5] wohingegen beim Fernsehen und Hörfunk die regionale bzw. überregionale Ausrichtung vorherrschte. Die Bedeutung, die die Lokalberichterstattung für die Attraktivität von Tageszeitungen besitzt, kommt dadurch zum Ausdruck, daß keine andere Berichts-

---

[1] Die Reichweite des Hörfunks erhöhte sich zwischen 1964 und 1985 bezogen auf die Gesamtbevölkerung der BR Deutschland pro durchschnittlichen Werktag von 68% auf 76% und diejenige des Fernsehens von 47% auf 72%, wohingegen die Reichweite der Tageszeitungen lediglich von 69% im Jahr 1964 auf 73% im Jahr 1985 zunahm. Vgl.: M.-L. KIEFER (1987), Massenkommunikation a.a.O., S.138: Tab.1.

[2] Vgl.: M.-L. KIEFER (1987), Massenkommunikation a.a.O., S.139: Tab.3.

[3] Vgl.: M.-L. KIEFER (1987), Massenkommunikation a.a.O., S.139: Tab.3 sowie im Anhang S.XLIX: Tab.XXVI.

[4] Allerdings ist durch die elektronischen Medien die Bedeutung der Tageszeitungen für die aktuelle Informationsübermittlung zurückgegangen, weshalb auch keine Tageszeitungsausgabe mehr zweimal täglich erscheint.

[5] Im Jahr 1987 umfaßten - lt. Pressestatistik - 98,6% der Ausgaben von Tages- und Wochenzeitungen eine lokale Berichterstattung. Vgl.: H. PÜRER, Zur Zukunft der Zeitung, in: Publizistik - Vierteljahreshefte für Kommunikationsforschung, 27.Jg., Heft Nr.4, S.541-550, Konstanz 1982, S.543 u. S.547.

sparte von den Zeitungslesern häufiger genutzt wurde,[1] wobei das Interesse der Zeitungsleser an lokalen und regionalen Informationen im Zeitablauf tendenziell zugenommen hat.[2] Die komplementäre Nutzung von Tages- und Wochenzeitungen sowie den elektronischen Medien war zudem darauf zurückzuführen, daß die inhaltlichen Schwerpunkte von Tages- und Wochenzeitungen in der Hintergrundberichterstattung und in der Kommentierung aktueller Ereignisse lagen, also solcher Bereiche die z.T. vom Hörfunk und Fernsehen vernachläßigt wurden bzw. für die der Hörfunk und das Fernsehen nur bedingt geeignet waren.[3]

Die Attraktivität von Tages- und Wochenzeitungen war aus Sicht der Leser darüber hinaus von der Entwicklung des Preis/Leistungsverhältnisses, also von der Höhe der Vertriebspreise, sowie von der quantitativen und qualitativen Ausgestaltung des redaktionellen Zeitungsteils abhängig. Die Vertriebspreise von Tages- und Wochenzeitungen wurden von den Zeitungsherausgebern grundsätzlich in beträchtlichem Umfang unter Verwendung von Einnahmeüberschüssen aus der Anzeigen- und Beilagenwerbung intern subventioniert, denn im Vertriebsbereich erwirtschafteten die Zeitungsverlage typischerweise negative oder zumindest unterdurchschnittliche Deckungsbeiträge. Die Möglichkeit zur internen Subventionierung der Vertriebspreise resultierte

---

[1] Die Berichte von lokalen Ereignissen wurden einer Untersuchung aus dem Jahr 1974 zufolge von 73% der Zeitungsleser regelmäßig genutzt und damit häufiger als andere Berichtssparten. Vgl.: R. UENK, Die Tageszeitungen, in: B. Tietz (Hrsg.), Die Werbung, Bd.2, S.1925-1954, Landsberg a. Lech 1982, S.1938: Tab.8.

[2] Der Grad der subjektiv empfundenen Unentbehrlichkeit von regionaler/lokaler Information in Tageszeitungen hat sich zwischen 1974 und 1980 von 36% auf 42% vergrößert. Vgl.: M.-L. KIEFER, Massenkommunikation 1964 bis 1980, in: Media Perspektiven, Jg.1981, Heft Nr.4, S.261-286, Frankfurt a.M. 1981, S.278: Tab.21.

[3] Die Tages- und Wochenzeitungen eignen sich insbesondere für eine selektive Informationsaufnahme sowie für eine wiederholte Rezeption, da die Nutzung im Gegensatz zum Hörfunk und Fernsehen weder orts- noch zeitgebunden ist.

daher, daß in den sog. Millimeter-Preisen[1] der Anzeigenwerbung neben den reinen Werbematerialkosten für die Druckherstellung auch kalkulatorische Werbeträgerkosten für die Streuung der Werbebotschaften berücksichtigt wurden.[2]

Die Zeitungsherausgeber verfolgten dabei aus zwei Gründen das Ziel, das Preis/Leistungsverhältnis durch eine interne Subventionierung der Vertriebspreise zu verbessern, und dadurch eine höhere Verkaufsauflage zu erreichen. Erstens konnten bei einer größeren Auflagenhöhe von den Werbetreibenden höhere Millimeter-Preise verlangt werden,[3] da die Auflagenhöhe mit der Zahl der potentiellen Werbekontakte gleichzusetzen ist.[4] Zweitens wurden mit zunehmender Auflagenhöhe sowohl im Verlagsbereich als auch im Druckbereich erhebliche Massenproduktionsvorteile realisiert, die zu niedrigeren durchschnittlichen Herstellungskosten je Zeitungsexemplar führten.[5] Eine Erhöhung der Verkaufsauflage bewirkte demnach eine günstigere Kosten/Erlös-Relation, wodurch sich für die Zeitungsherausgeber wiederum zwei Handlungsalterna-

---

[1] Als Millimeter-Preis wird der Anzeigenpreis für eine Millimeterzeile mit einer bestimmten Spaltenbreite (z.B. 45 mm) bezeichnet.

[2] Im Fall der zugelieferten Fremdbeilagen werden die Preise sogar zum überwiegenden Teil für die Nutzung des Werbeträgers entrichtet, da für die Zeitungsherausgeber keine Druck- und Papierkosten anfallen, sondern lediglich Kosten für das Beilegen der Werbeprospekte in den Zeitungsmantel.

[3] Während der Anzeigengrundpreis für die 45 mm breite Millimeterzeile der Wochentagsausgabe der Hauptausgabe im Jahr 1987 bei Tageszeitungen mit einer Verkaufsauflagenhöhe von 50.000-75.000 Exemplaren je Erscheinungstag 6,94 DM betrug, lag der entsprechende Anzeigengrundpreis bei Tageszeitungen mit 250.000 und mehr verkauften Exemplaren je Erscheinungstag bei 22,42 DM. Quelle: STATISTISCHES BUNDESAMT, Fs.11: R.5, Jg.1987.

[4] Daneben hängt die Höhe des Millimeterpreises u.a auch von der jeweiligen Zusammensetzung des Leserkreises, vom zahlenmäßigen Verhältnis der Text- und Anzeigenseiten sowie von der Ausgestaltung des redaktionellen Zeitungsteils ab.

[5] Vgl.: H. RICHTER, Pressekonzentration und neue Medien, Diss. Univ. Hamburg, Göttingen 1989, S.81f.; sowie W. ZOHLNHÖFER (1987), Zur Ökonomie des Pressewesens... a.a.O., S.60.

tiven ergaben. Einerseits konnten die zusätzlichen Einnahmeüberschüsse zur Senkung der Vertriebspreise und/oder zur quantitativen bzw. qualitativen Verbesserung des redaktionellen Zeitungsteils verwendet werden, um somit die Verkaufsauflage weiter zu steigern.[1] Andererseits bestand stattdessen oder in Ergänzung hierzu auch die Möglichkeit, die sog. Tausenderpreise der Anzeigen- und Beilagenwerbung zu ermäßigen, um dadurch die Insertionsattraktivität der betreffenden Zeitungsausgabe zu vergrößern und höhere Werbeeinnahmen zu erzielen.[2] Die zusätzlichen Gewinne, die aus der mit der Auflagensteigerung einhergehenden Kostendegression und/oder den wachsenden Werbeeinnahmen resultierten, boten den Zeitungsherausgebern dann erneut die Chance, die Verkaufsauflage über eine Verbesserung des Preis/Leistungsverhältnisses auszuweiten. Allerdings ließ sich dieser als sog. Anzeigen-Auflagen-Spirale[3] bezeichnete Prozeß nicht beständig fortsetzen, denn ab bestimmten Obergrenzen führte eine weitere Auflagenerhöhung sowohl zu abnehmenden

---

[1] Der Anzeigenteil dürfte hingegen trotz der relativ häufigen Nutzung (1974 gaben bei einer Befragung 44% der Zeitungsleser an, daß sie die Anzeigenwerbung regelmäßig nutzen würden) nur selten kaufentscheidend gewesen sein. Vgl.: R. UENK (1982), Die Tageszeitungen a.a.O., S.1938: Tab.8.

[2] Der sog. Tausenderpreis wird berechnet, indem der Anzeigenpreis je Seite durch die Höhe der Verkaufsauflage dividiert und dann mit 1000 multipliziert wird. Am Tausenderpreis ist somit ablesbar, wieviel die Anzeigenwerbung je 1000 verkaufter Exemplare bzw. potentieller Werbekontakte kostet. Tatsächlich war festzustellen, daß der Tausenderpreis mit steigender Zeitungsauflage erheblich zurückging. So lag der Tausenderpreis in der Auflagengrößenklasse unter 5.000 Exemplaren im IV.Quartal 1979 bei Ø 485,12 DM, während der Tausenderpreis bei 250.000 und mehr Exemplaren nur Ø 99,32 DM betrug. Vgl.: W. ZOHLNHÖFER (1987), Zur Ökonomie des Pressewesens... a.a.O., S.63: Tab.2.

[3] Vgl.: W. RÖHM, Tageszeitung und "Neue Medien", Diss. Univ. Mannheim, Mannheim 1982, S.13.

Grenzerlösen als auch zu steigenden Grenzkosten.[1] Festzuhalten ist jedoch, daß auf einzelwirtschaftlicher Ebene im allgemeinen ein symbiotischer Zusammenhang zwischen der Auflagenhöhe und der Höhe des Werbeumsatzes[2] von Tages- und Wochenzeitungen bestand, mit der Folge, daß die Zeitungsherausgeber die Vertriebspreise in starkem Umfang intern subventionierten.[3]

Der Grad der internen Subventionierung der Vertriebspreise läßt sich nachfolgend für die Tageszeitungen zumindest näherungsweise quantifizieren.[4] Das zahlenmäßige Verhältnis der Text- und Anzeigenseiten von Tageszeitungen ist als ein aussagefähiger Indikator dafür anzusehen, wie sich die gesamten Herstellungskosten von Tageszeitungen, bestehend aus Redaktionskosten, Kosten der Anzeigen- und Beilagenbearbeitung, Verwaltungskosten- und Vertriebskosten sowie Druck- und Papierkosten, auf den Text- und Anzeigen-

---

[1] Die zentrale Ursache hierfür besteht darin, daß Auflagensteigerungen ab einer bestimmten Auflagenhöhe - die entscheidend vom jeweiligen Agglomerationsgrad abhängt - zwangsläufig zur Ausweitung des Verbreitungsgebietes führen müssen. Dies hat wiederum zur Folge, daß einerseits die Vertriebskosten überproportional steigen und zum anderen, daß die Insertionsattraktivität der betreffenden Zeitungsausgabe hinsichtlich der regional und lokal ausgerichteten Anzeigenwerbung sinkt, da nämlich mit der räumlichen Ausweitung die Streuverluste der Werbung erheblich zunehmen.

[2] Im Unterschied zur Pressestatistik wird im weiteren die Bezeichnung Werbeumsatz anstelle von Anzeigenumsatz verwendet, da in der Pressestatistik neben den Anzeigen- auch Beilagenerlöse erfaßt werden.

[3] Der Prozeß der Anzeigen-Auflagen-Spirale bewirkt eine Umschichtung der Anzeigen- und Beilagenerlöse von Zeitungsausgaben mit kleiner Auflagenhöhe zu Zeitungsausgaben mit großer Auflagenhöhe und hat dadurch in der Vergangenheit entscheidend zur Pressekonzentration beigetragen.

[4] Die Wochenzeitungen müssen nachfolgend unberücksichtigt bleiben, da eine Berechnung des Seitenumfangs je Exemplar nicht möglich ist.

teil verteilten.[1] Insgesamt gesehen ist nämlich davon auszugehen, daß zwischen Text- und Anzeigenseiten keine gravierenden Kostendifferenzen - bezogen auf die durchschnittlichen Herstellungskosten je Seite - existierten. Der Grad der internen Subventionierung der Vertriebspreise von Tageszeitungen läßt sich deshalb anhand der Relation der prozentualen Anteilswerte von Textseiten und Vertriebsumsatz aufzeigen. Eine interne Subventionierung der Vertriebspreise findet somit annahmegemäß immer dann statt, wenn der prozentuale Anteilswert des Vertriebsumsatzes unterhalb des prozentualen Anteilswertes der Textseiten liegt, denn in diesem Fall werden im Vertriebsbereich nur unterdurchschnittliche oder sogar negative Deckungsbeiträge erwirtschaftet.

Im Jahr 1987 entfielen Ø 58,3% des Seitenumfangs je Zeitungsexemplar auf den Textteil,[2] dagegen aber nur Ø 36,1% der Umsatzerlöse auf den Ver-

---

[1] Eine Zuordnung der gesamten Herstellungskosten auf den Text- und Anzeigenteil ist ausschließlich für die Abonnements-Tageszeitungen möglich, für die entsprechende Daten zur Kostenstruktur seitens des BDZV veröffentlicht werden. Für das Jahr 1987 können bei den Abonnements-Tageszeitungen 30,0% der Gesamtkosten direkt auf den Textteil bzw. den Anzeigenteil zugeordnet werden, von denen 59,7% auf den Textteil und 40,3% auf den Anzeigenteil entfielen. Das prozentuale Verhältnis stimmt dabei annähernd mit dem zahlenmäßigen Verhältnis der Text- und Anzeigenseiten überein, das im Jahr 1987 58,3% zu 41,7% betrug. Da alle anderen Kostenarten weitestgehend unabhängig vom Seitenverhältnis des Text- und Anzeigenteils sind, kann gefolgert werden, daß die gesamten Herstellungskosten je Seite bei den Text- und Anzeigenseiten im Jahr 1987 nahezu identisch gewesen sind. Diese Aussage gilt für sämtliche Jahre von 1979-1987, für die entsprechende Daten zur Kostenstruktur vorliegen. Vgl. im Anhang S.XLVIII: Tab.XXV. Quelle der Daten: BDZV, Stichprobenuntersuchung durch ein neutrales, verbandsunabhängiges Unternehmen zur ausgewählten Kosten- und Erlösstruktur der Branche im Auftrag des BDZV, u.a. veröff. in: BDZV, BDZV-Jahrbuch Zeitungen 1987, Bonn 1987, S.55 u. S.64.

[2] Der durchschnittliche Seitenumfang je Exemplar wurde berechnet, indem die Seitenzahl des Jahrgangs in den verschiedenen Auflagengrößenklassen jeweils mit dem Auflagenanteil der entsprechenden Auflagengrößenklasse gewichtet wurde. Die zusätzlich für Nebenausgaben gefertigten Seiten konnten dabei ebensowenig berücksichtigt werden wie die Wochenzeitungen, für die die Seitenzahl des Jahrgangs nicht nach Auflagengrößenklassen unterteilt veröffentlicht wird. Vgl.: STATISTISCHES BUNDESAMT, Fs.11: R.5 sowie im Anhang S.L: Tab.XXVIII.

triebsbereich,[1] so daß die Vertriebspreise von Tageszeitungen ohne die Umsatzerlöse aus der Anzeigen- und Beilagenwerbung - eine gleichbleibende Umsatzrendite vorausgesetzt - um Ø ca.40% hätten angehoben werden müssen.[2] Anschließend soll untersucht werden, in welchem Maße die Zeitungsherausgeber den Grad der internen Subventionierung der Vertriebspreise während des Untersuchungszeitraums veränderten und inwieweit die Auflagenentwicklung hierdurch möglicherweise beeinflußt wurde. Die Untersuchung muß dabei bedingt durch die Datenverfügbarkeit auf die Jahre 1977-1987 beschränkt bleiben;[3] allerdings ist für die Perioden 1961-1968 und 1969-1976 zu konstatieren, daß die Zeitungsherausgeber angesichts des starken Anstiegs der Werbeumsätze um Ø rd.9% p.a. zumindest finanziell dazu in der Lage waren,[4] die Vertriebspreise vermehrt intern zu subventionieren, was aufgrund des Wirkungsprozesses der Anzeigen-Auflagen-Spirale vermutlich auch geschah. Folglich ist anzunehmen, daß insbesondere die hohen Auflagenzuwächse von Tageszeitungen in der Periode 1961-1968 mit Ø 2,4% p.a. dadurch begünstigt wurden, daß die Zeitungsherausgeber eine verstärkte interne Subventionierung der Vertriebspreise praktizierten.[5]

---

[1] Vgl. im Anhang S.XLIX: Tab.XXVII.

[2] Der Quotient aus dem prozentualen Anteilswert der Textseiten und dem prozentualen Anteilswert des Vertriebsumsatzes gibt an, mit welchem Prozentsatz die gesamten Herstellungskosten des Textteils durch die Umsatzerlöse im Vertriebsbereich gedeckt werden.

[3] Daten zum Seitenumfang von Tageszeitungen werden erst seit der Einführung der Pressestatistik im Jahr 1975 erhoben.

[4] Der Werbeumsatz von Tages- und Wochenzeitungen ist in nominalen Werten gerechnet im Zeitraum von 1961-1967 um Ø 9,1% p.a. und im Zeitraum von 1971-1976 um Ø 8,9% p.a. gestiegen. Für die Jahre 1968/1969 liegen keine Vergleichszahlen vor, da im Jahr 1968 die Umstellung von der kumulativen Umsatzsteuer auf die Mehrwertsteuer stattfand. Quelle der Daten: 1961-1968: Schmidt & Pohlmann/Hamburg, u.a. veröff. in: ZAW, ZAW-Jahrbuch Werbung 1971, Bonn 1971, S.31: Tab.6. 1971-1976: BDZV-Umsatzstatistik, u.a. veröff. in: BDZV, BDZV-Jahresbericht 1977 im Anhang. Die Anzeigenumsätze lt. BDZV wurden dabei mit dem jeweiligen Grad der Auflagenrepräsentanz gewichtet. Eigene Berechnung der Werte.

[5] Vgl.: BDZV (1987), BDZV-Jahrbuch a.a.O., S.60.

In den Perioden 1977-1982 und 1983-1987 schwankte der Grad der internen Subventionierung der Vertriebspreise von Tageszeitungen und fiel im Jahr 1987 mit Ø 38,1% gegenüber Ø 36,4% je Zeitungsexemplar geringfügig höher aus als im Jahr 1976. Im Unterschied zu den beiden Vorperioden dürfte die leichte Zunahme der internen Subventionierung jedoch keine wesentlichen Auswirkungen auf die Auflagenentwicklung ausgeübt haben, denn seit Anfang der 80er Jahre ist der Lesermarkt für Tages- und Wochenzeitungen - entsprechend dem traditionellen Marktphasenschema[1] - in die Stagnationsphase eingetreten. Die stagnierende Nachfrageentwicklung nach Tages- und Wochenzeitungen stand dabei in keinem Zusammenhang mit der Entwicklung des Preis/Leistungsverhältnisses; entscheidend war vielmehr, daß die Zahl der Lesebevölkerung nicht mehr anstieg und daß die Nachfrage aufgrund der pulizistischen Funktionen von Tages- und Wochenzeitungen i.d.R. auf eine einzige Ausgabe pro Leser bzw. Haushalt beschränkt war, so daß mit zunehmender Auflagenhöhe sukzessive eine Marktsättigung einherging. Dies ist auch daran erkennbar, daß im Jahr 1987 rein rechnerisch gesehen bereits mehr als 97% der bundesdeutschen Haushalte eine Zeitungsausgabe nutzten.[2] Die intermediale Substitutionskonkurrenz durch die elektronischen Medien wirkte sich demgegenüber - trotz partieller Funktionsüberschneidungen - offenbar nur unbedeutend auf die Auflagenentwicklung von Tages- und Wochenzeitungen aus, so daß die Nachfragebeziehungen zwischen Zeitungen und Fernsehen bzw. Hörfunk eher als komplementär einzuschätzen sind.[3]

Der zweite Bestimmungsfaktor für die Höhe des Druckvolumens von Tages-

---

[1] Vgl.: E. HEUSS, Allgemeine Markttheorie, Tübingen u. Zürich 1965, S.15ff.

[2] Im Jahr 1987 existierten in der BR Deutschland 26,2 Mio. Privathaushalte und lt. Pressestatistik wurden im 4.Quartal 1987 von den Tages- und Wochenzeitungen Ø 25,5 Mio. Exemplare je Erscheinungstag verkauft.

[3] Zu einer gleichen Einschätzung kommen u.a.: E. WITTE, Zeitungen im Medienmarkt der Zukunft, Stuttgart 1984, S.25ff. sowie W. ZOHLNHÖFER (1987), Zur Ökonomie im Pressewesen... a.a.O., S.52f.

und Wochenzeitungen ist der durchschnittliche Seitenumfang je Zeitungsexemplar. Die Entwicklung des Seitenumfangs von Tages- und Wochenzeitungen kann für die Perioden 1961-1968 und 1969-1976 wiederum nur näherungsweise nachvollzogen werden, da ausschließlich Daten des BDZV zur Entwicklung des Seitenumfangs von Abonnements-Tageszeitungen, und zwar beginnend mit dem Jahr 1965, vorliegen. Der durchschnittliche Seitenumfang je Zeitungsausgabe nahm demnach zwischen 1965 und 1975 um Ø 2,5% p.a. zu, wobei die Zahl der Anzeigenseiten mit Zuwachsraten von Ø 3,6% p.a. wesentlich stärker wuchs als die Zahl der Textseiten, die nur um Ø 1,8% p.a. ausgeweitet wurde.[1] Dementsprechend waren die realen Produktionszuwächse der Produktgruppe Tages- und Wochenzeitungen in den Perioden 1961-1968 und 1969-1976 nicht allein durch das Auflagenwachstum bedingt, sondern waren auch in erheblichem Maße auf den gestiegenen Seitenumfang sowie auf die multiplikative Verknüpfung beider Wachstumseffekte zurückzuführen. Die zahlenmäßige Zunahme der Anzeigenseiten stand dabei in unmittelbarem Zusammenhang mit den hohen Umsatzzuwächsen, die im Anzeigengeschäft realisiert wurden.[2] Die zahlenmäßige Erhöhung der Textseiten wurde hierdurch indirekt beeinflußt, denn bei einer gleichbleibenden Zahl von Textseiten hätte sich das Seitenverhältnis noch stärker zu Lasten des Textteils verschoben und wahrscheinlich wäre die Attraktivität der Zeitungen aus Sicht der Leser negativ beeinträchtigt worden.

In den Perioden 1977-1982 und 1983-1987 war bei den Tageszeitungen[3] weiterhin eine Erhöhung des durchschnittlichen Seitenumfangs je Verkaufsexemplar zu verzeichnen, wobei die Entwicklung des Seitenumfangs maßgeblichen Einfluß auf die reale Produktionsentwicklung von Tages- und Wochenzeitungen ausübte, denn sowohl die hohen realen Produktionszuwächse von

[1] Die Aussagefähigkeit der Daten ist allerdings insofern eingeschränkt, als die Zahl der vom BDZV erfaßten Zeitungsausgaben schwankte. Vgl.: BDZV (1987), BDZV-Jahrbuch a.a.O., S.55.

[2] Vgl. im Text S.162: FN.3.

[3] Wie bereits erwähnt kann der Seitenumfang von Wochenzeitungen nicht berechnet werden.

Ø ca.4% p.a. in der Periode 1977-1982[1] als auch der merkliche Rückgang der realen Produktionszuwächse auf Ø ca.1,5% p.a. in der Periode 1983-1988 wurden im wesentlichen hierdurch verursacht.[2]

Tab.36: Entwicklung des durchschnittlichen Seitenumfangs von Tageszeitungen je Verkaufsexemplar, durchschnittliche jährliche Veränderungsraten

Tageszeitungen * \ Periode	1977-82	1983-87	1977-87
Textseiten	3,7%	2,5%	3,2%
Anzeigenseiten	2,5%	0,9%	1,8%
Seitenumfang insges.	3,2%	1,8%	2,6%

* Bis einschl. 1978: Tages- u. Wochenzeitungen. Quelle: Statistisches Bundesamt, Fs.11: R.5, versch. Jgg.; eigene Berechnung der Werte.

In Anbetracht dessen, daß der Seitenumfang von zentraler Bedeutung für die Produktionsentwicklung der Produktgruppe Tages- und Wochenzeitungen war, soll anschließend eingehend analysiert werden, welche Faktoren für die registrierte Entwicklung des Seitenumfangs von Tageszeitungen in den Jahren 1977-1987 ursächlich waren. Die zahlenmäßige Entwicklung von Text- und Anzeigenseiten muß dazu getrennt untersucht werden, weil jeweils unterschiedliche Gründe bestimmend waren.

Im Gegensatz zu den Vorperioden zeigt sich, daß die Zahl der Textseiten weitaus stärker zunahm als die Zahl der Anzeigenseiten, wodurch der durchschnittliche Anteil des Textumfangs je Zeitungsexemplar von 54,6% im Jahr

---

[1] Vgl. im Text S.150: Tab.34.

[2] Die Produktionsentwicklung von Tages- und Wochenzeitungen wurde in der Periode 1983-1987 zudem dadurch negativ beeinflußt, daß wegen der Auflagenstagnation keine multiplikativen Wachstumseffekte mehr eintraten.

1976 auf 58,3% im Jahr 1987 anstieg.[1] Die deutliche Verringerung der Zuwachsraten des Anzeigenumfangs von Ø 2,5% p.a. in der Periode 1977-1982 auf Ø 0,9% p.a. in der Periode 1983-1987 resultierte daher, daß die Anzeigenwerbung in Tages- und Wochenzeitungen offenbar aus Sicht der Werbetreibenden - im Vergleich zu anderen Werbeträgern und -mitteln - an Attraktivität einbüßte; wobei die möglichen Einflußfaktoren an anderer Stelle in Verbindung mit der Werbeentwicklung von Anzeigenblättern diskutiert werden sollen.[2]

Die Zuwachsraten des Werbeumsatzes von Tages- und Wochenzeitungen entwickelten sich ebenfalls rückläufig, und zwar in realen Werten gemessen von Ø 1,8% p.a. in der Periode 1977-1982 auf Ø 1,1% p.a. in der Periode 1983-1987.[3] Die Wachstumsverringerung des Werbeumsatzes fiel jedoch merklich schwächer aus als diejenige des Anzeigenumfangs, wofür vor allem drei Gründe anzuführen sind: Erstens entfiel ein wachsender Anteil des Werbeumsatzes von Tages- und Wochenzeitungen auf die stark expandierende Beilagenwerbung, die den Werbeträger Tages- und Wochenzeitungen ausschließlich zur Verteilung von zugelieferten Werbeprospekten nutzte.[4] Zweitens wurden anstelle von schwarz-weiß gedruckten Anzeigen in steigen-

---

[1] Vgl. im Anhang S.L: Tab.XXVIII. Der BDZV kommt für die Abonnements-Tageszeitungen auf Basis eigener Erhebungen zu einem ähnlichen Ergebnis, denn lt. BDZV wuchs der durchschnittliche Anteil der Textseiten je Exemplar von 55,5% im Jahr 1980 auf 58,3% im Jahr 1984. Vgl.: BDZV (1987), BDZV-Jahrbuch a.a.O., S.55.

[2] Vgl. im Text S.180ff.

[3] Vgl. im Anhang S.L: Tab.XXIX. Der Werbeumsatz wurde dabei mit dem Index des "Anzeigengrundpreises für die 45 mm breite Millimeterzeile der Wochentagsausgabe" deflationiert. Vgl.: STATISTISCHES BUNDESAMT, Fs.11: R.5.

[4] Die Zahl der Werbebeilagen erhöhte sich allein im Zeitraum von 1983-1988 von 4,3 Mrd. auf 6,8 Mrd. Exemplare und der Anteil des Beilagenumsatzes am gesamten Werbeumsatz von Abonnements-Tageszeitungen wuchs von 5,9% im Jahr 1980 auf 10,9% im Jahr 1988. Quelle: ZAW, ZAW-Jahrbuch Werbung in Deutschland 1989, Bonn 1989, S.211 sowie BDZV, Ergebnisse der BDZV-Umsatzerhebung 1988.

dem Umfang zweifarbige oder sogar vierfarbige Zeitungsanzeigen gedruckt, für die Farbzuschläge von 50% und mehr erzielt wurden[1] und drittens wurde die Anzeigenwerbung in zunehmendem Maße in Zeitungsmagazinen und anderen verlagsseitig beigelegten Supplements plaziert,[2] die produktionstechnisch nicht zum Zeitungsdruck, sondern zum Zeitschriftendruck zählten. Dementsprechend war eine zunehmende Entkoppelung zwischen der Wachstumsentwicklung des Werbeumsatzes und derjenigen des Anzeigenumfangs zu beobachten, die in diesem Zusammenhang insofern von Interesse ist, als daß die Entwicklung des Textumfangs anscheinend mittelbar von der Wachstumsentwicklung des Werbeumsatzes abhängig war. Mit Hilfe einer linearen Regressionsfunktion kann die Variation des durchschnittlichen Textumfangs je Exemplar im Zeitraum von 1976-1987 zu 95,5% durch die Variation des nominalen Werbeumsatzes von Tageszeitungen erklärt werden.[3] Demgegenüber war der statistische Zusammenhang zwischen der Entwicklung des Vertriebsumsatzes und des durchschnittlichen Textumfangs je Exemplar weit we-

---

[1] Vgl.: O.V., "Elektronische Farbreproduktion für Tageszeitungen - von "Großen" genutzt, von "Kleinen" beargwöhnt, in: Deutscher Drucker, 23.Jg., Heft Nr.9, Ostfildern 1987, S.g9 sowie U. WITT, Zeitungen, in: J. Ruland (Hrsg.), Werbeträger - Handbuch für die Praxis des Werbeträgereinsatzes, S.69-S.103, Bad Homburg 1981, S.85.

[2] Die Umsatzerlöse aus der Supplement-Anzeigenwerbung trugen im Jahr 1988 bei den Abonnements-Tageszeitungen bereits mit 211,3 Mio. DM bzw. mit 2,8% zum gesamten Werbeumsatz bei. Quelle: BDZV, Ergebnisse der BDZV-Umsatzerhebung 1988.

[3] Das einfache lineare Bestimmtheitsmaß beträgt: $r^2 = 0{,}955$. Der Regressionskoeffizient b_2 ist dabei unter Zugrundelegung eines Signifikanzniveaus von $\alpha = 0{,}005$ gegen null gesichert, denn der t-Wert liegt mit $t = 14{,}49$ eindeutig über dem kritischen Wert t_c, der bei n-1 Freiheitsgraden und $\alpha = 0{,}005$ - entsprechend der t-Tafel - den Wert $t_{c11;0.005} = 3{,}11$ annimmt. Der Durbin-Watson-Autokorrelationstest kann nicht angewendet werden, da hierfür mindestens 15 Signifikanzpunkte notwendig sind. Vgl.: E. FÖRSTER/B. RÖNZ (1979), Methoden der Korrelations- und Regressionsanalyse a.a.O., S.251.

niger eng,[1] was sich damit erklären läßt, daß die Zeitungsherausgeber die Vertriebspreise als ein Korrektiv für schwankende Werbeumsätze benutzten.[2] Der parallele Entwicklungsverlauf von Werbeumsatz und Textumfang je Ausgabe kann darauf zurückgeführt werden, daß der Textumfang im Wettbewerb der Zeitungsausgaben um eine möglichst große Auflagenhöhe wichtiger war als der Wettbewerbsparameter Vertriebspreise. Dies wird daran deutlich, daß die Zeitungsherausgeber trotz des stark gestiegenen Werbeumsatzes zwischen 1976 und 1987 die Vertriebspreise um Ø 5,3% p.a. anhoben,[3] so daß sich der Anteilswert des Vertriebsumsatzes zwischen 1976 und 1987 von 34,7% auf 36,1% erhöhte.[4] Der Anteilswert des Textumfangs je Zeitungsexemplar wurde demgegenüber von den Zeitungsherausgebern noch stärker ausgeweitet, und zwar von Ø 54,6% im Jahr 1976 auf Ø 58,3% im Jahr 1987,[5] so daß die interne Subventionierung der Vertriebspreise - wie bereits erwähnt - graduell zunahm.

Die Zeitungsherausgeber strebten folglich in den Perioden 1977-1982 und 1983-1987 in erster Linie eine Ausweitung des redaktionellen Zeitungsteils an, um dadurch die Attraktivität der Tageszeitungen zu erhöhen und im Wettbewerb um Auflagenhöhen bzw. Reichweiten zu bestehen. Das Ziel möglichst niedriger Vertriebspreise, welches - lt. BDZV - in den 60er Jahren im Vorder-

---

[1] Eine entsprechende lineare Regressionsfunktion ergibt, daß die Variation des Textumfangs im Zeitraum von 1976-1987 zu 86,1% durch die Variation des nominalen Vertriebsumsatzes erklärt werden kann. Der t-Wert liegt dabei mit 7,87 bei einem Signifikanzniveau von $\alpha = 0,005$ eindeutig über dem kritischen Wert $t_{c11;0,005} = 3,11$.

[2] Vgl.: BDZV (1987), BDZV-Jahrbuch a.a.O., S.65.

[3] Die Preisentwicklung bezieht sich auf den durchschnittlichen Verkaufspreis des Monatsabonnements von Tageszeitungen.

[4] Vgl. im Anhang S.XLIX: Tab.XXVII.

[5] Vgl. im Anhang S.L: Tab.XXVIII.

grund stand,[1] war hingegen von untergeordneter Bedeutung, so daß anzunehmen ist, daß sich die Preiselastizität der Zeitungsnachfrage im Zeitablauf verringerte.[2] Ansonsten wäre zu erwarten gewesen, daß sich die Tageszeitungen - angesichts des wachsenden Werbeumsatzes - den unentgeltlich verteilten Anzeigenblättern angepaßt hätten,[3] d.h. daß der Anteil der Textseiten am gesamten Seitenumfang ebenso zurückgegangen wäre wie der Anteil des Vertriebsumsatzes an den gesamten Umsatzerlösen.[4]

Dieses Ergebnis kann dahingehend interpretiert werden, daß mit wachsenden Pro-Kopf-Einkommen anstelle der absoluten Höhe der Vertriebspreise in zunehmendem Maße die qualitative und quantitative Ausgestaltung des redaktionellen Zeitungsteils kaufentscheidend war. Ein umfangreicher redaktioneller Teil war speziell für Zeitungen von besonderer Bedeutung, weil diese aufgrund ihrer thematischen Vielfalt typischerweise einen äußerst heterogenen Leserkreis aufwiesen, auf dessen unterschiedliche Interessen allein dadurch näher eingegangen werden konnte, indem in allen Ressorts umfassender berichtet wurde. Die selektive Nutzung seitens der Rezipienten und die im Ge-

---

[1] Vgl.: BDZV (1987) BDZV-Jahrbuch a.a.O., S.60. Dementsprechend wurde in den 60er Jahren seitens der Zeitungsherausgeber eine Verringerung des Textanteils bewußt hingenommen und versucht, die Vertriebspreise möglichst niedrig zu halten.

[2] Hierauf deutet auch der Umstand hin, daß trotz der starken Anhebung der Vertriebspreise kein statistischer Zusammenhang zwischen der Entwicklung der Vertriebspreise und der Auflagenhöhe festzustellen war.

[3] Der Anteil der Textseiten hat sich bei den Anzeigenblättern seit den 70er Jahren permanent erhöht und stieg lt. Pressestatistik zwischen 1979 und 1987 bezogen auf die Seitenzahl des Jahrgangs von Ø 30,5% auf Ø 36,6%. In Einzelfällen wurden bei Anzeigenblättern inzwischen bereits Textanteile von bis zu 50% festgestellt, so daß sich die Unterschiede, die zwischen Zeitungen und Anzeigenblättern bezüglich des Textumfangs bestehen, sukzessive verringert haben. Vgl.: ZAW (1987), ZAW-Jahrbuch a.a.O., S.133.

[4] Bis Anfang der 70er Jahren entwickelten sich die Tageszeitungen in diese Richtung, denn damals waren die Zeitungsverleger vorwiegend an möglichst niedrigen Vertriebspreisen interessiert, so daß die Textseitenzahl nur unterdurchschnittlich erhöht wurde und der Textanteil folglich stetig zurückging. Vgl.: BDZV (1987), BDZV-Jahrbuch a.a.O., S.55 und S.65.

gensatz zu den Zeitschriften fehlende Möglichkeit zur thematischen Spezialisierung hatte somit zur Folge, daβ die Attraktivität der Tages- und Wochenzeitungsausgaben maβgeblich vom jeweiligen Seitenumfang ihres Textteils mitbestimmt wurde. Hiermit läßt sich auch erklären, weshalb die Zeitungsherausgeber den Anteilswert des Textumfangs stetig ausweiteten, obwohl die durchschnittliche Nutzungsdauer von Tages- und Wochenzeitungen seitens der Rezipienten stagnierte.

Zusammenfassend bleibt an dieser Stelle festzuhalten, daβ sowohl die zahlenmäßige Zunahme der Anzeigenseiten als auch die der Textseiten von Tageszeitungen im wesentlichen durch die Umsatzentwicklung der Anzeigen- und Beilagenwerbung determiniert wurde, wobei die Zunahme des Werbeumsatzes in den Jahren 1976-1987 interessanterweise weniger zur Erhöhung des Anzeigenumfangs als vielmehr zur Erhöhung des Textumfangs führte.

Die Höhe des Bruttoproduktionswertes von Tages- und Wochenzeitungen war darüber hinaus von den eingesetzten Druck- und Papierqualitäten abhängig. In den beiden Perioden 1961-1968 und 1969-1976 dürfte die Produktionsentwicklung hiervon jedoch kaum beeinfluβt worden sein, denn gravierende Veränderungen traten erst seit Ende der 70er Jahre ein, als im Zeitungsdruck die Umstellung vom Hochdruckverfahren auf das Flachdruckverfahren begann. Der zunehmende Einsatz des Offsetdrucks und des Fotosatzes ermöglichte erstmalig auch im Zeitungsdruck den rationellen Einsatz von mehrfarbigen Bildreproduktionen, wobei deren Verwendung zunächst auf die groβauflagigen Zeitungsausgaben beschränkt war. Im Verlauf der 80er Jahre nahm jedoch die Verbreitung des Mehrfarbendrucks bei Tages- und Wochenzeitungen sprunghaft zu, und zwar im Text- wie auch im Anzeigenteil. Die trendmäßige Zunahme des Mehrfarbendrucks wirkte sich dabei zugleich in zweifacher Hinsicht wachstumsfördernd auf den Bruttoproduktionswert aus, denn neben den Druckkosten stiegen auch die Papierkosten, da für die Farbreproduktionen aus drucktechnischen Gründen höherwertige Papierqualitäten erforderlich waren. Demzufolge dürften von den qualitativen Verbesserungen in der Druckausstattung ausschlieβlich in der Periode 1983-1988 merkliche

Wachstumsimpulse auf die Produktionsentwicklung der Produktgruppe Tages- und Wochenzeitungen ausgegangen sein.[1]

Als Fazit ist festzuhalten, daß sich in der Produktgruppe Tages- und Wochenzeitungen die Bedeutung der Wachstumsdeterminanten im Untersuchungszeitraum nachhaltig verändert hat. Während in den 60er Jahren die Auflagenentwicklung in hohem Maße zum Wachstum des Bruttoproduktionswertes beitrug, waren die Wachstumsimpulse in der Folgezeit weitestgehend durch die Umsatzentwicklung der Anzeigen- und Beilagenwerbung bedingt. Aufgrund der zentralen Bedeutung, die der Anzeigen- und Beilagenwerbung für die Wachstumsentwicklung der Produktgruppe Tages-und Wochenzeitungen zukam, soll abschließend untersucht werden, ob die Tages- und Wochenzeitungen als Werbeträger in den Perioden 1977-1982 und 1983-1987[2] über- oder unterdurchschnittlich an der Umsatzentwicklung des Werbesektors partizipieren konnten.

Zum Werbesektor zählen im folgenden sämtliche auf die Druckmedien und elektronischen Medien entfallenden Werbearten;[3] nicht jedoch die Wert- und Schauwerbung sowie Werbeveranstaltungen.[4]

---

[1] Eine Quantifizierung ist aber aufgrund fehlender statistischer Daten derzeit unmöglich.

[2] Für die Perioden 1961-1968 und 1969-1976 existieren keine entsprechenden statistischen Daten.

[3] Zu den Druckmedien zählen dabei folgende Werbeträger und -mittel: Tages- und Wochenzeitungen, Anzeigenblätter, Publikumszeitschriften, Fachzeitschriften, Sonstige Zeitschriften, Adreßbücher, Kataloge, Prospekte und Plakate, wohingegen zu den elektronischen Medien die Werbeträger und -mittel Fernsehen, Rundfunk und Werbefilme gerechnet werden. Zur Berechnungsmethode der Umsatzerlöse, die im Werbesektor erwirtschaftet wurden, vgl. im Anhang S.XXXV ff.

[4] Vgl.: F. KLEIN-BLENKERS/ J. HILLESHEIM, Die Werbekosten in der Bundesrepublik Deutschland 1984, Mitteilungen des Instituts für Handelsforschung an der Universität zu Köln, Sonderheft Nr.32, Göttingen 1986, S.45: Übersicht 7.

Tab.37: Entwicklung des Werbeumsatzes von Tages- und Wochenzeitungen sowie des Werbesektors insgesamt, in nominalen Werten, durchschnittliche jährliche Veränderungsraten

Werbeumsatz \ Periode	1977-82	1983-87	1977-87
Tages- u. Wochenzeitungen	6,7%	4,2%	5,6%
Werbesektor insges.	7,9%	6,3%	7,2%

Quelle: Statistisches Bundesamt, Fs.4: R.3.1, Fs.11: R.5 sowie ZAW-Jahrbuch, versch. Jgg.; eigene Berechnung der Werte.

Wie aus Tab.37 erkennbar ist, wuchsen die Umsatzerlöse aus der Anzeigen- und Beilagenwerbung in Tages- und Wochenzeitungen insbesondere in der Periode 1983-1987 weit unterdurchschnittlich, so daβ sich der Anteil des Werbeträgers Tages- und Wochenzeitungen am gesamten Werbeumsatz von 33,6% im Jahr 1976 auf 28,5% im Jahr 1987 deutlich verringerte.[1] Die Tages- und Wochenzeitungen wurden dadurch im Jahr 1987 zum ersten Mal wertmäβig von anderen Werbemedien, und zwar von den Prospekten und Katalogen übertroffen, deren Werbeanteil im Jahr 1987 30,1% betrug.[2]

4.3.3. PRODUKTGRUPPE "ANZEIGENBLÄTTER"

Zur Produktgruppe Anzeigenblätter zählen im weiteren neben Anzeigenblättern auch Amtsblätter, da diese gleichfalls zum weit überwiegenden Teil

---

[1] Vgl. im Text S.182: Tab.39. Der Werbeumsatz von Tages- und Wochenzeitungen betrug dabei im Jahr 1987 7.074,6 Mio. DM.

[2] Allerdings ist zu erwähnen, daß auf die Tages- und Wochenzeitungen unter Verwendung der umfassenderen Berechnungsgrundlage von *Klein-Blenkers* ein deutlich niedrigerer Werbeanteil entfällt, während der Werbeanteil von Prospekten und Katalogen zugleich erheblich höher ausfällt. Vgl. im Anhang S.XLII f.: Tab.XV sowie S.LI: Tab.XXX.

unentgeltlich verteilt werden.[1] Die Produktionsentwicklung von Amtsblättern sowie die dafür ursächlichen Bestimmungsgründe werden nachfolgend jedoch nicht explizit untersucht, da der Bruttoproduktionswert von Amtsblättern vergleichsweise unbedeutend war.[2]

Die Anzeigenblätter haben sich in bezug auf die publizistischen Funktionen grundlegend von den Tages- und Wochenzeitungen unterschieden, denn Anzeigenblätter sind als "...periodisch erscheinende Werbedrucksachen (zu definieren), die unentgeltlich und unbestellt allen Haushalten eines begrenzten Bezirks zugestellt (werden) und die neben einem gestreuten Annoncenteil redaktionelle - im wesentlichen ortsbezogene - Beiträge enthalten"[3]. Im Gegensatz zu den Tages- und Wochenzeitungen ist die Produktionsentwicklung von Anzeigenblättern demnach nicht vom Kaufinteresse, sondern vor allem vom Aufmerksamkeitsinteresse seitens der Werbeempfänger abhängig,[4] wobei der redaktionelle Teil ausschließlich zur Erhöhung der Werbekontakte bzw. zur Steigerung der Werbewirksamkeit dient. Da in Anzeigenblättern demzufolge keine umfassende Berichterstattung erfolgt, hat sich deren zunehmende Verbreitung auch nicht auf den Lesermarkt bzw. die Auflagenhöhe von Tages-

---

[1] Die Hauszeitungen, die ebenfalls unentgeltlich verteilt werden, müssen hingegen unberücksichtigt bleiben, weil sie aufgrund der fehlenden Publizität in der Pressestatistik nicht erfaßt werden. Allerdings ist mit Sicherheit davon auszugehen, daß die Druckherstellung von Hauszeitungen keinen merklichen Einfluß auf die Produktionsentwicklung der Produktgruppe Anzeigenblätter ausgeübt hat.

[2] Dies ist daran erkennbar, daß die Jahresauflage von "Amtlichen Blättern" sowie "Kostenlos verteilten Amtsblättern" im Jahr 1987 nur bei ca.175 Mio. Exemplaren lag, während die Anzeigenblätter eine verbreitete Jahresauflage von ca.2.630 Mio. Exemplaren aufwiesen. Der Umsatzanteil von Amtsblättern fiel ebenfalls relativ niedrig aus und betrug im Jahr 1987 9,6% des Gesamtumsatzes der Produktgruppe Anzeigenblätter.

[3] Zitat: H.-G. DENSE, Die rechtliche Problematik der Anzeigenblätter, Diss. Universität Münster, Münster 1974, S.173.

[4] Vgl.: M. PASSAUER, Anzeigenblätter und ihre Auswirkungen im Wettbewerb, Diss. Univ. Gießen 1976, S.51.

und Wochenzeitungen ausgewirkt.[1]

Die absolute Höhe und die Wachstumsentwicklung des Bruttoproduktionswertes der Produktgruppe Anzeigenblätter kann im Anschluß lediglich geschätzt werden, da Anzeigenblätter in der Produktionsstatistik nicht separat erfaßt wurden. Die Schätzung läßt sich jedoch ausschließlich für den Zeitraum 1977-1987 durchführen, da für die Anzeigenblätter zuvor weder Umsatz- noch Auflagendaten erhoben wurden. Der Bruttoproduktionswert der Produktgruppe Anzeigenblätter, der im Jahr 1976 schätzungsweise bei 90-100 Mio. DM lag,[2] trug während der 60er Jahre nur in unbedeutendem Umfang zum gesamten Zeitungsdruck bei, denn die Anzeigenblätter gewannen aufgrund ihrer lokalen bzw. sublokalen Ausrichtung erst seit dem Jahr 1973 in Zusammenhang mit der Aufhebung gebundener Verbraucherpreise schlagartig an Bedeutung. Die überregionale Markenartikelwerbung seitens der Produzenten mußte nämlich seither auf eine verbindliche Preisangabe und damit auf eine der wichtigsten Werbeinformationen verzichten, und wurde deshalb im Bereich der Absatzwerbung durch die regional bzw. lokal ausgerichtete Einzelhandelswerbung verdrängt.[3]

Der Bruttoproduktionswert der Produktgruppe Anzeigenblätter kann im folgenden dadurch abgeleitet werden, indem geschätzt wird, mit welchem Produktionsanteil die Anzeigen- und Amtsblätter zum gesamten Zeitungsdruck beitrugen.[4] Unter der Prämisse, daß zum einen die Druck- und Papierkosten

---

[1] Vgl.: S. MÜLLER, Das Anzeigenblatt - Ein neuer Werbeträger im Widerstreit der Interessen, in: Marketing - Zeitschrift für Forschung und Praxis, 5.Jg. 1983, Heft Nr.3, S.161-164, München, S.163 sowie M. PASSAUER (1976), Anzeigenblätter... a.a.O., S.55.

[2] Auf die Produktgruppe Anzeigenblätter entfiel im Jahr 1976 ein Produktionsanteil von schätzungsweise 3-4% des im Zeitungsdruck erwirtschafteten Bruttoproduktionswertes.

[3] Vgl.: M.A. EDER, Wie Werbung war - und werden wird, in: Direkt-Marketing, 22.Jg., Heft.Nr.4, S.144-153, Ettlingen 1986, S.145f. sowie ZAW, ZAW-Jahrbuch Werbung 1975/1976, Bonn 1976, S.96f.

[4] Wie bereits erwähnt wird der Bruttoproduktionswert des gesamten Zeitungsdrucks seit dem Jahr 1970 in der Produktionsstatistik erfaßt.

bei den Anzeigenblättern und den Tages- und Wochenzeitungen mit einem gleich hohen prozentualen Anteilswert zu den Gesamtkosten beitrugen und daß zum anderen die Umsatzrendite identisch war, ist zu folgern, daß der Produktionsanteil der Produktgruppe Anzeigenblätter mit dem prozentualen Anteilswert am gesamten Zeitungsumsatz[1] übereinstimmte.[2]

Tatsächlich entfällt bei Anzeigenblättern jedoch im allgemeinen ein geringerer Teil der Gesamtkosten auf die Druck- und Papierkosten als bei Tages- und Wochenzeitungen, denn die durchschnittliche Auflagenhöhe je Hauptausgabe und Erscheinungstag liegt bei Anzeigenblättern im Vergleich zu Tages- und Wochenzeitungen deutlich niedriger.[3] Dadurch bedingt trugen die auflagenfixen Kostenarten, wie die Anzeigenbearbeitungskosten, die Redaktionskosten und die Verwaltungskosten im Fall der Anzeigenblätter, anteilsmäßig wesentlich höher zu den Gesamtkosten bei als bei Tages- und Wochenzeitungen, wohingegen die größtenteils auflagenvariablen Druck- und Papierkosten in geringerem Maße zu den Gesamtkosten beitrugen. Dementsprechend ist anzunehmen, daß der prozentuale Produktionsanteil der Produktgruppe Anzeigenblätter am gesamten Zeitungsdruck geringer war als der entsprechende Umsatzanteil.[4]

Der Umsatzanteil der Produktgruppe Anzeigenblätter am gesamten Zei-

---

[1] Zum gesamten Zeitungsumsatz zählen im folgenden - analog zum Bruttoproduktionswert des Zeitungsdrucks - die Umsatzerlöse der Produktgruppe Tages- und Wochenzeitungen sowie der Produktgruppe Anzeigenblätter.

[2] Das Druckvolumen kann deshalb nicht zur Schätzung des Produktionsanteils der Produktgruppe Anzeigenblätter benutzt werden, weil die statistischen Daten über das Druckvolumen von Tages- und Wochenzeitungen nicht mit denjenigen von Anzeigen- und Amtsblättern vergleichbar sind. Der Grund hierfür besteht darin, daß Anzeigen- und Amtsblätter in der Pressestatistik zu den Zeitschriften zählen, deren Daten anders gegliedert wurden als die Zeitungsdaten.

[3] Die durchschnittliche Auflage je Erscheinungstag und Hauptausgabe betrug bei den Tages- und Wochenzeitungen im 4.Jahresquartal 1987 71.949 Exemplare; bei den Anzeigenblättern hingegen nur 53.381 Exemplare.6

[4] Hierbei wird unterstellt, daß die Umsatzrendite bei Anzeigenblättern und bei Tages- und Wochenzeitungen gleich hoch ist.

tungsumsatz betrug im Jahr 1987 12,0%,[1] so daß der Produktionsanteil demnach schätzungsweise bei ca.10-11% lag, gleichbedeutend mit einem Bruttoproduktionswert von rd.500 Mio. DM. Der Auflagenanteil der Produktgruppe Anzeigenblätter fiel demgegenüber im Jahr 1987 mit 27,9% fast dreimal höher aus als der geschätzte Produktionsanteil,[2] so daß bei Anzeigenblättern - bezogen auf das einzelne Exemplar - durchschnittlich nur gut ein Drittel der Druck- und Papierkosten von Tages- und Wochenzeitungen aufgewendet wurde. Dieses Ergebnis erscheint durchaus realistisch, denn Anzeigenblätter wiesen in Relation zu Tages- und Wochenzeitungen i.d.R. sowohl einen weitaus geringeren Seitenumfang je Exemplar auf[3] als auch ein kleineres Druckformat; zudem war auch die Druckausstattung meistens qualitativ einfacher.[4]

Die Schätzung der Produktionsentwicklung der Produktgruppe Anzeigenblätter kann im weiteren allein unter Zugrundelegung des Wachstumsindikators Umsatzerlöse durchgeführt werden, denn die Entwicklung des Druckvolumens von Anzeigen- und Amtsblättern läßt sich erst beginnend mit dem Jahr 1984 exakt quantifizieren.[5] Unter der Annahme, daß sich bei Anzeigen- und Amtsblättern die durchschnittliche Umsatzrendite konstant entwickelte und die

---

[1] Der gesamte Zeitungsumsatz betrug - lt. Pressestatistik - im Jahr 1987 12.659,7 Mio. DM, wovon 1.514,8 Mio. DM auf die Produktgruppe Anzeigenblätter entfielen. Vgl. im Anhang S.LII: Tab.XXXI.

[2] Zur Entwicklung des Auflagenanteils der Produktgruppe Anzeigenblätter, vgl. im Anhang S.LII: Tab.XXXI.

[3] Wie eine Untersuchung zeigt, hatte das Gros der Anzeigenblattausgaben im Jahr 1974 zwar mindestens acht Seiten, aber nur wenige Ausgaben erreichten den Seitenumfang kleinerer Tageszeitungen. Vgl.: M. WÖSTE, Anzeigenblätter - Überlegungen zu ihrer Expansion und Rolle im Bereich lokaler Kommunikation, in: Media Perspektiven, Jg.1982, Heft Nr.6, S.373-383, Frankfurt a.M. 1982, S.377.

[4] Insgesamt gesehen waren jedoch auch bei den Anzeigenblättern stetige Verbesserungen in bezug auf die Druck- und Papierqualität festzustellen. Vgl.: ZAW (1987), ZAW-Jahrbuch a.a.O., S.132.

[5] Das Druckvolumen von Anzeigenblättern und Amtsblättern wird zwar in der Pressestatistik bereits seit dem Jahr 1978 veröffentlicht, aber in den Jahren 1982/1983 traten offensichtlich statistische Erfassungsfehler auf.

Druck- und Papierkosten mit einem gleichbleibend hohen Anteilswert zu den Gesamtkosten beitrugen, muß die Produktions- und Umsatzentwicklung parallel verlaufen sein.

Anzunehmen ist, daß sich bei den Anzeigen- und Amtsblättern der Anteilswert der Druck- und Papierkosten während der Perioden 1977-1982 und 1983-1987 nicht gravierend verändert hat. Festzustellen ist nämlich, daß die durchschnittliche Auflagenhöhe je Hauptausgabe und Erscheinungstag - trotz sprunghafter Auflagenzuwächse - annähernd konstant blieb,[1] so daß in diesem Zeitraum zumindest keine auflagenbedingte Verschiebung zwischen den auflagenfixen Kosten und den auflagenvariablen Kosten wie den Druck- und Papierkosten stattfand. Nachfolgend wird deshalb unterstellt, daß die Höhe der Umsatz- und Produktionszuwächse von Anzeigen- und Amtsblättern weitgehend miteinander übereinstimmten.

In der Periode 1977-1982 wurden für die Produktgruppe Anzeigenblätter - lt. Pressestatistik - nominale Umsatzzuwächse von ∅ 20,3% p.a. registriert, so daß die nominalen Produktionszuwächse im Druckbereich schätzungsweise ∅ rd.20% p.a. betrugen und die realen Produktionszuwächse bei ∅ rd.17% p.a. lagen.[2] Die hohen realen Zuwachsraten des Bruttoproduktionswertes der Produktgruppe Anzeigenblätter waren dabei einerseits auf den starken Anstieg der Auflagenhöhe um ∅ 9,8% p.a. zurückzuführen und andererseits durch eine Zunahme des durchschnittlichen Seitenumfangs je Exemplar bedingt, die allerdings nicht quantifiziert werden kann.

Die sprunghafte Auflagenerhöhung in der Periode 1977-1982 resultierte daher, daß die Herausgeber - ermöglicht durch den enormen Anstieg der Werbe-

---

[1] Die durchschnittliche Auflagenhöhe je Hauptausgabe und Erscheinungstag von Anzeigenblättern verringerte sich von 60.846 Exemplare im Jahr 1979 auf 53.381 Exemplare im 4.Quartal 1987. In den Jahren vor 1979 wurden in der Pressestatistik keine vergleichbaren Daten für die Anzeigenblätter veröffentlicht.

[2] Die Deflationierung der geschätzten Bruttoproduktionswerte der Produktgruppe Anzeigenblätter erfolgte mit demselben Preisindex, der für die Produktgruppe Tages- und Wochenzeitungen benutzt wurde.

einnahmen - permanent zusätzliche Anzeigenblattausgaben konzipierten,[1] und zwar sowohl für Gebiete, in denen die Haushalte bereits Anzeigenblätter erhielten, als auch für ländliche Regionen, in denen zuvor keine Anzeigenblätter verteilt wurden.[2] Die durchschnittliche Auflagenhöhe je Hauptausgabe und Erscheinungstag blieb hingegen - wie bereits erwähnt - nahezu unverändert, denn der spezifische Vorteil des Werbeträgers Anzeigen- und Amtsblätter bestand gerade darin, daß sie typischerweise unentgeltlich an sämtliche Haushalte eines lokal bzw. sublokal begrenzten Verbreitungsgebietes verteilt wurden.[3] Aufgrund der kleinräumigen Verbreitung waren die Anzeigen- und Amtsblätter besonders für lokal bzw. sublokal ausgerichtete Werbezwecke prädestiniert, da die Streuverluste im Vergleich zu anderen Werbeträgern äußerst gering ausfielen.[4]

Der durchschnittliche Seitenumfang je Exemplar muß in der Periode 1977-

---

[1] Die Zahl der Hauptausgaben von Anzeigenblättern stieg - lt. Pressestatistik - allein zwischen dem Jahr 1979 und dem Jahr 1987 von 509 auf 1.047 Hauptausgaben und bei Amtsblättern von 1.004 auf 1.297 Ausgaben.

[2] Während in strukturschwachen ländlichen Gebieten mit geringem Anzeigenpotential und hohen Verteilungskosten teilweise überhaupt keine Anzeigenblätter verteilt wurden, erhielten die Haushalte in manchen Stadtteilen von Großstädten mit besonders hoher Kaufkraft bis zu vier verschiedene Anzeigenblattausgaben je Woche.

[3] Im Jahr 1987 entfielen 96,8% des Gesamtumsatzes der Produktgruppe Anzeigenblätter auf den Werbeumsatz. Inzwischen werden aber auch Anzeigenblätter herausgegeben, die sich ausschließlich aus Vertriebserlösen finanzieren. Diese sog. Inseratenblätter, die vorwiegend in Ballungsgebieten verkauft werden, haben meistens keinen Textteil und in ihnen werden zumeist nur bestimmte Anzeigenarten veröffentlicht und diese dann unentgeltlich. Der Auflagenanteil der Inseratenblätter war jedoch bisher vergleichsweise unbedeutend. Vgl.: C.-M. RIDDER-AAB, Anzeigenblätter 1985 - gebremstes Wachstum, in: Media Perspektiven, Jg.1985, Heft Nr.8, S.634-S.643, Frankfurt a.M. 1985, S.642.

[4] Streuverluste treten immer dann auf, wenn die Medianutzerschaft, also der Leserkreis einer bestimmten Ausgabe, nicht vollständig mit der Zielgruppe übereinstimmt, die mit der Werbebotschaft erreicht werden soll, denn die Einschaltkosten hängen maßgeblich von der jeweiligen Leserzahl ab. Zu den Arbeitsbegriffen der Mediaplanung, vgl.: C. MERBOLD, Fachzeitschriften - Mediaplanung, Würzburg 1983, S.107ff.

1982 gleichfalls deutlich gewachsen sein, denn die drastisch gestiegenen Umsatzerlöse aus der Anzeigenwerbung waren zwangsläufig mit einer zahlenmäßigen Erhöhung der Anzeigenseiten verbunden. Die Zahl der Textseiten wurde vermutlich sogar überdurchschnittlich stark erhöht, da die Herausgeber bemüht waren, die generelle Akzeptanz bei den Rezipienten und damit einhergehend den Werbewert von Anzeigenblättern dadurch zu erhöhen, daß sie den Textanteil ausweiteten.[1] Außerdem war der Textteil auch besonders gut als Werbeumfeld für die Plazierung von Anzeigenwerbung geeignet und bot darüber hinaus die Möglichkeit zur sog. redaktionellen Werbung.[2]

In der Periode 1983-1987 wurden für die Produktgruppe Anzeigenblätter nominale Umsatzzuwächse von Ø 13,4% p.a. verzeichnet, so daß die realen Produktionszuwächse schätzungsweise Ø ca.11% p.a. betrugen. Die gestiegenen Umsatzerlöse aus der Anzeigenwerbung verteilten sich dabei auf eine zunehmende Zahl von Anzeigenblattausgaben, so daß der durchschnittliche Seitenumfang je Exemplar kaum noch wuchs.[3] Dies ist daran erkennbar, daß die realen Produktionszuwächse der Produktgruppe Anzeigenblätter zum weit überwiegenden Teil mit den Auflagenerhöhungen von Ø 9,4% p.a. erklärt werden können.

Insgesamt gesehen ist festzuhalten, daß die Produktgruppe Anzeigenblätter in den beiden Perioden 1977-1982 und 1983-1987 mit weit überdurchschnittlichen realen Produktionszuwächsen zum Bruttoproduktionswert des Zeitungs-

---

[1] Der Werbewert hängt aus Sicht der Werbetreibenden von der tatsächlichen Beachtung der Werbebotschaften ab und nicht etwa von der Zahl der potentiellen Werbekontakte.

[2] Redaktionelle Werbung bedeutet, daß in einem Artikel für ein Produkt oder ein Unternehmen geworben wird, ohne daß der Werbecharakter für den Leser eindeutig ersichtlich ist. Vgl.: M. WÖSTE (1982), Anzeigenblätter... a.a.O., S.377f.

[3] Der durchschnittliche Seitenumfang je Exemplar wird in der Periode 1983-1987 grob geschätzt nur noch um Ø rd.1,5% p.a. zugenommen haben, wobei der Seitenumfang der wöchentlich erscheinenden Anzeigenblätter im Jahr 1982 - lt. einer Sonderauswertung des Statistischen Bundesamtes - ungefähr Ø 15 Seiten betrug. Vgl.: W. TAUBERT, Anzeigenblätter 1982, in: Wirtschaft und Statistik a.a.O., Stuttgart u. Mainz 1984, Heft Nr.9, S.789.

drucks beitrug,[1] so daß sich der Produktionsanteil von ca.3-4% im Jahr 1976 auf ca.10-11% im Jahr 1987 annähernd verdreifachte.[2]

Abschließend soll untersucht werden, welche Gründe für die Wachstumsentwicklung des Werbeumsatzes der Produktgruppe Anzeigenblätter ausschlaggebend waren, und zwar deshalb, weil die Produktionsentwicklung von Anzeigenblättern, die als reine Werbemittel zu klassifizieren sind, in entscheidendem Maße hiervon abhängig war.

Tab.38: Entwicklung des Werbeumsatzes von Anzeigen- und Amtsblättern sowie des Werbesektors insgesamt, in nominalen Werten, durchschnittliche jährliche Veränderungsraten

Werbeumsatz \ Periode	1977-82	1983-87	1977-87
Anzeigen- u. Amtsblätter	21,3%	13,8%	17,8%
Werbesektor insges.	7,9%	6,3%	7,2%

Quelle: Statistisches Bundesamt, Fs.4: R.3.1, Fs.11: R.5 sowie ZAW-Jahrbuch, versch. Jgg.; eigene Berechnung der Werte.

Wie Tab.38 zeigt, verzeichnete die Produktgruppe Anzeigenblätter im Vergleich zum gesamten Werbesektor weit überdurchschnittliche Zuwachsraten,[3] wobei die Anzeigenblätter hauptsächlich mit den Tages- und Wochenzeitun-

---

[1] Vgl. im Anhang S.LII: Tab.XXXII.

[2] In nominalen Werten wuchs der Bruttoproduktionswert der Produktgruppe Anzeigenblätter schätzungsweise von 90-100 Mio. DM im Jahr 1976 auf rd.500 Mio. DM im Jahr 1987.

[3] Die Anzeigenwerbung in Anzeigenblättern verteilte sich dabei - lt. VVDA - im Jahr 1981 zu 61% auf Klein- und Mittelbetriebe sowie den Einzelhandel, zu 28% auf Kaufhäuser, Supermärkte und Filialketten und zu 11% auf Private Kleinanzeigen und Familienanzeigen. Vgl.: A. MÜLLER-MERKERT, Anzeigenblätter, in: J. Ruland (1981), Werbeträger a.a.O., S.111-118, Bad Homburg 1981, S.113.

gen in Substitutionskonkurrenz standen, die gleichartige Werbefunktionen erfüllten.

Die wichtigste Gemeinsamkeit bestand darin, daß in Tages- und Wochenzeitungen ebenso wie in Anzeigenblättern typischerweise über vielfältige Themenkreise berichtet wurde,[1] so daß beide Werbeträger insbesondere für solche "Werbebotschaften" geeignet waren, die sich an globale Zielgruppen richteten.[2] Weitere Übereinstimmungen resultierten daher, daß die Druckausstattung vergleichbar war[3] und daß jederzeit ausreichend Werberaum zur Verfügung stand, wodurch eine kurzfristige Disposition ermöglicht wurde.[4] Aufgrund des lokalen bzw. sublokalen Verbreitungsgebietes von Anzeigenblättern war der Substitutionswettbewerb allerdings vornehmlich auf die Tageszeitungen mit Lokalberichterstattung beschränkt.[5]

Wie Tab.39 zeigt, wiesen die Tages- und Wochenzeitungen einen tendenziell rückläufigen Anteilswert an den Umsatzerlösen des Werbesektors auf, während auf die Anzeigen- und Amtsblätter zugleich ein steigender Umsatz-

---

[1] In Anzeigenblättern wird vorwiegend über das Geschehen im engeren Umfeld des Lesers berichtet, wobei aber die unterschiedlichsten Themen behandelt werden. Beispielsweise wird über das Vereinsleben, die Aktivitäten von Kirchen und Schulen sowie über das lokale Wirtschafts- und Geschäftsleben zumeist ebenso berichtet wie über Ratgeber- und Unterhaltungsthemen. Vgl.: ZAW (1987), ZAW-Jahrbuch a.a.O., S.133.

[2] Dies gilt insbesondere im Vergleich zur Anzeigenwerbung in Fachzeitschriften und Adreßbüchern, bei der fach- oder berufsbezogene Zielgruppen angesprochen werden. Vgl.: BDZV (1987), BDZV-Jahrbuch a.a.O., S.79.

[3] Die Übereinstimmung in der Druckausstattung bezieht sich auf die Verwendung von Zeitungsdruckpapier, den dominierenden Schwarz-weiß-Druck sowie auf die gesamte Gestaltung der Druckschriften. Im Unterschied zu den Tages- und Wochenzeitungen ist allerdings in Anzeigenblättern im allgemeinen keine mehrfarbige Anzeigenwerbung möglich.

[4] Bei Publikumszeitschriften betrug die Dispositionszeit z.B. 4-8 Wochen, während bei Tageszeitungen 2-3 Tage ausreichten. Vgl.: P.F. BEHRENS, Der Intermediavergleich, Hrsg.: Lintas Werbeagentur GWA, Hamburg 1981, S.32.

[5] Im Jahr 1987 betrug der Anteil der Tages- und Wochenzeitungen mit lokaler Berichterstattung - lt. Pressestatistik - Ø 83,3% der gesamten Auflagenhöhe je Erscheinungstag.

anteil entfiel, so daß deren Umsatzanteil zusammengerechnet ungefähr auf gleichem Niveau blieb. Aufgrund der bestehenden Funktionsüberschneidungen zwischen den Tages- und Wochenzeitungen und den Anzeigen- und Amtsblättern läßt sich die Schlußfolgerung ziehen, daß der stark wachsende Werbeumsatz von Anzeigen- und Amtsblättern überwiegend zulasten der Tages- und Wochenzeitungen ging.

Tab.39: Entwicklung der prozentualen Anteilswerte von Tages- und Wochenzeitungen sowie von Anzeigen- und Amtsblättern an den Umsatzerlösen des Werbesektors, in nominalen Werten

Werbeumsatz \ Jahr	1976	1979	1982	1985	1987
Tages- u. Wochenzeitungen	33,6%	32,9%	31,5%	30,1%	28,5%
Anzeigen- u. Amtsblätter	2,1%	3,3%	4,2%	5,5%	5,9%
Summe	35,7%	36,3%	35,7%	35,6%	34,4%

Quelle: Statistisches Bundesamt, Fs.4: R.3.1, Fs.11: R.5 sowie ZAW-Jahrbuch, versch. Jgg.; eigene Berechnung der Werte.

Die zunehmende Bedeutung von Anzeigenblättern innerhalb des Werbesektors kann dabei nicht damit begründet werden, daß es sich bei den Anzeigenblättern um ein neuartiges Werbemittel handelte, denn Anzeigenblätter existieren bereits seit den 50er Jahren in nahezu unveränderter Form.[1] Ausschlaggebend war vielmehr, daß die Aufwendungen für lokal bzw. sublokal ausgerichtete Werbezwecke weit überdurchschnittlich wuchsen[2] und daß An-

---

[1] Die Anfänge der Anzeigenblätter reichen in Deutschland sogar bis ins 18.Jh. zurück. Vgl.: F.P. FREUDENBERG, Anzeigenblätter gibt es schon lange, in: Zeitschrift für Presse + Werbung, Jg.76, Heft Nr.34, Bonn 1979, S.1326-S.1328.

[2] Insbesondere die Wirtschaftswerbung von lokalen Einzelhändlern sowie von Filialbetrieben großer Handels- und Dienstleistungsunternehmen dürfte besonders stark zugenommen haben. Vgl.: M. WÖSTE (1982), Anzeigenblätter... a.a.O. S.373f.

zeigenblätter bei lokal bzw. sublokal begrenzten Werbezwecken erhebliche Wettbewerbsvorteile gegenüber Tageszeitungen mit Lokalberichterstattung besaßen.

Die spezifischen Wettbewerbsvorteile basierten zum einen darauf, daß Anzeigenblätter innerhalb ihres Verbreitungsgebietes - bedingt durch die fast vollständige Haushaltsabdeckung - eine weitaus größere Reichweite aufwiesen als Tageszeitungen. Zum anderen fielen speziell im Bereich der lokal bzw. sublokal ausgerichteten Werbung die Streuverluste bei einer Insertion in Anzeigenblättern deutlich niedriger aus als in Tageszeitungen, da deren Verbreitungsgebiete i.d.R. wesentlich weiträumiger waren als diejenigen von Anzeigenblättern.[1] Allerdings haben die Zeitungsherausgeber zwischenzeitlich vermehrt mit Nebenausgaben in Form von Bezirks-, Lokal- oder Stadtteilausgaben reagiert, die den gleichen Zeitungsmantel wie die Hauptausgabe besaßen, z.T. aber unter anderem Titel erschienen und sich ausschließlich in bezug auf den Anzeigenteil von der Hauptausgabe unterschieden.[2]

Darüber hinaus konnte in Gebieten, in denen verschiedene Ausgaben von Tageszeitungen existierten, ein hoher Grad der Haushaltsabdeckung nur dann erreicht werden, wenn die Anzeigenwerbung in mehreren Tageszeitungen parallel geschaltet wurde, wodurch wiederum die Werbeaufwendungen beträchtlich stiegen. Die Tageszeitungen hatten demgegenüber im Vergleich zu den Anzeigenblättern für die Werbetreibenden lediglich den Vorteil, daß die Nutzungsintensität und damit verbunden die Chance des Werbekontaktes bei käuflich erworbenen Tageszeitungen beträchtlich größer einzuschätzen ist als

---

[1] Eine effiziente Nutzung der Werbeträger, was im Fall der lokalen Werbung mit einer Minimierung der Streuverluste gleichzusetzen ist, wird nämlich dadurch erreicht, daß das Zielgebiet der Werbebotschaft möglichst mit dem Verbreitungsgebiet des eingesetzten Werbeträgers kongruent ist. Im umgekehrten Fall, wenn das Zielgebiet größer ist als das Verbreitungsgebiet des Werbeträgers, ist die gleichzeitige Nutzung von mehreren kleinräumig verbreiteten Werbeträgern hingegen insofern ineffizient, als daß der Tausenderpreis der Werbung i.d.R. wesentlich höher ausfällt als bei einer alternativen Nutzung eines Werbeträgers mit größerem Verbreitungsgebiet.

[2] Vgl.: ZAW (1987), ZAW-Jahrbuch a.a.O., S.119.

bei unentgeltlich abgegebenen Anzeigenblättern, die vollkommen unabhängig vom jeweiligen Interesse der Empfänger an sämtliche Haushalte verteilt wurden.[1]

Als Fazit ist festzuhalten, daβ sich die Anzeigenblätter als eigenständiges, lokales Werbemedium zunehmend etablieren konnten und in entscheidendem Umfang dazu beitrugen, daβ der Werbeumsatz von regionalen Tageszeitungen nur noch unterdurchschnittlich anstieg.

Insgesamt betrachtet entwickelte sich der prozentuale Anteilswert von Tages- und Wochenzeitungen sowie von Anzeigen- und Amtsblättern am Gesamtumsatz des Werbesektors leicht rückläufig, und zwar von 35,7% im Jahr 1976 auf 34,4% im Jahr 1987.[2] Ursächlich hierfür war in erster Linie, daß anstelle der Anzeigenwerbung vermehrt die Beilagenwerbung genutzt wurde, die den Einsatz von höherwertigen Druck- und Papierqualitäten ermöglichte. Die zunehmende Verwendung der Beilagenwerbung wirkte sich dabei insofern negativ auf die Entwicklung des Werbeumsatzes der zum Zeitungsdruck zählenden Werbeträger und -mittel aus, als daß im Unterschied zu der Anzeigenwerbung lediglich die Umsatzerlöse aus der Nutzung des Werbeträgers anfielen, nicht jedoch diejenigen aus der Herstellung der beigelegten Prospekte.

Die Substitutionskonkurrenz seitens der überregional ausgerichteten Werbemedien wie Publikumszeitschriften und Fernsehen hatte demgegenüber nur unwesentliche Auswirkungen auf die Entwicklung der Anzeigen- und Beilagenwerbung von Tages- und Wochenzeitungen bzw. Anzeigen- und Amtsblättern, da deren Werbeumsatz Mitte der 80er Jahre nur zu rd.10% aus der überregionalen Werbung stammte.[3]

Die lokale Hörfunkwerbung, die bezüglich ihrer Werbefunktionen als Substitut für die lokale Wirtschaftswerbung ebenso prädestiniert gewesen wäre wie

---

[1] Vgl.: S. MÜLLER (1983), Das Anzeigenblatt... a.a.O., S.162.

[2] Vgl. im Text S.182: Tab.39.

[3] Vgl.: BDZV (1986), BDZV-Jahresbericht a.a.O., S.11.

die Btx-Dienste für die Verbreitung von rubrizierten Kleinanzeigen,[1] übte dagegen zumindest bis zum Jahr 1987 keinen Einfluß auf die Entwicklung der Anzeigen- und Beilagenwerbung aus,[2] denn sowohl die lokal ausgerichtete Hörfunkwerbung in Privatsendern als auch die Btx-Dienste wurden erst seit Mitte der 80er Jahre schrittweise eingeführt und wiesen dabei z.T. äußerst geringe Reichweiten auf.[3]

4.3.4. PRODUKTGRUPPE "PUBLIKUMSZEITSCHRIFTEN"

Die Publikumszeitschriften, die gleichermaßen zu Unterhaltungs- und Informationszwecken dienten, richteten sich sowohl an globale wie auch an spezielle Zielgruppen, wobei - im Unterschied zu Fachzeitschriften - grundsätzlich keine fachspezifischen Vorkenntnisse zur Lektüre erforderlich waren. Die Produktgruppe Publikumszeitschriften umfaßte im Jahr 1987 - gemessen an der Jahresauflage - zu ca.60% großauflagige Massenzeitschriften, wie Illustrierten, Programmzeitschriften und Magazine sowie zu ca.40% Spezialzeitschriften, die sich inhaltlich entweder an bestimmte gesellschaftliche Zielgruppen wendeten, wie z.B. Frauen-, Jugend- und Familienzeitschriften, oder auf ausgewählte Themengebiete beschränkt waren, wie z.B. Auto-, Sport-, Reise- und Hobbyzeitschriften.

Nachfolgend soll zunächst geschätzt werden, mit welchem prozentualen Anteilswert die Produktgruppe Publikumszeitschriften zum Bruttoproduktionswert des Produktbereichs Pressedrucksachen beitrug und wie die Produktions-

---

[1] Zum Vergleich der Werbemedien Btx-Dienste und regionale Tageszeitungen, vgl.: H. KOCH, Anzeigenmärkte in Bildschirmtext: Gefahren und neue Möglichkeiten für Zeitungen, München 1985, S.75ff.

[2] Vgl. im Anhang S.LI: Tab.XXX.

[3] Die öffentlich-rechtliche Hörfunkwerbung, die - mit Ausnahme von NDR 2 - nahezu unbegrenzt verfügbar war, stellte deshalb keine Substitutionskonkurrenz für die Anzeigen- und Beilagenwerbung in regionalen Tageszeitungen bzw. in Anzeigenblättern dar, weil deren Sendegebiete zumeist wesentlich großräumiger waren. Vgl.: H. THOMA, Der Hörfunk - Angebot und Nachfrage beim Hörfunk, in: B. Tietz (1982), Die Werbung a.a.O, S.1817-1844, Landsberg a.Lech 1982, S.1822.

entwicklung im betrachteten Zeitraum verlief. Daran anschließend soll untersucht werden, welche Bestimmungsgründe für die Produktionsentwicklung von Publikumszeitschriften maßgeblich waren.

Der Produktionsanteil der Produktgruppe Publikumszeitschriften läßt sich im folgenden zumindest näherungsweise mit Hilfe zweier Indikatoren schätzen, und zwar anhand der prozentualen Anteilswerte, mit denen die Publikumszeitschriften zum Druckvolumen[1] bzw. zu den Umsatzerlösen des gesamten Zeitschriftendrucks beitrugen.[2] Die Berechnung der entsprechenden Anteilswerte ergibt, daß auf die Publikumszeitschriften im Jahr 1987 78,5% des Druckvolumens[3] und 61,1% der Umsatzerlöse des Zeitschriftendrucks entfielen.

Der Produktionsanteil von Publikumszeitschriften muß im Jahr 1987 deutlich niedriger gelegen haben als der verzeichnete 78,5%ige Anteil am Druckvolumen des Zeitschriftendrucks, denn bei Publikumszeitschriften konnten im Druckbereich - aufgrund der überdurchschnittlich hohen Auflage je Ausgabe und Erscheinungstag[4] - in größerem Umfang Massenproduktionsvorteile realisiert werden als bei anderen Zeitschriftenarten. Dies hatte zur Folge, daß die durchschnittlichen Druckkosten je Seite bei Publikumszeitschriften wesentlich niedriger ausfielen als bei Fachzeitschriften oder Sonstigen Zeitschriften.

---

[1] Mit dem Druckvolumen von Zeitschriften ist im folgenden die Seitenzahl der Jahresauflage gemeint, die seit 1978 in der Pressestatistik veröffentlicht wird. Nicht berücksichtigt werden hierbei Veränderungen in den Druckformaten.

[2] Die Anzeigen- und Amtsblätter, die in der Pressestatistik zu den Zeitschriften zählen, bleiben im folgenden unberücksichtigt, da die Anzeigen- und Amtsblätter in der Produktionsstatistik zum Zeitungsdruck gerechnet werden.

[3] Der Auflagenanteil von Publikumszeitschriften an der gesamten Zeitschriftenauflage betrug dagegen im Jahr 1987 nur 58,8%. Die Differenz zwischen dem Auflagenanteil und dem Anteil am Druckvolumen ist darauf zurückzuführen, daß Publikumszeitschriften mit Ø 101,2 Seiten je Exemplar einen weitaus größeren Seitenumfang aufwiesen als im Zeitschriftendurchschnitt, der im Jahr 1987 bei Ø 75,9 Seiten lag.

[4] Die Auflage je Ausgabe und Erscheinungstag betrug bei den Publikumszeitschriften im Jahr 1987 Ø 77.697 Exemplare gegenüber Ø 44.522 Exemplaren im Zeitschriftendurchschnitt (ohne Anzeigen- und Amtsblätter).

Auf der anderen Seite muß der Produktionsanteil von Publikumszeitschriften jedoch größer ausgefallen sein als der 61,1%ige Umsatzanteil, da aufgrund der überdurchschnittlich hohen Auflage je Ausgabe und Erscheinungstag bei den Publikumszeitschriften folglich auch ein überdurchschnittlich hoher Kostenanteil auf die auflagenvariablen Kosten entfiel, wozu die Druck- und Papierkosten überwiegend zählten.[1] Unter der Voraussetzung, daß die Umsatzrendite von Publikumszeitschriften dem Zeitschriftendurchschnitt entsprach, muß der Produktionsanteil demnach im Jahr 1987 größer gewesen sein als der verzeichnete Umsatzanteil von 61,1%.[2]

Dementsprechend lag der Produktionsanteil der Produktgruppe Publikumszeitschriften im Jahr 1987 zwischen diesen beiden Anteilswerten und dürfte schätzungsweise ca.70% betragen haben, gleichbedeutend mit einem Bruttoproduktionswert von rd.2.700 Mio. DM.[3] Da die Produktgruppe Publikumszeitschriften den mit Abstand größten Teil des gesamten Zeitschriftendrucks umfaßte, wurde die Produktionsentwicklung des Zeitschriftendrucks folglich in entscheidendem Maße durch die Produktionsentwicklung von Publikumszeitschriften bestimmt.

Die Produktionsentwicklung der Produktgruppe Publikumszeitschriften wurde während des Untersuchungszeitraums maßgeblich durch die Auflagenentwicklung beeinflußt, wohingegen sich die Veränderungen des durchschnittlichen Seitenumfangs je Exemplar sowie der Druck- und Papierqualität - mit Ausnahme der Periode 1961-1968 - zumindest nicht gravierend auf die Produktionsentwicklung auswirkten. Obwohl keine Daten zur Entwicklung des

---

[1] Die Druck- und Papierkosten fielen somit bei den Publikumszeitschriften bezogen auf die einzelne Seite unterdurchschnittlich und bezogen auf die gesamten Herstellungskosten (anteilsmäßig) überdurchschnittlich aus.

[2] Damit wird zugleich deutlich, daß sowohl die absolute Höhe der Druck- und Papierkosten je Seite als auch der prozentuale Anteil der Druck- und Papierkosten an den gesamten Herstellungskosten in entscheidendem Maße von der durchschnittlichen Auflagenhöhe je Ausgabe und Erscheinungstag bestimmt wurde.

[3] Der Bruttoproduktionswert des Zeitschriftendrucks betrug im Jahr 1987 3.840,7 Mio. DM.

Seitenumfangs je Exemplar verfügbar sind, ist davon auszugehen, daß in der Periode 1961-1968 sowohl der Text- als auch der Anzeigenumfang je Exemplar stark zunahm und daß die realen Produktionszuwächse demnach erheblich höher ausfielen als die verzeichneten Auflagenzuwächse von Ø 4,7% p.a. Dies zeigt sich auch daran, daß in der Periode 1961-1968 der gesamte Zeitschriftendruck mit realen Produktionszuwächsen von Ø ca.8% p.a. expandierte, wozu die Publikumszeitschriften schon allein aufgrund ihres hohen Produktionsanteils wesentlich beigetragen haben müssen.

In der Periode 1969-1976 dürfte der durchschnittliche Seitenumfang je Exemplar bei den Publikumszeitschriften hingegen nur geringfügig zugenommen haben, so daβ die Produktions- und Auflagenentwicklung von Publikumszeitschriften demnach weitgehend übereinstimmte. Dies gilt gleichermaβen für die Perioden 1977-1982 und 1983-1987, denn zwischen den Jahren 1978 und 1987 ist der Seitenumfang von Publikumszeitschriften lediglich unbedeutend angestiegen, und zwar von Ø 100,6 auf Ø 101,2 Text- und Anzeigenseiten je Exemplar.[1]

Die Druck- und Papierqualität von Publikumszeitschriften wurde während des gesamten Untersuchungszeitraums tendenziell erhöht, da aber keine abrupten Veränderungen eintraten, wurde die Produktionsentwicklung hierdurch vermutlich kaum beeinfluβt.[2]

Insgesamt betrachtet ist die Auflagenentwicklung von Publikumszeitschriften - abgesehen von der Periode 1961-1968, in der die realen Produktionszuwächse die Auflagenzuwächse deutlich überstiegen - als ein aussagefähiger Wachstumsindikator für die Produktionsentwicklung von Publikumszeitschriften anzusehen.

---

[1] Der durchschnittliche Seitenumfang je Exemplar wurde berechnet, indem die "Seitenzahl der Jahresauflage" durch die "Zahl der Exemplare" dividiert wurde. Eine Berechnung ist erstmalig für das Jahr 1978 möglich, da die Seitenzahl der Jahresauflage in der Pressestatistik zuvor nicht veröffentlicht wurde. Vgl.: STATISTISCHES BUNDESAMT, Fs.11: R.5.

[2] Zu den Veränderungen in der Druck- und Papierqualität von Publikumszeitschriften, vgl. im Text S.199f.

Wie Tab.40 zeigt, wurden für die Publikumszeitschriften in den Perioden 1961-1968 und 1969-1976 weit über dem Zeitschriftendurchschnitt liegende Auflagenzuwächse registriert,[1] wobei jedoch in der Periode 1969-1976 im Vergleich zur Vorperiode bereits eine deutliche Verlangsamung des Auflagenwachstums eintrat.

Tab.40: Entwicklung der Auflagenhöhe von Publikumszeitschriften sowie von Zeitschriften insgesamt, durchschnittliche jährliche Veränderungsraten

Auflagenhöhe * \ Periode	1961-68	1969-76	1977-82	1983-87	1961-76	1977-87
Publikumszeitschriften	4,7%	3,2%	2,8%	0,4%	3,9%	1,7%
Zeitschriften insges.	4,1%	1,9%	2,4%	1,3%	3,0%	1,9%

* 1961-1976: Druckauflage je Erscheinungstag im Jahresdurchschnitt. Quelle: IVW-Auflagenliste, versch. Jgg. 1977-1987: Verbreitete Jahresauflage. Quelle: Statistisches Bundesamt, Fs.11: R.5, versch. Jgg.; eigene Berechnung der Werte.

In den Perioden 1977-1982[2] und 1983-1987 setzte sich die Verringerung der Auflagenzuwächse fort, wobei im Jahr 1983 mit einer verbreiteten Jahresauf-

[1] In diesem Zusammenhang muß erwähnt werden, daß in den hierbei zugrundeliegenden IVW-Auflagendaten nur diejenigen Publikumszeitschriften berücksichtigt wurden, die der IVW angeschlossen waren und ihre Auflagenhöhe meldeten. Allerdings kann davon ausgegangen werden, daß nahezu alle großauflagigen Publikumszeitschriften der IVW angeschlossen waren. Außerdem ist zu beachten, daß sich die Daten auf die Druckauflage je Erscheinungstag beziehen, da in diesem Zeitraum noch keine Daten erhoben wurden, die eine Berechnung der Jahresauflage ermöglicht hätten.

[2] Im Jahr 1981 wurde in der Pressestatistik eine Umgruppierung durchgeführt, die zur Folge hatte, daß die "Zeitschriften der Verbände" nicht mehr gesondert ausgewiesen wurden. Die Publikumszeitschriften waren hiervon jedoch nur marginal betroffen, da die meisten Verbandszeitschriften seither den Fachzeitschriften und Sonstigen Zeitschriften zugeordnet werden. Trotzdem ist davon auszugehen, daß der im Jahr 1981 verzeichnete Auflagenzuwachs von Publikumszeitschriften tendenziell zu hoch ausfiel und daß somit auch die Zuwachsrate von Ø 2,8% p.a. in der Periode 1977-1982 leicht überhöht ist.

lage von 3.094,8 Mio. Exemplaren das bisherige Auflagenmaximum erreicht wurde.[1] In den darauffolgenden Jahren stagnierte die verbreitete Auflage von Publikumszeitschriften und lag im Jahr 1987 mit 3.064,0 Mio. Exemplaren geringfügig niedriger als im Jahr 1983. Außerdem fielen die Auflagenzuwächse von Publikumszeitschriften in den Perioden 1977-1982 und 1983-1987 im Gegensatz zu den Vorperioden nicht mehr höher aus als im Zeitschriftendurchschnitt.

Unter der Annahme, daß die reale Produktionsentwicklung der Produktgruppe Publikumszeitschriften weitgehend mit der oben beschriebenen Auflagenentwicklung übereinstimmte, ist zusammenfassend festzuhalten, daß die realen Produktionszuwächse bis Anfang der 80er Jahre stetig zurückgingen und daß bei der Druckherstellung von Publikumszeitschriften seither die Stagnationsphase einsetzte.[2]

Die Produktionsentwicklung von Publikumszeitschriften verlief somit - wie auch aufgrund des hohen Produktionsanteils nicht anders zu erwarten - weitgehend parallel zur Produktionsentwicklung des Zeitschriftendrucks,[3] wobei jedoch von den Publikumszeitschriften in den Perioden 1961-1968 und 1969-1976 aufgrund der überdurchschnittlichen Auflagenzuwächse stärkere Wachstumsimpulse auf den Zeitschriftendruck ausgingen als von den Fachzeitschriften oder Sonstigen Zeitschriften.[4]

Die seit Ende der 60er Jahre beginnende Verlangsamung des Auflagenwachstums von Publikumszeitschriften bzw. die in den 80er Jahren eingetre-

---

[1] Im Unterschied zu den beiden Vorperioden beziehen sich die Auflagendaten dabei nicht mehr auf die Druckauflage, sondern auf die verbreitete, d.h. auf die verkaufte und unentgeltlich abgegebene Jahresauflage von Publikumszeitschriften.

[2] Dies wird auch daran deutlich, daß das Druckvolumen von Publikumszeitschriften in der Periode 1983-1987 - lt. Pressestatistik - lediglich um Ø 1,4% p.a. zunahm.

[3] Vgl. im Text S.142: Tab.31.

[4] Zur Auflagenentwicklung von Fachzeitschriften und Sonstigen Zeitschriften, vgl. im Text S.208: Tab.44 sowie S.216: Tab.45.

tene Auflagenstagnation wurde dabei hauptsächlich durch zwei Faktoren verursacht. Grundsätzlich wirkte sich die demographische Entwicklung bei Publikumszeitschriften wachstumshemmend aus, denn - wie bereits mehrfach erwähnt - nahm sowohl die Zahl der Lesebevölkerung als auch die Zahl der Haushalte im betrachteten Zeitraum nur noch geringfügig zu.[1] Im Gegensatz zu Tages- und Wochenzeitungen war die Nachfrage bei Publikumszeitschriften jedoch nicht von vornherein auf - im allgemeinen - eine einzige Ausgabe je Haushalt begrenzt. Erstens wiesen die Publikumszeitschriften eine geringere Erscheinungshäufigkeit auf und damit verbunden einen bedeutend geringeren Zeitbedarf für die Nutzung als Tages- und Wochenzeitungen und zweitens nahm die inhaltliche Spezialisierung von Publikumszeitschriften in bezug auf bestimmte Themenkreise bzw. Zielgruppen stetig zu, so daβ das Angebot an Publikumszeitschriften immer differenzierter wurde. Die Folge hiervon war, daβ sich die Zahl der Publikumszeitschriften je Haushalt zwischen den Jahren 1961 und 1987 - begünstigt durch den starken Anstieg der Pro-Kopf-Einkommen[2] - von Ø 2,3 auf Ø 4,3 Ausgaben fast verdoppeln konnte.[3] Damit wird zugleich deutlich, daβ die trendmäβige Verringerung der Auflagenzuwächse nicht allein mit der demographischen Entwicklung zu erklären ist.

Ausschlaggebend für die verzeichnete Auflagenentwicklung von Publikumszeitschriften dürfte vor allem der Umstand gewesen sein, daβ Publikumszeitschriften vermutlich - ebenso wie Bücher und Tageszeitungen - nur geringfügig von der starken Zunahme der Mediennutzung profitieren konnten, da die Bevölkerung anscheinend eine vermehrte Nutzung der elektronischen Medien

---

[1] Zur zahlenmäβigen Entwicklung der Lesebevölkerung bzw. der privaten Haushalte, vgl. im Text S.111: Tab.26.

[2] Zur Entwicklung der privaten Verbrauchsausgaben, vgl. im Text S.114: Tab.27.

[3] Die Zahl der Haushalte stieg zwischen 1961 und 1987 von 19,5 Mio. auf 26,2 Mio. und die Auflagenhöhe je Erscheinungstag wuchs von 44,8 Mio. auf 111,9 Mio. Exemplare.

Hörfunk und Fernsehen präferierte.[1] Die tägliche Nutzungsdauer von Publikumszeitschriften, die im Jahr 1988 bezogen auf die Gesamtheit der Mediennutzer Ø 20 Min. betrug,[2] hat jedoch mit Sicherheit nicht in dem Maße zugenommen wie die Zahl der Publikumszeitschriften je Haushalt, so daß mit wachsender Auflagenhöhe fast zwangsläufig eine Marktsättigung einherging.

Tab.41: Entwicklung der Auflagenhöhe von Publikumszeitschriften mit höchstens 26 bzw. mit mindestens 52 Erscheinungstagen pro Jahr, durchschnittliche jährliche Veränderungsraten

Auflagenhöhe * \ Periode	1977-82	1983-87	1977-87
26 Erscheinungstage p.a.	6,0%	2,8%	4,5%
52 Erscheinungstage p.a.	2,0%	-0,1%	1,0%

* Auflagenhöhe je Erscheinungstag. Quelle: Statistisches Bundesamt, Fs.11: R.5, versch. Jgg.; eigene Berechnung der Werte.

Damit übereinstimmend ist für die Perioden 1977-1982 und 1983-1987 festzustellen, daß diejenigen Publikumszeitschriften überdurchschnittlich hohe Auflagenzuwächse aufwiesen, die 14-täglich oder noch seltener erschienen und somit potentiell weniger Lesezeit beanspruchten als wöchentlich erscheinende Ausgaben, deren Auflagenhöhe in der Periode 1983-1987 mit Ø -0,1% p.a.

---

[1] Der Anteil der Zeitschriftennutzung an der gesamten Mediennutzung pro Tag betrug im Jahr 1985 lediglich 5,8%, wohingegen der Anteil in den 60er Jahren mit Sicherheit bedeutend höher lag, ohne daß jedoch eine Quantifizierung möglich ist. Quelle: Infratest, veröff. u.a. in: BDZV (1986), BDZV-Jahresbericht a.a.O., S.9. Zur Entwicklung der Mediennutzungsdauer, vgl. im Anhang S.XLIX: Tab.XXVI.

[2] Vgl.: U. SAXER/ W. LANGENBUCHER/ A. FRITZ (1989), Kommunikationsverhalten und Medien a.a.O., S.59: Tab.19.

stagnierte.[1]

Die vergleichsweise hohen Auflagenzuwächse von Publikumszeitschriften mit geringer Erscheinungshäufigkeit sind auch der Grund, weshalb die Auflage je Erscheinungstag - im Unterschied zur Jahresauflage - in der Periode 1983-1987 mit Ø 1,6% p.a. zunahm und erst im Jahr 1987 mit 111,9 Mio. Exemplaren das bisherige Auflagenmaximum erreichte.[2]

Demzufolge wurde die Nachfrageentwicklung nach Publikumszeitschriften durch den intermediären Wettbewerb insofern negativ beeinträchtigt, als daß in erster Linie die elektronischen Medien und nicht die Publikumszeitschriften von der zusätzlichen Mediennutzung profitierten. Die quantitative Ausweitung der Hörfunk- und Fernsehprogramme und deren zunehmende inhaltliche Differenzierung führte dagegen zu keiner unmittelbaren Substitution der Publikumszeitschriften, sondern vielmehr dürfte in den Nachfragebeziehungen die Komplementarität überwogen haben.[3] In den 60er und 70er Jahren trugen nämlich insbesondere Programmzeitschriften maßgeblich zur Auflagensteigerung von Publikumszeitschriften bei und in den 80er Jahren zählten Spezialzeitschriften, die auf die elektronischen Medien ausgerichtet waren, wie Video-, Computer- und Kinozeitschriften zu bedeutenden Wachstumsträgern. Darüber hinaus hatten die elektronischen Medien auch positive Auswirkungen auf die Nachfrage nach Illustrierten und Magazinen, denn immer häufiger wur-

---

[1] Die Auflagenzuwächse beziehen sich dabei auf die verbreitete Auflagenhöhe je Erscheinungstag (lt. Pressestatistik).

[2] Im Unterschied zur amtlichen Pressestatistik ist die Verkaufsauflage von Publikumszeitschriften je Erscheinungstag lt. IVW-Auflagenlisten in der Periode 1983-1987 sogar um Ø 4,4% p.a. gestiegen. Die enorme Differenz zu den Ø 1,6%igen Auflagenzuwächsen, die in der Pressestatistik verzeichnet wurden, läßt sich damit erklären, daß - wie schon erwähnt - nur ein Teil der Publikumszeitschriften der IVW angeschlossen war. So wurden z.B. im Jahr 1987 in der Pressestatistik 1.440 verschiedene Ausgaben erfaßt, während der IVW nur 428 Publikumszeitschriften (im 2.Quartal 1987) angeschlossen waren. Außerdem können bei den Auflagendaten der IVW auch dadurch Verzerrungen auftreten, daß der Beteiligungsgrad im Zeitablauf schwankt, da keine Meldepflicht besteht. Vgl.: im Anhang S.LIII f.: Tab.XXXIII.

[3] Grundsätzlich ist davon auszugehen, daß die Auswirkungen der intermediären Konkurrenz um so geringer sind, je spezieller der redaktionelle Inhalt ist.

den solche Themen aufgegriffen, die zuvor von den elektronischen Medien publiziert wurden und zu denen die Illustrierten und Magazine die entsprechenden Hintergrundinformationen zum Nachlesen lieferten.

Die Auflagenentwicklung von Publikumszeitschriften wurde zudem angebotsseitig durch die interne Subventionierung der Vertriebspreise beeinflußt.[1] Das Ausmaß der internen Subventionierung der Vertriebspreise von Publikumszeitschriften kann zwar im weiteren nicht exakt quantifiziert werden, aber einen Anhaltspunkt bietet wiederum das Verhältnis der prozentualen Anteilswerte von Vertriebsumsatz und Textumfang.

Anzunehmen ist, daß bei den Publikumszeitschriften - ebenso wie bei den Tageszeitungen - die Herstellungskosten von Text- und Anzeigenseiten in ähnlicher Größenordnung lagen, so daß das Verhältnis von Text- zu Anzeigenseiten ungefähr die Aufteilung der gesamten Herstellungskosten auf den Text- und Anzeigenteil wiedergibt.[2]

Der Vertriebsumsatz trug im Jahr 1987 mit 56,0% zum Gesamtumsatz von Publikumszeitschriften bei,[3] wohingegen 69,2% der Seitenzahl der Jahresauflage von Publikumszeitschriften auf den Textteil entfielen. Die Differenz der Anteilswerte zeigt, daß die Vertriebspreise von Publikumszeitschriften schät-

---

[1] Der Grund, weshalb die Herausgeber von Publikumszeitschriften den redaktionellen Teil mittels Werbeeinnahmen intern subventionierten, bestand wiederum in der Anzeigen-Auflagen-Spirale, deren Wirkungsmechanismus zuvor bereits ausführlich beschrieben wurde. Vgl. im Text S.157ff.

[2] Entsprechende Daten zur Kostenstruktur von Publikumszeitschriften sind allerdings im Unterschied zu den Tageszeitungen sowie den Fachzeitschriften nicht verfügbar.

[3] Der Anzeigen- und Beilagenumsatz von Publikumszeitschriften trug demnach mit 44,0% im Jahr 1987 in weit geringerem Maße zu den gesamten Umsatzerlösen bei als bei Tages- und Wochenzeitungen, deren Umsatzerlöse im Jahr 1987 zu 63,5% aus der Anzeigen- und Beilagenwerbung stammten.

zungsweise zu ca.25% intern durch Werbeeinnahmen subventioniert wurden.[1] Bezüglich der Nachfrageentwicklung ist jedoch weniger der Umfang der internen Subventionierung entscheidend, als vielmehr die Frage, ob die Herausgeber die interne Subventionierung der Vertriebspreise im Zeitablauf graduell veränderten und wenn, in welche Richtung und in welchem Ausmaß.

Eine entsprechende Untersuchung kann nachfolgend aufgrund der Datenlage ausschließlich für die Perioden 1977-1982 und 1983-1987 durchgeführt werden. Die Berechnung ergibt, daß der Vertriebsumsatz von Publikumszeitschriften im Zeitraum von 1977-1987 mit Ø 4,9% p.a. merklich geringere Zuwachsraten aufwies als der Werbeumsatz, der um Ø 6,4% p.a. wuchs. Folglich sank der Anteilswert des Vertriebsumsatzes an den gesamten Umsatzerlösen von 59,9% im Jahr 1976 auf lediglich noch 56,0% im Jahr 1987.[2] Das prozentuale Verhältnis von Text- zu Anzeigenseiten entwickelte sich dagegen in umgekehrter Richtung, denn der Textanteil stieg von 67,2% im Jahr 1978 auf 69,2% im Jahr 1987.[3]

Dieses Ergebnis zeigt eindeutig, daß bei den Publikumszeitschriften der Grad der internen Subventionierung der Vertriebspreise tendenziell zunahm, wodurch wiederum die Auflagenentwicklung positiv beeinflußt wurde. Die verstärkte interne Subventionierung der Vertriebspreise war im Fall der Publikumszeitschriften in erster Linie dadurch bedingt, daß der prozentuale Anteil des Vertriebsumsatzes sukzessive abnahm, wohingegen der Textumfang - anders als bei Tages- und Wochenzeitungen - nur in vergleichsweise geringem Maße ausgeweitet wurde. Ausschlaggebend für den rückläufigen Anteil des Vertriebsumsatzes war dabei jedoch nicht die Entwicklung der Vertriebsprei-

---

[1] Bei hochwertigen Publikumszeitschriften sind die Vertriebseinnahmen oftmals sogar geringer als die auflagenvariablen Druck- und Papierkosten. Vgl.: H.H. BEHRENS: Die Publikumszeitschriften unter besonderer Berücksichtigung der Zielgruppen- und Spezialobjekte, in: B. Tietz (1982), Die Werbung a.a.O., Bd.2, S.1861-1887, Frankfurt a.M. 1982, S.1866.

[2] Vgl. im Anhang S.LIV: Tab.XXXIV.

[3] Für die Jahre 1976/1977 existieren keine entsprechenden Daten. Vgl. im Anhang S.LV: Tab.XXXV.

se,[1] sondern ausschließlich der Umstand, daß die Herausgeber von Publikumszeitschriften einen stetig wachsenden Auflagenanteil unentgeltlich abgaben. Während nämlich im Jahr 1977 - lt. Pressestatistik - erst 1,1% der verbreiteten Jahresauflage von Publikumszeitschriften unentgeltlich als sog. Freistücke abgegeben wurde,[2] betrug der entsprechende Auflagenanteil im Jahr 1987 bereits 8,1%.[3]

Tab.42: Entwicklung der verkauften bzw. der unentgeltlich abgegebenen Jahresauflage von Publikumszeitschriften, durchschnittliche jährliche Veränderungsraten

Publikumszeitschriften \ Periode	1977-82	1983-87	1977-87
Verkaufsauflage	2,6%	-0,3%	1,2%
Unentgeltlich abgegebene Auflage	7,8%	13,4%	10,3%
Verbreitete Auflage insges.	2,8%	0,4%	1,7%

Quelle: Statistisches Bundesamt, Fs.11: R.5, versch. Jgg.; eigene Berechnung der Werte.

Wie Tab.42 zeigt, entwickelte sich die Verkaufsauflage in der Periode 1983-1987 leicht rückläufig, während die unentgeltlich abgegebene Auflage gleich-

[1] Die Einzelverkaufspreise von Publikumszeitschriften wurden zwischen 1978 und 1987 um Ø 4,3% p.a. angehoben und die Jahresabonnementspreise um Ø 3,0% p.a.

[2] Die Daten zur unentgeltlich abgegebenen Auflage beziehen sich auf die durchschnittliche Auflage je Erscheinungstag jeweils im 4.Jahresquartal. Zur Berechnung der Jahresauflage wurden die Auflagendaten je Erscheinungstag mit der entsprechenden Erscheinungshäufigkeit gewichtet.

[3] Im Jahr 1987 wurden von den Publikumszeitschriften ungefähr 250 Mio. Exemplare unentgeltlich abgegeben.

zeitig mit zweistelligen Zuwachsraten wuchs.[1] Diese Entwicklung kann damit erklärt werden, daß die Herausgeber bemüht waren, durch die Abgabe von Freistücken neue Leser bzw. Abonnenten zu gewinnen und somit die Verkaufsauflage zu steigern. Die Höhe der Vertriebspreise dürfte demgegenüber als Wettbewerbsparameter von geringerer Bedeutung gewesen sein, denn die Einzelverkaufspreise von Publikumszeitschriften wurden in den Jahren 1978-1987 stark angehoben, und zwar um Ø 4,3% p.a.

Nachdem die Bestimmungsgründe für die Auflagenentwicklung aufgezeigt wurden, soll im weiteren untersucht werden, weshalb der Seitenumfang je Exemplar bei den Publikumszeitschriften zwischen 1978 und 1987 trotz der starken Zunahme der Werbeeinnahmen nahezu unverändert blieb und somit keinen Einfluß auf die Wachstumsentwicklung der Druckproduktion ausübte. In diesem Zusammenhang muß wiederum zwischen der Entwicklung von Text- und Anzeigenseiten differenziert werden, da verschiedene Gründe bestimmend waren.

Die Publikumszeitschriften setzten sich - wie bereits erwähnt - im Jahr 1987 zu Ø 69,2% aus Textseiten und zu Ø 30,8% aus Anzeigenseiten zusammen, so daß das Druckvolumen von Publikumszeitschriften in weit geringerem Maße unmittelbar durch die Anzeigenwerbung beeinflußt wurde als etwa bei Tageszeitungen, bei denen im Jahr 1987 Ø 41,7% des gesamten Seitenumfangs auf den Anzeigenteil entfielen.[2] Der entscheidende Grund hierfür bestand darin, daß Publikumszeitschriften im Unterschied zu Tages- und Wochenzeitungen geheftet bzw. gebunden waren, und daß die Anzeigenwerbung in den redaktionellen Teil eingestreut wurde. Der Textteil konnte dadurch nicht getrennt vom Anzeigenteil genutzt werden, so daß das Verhältnis von Text- zu Anzeigenseiten bei den Publikumszeitschriften in stärkerem Maße die

---

[1] Aus der IVW-Auflagenliste ergibt sich gleichfalls, daß die unentgeltlich abgegebene Auflage stark gestiegen ist, denn - lt. IVW - erhöhte sich die Druckauflage je Erscheinungstag zwischen 1977 und 1987 mit Zuwachsraten von Ø 4,2% p.a. deutlich stärker als die Verkaufsauflage je Erscheinungstag, die lediglich um Ø 3,5% p.a. zunahm.

[2] Vgl. im Anhang S.LV: Tab.XXXV sowie S.L: Tab.XXVIII.

Attraktivität und damit auch die Kaufbereitschaft bestimmte als bei Tages- und Wochenzeitungen, deren Anzeigenwerbung größtenteils in einem separaten, herausnehmbaren und deshalb als weniger störend empfundenen Anzeigenteil plaziert wurde.

Bemerkenswerterweise ist festzustellen, daß die Zahl der Anzeigenseiten je Exemplar zwischen 1978 und 1987 von Ø 33,0 Seiten auf Ø 31,2 Seiten und damit um insgesamt 5,5% zurückging, obwohl der Werbeumsatz im gleichen Zeitraum um insgesamt 65,1% stieg.[1] Die Zunahme des Werbeumsatzes von Publikumszeitschriften ist folglich nicht auf eine Zunahme des Anzeigenvolumens zurückzuführen, sondern erstens auf die Erhöhung der Anzeigenpreise, die zwischen 1978 und 1987 um insgesamt 10,1% angehoben wurden,[2] zweitens auf die anteilsmäßige Zunahme der mehrfarbigen Anzeigenwerbung[3] und drittens auf den Anstieg des Beilagenumsatzes.

Die Verringerung der Anzeigenseiten je Exemplar wirkte sich wiederum mittelbar auf die zahlenmäßige Entwicklung der Textseiten je Exemplar aus, denn das Verhältnis von Text- zu Anzeigenseiten konnte dadurch bedingt ohne eine Erhöhung der Textseitenzahl aufrechterhalten werden. Die Zahl der Textseiten je Exemplar nahm zwischen 1978 und 1987 von Ø 67,5 Seiten auf Ø 70,1 Seiten zu, so daß der Textanteil geringfügig von 67,2% auf 69,2% anstieg. In Anbetracht dessen, daß die Herausgeber aufgrund der stark gestiegenen Werbeeinnahmen finanziell dazu in der Lage gewesen wären, den Textumfang weitaus stärker zu erhöhen,[4] ist zu folgern, daß sie das erreichte Verhältnis von Text- zu Anzeigenseiten im allgemeinen als optimal einschätz-

---

[1] Der Werbeumsatz von Publikumszeitschriften stieg von 1.625,1 Mio. DM im Jahr 1978 auf 2,683,6 Mio DM im Jahr 1987.

[2] Die Preisanhebung bezieht sich auf den Anzeigengrundpreis für ganzseitige Schwarz-weiß-Anzeigen.

[3] Der Anteil der vierfarbigen Anzeigenwerbung hat sich zwischen 1980 und 1987 von 47,8% auf 52,2% erhöht. Quelle: VERBAND DEUTSCHER ZEITSCHRIFTENVERLEGER e.V. (VDZ), Zentrale Anzeigen-Statistik des VDZ, Fachgruppe Publikumszeitschriften, Bonn, versch. Jgg.

[4] Dies ist daran erkennbar, daß der Anteil der unentgeltlich abgegebenen Auflage drastisch erhöht wurde.

ten,[1] d.h. daß die Grenzkosten zusätzlicher Textseiten größer waren als die zu erwartenden Grenzerlöse.[2] Dieser Umstand kann dahingehend interpretiert werden, daß die überwiegende Zahl der Zeitschriftenleser den erreichten Textumfang aufgrund ihres begrenzten Zeitbudgets als ausreichend erachteten, so daß der Textumfang als Wettbewerbsparameter vergleichsweise unbedeutend war, zumal das Verhältnis von Text- zu Anzeigenseiten auch ohne eine Erhöhung der Textseitenzahl konstant blieb.

Die Druck- und Papierqualität von Publikumszeitschriften war während des Untersuchungszeitraums durch gegenläufige Entwicklungstendenzen gekennzeichnet. Eindeutig erkennbar war jedoch, daß der Anteil der mehrfarbigen Bildreproduktionen, die bereits in den 60er Jahren ein typisches Merkmal von Publikumszeitschriften darstellten,[3] generell stark zugenommen hat, und zwar nicht nur im redaktionellen Teil, sondern gerade auch im Anzeigenteil. Auf die Schwarz-weiß-Anzeigen entfiel im Jahr 1987 lediglich noch ein Anteil von 37,6% des Anzeigenumfangs von Publikumszeitschriften, wohingegen der Anteil der vierfarbigen Anzeigenwerbung zwischen 1980 und 1987 von 47,8% auf 52,2% anstieg.[4]

Demgegenüber war hinsichtlich der verwendeten Papiersorten eine zunehmende Differenzierung zu beobachten, denn während auf der einen Seite ver-

---

[1] Die Zeitschriftenherausgeber waren deshalb um ein konstantes Verhältnis von Text- zu Anzeigenseiten bemüht. Vgl.: D.ULLMANN, Trends im Zeitschriftenmarkt: Auflagen-, Titel- und Umsatzwachstum - Stagnation des Drucks, in: Deutscher Drucker, 23.Jg., Heft Nr.27, S.g1, S.g9-g11, Ostfildern 1987, S.g11.

[2] Die Grenzerlöse resultieren bei einer Ausweitung der Textseitenzahl einerseits aus damit verbundenen Auflagensteigerungen und andererseits aus der Möglichkeit, höhere Anzeigenpreise zu erzielen. Die Höhe der Anzeigenpreise ist nämlich entscheidend vom Seitenverhältnis des Text- und Anzeigenteils abhängig.

[3] Der Zeitschriftendruck wird deshalb häufig auch als Illustrationsdruck bezeichnet.

[4] Quelle: VDZ, Zentrale Anzeigen-Statistik a.a.O., Bonn, versch. Jgg.

mehrt hochqualitative Kunstdruckpapiere eingesetzt wurden, nahm auf der anderen Seite insbesondere bei großauflagigen aktuellen Illustrierten die Verwendung von dünneren Papiersorten zu, um eine Senkung der Produktionskosten zu erreichen. Als Extremfall sind in diesem Zusammenhang die im Jahr 1983 neueingeführten sog. Niedrigpreisobjekte mit mehreren Themenschwerpunkten sowie einem Programmteil anzuführen,[1] die im Tiefdruckverfahren auf Zeitungsdruckpapier erstellt wurden und die sich bezüglich der Druckausstattung allein durch einen höheren Farbanteil sowie eine Heftung von den Tages- und Wochenzeitungen unterschieden. Insgesamt gesehen dürften sich die eingetretenen Veränderungen in der Druck- und Papierqualität von Publikumszeitschriften tendenziell wachstumsfördernd ausgewirkt haben, ohne dabei allerdings einen gravierenden Einfluß auf die Produktionsentwicklung ausgeübt zu haben.

Zusammenfassend lassen sich zwei Feststellungen treffen: Zum einen wäre bei den Publikumszeitschriften ohne den starken Anstieg des Werbeumsatzes und die dadurch ermöglichte zunehmende interne Subventionierung in Form einer steigenden Zahl unentgeltlich abgegebener Exemplare das Auflagenwachstum in den Perioden 1977-1982 und 1983-1988 niedriger ausgefallen.[2] Zum anderen führte der Anstieg des Werbeumsatzes jedoch weder zu einer Ausweitung des Anzeigenumfangs noch mittelbar zu einer Ausweitung des Textumfangs, so daß sich die Entwicklung des Werbeumsatzes demzufolge ausschließlich auf die Auflagenentwicklung wachstumsfördernd auswirkte.

Obwohl die Umsatzentwicklung der Anzeigen- und Beilagenwerbung für die Produktionsentwicklung von Publikumszeitschriften somit von geringerer Bedeutung war als bei Tages- und Wochenzeitungen soll anschließend dennoch untersucht werden, ob die Publikumszeitschriften ihre Stellung im Werbe-

---

[1] Vgl.: R. WOLDT, Die Großverlage haben den längeren Atem - Verdrängungskämpfe im Markt der Publikumszeitschriften, in: Media Perspektiven, Jg.1986, Nr.10, S.648-658, Frankfurt a.M. 1986, S.649ff.

[2] Vgl. im Text S.196: Tab.42.

sektor behaupten konnten, denn seit Anfang der 80er Jahre resultierten die Wachstumsimpulse nahezu ausschließlich daher, daß die Herausgeber - ermöglicht durch die stark gestiegenen Werbeeinnahmen - einen zunehmend höheren Auflagenanteil unentgeltlich abgaben.

Die Publikumszeitschriften wurden bedingt durch ihre überregionale Verbreitung und die Vielschichtigkeit ihrer Leserkreise fast ausnahmslos für die überregionale Konsumgüterwerbung, wie die Markenartikel- und Handelswerbung genutzt.[1]

Tab.43: Entwicklung der prozentualen Anteilswerte von Publikumszeitschriften sowie von Zeitschriften insgesamt an den Umsatzerlösen des Werbesektors, in nominalen Werten

Werbeumsatz \ Jahr	1976	1979	1982	1985	1987
Publikumszeitschriften	11,7%	11,6%	11,6%	10,9%	10,8%
Zeitschriften insges.	20,9%	20,8%	20,2%	19,4%	19,5%

Quelle: Statistisches Bundesamt, Fs.4: R.3.1, Fs.11: R.5 sowie ZAW-Jahrbuch, versch. Jgg.; eigene Berechnung der Werte.

Wie Tab.43 zeigt, trugen die Publikumszeitschriften im Jahr 1987 mit einem Umsatzanteil von 10,8% zu den Umsatzerlösen des Werbesektors bei, wohingegen der Umsatzanteil im Jahr 1976 noch 11,7% betragen hatte. Trotz des rückläufigen Umsatzanteils stellten die Publikumszeitschriften im Jahr 1987 - hinter den Prospekten und Katalogen (30,1%) sowie den Tages- und Wochenzeitungen (28,5%) - unverändert das drittwichtigste Werbemedium des Werbesektors dar.[2]

Abschließend soll aufgezeigt werden, mit welchen Werbeträgern bzw. Wer-

---

[1] Vgl.: G. UNHOLZER, Die Tageszeitung in der Medienlandschaft der Zukunft, in: D. Schnurr, Vom Zeitungsverkauf zum Zeitungsmarketing, S.53-78, Düsseldorf u. Wien 1986, S.66.

[2] Vgl. im Anhang S.LI: Tab.XXX sowie S.XLII f.: Tab.XV.

bemitteln die Publikumszeitschriften im inter- und intramediären Substitutionswettbewerb standen und zudem soll untersucht werden, worauf die unterdurchschnittlichen Umsatzzuwächse der Anzeigen- und Beilagenwerbung in Publikumszeitschriften möglicherweise zurückzuführen waren.[1]

Im Unterschied zu den überregionalen Tages- und Wochenzeitungen eigneten sich die Publikumszeitschriften von der Druckausstattung speziell für die mehrfarbige Anzeigenwerbung und demzufolge für die bildlich dargebotene Werbung, deren Bedeutung angesichts der wachsenden Informationsüberlastung der Rezipienten stetig zunahm.[2] Dementsprechend wiesen die Publikumszeitschriften als Werbeträger in erster Linie Funktionsüberschneidungen mit der Fernsehwerbung,[3] mit der Prospektwerbung und mit dem Werbemittel Kundenzeitschriften auf.[4]

Ausgehend von den Werbefunktionen war vor allem die Substitutionskonkurrenz durch die Fernsehwerbung potentiell von großer Bedeutung, deren spezifischer Vorteil in den realitätsnahen Demonstrationsmöglichkeiten lag. Tatsächlich dürfte sich die Fernsehwerbung jedoch nur marginal auf die Entwicklung des Werbeumsatzes von Publikumszeitschriften ausgewirkt haben, denn die im öffentlich-rechtlichen Fernsehen gesetzlich auf 20 Min. je Werktag limitierte Werbezeit war zumeist überbucht[5] und die Werbung im Privatfernsehen übte wegen der geringen Reichweiten zumindest bis zum Jahr

---

[1] Der Werbeumsatz von Publikumszeitschriften wuchs im Zeitraum von 1977-1987 um Ø 6,4% p.a., während die Umsatzerlöse des Werbesektors insgesamt um Ø 7,2% p.a. stiegen.

[2] Vgl.: W. KROEBER-RIEL, Weniger Informationsüberlastung durch Bildkommunikation, in: WiSt, 16.Jg., Heft Nr.10, S.485-489, München u. Frankfurt a.M. 1987.

[3] Demgegenüber dürfte der Einfluß der Hörfunkwerbung aufgrund fehlender visueller Darstellungsmöglichkeiten vergleichsweise gering gewesen sein.

[4] Darüber hinaus sind die Zeitungssupplements als Substitut für den Werbeträger Publikumszeitschriften anzusehen, wobei deren Werbeumsatz jedoch vergleichsweise gering war.

[5] Vgl.: G. JÄGER, Werbefernsehen, in: J. Ruland (Hrsg.), Werbeträger, S.225-S.244, Bad Homburg 1981, S.225.

1987 - bei Umsatzerlösen in Höhe von 85,6 Mio. DM - keinen bedeutenden Einfluß aus.[1] Dies ist auch daran erkennbar, daß die Fernsehwerbung - trotz wachsender Nachfrage seitens der Werbetreibenden - im Jahr 1987 mit 6,5% gegenüber 7,4% einen deutlich niedrigeren Anteil an den Umsatzerlösen des Werbesektors aufwies als noch im Jahr 1976,[2] wobei die verzeichneten Umsatzzuwächse der Fernsehwerbung größtenteils auf die starke Anhebung der Einschaltpreise zurückzuführen waren.[3]

Inwieweit die Entwicklung des Werbeumsatzes von Publikumszeitschriften durch die überdurchschnittlich stark gewachsene Prospektwerbung beeinflußt wurde,[4] läßt sich nicht bestimmen, da eine Differenzierung nach überregional, regional und lokal ausgerichteter Werbung mit Prospekten bislang nicht durchgeführt wurde. Die Vorteile der Prospektwerbung gegenüber der Anzeigenwerbung in Publikumszeitschriften resultierten vor allem aus der Möglichkeit einer vollständigen Haushaltsabdeckung sowie einer genauen Zielgruppenselektion,[5] wobei jedoch insbesondere die adressierten Prospekte, die von der Bundespost bzw. von privaten Werbekolonnen direkt verteilt wurden, wesentlich höhere Streukosten verursachten als die Anzeigenwerbung. Der effiziente Werbeeinsatz von Prospekten, und zwar speziell von direkt verteilten

---

[1] Die Umsatzdaten beziehen sich auf die privaten Fernsehsender SAT 1 und RTL plus. Vgl.: ZAW (1989), ZAW-Jahrbuch a.a.O., S.184.

[2] Die Umsatzerlöse der Fernsehwerbung stiegen zwischen 1976 und 1987 von 861,2 Mio. DM auf 1.617,8 Mio. DM. Vgl.: ZAW (1989), ZAW-Jahrbuch a.a.O., versch. Jgg.

[3] Die Einschaltpreise der Fernsehwerbung wurden zwischen 1976 und 1984 mehr als doppelt so stark erhöht wie die Anzeigenpreise von Zeitschriften. Vgl.: VDZ, Intermedia-Information, Publikumszeitschriften Werbefernsehen, Hrsg.: Fachgruppe Publikumszeitschriften, Bonn 1987.

[4] Die Werbeaufwendungen für Prospekte stiegen in der Periode 1983-1987 um Ø 10,0% p.a., während der Werbeumsatz des Werbesektors zugleich nur um Ø 6,2% p.a. wuchs. Bezogen auf die Periode 1977-1982 liegen keine Daten über die Werbeaufwendungen für Prospekte vor.

[5] Allerdings eigneten sich die Publikumszeitschriften wegen der stetig fortschreitenden inhaltlichen Differenzierung gleichfalls in zunehmendem Maße für eine zielgruppenorientierte Werbung.

Prospekten, setzte deshalb eine exakte Abgrenzung der Zielgruppen voraus, denn bedingt durch die hohen Streukosten kam der Vermeidung von Streuverlusten eine zentrale Bedeutung zu. Neben substitutiven Nachfragebeziehungen existierten zwischen der Prospektwerbung und der Nutzung des Werbeträgers Publikumszeitschriften aber auch komplementäre Nachfragebeziehungen, und zwar in Form der vielfältigen Arten der Beilagenwerbung,[1] deren Nutzung stetig ausgeweitet wurde.

Die Kundenzeitschriften, auf die nachfolgend unter der Produktgruppe Sonstige Zeitschriften näher eingegangen wird, dürften demgegenüber zumindest in den letzten Jahren mit Sicherheit einen negativen Einfluß auf die Entwicklung der Anzeigenwerbung in Publikumszeitschriften ausgeübt haben, denn insbesondere große Warenhäuser und Einzelhandelsketten setzten zu Werbezwecken in steigendem Umfang hauseigene Kundenzeitschriften ein,[2] so daß deren Auflage in der Periode 1983-1987 um Ø 4,7% p.a. wuchs.[3]

4.3.5. PRODUKTGRUPPE "FACHZEITSCHRIFTEN"

Die Fachzeitschriften unterschieden sich in bezug auf die publizistischen Funktionen dadurch von anderen Zeitschriftenarten, daß sie ausschließlich zu Informations- und Kommunikationszwecken dienten und dabei auf eng abgegrenzte Zielgruppen mit fachspezifischen Vorkenntnissen ausgerichtet waren. Dementsprechend wiesen die redaktionellen Inhalte von Fachzeitschriften einen äußerst hohen Heterogenitätsgrad auf, weshalb auch nachfolgend eine

---

[1] Neben Beilagen in Form lose beigefügter Prospekte besteht u.a. die Möglichkeit, Prospekte als Beikleber oder Beihefter in Zeitschriften zu plazieren. Vgl.: O.V., Es muß nicht immer 1/1 Seite 4c ang. sein, in: Print, Jg.1989, Heft Nr.4, S.14-16, Mainz 1989 sowie M. REITER, Publikumszeitschriften, in : J. Ruland (Hrsg.), Werbeträger, S.125-150, Bad Homburg 1981, S.138ff.

[2] Vgl.: ZAW, ZAW-Jahrbuch Werbung 1985, Bonn 1985, S.121.

[3] Vgl. im Text S.216: Tab.45.

Zweiteilung erfolgt,[1] und zwar in berufs- und branchenbezogene Fachzeitschriften,[2] auf die im Jahr 1987 79,2% der Gesamtauflage von Fachzeitschriften entfiel sowie in wissenschaftliche Fachzeitschriften, deren Auflagenanteil 21,8% betrug.

Zunächst soll jedoch für die Fachzeitschriften insgesamt geschätzt werden, wie hoch deren Produktionsanteil am Zeitschriftendruck ausfiel und wie deren Produktionsentwicklung während des Untersuchungszeitraums verlief.

Der Produktionsanteil der Produktgruppe Fachzeitschriften kann - wie zuvor bei der Produktgruppe Publikumszeitschriften - zumindest näherungsweise anhand der prozentualen Anteilswerte bestimmt werden, mit denen die Produktgruppe Fachzeitschriften zum Druckvolumen bzw. zu den Umsatzerlösen des Zeitschriftendrucks beitrug. Die entsprechende Berechnung der beiden Anteilswerte ergibt, daß im Jahr 1987 lediglich 8,5% des Druckvolumens auf die Produktgruppe Fachzeitschriften entfielen, wohingegen der Umsatzanteil mit 28,1% mehr als das Dreifache betrug.

Der Produktionsanteil der Produktgruppe Fachzeitschriften am Zeitschriftendruck wird im Jahr 1987 mit Sicherheit deutlich höher ausgefallen sein als der 8,5%ige Anteil am Druckvolumen, denn bei Fachzeitschriften lag im Jahr 1987 die durchschnittliche Auflagenhöhe je Ausgabe und Erscheinungstag mit 17.360 Exemplaren weit niedriger als die durchschnittliche Zeitschriftenauflage von 44.522 Exemplaren je Ausgabe und Erscheinungstag. Demzufolge konnten bei Fachzeitschriften nur in sehr beschränktem Umfang Massenproduktionsvorteile im Druckbereich realisiert werden, so daß die durchschnitt-

---

[1] In der Pressestatistik werden die Fachzeitschriften in "Fachzeitschriften mit überwiegend wissenschaftlichem Inhalt" und in "Andere Fachzeitschriften" unterteilt. Die "Anderen Fachzeitschriften" sind dabei überwiegend als berufs- und branchenbezogene Fachzeitschriften zu kennzeichnen und werden deshalb im weiteren auch dementsprechend bezeichnet.

[2] Anders als in den 60er Jahren ist dabei keine eindeutige Abgrenzung zwischen berufs- und branchenbezogenen Fachzeitschriften möglich, da seit langem inhaltliche Überschneidungen bestehen. Vgl.: W.J. SCHÜTZ, Zwischen Kooperation und Konzentration, Rückblick und Ausblick auf die deutsche Presse, in: G. Mantwill (Hrsg.), Medien und Archive, S.58-74, Pullach b. München 1974, S.73.

lichen Druckkosten je Seite zwangsläufig höher ausfielen als im Zeitschriftendurchschnitt.

Andererseits dürfte der Produktionsanteil der Produktgruppe Fachzeitschriften weit unterhalb des verzeichneten Umsatzanteils von 28,1% gelegen haben, denn aufgrund der weit unterdurchschnittlichen Auflagenhöhe je Ausgabe und Erscheinungstag entfiel bei Fachzeitschriften ein größerer Kostenanteil auf die auflagenfixen Kosten, wie Redaktions-, Anzeigenbearbeitungs- und Verwaltungskosten, als dies im Zeitschriftendurchschnitt der Fall war. Umgekehrt trugen die überwiegend auflagenvariablen Druck- und Papierkosten bei Fachzeitschriften nur unterdurchschnittlich zu den Gesamtkosten bei, so daß der Produktionsanteil von Fachzeitschriften niedriger gewesen sein muß als der 28,1%ige Umsatzanteil.[1]

Anzunehmen ist deshalb, daß die Produktgruppe Fachzeitschriften im Jahr 1987 einen Produktionsanteil von schätzungsweise 18-19% aufwies[2] bzw. einen nominalen Bruttoproduktionswert von rd.700 Mio. DM.[3] Da im Jahr 1987 aber nur 13,3% der Zeitschriftenauflage auf die Fachzeitschriften entfielen, bedeutete dies zugleich, daß die Druck- und Papierkosten bezogen auf das einzelne Exemplar - trotz eines unterdurchschnittlichen Seitenumfangs[4] - um rd.40% höher ausfielen als im Zeitschriftendurchschnitt.

Die Produktionsentwicklung der Produktgruppe Fachzeitschriften kann im weiteren für den Zeitraum 1960-1982 ausschließlich mit Hilfe der Auflagenentwicklung nachvollzogen werden, denn der Seitenumfang von Fachzeitschrif-

---

[1] Diese Aussage gilt unter der Voraussetzung, daß die Umsatzrendite von Fachzeitschriften mit der im Zeitschriftendurchschnitt erzielten Umsatzrendite übereinstimmte.

[2] Zu einer ähnlichen Einschätzung kommt der BVD, der den Produktionsanteil von Fachzeitschriften für das Jahr 1985 auf etwa 17% schätzte. Vgl.: D. ULLMANN (1987), Trends im Zeitschriftenmarkt a.a.O., S.g11.

[3] Der Bruttoproduktionswert des Zeitschriftendrucks betrug im Jahr 1987 3.840,7 Mio. DM.

[4] Die Fachzeitschriften umfaßten im Jahr 1987 Ø 48,6 Seiten je Exemplar, wohingegen der Seitenumfang im Zeitschriftendurchschnitt bei Ø 75,9 Seiten je Exemplar lag.

ten läßt sich aufgrund einer statistischen Umstellung allein für die Periode 1983-1987 exakt berechnen,[1] und zwar mit dem Ergebnis, daß der durchschnittliche Seitenumfang je Exemplar in dieser Periode nahezu unverändert blieb.[2] Für den Zeitraum von 1960-1982 kann hingegen unterstellt werden, daß sich der Seitenumfang von Fachzeitschriften wie im Zeitschriftendurchschnitt entwickelte und demzufolge lediglich in der Periode 1961-1968 nennenswert zunahm.[3]

Die Veränderungen in der Druck- und Papierqualität von Fachzeitschriften dürften demgegenüber in keiner der vier Untersuchungsperioden merkliche Auswirkungen auf die Produktionsentwicklung ausgeübt haben, denn gravierende Qualitätsveränderungen traten nicht auf.[4] Demzufolge ist davon auszugehen, daß die reale Produktionsentwicklung von Fachzeitschriften - mit Ausnahme der Periode 1961-1968 - im wesentlichen parallel zu deren Auflagenentwicklung verlief. In der Periode 1961-1968 fielen die realen Produktionszuwächse von Fachzeitschriften dagegen ungefähr doppelt so hoch aus wie die verzeichneten Auflagenzuwächse.

Wie Tab.44 zeigt, war die Auflagenentwicklung von Fachzeitschriften im

---

[1] In den Jahren 1981/1982 wurden in der Pressestatistik die Verbandszeitschriften umgruppiert, was sich insbesondere auf die Fachzeitschriften auswirkte.

[2] Der Seitenumfang je Exemplar wuchs bei Fachzeitschriften in der Periode 1983-1987 um Ø 0,2% p.a.

[3] Die realen Produktionszuwächse des Zeitschriftendrucks betrugen in der Periode 1961-1968 Ø ca.8% p.a. und die Auflagenzuwächse Ø 4,1% p.a., so daß der durchschnittliche Seitenumfang je Zeitschriftenexemplar in der Periode 1961-1968 deutlich gestiegen sein muß. In den Perioden 1969-1976 und 1977-1982 stimmten die realen Produktionszuwächse hingegen weitgehend mit den Auflagenzuwächsen überein. Vgl. im Text S.142: Tab.31 sowie S.208: Tab.44.

[4] Wie bei den Publikumszeitschriften ist auch bei den Fachzeitschriften der Farbanteil stetig ausgeweitet worden, aber im Unterschied zu den Publikumszeitschriften sind bislang zumindest noch keine Fachzeitschriftenausgaben als sog. Niedrigpreisobjekte auf Zeitungspapier erschienen, sondern vielmehr war sogar ein Trend in Richtung einer hochqualitativen Druckausstattung zu beobachten.

Unterschied zu Tages- und Wochenzeitungen sowie Publikumszeitschriften durch keine trendmäßige Verringerung der Auflagenzuwächse gekennzeichnet, denn - abgesehen von der Periode 1969-1976 - nahm die Auflagenhöhe von Fachzeitschriften während des Untersuchungszeitraums beständig zu.[1]

Tab.44: Entwicklung der Auflagenhöhe von Fachzeitschriften sowie von Zeitschriften insgesamt, durchschnittliche jährliche Veränderungsraten

Auflagenhöhe * \ Periode +	1961-68	1969-76	1977-82	1983-87
Fachzeitschriften	3,4%	0,6%	3,9%	3,2%
Zeitschriften insges.	4,1%	1,9%	3,4%	1,3%

* 1961-1976: Druckauflage je Erscheinungstag im Jahresdurchschnitt.
+ Für 1981/1982 konnten keine Werte berechnet werden. Quelle: IVW-Auflagenliste, versch. Jgg. 1977-1987: Verbreitete Jahresauflage. Quelle: Statistisches Bundesamt, Fs.11: R.5, versch. Jgg.; eigene Berechnung der Werte.

Die Auflagenentwicklung von Fachzeitschriften wurde dabei zum einen durch die Entwicklung des wissenschaftlich-technischen Fortschritts beeinflußt sowie zum anderen durch die gesamtwirtschaftliche Wachstumsentwicklung, wohingegen die demographische Entwicklung und die Substitutionskonkurrenz durch andere Druckmedien als Bestimmungsfaktoren unbedeutend wa-

---

[1] Lt. IVW-Auflagenliste verringerte sich demgegenüber bei den Fachzeitschriften die Verkaufsauflage je Erscheinungstag, und zwar in der Periode 1977-1980 um Ø 2,3% p.a. und in der Periode 1983-1987 um Ø 0,0% p.a. Diese offenkundige Diskrepanz zwischen den Auflagendaten der IVW-Auflagenstatistik und der Pressestatistik ist im wesentlichen auf drei Gründe zurückzuführen. Erstens wurde von der IVW nur ein kleiner Teil von Fachzeitschriften berücksichtigt, denn während in der Pressestatistik im Jahr 1987 3.168 verschiedene Ausgaben erfaßt wurden, wurden bei der IVW im 2.Quartal 1987 nur 812 Ausgaben berücksichtigt. Zweitens schwankte bei den IVW-Erhebungen im Zeitablauf der Grad der Meldebeteiligung und drittens bezogen sich die Daten der IVW auf die durchschnittliche Auflagenhöhe je Erscheinungstag und nicht auf die Jahresauflage, die in diesem Kontext von besonderer Bedeutung ist. Vgl. im Anhang S.LIII: Tab.XXXIII.

ren.

Die dynamische Entwicklung des wissenschaftlich-technischen Fortschritts bewirkte, daß Angebot[1] und Nachfrage nach fachspezifischen Informationen während des Untersuchungszeitraums gleichermaßen drastisch zunahmen, wobei die Fachzeitschriften hiervon deswegen besonders stark profitieren konnten, weil sie das wichtigste Medium zur Verbreitung von fachspezifischen Informationen darstellten. Die in der Periode 1969-1976 zwischenzeitlich eingetretene Auflagenstagnation ist demgegenüber im wesentlichen auf die gesamtwirtschaftliche Wirtschaftsentwicklung zurückzuführen, denn während der Rezessionsphase in den Jahren 1974/1975 reagierten die Unternehmen mit verstärkten Kostenreduktionen, die u.a. zu Nachfrageeinbußen bei berufs- und branchenbezogenen Fachzeitschriften führten.[2] Die Nachfrageentwicklung von wissenschaftlichen Fachzeitschriften wurde dagegen hierdurch nur unwesentlich beeinflußt, denn die Hauptabnehmer von wissenschaftlichen Fachzeitschriften waren Universitäten, Institute und Bibliotheken, deren Etatentwicklung in keinem unmittelbaren Zusammenhang mit der gesamtwirtschaftlichen Entwicklung stand.

Für die Perioden 1977-1980 und 1983-1987 ist eine detaillierte Untersuchung der Auflagenentwicklung von berufs- und branchenbezogenen Fachzeitschriften sowie von wissenschaftlichen Fachzeitschriften möglich und für die Periode 1983-1987 kann zudem untersucht werden, wie sich der durchschnittliche Seitenumfang je Exemplar entwickelte.

Die Berechnung der Auflagenentwicklung zeigt, daß in den Perioden 1977-1980 und 1983-1987 die Auflagenzuwächse bei den wissenschaftlichen Fachzeitschriften mit Ø 1,5% p.a. deutlich niedriger ausfielen als bei berufs- und branchenbezogenen Fachzeitschriften, die mit Zuwachsraten von Ø 3,6% p.a. in dieser Zeitspanne die mit Abstand höchsten Auflagenzuwächse aller Zeit-

---

[1] Die Zahl der Fachzeitschriftenausgaben erhöhte sich allein zwischen 1982 und 1987 von 2.800 auf 3.168 Ausgaben, wobei der Grad der inhaltlichen Spezialisierung stetig zunahm.

[2] Die Druckauflage von Fachzeitschriften je Erscheinungstag sank - lt. IVW-Auflagenlisten - in den Jahren 1974-1976 um Ø 4,8% p.a.

schriftenarten erreichten.

Ursächlich für die vergleichsweise niedrigeren Auflagenzuwächse von wissenschaftlichen Fachzeitschriften war vor allem die sprunghaft gestiegene Kopiertätigkeit,[1] die vermehrte Datenausgabe auf Mikrofilm[2] und die zuletzt mit geringeren Zuwachsraten gestiegenen Bibliothekenetats.[3] Diese drei Faktoren beeinträchtigten in weit stärkerem Umfang die Nachfrageentwicklung von wissenschaftlichen Fachzeitschriften als diejenige von berufs- und branchenbezogenen Fachzeitschriften.

Darüber hinaus wirkten sich bei den wissenschaftlichen Fachzeitschriften aber auch die relativ geringen Umsatzzuwächse der Anzeigen- und Beilagenwerbung von Ø 3,6% p.a. wachstumshemmend aus, denn dadurch bedingt stagnierte der ohnehin schon niedrige Grad der internen Subventionierung von wissenschaftlichen Fachzeitschriften.[4] Verdeutlicht werden kann dies für die Periode 1983-1987, denn während der Anteil des Vertriebsumsatzes von 51,5% des Gesamtumsatzes im Jahr 1982 auf 54,3% im Jahr 1987 anstieg, nahm der Anteil der Textseiten an der Seitenzahl der Jahresauflage in an-

---

[1] Vgl.: ZAW, ZAW-Jahrbuch Werbung '77/78, Bonn 1978, S.163.

[2] Dies gilt insbesondere für die in Datenbanken gespeicherten Fachinformationen.

[3] Vgl. im Text S.117f.

[4] Der Grad der internen Subventionierung lag bei wissenschaftlichen Fachzeitschriften deshalb bedeutend niedriger als bei anderen Pressedrucksachen, weil die erzielten Tausenderpreise der Anzeigenwerbung äußerst gering waren. Dies ist wiederum darauf zurückzuführen, daß dem Leserkreis von wissenschaftlichen Fachzeitschriften - aus Sicht der Werbetreibenden - keine hohe Werbeattraktivität beigemessen wurde.

nähernd dem gleichen Umfang zu, und zwar von 63,5% auf 66,5%.[1] Von der unentgeltlich abgegebenen Auflage sind ebenfalls keine Wachstumsimpulse ausgegangen, denn der extrem hohe Auflagenanteil von unentgeltlich abgegebenen wissenschaftlichen Fachzeitschriften wurde seitens der Herausgeber von 34,4% im Jahr 1982 auf 30,8% im Jahr 1987 gesenkt.

Außerdem nahm bei den wissenschaftlichen Fachzeitschriften die Zahl der Anzeigenseiten je Exemplar von Ø 25,6 Seiten im Jahr 1982 auf Ø 21,6 Seiten im Jahr 1987 ab, so daß die Zuwachsraten des Werbeumsatzes in erster Linie auf höhere Anzeigenpreise zurückführen waren.[2] Der rückläufige Anzeigenumfang beeinflußte wiederum mittelbar die Entwicklung der durchschnittlichen Textseitenzahl je Exemplar, denn die Herausgeber waren dadurch imstande, den prozentualen Anteil des Textumfangs auszuweiten und gleichzeitig die Zahl der Textseiten je Exemplar zu verringern, und zwar von Ø 44,2 Seiten im Jahr 1982 auf Ø 42,9 Seiten im Jahr 1987. Der Seitenumfang je Exemplar schrumpfte dadurch in der Periode 1983-1987 um Ø 1,7% p.a., so daß der reale Bruttoproduktionswert von wissenschaftlichen Fachzeitschriften trotz der verzeichneten Auflagenzuwächse stagnierte.[3]

Die berufs- und branchenbezogenen Fachzeitschriften partizipierten dem-

---

[1] Hierbei ist zu berücksichtigen, daß die gesamten Herstellungskosten einer Textseite im Durchschnitt niedriger ausfielen als diejenigen einer Anzeigenseite. Dies ist daran erkennbar, daß von den direkt auf die Text- und Anzeigenseiten zurechenbaren Kosten (Redaktions- und Anzeigenbearbeitungskosten) im Jahr 1986 nur 50,3% auf die Textseiten entfielen, wohingegen 66,5% des Seitenumfangs von Fachzeitschriften auf den Textteil entfielen. Demzufolge dürften die Fachzeitschriften überhaupt nicht mittels Werbeeinnahmen intern subventioniert worden sein, denn der Kostenanteil in Höhe von 50,3% fiel sogar niedriger aus als der Anteil des Vertriebsumsatzes, der im Jahr 1987 54,3% betrug. Vgl. im Anhang S.LV: Tab.XXXVI.

[2] Der Anzeigengrundpreis für die ganzseitige Schwarz-weiß-Anzeige wurde bei den wissenschaftlichen Fachzeitschriften in der Periode 1983-1987 um Ø 4,7% p.a. angehoben.

[3] Dies ist auch daran erkennbar, daß das Druckvolumen von wissenschaftlichen Fachzeitschriften - lt. Pressestatistik - in der Periode 1983-1987 lediglich um Ø 0,8% p.a. wuchs.

gegenüber in hohem Maße von der starken Zunahme des fachspezifischen Informationsbedarfs, denn obwohl die elektronischen Informationssysteme sukzessive erweitert wurden,[1] bildeten die Fachzeitschriften unverändert das wichtigste berufliche Informationsmedium von Führungskräften[2] und waren auch für die berufliche Aus- und Weiterbildung unverzichtbar.[3]

Die verbreitete Auflage von berufs- und branchenbezogenen Fachzeitschriften stieg in den Perioden 1977-1980 und 1983-1987 - wie schon erwähnt - um Ø 3,6% p.a. und das Druckvolumen wuchs in der Periode 1983-1987 um Ø 4,5% p.a., so daß die berufs- und branchenbezogenen Fachzeitschriften eindeutig die höchsten Zuwachsraten von allen Zeitschriftenarten verzeichneten. Interessanterweise war festzustellen, daß die hohen Auflagen- und Produktionszuwächse von berufs- und branchenbezogenen Fachzeitschriften nicht auf den drastisch erhöhten Werbeumsatz zurückzuführen waren, der in den Perioden 1977-1980 und 1983-1987 - in nominalen Werten gemessen - um Ø 10,5% p.a. wuchs. Dies kann anhand verschiedener Entwicklungen verdeutlicht werden: Erstens veränderte sich der Grad der internen Subventionierung, der bei den berufs- und branchenbezogenen Fachzeitschriften wesentlich höher lag als bei allen anderen verkäuflichen Zeitschriftenarten[4] zumin-

---

[1] Weltweit existierten im Jahr 1986 bereits 2.400 Datenbanken, die über Computerverbundsysteme, Datenfernübertragung bzw. Btx abgerufen werden konnten. Vgl.: ZAW, ZAW-Jahrbuch Werbung '86, Bonn 1986, S.138.

[2] Eine Untersuchung des Verlages Gruner + Jahr aus dem Jahr 1981 zeigte, daß 64% der befragten Entscheidungsträger und -vorbereiter in Wirtschaft und Verwaltung die Fachzeitschriften zur beruflichen Information präferierten, wobei Fachtagungen außer Haus mit 47% an zweiter Stelle lagen. Vgl.: ZAW, ZAW-Jahrbuch Werbung '83, Bonn 1983, S.132f.

[3] Vgl.: H. KLINGE, Zeitschriften garantieren Kontinuität auf dem Medienmarkt, in: Der Polygraph, 40.Jg., Heft Nr.II, Frankfurt a.M 1987, S.891.

[4] Bei der Anzeigenwerbung in berufs- und branchenbezogenen Fachzeitschriften konnten extrem hohe Tausenderpreise durchgesetzt werden, wofür wiederum zwei Faktoren entscheidend waren. Einerseits waren die Streuverluste der Werbung wegen der exakten Zielgruppenabgrenzung niedrig und andererseits war die Werbewirksamkeit außergewöhnlich hoch, da ein Großteil der Fachzeitschriftenleser planungs- und einkaufsentscheidende Funktionen ausübte.

dest in der Periode 1983-1987 nur unwesentlich.[1] Zweitens wurde der prozentuale Anteil der unentgeltlich abgegebenen Jahresauflage von berufs- und branchenbezogenen Fachzeitschriften lediglich geringfügig von 15,2% im Jahr 1982 auf 15,6% im Jahr 1987 ausgeweitet. Drittens war festzustellen, daß die dynamische Entwicklung des Werbeumsatzes nur mit einer unbedeutenden zahlenmäßigen Ausweitung der Anzeigenseiten je Exemplar von Ø 12,6 Seiten im Jahr 1982 auf Ø 13,2 Seiten im Jahr 1987 verbunden war. Der Anteil der Textseiten konnte folglich mit einer geringfügigen Erhöhung der Textseitenzahl je Exemplar von Ø 29,1 Seiten auf Ø 31,0 Seiten aufrechterhalten werden.[2] Auf eine weitere Erhöhung des Textanteils verzichteten die Herausgeber offenbar deshalb, weil die berufs- und branchenbezogenen Fachzeitschriften mit rd.70% sowieso schon einen außergewöhnlich hohen Textanteil aufwiesen und die fachspezifische Anzeigenwerbung zur Information der Leser beitrug.

Zu konstatieren ist somit, daß die realen Produktionszuwächse von berufs- und branchenbezogenen Fachzeitschriften in der Periode 1983-1987 überwiegend auf eine gestiegene Nachfrage auf dem Lesermarkt zurückzuführen sind, während durch den Werbemarkt - trotz hoher Umsatzzuwächse - keine bedeutenden Wachstumsimpulse induziert wurden.

Als Fazit läßt sich für die Produktgruppe Fachzeitschriften festhalten, daß im Zeitraum von 1976-1987 die Produktionszuwächse größtenteils durch die hohen Auflagenzuwächse von berufs- und branchenbezogenen Fachzeitschriften bedingt waren, wohingegen der Bruttoproduktionswert von wissenschaftlichen Fachzeitschriften - in realen Werten gemessen - weitgehend stagnierte. Obwohl die Entwicklung des Werbeumsatzes von Fachzeitschrif-

---

[1] Während der Anteil des Textumfangs von 69,8% im Jahr 1982 auf 70,2% im Jahr 1987 zunahm, sank der Anteil des Vertriebsumsatzes von 37,7% auf 36,6%.

[2] Die durchschnittliche Zahl von Anzeigenseiten je Exemplar nahm in der Periode 1983-1987 um Ø 0,9% p.a. zu, diejenige von Textseiten um Ø 1,3% p.a. und der gesamte Seitenumfang je Exemplar um Ø 1,2% p.a.

ten keinen nachhaltigen Einfluß auf die Produktionsentwicklung ausübte, soll trotzdem kurz auf die Bedeutung des Werbeträgers Fachzeitschriften innerhalb des Werbesektors eingegangen werden.

Die Fachzeitschriften trugen im Jahr 1987 mit 6,5% zu den Umsatzerlösen des Werbesektors bei,[1] gegenüber einem Anteilswert von 6,3% im Jahr 1982, so daß sich der Stellenwert der Anzeigen- und Beilagenwerbung in Fachzeitschriften nur unwesentlich veränderte. Erhebliche Anteilsverschiebungen traten jedoch zwischen den wissenschaftlichen und den berufs- bzw. branchenbezogenen Fachzeitschriften auf. Während im Jahr 1982 auf die wissenschaftlichen Fachzeitschriften 29,5% und auf die berufs- und branchenbezogenen Fachzeitschriften 70,5% des gesamten Werbeumsatzes von Fachzeitschriften entfielen, sank der prozentuale Anteil von wissenschaftlichen Fachzeitschriften bis 1987 auf 25,0% und derjenige von berufs- und branchenbezogenen Fachzeitschriften erhöhte sich vice versa auf 75,0%.

Die berufs- und branchenbezogenen Fachzeitschriften, die im Unterschied zu anderen Pressedrucksachen überwiegend für die Investitionsgüterwerbung genutzt wurden und demzufolge in erster Linie mit Prospekten und Katalogen im intermediären Substitutionswettbewerb standen, konnten dementsprechend ihre Position innerhalb des Werbesektors deutlich verbessern,[2] wobei die damit zum Ausdruck kommende hohe Werbeattraktivität insbesondere daher resultierte, daß die berufs- und branchenbezogenen Fachzeitschriften das mit Abstand wichtigste Primärinformationsmedium für Investitionsentscheidungen darstellten.

4.3.6. PRODUKTGRUPPE "SONSTIGE ZEITSCHRIFTEN"

Die Produktgruppe Sonstige Zeitschriften umfaßt - wie bereits erwähnt -

---

[1] Der Werbeumsatz von Fachzeitschriften betrug dabei im Jahr 1987 1.621,7 Mio. DM.

[2] Allein zwischen 1982 und 1987 stieg der prozentuale Anteil der berufs- und branchenbezogenen Fachzeitschriften an den Umsatzerlösen des Werbesektors von 4,5% auf 4,9%, während der Anteilswert der wissenschaftlichen Fachzeitschriften gleichzeitig von 1,9% auf 1,6% abnahm.

verschiedene Zeitschriftenarten, die allein aus dem Grund zusammengefaßt werden, weil ihre Bruttoproduktionswerte für eine eigenständige Untersuchung zu niedrig ausgefallen sind. Zu unterscheiden sind dabei verkäufliche Zeitschriftenarten, wie Politische Wochenblätter und Konfessionelle Zeitschriften,[1] die im Jahr 1987 mit 21% zur Jahresauflage der Produktgruppe Sonstige Zeitschriften beitrugen sowie die typischerweise unentgeltlich abgegebenen Zeitschriftenarten, wie u.a. Kundenzeitschriften, auf die 79% der Jahresauflage entfielen.

Die Produktgruppe Sonstige Zeitschriften dürfte im Jahr 1987 schätzungsweise mit einem Produktionsanteil von ca.12% zum Zeitschriftendruck beigetragen haben, so daß der Bruttoproduktionswert rd.450 Mio. DM betrug. Diese Schätzung basiert darauf, daß die durchschnittliche Auflagenhöhe je Ausgabe und Erscheinungstag bei den Sonstigen Zeitschriften im Jahr 1987 mit exakt 100.000 Exemplaren weit höher ausfiel als im Zeitschriftendurchschnitt.[2] Dementsprechend ist anzunehmen, daß der Produktionsanteil der Produktgruppe Sonstige Zeitschriften im Jahr 1987 einerseits unterhalb des 13%igen Anteils am gesamten Druckvolumen von Zeitschriften lag, andererseits aber oberhalb des entsprechenden Umsatzanteils von 10,9% lag, der für die Produktgruppe Sonstige Zeitschriften errechnet wurde.

Der Auflagenanteil der Produktgruppe Sonstige Zeitschriften betrug hingegen 27,9%, so daß die Druck- und Papierkosten je Exemplar um rd.60% niedriger waren als im Zeitschriftendurchschnitt. Hierfür war aber nicht allein die Realisierung von Massenproduktionsvorteilen bestimmend, sondern auch die Tatsache, daß die Sonstigen Zeitschriften mit Ø 35,4 Seiten einen wesentlich geringeren Seitenumfang je Exemplar aufwiesen als Publikums- oder Fach-

---

[1] Die Jahresauflage von Politischen Wochenblättern wurde im Jahr 1987 zu 95,3% und diejenige von Konfessionellen Zeitschriften zu 95,7% unentgeltlich verteilt.

[2] Die durchschnittliche Auflagenhöhe je Ausgabe und Erscheinungstag betrug im Jahr 1987 bezogen auf sämtliche Zeitschriftenarten 44.522 Exemplare.

zeitschriften.[1]

Die Auflagen- bzw. Produktionsentwicklung der Produktgruppe Sonstige Zeitschriften läßt sich im weiteren bedingt durch die Datenlage nur sehr eingeschränkt nachvollziehen, denn für den gesamten Untersuchungszeitraum kann allein die Auflagenentwicklung von Kundenzeitschriften aufgezeigt werden.[2] Für die Produktgruppe Sonstige Zeitschriften insgesamt liegen hingegen ausschließlich für die Periode 1983-1987 aussagefähige Daten vor, und zwar sowohl zur Auflagenhöhe als auch zum durchschnittlichen Seitenumfang je Exemplar.[3]

Tab.45: Entwicklung der Auflagenhöhe von Kundenzeitschriften sowie von Zeitschriften insgesamt, durchschnittliche jährliche Veränderungsraten

Auflagenhöhe * \ Periode	1961-68	1969-76	1977-82	1983-87	1961-76	1977-87
Kundenzeitschriften	2,9%	-1,9%	-2,6%	4,7%	0,5%	0,7%
Zeitschriften insges.	4,1%	1,9%	2,4%	1,3%	3,0%	1,9%

* 1961-1976: Druckauflage je Erscheinungstag im Jahresdurchschnitt. Quelle: IVW-Auflagenliste, versch. Jgg. 1977-1987: Verbreitete Jahresauflage. Quelle: Statistisches Bundesamt, Fs.11: R.5, versch. Jgg.; eigene Berechnung der Werte.

Wie aus Tab.45 erkennbar ist, lagen die Auflagenzuwächse von Kundenzeitschriften mit Ausnahme der Periode 1983-1987 während des gesamten Untersuchungszeitraums weit unterhalb des Zeitschriftendurchschnitts. In den

---

[1] Der Seitenumfang von Kundenzeitschriften ist mittelbar durch die Bestimmungen der sog. Zugabeverordnung begrenzt, wonach die Herstellungskosten von Kundenzeitschriften geringwertig sein müssen. Vgl.: ZugabeVO, §1, Abs.2, Ziffer e) sowie A. PAUS, Kundenzeitschriften, in: J. Ruland (Hrsg.), Werbeträger, S.151-162, Bad Homburg 1981, S.151f.

[2] In den IVW-Auflagenlisten wird ausschließlich die Auflagenhöhe von Kundenzeitschriften erfaßt.

[3] In der Pressestatistik wurden bis zum Jahr 1981 speziell die zur Produktgruppe Sonstige Zeitschriften zählenden Zeitschriftenausgaben nur unvollständig erfaßt.

70er Jahren traten sogar erhebliche Auflagenrückgänge ein, und erst in der Periode 1983-1987 waren starke Auflagenzuwächse in Höhe von Ø 4,7% p.a. zu registrieren.[1]

Die Auflage von Sonstigen Zeitschriften insgesamt wuchs in der Periode 1983-1987 ebenfalls, wenn auch nur Ø 2,2% p.a., wofür die Auflageneinbußen von Konfessionellen Zeitschriften um Ø 2,0% p.a. sowie von Politischen Wochenblättern um Ø 0,6% p.a. ursächlich waren.

Im Fall der politischen Wochenblätter resultierte der Auflagenrückgang vor allem daher, daß mehrere Ausgaben aus Rentabilitätsgründen eingestellt wurden[2], während bei den Konfessionellen Zeitschriften primär die stetig sinkende Zahl von Kirchenmitgliedern entscheidend war.

Unter Zugrundelegung der Auflagenentwicklung ist zu folgern, daß die Sonstigen Zeitschriften während der 60er Jahre nur unterdurchschnittlich zur Produktionsentwicklung des Zeitschriftendrucks beitrugen und während der 70er Jahre sogar kontraktive Impulse induzierten. Demgegenüber zählte die Produktgruppe Sonstige Zeitschriften in der Periode 1983-1987 zu den wichtigsten Wachstumsträgern, denn neben Auflagenzuwächsen von Ø 2,2% p.a. vergrößerte sich der Seitenumfang je Exemplar gleichermaßen um Ø 2,2% p.a., so daß das Druckvolumen von Sonstigen Zeitschriften um Ø 4,5% p.a. anstieg.

Die Produktionszuwächse von Sonstigen Zeitschriften sind dabei nahezu ausnahmslos auf den Anstieg der Werbeaufwendungen für Kundenzeitschriften und andere unentgeltlich als Werbemittel verteilte Zeitschriften zurückzuführen. Dies wird auch anhand der Entwicklung des Seitenumfangs von Sonstigen Zeitschriften deutlich, denn die Zahl der Textseiten je Exemplar wurde in der Periode 1983-1987 mit Ø 0,8% p.a. nur unbedeutend erhöht, wohinge-

---

[1] Die Jahresauflage von Kundenzeitschriften betrug - lt.Pressestatistik - im Jahr 1987 633,8 Mio. Exemplare.

[2] Die Auflagenentwicklung wurde hierdurch insofern beeinträchtigt, als bei Politischen Wochenblättern in der Regel eine extrem enge Leser-Blatt-Bindung besteht, so daß die Substitutionsmöglichkeiten aus Sicht der Leser begrenzt sind.

gen die Anzeigenseitenzahl je Exemplar um Ø 4,9% p.a. zunahm.

Der Werbeumsatz von Sonstigen Zeitschriften stieg zwar mit nominalen Zuwachsraten von Ø 5,9% p.a. - in Relation zum Werbesektor[1] - nur unterdurchschnittlich, aber hierbei ist zu beachten, daß die Aufwendungen der Zeitschriftenherausgeber zur Eigenwerbung, die speziell bei Kundenzeitschriften überwiegen, in der Pressestatistik nicht erfaßt wurden.

4.3.7. ZWISCHENERGEBNIS

Wie die vorhergehende Untersuchung zeigt, waren im Zeitungs- und Zeitschriftendruck während des Untersuchungszeitraums unterschiedliche Bestimmungsgründe für die Produktionsentwicklung entscheidend. In der Periode 1961-1968 resultierten die realen Produktionszuwächse im Zeitungs- und Zeitschriftendruck zunächst noch gleichermaßen daher, daß die Auflagenhöhe und der durchschnittliche Seitenumfang je Exemplar zunahm. In den folgenden Perioden war jedoch festzustellen, daß im Zeitschriftendruck die Produktions- und die Auflagenentwicklung weitgehend parallel verlief, während die realen Produktionszuwächse im Zeitungsdruck die entsprechenden Auflagenzuwächse bei weitem übertrafen.[2]

Die Auflagenentwicklung, und zwar speziell diejenige von Tages- und Wochenzeitungen sowie von Publikumszeitschriften, die mit Produktionsanteilen von im Jahr 1987 ca.50% bzw. ca.30% die zentralen Produktgruppen des Produktbereichs Pressedrucksachen bildeten, war durch trendmäßig rückläufige Zuwachsraten gekennzeichnet,[3] wofür zum einen die demographische Entwicklung und zum anderen die stagnierende Nutzungsdauer von Zeitungen und Zeitschriften ursächlich war. Dadurch bedingt nahmen die realen Produktionszuwächse im Zeitschriftendruck stetig ab, wohingegen im Zeitungsdruck - trotz der Auflagenstagnation von Tages- und Wochenzeitungen - in

---

[1] Die Umsatzerlöse des Werbesektors stiegen in der Periode 1983-1987 um Ø 6,3% p.a.

[2] Vgl. im Anhang S.LVI: Tab.XXXVII.

[3] Vgl. im Text S.152: Tab.35 sowie S.189: Tab.40.

den Perioden 1977-1982 und 1983-1987 weiterhin hohe reale Produktionszuwächse verzeichnet wurden.[1]

Die differierende Wachstumsentwicklung ist damit zu erklären, daß im Zeitungsdruck - zumindest in den Perioden 1977-1982 und 1983-1987 - vom Anstieg des Werbeumsatzes starke Wachstumsimpulse auf die Produktionsentwicklung ausgingen, während im Zeitschriftendruck - mit Ausnahme von Kundenzeitschriften und anderen unentgeltlich abgegebenen Zeitschriften - offenbar kein Zusammenhang zwischen der Produktionsentwicklung und der Umsatzentwicklung der Anzeigen- und Beilagenwerbung bestand, denn der durchschnittliche Seitenumfang je Exemplar blieb sowohl bei den Publikums- als auch bei den Fachzeitschriften zwischen den Jahren 1976 und 1987 nahezu unverändert.[2]

Im Zeitungsdruck wirkte sich die Zunahme des Werbeumsatzes dagegen in den Perioden 1977-1982 und 1983-1987 gleich in zweifacher Hinsicht wachstumsfördernd auf die Produktionsentwicklung aus. Zum einen führte der wachsende Werbeumsatz bei den Tages- und Wochenzeitungen zu einer Ausweitung des durchschnittlichen Text- und Anzeigenumfangs je Exemplar und zum anderen erhöhten Herausgeber von Anzeigenblättern mit wachsendem Werbeumsatz sukzessive die Auflagenhöhe sowie den durchschnittlichen Seitenumfang je Exemplar.[3]

Im Zeitschriftendruck waren die realen Produktionszuwächse dagegen in der Periode 1977-1982 fast ausschließlich auf die Auflagenzuwächse von Publikums- und Fachzeitschriften zurückzuführen, während in der Periode 1983-1987 in erster Linie die Auflagenzuwächse von Fachzeitschriften ausschlaggebend waren[4] sowie in geringerem Umfang auch die Produktionsentwicklung von Kundenzeitschriften und anderen unentgeltlich abgegebenen

---

[1] Vgl. im Text S.142: Tab.31.

[2] Vgl. im Text S.188 sowie S.207.

[3] Vgl. im Text S.177ff.

[4] Vgl. im Text S.208: Tab.44.

Zeitschriften, deren Auflagenhöhe und durchschnittlicher Seitenumfang je Exemplar - angesichts eines zunehmenden Werbeumsatzes - stark ausgeweitet wurde.[1]

Abschließend ist festzuhalten, daß die Wachstumsimpulse im Produktbereich Pressedrucksachen während des Untersuchungszeitraums in zunehmendem Maße von der Entwicklung des Werbeumsatzes, und zwar vor allem derjenigen im Zeitungsdruck abhängig waren, da von der Nachfrageentwicklung auf dem Lesermarkt - mit Ausnahme der berufs- und branchenbezogenen Fachzeitschriften[2] - im Zeitablauf immer geringere bzw. seit Anfang der 80er Jahre sogar überhaupt keine Wachstumsimpulse mehr auf die Produktionsentwicklung von Pressedrucksachen ausgingen.

---

[1] Vgl. im Text S.165: Tab.36, S.216: Tab.45 sowie S.217f.

[2] Vgl. im Text S.209f.

5. PRODUKTBEREICH "VERPACKUNGSDRUCKSACHEN"

5.1. TYPISIERUNG DES PRODUKTBEREICHS

Der Produktbereich Verpackungsdrucksachen[1] umfaßt im folgenden ausschließlich die aus Papier bestehenden Verpackungsdrucksachen[2], denn bedruckte Verpackungsmittel aus anderen Werkstoffen, wie Karton, Pappe, Kunststoff, Glas bzw. Metall, zählen entsprechend der Abgrenzung des Statistischen Bundesamtes nicht zu den Drucksachen,[3] sondern zu den Gütergruppen Papier- und Pappewaren (Melde-Nr.56), Kunststofferzeugnisse (Melde-Nr.58), Glas und Glaswaren (Melde-Nr.52) sowie Eisen-, Blech- und Metallwaren (Melde-Nr.38).[4] In diesem Zusammenhang ist zu erwähnen, daß die Abgrenzung gegenüber der Gütergruppe Papier- und Pappewaren insofern nicht eindeutig war, als daß bedruckte Papiertüten und Papierbeutel ebensowenig zu den Drucksachen zählten wie paraffinierte Einwickler, Schmalrolleneinwickler und bedruckte Etiketten, sofern diese geprägt, gestanzt oder gummiert waren. Die bedruckten Einwickler und bedruckten Etiketten wurden allerdings im Jahr 1982 umgruppiert und werden seither den Verpackungsdrucksachen (Melde-Nr.5716 0.) zugeordnet.[5]

---

[1] Hinsichtlich der Abgrenzung ist der Produktbereich Verpackungsdrucksachen mit der Güterklasse "Verpackungs- und Ausstattungsdrucksachen" (Melde-Nr.5716 0.) identisch.

[2] Die Begriffe Verpackung und Packung werden im folgenden synonym benutzt. Vgl.: J. DEUSS, Die Packung in der betrieblichen Absatzpolitik, Göttingen 1985, S.24ff.

[3] Vgl.: STATISTISCHES BUNDESAMT, Systematisches Güterverzeichnis für Produktionsstatistiken, Ausgabe 1982, Stuttgart u. Mainz 1983.

[4] Die derart durchgeführte Zuordnung läßt sich damit begründen, daß diese Werkstoffe zumeist in integrierten Produktionsprozessen (In-line-Fertigung) zu bedruckten Verpackungsmitteln verarbeitet werden, wobei der Druckvorgang nur in verhältnismäßig geringem Maße zum Bruttoproduktionswert der Verpackungsmittel beiträgt.

[5] Vgl.: STATISTISCHES BUNDESAMT, Systematisches Warenverzeichnis für die Industriestatistik, Ausgabe 1975, Stuttgart u. Mainz 1976.

Die Verpackungsdrucksachen aus Papier trugen dabei nur in geringem Umfang zum gesamten Verpackungssektor bei, denn von dem gesamten Bruttoproduktionswert der bedruckten und unbedruckten Verpackungsmittel in Höhe von 32.675,2 Mio. DM im Jahr 1988 entfielen auf die Verpackungsdrucksachen lediglich 1.699,9 Mio. DM bzw. ein Produktionsanteil von 5,2%.[1]

Der Anteilswert, den der Produktbereich Verpackungsdrucksachen[2] am gesamten Bruttoproduktionswert von Drucksachen aufwies, fiel im Jahr 1988 mit 6,8% ebenfalls niedrig aus, denn der Produktbereich Verpackungsdrucksachen bildete damit - abgesehen vom Produktbereich Sonstige Drucksachen - den kleinsten aller Produktbereiche der Druckindustrie. Unter Einbeziehung sämtlicher Kleinbetriebe mit weniger als 10 bzw. 20 Beschäftigten hätte der Produktionsanteil von Verpackungsdrucksachen im Jahr 1988 vermutlich nur ca.6% betragen, denn im Verpackungsdruck dominierten großauflagige Druckaufträge, die zum weit überwiegenden Teil von mittleren und größeren Druckbetrieben gefertigt wurden.[3]

Die wichtigsten Produkte des Produktbereichs Verpackungsdrucksachen stellten bedruckte Etiketten dar, die vorwiegend zur Kennzeichnung von Flaschen, Gläsern, Dosen, aber auch Kunststoffbehältern eingesetzt wurden und von denen Anfang der 80er Jahre schätzungsweise 50 Mrd. Stück jährlich

---

[1] Vgl.: RATIONALISIERUNGSGEMEINSCHAFT VERPACKUNG IM RKW e.V. (RGV), Produktionsmenge und Produktionswert der Verpackungsindustrie in der BR Deutschland und Berlin (West), versch. Jgg., Eschborn.

[2] Zu den Verpackungsdrucksachen zählen im folgenden - soweit nicht ausdrücklich anders erwähnt - ausschließlich die Verpackungsdrucksachen aus Papier.

[3] In der Betriebsgrößenklasse mit 10-19 Beschäftigten betrug der Produktionsanteil von Verpackungsdrucksachen im Jahr 1976 nur 5,2%, während der Produktionsanteil von Druckbetrieben mit 20 und mehr Beschäftigten immerhin bei 6,5% lag. Außerdem gaben in der Marketing-Umfrage des BVD im Jahr 1977 lediglich 5% der Druckbetriebe mit 1-19 Beschäftigten an, daß der Verpackungsdruck einen Produktionsschwerpunkt bildete. Vgl.: H.-J. TEICHMANN (1982), Neue technische Kommunikation... a.a.O., S.55 sowie BVD (1977), Marketing-Umfrage a.a.O.

produziert wurden.[1] Von großer Bedeutung waren zudem die bedruckten Einwickler und sonstige Verpackungszuschnitte aus Papier, die vor allem zur Verpackung von Nahrungsmitteln wie Süßwaren und Gebäck dienten sowie die Weichpackungen, die typischerweise in der Zigarettenindustrie,[2] aber auch zur Verpackung von Nahrungsmitteln und Kosmetikartikeln verwendet wurden. Zum Produktbereich Verpackungsdrucksachen zählten darüber hinaus Drucksachen wie Beipackzettel für Arzneimittel, bedruckte Anhänger sowie Schallplattenhüllen, auf die zusammengerechnet allerdings nur ein kleiner Produktionsanteil entfiel, weshalb auch im Anschluß auf eine separate Untersuchung verzichtet wird. Insgesamt betrachtet ist somit zu konstatieren, daß die Verpackungsdrucksachen größtenteils als Vorleistungsprodukte an die Verbrauchsgüterindustrien, und zwar speziell an die Nahrungs- und Genußmittelindustrie abgesetzt wurden.

Der Produktbereich Verpackungsdrucksachen wird nachfolgend - anders als die anderen Produktbereiche der Druckindustrie - nicht in mehrere Produktgruppen unterteilt, da der Produktionsanteil des Produktbereichs Verpackungsdrucksachen mit 6,8% im Jahr 1988 derart gering ausfiel, daß eine weitere Disaggregation den Rahmen der Dissertation übersteigen würde.

5.2. DARSTELLUNG UND ANALYSE DER PRODUKTIONS- UND AUSSENHANDELSENTWICKLUNG DES PRODUKTBEREICHS

Der Produktbereich Verpackungsdrucksachen war - wie Tab.46 zeigt - während des Untersuchungszeitraums durch überdurchschnittlich hohe reale Produktionszuwächse gekennzeichnet und wies in den Perioden 1969-1976 und 1983-1988 sogar die höchsten realen Produktionszuwächse von sämtlichen Produktbereichen der Druckindustrie auf. In nominalen Werten gemessen fie-

---

[1] Vgl.: K. <u>GREFERMANN</u> (1980), Druckerei- und Vervielfältigungsindustrie a.a.O., S.58.

[2] Zur Verpackung von Zigaretten werden zudem Faltschachteln benutzt, die jedoch nicht zu den Drucksachen zählen, sondern vielmehr der Güterart "Schachteln, Zuschnitte u.a. Packmittel..." (Melde-Nr.5656 20) zugeordnet sind.

len die Produktionszuwächse von Verpackungsdrucksachen dagegen allein in der Periode 1983-1988 überdurchschnittlich aus, da die Erzeugerpreise von Verpackungsdrucksachen in weit geringerem Maße angehoben wurden als die durchschnittlichen Erzeugerpreise von Drucksachen.[1]

Tab.46: Entwicklung der Bruttoproduktionswerte von Verpackungsdrucksachen sowie von Drucksachen insgesamt, in nominalen und realen Werten, durchschnittliche jährliche Veränderungsraten

Produktionswert \ Periode	1961-68	1969-76	1977-82	1983-88	1961-76	1977-88
Verpackungsdrucksachen, nom.	7,5%	9,0%	5,9%	6,9%	8,2%	6,4%
Drucksachen insges., nom.	8,2%	8,9%	6,9%	5,0%	8,5%	5,9%
Verpackungsdrucksachen, real	4,4%	5,4%	2,9%	4,6%	4,9%	3,8%
Drucksachen insges., real	5,1%	2,8%	2,3%	2,3%	3,9%	2,3%

Quelle: Statistisches Bundesamt, Fs.4: R.3.1 u. Fs.17: R.2, versch. Jgg.; eigene Berechnung der Werte.

Zurückzuführen ist dies vor allem darauf, daß im Verpackungsdruck überdurchschnittlich hohe Produktivitätszuwächse erzielt wurden, wodurch die gestiegenen Faktorkosten in größerem Umfang kompensiert werden konnten als in den anderen Produktbereichen der Druckindustrie. Für den überdurchschnittlichen Produktivitätsanstieg waren wiederum zwei Gründe ursächlich: Zum einen wirkte sich die starke Zunahme der technisch möglichen Druckgeschwindigkeiten insbesondere bei großen Druckauflagen, wie sie im Verpackungsdruck vorherschend sind, produktivitätssteigernd aus. Zum anderen dominierten im Verpackungsdruck Serienaufträge und zudem bestand oftmals die Möglichkeit "auf Lager" zu produzieren, so daß im Verpackungsdruck größere organisatorische Fortschritte im Bereich der Produktionsplanung und

[1] Vgl. im Anhang S.LVI: Tab.XXXVIII.

-steuerung realisiert werden konnten als bei kleinauflagigen Druckaufträgen,[1] zumal die Nachfrage nach Verpackungsdrucksachen weitaus weniger konjunkturreagibel war als die Drucknachfrage in den anderen Produktbereichen.[2]

Anschließend soll zunächst wiederum untersucht werden, inwieweit der Außenhandel die Produktionsentwicklung von Verpackungsdrucksachen beeinflußt hat und erst danach wird auf die Wachstumsdeterminanten der Inlandsnachfrage detailliert eingegangen.

Im Produktbereich Verpackungsdrucksachen bestanden grundsätzlich besonders günstige Voraussetzungen für den Außenhandel, denn der Verpackungsdruck war nicht nur durch große Druckauflagen, sondern teilweise auch durch außergewöhnlich hohe qualitative Anforderungen gekennzeichnet, ohne daß dabei jedoch wie beim Zeitungs- und Zeitschriftendruck extrem kurze Lieferzeiten aufgrund des Aktualitätsgrades zwingend vorgegeben waren. Dementsprechend war der Kreis der Druckbetriebe, die von der maschinellen und personellen Ausstattung her dazu in der Lage waren, diese Druckaufträge auszuführen, stark eingegrenzt, so daß die räumlich nächstliegenden Druckbetriebe i.d.R. nicht beauftragt werden konnten. Außerdem fielen die Kommunikationskosten in Relation zu den gesamten Produktionskosten zumeist deshalb gering aus, weil im Verpackungsdruck überwiegend Serienaufträge mit hohen Auftragswerten gefertigt wurden. Die Transportkosten waren als Außenhandelshemmnis gleichfalls von geringerer Bedeutung als in den meisten anderen Produktbereichen, da die Transportzeit bei Verpackungsdrucksachen weitgehend unerheblich war, so daß die jeweils kostengünstigsten Verkehrsmittel benutzt werden konnten.

---

[1] Die Produktivitätszunahme resultierte dabei aus einer höheren Kapazitätsauslastung, einer verstärkten Zusammenfassung produktionstechnisch gleichartiger Druckaufträge sowie dem Einsatz von speziell ausgelegten Druckmaschinen.

[2] Die Standardabweichung der jährlichen Veränderungsraten des realen Bruttoproduktionswertes fiel bei den Verpackungsdrucksachen mit 2,7% in den Jahren 1961-1988 wesentlich niedriger aus als in sämtlichen anderen Produktbereichen der Druckindustrie.

Demzufolge entwickelte sich der Außenhandel mit Verpackungsdrucksachen während des Untersuchungszeitraums äußerst dynamisch, wobei allerdings zu beachten ist, daß die Außenhandelsverflechtung im Ausgangsjahr 1960 mit einer Importquote von 0,9% und einer Exportquote von 2,4% extrem niedrig war.[1]

Tab.47: Entwicklung der Einfuhr- und Ausfuhrwerte im Produktbereich Verpackungsdrucksachen, in nominalen und realen Werten, durchschnittliche jährliche Veränderungsraten

Verpackungsdruck * \ Periode	1961-68	1969-76	1977-82	1983-88	1961-76	1977-88
Einfuhrwert, nom.	19,8%	13,4%	8,9%	10,0%	16,6%	9,4%
Ausfuhrwert, nom.	21,3%	15,2%	9,5%	11,1%	18,2%	10,3%
Einfuhrwert, real	18,9%	9,2%	6,4%	8,9%	13,9%	7,6%
Ausfuhrwert, real	15,5%	8,1%	5,0%	8,6%	11,8%	6,8%

* 1961-1976: Etiketten, bedruckt u. unbedruckt; 1977-1986: Etiketten, bedruckt u. unbedruckt sowie Verpackungszuschnitte aus Papier; 1987: Etiketten, bedruckt sowie Verpackungszuschnitte aus Papier; 1988: Etiketten, bedruckt. Quelle: Statistisches Bundesamt, Fs.7: R.2 u. Fs.17: R.8, versch. Jgg.; eigene Berechnung der Werte.

In den Perioden 1961-1968 und 1969-1976 stiegen die Einfuhr- und Ausfuhrwerte gleichermaßen drastisch an, und zwar mit nominalen Zuwachsraten von Ø 15-20% p.a. In den Perioden 1977-1982 und 1983-1988 trat eine Halbierung der Außenhandelszuwächse auf durchschnittlich rd.10% p.a. ein, aber sowohl die Importquote als auch die Exportquote nahmen trotzdem weiterhin

[1] Hierbei handelt es sich um geschätzte Werte, da bedruckte und unbedruckte Etiketten in der Außenhandelsstatistik erst seit dem Jahr 1986 unterschieden wurden. Die notwendige Schätzung der Einfuhr- und Ausfuhrwerte von bedruckten Etiketten erfolgte für den Zeitraum von 1960-1985 auf der Grundlage der prozentualen Anteilswerte, den die bedruckten Etiketten im Jahr 1986 an dem gesamten Einfuhr- bzw. Ausfuhrwert von Etiketten (einschließlich der unbedruckten Etiketten) aufwiesen. Vgl. im Anhang S.XXVIII f. sowie S.LVII: Tab.XXXIX.

stark zu und lagen im Jahr 1987 bei 4,8% bzw. 18,4%.[1] Die Saldenquote erhöhte sich zugleich von 0,8% im Jahr 1960 auf 13,3% im Jahr 1987,[2] wodurch - wie Tab.48 zeigt - insbesondere in den Perioden 1961-1968 und 1983-1988 merkliche Wachstumsimpulse auf die inländische Produktionsentwicklung von Verpackungsdrucksachen ausgegangen sind.

Tab.48: Entwicklung der Inlandsproduktion und Inlandsnachfrage von Verpackungsdrucksachen, in realen Werten, durchschnittliche jährliche Veränderungsraten

Verpackungsdruck \ Periode	1961-68	1969-76	1977-82	1983-88	1961-76	1977-88
Inlandsproduktion, real	4,4%	5,4%	2,9%	4,6%	4,9%	3,8%
Inlandsnachfrage, real	3,9%	5,2%	2,8%	4,1%	4,6%	3,4%

Quelle: Statistisches Bundesamt, Fs.4: R.3.1, Fs.7: R.2 sowie Fs.17: R.2 u. R.8, versch. Jgg.; eigene Berechnung der Werte.

Der Außenhandel mit Verpackungsdrucksachen wurde dabei überwiegend mit den EG-Ländern abgewickelt, und zwar im Jahr 1987 63,1% der Einfuhren und 64,9% der Ausfuhren. Von großer Bedeutung war zudem der Außenhandel mit Österreich und der Schweiz, auf die im Jahr 1986 zusammengerechnet 25,7% der Einfuhren und 14,9% der Ausfuhren entfielen.[3]

Die Inlandsnachfrage nach Verpackungsdrucksachen, deren Wachstumsdeterminanten nachfolgend untersucht werden sollen, entwickelte sich eben-

---

[1] Für das Jahr 1988 konnte weder die Import- noch die Exportquote berechnet werden, da die Außenhandelsstatistik im Jahr 1988 umgestellt wurde. Vgl. im Anhang S.LVII: Tab.XXXIX.

[2] Der im Produktbereich Verpackungsdrucksachen erwirtschaftete Außenhandelsüberschuß betrug im Jahr 1987 mit den unbedruckten Etiketten rd.220 Mio. DM und ohne die unbedruckten Etiketten rd.140 Mio. DM.

[3] Der innerdeutsche Handel mit der DDR war hingegen unbedeutend, denn im Jahr 1988 wurden lediglich Verpackungsdrucksachen im Wert von 2,2 Mio. DM in die DDR geliefert und Verpackungsdrucksachen im Wert von 0,6 Mio. DM aus der DDR bezogen. Vgl.: STATISTISCHES BUNDESAMT, Fs.6: R.6.

falls dynamisch, denn wie Tab.48 zeigt, wuchs die Inlandsnachfrage während des gesamten Untersuchungszeitraums mit hohen realen Zuwachsraten. Die Nachfrageentwicklung war dabei in hohem Maße von der Produktionsentwicklung der Nahrungs- und Genußmittelindustrie abhängig, denn die Verpackungsdrucksachen wurden größtenteils in diesem Industriezweig eingesetzt. Die Nachfrage nach Verpackungsdrucksachen wurde einerseits von der mengenmäßigen Entwicklung der Nahrungs- und Genußmittelproduktion bestimmt, andererseits aber auch von der Produktstruktur, denn qualitativ höherwertige Produkte wurden typischerweise auch aufwendiger verpackt.[1]

Tab.49: Entwicklung des Nettoproduktionswertes von Nahrungsmitteln, in realen Werten, durchschnittliche jährliche Veränderungsraten

Nahrungsmittel * \ Periode	1961-68	1969-76	1977-82	1983-88	1961-76	1977-88
Nettoproduktionswert, real	4,6%	2,7%	1,0%	1,3%	3,6%	1,2%

Quelle: Statistisches Bundesamt, Fs.4: R.3.1, Fs.7: R.2 u. Fs.17: R.2, versch. Jgg.; eigene Berechnung der Werte.

Die Nahrungs- und Genußmittelindustrie wies während der vier Untersuchungsperioden - gemessen am realen Nettoproduktionswert - eine stetige Wachstumsverlangsamung auf, die vor allem darauf zurückzuführen war, daß der mengenmäßige Pro-Kopf-Verbrauch bei der Mehrzahl von Nahrungs- und Genußmitteln bereits seit Ende der 60er Jahre nur noch geringfügig anstieg, so daß angesichts der nahezu konstanten Bevölkerungszahl eine weitgehende Marktsättigung eintrat. Die in den Perioden 1969-1976, 1977-1982 und 1983-1988 bei den Nahrungs- und Genußmitteln verzeichneten realen Produktionszuwächse resultierten somit größtenteils daher, daß, ermöglicht durch die permanenten Einkommenssteigerungen, eine deutliche Verbrauchsumschichtung in Richtung höherwertiger Nahrungs- und Genußmittel stattfand.

---

[1] Vgl.: J. DEUSS (1985), Die Packung... a.a.O., S.138f.

Festzuhalten bleibt, daß die Wachstumsimpulse, die von der Entwicklung der Nahrungs- und Genußmittelproduktion auf den Verpackungsdruck ausgingen, sich im Zeitablauf erheblich abschwächten. Die Wachstumsentwicklung des Produktbereichs Verpackungsdrucksachen verlief demgegenüber während des gesamten Untersuchungszeitraums im wesentlichen stetig, wobei die realen Produktionszuwächse in den drei Untersuchungsperioden 1969-1976, 1977-1982 und 1983-1988 deutlich höher ausfielen als diejenigen von Nahrungs- und Genußmitteln.[1] Demzufolge wurde die Entwicklung der Inlandsnachfrage im Produktbereich Verpackungsdrucksachen daneben auch durch andere Einflußfaktoren als durch die Produktionsentwicklung von Nahrungs- und Genußmitteln bestimmt.

Von großer Bedeutung war in diesem Zusammenhang, daß während der 60er Jahre im Lebensmitteleinzelhandel die Verkaufsform vom Bedienungs- auf das Selbstbedienungssystem umgestellt wurde,[2] denn infolgedessen stieg der Warenanteil, der in konsumentengerechte Verkaufseinheiten vorverpackt war, sprunghaft an.[3] Darüber hinaus mußte die Verpackung in Selbstbedienungsläden zusätzlich zur elementaren Schutzfunktion "...anstelle des Verkäufers Präsentations- und Informationsaufgaben bezüglich Produkt, Marke, Eigenschaften, Warenzusammensetzung, Gebrauch eines Produktes, Pro-

---

[1] Vgl. im Text S.227: Tab.48 sowie S.228: Tab.49.

[2] Während im Jahr 1960 noch 86,0% aller Lebensmittelläden in Bedienung geführt wurden, betrug der entsprechende Anteil im Jahr 1977 nur noch 14,5%. Bezogen auf das Umsatzvolumen wurden aber bereits im Jahr 1968 81,3% des Gesamtumsatzes im Lebensmitteleinzelhandel von Selbstbedienungsläden erwirtschaftet. Vgl.: ISB-INSTITUT, SB in Zahlen, Ausgabe 1988, Köln 1988, S.39 u. S.43.

[3] Demgegenüber wurde in den Bedienungsläden ein beträchtlicher Teil des Sortiments in Großgebinden wie Kisten, Säcken und Fässern etc. angeliefert, und der Einzelhändler erfüllte die Funktion der Portionierung. Mit der Einführung der Selbstbedienung erfolgte also eine Trennung des Verpackungs- und Verkaufsvorgangs, wobei sich der Verpackungsvorgang von der Einzelhandelsebene auf die Industrie- bzw. Großhandelsebene verlagerte.

blemlösung, Produktimage usw. erfüllen"[1], so daß die Verpackungen als Folge der Umstellung auf Selbstbedienung nahezu ausnahmlos gestaltet und bedruckt wurden.[2] Eng verbunden mit der zunehmenden Selbstbedienung im Einzelhandel war zudem die Verbreitung von Markenartikeln, bei denen die bedruckte Verpackung i.d.R. weit überdurchschnittlich mit einem Kostenanteil von ca.10-20% zu den gesamten Herstellungskosten beitrug.[3] Der Übergang zu neuen Vertriebsformen im Lebensmitteleinzelhandel, der einen vermehrten Einsatz von Verpackungsdrucksachen erforderte, war Anfang der 70er Jahre weitestgehend abgeschlossen, so daß dieser Wachstumsfaktor im wesentlichen auf die beiden Perioden 1961-1968 und 1969-1976 beschränkt blieb.

In den Perioden 1977-1982 und 1983-1988 wirkte sich dagegen u.a. die Veränderung der Haushaltsgrößenstruktur wachstumsfördernd aus, denn der starke zahlenmäßige Anstieg von Ein- und Zwei-Personen-Haushalten führte dazu,[4] daß vermehrt kleinvolumige Packungen bzw. Portionspackungen abgesetzt wurden,[5] wodurch die Nachfrage nach Verpackungsdrucksachen in Relation zum mengenmäßigen Nahrungs- und Genußmittelverbrauch überproportional zunahm.

---

[1] Zitat: P. DEBRUNNER, Die Verpackung als Marketinginstrument - Kosten und Nutzen ihres Einsatzes, Diss. Univ. Zürich 1977, S.38. Vgl. auch: K.H. HENKSMEIER, Ansprüche der Selbstbedienung an die Verpackungsgestaltung, in: RGV im RKW e.V. (Hrsg.), RGV-Handbuch Verpackung (Loseblattsammlung), Berlin (West) 1978, Bd.1, Nr.0151 (1980), S.3.

[2] Die Verpackungen wurden dabei häufig mehrfarbig bedruckt, um somit die verpackten Produkte möglichst naturgetreu abzubilden, und weil mehrfarbig bedruckte Verpackungen besonders kaufstimulierend wirkten.

[3] Vgl.: E. HAJEK/ J. PULANEK, Verpackungskostenrechnung auf Basis von Vollkosten, in: RGV (1978), RGV-Handbuch Verpackung a.a.O., Bd.1, Nr. 2112 (1982), S.3 sowie P. DEBRUNNER (1977), Die Verpackung... a.a.O., S.133.

[4] Die Zahl der Ein- und Zwei-Personen-Haushalte hat sich zwischen 1960 und 1988 von 9,1 Mio. auf 17,8 Mio. Haushalte nahezu verdoppelt. Vgl.: STATISTISCHES BUNDESAMT, Statistisches Jahrbuch, versch. Jgg.

[5] Vgl.: U. MACK, Struktur und Entwicklungsperspektiven der Verpackungsbranche aus Sicht der verpackenden Industrie, in: Verpackungs-Rundschau, 35.Jg., Heft Nr.6, S.928-935, Heusenstamm 1984, S.932.

Daneben nahm insbesondere der Stellenwert der Identifikations- und Imagefunktion der Verpackung stark zu,[1] und zwar deshalb, weil sich die Verpackung im Zeitablauf zu einem integralen Produktbestandteil entwickelte und dessen Funktion nicht mehr ausschließlich darin bestand "...als letztes Glied in der Kette werbender Anstöße den entscheidenden Griff des Verbrauchers aus(zu)lösen"[2]. Die Verpackung wurde deshalb von Unternehmen darüber hinaus als ein zentrales Instrument im Rahmen ihrer Produktdifferenzierungsstrategien genutzt.[3] Der Bedeutungzuwachs des Produktbestandteils Verpackung resultierte dabei maßgeblich aus den gestiegenen Erwartungen, die seitens der Konsumenten an die Verpackung gestellt wurden. Insbesondere bei Luxus- und Geschenkartikeln setzten die Konsumenten aufwendige, prestigegerichtete Verpackungen voraus,[4] wohingegen allerdings bei Artikeln des Grundbedarfs z.T. auch einfachere Verpackungen akzeptiert bzw. sogar gewünscht wurden.[5] Die Verpackungsansprüche differierten demnach entspre-

---

[1] Die verbraucherbezogenen Funktionen der Verpackung können dabei in die Informationsfunktion, Identifikationsfunktion, Werbefunktion und Imagefunktion unterteilt werden. Vgl.: P. DEBRUNNER (1977), Die Verpackung... a.a.O., S.64ff.

[2] Zitat: O.V., ASW-Report, Packung: Weißer Fleck in der Medienlandschaft, in: Absatzwirtschaft, 19.Jg., Heft Nr.1, S.20-32, Düsseldorf 1976, S.22.

[3] Zu den verschiedenen Differenzierungsfunktionen der Verpackung, vgl.: J. DEUSS (1985), Die Packung... a.a.O., S.134ff.

[4] Diese Entwicklung kann damit erklärt werden, daß den Käufern durch die Luxusverpackung offenbar Zusatzwerte vermittelt wurden, die über den eigentlichen Produktnutzen hinausgingen. Dies gilt offensichtlich im besonderen Maße für Kosmetikartikel, bei denen auf die Verpackung in Extremfällen bis zu 50% der gesamten Herstellungskosten entfielen. Vgl.: P. DEBRUNNER (1977), Die Verpackung... a.a.O., S.56f; E. HAJEK/ J. PULANEK (1978), Verpackungskostenrechnung... a.a.O., S.3 sowie E. IBIELSKI, Verpackung als Instrument der Werbung und Verkaufsförderung für Konsumgüter, in: RGV (1978), RGV-Handbuch Verpackung a.a.O., Bd.1, Nr. 2095 (1981), S.6.

[5] Als ein Beispiel hierfür sind die sog. "No-name-Produkte" anzuführen.

chend der Funktion, die die Produkte jeweils erfüllten.[1] Insgesamt gesehen dürften die Verpackungsansprüche der Verbraucher jedoch insofern merklich gestiegen sein, als der Anteil der hochwertigen Konsumgüter an den gesamten privaten Konsumausgaben beständig zunahm.

Bezogen auf die Verpackungsdrucksachen aus Papier bedeutete dies vor allem, daß vermehrt höherwertige Druck- und Papierqualitäten verwendet wurden.[2] Im Etikettendruck wurden z.B. in steigendem Umfang metallisierte Druckpapiere benutzt,[3] und zudem war generell zu beobachten, daß die Verpackungsdrucksachen immer häufiger durch Lackierung oder Folienkaschierung oberflächenveredelt wurden, um dadurch das Druckbild gegen Abrieb bzw. Verkratzen zu schützen bzw. Glanzeffekte zu erzielen und somit die Werbewirksamkeit zu erhöhen.[4] Hinsichtlich der Druckqualität war beim Verpackungsdruck eine trendmäßige Zunahme des Mehrfarbendrucks[5] sowie eine vermehrte Verwendung von Sonder- und Schmuckfarben wie Gold und

---

[1] Vgl.: U. HANSEN, Verpackung und Konsumentenverhalten - Aktuelle Tendenzen, in: Marketing ZFP, 8.Jg., Heft Nr.1, S.5-12, München u. Frankfurt a.M. 1986, S.11.

[2] Anders als bei den Verpackungsdrucksachen aus Pappe oder Karton wurden bei den Verpackungsdrucksachen aus Papier nur in geringem Umfang minderwertige Papierqualitäten aus Altstoffen verarbeitet.

[3] Vgl.: W. FÜHLER, Steigender Einsatz metallisierter Bedruckstoffe weltweit, in: Verpackungs-Rundschau, 37.Jg., Heft Nr.6, S.696-699, Heusenstamm 1986, S.696f. sowie O.V., Dekorieren - Profilieren - Informieren - Rund um die Etikettentechnik, in: Verpackungs-Rundschau, 35.Jg., Heft Nr.2, S.108-S.122, Heusenstamm 1984, S.114f.

[4] Vgl.: O.V., Veredelung: Glänzende Drucksachen werben besser..., in: Druckwelt, 36.Jg., DRUPA-Sondernummer II, S.140-142, Hannover 1986.

[5] Welche große Bedeutung der Mehrfarbendruck inzwischen bei den Verpackungsdrucksachen besitzt, ist daran erkennbar, daß auf den Verpackungsdruck im Jahr 1984 ungefähr 20-25% der in der Druckindustrie verbrauchten Druckfarbenmenge entfielen, obwohl der Produktionsanteil des Produktbereichs Verpackungsdrucksachen im Jahr 1984 lediglich rd.6% betrug. Vgl.: P. KOCHENDÖRFER, Verpackungsdruck heute - Aufgaben, Technik und Einsatzgebiete, in: Verpackungs-Rundschau, 35.Jg., Heft Nr.5, S.784-795, Heusenstamm 1984, S.784.

Silber zu beobachten.[1] Darüber hinaus wuchs auch der Produktionsanteil des Tiefdruckverfahrens, das nur bei höchsten Anforderungen an die Druckqualität eingesetzt wird, deutlich, und zwar von 20,5% im Jahr 1976 auf 24,7% im Jahr 1988.[2]

Die zuvor dargelegten Wachstumsdeterminanten wirkten sich jedoch nicht spezifisch auf die Nachfrage nach Verpackungsdrucksachen aus Papier aus, sondern auch auf die Nachfrage nach Verpackungsmitteln aus anderen Werkstoffen, die zumindest teilweise mit den Verpackungsdrucksachen aus Papier in Substitutionswettbewerb standen.[3] Die bedruckten Etiketten wurden beispielsweise dadurch substituiert, daß Gläser, Flaschen und Kunststoffbehälter vermehrt direkt bedruckt wurden. Substitutive Nachfragebeziehungen bestanden zudem zwischen bedruckten Einwicklern aus Papier und bedruckten Metall- und Kunststoffolien sowie im Zigarettenbereich zwischen Weichpackungen und Faltschachteln aus Hartpapier, die - wie bereits erwähnt - statistisch nicht zu den Verpackungsdrucksachen zählten.

Abschließend soll deshalb untersucht werden, ob die Verpackungsdrucksachen aus Papier während des Untersuchungszeitraums über- oder unterdurchschnittlich an der Wachstumsentwicklung des gesamten Verpackungssektors partizipieren konnten.

Wie Tab.50 zeigt, waren dabei zwei Entwicklungstrends zu registrieren.

---

[1] Zu diesem Zweck wurde auch der Prägefoliendruck vermehrt eingesetzt, bei dem die Farbschichten von einer Kunststoff- oder Metallfolie unter Einwirkung von Druck und Hitze auf das bedruckte Papier übertragen werden. Vgl.: O.V., Besonders gefragt bei Luxusverpackungen: Das Heißprägen, in: Verpackungs-Rundschau, 29.Jg., Heft Nr.10, S.1568-1570, Heusenstamm 1978, S.1568ff.

[2] Quelle der Daten: STATISTISCHES BUNDESAMT, Fs.4, R.3.1. Eigene Berechnung der Anteilswerte der Druckverfahren.

[3] Die Substitutionskonkurrenz im Verpackungssektor tritt dabei sowohl in Form der Materialkonkurrenz als auch in Form der Produkt- und Systemkonkurrenz auf. Vgl.: K. GREFERMANN, Papier- und Pappeverarbeitung, Reihe Industrie Heft 41, Hrsg.: IFO-Institut, Berlin u. München 1986, S.83 sowie K. GREFERMANN, Der Verpackungsmarkt in den achtziger Jahren, in: Allgemeine Papier-Rundschau, 27Jg., Heft Nr.31, S.984/985, Frankfurt a.M. 1976, S.985.

Während die Verpackungsmittel aus Papier und Pappe insgesamt gesehen einen stark rückläufigen Produktionsanteil am Bruttoproduktionswert des Verpackungssektors aufwiesen, blieb der Produktionsanteil von Verpackungsdrucksachen aus Papier in den 60er und 70er Jahren zunächst annähernd konstant und nahm in den letzen Jahren sogar geringfügig zu.

Tab.50: Entwicklung der Produktionsanteile von Verpackungsdrucksachen aus Papier sowie sämtlicher Verpackungsmittel aus Papier und Pappe am gesamten Bruttoproduktionswert des Verpackungssektors, in nominalen Werten

Anteilswerte \ Jahr	1960	1968	1976	1979	1982	1985	1988
Verpackungsdrucksachen	4,6%	4,7%	4,8%	4,8%	4,6%	4,7%	5,2%
Papier u. Pappe insges.	49,4%	46,9%	39,8%	39,5%	39,6%	39,8%	39,1%

Quelle: RGW, Produktionsmenge und Produktionswert der Verpackungsindustrie in der BR Deutschland u. Berlin (West); eigene Berechnung der Werte.

Die Verpackungsdrucksachen aus Papier konnten dementsprechend während des Untersuchungszeitraums sogar in überdurchschnittlichen Maße von den wachsenden Aufwendungen für Verpackungsmittel profitieren.[1] Die gegenläufige Entwicklung der Produktionsanteile kann dahingehend interpretiert werden, daß Verpackungen aus Papier und Pappe sukzessive von anderen Materialien - vor allem von Kunststoffen - verdrängt wurden, daß zugleich aber von den Verpackungsmitteln aus Papier und Pappe ein immer größerer Anteil bedruckt wurde, wobei zunehmend qualitativ hochwertige Druckausstattungen präferiert wurden.

Als Zwischenergebnis ist festzuhalten, daß die Wachstumsentwicklung im Produktbereich Verpackungsdrucksachen insgesamt gesehen stetig verlief, wobei sich allerdings die Bedeutung der Wachstumsdeterminanten im Zeitablauf veränderte. Während in den 60er Jahren nicht nur die zu verpackende

---

[1] Vgl. im Anhang S.LVII: Tab.XL.

Warenmenge wuchs, sondern auch der Anteil der vorverpackten Ware, resultierten die Wachstumsimpulse in den 70er und 80er Jahren größtenteils daher, daß die Warenmenge stärker portioniert wurde und daß der Verpackungsaufwand je Produkteinheit tendenziell zunahm.

6. PRODUKTBEREICH "WERBEDRUCKSACHEN"

6.1. TYPISIERUNG DES PRODUKTBEREICHS

Der Produktbereich Werbedrucksachen, der im weiteren in die drei Produktgruppen Prospekte, Kataloge und Plakate unterteilt wird,[1] trug im Jahr 1988 mit 26,9% zur gesamten Druckproduktion bei und stellte somit - nach dem Produktbereich Pressedrucksachen[2] - den zweitgrößten Produktbereich der Druckindustrie dar. Der Bruttoproduktionswert des Produktbereichs Werbedrucksachen betrug im Jahr 1988 6.696,4 Mio. DM, wovon wiederum ca.75% auf die Produktgruppe Prospekte, ca.23% auf die Produktgruppe Kataloge und knapp 2% auf die Produktgruppe Plakate entfielen.

Die Einsatzgebiete von Werbedrucksachen waren dabei extrem vielfältig, denn Werbedrucksachen wurden nicht nur zur Wirtschaftswerbung, sondern auch zur Verfolgung politischer, kultureller, religiöser und ethischer Ziele eingesetzt.[3] Die Auflagengröße sowie die Auftragswerte von Werbedrucksachen variierten demzufolge je nach Werbezweck erheblich, so daß neben den Tiefdruckerzeugnissen wie, großauflagigen Katalogen und Prospekten, auch ein

[1] In der amtlichen Produktionsstatistik wird die entsprechende Güterklasse demgegenüber unter der Melde-Nr.5712 als "Kataloge und Werbedrucksachen" bezeichnet. Das bedeutet, daß das Statistische Bundesamt die Kataloge nicht den Werbedrucksachen zuordnet, sondern hierzu ausschließlich Prospekte, Plakate u.ä. zählt. Die Kataloge, Prospekte und Plakate wurden dennoch bis zum Jahr 1981 unter der Melde-Nr.5712 "Kataloge und Werbedrucksachen" zusammen erfaßt. Im Jahr 1982 erfolgte dann eine Unterteilung der Güterklasse "Kataloge und Werbedrucksachen" in die drei Güterarten "Versandhauskataloge", "Reisekataloge" und "Werbedrucksachen", deren Produktionswerte vom Statistischen Bundesamt seither unter den Melde-Nr.5712 2., 5712 4. sowie 5712 7. getrennt ausgewiesen werden.

[2] Der Produktbereich Pressedrucksachen wies demgegenüber im Jahr 1988 - wie bereits erwähnt - einen Produktionsanteil von 35,5% auf.

[3] Vgl.: ZAW, ZAW-Jahrbuch Werbung '80, Bonn 1980, S.12f.

erheblicher Teil der Werbedrucksachen im Kleinoffsetdruck gefertigt wurde.[1] Unabhängig von der Betriebsgröße bildeten die Werbedrucksachen somit in der Mehrzahl der Druckbetriebe einen wichtigen Produktionsschwerpunkt, so daß sich der Produktionsanteil des Produktbereichs Werbedrucksachen durch eine Einbeziehung der statistisch nicht erfaßten Kleinbetriebe vermutlich kaum verändern würde.[2]

6.2. DARSTELLUNG DER PRODUKTIONS- UND AUSSENHANDELS-ENTWICKLUNG DES PRODUKTBEREICHS

Die Produktionsentwicklung des Produktbereichs Werbedrucksachen verlief während des gesamten Untersuchungszeitraums äußerst dynamisch, wobei die Zuwachsraten sowohl in nominalen als auch in realen Werten weit überdurchschnittlich ausfielen. Die Erzeugerpreise von Werbedrucksachen entwickelten sich hingegen weitgehend parallel zur durchschnittlichen Entwicklung der Erzeugerpreise von Drucksachen[3] und dürften demnach - unter der Annahme einer durchschnittlichen Preiselastizität der Nachfrage - keinen besonderen Einfluß auf die Nachfrageentwicklung nach Werbedrucksachen ausgeübt haben.

---

[1] Zum Kleinoffsetdruck werden im allgemeinen Bogenformate bis zum Format DIN A2 gezählt. Vgl.: R. AGTE, Der richtige Fachbegriff in der Druckindustrie, Frankfurt a.M. 1981, S.121.

[2] In der Marketing-Umfrage des BVD gaben im Jahr 1977 78,3% der Kleinbetriebe mit weniger als 20 Beschäftigten an, im Produktbereich Werbedrucksachen einen ihrer Produktionsschwerpunkte zu haben. Der Produktionsanteil von Werbedrucksachen fiel allerdings im Jahr 1976 zumindest in den Druckbetrieben mit 10-19 Beschäftigten mit 17,9% gegenüber 22.0% deutlich niedriger aus als in den Betrieben mit 20 und mehr Beschäftigten. Vgl.: H.-J.TEICHMANN (1982), Neue technische Kommunikation... a.a.O., S.55 sowie BVD (1977), Marketing-Umfrage a.a.O.

[3] Vgl. im Anhang S.LVIII: Tab.XLI.

Tab.51: Entwicklung der Bruttoproduktionswerte von Werbedrucksachen sowie von Drucksachen insgesamt, in nominalen und realen Werten, durchschnittliche jährliche Veränderungsraten

Produktionswert \ Periode	1961-68	1969-76	1977-82	1983-88	1961-76	1977-88
Werbedrucksachen, nom.	9,4%	9,9%	8,6%	7,7%	9,6%	8,1%
Drucksachen insges., nom.	8,2%	8,9%	6,9%	5,0%	8,5%	5,9%
Werbedrucksachen, real	6,2%	3,7%	3,9%	4,5%	5,0%	4,2%
Drucksachen insges., real	5,1%	2,8%	2,3%	2,3%	3,9%	2,3%

Quelle: Statistisches Bundesamt, Fs.4: R.3.1 u. Fs.17: R.2, versch. Jgg.; eigene Berechnung der Werte.

Wie Tab.51 zeigt, war die reale Wachstumsentwicklung des Produktbereichs Werbedrucksachen während der vier Untersuchungsperioden durch keinen durchgängigen Entwicklungstrend gekennzeichnet. Nachdem in der Periode 1961-1968 hohe reale Produktionszuwächse von Ø 6,2% p.a. realisiert wurden, lagen die realen Zuwachsraten in den darauffolgenden Perioden 1969-1976 und 1977-1982 mit Ø 3,7% p.a. bzw. Ø 3,9% p.a. merklich niedriger, wohingegen in der Periode 1983-1988 eine erneute Wachstumsbeschleunigung auf Ø 4,5% p.a. einsetzte.

Die hierfür ursächlichen Faktoren sollen anschließend wiederum auf der Ebene der einzelnen Produktgruppen des Produktbereichs Werbedrucksachen detailliert analysiert werden. Zuvor wird jedoch für den gesamten Produktbereich Werbedrucksachen untersucht, in welchem Maße die inländische Produktionsentwicklung durch den Außenhandel beeinflußt wurde.

Der Außenhandel mit Werbedrucksachen wurde im Untersuchungszeitraum mit realen Einfuhrsteigerungen von Ø 12,9% p.a. und realen Ausfuhrsteigerungen von Ø 10,2% p.a. noch stärker ausgeweitet als in den anderen Produktbereichen der Druckindustrie.[1] Demzufolge nahm die Außenhandelsverflechtung des Produktbereichs Werbedrucksachen, die zu Beginn der 60er Jahre noch sehr gering war, im Zeitablauf drastisch zu und im Jahr 1988 wies der Produktbereich Werbedrucksachen die zweithöchste Außenhandelsverflechtung der Druckindustrie auf, die lediglich vom Produktbereich Bücherdrucksachen übertroffen wurde.[2]

Tab.52: Entwicklung der Import-, Export- und Saldenquote im Produktbereich Werbedrucksachen, in nominalen Werten

Werbedrucksachen \ Jahr	1960	1968	1976	1979	1982	1985	1988
Importquote	1,1%	2,3%	3,2%	3,9%	4,6%	5,1%	5,5%
Exportquote	3,5%	7,9%	10,2%	11,7%	16,3%	19,9%	18,4%
Saldenquote	2,3%	5,5%	6,9%	7,6%	11,5%	14,5%	12,6%

Quelle: Statistisches Bundesamt, Fs.4: R.3.1 u. Fs.7: R.2, versch. Jgg.; eigene Berechnung der Werte.

Obwohl die nominalen Zuwachsraten der Einfuhr- und Ausfuhrwerte von Werbedrucksachen während des Untersuchungszeitraums annähernd übereinstimmten,[3] gingen vom Außenhandel merkliche Wachstumsimpulse auf die inländische Produktionsentwicklung von Werbedrucksachen aus. Eindeutig zu erkennen ist dies anhand der Saldenquote des Produktbereichs Werbedrucksachen, die - wie aus Tab.52 ablesbar ist - von 2,3% im Jahr 1960 auf 12,6% im Jahr 1988 stark zunahm.

Ausschlaggebend hierfür war, daß der Ausfuhrwert von Werbedrucksachen

[1] Vgl. im Anhang S.LVIII: Tab.XLII.

[2] Für den Produktbereich Bücherdrucksachen wurde im Jahr 1988 eine bereinigte Importquote von 12,9% und eine bereinigte Exportquote von 22,7% berechnet. Vgl. im Text S.104: Tab.24.

[3] Vgl. im Anhang S.LVIII: Tab.XLII.

im Ausgangsjahr 1960 mehr als das Dreifache des entsprechenden Einfuhrwertes betrug,[1] so daß der Außenhandelsüberschuß trotz nahezu gleich hoher Einfuhr- und Ausfuhrzuwächse weiterhin anstieg, und zwar mit z.T. deutlich höheren Zuwachsraten als die Inlandsproduktion.[2]

Tab.53: Entwicklung der Inlandsproduktion und Inlandsnachfrage von Werbedrucksachen, in realen Werten, durchschnittliche jährliche Veränderungsraten

Werbedrucksachen \ Periode	1961-68	1969-76	1977-82	1983-88	1961-76	1977-88
Inlandsproduktion, real	6,2%	3,7%	3,9%	4,5%	5,0%	4,2%
Inlandsnachfrage, real	5,8%	3,6%	3,2%	4,3%	4,7%	3,8%

Quelle: Statistisches Bundesamt, Fs.4: R.3.1, Fs.7: R.2 sowie Fs.17: R.2 u. R.8, versch. Jgg.; eigene Berechnung der Werte.

Wie Tab.53 zeigt, waren die vom Außenhandel induzierten Wachstumsimpulse dabei in der Periode 1977-1982 am ausgeprägtesten, denn die Inlandsproduktion von Werbedrucksachen nahm in dieser Periode - in realen Werten gemessen - jährlich um Ø 0,7 Prozentpunkte stärker zu als die entsprechende Inlandsnachfrage.[3]

---

[1] Während der Einfuhrwert von Werbedrucksachen im Jahr 1960 bei 11,5 Mio. DM lag, betrug der Ausfuhrwert bereits 32,1 Mio. DM.

[2] Allerdings stieg der Außenhandelsüberschuß im Produktbereich Werbedrucksachen seit dem Jahr 1985 nur noch in geringerem Maße als die Inlandsproduktion, so daß die Saldenquote zwischen 1985 und 1988 von 14,5% auf 12,6% zurückging. In absoluten Werten gerechnet, betrug der Außenhandelsüberschuß im Jahr 1988 841,1 Mio. DM, bei einem Einfuhrwert von 381,6 Mio. DM und einem Ausfuhrwert von 1.230,7 Mio. DM.

[3] Im Unterschied zu den Import-, Export- und Saldenquoten, deren Berechnung - wie im allgemeinen üblich - in nominalen Werten erfolgte, wurden hierbei reale Werte zugrundegelegt. Die Wachstumsimpulse des Außenhandels fielen dadurch bedeutend niedriger aus als in nominalen Werten, denn die Ausfuhrpreise für "Druckereierzeugnisse", die zur Deflationierung verwandt wurden, sind wesentlich stärker gestiegen als die Einfuhrpreise für "Druckereierzeugnisse", wofür wiederum in erster Linie Veränderungen in den Währungsparitäten ausschlaggebend waren.

Ursächlich hierfür war, daß die Druckunternehmen in der Periode 1977-1982 anscheinend ihre Ausfuhrbemühungen forcierten, um dadurch die mit Ø 3,2% p.a. verhältnismäßig gering wachsende Inlandsnachfrage kompensieren zu können, denn mit realen Zuwachsraten von Ø 11,2% p.a. stieg der Ausfuhrwert wesentlich stärker als in der Vorperiode.[1]

Umgekehrt war in der Periode 1983-1988 festzustellen, daß die Druckunternehmen bei vergleichsweise hohen inländischen Nachfragezuwächsen von real Ø 4,3% p.a. den Ausfuhrwert gegenüber der Vorperiode mit deutlich niedrigeren Zuwachsraten steigerten, und zwar um Ø 7,4% p.a. Die Folge hiervon war, daß in der Periode 1983-1988 vom Außenhandel keine überdurchschnittlichen Wachstumsimpulse mehr auf die Inlandsproduktion von Werbedrucksachen ausgingen.

Die wichtigsten Wachstumsträger beim Außenhandel mit Werbedrucksachen waren dabei die im Tiefdruckverfahren erstellten Werbedrucksachen, also insbesondere großauflagige und hochqualitative Kataloge und Prospekte.

Nachfolgend soll deshalb in einem Exkurs verdeutlicht werden, aus welchen Gründen die Tiefdruckerzeugnisse generell für eine Auftragsvergabe an ausländische Druckbetriebe besonders prädestiniert gewesen sind.

Von grundlegender Bedeutung ist zunächst, daß nur relativ wenige Druckbetriebe im In- und Ausland das Tiefdruckverfahren anwenden,[2] so daß ausländische Tiefdruckbetriebe räumlich vom Auftraggeber nicht weiter entfernt sein müssen als inländische Tiefdruckbetriebe.

Da das Tiefdruckverfahren produktionstechnisch bedingt hohe auflagenfixe

---

[1] In der Periode 1969-1976 wuchs der Ausfuhrwert von Werbedrucksachen - in realen Werten gemessen - vergleichsweise nur um Ø 6,5% p.a. Vgl. im Anhang S.LVIII: Tab.XLII.

[2] Zu den besonderen Merkmalen des Tiefdruckverfahrens, vgl. im Text S.323. Das Tiefdruckverfahren wurde im 1.Quartal 1989 nach Auskunft des Statistischen Bundesamtes lediglich von 14 meldepflichtigen bundesdeutschen Druckbetrieben, d.h. Betrieben mit i.d.R. mindestens 20 Beschäftigen, zur Herstellung von Versandhauskatalogen eingesetzt; bei Reisekatalogen wurde das Tiefdruckverfahren von 7 Druckbetrieben benutzt und bei Prospekten, Plakaten u.ä. Werbedrucksachen wendeten 17 Druckbetriebe das Tiefdruckverfahren an.

Kosten verursacht[1] und der spezifische Verfahrensvorteil in der extrem hohen Druckqualität liegt, wird das Tiefdruckverfahren ausschließlich für großauflagige und hochqualitative Drucksachen eingesetzt, so daß im Tiefdruckverfahren wertmäßig fast ausnahmslos Großaufträge produziert werden. Die Entscheidung, Großaufträge an räumlich entfernte Druckbetriebe zu vergeben, ist deshalb eher ökonomisch rational als bei Kleinaufträgen, weil die Transaktionskosten mit wachsender räumlicher Distanz zwischen Druckort und Kundensitz zwar stark zunehmen, aber i.d.R. unabhängig vom jeweiligen Druckvolumen bzw. Auftragswert sind und demnach mit steigendem Auftragswert als Außenhandelshemmnis weitgehend an Bedeutung verlieren.

Außerdem ist bei der Vergabe von Tiefdruckaufträgen - wegen der typischerweise extrem hohen Qualitätsanforderungen - die qualitative Gewährleistung oftmals maßgebend, so daß die Kunden z.T. bewußt höhere Transportkosten und/oder Produktionskosten akzeptieren, um den Auftrag von bestimmten Druckbetrieben ausführen zu lassen.[2]

Im Produktbereich Werbedrucksachen dürfte speziell der Einfuhrwert von Tiefdrucksachen auch aus einem anderen Grund stark zugenommen haben. Von den bundesdeutschen Versandhauskatalogen mußten zumindest Teilauflagen schon allein deshalb im Ausland gedruckt werden, weil die Druckkapazitäten der bundesdeutschen Tiefdruckbetriebe - wegen der saisonalen Erscheinungsweise von Versandhauskatalogen[3] - regelmäßig im Frühjahr und

---

[1] Die hohen auflagenfixen Kosten entstehen durch die kostenaufwendige Herstellung der Tiefdruckformen.

[2] Wie die jährliche Sonderbefragung im Druckgewerbe des Jahres 1988 zeigt, stammten bei den befragten bundesdeutschen Tiefdruckbetrieben - gemessen am Umsatz - 57,7% der externen Druckaufträge von Unternehmen, deren Unternehmenssitz mehr als 300 km vom Druckort entfernt lag. Vgl.: BVD, Zu den Ergebnissen der jährlichen Sonderbefragung im Druckgewerbe - Geschäftsjahr 1988, unveröff. Studie die i.A. des BVD vom IFO-Institut/München durchgeführt wurde, Wiesbaden 1989, S.51.

[3] Die Erscheinungstermine von Versandhauskatalogen werden i.d.R. maßgeblich durch die Veröffentlichungstermine der Konkurrenzkataloge bestimmt.

Herbst überlastet waren.[1] Diese saisonalen Kapazitätsengpässe verschärften sich dabei im Zeitablauf noch weiter, da die Auftraggeber zwecks Erhöhung des Aktualitätsgrades ihrer Waren- bzw. Dienstleistungsangebote von den Druckbetrieben immer kürzere Produktionszeiträume forderten.

Festzuhalten ist demnach, daß der Anstieg des Außenhandelswertes im Produktbereich Werbedrucksachen vermutlich größtenteils durch den vermehrten Außenhandel mit Tiefdruckerzeugnissen verursacht wurde, die von ausländischen Druckbetrieben im Auftrag inländischer Unternehmen erstellt wurden.

Darüber hinaus wurde der Außenhandel mit Werbedrucksachen dadurch positiv beeinflußt, daß die inländischen Unternehmen in wachsendem Umfang ihre im Inland produzierten Werbedrucksachen auch im Ausland verteilten, und zwar sowohl anläßlich von Auslandsmessen als auch im Rahmen multinational ausgerichteter Werbekampagnen. Die im Ausland verteilten Werbedrucksachen wurden dabei vorwiegend aus zwei Gründen nicht in ausländischen Druckbetrieben, sondern zentral an einem inländischen Druckort produziert. Erstens konnten hierdurch auflagengrößenbedingte Massenproduktionsvorteile genutzt werden und zweitens fielen die Transaktionskosten im Vergleich zur getrennten Auftragsvergabe wesentlich niedriger aus.

Abschließend ist zu erwähnen, daß bei den Werbedrucksachen, wie bei den anderen Produktbereichen der Druckindustrie, der weit überwiegende Teil des Außenhandels mit den EG-Ländern sowie Österreich und der Schweiz abgewickelt wurde.[2] Der innerdeutsche Handel mit der DDR war hingegen unbedeutend, denn im Jahr 1988 betrugen die bundesdeutschen Lieferungen an Werbedrucksachen lediglich 7,2 Mio. DM und die Bezüge aus der DDR sogar nur 2,7 Mio. DM.[3]

---

[1] Vgl.: C. BELZ, Konstruktives Marketing, Kap.17: Marketing in der Druckindustrie, Diss. Hochschule St.Gallen 1989, S.494.

[2] Im Jahr 1988 stammten 55,7% der eingeführten Werbedrucksachen aus den EG-Ländern und 32,5% aus Österreich und der Schweiz. Der Exportwert von Werbedrucksachen entfiel hingegen im Jahr 1988 zu 65,7% auf die EG-Länder und zu 19,5% auf Österreich und die Schweiz.

[3] Vgl.: STATISTISCHES BUNDESAMT, Fs.6: R.6, Jg.1988.

6.3. ANALYSE DER PRODUKTIONSENTWICKLUNG DER PRODUKTGRUPPEN

6.3.1. ABGRENZUNG DER PRODUKTGRUPPEN

Die Unterteilung des Produktbereichs Werbedrucksachen in die drei Produktgruppen Prospekte, Kataloge und Plakate erscheint deshalb als zweckmäßig, da diese Werbemittel zu unterschiedlichen Werbezwecken benutzt werden und weil für die Entwicklung der Drucknachfrage bzw. der Druckproduktion z.T. verschiedene Determinanten bestimmend waren.

Die Abgrenzung der Werbemittel Prospekte und Kataloge, die beide zum Werbebereich der Direktwerbung zählen,[1] beruht im wesentlichen darauf, daß Kataloge im Gegensatz zu Prospekten i.d.R. ein umfassendes systematisches Verzeichnis über das gesamte Waren- bzw. Dienstleistungsangebot von Unternehmen darstellen und in regelmäßigen Zeitabständen erscheinen.

Die Kataloge, die typischerweise mit bildhaften Darstellungen, detaillierten Produktbeschreibungen sowie den dazugehörigen Angebotspreisen versehen sind, geben somit gewissermaßen das stets vorrätige Sortiment der betreffenden Unternehmen wieder.[2] Mit Hilfe von Katalogen wird deswegen häufig sowohl die Warenpräsentation als auch das persönliche Verkaufsgespräch ersetzt, wie dies z.B. durch Versandhandelskataloge geschieht; auf jeden Fall wird jedoch durch den Einsatz von Katalogen der Vertragsabschluß entscheidend vorbereitet, wofür die Reisekataloge beispielgebend sind, durch deren Einsatz sich oftmals eine ausführliche Beratung seitens der Reisebüros erübrigt.

Während die Kataloge demzufolge mit dem Ziel der unmittelbaren Hand-

---

[1] Zur Direktwerbung wird im allgemeinen jede Art von gedruckter Werbung gerechnet, die unmittelbar an ausgewählte Empfänger gerichtet ist. Vgl.: V. NICKEL, Was Verbraucher wissen sollten - Post von der Werbung, Hrsg.: Bundesministerium für das Post- und Fernmeldewesen, Bonn 1987, S.7 sowie O.V., Computer machen Direktwerbung möglich, in: Druckwelt, 36.Jg., Heft Nr.13, S.17-20, Hannover 1986, S.17.

[2] Vgl.: H. FISCHER, Drucksachenwerbung, in: K.Chr. BEHRENS (Hrsg.), Handbuch der Werbung, S.571-578, Wiesbaden 1970, S.572.

lungsauslösung beim Umworbenen eingesetzt werden und somit primär ein Verkaufsinstrument darstellen, werden dagegen mit Prospekten auch andere, vorgelagerte Werbeziele angestrebt; dies können sein: die Steigerung des Bekanntheitsgrades, des Informationsniveaus oder der Imageausprägung von Produkten, Marken und Unternehmen.[1] Zudem dient das Werbemittel Prospekte nicht allein zur Wirtschaftswerbung, sondern wird daneben in erheblichem Umfang im außerökonomischen Bereich verwendet.

Abgesehen davon, daß Kataloge und Prospekte normalerweise schon bezüglich des Seitenumfangs deutlich differieren, bestehen allerdings auch Überschneidungen, denn insbesondere persönlich adressierte Prospekte erfüllen häufig denselben Werbezweck wie Kataloge, so daß sich die Unterschiede in diesen Fällen ausschließlich auf den Seitenumfang und Druckkosten je Exemplar beschränken.

Das Werbemittel Plakate, das die dritte Produktgruppe bildet, wird zusammen mit der Verkehrsmittelwerbung und Dauerwerbung zum Werbebereich Außenwerbung gerechnet.[2] Anders als die Direktwerbung mit Prospekten und Katalogen zielt die Plakatwerbung dabei üblicherweise auf globale Zielgruppen ab, so daß die Drucknachfrage nach Werbeplakaten weitgehend unabhängig von der Prospekt- und Katalognachfrage gewesen sein dürfte und wenn überhaupt haben zwischen diesen beiden Werbemitteln komplementäre Nachfragebeziehungen bestanden.

6.3.2. PRODUKTGRUPPE "PROSPEKTE"

Die Produktgruppe Prospekte umfaßt neben den Prospekten auch Werbe-

---

[1] Zu den unterschiedlichen Arten von Werbezielen, vgl.: P.W. MEYER/ A. HERMANNS, Theorie der Wirtschaftswerbung, Stuttgart; Mainz u.a. 1981, S.76f. sowie C. HOLSCHER, Absatzanbahnung, in: P.W. Meyer/ A. Hermanns (Hrsg.), Integrierte Marketingfunktionen, S.57-77, Stuttgart; Mainz u.a. 1978, S.64ff.

[2] Vgl.: F. KLEIN-BLENKERS/ J. HILLESHEIM (1986), Die Werbekosten... a.a.O., S.45: Übersicht 7.

briefe,[1] Mailer,[2] Handzettel,[3] Preislisten sowie Antwort- und Musterkarten, wobei jedoch der mit Abstand größte Produktionsanteil auf die Prospekte entfällt. Im folgenden wird deshalb zur Vereinfachung nur noch von Prospekten bzw. von Prospektwerbung gesprochen, ohne daß die anderen zur Produktgruppe Prospekte zählenden Werbemittel im einzelnen aufgezählt werden. Die Zusammenfassung dieser Werbemittel unter dem Begriff Prospektwerbung läßt sich dadurch rechtfertigen, daß Werbebriefe, Antwortkarten u.ä. zum überwiegenden Teil mit Prospekten verbunden als eine Werbesendung verteilt wurden[4] und daß Mailer, Handzettel und Preislisten im allgemeinen sowohl Text- als auch Bildinformationen enthielten, so daß der Unterschied zu den Prospekten hauptsächlich im Seitenumfang sowie in der Druckausstattung bestand.

Die Produktgruppe Prospekte trug im Jahr 1988 mit ca.75% bzw. mit rd.5,0 Mrd. DM zum Bruttoproduktionswert des Produktbereichs Werbedrucksachen

---

[1] Zu den Merkmalen von Werbebriefen, vgl.: D. SCHEFER, Die Gestaltung und die wirtschaftliche Bedeutung der Direktwerbung, in: B. Tietz (Hrsg.), Die Werbung a.a.O., Bd.2, S.1474-1506, Frankfurt a.M. 1982, S.1474f.

[2] Als Mailer werden Werbedrucksachen bezeichnet, bei denen die Versandhülle, der Werbebrief bzw. der Prospekt sowie der Reaktionsträger aus einem Stück bestehen. Vgl.: H. SIEPMANN, Welches Papier für welches Mailing?, in: Direkt-Marketing, 20.Jg., Heft Nr.6, S.224-227, Ettlingen 1984, S.226.

[3] Handzettel bestehen aus einem einzigen Druckbogen mit einer Formatgröße von max.DIN A2 und werden meistens auf DIN A4 oder DIN A5 gefalzt. Vgl.: H. HAPPEL, Vorteile und Vorurteile - Erfolgreich werben mit Handzetteln, in: Selbstbedienung - Dynamik im Handel, Jg.1981, Heft Nr.2, S.12-19, Köln 1981.

[4] Im Jahr 1982, als letztmalig entsprechende Daten veröffentlicht wurden, umfaßten 61,9% der Werbesendungen, in denen ein Werbebrief und eine Antwortkarte beigelegt waren, auch einen Prospekt. Vgl.: ZAW (1983), ZAW-Jahrbuch a.a.O., S.234.

bei[1] und war dementsprechend für die Produktionsentwicklung des Produktbereichs Werbedrucksachen von zentraler Bedeutung.

Tab.54: Entwicklung der Bruttoproduktionswerte von Prospekten, Werbedrucksachen sowie des Bruttoinlandsproduktes, in realen Werten, durchschnittliche jährliche Veränderungsraten

Produktionswert \ Periode	1961-68	1969-76	1977-82	1983-88
Prospekte, real *	ca.4-5%	ca.2,5-3%	ca.4-5%	6,4%
Werbedrucksachen, real	6,2%	3,7%	3,9%	4,5%
Bruttoinlandsprodukt, real	4,1%	3,5%	1,8%	2,4%

* 1960-1982: Geschätzte Werte; 1983-1988: Einschl. Plakate. Quelle: Statistisches Bundesamt, Fs.4: R.3.1, Fs.17: R.2 u. Fs.18: R.1.2, versch. Jgg.; eigene Berechnung der Werte.

Die Produktionsentwicklung der Produktgruppe Prospekte kann im weiteren für den Zeitraum von 1960-1982 wiederum ausschließlich auf der Grundlage geschätzter Bruttoproduktionswerte nachvollzogen werden,[2] da vom Statistischen Bundesamt erst beginnend mit dem Jahr 1982 entsprechend untergliederte Bruttoproduktionswerte veröffentlicht wurden. Die realen Produktionszuwächse der Produktgruppe Prospekte wichen dabei - wie Tab.54 verdeutlicht - in erheblichem Umfang von den für den gesamten Produktbereich Werbe-

[1] In der Produktionsstatistik wurde unter der Melde-Nr.5712 7. Werbedrucksachen für das Jahr 1988 ein Bruttoproduktionswert von 5.158,0 Mio. DM ausgewiesen. Da das Statistische Bundesamt aber nicht nur Prospekte, sondern auch Plakate zu den Werbedrucksachen zählt, mußte hiervon der Bruttoproduktionswert von Plakaten in Höhe von ca.110-120 Mio. DM subtrahiert werden, so daß der Bruttoproduktionswert der Produktgruppe Prospekte demnach im Jahr 1988 rd.5,0 Mrd. DM betrug.

[2] Die Bruttoproduktionswerte für die Produktgruppe Prospekte werden dabei als Residualgröße abgeleitet, da geeignete Indikatoren nur für die Schätzung der Bruttoproduktionswerte der Produktgruppen Kataloge und Plakate verfügbar sind. Zur Schätzung der Produktionsentwicklung von Katalogen und Plakaten, vgl. im Text S.272ff. sowie S.293f.

drucksachen verzeichneten Zuwachsraten ab. Während nämlich in den beiden Perioden 1961-1968 und 1969-1976 bei der Produktgruppe Prospekte nur unterdurchschnittliche Zuwachsraten erreicht wurden, konnte der Bruttoproduktionswert von Prospekten demgegenüber in der Periode 1977-1982 und insbesondere in der Periode 1983-1988 weit überdurchschnittlich gesteigert werden.[1]

Die Entwicklung des Bruttoproduktionswertes der Produktgruppe Prospekte - der mit den Werbematerialkosten der Prospektwerbung gleichzusetzen ist - verlief dabei weitgehend gleichgerichtet mit der Entwicklung des Bruttoinlandsproduktes. Zu erklären ist dies damit, daß das Werbemittel Prospekte in nahezu sämtlichen Wirtschaftszweigen eingesetzt wurde und daß die Werbetreibenden die Höhe ihrer Werbeaufwendungen für Prospekte anscheinend in starkem Maße von der eigenen Geschäftsentwicklung abhängig machten und demnach ein prozyklisches Werbeverhalten offenbarten.[2]

Neben der gesamtwirtschaftlichen Wachstumsentwicklung waren für den Verlauf der Produktionsentwicklung von Prospekten aber auch strukturelle Veränderungen hinsichtlich des Einsatzes der Prospektwerbung bedeutsam, was daran erkennbar ist, daß der Bruttoproduktionswert von Prospekten mit deutlich höheren realen Zuwachsraten anstieg als das Bruttoinlandsprodukt. Die positive Wachstumsdifferenz zwischen dem Bruttoproduktionswert von Prospekten und dem Bruttoinlandsprodukt nahm dabei im Zeitablauf sukzessi-

---

[1] Der Umstand, daß sich die Produktionsentwicklung in der Periode 1983-1988 nicht allein auf die Prospekte, sondern auch auf die Plakate bezieht, übte keinen gravierenden Einfluß aus, denn der Produktionsanteil von Plakaten betrug weniger als 2%.

[2] Die Konjunkturreagibilität, die nur für den Produktbereich Werbedrucksachen insgesamt quantifiziert werden kann, betrug gemessen an der Standardabweichung der jährlichen Veränderungsraten des realen Bruttoproduktionswertes von Werbedrucksachen in den Jahren 1961-1988 5,2% Prozentpunkte und fiel - abgesehen vom Produktbereich Geschäftsdrucksachen - deutlich höher aus als in den anderen Produktbereichen der Druckindustrie. Anzunehmen ist zudem, daß die Konjunkturreagibilität von Prospekten noch weitaus größer war, da die Produktionsentwicklung von Katalogen nur verhältnismäßig geringen konjunkturellen Schwankungen unterlag.

ve zu und betrug in der Periode 1983-1988 bereits Ø 4 Prozentpunkte.[1]

Eine Ausnahme bildete hierbei lediglich die Periode 1969-1976, in der die realen Produktionszuwächse von Prospekten mit schätzungsweise Ø 2,5-3,0% p.a. deutlich niedriger ausfielen als die realen Zuwächse des Bruttoinlandsproduktes, die Ø 3,5% p.a. betrugen. Zurückzuführen war dies ausschließlich auf die beiden Jahre 1974 und 1975, in denen der reale Bruttoproduktionswert von Prospekten um mehr als 10% abnahm, wofür - neben der rezessiven gesamtwirtschaftlichen Entwicklung[2] - in der Hauptsache die sprunghafte Erhöhung der Papierpreise im Jahr 1974 um 34,3% ausschlaggebend war.[3] Die drastisch gestiegenen Papierpreise führten dazu, daß die Erzeugerpreise von Prospekten ebenfalls stark erhöht wurden, und zwar um insgesamt 22% in den Jahren 1974/1975.[4]

Der registrierte Nachfrage- bzw. Produktionsrückgang war aber nicht allein durch die wirtschaftliche Rezession und die erhöhten Druckkosten bedingt, sondern wurde darüber hinaus auch durch den starken Anstieg der Streukosten verursacht, denn nachdem die Deutsche Bundespost bereits im Jahr

---

[1] Vgl. im Text S.247: Tab.54.

[2] Vgl. im Anhang S.LIX: Tab.XLIII.

[3] Der starke Anstieg der Papierpreise im Jahr 1974 war im wesentlichen auf zwei Faktoren zurückzuführen. Erstens bestand im Jahr 1974 weltweit ein Nachfrageüberhang bei Druckpapieren und zweitens war die Papierindustrie in besonderem Maße von den gestiegenen Energiepreisen - als Folge der 1.OPEC-Ölkrise im Jahr 1973 - betroffen, da die Zellstoffproduktion und die Papiererzeugung zu den energieintensivsten Produktionsprozessen überhaupt zählen. Vgl.: B. REUTHER (1977), Der Substitutionswettbewerb... a.a.O., S.65.

[4] Zu erwähnen ist in diesem Zusammenhang, daß die Preiselastizität der Nachfrage bei Prospekten wesentlich größer sein dürfte als bei anderen Drucksachen, denn im Unterschied zu Prospekten können die Unternehmen zumindest kurzfristig weder auf Kataloge noch auf Geschäfts- und Verpackungsdrucksachen verzichten, und da bei Verlagserzeugnissen wie Büchern, Zeitungen und Zeitschriften nur ein vergleichsweise geringer Anteil der Gesamtkosten auf die Druckpapiere entfallen, wird die Nachfrage nach Verlagserzeugnissen durch steigende Papierpreise ebenfalls in weit geringerem Maße beeinflußt als dies bei Prospekten der Fall ist.

1972 die Portogebühren für Massendrucksachen angehoben hatte, trat zum 1.Juli 1974 erneut eine Gebührenerhöhung in Kraft, die beim Porto für Massendrucksachen sogar 33% betrug. Die Folge war, daß in den Jahren 1974/1975 die Zahl der per Post verteilten Werbesendungen, die größtenteils als Massendrucksachen versendet wurden, stagnierte und während der gesamten Untersuchungsperiode 1969-1976 lediglich um Ø 1,8% p.a. zunahm.[1]

Der ungewöhnlich starke Rückgang des realen Produktionswertes der Produktgruppe Prospekte um mehr als 10% in den Jahren 1974/1975 resultierte dementsprechend in erster Linie daher, daß die Kosten der Prospektwerbung sprunghaft zunahmen. Die wirtschaftliche Rezession in den Jahren 1974/1975 wirkte sich zwar ebenfalls kontraktiv auf die Produktionsentwicklung von Prospekten aus, aber wie ein Vergleich mit den Rezessionsphasen des Jahres 1967 bzw. der Jahre 1980-1982 zeigt,[2] wäre ohne den drastischen Anstieg der Druck- und Streukosten bei der Prospektwerbung in den Jahren 1974/1975 wahrscheinlich ein weitaus geringerer Produktionsrückgang eingetreten.

Festzuhalten bleibt an dieser Stelle, daß der Bruttoproduktionswert der Produktgruppe Prospekte in der Periode 1969-1976 ohne die wachstumshemmenden Sondereinflüsse der Jahre 1974/1975 vermutlich ebenso wie in den anderen drei Untersuchungsperioden mit höheren realen Zuwachsraten als das Bruttoinlandsprodukt gestiegen wäre.

Die positive Wachstumsdifferenz zwischen dem Bruttoproduktionswert der Produktgruppe Prospekte und dem Bruttoinlandsprodukt war - wie Tab.55 verdeutlicht - nicht allein für das Werbemittel Prospekte spezifisch, denn die gesamten Umsatzerlöse des Werbesektors nahmen in Relation zum Bruttoinlandsprodukt gleichfalls überdurchschnittlich zu, so daß der prozentuale Anteilswert des Werbesektors am Bruttoinlandsprodukt zwischen 1976 und 1988

---

[1] Die Zahl der im Inlandsverkehr versendeten Massendrucksachen stieg in den Jahren 1974/1975 insgesamt nur um 1,3% auf 1.464,9 Mio. Exemplare. Vgl. im Anhang S.LIX: Tab.XLIV.

[2] Vgl. im Anhang S.LIX: Tab.XLIII.

stetig wuchs.[1]

Tab.55: Entwicklung des prozentualen Anteilswertes des Werbesektors am Bruttoinlandsprodukt, in nominalen Werten

Anteilswerte \ Jahr	1976	1979	1982	1985	1987	1987 *	1988 *
Werbesektor	1,03%	1,18%	1,14%	1,21%	1,24%	1,22%	1,25%

* Neue statistische Abgrenzung. Quelle: Statistisches Bundesamt, Fs.4: R.3.1, Fs.11: R.5 u. Fs.18: R.1.2 sowie ZAW-Jahrbuch, versch. Jgg.; eigene Berechnung der Werte.

Wie aus Tab.56 ersichtlich ist, konnten die Prospekte jedoch zumindest im Zeitraum von 1982-1988 - für den entsprechende Daten vorliegen - in besonderem Maße an den überproportional wachsenden Umsatzerlösen des Werbesektors partizipieren.

Dieser Entwicklungstrend läßt sich dahingehend interpretieren, daß die Werbetreibenden in ihren Werbeetats Umschichtungen zugunsten von Prospekten vornahmen und/oder daß neue Werbetreibende hinzutraten, die die Prospektwerbung gegenüber anderen Werbemitteln präferierten.

[1] Lt. ZAW betrug der Werbeumsatz des Werbesektors im Jahr 1988 schätzungsweise sogar 34.670,6 Mio. DM, was einem Anteilswert von 1,64% des Bruttoinlandsproduktes entspricht. Dieser Schätzwert fällt deshalb höher aus, weil vom ZAW neben den Werbematerial- und Werbeträgerkosten auch die Werbeverwaltungskosten mit einbezogen wurden, die in dieser Arbeit aus zwei Gründen unberücksichtigt blieben: Erstens war eine exakte Quantifizierung der Werbeverwaltungskosten unmöglich und zweitens wäre eine Zurechnung der Werbeverwaltungskosten auf die einzelnen Werbemittel noch problematischer gewesen als die vom ZAW durchgeführte Schätzung des gesamten Werbeumsatzes. Vgl.: ZAW (1989), Werbung in Deutschland a.a.O., S.5f.

Tab.56: Entwicklung des prozentualen Anteilswertes von Prospekten an den Umsatzerlösen des Werbesektors, in nominalen Werten

Werbeumsatz \ Jahr	1982	1985	1987	1987 *	1988 *
Prospekte **	16,3%	18,2%	19,3%	19,5%	19,6%

* Neue statistische Abgrenzung. ** Ohne Streukosten. Quelle: Statistisches Bundesamt, Fs.4: R.3.1 u. Fs.11: R.5 sowie ZAW-Jahrbuch, versch. Jgg.; eigene Berechnung der Werte.

Bevor untersucht wird, welche Gründe dafür verantwortlich waren, daß das Werbemittel Prospekte überdurchschnittlich von den wachsenden Umsatzerlösen des Werbesektors profitierte, sollen zunächst in einem Exkurs die wichtigsten Faktoren dargelegt werden, die für die anteilsmäßige Zunahme des Werbesektors am Bruttoinlandsprodukt im Zeitraum von 1976-1988 bestimmend waren. Der damit zum Ausdruck kommende generelle Bedeutungszuwachs der Werbung trug nämlich in hohem Maße zur dynamischen Produktionsentwicklung von Prospekten bei.

Im Rahmen dieser Arbeit kann allerdings keine detaillierte Analyse der Vielzahl von möglichen Bestimmungsfaktoren erfolgen[1], sondern es ist lediglich beabsichtigt, nachfolgend die vermutlich wichtigsten Ursachen für die dynamische Wachstumsentwicklung des Werbesektors kurz aufzuzeigen.[2]

Von entscheidender Bedeutung war in diesem Zusammenhang vor allem der Umstand, daß mit der fortschreitenden wirtschaftlichen Entwicklung eine drastische Zunahme der Angebotsvielfalt und damit auch des Kommunikations-

---

[1] Zu den Gründen für den Bedeutungszuwachs der Werbung, vgl. auch: ZAW (1980), ZAW-Jahrbuch a.a.O, S.12ff.

[2] Vgl.: V. NICKEL, Werbung - Werbeträger in den achtziger Jahren, in: Der Arbeitgeber, 33.Jg., Heft Nr.8, S.379-386, Köln 1981, S.379f.

bedarfs verbunden war.[1] Verdeutlichen läßt sich diese Entwicklung daran, daß die Zahl der beworbenen Produkte bzw. Marken im Zeitraum von 1976-1988 von 25.480 auf 41.377 anstieg und sich damit um Ø 4,1% p.a. vergrößerte,[2] während das Bruttoinlandsprodukt und die privaten Verbrauchsausgaben gleichermaßen lediglich um real Ø 2,1% p.a. zunahmen.[3] Die gestiegene Zahl von beworbenen Produkten war dabei jedoch nur zum Teil auf die Markteinführung wirklich neuartiger Produkte zurückzuführen, denn oftmals stellten die neueingeführten Produkte lediglich das Ergebnis einer Produktdifferenzierungsstrategie dar, die im wesentlichen die Produktpräsentation betraf und zu der die Werbung instrumental beitrug.[4]

Damit einhergehend nahm insbesondere in den 80er Jahren die Individualisierung des Käuferverhaltens beträchtlich zu,[5] wodurch der Prozeß der Produktdifferenzierung seitens der Unternehmen weiter begünstigt wurde. Die daher resultierenden Konsequenzen für den Werbesektor bestanden darin, daß zum einen die Zahl der beworbenen Produkte bzw. Marken beständig zunahm und daß zum anderen vielfach auch die Werbeausgaben je Produkteinheit gestiegen sein dürften. Dies gilt insbesondere für solche Produktgruppen bzw. Absatzmärkte, die sich in der Stagnations- oder Rückbildungsphase

---

[1] Vgl.: F. KLEIN-BLENKERS/ K. ROBL, Die Werbekosten in der Bundesrepublik Deutschland 1972, in: E. Sundhoff (Hrsg.), Mitteilungen des Instituts für Handelsforschung an der Universität zu Köln, 27.Jg., Heft Nr.5, S.61-72, Köln 1975, S.63.

[2] Quelle der Daten: NIELSEN WERBEFORSCHUNG S+P/HAMBURG.

[3] In konstanten Preisen von 1980 stieg das Bruttoinlandsprodukt von 1.322,7 Mio. DM im Jahr 1976 auf 1.692,9 Mio. DM im Jahr 1988. Die privaten Verbrauchsausgaben erhöhten sich in demselben Zeitraum - in konstanten Preisen von 1980 - von 740,4 Mio. DM auf 949,9 Mio. DM. Vgl.: STATISTISCHES BUNDESAMT, Fs.18: R.1.2 a.a.O.

[4] Im allgemeinen wird davon ausgegangen, daß das Ausmaß an Produktdifferenzierung mit dem Reifegrad der Absatzmärkte zunimmt. Vgl.: H. BERG, Wettbewerbspolitik, in: Vahlens Kompendium der Wirtschaftstheorie und Wirtschaftspolitik, Bd.2, S.231-291, 2.überarb. u. erw. Aufl., München 1985, S.243.

[5] Vgl.: ZAW (1989), Werbung in Deutschland a.a.O., S.29.

befanden,[1] denn während dieser Marktphasen findet typischerweise eine weitgehende Angleichung der Leistungsangebote statt, so daß die Information und Kommunikation mit dem Konsumenten in zunehmendem Maße über den wirtschaftlichen Erfolg der betreffenden Unternehmung mitentscheidet.

Wichtige Wachstumsimpulse für den Werbesektor resultierten zudem daher, daß während des Untersuchungszeitraums immer neue Werbemöglichkeiten - wie die Fernseh- und Hörfunkwerbung in den 60er Jahren oder neuerdings die Btx-Werbung - geschaffen wurden und daß die bereits existierenden Werbemedien zusätzliche Werbemöglichkeiten boten, wofür die Supplements- und Fremdbeilagenwerbung in Zeitungen und Zeitschriften ein Beispiel geben.[2] Außerdem konnten die bestehenden Werbemöglichkeiten dadurch weiter verbessert werden, daß die Transparenz der Werbemedien schrittweise erhöht wurde und die Werbeempfänger somit zunehmend nach werberelevanten Kriterien selektiert werden konnten. Die sukzessive Zunahme der Zielgenauigkeit der Werbung bzw. die Minimierung der Streuverluste kam dabei dem allgemeinen Trend zur Produktdifferenzierung und Marktsegmentierung entgegen und hatte zudem besonders positive Auswirkungen auf die Werbebereitschaft von Klein- und Mittelbetrieben, die zumeist nur eng umgrenzte Zielgruppen bewerben wollten.

Wesentlichen Einfluß auf die Wachstumsentwicklung des Werbesektors übte darüber hinaus die generell zu verzeichnende Zunahme des Werbebewußtseins aus. Erkennbar ist dies vor allem daran, daß im Gegensatz zu den 60er Jahren nicht mehr allein die unmittelbare Absatzwerbung in Form von produkt- oder markenbezogener Werbung vorherrschte, sondern das Werbung

---

[1] Als Beispiele für gestiegene Werbeaufwendungen für Produkte, deren Absatzvolumen zugleich stagnierte, sind u.a. Nahrungs- und Genußmittel, aber auch Waschmittel zu erwähnen. Quelle: Nielsen Werbeforschung S+P, Hamburg, veröff. in: ZAW, ZAW-Jahrbuch a.a.O., versch. Jgg.

[2] Ein anderes Beispiel sind neuartige Insertionsmöglichkeiten in Zeitschriften, wie eingeklebte Postkarten, Gutscheine und Warenproben. Zu der Frage, inwieweit die Entwicklung der Werbeaufwendungen medieninduziert war oder ausschließlich von volkswirtschaftlichen Größen abhing, vgl.: E. WITTE (1984), Zeitungen... a.a.O., S.35ff.

immer häufiger zur Öffentlichkeitsarbeit und Imageausprägung eingesetzt wurde. Neben den Unternehmen, die die Möglichkeiten der Werbung verstärkt im Rahmen von "Corporate-Identity-Strategien" nutzten,[1] wurde die Werbung auch vermehrt für außerökonomische Zielsetzungen seitens der Verbände, Gewerkschaften, politischen Parteien, Vereine sowie dem öffentlichen Sektor dienstbar gemacht.[2]

Nach diesem kurzen Exkurs über die wesentlichen Bestimmungsgründe für die Zunahme der gesamtwirtschaftlichen Bedeutung des Werbesektors soll jetzt untersucht werden, weshalb das Werbemittel Prospekte in überdurchschnittlichem Umfang von den gestiegenen Umsatzerlösen des Werbesektors profitieren konnte, mit der Folge, daß der Umsatzanteil von Prospekten zumindest im Zeitraum von 1982-1988 permanent zunahm.[3]

Vorab ist zu erwähnen, daß die Prospektwerbung sich insoweit grundlegend von anderen Werbemitteln unterscheidet, als daß die Verteilung über verschiedenartige Streuwege erfolgt. Die Einsatzmöglichkeiten und die damit verbundenen Zielsetzungen der Prospektwerbung sind dementsprechend extrem vielfältig,[4] wobei insbesondere zwei Werbeformen zu unterscheiden sind: Die adressiert und die unadressiert verteilte Prospektwerbung. Die nachfolgende Analyse der Determinanten der Produktionsentwicklung der Produktgruppe Prospekte findet deshalb auch auf zwei verschiedenen Ebenen statt. Zuerst werden nur diejenigen Faktoren untersucht, die die Entwicklung der Prospektwerbung generell, d.h. unabhängig von der Art der Verteilung, beeinflußten. Danach wird dann zwischen der adressierten und unadressierten Prospekt-

---

[1] Seit Anfang der 70er Jahre traten beispielsweise Banken, Sparkassen und Versicherungen als neue Werbetreibenden auf. Vgl.: ZAW (1978), ZAW-Jahrbuch a.a.O., S.305.

[2] Vgl.: ZAW (1980), ZAW-Jahrbuch a.a.O., S.12f.

[3] Vgl. im Text S.251: Tab.55.

[4] Vgl.: ORGANISATOR, EXTRA-Themaheft Nr.4: Direct Mail - Direktwerbung auch für Sie, Zürich 1981, S.8ff.

werbung differenziert, deren Werbefunktionen deutlich divergierten.

Unabhängig davon, ob die Prospekte adressiert oder unadressiert gestreut wurden, wirkten sich vornehmlich drei Faktoren wachstumsfördernd auf deren Produktionsentwicklung aus: Erstens der bereits mehrfach angeführte Trend in Richtung einer zielgruppenspezifischen Werbung, zweitens die vergleichsweise hohe Nutzungsintensität und Werbewirksamkeit von Prospekten und drittens die Tatsache, daß bei Prospekten die Auflagenhöhe, der Seitenumfang, die Formatgröße sowie die qualitative Druckausstattung ohne jegliche Vorgaben frei wählbar waren.[1]

Die Prospekte eigneten sich deshalb besonders für eine zielgruppenspezifische Werbung, weil die Vielzahl von Streuwegen nicht nur eine beliebige geographische Abgrenzung von Zielgruppen ermöglichte, sondern darüber hinaus auch eine personifizierte Ansprache von bestimmten Zielgruppen erlaubte, die zuvor nach soziodemographischen Kriterien ausgewählt wurden.

Die außerordentlich hohe Nutzungsintensität und Werbewirksamkeit von Prospekten, die in mehreren, während der 70er und 80er Jahre durchgeführ-

---

[1] Zu den spezifischen Leistungsmerkmalen der Prospektwerbung, vgl.: D. SCHEFER, Direktwerbung: Das diskrete Medium, in: Absatzwirtschaft, 22.Jg., Heft Nr.5, S.90-94, Düsseldorf 1979, S.93.

ten, repräsentativen Untersuchungen belegt wurde,[1] kommt u.a. dadurch zum Ausdruck, daß im Jahr 1976 immerhin 83% der befragten Werbeempfänger "ein besonderes Interesse an Prospekten bekundeten".[2] Dies bedeutete zugleich, daß sich die Nutzungsintensität gegenüber dem Jahr 1970 - als diese Fragestellung erstmals untersucht wurde - sogar noch merklich erhöht hatte, denn damals gaben erst 74% der Befragten an, daß sie ein besonderes In-

---

[1] Vgl.: INFRATEST-FORSCHUNG, Werbedrucksachen und ihre Empfänger, Kurzbericht einer Repräsentativerhebung i.A. des BVD, Teil I, München 1977; LAUKHUFF-TEAM, Einstellungen und Urteile von Meinungsbildnern zur Direktwerbung, Ergebnisbericht einer i.A. des BVD und des ADV durchgeführten Untersuchung, Frankfurt a.M. 1981; INTERMARKET GESELLSCHAFT FÜR INTERNATIONALE MARKT- UND MEINUNGSFORSCHUNG MBH/DÜSSELDORF, Die Einstellungen von werbungtreibenden Firmen und Werbeagenturen gegenüber Werbedrucksachen, Ergebnisbericht einer i.A. des BVD durchgeführten Untersuchung, Hrsg.: BVD, Wiesbaden 1982; COMPAGNON MARKTFORSCHUNGS-INSTITUT GMBH, Die kommunikative Bedeutung von Werbedruckschriften für gewerbliche und private Kaufentscheidungen, Untersuchung erfolgte i.A. des BVD, Hrsg.: BVD, Wiesbaden 1984; DEUTSCHE BUNDESPOST, Direktwerbung-Akzeptanz beim Verbraucher, Untersuchung der Deutschen Bundespost in Zusammenarbeit mit der Werbeagentur Lintas/Hamburg und dem Institut für Verbrauchs- und Einkaufsforschung (IVE-Research International/Hamburg), Bonn 1986 sowie IRES-MARKETING GESELLSCHAFT FÜR MARKT-, MOTIV- UND WERBEFORSCHUNG, Nutzung und Resonanz von Versicherungs Druckschriften, Ergebnisbericht einer i.A. des BVD und der ÖMARK Marketinggesellschaft öffentlicher Versicherer mbH durchgeführten Untersuchung, Düsseldorf 1987.

[2] Vgl.: INFRATEST-FORSCHUNG (1977), Werbedrucksachen... a.a.O., S.10. Zu vergleichbaren Ergebnissen kommt die Deutsche Bundespost für die per Post zugestellten Werbesendungen, denn im Jahr 1981 erklärten bei einer entsprechenden Befragungen 84% der Werbeempfänger, daß sie daran interessiert seien, "alle oder fast alle der per Post zugestellten Werbesendungen" zu erhalten und im Jahr 1986 bestätigten sogar 87% der Befragten, daß sie Nutzervorteile aus der Werbung per Post ziehen würden. Vgl.: DEUTSCHE BUNDESPOST (Hrsg.), Studie Direktwerbung, Untersuchung des IVE Research International/ Hamburg i.A. der Deutschen Bundespost, Bonn 1981. Zu den Ergebnisse vgl. u.a.: V. NICKEL (1987), Was Verbraucher wissen sollten a.a.O., S.23ff. sowie DEUTSCHE BUNDESPOST (1986), Direktwerbung-Akzeptanz... a.a.O. Zu den Ergebnissen vgl. u.a.: ZAW (1987), ZAW-Jahrbuch Werbung '87, S.256.

teresse an Prospekten hätten.[1] Außerdem nahm zwischen 1970 und 1976 auch die Aufbewahrungsdauer von Prospekten von Ø 3,8 auf Ø 4,6 Wochen zu. Dies ist umso beachtlicher, da gleichzeitig die Zahl der verteilten Prospekte je Empfänger stark anstieg,[2] so daß die Werbeempfänger demnach eine größere Zahl von Prospekten über einen längeren Zeitraum aufbewahrten und damit wahrscheinlich auch häufiger nutzten.

Die hohe Werbewirksamkeit von Prospekten ist demgegenüber daran sichtbar, daß bei einer Befragung von Meinungsbildnern im Jahr 1981 immerhin 71% bestätigten, daß sie bereits von der Direktwerbung zu Käufen bewegt worden seien, wohingegen lediglich 20% der Meinungsbildner erklärten, daß sie Prospekte zumeist ungelesen wegwerfen würden.[3] Die hohe Werbewirksamkeit von Prospekten war zudem nicht nur auf den Investitions- und Konsumgütersektor beschränkt, sondern wurde - wie eine exemplarische Studie über "Versicherungs-Druckschriften" aus dem Jahr 1987 zeigt - auch für den Dienstleistungssektor bestätigt, denn 46% der privaten und 37% der gewerblichen Versicherungsnehmer gaben an, daß sie im Rahmen eines konkreten Versicherungsabschlusses Prospekte als Entscheidungshilfe genutzt hätten.[4]

In Übereinstimmung mit diesen Untersuchungsergebnissen äußerten im Jahr 1982 75% der Werbeleiter, daß die positiven Erfahrungen bei der Prospektwerbung überwogen hätten, wohingegen lediglich 2% der Werbeleiter erklärten, daß sie überwiegend negative Erfahrungen gemacht hätten.[5] Diesen positiven Ergebnissen widerspricht auch nicht der Umstand, daß sich die

---

[1] Vgl.: INFRATEST-FORSCHUNG (1977), Werbedrucksachen... a.a.O., S.10.

[2] Vgl.: INFRATEST-FORSCHUNG (1977), Werbedrucksachen... a.a.O., S.8.

[3] Vgl.: LAUKHUFF-TEAM (1981), Einstellungen und Urteile... a.a.O., S.17, S.19 und S.22 sowie: G.M. KUNZ, Direktwerbung - Die meisten akzeptieren sie, in: Absatzwirtschaft - Zeitschrift für Marketing, 29.Jg., Heft Nr.4, S.76-81, Düsseldorf 1986.

[4] Vgl.: IRES-MARKETING (1987), Nutzung und Resonanz... a.a.O., S.7 sowie S.21.

[5] Vgl.: INTERMARKET GESELLSCHAFT (1982), Die Einstellungen von werbungtreibenden Firmen... a.a.O., S.7.

Zahl der Privatpersonen, die keine Werbesendungen wünscht, in den letzten Jahren stark vergrößert hat,[1] denn bis Anfang des Jahres 1989 waren überhaupt erst 165.000 Personen und damit nur 0,33% der Bevölkerung über 18 Jahre in der seit dem Jahr 1971 bestehenden sog. "Robinson-Liste" des Deutschen Direktmarketing-Verbandes (DDV) registriert und dies, obwohl die Eintragung unentgeltlich ist und hierüber in den Medien regelmäßig berichtet wurde.

Die hohe Nutzungsintensität und Werbewirksamkeit von Prospekten hängt dabei mit den spezifischen Merkmalen dieses Werbemittels zusammen, denn durch die nahezu unbegrenzten Selektionsmöglichkeiten sind die Chancen, daß der Werbeinhalt beim Werbeempfänger auch tatsächlich auf Interesse stößt, bei den Prospekten wesentlich größer als bei den meisten anderen Werbemitteln. Desweiteren beruht die hohe Akzeptanz der Prospektwerbung zudem darauf, daß Prospekte typischerweise detaillierte Bild- und Textinformationen beinhalten, die im Unterschied zu den elektronischen Medien in Ruhe überprüft, ggf. aufbewahrt und mehrfach - z.B. für Angebotsvergleiche - genutzt werden können.[2]

Als dritte wesentliche Ursache, weshalb die Produktionsentwicklung von Prospekten während des Untersuchungszeitraums sehr dynamisch verlief und weshalb die Prospekte zumindest in den Jahren 1982-1988 sogar überdurchschnittlich von den allgemein wachsenden Gesamtwerbeaufwendungen profi-

---

[1] Die Personenzahl, die Direktwerbung ablehnte und sich deshalb in die Robinson-Liste des DDV eintragen ließ, stieg von 5.000 Personen im Jahr 1978 auf 100.000 Personen im Jahr 1982 an und lag Anfang des Jahres 1989 bei 165.000 Personen. Quelle: Unterlagen des Deutschen Direktmarketing-Verbandes e.V. in Wiesbaden.

[2] Die Werbeempfänger erklärten dementsprechend bei einer Befragung im Jahr 1986, daß die Nutzervorteile der Direktwerbung u.a. darin bestehen würden, daß man auf Sonderangebote aufmerksam gemacht wird (70% der Befragten stimmten zu), daß man das Angebot in Ruhe studieren kann (63%), daß die Angebote Preisangaben enthalten (49%), daß man verschiedene Angebote vergleichen kann (47%) und daß man Neuigkeiten kennenlernt (40%). Vgl.: DEUTSCHE BUNDESPOST (1986), Direktwerbung-Akzeptanz... a.a.O. Zu den Ergebnissen vgl. u.a.: ZAW (1987), ZAW-Jahrbuch Werbung '87, S.256f.

tieren konnten, wurde zuvor die Entscheidungsfreiheit in bezug auf die Auflagenhöhe, den Seitenumfang, die Formatgröße sowie die Druck- und Papierqualität genannt. Hierfür sind wiederum drei Gründe anzuführen:

Erstens traten zunehmend Klein- und Mittelbetriebe als neue Werbetreibende auf, die im allgemeinen nur einen eng begrenzten Empfängerkreis bewerben wollten und für die das Werbemittel Prospekte deswegen besonders vorteilhaft war, weil diese im Gegensatz zu Zeitungs- und Zeitschriftenanzeigen auch in Kleinauflagen gedruckt werden konnten.[1]

Zweitens war festzustellen, daß der wachsende Bruttoproduktionswert von Prospekten in erheblichem Umfang dadurch bedingt war, daß die Werbetreibenden den durchschnittlichen Seitenumfang von Prospekten stark ausweiteten[2] und größere Formate wählten,[3] um gleichzeitig mehr Produkte bewerben zu können und dabei dem zunehmenden Interesse der Konsumenten an ausführlicheren Angebotsinformationen gerecht zu werden. Der spezielle Vorteil, den die Prospektwerbung hierbei gegenüber den anderen Werbemedien besaß, lag darin, daß ein größerer Seitenumfang und ein größeres Format bei der Prospektwerbung nicht zwingend zu steigenden Streukosten führte, solange bestimmte Gewichtsgrenzen nicht überschritten wurden.[4]

---

[1] Die Tausenderpreise fallen bei der Werbung mit Prospekten zwar in der Regel weitaus größer aus als etwa bei der Hörfunkwerbung oder der Anzeigenwerbung, aber dafür sind die absoluten Kosten der Prospektwerbung im Fall kleiner Zielgruppen zumeist vergleichsweise niedrig, da bei der Hörfunk- und Anzeigenwerbung die Größe der Zielgruppe nicht disponibel ist, sondern durch die Verbreitung des Werbeträgers determiniert ist.

[2] Vgl.: INFRATEST-FORSCHUNG (1977), Werbedrucksachen... a.a.O., S.4 und im Anhang: Tab.W9.

[3] Während im Jahr 1970 erst 18% der Prospekte die Formatgröße DIN A4 aufwiesen, betrug dieser Anteil im Jahr 1976 bereits 28%. Vgl.: INFRATEST-FORSCHUNG (1977), Werbedrucksachen... a.a.O., im Anhang: Tab.W3.

[4] Deshalb war auch häufig zu beobachten, daß die werbetreibenden Firmen bei einer Erhöhung des Seitenumfangs ihrer Prospekte, gleichzeitig dünnere Papiersorten mit geringeren Flächengewichten verlangten, um bestimmte Gewichtsgrenzen, z.B. für Portogebühren, nicht zu überschreiten.

Drittens wurden von den Werbetreibenden für die Prospektwerbung in zunehmendem Maße höhere Druck- und Papierqualitäten nachgefragt, so daß schwarz-weiße oder einfarbige Prospekte inzwischen bei weitem die Ausnahme darstellen.[1] Der Einsatz höherwertiger Druck- und Papierqualitäten, der merklich zum Wachstum des Produktionswertes von Prospekten beitrug, war aus Sicht der Werbetreibenden deswegen unumgänglich, weil nicht nur zwischen der Druckausstattung und der Akzeptanz von Prospekten ein Zusammenhang festzustellen war,[2] sondern weil die Druck- und Papierqualität von Prospekten zudem maßgeblich dazu beitrug, welche Produktqualität die Werbeempfänger den beworbenen Produkten zuerkannten.[3] Außerdem nahm die Bedeutung der Bildkommunikation anstelle der Textkommunikation - angesichts wachsender Informationsüberlastung - permanent zu[4] und die Werbeempfänger erwarteten spätestens seit der Verbreitung des Farbfernsehens, daß die Abbildungen in Prospekten originalgetreu, also mehrfarbig gedruckt

---

[1] So wurden im Jahr 1976 unabhängig von der Formatgröße - im Gegensatz zum Jahr 1970 - kaum noch einfarbige Werbedrucksachen verteilt. Vgl.: INFRATEST-FORSCHUNG (1977), Werbedrucksachen... a.a.O., Tab.W4 und S.11f.

[2] Als "Eigenschaften eines besonders guten Prospektes" nannten im Jahr 1976 55% der befragten Werbeempfänger die farbige Darstellung - während dies im Jahr 1970 erst 25% der Werbeempfänger erklärt hatten - und zwischenzeitlich dürfte sich der Anteilswert noch beträchtlich erhöht haben. Vgl.: INFRATEST-FORSCHUNG (1977), Werbedrucksachen... a.a.O., S.11f.

[3] Dies gilt insbesondere für höherwertige Produkte, während bei "Produkten des täglichen Bedarfs" z.T. auch das Gegenteil zutreffen kann, wenn mit einer minderwertigen Papierqualität und Schwarz-weiß-Abbildungen eine besondere Preiswürdigkeit assoziiert wird. Vgl.: A. RIECK, Effiziente Handelswerbung - Auswirkungen auf die Druckindustrie, vervielf. Referat, hrsg. v. BVD, gehalten am 25.10.1988 anläßlich der Fachveranstaltung "Druckmärkte im Wandel", die im Rahmen der XIV.Woche der Druckindustrie in Nürnberg stattfand, S.6f.

[4] Vgl.: W. KROEBER-RIEL (1987), Weniger Informationsüberlastung durch Bildkommunikation a.a.O.

waren.[1]

Zusammenfassend bleibt an dieser Stelle festzuhalten, daß der hohe Grad der Akzeptanz beim Werbeempfänger und die vielseitigen Einsatz- und Gestaltungsmöglichkeiten als wichtigste Ursachen dafür anzusehen sind,[2] weshalb das Werbemittel Prospekte in derartig starkem Umfang an den wachsenden Gesamtwerbeaufwendungen teilhatte.

Nachdem zuvor die allgemeingültigen Wachstumsdeterminanten der Prospektwerbung aufgezeigt wurden, soll jetzt untersucht werden, inwieweit in den vier Untersuchungsperioden von der adressierten oder unadressierten Prospektwerbung stärkere Wachstumsimpulse auf den Bruttoproduktionswert der Produktgruppe Prospekte ausgingen und welche Faktoren hierfür jeweils maßgebend waren.

Diese beiden Werbeformen sind deshalb als weitgehend unabhängig voneinander zu betrachten, weil die Streukosten je Exemplar bei der adressierten Werbung um ein Vielfaches höher liegen als bei der unadressierten Werbung.[3] Die adressierte Werbung wird darum von den Werbetreibenden grundsätzlich nur in solchen Fällen gewählt, in denen sich mit Hilfe bestimmter Kri-

[1] Vgl.: M. GOLDSTONE, Aussichten für den Druck: Marktchancen und Kundenanforderungen in Deutschland und im benachbarten Ausland, vervielf. Referat, hrsg. v. BVD, gehalten am 25.10.1988 anläßlich der Fachveranstaltung "Druckmärkte im Wandel", die im Rahmen der XIV.Woche der Druckindustrie in Nürnberg stattfand, S.4 sowie INFRATEST-FORSCHUNG (1977), Werbedrucksachen... a.a.O., S.11f.

[2] Zu den speziellen Vorteilen, die die Prospektwerbung den Werbetreibenden bietet, vgl. auch: H. FISCHER (1970), Drucksachenwerbung a.a.O., S.574f. sowie D. SCHEFER (1982), Die Gestaltung... a.a.O., S.1474f.

[3] Die Streukosten je Exemplar setzen sich im Fall der adressierten Werbung aus den Portokosten und den Kosten der Adressierung zusammen.

terien exakt definieren läßt,[1] welche Zielgruppe mit der Werbung erreicht werden soll. Um die Werbung zielgenau, also Streukosten minimierend verteilen zu können, ist es zudem erforderlich, daß die zur betreffenden Zielgruppe zählenden Werbeempfänger entweder bereits aus der Kundendatei namentlich bekannt sind, oder daß entsprechend selektierte Adressendateien zur Verfügung stehen, so daß ausschließlich potentielle Interessenten mit relativ hoher Kaufwahrscheinlichkeit beworben werden.[2]

Darüber hinaus ist der Einsatz der adressierten Prospektwerbung - bedingt durch die hohen Streukosten - nur in solchen Fällen rentabel, in denen mit einer individuellen Einzelansprache erkennbare Vorteile verbunden sind. Dies trifft insbesondere für diejenigen Werbezwecke zu, die eine konkrete Handlungsaufforderung beinhalten und bei denen eine direkte Kommunikation mit dem Kunden angestrebt wird.[3] Die adressierte Prospektwerbung, die fast ausnahmslos über die Deutsche Bundespost in Form von Massendrucksachen, Briefdrucksachen oder als normale Briefsendungen gestreut wird,[4] umfaßt deshalb typischerweise nicht nur einen Prospekt, sondern auch einen personifizierten Werbebrief und eine Antwortkarte bzw. ein Bestellformular,[5] die zur Handlungsauslösung beim Werbeempfänger dienen. Anhand der Reaktionen

---

[1] Typisch sind dabei insbesondere Selektionskriterien wie Geschlecht, Alter, Beruf bzw. Branche, Bildungsgrad und Wohnfläche der Werbeempfänger. Darüber hinaus werden oftmals aber auch Einstellungs-, Verhaltens- und Persönlichkeitsmerkmale berücksichtigt, die sich u.a. anhand der Reaktion der Werbeempfänger auf vorherige Werbeaktionen ableiten lassen.

[2] Vgl.: R.-D. HÖLZEL, Veredelungsprozeß - über neue Entwicklungen im Adressenmanagement, in: Industriemagazin, Jg.1986, Heft Nr.11, München 1986, S.124.

[3] Zu den verschiedenen Einsatzmöglichkeiten der adressierten Prospektwerbung, vgl.: D. SCHEFER (1982), Die Gestaltung... a.a.O., S.1475.

[4] Vergleichbar mit der adressierten Werbung ist zudem die persönliche Übergabe von Prospekten, die entweder durch den Außendienst oder auf Messen und anderen Veranstaltungen erfolgt.

[5] Die adressierten Werbesendungen bestanden im Jahr 1982 zu 50,7% aus einer Kombination von Prospekt, Werbebrief und Antwortkarte. Vgl.: ZAW (1983), ZAW-Jahrbuch a.a.O., S.234.

seitens der Werbeempfänger ist zugleich eine präzise Erfolgskontrolle möglich, so daß sich die Werbewirksamkeit und das Preis/Leistungsverhältnis der adressierten Prospektwerbung exakter überprüfen läßt als bei allen anderen Werbemitteln. Aufgrund dieses spezifischen Leistungsprofils ist davon auszugehen, daß die adressierte Prospektwerbung demzufolge weder mit der unadressierten Prospektwerbung noch mit den anderen Werbemitteln in Substitutionskonkurrenz stand.[1]

Die unadressierte Werbung mit Prospekten, Handzetteln bzw. Preislisten weist dagegen speziell im Verhältnis zur Anzeigenwerbung substitutive Konkurrenzbeziehungen auf, wobei die Verteilung der unadressierten Prospektwerbung über verschiedenartige Streuwege erfolgt: durch Haus-zu-Haus-Verteilung über private Verteilerkolonnen, als Postwurfsendungen sowie als Fremdbeilagen in Zeitungen, Zeitschriften und Anzeigenblättern. Die Substitutionskonkurrenz ist dabei besonders ausgeprägt zwischen der Beilagen- und der Anzeigenwerbung, da hierbei dieselben Werbeträger benutzt werden und demzufolge auch die jeweiligen Zielgruppen übereinstimmen.

Mit Postwurfsendungen und Haus-zu-Haus-Verteilungen wird demgegenüber eine flächendeckende Streuung in einem exakt abgegrenzten Gebiet erreicht, wozu sich als adäquate Alternative lediglich die Anzeigenwerbung in Anzeigenblättern anbietet.

Eine exakte Quantifizierung der Produktionsentwicklung und der Produktionsanteile von adressiert und unadressiert verteilten Prospekten kann im folgenden nicht durchgeführt werden, da entsprechende Daten bislang nicht erhoben wurden. Allerdings besteht die Möglichkeit, die wichtigsten Entwicklungstrends bei der adressierten und unadressierten Prospektwerbung chronologisch für die vier Untersuchungsperioden wiederzugeben und zu begründen.

In der Periode 1961-1968 dürfte die Prospektwerbung größtenteils unadres-

---

[1] Aus einer Umfrage der Deutschen Bundespost zum Thema Direktwerbung im Jahr 1985 wurde ebenfalls deutlich, daß die werbetreibenden Firmen genau zwischen adressierter und unadressierter Werbung unterscheiden. Vgl.: O.V., Direktwerbung gewinnt an Bedeutung, in: Direkt-Marketing, Zeitschrift für Direktwerbung und Verkaufsförderung, 22.Jg., Heft Nr.2, S.72/73, Ettlingen 1986, S.72.

siert gestreut worden sein, denn EDV-Anlagen, die sowohl für die zielgruppengerechte Selektion von Adressen als auch für die eigentliche Adressierung von Briefsendungen unerläßlich sind, standen damals erst in sehr wenigen Unternehmen zur Verfügung, so daß die adressierte Prospektwerbung zunächst vor allem auf Großunternehmen beschränkt blieb. Das wichtigste Einsatzgebiet der adressierten Werbung war dabei die "Business-to-Business-Werbung", denn einerseits war der betreffende Empfängerkreis meistens überschaubar und zum anderen konnten mit den Fachinformationen die Entscheidungsträger direkt angesprochen werden.

Angesichts des zunehmenden Einsatzes von EDV-Anlagen, nahm die Bedeutung der adressierten Prospektwerbung jedoch auch bei erklärungsbedürftigen Konsumgütern und Dienstleistungen sprunghaft zu, wofür die Entwicklung der versendeten Massendrucksachen ein Beleg ist,[1] deren Zahl sich in der Periode 1961-1968 um Ø 8,1% p.a. erhöhte.[2] Die Zahl der Massendrucksachen, die im weiteren als grober Indikator für die Produktionsentwicklung der adressierten Prospektwerbung angesehen wird, nahm somit erheblich stärker zu als der reale Bruttoproduktionswert der Produktgruppe Prospekte, der in der Periode 1961-1968 lediglich um Ø ca.4-5% p.a. wuchs.[3] Von der adressierten Prospektwerbung dürften demzufolge in dieser Periode überdurchschnittliche Wachstumsimpulse auf die Produktionsentwicklung der Produktgruppe Prospekte ausgegangen sein.

Die Zuwachsraten der unadressierten Prospektwerbung dürften dementsprechend in der Periode 1961-1968 nur unterdurchschnittlich ausgefallen sein, wobei die Wachstumsimpulse vorwiegend auf die zunehmenden Werbeaufwendungen des Einzelhandels zurückzuführen waren. Mit der Umstellung vom Bedienungs- auf das Selbstbedienungssystem und dem damit einherge-

---

[1] Von den Briefdrucksachen, den übrigen Drucksachen sowie den Briefen wird dagegen nur ein geringer Teil zu Werbezwecken versendet, der grob geschätzt bei 10% liegen dürfte. Vgl.: D. SCHEFER (1982), Die Gestaltung... a.a.O., S.1496.

[2] Vgl. im Anhang S.LIX: Tab.XLIV.

[3] Vgl. im Text S.247: Tab.54.

henden verstärkten Preiswettbewerb, verteilten nämlich die Einzelhändler in zunehmendem Umfang Handzettel, Preislisten und qualitativ einfache Prospekte im lokalen Umkreis, die durch Haus-zu-Haus-Verteilungen gestreut wurden.[1]

Einen zweiten Schwerpunkt der unadressierten Prospektwerbung bildeten die in Zeitungen oder Zeitschriften beigelegten Prospekte, denn wie eine Untersuchung aus dem Jahr 1970 ergab,[2] wurden damals bereits 38% der unadressierten Prospektwerbung als Fremdbeilage verteilt. Im Gegensatz zur Haus-zu-Haus-Verteilung eignete sich dieser Streuweg - ebenso wie die Verteilung von Prospekten als Postwurfsendung[3] - insbesondere für die regional bzw. überregional ausgerichtete Werbung, wie z.B. die Markenartikelwerbung.

In der Periode 1969-1976 trat dann sowohl bei der adressierten als auch bei der unadressierten Prospektwerbung gleichermaßen eine merkliche Wachstumsabschwächung auf reale Produktionszuwächse von ungefähr Ø 2-3% p.a. ein,[4] die im wesentlichen durch die Rezessionsphase der Jahre 1974/1975 und die zeitgleich eingetretenen drastischen Papierpreiserhöhungen verursacht wurde. Die größten Wachstumseinbußen wurden dabei allerdings für die per Post gestreuten Prospekte verzeichnet, da die Deutsche Bundespost - wie bereits erwähnt - in den Jahren 1972 und 1974 die Portogebühren sprunghaft

---

[1] Vgl.: H. KORNELI, Haushaltswerbung, in: J. Ruland (Hrsg.), Werbeträger a.a.O., S.322-334, Bad Homburg 1981, S.322.

[2] Der prozentuale Anteil der Fremdbeilagen bezieht sich dabei auf die Zahl der "Massen-Werbedrucksachen", die jedoch mit der unadressierten Prospektwerbung gleichzusetzten sind. Vgl.: INFRATEST-FORSCHUNG (1977), Werbedrucksachen... a.a.O., S.1.

[3] Die Zahl der Postwurfsendungen ist im Unterschied zu den Fremdbeilagen und den Haus-zu-Haus verteilten Prospekten bekannt und lag im Jahr 1968 bei 223,9 Mio. Exemplaren und war somit als Streuweg gleichfalls von großer Bedeutung.

[4] Die Zahl der Massendrucksachen nahm in der Periode 1969-1976 mit Ø 1,8% p.a. zu, so daß die adressierte Prospektwerbung demnach in geringerem Maße zum realen Produktionswachstum der Produktgruppe Prospekte von Ø ca.2-3% p.a. beigetragen haben dürfte als die unadressierte Prospektwerbung. Vgl. im Anhang S.LIX: Tab.XLIV.

erhöht hatte, so daß die Werbekosten von Prospekten, die als Massendrucksachen oder Postwurfsendungen verteilt wurden, noch stärker anstiegen als dies bei den anderen Streuwegen der Fall war.

Spezielle Wachstumsimpulse resultierten in dieser Periode vor allem daher, daß mit der Aufhebung der Preisbindung im Jahr 1973 die lokal bzw. regional ausgerichtete Handelswerbung zulasten der überregionalen Markenwerbung stark an Bedeutung gewann, wovon in erster Linie die unadressierte Prospektwerbung profitierte, und zwar besonders die in Zeitungen beigelegten Prospekte, deren zahlenmäßiger Anteil an der unadressierten Prospektwerbung bis zum Jahr 1976 auf 49% angestiegen war.[1]

Die annähernd gleichgewichtige Wachstumsentwicklung von adressierter und unadressierter Prospektwerbung setzte sich in der Periode 1977-1982 weiter fort, wobei jedoch die realen Zuwachsraten mit Ø ca.4-5% p.a. nahezu das Doppelte der Vorperiode betrugen.[2] Im Fall der adressierten Prospektwerbung wirkten sich die verbesserten Möglichkeiten der Adressenselektion aufgrund von leistungsfähigeren EDV-Anlagen und EDV-Programmen[3] ebenso wachstumsfördernd aus wie der Umstand, daß immer mehr Direktwerbeunternehmen gegründet wurden, die Fremdadressen und zusätzliche Servicemöglichkeiten anboten.[4] Hierdurch konnte wiederum die Effektivität dieser Werbeform beträchtlich erhöht werden und zudem traten bei der Adressenverwal-

---

[1] Vgl.: INFRATEST-FORSCHUNG (1977), Werbedrucksachen... a.a.O., S.1.

[2] Die Zahl der Massendrucksachen erhöhte sich in der Periode 1977-1982 um Ø 4,3% p.a., wohingegen der Bruttoproduktionswert der Produktgruppe Prospekte um Ø ca.4-5% p.a. wuchs. Daraus folgt, daß die adressierte und unadressierte Prospektwerbung in ähnlichem Umfang gewachsen sein dürfte. Vgl. im Anhang S.LIX: Tab.XLIV.

[3] Zurückzuführen ist dies darauf, daß sich die Zahl der Merkmale, nach denen die Adressendateien selektiert wurden, stetig vergrößerte, so daß zugleich mehr Verknüpfungsmöglichkeiten bestanden, die wiederum eine detailliertere Abgrenzung von einzelnen Zielgruppen ermöglichten.

[4] Im Jahr 1981 boten die Adressenverlage schon rd.5000 verschiedene "Adressenkollektionen" an, die nach bestimmten werberelevanten Kriterien zusammengestellt waren. Vgl.: D. SCHEFER (1982), Die Gestaltung... a.a.O., S.1478.

tung und -auswahl erhebliche Kostenminimierungen ein,[1] die maßgeblich dazu beitrugen, daß auch Klein- und Mittelbetriebe vermehrt damit begannen, die adressierte Prospektwerbung zu nutzen.

Außerdem wurde die adressierte Prospektwerbung zunehmend dazu verwandt, den persönlichen Kundenkontakt der Geschäftsführung bzw. des Außendienstes zu ersetzen oder zumindest zu unterstützen,[2] der in Anbetracht wachsender Betriebsgrößen nicht nur organisatorisch zunehmend schwieriger zu bewältigen war, sondern - wegen stetig steigender Personalkosten - auch kostenintensiver wurde. Der enge Kundenkontakt wurde für die Unternehmen aber insofern immer wichtiger, als daß die Marken- und Kundentreue tendenziell abnahm, zugleich aber die Neukundenwerbung wesentlich aufwendiger war als eine Intensivierung des Kontaktes zu den Stammkunden.[3]

Die Produktionszuwächse der unadressierten Prospektwerbung beruhten hingegen in den Jahren 1977-1982 hauptsächlich darauf, daß die Zahl der als Zeitungsbeilagen verteilten Prospekte stark ausgeweitet wurde, wobei die Werbetreibenden die beigelegten Prospekte immer häufiger auch anstelle der Anzeigenwerbung verwendeten. Der größte Wettbewerbsvorteil, den die beigelegten Prospekte dabei gegenüber den Zeitungsanzeigen aufwiesen, bestand darin, daß die Druck- und Papierqualität von Prospekten nicht begrenzt war und daß die Zeitungsverleger zudem hohe Farbzuschläge verlangten.[4]

---

[1] Die Kostenminimierungen ergaben sich daher, daß die Nutzungskosten von EDV-Anlagen aufgrund des technischen Fortschritts drastisch sanken.

[2] Dies gilt insbesondere für gewerbliche Kunden, bei denen gedrucktes Informationsmaterial als Informationsquelle inzwischen einen ähnlich hohen Stellenwert besitzt wie Gespräche und Telefonate mit Außendienstmitarbeitern. Vgl.: G-E. WENZEL, Marketinginstrument Druckschriften, in: Harvard Manager, Jg. 1988, S.106-110, Hamburg 1988, S.108: Abb.2.

[3] Vgl.: O.V., Marketing-Mix: Kundenbindung per Brief, asw-Schwerpunkt: Mailings, in: Absatzwirtschaft - Zeitschrift für Marketing, 29.Jg., Heft Nr.4, S.87/88, Düsseldorf 1986, S.87.

[4] Zum Vergleich der Werbekosten der Beilagen- und Anzeigenwerbung, vgl.: INFRATEST-FORSCHUNG (1977), Werbedrucksachen... a.a.O., im Anhang: Tab.I bis Tab.V.

Desweiteren dürften teilweise aber auch die unadressierten Prospekte, die von privaten Verteilerkolonnen ausgetragen wurden, durch Fremdbeilagen verdrängt worden sein, und zwar deshalb, weil die Streukosten niedriger waren, keine Kontrollproblematik bestand und weil sich die hohe Nutzungsintensität und Glaubwürdigkeit von Pressedrucksachen auf die beigelegten Prospekte übertrug. Außergewöhnlich hoch waren hingegen mit Ø 24% p.a. die Zuwachsraten von Postwurfsendungen,[1] deren Entwicklung allerdings von Sonderfaktoren wie politischen Wahlkämpfen beeinflußt wurde und die dadurch bedingt starken jährlichen Schwankungen unterlag.

In der Periode 1983-1988 beschleunigte sich die starke Zunahme der Beilagenwerbung auf ungefähr Ø 8% p.a., so daß die Zahl der Fremdbeilagen von 4,3 Mrd. auf 6,4 Mrd. Exemplare anstieg,[2] wobei hierfür dieselben Wachstumsdeterminanten wie in der Vorperiode ursächlich waren. Die Folge der dynamischen Wachstumsentwicklung von Fremdbeilagen war, daß die unadressierte Prospektwerbung in dieser Periode erstmals überdurchschnittlich zum realen Produktionswachstum der Produktgruppe Prospekte von Ø 6,4% p.a. beitrug und dies, obwohl die Zahl der Postwurfsendungen in den Jahren 1983-1988 nur noch stagnierte.[3]

Die adressierte Prospektwerbung entwickelte sich dagegen im Vergleich zur Vorperiode stetig, wie anhand der zahlenmäßigen Entwicklung von Massendrucksachen erkennbar ist, für die in der Periode 1983-1988 - wie schon in der Vorperiode - Zuwachsraten von Ø 4,3% p.a. verzeichnet wurden. Wachstumsfördernd wirkte sich wiederum der technische Fortschritt bei EDV-Anlagen, die Weiterentwicklung von EDV-Programmen sowie der vermehrte Einsatz von Endlos-Laserdruckern aus, die von den Druckbetrieben anstelle der Tintenstrahldrucker zur Adressierung der Prospektwerbung eingesetzt wurden. Hierdurch konnten sowohl qualitative Verbesserungen als auch weitere Kostenreduktionen realisiert werden, so daß die Nutzung der adressierten Prospekt-

---

[1] Vgl. im Anhang S.LIX: Tab.XLIV.

[2] Vgl.: ZAW (1989), ZAW-Jahrbuch a.a.O., S.211.

[3] Vgl. im Anhang S.LIX: Tab.XLIV.

werbung - trotz gewisser Abnutzungseffekte[1] - weiterhin expandierte.

Zu konstatieren ist somit, daß die Wachstumsentwicklung der adressierten Prospektwerbung eng mit dem technischen Fortschritt in der elektronischen Datenverarbeitung verbunden war, denn dadurch bedingt konnte die Effektivität und Effizienz der adressierten Prospektwerbung ständig gesteigert werden. Die Nutzung der adressierten Prospektwerbung erfolgte dabei nicht zulasten anderer Werbemittel, sondern diente eher dazu, die persönliche Kommunikation zu ersetzen bzw. zu unterstützen.

Die Wachstumsentwicklung der unadressierten Prospektwerbung wurde demgegenüber in erster Linie durch die wachsende Nutzung der Beilagenwerbung forciert,[2] deren elementarer Vorteil darin lag, daß sich die hohe Nutzungsintensität und Glaubwürdigkeit von Pressedrucksachen zumindest z.T. auf die beigefügten Prospekte übertrug. Außerdem bestanden im Unterschied zur Anzeigenwerbung in Zeitungen und Anzeigenblättern keine Beschränkungen hinsichtlich der Druck- und Papierqualität, so daß die Beilagenwerbung der trendmäßig zunehmenden Nachfrage nach einer mehrfarbigen, hochqualitativen Druckausstattung vielfach besser gerecht wurde als die Anzeigenwerbung.

Hinsichtlich der Frage, ob von der adressierten oder unadressierten Prospektwerbung die stärkeren Wachstumsimpulse ausgingen, zeigt sich, daß in der Periode 1961-1968 zunächst die adressierte Prospektwerbung - allerdings ausgehend von einem niedrigen Niveau - überdurchschnittlich zum Produk-

---

[1] Die personalisierten Werbebriefe und Mailer wurden im Zeitablauf von immer weniger Werbeempfängern als persönlich geschriebene bzw. unterschiebene Briefe angesehen, da die verschiedenen Möglichkeiten der Druckherstellung zunehmend bekannter wurden. Vgl.: V.D. VESPER, Direktmarketing mit großer Zukunft und kleinen Problemen, in: Absatzwirtschaft, 29.Jg., Heft Nr.1, S.46/47, Düsseldorf 1986, S.46.

[2] Die wachsende Bedeutung der Fremdbeilagen wird daran erkennbar, daß im Jahr 1988 bereits 6,8 Mrd. bzw. rd.70% der schätzungsweise 9,6 Mrd. unadressiert verteilten Prospektexemplare auf diesen Streuweg entfielen, während der entsprechende Anteilswert - lt. Untersuchungen von Infratest - in den Jahren 1970 und 1976 erst 38% bzw. 49% betrug. Vgl.: INFRATEST-FORSCHUNG (1977), Werbedrucksachen... a.a.O., S.1.

tionswachstum der Produktgruppe Prospekte beitrug. In den folgenden Perioden 1969-1976 und 1977-1982 verlief die Wachstumsentwicklung der adressierten und unadressierten Prospektwerbung dagegen weitgehend gleichgewichtig und in der Periode 1983-1988 wurden die stärkeren Wachstumsimpulse eindeutig von der unadressierten Prospektwerbung induziert.

Insgesamt gesehen waren jedoch beide Werbeformen - mit Ausnahme der Periode 1969-1976 - während des gesamten Untersuchungszeitraums durch vergleichsweise hohe reale Produktionszuwächse gekennzeichnet. Die Höhe der Produktionsanteile der adressierten und unadressierten Prospektwerbung dürfte dabei zumindest näherungsweise mit dem zahlenmäßigen Verhältnis der adressierten und unadressierten Prospektexemplare übereingestimmt haben, das im Jahr 1988 bei einer Gesamtzahl von ca.13 Mrd. Prospektexemplaren ungefähr 1/4 zu 3/4 betrug.[1]

6.3.3. PRODUKTGRUPPE "KATALOGE"

Die Produktgruppe Kataloge trug im Jahr 1988 mit 1.538,4 Mio. DM bzw. einem Produktionsanteil von 23,0% zum Produktbereich Werbedrucksachen bei. Die Hauptabnehmer von Katalogen waren dabei Versandhandelsunternehmen und die Reiseveranstalter, während die Katalognachfrage seitens anderer Branchen eine vergleichsweise untergeordnete Rolle spielte.[2] Im weiteren Verlauf der Untersuchung wird deshalb nur noch zwischen Versandhaus- und

---

[1] Für die adressierte Prospektwerbung wurde die Zahl der Massendrucksachen (1988: 2.674,5 Mio.) und 10% der versendeten Briefe, Briefdrucksachen sowie der übrigen Drucksachen (828,6 Mio.) zugrundegelegt. Die unadressierte Prospektwerbung umfaßt hingegen die Zahl der Postwurfsendungen (781,1 Mio.), die Fremdbeilagen (ca.6.800 Mio.) und die von Experten geschätzte Zahl der Haus-zu-Haus verteilten Prospekte (ca. 2.000 Mio.). Zu dieser Schätzung, vgl.: O.V., Computer machen Direktwerbung möglich, in: Druckwelt, 36.Jg., Heft Nr.13, S.17-20, Hannover 1986, S.17f.

[2] Vgl.: K. GREFERMANN (1980), Druckerei- und Vervielfältigungsindustrie a.a.O., S.49.

Reisekatalogen unterschieden.[1]

Die Produktionsentwicklung der Produktgruppe Kataloge kann im folgenden ausschließlich für die Periode 1983-1988 exakt nachvollzogen werden, so daß für den Zeitraum von 1960-1982 eine Schätzung der Produktionsentwicklung durchzuführen ist. Im Fall der Versandhauskataloge wird das Druckvolumen der Hauptkataloge der drei umsatzstärksten bundesdeutschen Versandhandelssunternehmen, und zwar der Otto-Versand GmbH &Co./Hamburg, des Großversandhauses Quelle Gustav Schickedanz KG/Fürth sowie der Neckermann Versand AG/Frankfurt a.M., als Schätzgrundlage verwendet, auf die im Jahr 1984 zusammengerechnet rd.45% des gesamten bundesdeutschen Versandhandelsumsatzes entfielen.[2]

Die Hauptkataloge der Sortimentversender[3] Otto-Versand, Quelle und Neckermann bilden deshalb einen aussagefähigen Indikator für die Entwicklung des Druckvolumens von Hauptkatalogen, weil deren Produktionsanteil mit Sicherheit den Umsatzanteil in Höhe von 45% bei weitem übertraf. Zurückzuführen ist dies darauf, daß die Druckkosten von Hauptkatalogen in Relation zum Bestellwert i.d.R. deutlich höher ausfielen als bei den nicht berücksichtigten Spezialkatalogen, auf die schätzungsweise 15-20% des Brutto-

---

[1] Die Kataloge anderer Branchen werden in der amtlichen Produktionsstatistik seit dem Jahr 1982 unter der Melde-Nr.5712 4. zusammen mit den Reisekatalogen erfaßt.

[2] Vom gesamten Versandhandelsumsatz in Höhe von 22,4 Mrd. DM im Jahr 1984 entfielen allein auf die Fa. Otto-Versand, Quelle und Neckermann zusammengerechnet 10,1 Mrd. DM. Vgl.: R. LÜCKMANN, Versandhandel/ Die Großen Vollsortimenter mußten im vergangenen Geschäftsjahr Stagnation hinnehmen, in: Handelsblatt, Ausgabe v. 17.02.1986, Düsseldorf 1986.

[3] Im folgenden wird zwischen Sortimentversendern mit warenhausähnlichem Angebotsprogramm (→ Vollsortimentern) und Fachversendern, die auf bestimmte Produktgruppen spezialisiert sind (→ Spezialversendern), unterschieden, wobei die hochauflagigen und seitenstarken Hauptkataloge von Sortimentversendern von zentraler Bedeutung für die Produktionsentwicklung von Versandhauskatalogen insgesamt waren.

produktionswertes von Versandhauskatalogen entfielen.[1]

In diesem Zusammenhang ist jedoch zu erwähnen, daß die Druckauflage von Spezialkatalogen insbesondere seit Mitte der 70er Jahre überdurchschnittlich zugenommen hat, so daß das gesamte Druckvolumen von Versandhauskatalogen speziell in den Perioden 1977-1982 und 1983-1988 mit höheren Zuwachsraten anstieg als das Druckvolumen der Hauptkataloge von Otto-Versand, Quelle und Neckermann. Außerdem wurde die Druck- und Papierqualität von Versandhauskatalogen im Zeitablauf erheblich angehoben, so daß die Zuwachsraten des Druckvolumens der Firmen Otto-Versand, Quelle und Neckermann schon allein deshalb als Untergrenze für die tatsächlich erzielten realen Produktionszuwächse von Versandhauskatalogen zu interpretieren sind.

Zur Schätzung der Produktionsentwicklung von Reisekatalogen standen demgegenüber keine Daten über die Entwicklung des Druckvolumens zur Verfügung, so daß ausschließlich die Zahl der bei Reiseveranstaltern gebuchten Reisen als ein grober Wachstumsindikator zugrundegelegt werden kann. Die zahlenmäßige Zunahme der Veranstalterreisen ist dabei ebenfalls als Untergrenze für das reale Produktionswachstum von Reisekatalogen anzusehen, denn die Katalogkosten je Reiseteilnehmer dürften im Zeitraum von 1960-1982 - auch preisbereinigt - erheblich gestiegen sein.[2]

Die geschätzten realen Produktionszuwächse der Produktgruppe Kataloge wurden deshalb in Tab.57 mit einer Fehlermarge von rd.20% angegeben, wobei die Untergrenze der Zuwachsraten die Ergebnisse darstellen, die aufgrund

---

[1] Hierfür waren vor allem zwei Ursachen maßgebend: Erstens wiesen die seitenstarken Hauptkataloge aufgrund ihres heterogenen Sortiments höhere Streuverluste auf als die Spezialkataloge, die sich an eng abgegrenzte Zielgruppen richteten und zweitens dominierten in den Spezialkatalogen zumeist hochwertige Produkte des oberen Preissegments, während in den Hauptkatalogen zumindest in der Vergangenheit typischerweise "preisgünstige Massenartikel" angeboten wurden. Vgl.: M. ELI/ L. LAUMER, Der Versandhandel - Struktur und Wachstum im internationalen Vergleich, Berlin u. München 1970, S.21f.

[2] Zu den hierfür ursächlichen Gründen, vgl. im Text S.284f.

der verwendeten Wachstumsindikatoren gewonnen wurden.

Tab.57: Entwicklung der Bruttoproduktionswerte von Katalogen sowie von Werbedrucksachen insgesamt, in realen Werten, durchschnittliche jährliche Veränderungsraten

Produktionswert \ Periode	1961-68	1969-76	1977-82	1983-88
Kataloge, real *	ca.14-17%	ca.7-8,5%	ca.2,5-3%	-0,4%
Werbedrucksachen, real	6,2%	3,7%	3,9%	4,5%

* 1960-1982: Geschätzte Werte. Quelle: Statistisches Bundesamt, Fs.4: R.3.1 u. Fs.17: R.2, versch. Jgg.; eigene Berechnung der Werte.

Die Produktionsentwicklung der Produktgruppe Kataloge war während des Referenzzeitraums durch einen trendmäßigen Rückgang der realen Zuwachsraten gekennzeichnet, wobei die Produktgruppe Kataloge im Vergleich zum gesamten Produktbereich Werbedrucksachen in den Perioden 1961-1968 und 1969-1976 zunächst weit überdurchschnittliche reale Produktionszuwächse aufwies.

In der Folgezeit trat jedoch eine entgegengesetzte Entwicklung ein, denn in der Periode 1977-1982 trugen die Kataloge nur noch unterdurchschnittlich zur Wachstumsentwicklung von Werbedrucksachen bei und in der Periode 1983-1988 gingen vom Katalogdruck sogar kontraktive Impulse auf den Produktbereich Werbedrucksachen aus.

Um die Bestimmungsgründe für die Produktionsentwicklung der Produktgruppe Kataloge aufzeigen zu können, muß im weiteren zwischen Versandhaus- und Reisekatalogen differenziert werden, denn für die Druckproduktion von Versandhaus- und Reisekatalogen waren z.T. verschiedene Nachfragedeterminanten maßgebend, weshalb auch deren Produktionsentwicklung - wie noch zu zeigen ist - seit Mitte der 70er Jahre konträr verlief.

Nachfolgend soll zuerst untersucht werden, welche Wachstumsdeterminanten für die Entwicklung des Druckvolumens bzw. des Bruttoproduktionswertes von Versandhauskatalogen bestimmend waren, auf die im Jahr 1988 immerhin 69,6% der gesamten Katalogproduktion entfielen. Die zugrundeliegenden Daten beziehen sich dabei - wie schon erwähnt - ausschließlich auf die halbjährlich erscheinenden Hauptkataloge der drei umsatzstärksten bundesdeutschen Sortimentversender Otto-Versand, Quelle und Neckermann.

Über die Spezialkataloge, die entweder von Fachversendern oder von Sortimentversendern ergänzend zu ihren Hauptkatalogen verteilt wurden, liegen hingegen keine statistischen Daten vor,[1] weswegen im folgenden lediglich die wichtigsten Entwicklungstrends bei Spezialkatalogen beschrieben werden können.

Tab.58: Entwicklung des Druckvolumens von Versandhauskatalogen, durchschnittliche jährliche Veränderungsraten

Versandhauskataloge * \ Periode	1961-68	1969-76	1977-82	1983-88	1961-76	1977-88
Auflagenhöhe	5,6%	2,3%	0,9%	0,0%	3,9%	0,4%
Seitenumfang	8,6%	4,1%	1,0%	2,1%	6,3%	1,5%
Druckvolumen	14,7%	6,5%	1,9%	2,0%	10,5%	1,9%

* Hauptkataloge der Firmen Otto-Versand, Quelle u. Neckermann. Quelle: H.G. Mangold (1972), Versandhandel a.a.O. sowie Firmenangaben; eigene Berechnung der Werte.

Wie aus Tab.58 ersichtlich ist, wuchs das Druckvolumen der Hauptkataloge von Sortimentversendern in der Periode 1961-1968 mit zweistelligen Zuwachsraten, was in entscheidendem Maße darauf zurückzuführen war, daß die Versandhandelsunternehmen mit warenhausähnlichem Sortiment überhaupt erst in den 50er Jahren entstanden waren[2] und sich während der Periode 1961-1968 mit nominalen Umsatzzuwächsen von Ø 12,8% p.a. weiterhin in der Ex-

[1] Die Mehrzahl der Versandhandelsunternehmen war aus Geheimhaltungsgründen nicht bereit, Auskünfte über die Auflagenhöhe ihrer Spezialkataloge zu geben.

[2] Vgl.: O.V., ZO-Firmenprofil: Otto Versand - Hamburg, in: Zeitschrift für Organisation, 48.Jg., Heft Nr.1, S.25-29, Wiesbaden 1979, S.25.

pansionsphase befanden.

Die außerordentlich dynamische Umsatzentwicklung des Sortimentversandhandels kommt auch dadurch zum Ausdruck, daß der gesamte Einzelhandelsumsatz in derselben Periode in nominalen Werten lediglich um Ø 6,8% p.a. zunahm.

Das überproportionale Umsatzwachstum des Sortimentversandhandels, das sich sowohl zulasten des Fachversandhandels als auch zulasten des stationären Einzelhandels auswirkte,[1] resultierte größtenteils daher, daß die Sortimentversender ihr Angebotsprogramm drastisch ausweiteten[2] und dadurch neue Absatzmärkte und Kundenkreise erschließen konnten.[3] Diese Unternehmensstrategie setzte wiederum voraus, daß die Sortimentversender zuvor die Auflagenhöhe und den Seitenumfang ihrer Hauptkataloge erheblich steigerten,[4] mit der Folge, daß der reale Bruttoproduktionswert von Versandhauskatalogen in der Periode 1961-1968 - noch forciert durch die multiplikative Verknüpfung von Auflagenhöhe und Seitenumfang - sprunghaft zunahm.

Das Druckvolumen von Spezialkatalogen dürfte dagegen nur unterdurch-

---

[1] Der prozentuale Umsatzanteil des gesamten Versandhandels stieg in der Periode 1960-1968 von 4,1% auf 4,8% und der Umsatzanteil des Sortimentversandhandels erhöhte sich zugleich von 47,4% auf 62,3%. Vgl.: M. ELI/ L. LAUMER (1970), Der Versandhandel a.a.O., S.20: Tab.1 und S.24: Tab.3.

[2] Im Jahr 1968 betrug die Zahl der Bestellpositionen beim Otto-Versand bereits 32.000, bei Quelle 30.000 und bei Neckermann sogar 43.000. Vgl.: M. ELI/ L. LAUMER (1970), Der Versandhandel a.a.O., S.108: Tab.52.

[3] Die spezifischen Wettbewerbsvorteile bzw. -nachteile, die der Versandhandel gegenüber dem stationären Einzelhandel aufgewiesen hat, sollen im Rahmen dieser Arbeit nicht erörtert werden. Vgl. hierzu z.B.: BUNDESVERBAND DES DEUTSCHEN VERSANDHANDELS e.V. (BVH), Der deutsche Versandhandel, 1.Aufl., Frankfurt a.M. 1988, S.12ff. sowie J. GLAUBITZ/ M. MIDDEKE, Rationalisierung im Versandhandel, in: WSI Mitteilungen, 36.Jg. Heft Nr.8, S.502-511, Köln 1983, S.504.

[4] So stieg der Seitenumfang der Herbst/Winter-Kataloge zwischen 1960 und 1968 beim Otto-Versand von 304 Seiten auf 835 Seiten, bei Quelle von 332 Seiten auf 682 Seiten und bei Neckermann von 388 Seiten auf 660 Seiten. Vgl.: H.G. MANGOLD, Versandhandel, in: Management-Enzyklopädie a.a.O., Bd.6, S.182-190, München 1972, S.190.

schnittlich gewachsen sein, denn immer mehr Produktgruppen, die zuvor ausschließlich bei den Fachversendern erhältlich waren, wurden auch in den Hauptkatalogen der Sortimentversender angeboten, so daß die Fachversender mit ihren Spezialkatalogen teilweise verdrängt wurden oder sich selbst zu Sortimentversendern entwickelten und anstelle von Spezialkatalogen umfangreiche Hauptkataloge verteilten, wie z.B. Quelle und das Großversandhaus Baur GmbH in Burgkunstadt.[1]

In der Periode 1969-1976 setzte sich die oben skizzierte Entwicklung - allerdings mit deutlich verringerten Wachstumsraten - fort, wobei die Erhöhung der Seitenumfänge offenbar deutlich stärker zum Produktionswachstum von Versandhauskatalogen beitrug als die Auflagenerhöhung, die nur noch Ø 2,3% p.a. betrug. Hinzuweisen ist in diesem Zusammenhang darauf, daß zwischen der Entwicklung des Katalogumfangs und der Auflagenhöhe Interdependenzen bestanden haben. Der zunehmende Seitenumfang von Versandhauskatalogen führte nämlich dazu, daß die Katalogkosten je Exemplar im Zeitablauf stark anstiegen,[2] so daß eine immer zielgenauere Streuung der Kataloge erforderlich war, um die Streuverluste zu begrenzen. Die Sortimentversender gingen deshalb schrittweise dazu über, ihre Hauptkataloge unaufgefordert allein an den bisherigen Bestellerkreis zu verteilen,[3] so daß die Druckauflagen nicht mehr in dem Maße erhöht wurden wie noch in der Vorperiode als die Hauptkataloge auch zur Neukundenwerbung eingesetzt wurden. Die Neukundenwerbung erfolgte stattdessen über die Anzeigenwerbung und/oder die Prospektwerbung, in der den Interessenten gegen Anforderung eine unentgelt-

---

[1] Vgl.: M. ELI/ H. LAUMER (1970), Der Versandhandel a.a.O., S.18.

[2] Die Katalogkosten für die z.T. mehr als 1.000seitigen Hauptkataloge betrugen - trotz der hohen Druckauflage - Anfang der 70er Jahre bereits bis zu 14.- DM je Exemplar und sind seither z.T. auf mehr als 20.- DM angestiegen. Vgl.: W. SIEGERT, Wesen und Bedeutung der Absatzwerbung im Versandhandel, Diss. Freie Univ. Berlin (West) 1974, S.77.

[3] Vgl.: W. SIEGERT (1974), Wesen und Bedeutung... a.a.O., S.72ff.

liche Zustellung der Hauptkataloge angeboten wurde[1] und zudem waren die Hauptkataloge auch gegen eine Schutzgebühr beim Zeitschriftenhandel zu erwerben. Daneben gelang es den Sortimentversendern die Katalogauflagen- und Umsatzentwicklung durch das Prinzip der Sammelbestellung, das zunehmend an Bedeutung gewann, zu entkoppeln, so daß eine größere Zahl von Hauptkatalogen als früher mehrfach genutzt wurde.[2]

Von den Spezialkatalogen gingen in der Periode 1969-1976 wie schon in der Vorperiode keine spürbaren Wachstumsimpulse auf die Druckproduktion von Versandhauskatalogen aus, da die Spezialkataloge auch weiterhin - bedingt durch die starke Angebotsausweitung seitens der Sortimentversender - durch die universellen Hauptkataloge verdrängt wurden.

In der Periode 1977-1982 wuchs dann das Druckvolumen von Versandhauskatalogen lediglich noch um Ø 2% p.a., wobei sowohl die Katalogauflagen als auch die Katalogumfänge nur noch geringfügig ausgeweitet wurden. Ausschlaggebend für die Auflagenstagnation war dabei, daß durch den technischen Fortschritt bei EDV-Anlagen und die eingetretenen Preisreduktionen für Speicherkapazität eine immer feinere Zielgruppenselektion durchgeführt wurde. Außerdem trat zwischenzeitlich eine Marktsättigung ein, denn die Anfang der 80er Jahre in Auflagenhöhen von bis zu 7 Mio. Exemplaren je Ausgabe

---

[1] Anfang der 70er Jahre entfielen nur noch 51% der gesamten Werbeaufwendungen des Versandhandels auf die Katalogwerbung und schon 49% auf andere Werbemittel. Die wachsende Bedeutung, die speziell den Werbebriefen zukam, ist auch daran erkennbar, daß im Jahr 1988 - lt. DDV - bereits jede zehnte adressierte Werbesendung von Versandhandelsunternehmen stammte. Vgl.: W. SIEGERT (1974), Wesen und Bedeutung... a.a.O., S.98 sowie ZAW (1989), Werbung in Deutschland a.a.O., S.200.

[2] Die Auswirkungen von Sammelbestellungen können daran verdeutlicht werden, daß der Otto-Versand, der als eines der ersten Versandhandelsunternehmen die Sammelbestellung in großem Umfang nutzte, für einen gleichhohen Umsatzerlös im Jahr 1968 nur 30% der Katalogauflage benötigte, die das Großversandhaus Quelle ohne Sammelbestellung einsetzte. Eigene Berechnung. Vgl.: J. GLAUBITZ/ M. MIDDEKE (1983), Rationalisierung... a.a.O., S.504f.

gedruckten Hauptkataloge[1] wurden an nahezu alle Interessenten verteilt, bei denen eine hohe Kaufwahrscheinlichkeit vorausgesetzt werden konnte, so daß im Sortimentversandhandel wesentliche Umsatzsteigerungen allein über höhere Bestellwerte je Kunde zu erreichen waren.

Der Seitenumfang von Versandhauskatalogen konnte in den Jahren 1977-1982 ebenfalls nicht mehr in dem Umfang wie in den beiden Vorperioden vergrößert werden, wofür mehrere Gründe entscheidend waren.

Erstens eigneten sich die Hauptkataloge grundsätzlich nur für solche Produkte, die auf ein breitgestreutes Kaufinteresse stießen, so daß das in Frage kommende Sortimentsprogramm von vornherein beschränkt war.

Zweitens wurden die Versandhandelsunternehmen durch technisch leistungsfähigere EDV-Systeme zunehmend in die Lage versetzt, diejenigen Produkte auszusortieren, die einen zu geringen Deckungsbeitrag leisteten und drittens ergaben sich dadurch Beschränkungen hinsichtlich des Katalogumfangs, daß die Portogebühren bei Überschreitung bestimmter Gewichtsgrenzen sprunghaft anstiegen.[2]

Wesentlich stärker als das Druckvolumen der Hauptkataloge wird aber in den Jahren 1977-1982 das Druckvolumen der Spezialkataloge gewachsen sein, denn die Vollsortimenter verteilten in dieser Periode ergänzend zu ihren Hauptkatalogen eine wachsende Zahl von Spezialkatalogen, in denen vorwiegend qualitativ hochwertige Produkte angeboten wurden, die zumeist zum oberen Preissegment zählten.[3]

---

[1] Die Jahresauflage aller Versandhauskataloge lag Ende der 70er Jahre bereits schätzungsweise bei 100 Mio. Exemplaren. Vgl.: K. GREFERMANN (1980), Druckerei- und Vervielfältigungsindustrie a.a.O., S.49.

[2] Die Versandhandelsunternehmen Otto, Quelle und Neckermann achteten beispielsweise darauf, daß ihre z.T. mehr als 1.000seitigen Hauptkataloge nicht mehr als 2.000 g je Exemplar wogen.

[3] Vgl.: O.V., Handelskonzepte - Die Katalogschneider, in: Absatzwirtschaft, 21.Jg., Heft Nr.12, S.28-34, Nürnberg u. Düsseldorf 1978, S.28f. sowie K. PROCHAZKA, Der Versandhandelsmarkt in Deutschland hat sich verändert, in: Direkt-Marketing, 23.Jg., Heft Nr.3, S.98-103, Ettlingen 1987, S.100.

Nachdem die Sortimentversender in den vorangegangenen Jahren primär eine Verbreiterung ihrer Sortimente durchgeführt hatten, so daß sich damals aus vielen Spezialkatalogen Hauptkataloge entwickelten, wurde nun eine Vertiefung der Sortimente angestrebt. Die geänderte Sortimentspolitik bedingte wiederum die Verwendung von Spezialkatalogen, die ausschließlich an ausgewählte Zielgruppen verteilt wurden, da nämlich andernfalls die Streuverluste nicht tragbar gewesen wären. Die Sortimentversender bemühten sich somit um ein gezieltes "trading up"[1], um auch im oberen Preissegment mit dem stationären Facheinzelhandel in Wettbewerb eintreten zu können.[2] Eine Vielzahl neuer Spezialkataloge wurde aber auch von den traditionellen Fachversendern konzipiert,[3] die sich gleichfalls bevorzugt an solche Kundengruppen richteten, die potentiell für den Kauf hochwertiger Konsumgüter in Frage kamen und deren Zahl sich angesichts der - zumindest mittelfristig - eingetretenen Einkommenssteigerungen stetig vergrößerte.

Festzuhalten bleibt, daß das gesamte Druckvolumen von Versandhauskatalogen in der Periode 1977-1982 wahrscheinlich weitaus stärker gestiegen ist als die Ø 1,9%igen jährlichen Zuwachsraten, die für die Hauptkataloge der Sortimentversender Otto-Versand, Quelle und Neckermann verzeichnet wurden.[4]

In der Periode 1983-1988 war bei den Hauptkatalogen weiterhin eine stagnierende Auflagenhöhe festzustellen, wohingegen der Seitenumfang jedoch im

---

[1] Vgl.: INSTITUT FÜR HANDELSFORSCHUNG/ UNIVERSITÄT ZU KÖLN, Katalog E - Begriffsdefinitionen aus der Handels- und Absatzwirtschaft, 3.Ausg., Köln 1982, S.32.

[2] Die Unternehmensstrategie der Sortimentversender war dabei mit derjenigen der Warenhäuser vergleichbar, die damals mit derselben Intention das sog. "shop in the shop-Konzept" zu verwirklichen begannen. Vgl.: INSTITUT FÜR HANDELSFORSCHUNG (1982), Katalog E a.a.O., S.59.

[3] Vgl.: O.V., Fachversender haben Zukunft - Mit Spezialitäten in die Marktnische, in: Impulse, Jg. 1983, Heft Nr.5, S.104-111, Hamburg 1983, S.104f. sowie O.V., Spezialversender - Karrieren in Marktnischen, in: Wirtschaftswoche, 33.Jg. Heft Nr.46, S.50-62, Düsseldorf 1979, S.50ff.

[4] Vgl. im Text S.275: Tab.58.

Vergleich zur Vorperiode mit Ø 2,1% p.a. wieder etwas stärker wuchs. Diese erneute Ausweitung des Katalogumfangs erforderte dabei vielfach den Einsatz leichterer Papiersorten,[1] da andernfalls die portorelevanten Gewichtsgrenzen überschritten worden wären. Außerdem dienten die Katalogerweiterungen verstärkt dazu, dem allgemein wachsenden Kundenbedürfnis nach detaillierter Produktdarstellung und -beschreibung entgegenzukommen und somit die Kaufbereitschaft weiter zu stimulieren.

Die oben erwähnte anhaltende Auflagenstagnation von Hauptkatalogen bestätigt hingegen, daß in den 80er Jahren u.a. auch wegen der Bevölkerungsstagnation kaum noch zusätzliche Kunden geworben werden konnten. Das sog. "Teleshopping" übte demgegenüber zumindest bislang keinen meßbaren Einfluß auf die Auflagenhöhe von Versandhauskatalogen aus, zumal entsprechende Werbesendungen erst in den Jahren 1987 und 1988 eingeführt wurden.[2]

Das Druckvolumen von Spezialkatalogen wird sich vermutlich in der Periode 1983-1988 - wie schon in der Vorperiode - überdurchschnittlich entwickelt haben, denn die Zahl und Auflagenhöhe von Spezialkatalogen dürfte weiterhin

---

[1] Das durchschnittliche Flächengewicht der Druckpapiere, die zur Produktion von Hauptkatalogen eingesetzt wurden, ist zwischen 1977 und 1988 von 65 g/m² auf 55 g/m² verringert worden, wobei größtenteils sog. LWC-Papiere verwendet wurden, die trotz geringen Flächengewichts einen hohen Grad der Undurchsichtigkeit (Opazität) gewährleisteten. Vgl.: K. GREFERMANN, Druckindustrie - Strukturwandlungen und Entwicklungsperspektiven, Berlin (West) u. München 1990, S.126.

[2] Im Dezember 1987 startete der Fernsehkanal Eureka TV mit Unterstützung des Großversandhauses Quelle als erster Teleshopping-Anbieter in der Bundesrepublik Deutschland und im April 1988 folgte dann SAT 1 in Zusammenarbeit mit dem Otto-Versand. Über die Zuschauerresonanz und die Wirtschaftlichkeit dieser Teleshopping-Sendungen sind bislang keine genauen Angaben veröffentlicht worden, so daß sich noch nicht abschätzen läßt, ob die Auflagenentwicklung von Hauptkatalogen hierdurch negativ beeinflußt wird. Vgl.: R. WOLDT, Teleshopping - Aktuelle Entwicklungen in vier Ländern, in: Media Perspektiven, Jg.1988, Heft Nr.7, S.421-435, Frankfurt a.M. 1988, S.430ff.; O.V., Teleshopping: Zweifel am Durchbruch, in: Absatzwirtschaft, 31.Jg., Heft Nr.1, S.24-31, Nürnberg u. Düsseldorf 1988 sowie M. BRENDEL, Werbung: Warten auf Antwort, in: Wirtschaftswoche, 43.Jg., Heft Nr.47, S.88-91, Düsseldorf 1989.

stark zugenommen haben.[1] Hiermit übereinstimmend wuchsen auch die Umsatzerlöse der Fachversender drastisch, und zwar mit nominalen Zuwachsraten von Ø 9,8% p.a., während sich die nominalen Umsatzerlöse der Sortimentversender lediglich um Ø 3,3% p.a. erhöhten.[2] Obwohl es zwischen der Auflagen- und der Umsatzentwicklung auch bei den Fachversendern keinen zwingenden Zusammenhang gab, ist jedoch davon auszugehen, daß die fast 10%igen jährlichen Umsatzzuwächse nicht allein auf höhere Bestellwerte je Kunde zurückzuführen waren, sondern zum großen Teil auf zusätzliche Bestellungen von Neukunden, die zuvor unangefordert oder angefordert einen Spezialkatalog erhalten hatten.

Zu konstatieren bleibt demnach, daß das gesamte Druckvolumen von Versandhauskatalogen in der Periode 1983-1988 stärker zunahm als die Zuwachsraten von Ø 2,0% p.a., die für das Druckvolumen der Hauptkataloge errechnet wurden. Insgesamt betrachtet sind jedoch die von den Spezialkatalogen ausgehenden Wachstumsimpulse als verhältnismäßig gering einzuschätzen, denn im Vergleich zu den Hauptkatalogen wurden die Spezialkataloge zumeist in sehr niedrigen Auflagenhöhen gedruckt und auch der Seitenumfang von Spezialkatalogen betrug im Normalfall nur ein Bruchteil des Seitenumfangs von Hauptkatalogen. Dementsprechend hat die Jahresauflage aller Versandhauskataloge - trotz wachsender Auflagenhöhe von Spezialkatalogen -

---

[1] Neue Spezialkataloge wurden vor allem von Fachversendern herausgegeben, die bemüht waren, den immer differenzierteren Käuferwünschen entgegenzukommen, aber auch die Sortimentversender verteilten immer mehr Spezialkataloge. So wurden im Jahr 1985 z.B. vom Großversandhaus Quelle bereits neben dem Hauptkatalog 21 Spezialkataloge angeboten. Vgl.: O.V., Branchen & Märkte: Versandhandel - Fast jeder Haushalt ist Kunde, in: Informationen für die Außenwirtschaft, Hrsg.: Deutscher Sparkassenverlag GmbH, Jg.1985, Heft Nr.11, S.10/11, Stuttgart 1985, S.11.

[2] Die nominalen Umsatzzuwächse des Sortimentversandhandels fielen mit Ø 3,3% p.a. auch in Relation zum gesamten Einzelhandelsumsatz unterdurchschnittlich aus, der in der Periode 1983-1988 um Ø 4,2% p.a. wuchs. Die Angaben über die Umsatzzuwächse des Sortiment- und Fachversandhandels stammen vom BVH, der regelmäßig entsprechende Umfragen bei seinen Mitgliedsunternehmen durchführt. Die Umsatzerlöse des sog. Vertreterversandhandels blieben hierbei unberücksichtigt.

in den Jahren 1983-1988 lediglich um Ø gut 1% p.a. zugenommen, nämlich von schätzungsweise 200 Mio. Exemplare auf 215 Mio. Exemplare.[1]

Der inländische Bruttoproduktionswert von Versandhauskatalogen, der erstmals im Jahr 1982 erhoben wurde, verringerte sich dagegen in der Periode 1983-1988 sogar um Ø 2,0% p.a. Da die Inlandsnachfrage jedoch gemessen am Druckvolumen der inländischen Versandhauskataloge in demselben Zeitraum mit Sicherheit um mehr als Ø 2% p.a. gewachsen ist und sinkende Produktionskosten auszuschließen sind, muß hierfür eindeutig die Außenhandelsentwicklung bestimmend gewesen sein.[2] Eine genaue Quantifizierung der Außenhandelsentwicklung war allerdings ausschließlich auf der Ebene des Produktbereichs Werbedrucksachen möglich, wobei der Einfuhrwert des Produktbereichs Werbedrucksachen in der Periode 1983-1988 real um Ø 10,0% p.a. zunahm, während der Ausfuhrwert real nur um Ø 7,4% p.a. wuchs. Die hohen Einfuhrsteigerungen dürften dabei in erster Linie darauf zurückzuführen gewesen sein, daß ein steigender Auflagenanteil der bundesdeutschen Versandhauskataloge in ausländischen Druckbetrieben erstellt wurde.[3] Für diese Annahme spricht vor allem, daß speziell die großauflagigen Tiefdrucksachen - wie schon erwähnt - besonders für den Außenhandel geeignet waren und daß gemessen am Bruttoproduktionswert nahezu 2/3 der Versandhauskataloge

---

[1] Diese Schätzwerte basieren auf Umfragen des BVH bei seinen Verbandsmitgliedern, die nach Verbandsangaben rd.80-90% des gesamten Versandhandelsumsatzes auf sich vereinigten. Vgl.: O.V., Redaktionsgespräch - Der Bundesverband des Deutschen Versandhandels e.V., in: Direkt-Marketing, 22.Jg., Heft Nr.10, S.396-401, Ettlingen 1986, S.396; O.V., Versandhandel gewinnt wieder an Dynamik, in: Direkt-Marketing, 20.Jg., Heft Nr.6, S.232, Ettlingen 1984, S.232 sowie BVH (1988), Der deutsche Versandhandel a.a.O., S.25.

[2] Vgl.: ZAW (1987), ZAW-Jahrbuch Werbung '87, S.262.

[3] Vgl. im Text S.242f. sowie im Anhang S.LVIII: Tab.XLII. Allerdings ist zumindest der Produktionsrückgang von Versandhauskatalogen im Jahr 1986 um real 16,3% nicht allein mit Außenhandelseinflüssen zu erklären, sondern zudem dürften auch statistische Erfassungsprobleme mit dazu beigetragen haben, die z.B. dann auftreten, wenn sich ein Versandhandelsunternehmen dazu entschließt, den Papiereinkauf selbst durchzuführen und somit den Druckbetrieben das für den jeweiligen Auftrag benötigte Papier zuliefert.

im Tiefdruckverfahren gedruckt wurden, während bei den Reisekatalogen und Prospekten lediglich rd.10% des Bruttoproduktionswertes auf das Tiefdruckverfahren entfielen.[1]

Die Produktionsentwicklung von Reisekatalogen, die im Jahr 1988 mit ca. 25% bzw. ca.400 Mio. DM zum gesamten Bruttoproduktionswert der Produktgruppe Kataloge beitrugen,[2] mußte wie bei den Versandhauskatalogen für den Zeitraum von 1961-1982 geschätzt werden, da eine separate Erfassung von Reisekatalogen erst im Jahr 1982 begann. Im Gegensatz zu den Versandhauskatalogen sind aber weder Daten über die Auflagenentwicklung noch über die Entwicklung der Seitenumfänge von Reisekatalogen verfügbar. Als Wachstumsindikator für die Produktionsentwicklung von Reisekatalogen konnte deshalb lediglich die zahlenmäßige Entwicklung von Veranstalterreisen herangezogen werden,[3] die insofern aussagefähig ist, als daß Veranstalterreisen üblicherweise unter vorheriger Verwendung von Reisekatalogen gebucht werden.

Zu beachten ist in diesem Zusammenhang, daß der Bruttoproduktionswert von Reisekatalogen im betreffenden Zeitraum von 1961-1982 mit Sicherheit weitaus stärker zunahm als dies die zahlenmäßige Entwicklung der Veranstal-

---

[1] Der Tiefdruckanteil betrug - gemessen am Bruttoproduktionswert - bei den Versandhauskatalogen im Jahr 1988 64,7%, bei den Reisekatalogen 10,1% und bei der Produktgruppe Prospekte 8,1%.

[2] Der Bruttoproduktionswert von Reisekatalogen und Sonstigen Katalogen betrug im Jahr 1988 zusammengerechnet 466,9 Mio. DM, wovon ca.400 Mio. DM auf die Reisekataloge entfielen. Dabei wendete allein der umsatzstärkste bundesdeutsche Reiseveranstalter, die Touristik Union International (TUI)/Hannover im Jahr 1988 für die 16 Mio. TUI-Katalogexemplare mehr als 70 Mio. DM auf. Vgl.: H. RAITHEL, Unternehmen: TUI - Schwitzkur für die Urlaubsmacher, in: Manager Magazin, 18.Jg., Heft Nr.4, S.59-85, Hamburg 1988, S.77.

[3] Zu den Veranstalterreisen zählen im weiteren sowohl die Pauschalreisen, die den Transport und die Unterkunft umfassen, als auch die Teilpauschalreisen, bei denen entweder der Transport oder die Unterkunft gebucht wird.

terreisen widerspiegelt, wofür mehrere Gründe anzuführen sind.[1] Erstens konnten die Reiseinteressenten zur Information über die Vielzahl der Reiseangebote ebenso wie zu gezielten Preisvergleichen auf eine ständig größer werdende Zahl verschiedener Reisekataloge zurückgreifen. Zweitens wurden die Reisekataloge - wie auch Tab.59 verdeutlicht - von einem stetig wachsenden Teil der Reisenden als Informationsquelle genutzt,[2] so daß die Katalogauflagen Anfang der 80er Jahre bereits um das Fünf- bis Zehnfache und in Einzelfällen sogar um mehr als das Zwanzigfache höher lagen als die entsprechenden Teilnehmerzahlen der Reiseveranstalter.[3]

Tab.59: Entwicklung der Nutzungsintensität der Informationsquelle Kataloge bzw. Prospekte für die Auswahl der Reiseziele der Haupturlaubsreisenden

Informationsquelle * \ Jahr	1976	1979	1982	1985	1988
Kataloge / Prospekte	13,6%	18,9%	25,9%	32,5%	37,3%

* Mehrfachnennungen waren möglich. Quelle: StfT/Starnberg, Reiseanalysen, versch. Jgg.; eigene Berechnung der Werte.

Drittens wurde der durchschnittliche Seitenumfang von Reisekatalogen we-

[1] Auf die Periode 1983-1988 wird später eingegangen, da der Bruttoproduktionswert von Reisekatalogen in diesen Jahren erfaßt wurde und die entsprechende Produktionsentwicklung folglich nicht geschätzt werden muß.

[2] Von den anderen Informationsquellen wurde nur das persönliche Gespräch mit Freunden, Bekannten, den Reisebüros oder den Fremdenverkehrsstellen stärker genutzt, und zwar mit einer Nutzungsintensität von zusammengerechnet 56,7% im Jahr 1987. Vgl.: F. DUNDLER, Urlaubsreisen 1987, Einige Ergebnisse der Reiseanalyse 1987 - Kurzfassung, Hrsg.: StfT/ Starnberg 1988, S.32.

[3] Die Katalogkosten je gebuchte Reise betrugen dabei im Jahr 1980 bis zu 70,50 DM (bei Terramar/Frankfurt a.M.). Vgl.: O.V., Kataloge '80/'81: Kosten und Nutzen der "Bilderbücher" - Millionen für Träume auf Hochglanz, in: Die Welt, Ausgabe v. 05.09.1980, Hamburg 1980; Quelle der Daten: Fachzeitschrift "touristic-report"/Hamburg.

gen der Ausweitung von Pauschalreiseangeboten zumindest bis Ende der 70er Jahre beträchtlich erhöht und viertens verwendeten die Reiseveranstalter zunehmend höherwertige Druck- und Papierqualitäten, so daß bei Reisekatalogen inzwischen ein durchgängiger Mehrfarbendruck die Regel darstellte.

Festzuhalten ist demnach, daß die durchschnittlichen Katalogkosten je Reiseteilnehmer im Zeitraum von 1961-1982 stetig anstiegen, so daß folglich die realen Produktionszuwächse von Reisekatalogen weit höher ausfielen als die zahlenmäßige Zunahme von Veranstalterreisen. Da jedoch die Zahl der Veranstalterreisen von allen Wachstumsdeterminanten die mit Abstand größte Bedeutung für die Entwicklung der Drucknachfrage nach Reisekatalogen hatte und zumindest einen groben Wachstumsindikator für deren Produktionsentwicklung bildet, soll die Entwicklung von Veranstalterreisen nachfolgend näher untersucht werden.

Tab.60: Entwicklung der Zahl der Veranstalter- und Individualreisen, durchschnittliche jährliche Veränderungsraten

Urlaubsreisen * \ Periode	1961-68	1969-76	1977-82	1983-88	1961-76	1983-88
Veranstalterreisen **	11,7%	7,2%	5,8%	10,2%	9,4%	8,0%
Individualreisen	3,5%	6,4%	0,5%	0,5%	4,9%	0,5%
Urlaubsreisen insges.	4,5%	7,0%	1,8%	3,8%	5,7%	2,8%

* Urlaubsreisen, die 5 Tage oder länger dauerten. ** Einschl. Teilpauschalreisen.
Quelle: StfT/Starnberg, Reiseanalysen, versch. Jgg.; eigene Berechnung der Werte.

Ausschlaggebend für die starke zahlenmäßige Zunahme der Veranstalterreisen von 1,2 Mio. im Jahr 1960 auf nahezu 17 Mio. Veranstalterreisen im Jahr 1988 waren grundsätzlich zwei Faktoren. Zum einen, daß die Reiseintensität[1] und Reisehäufigkeit fortwährend anstieg und zum anderen, daß die Reisen-

[1] Die Reiseintensität kennzeichnet im folgenden den prozentualen Anteil der bundesdeutschen Wohnbevölkerung über 14 Jahre, die im Kalenderjahr wenigstens eine Urlaubsreise von 5 Tagen oder längerer Dauer unternahm.

den anstelle von Individualreisen in wachsendem Umfang von Reiseveranstaltern organisierte Reisepakete präferierten.

Wie Tab.60 zeigt, vergrößerte sich die Gesamtzahl aller Urlaubsreisen mit mindestens 5 Reisetagen besonders stark in den Perioden 1961-1968 und 1969-1976, und zwar um Ø 5,7% p.a., während die Zuwachsraten in den Perioden 1977-1982 und 1983-1988 mit Ø 2,8% p.a. lediglich noch die Hälfte betrugen. Der zahlenmäßige Anstieg der Urlaubsreisen war dabei maßgeblich darauf zurückzuführen, daß die Realeinkommen stetig wuchsen und daß zugleich die jährliche Urlaubszeit der erwerbstätigen Bevölkerung immer weiter ausgedehnt wurde.

Hierdurch ermöglicht trat allein in den Jahren von 1960 bis 1976 nahezu eine Verdoppelung der Reiseintensität von 28,0% auf 53,0% ein. In den beiden folgenden Perioden stieg die Reiseintensität nur noch auf 64,7% im Jahr 1988 an, so daß die Zunahme - angesichts des hohen Ausgangsniveaus - wesentlich geringer ausfiel als in den beiden Vorperioden.

Tab.61: Entwicklung des prozentualen Anteilswertes des Werbesektors am Bruttoinlandsprodukt, in nominalen Werten

Anteilswert \ Jahr	1960	1968	1976	1979	1982	1985	1988
Reiseintensität *	28,0%	39,0%	53,0%	57,0%	55,0%	57,1%	64,9%

* Urlaubsreisen, die 5 Tage oder länger dauerten. Quelle: StfT/Starnberg, Reiseanalysen, versch. Jgg; eigene Berechnung der Werte.

Da die Bevölkerungszahl gleichzeitig stagnierte und die Zahl der Mehrfachreisen trotz hoher Zuwachsraten wegen ihres bisher verhältnismäßig geringen prozentualen Anteils an der Gesamtzahl von Reisen noch keinen wesentlichen Einfluß auf die zahlenmäßige Entwicklung von Urlaubsreisen ausübte,[1] wuchs die Zahl der Urlaubsreisen in den Jahren 1977 bis 1988 mit Ø 2,8% p.a. somit in geringerem Maße als in den Jahren 1961 bis 1976.

Die Zahl der Veranstalterreisen erhöhte sich demgegenüber während des gesamten Untersuchungszeitraums weit überproportional, was u.a. daher resultierte, daß mit zunehmender Einkommenshöhe der prozentuale Anteil der Auslandsreisen[2] und damit auch der Anteil der Flugreisen drastisch anstieg.[3] Von diesem Entwicklungstrend profitierten die Reiseveranstalter deshalb in besonderem Maße, weil speziell bei pauschal organisierten Flugreisen erhebliche Kostendegressionen realisiert wurden[4] und Veranstalterreisen dadurch bedingt zu bedeutend niedrigeren Preisen offeriert werden konnten als vergleichbare individuell zusammengestellte Reiseleistungen. Außerdem war für eine individuelle Reiseorganisation ein wesentlich höherer Zeitaufwand erforderlich als für die Auswahl und Buchung einer organisierten Reise per Reisekatalog.

Die Wachstumsdifferenz zwischen Individual- und Veranstalterreisen fiel in den Perioden 1977-1982 und 1983-1988 besonders eklatant aus, denn wäh-

---

[1] Vgl. im Anhang S.LX: Tab.XLV. Von den 37,7 Mio. Urlaubsreisen im Jahr 1987, die 5 Tage oder länger dauerten, waren lediglich 6,6 Mio. bzw. 17,5% Mehrfachreisen. Vgl.: F. DUNDLER (1987), Urlaubsreisen 1987 a.a.O., S.23.

[2] Vgl. im Anhang S.LX: Tab.XLVI.

[3] Der Anteil der Flugreisen an der Gesamtzahl der Urlaubsreisen, die 5 Tage und länger dauerten, erhöhte sich von 3% im Jahr 1964 auf 23% im Jahr 1987. Vgl.: F. DUNDLER (1987), Urlaubsreisen 1987 a.a.O., S.55.

[4] Die Kostendegressionen ergaben sich beim pauschalen Flugtourismus in erster Linie daher, daß der Sitzladefaktor bei Charterflügen mit 80-90% deutlich höher lag als bei Linienflügen, deren Sitzladefaktor nur rd.50% betrug. Vgl.: R. HOCHREITER, Tourismusindustrie, in: P. Oberender (Hrsg.), Marktstruktur und Wettbewerb in der Bundesrepublik Deutschland, S.631-S.657, München 1984, S.645.

rend die Zahl der Veranstalterreisen um Ø 8,0% p.a. wuchs,[1] stieg die Zahl der Individualreisen im selben Zeitraum nur um Ø 0,5% p.a.[2] Dementsprechend erhöhte sich der prozentuale Anteil der Veranstalterreisen an der Gesamtzahl der Urlaubsreisen permanent, und zwar von 20,7% im Jahr 1976 auf 39,4% im Jahr 1988.[3]

Gleichzeitig weiteten die Reiseveranstalter ihre Reiseprogramme beständig aus und versuchten, mit vielfältigeren Reiseangeboten den zunehmend differenzierteren Reisebedürfnissen der Reisenden gerecht zu werden[4]. Insbesondere in den 80er Jahren strebten die Reiseveranstalter darüber hinaus eine verstärkte "Profilierung" der verschiedenen Veranstaltermarken an, indem sie die Reiseangebote immer weiter differenzierten, und zwar nach bestimmten Reisearten, wie z.B. Erholungs-, Sport-, Studien- oder Sprachreisen, nach Reiseformen, wie z.B. Hotel-, Apartment-, Camping- oder Clubreisen und/oder nach Reisezielen, wie z.B. Fern-, Strand- oder Städtereisen.

Parallel dazu entwickelten die Reiseveranstalter vor allem seit Anfang der 80er Jahre eine Vielzahl von Spezialkatalogen, um somit den Reiseinteressenten möglichst zielgruppengerechte Reisearten, Reiseformen und/oder Reiseziele anzubieten. Ein weiterer Vorteil der Spezialkataloge bestand zudem darin, daß die Spezialkataloge wegen der geringeren Seitenumfänge meistens deutlich niedrigere Druckkosten je Exemplar verursachten als die

---

[1] Lt. Statistiken der Fachzeitschrift Fremdenverkehrswirtschaft International (FVW)/Hamburg hat die Zahl der Veranstalterreisen in den Jahren 1977-1988 um Ø 6,2% p.a. zugenommen. Im Unterschied zu den StfT-Daten handelt es sich hierbei nicht um eine Repräsentativerhebung, sondern um die tatsächlichen Teilnehmerzahlen sämtlicher Reiseveranstalter, die mindestens 120.000 Teilnehmer oder 60 Mio. DM Jahresumsatz aufwiesen. Vgl.: FVW INTERNATIONAL/HAMBURG, "Veranstaltermarkt", versch. Jgg.

[2] Allerdings ist zu berücksichtigen, daß auch Teilpauschalreisen, die nur die Unterkunft oder den Transport umfaßten, mit zu den Veranstalterreisen gerechnet wurden und daß deren Zahl ebenfalls stark zunahm, wobei im Jahr 1987 23,1% der Veranstalterreisen zu den Teilpauschalreisen zählten. Vgl.: F. DUNDLER, Urlaubsreisen 1987 a.a.O., S.53.

[3] Vgl. im Anhang S.LX: Tab.XLVI.

[4] Vgl.: R. HOCHREITER (1984), Tourismusindustrie a.a.O., S.644f.

universellen und damit umfangreichen Hauptkataloge.

Dies gilt gleichermaßen auch für die Katalogkosten je Reiseteilnehmer, denn die Mehrzahl der Reiseinteressenten wird sich vermutlich nur für diejenigen Spezialkataloge interessiert haben, die ihren individuellen Reisebedürfnissen am ehesten entsprachen. Anzunehmen ist deshalb, daß die Zahl der Reisekataloge je Reiseteilnehmer bedingt durch die Einführung zielgruppenorientierter Spezialkataloge eher gesunken als gestiegen ist. Außerdem waren die Reiseveranstalter bestrebt, die Katalogauswahl dadurch zu erleichtern, daß sie während der letzten Jahren vermehrt die Anzeigenwerbung einsetzten, um die Reiseinteressenten vorab über ihre verschiedenen Spezialkataloge zu informieren und sie dadurch zu einer gezielteren Katalogauswahl zu veranlassen.

Festzuhalten ist somit, daß für die Reiseveranstalter mit dem Einsatz von Spezialkatalogen erstmals die Möglichkeit bestand, die Katalogkosten je Reiseteilnehmer zu verringern, und dies, obwohl die Reisekataloge weiterhin ohne Schutzgebühr abgegeben wurden und in einer Vielzahl von Reisebüros immer noch frei zugänglich waren.

Die gestiegene Zahl von Spezialkatalogen und der dadurch bedingte Rückgang der durchschnittlichen Katalogkosten je Reiseteilnehmer war somit dafür ausschlaggebend, daß in der Periode 1983-1988 die realen Produktionszuwächse von Reisekatalogen mit Ø 7,7% p.a. deutlich niedriger ausfielen als die zahlenmäßige Zunahme der Veranstalterreisen, die Ø 10,2% p.a. betrug.[1]

Die in den letzten Jahren vermehrt zu beobachtende Nutzung von Videokassetten hatte dagegen keine negativen Auswirkungen auf die Katalognachfrage, da diese bislang als zusätzliches Informationsinstrument eingesetzt wurden.

Die inländische Produktionsentwicklung von Reisekatalogen dürfte dabei

---

[1] Die zuvor getroffene Aussage, daß der reale Produktionswert von Reisekatalogen im Zeitraum von 1961-1982 vermutlich weitaus stärker gestiegen ist als die Zahl der Veranstalterreisen, wird hierdurch nicht widerlegt; denn den Spezialkatalogen kam erst in den 80er Jahren eine herausragende Bedeutung zu, so daß die durchschnittlichen Katalogkosten je Veranstalterreise demnach erst in der Periode 1983-1988 rückläufig gewesen sein dürften.

- im Unterschied zu den Versandhauskatalogen - während des Untersuchungszeitraums nur unwesentlich durch den Außenhandel beeinflußt worden sein, denn bei den Reisekatalogen entfielen lediglich rd.10% der Druckproduktion auf das Tiefdruckverfahren, welches aus produktionstechnischen Gründen für den Außenhandel besonders prädestiniert war.[1]

Zusammenfassend ist zu konstatieren, daß die Produktionsentwicklung von Reisekatalogen - anders als bei Versandhauskatalogen - während des gesamten Untersuchungszeitraums durch hohe reale Zuwachsraten gekennzeichnet war und dies, obwohl die durchschnittlichen Katalogkosten je Reiseteilnehmer in den letzten Jahren tendenziell gesunken sind.

Bezogen auf die gesamte Produktgruppe Kataloge ist demzufolge festzuhalten, daß die trendmäßige Verringerung der realen Produktionszuwächse im Katalogdruck in den Perioden 1977-1982 und 1983-1988 nahezu ausschließlich auf die stagnierende bzw. sogar schrumpfende Drucknachfrage bei Versandhauskatalogen zurückzuführen war. Der konträre Entwicklungsverlauf der Drucknachfrage bei Reise- und Versandhauskatalogen zeigte sich in der Periode 1983-1988 besonders offensichtlich, als bei den Versandhauskatalogen reale Produktionseinbußen von Ø 2,8% p.a. verzeichnet wurden, während der reale Bruttoproduktionswert von Reisekatalogen zugleich um Ø 7,7% p.a. anstieg. Die Reisekataloge gewannen dementsprechend für den Katalogdruck ständig an Bedeutung, was auch daran erkennbar ist, daß sich der Produktionsanteil der Reisekataloge (einschließlich der "Sonstigen Kataloge") von ungefähr 18% im Jahr 1960 auf 30,4% im Jahr 1988 erhöhte,[2] wohingegen

---

[1] Der Produktionsanteil der im Tiefdruckverfahren erstellten Reisekataloge betrug im Jahr 1988 nur 10,1%, da bei der Mehrzahl der Reisekataloge das Druckvolumen nicht ausreichte, um die entsprechenden Massenproduktionsvorteile des Tiefdruckverfahrens auszunutzen.

[2] Der Produktionsanteil der Sonstigen Kataloge betrug dabei im Jahr 1988 schätzungsweise 5%, so daß der Produktionsanteil der Reisekataloge demnach bei ca.25% lag. Vgl. im Anhang S.LXI: Tab.XLVII.

der Produktionsanteil der Versandhauskataloge vice versa sank.

Maßgebend für die divergierende Wachstumsentwicklung von Reise- und Versandhauskatalogen war dabei der Umstand, daß sich der Veranstalterreisemarkt auch in den 80er Jahren noch unvermindert in der Expansionsphase befand, während die Marktentwicklung im Versandhandel bereits seit Mitte der 70er Jahre dadurch gekennzeichnet war, daß der Kundenkreis des Sortimentversandhandels unwesentlich ausgeweitet werden konnte, so daß die Auflagenhöhe der Hauptkataloge nur noch geringfügig zunahm. Außerdem dürfte sich bei den Versandhauskatalogen - im Unterschied zu den Reisekatalogen - der Außenhandel kontraktiv auf die inländische Druckproduktion ausgewirkt haben, denn offenbar wurde von den bundesdeutschen Versandhauskatalogen ein stetig wachsender Auflagenanteil in ausländischen Druckbetrieben produziert.

Wachstumshemmend wirkte sich daneben aber auch die vergleichsweise restriktiv gehandhabte Abgabe von Versandhauskatalogen aus,[1] da hierdurch verhindert wurde, daß die Auflagenhöhen von Versandhauskatalogen - wie dies bei den Reisekatalogen üblich war - um ein Mehrfaches höher lagen als die entsprechenden Kundenzahlen.

Übereinstimmungen waren dagegen hinsichtlich der Unternehmens- und Werbestrategie von Reiseveranstaltern und Versandhandelsunternehmen zu beobachten, denn in beiden Branchen wurde während der letzten Jahre versucht, die Streuverluste der Katalogwerbung durch die Verwendung von Spezialkatalogen zu reduzieren, die sich an möglichst genau abgrenzbare Kundengruppen richteten. Die Folge des vermehrten Einsatzes von Spezialkatalogen war, daß hierdurch zwar neue Kundengruppen erreicht wurden, daß aber mit zunehmender Verbreitung von Spezialkatalogen die durchschnittlichen Katalogkosten je Exemplar wegen des geringeren Seitenumfangs von Spezialkatalogen tendenziell sanken, so daß der Katalogdruck demzufolge

[1] Ausschlaggebend hierfür war insbesondere, daß die Katalogkosten von Versandhauskatalogen mit z.T. mehr als 20,- DM je Exemplar bei weitem die Katalogkosten von Reisekatalogen übertrafen, die i.d.R. nicht mehr als 5,- DM je Exemplar betrugen.

nicht mehr in dem Umfang wie zuvor an der Wachstumsentwicklung der Reise- bzw. Versandhandelsbranche partizipierte.

Tab.62: Entwicklung des prozentualen Anteilswertes von Katalogen an den gesamten Umsatzerlösen des Werbesektors, in nominalen Werten

Werbeumsatz \ Jahr	1982	1985	1987	1987 *	1988 *
Kataloge **	7,3%	6,4%	5,5%	5,6%	5,8%

* Neue statistische Abgrenzung. ** Ohne Streukosten. Quelle: Statistisches Bundesamt, Fs.4: R.3.1 u. Fs.11: R.5 sowie ZAW-Jahrbuch, versch. Jgg.; eigene Berechnung der Werte.

Darüber hinaus war festzustellen, daß der prozentuale Anteil der Katalogwerbung an den gesamten Umsatzerlösen des Werbesektors zumindest seit dem Jahr 1982 deutlich zurückging. Ausschlaggebend waren hierfür wiederum ausschließlich die Versandhauskataloge, wohingegen die Aufwendungen für das Werbemittel Reisekataloge in den Jahren 1983-1988 mit nominalen Zuwachsraten von Ø 10,8% p.a. - in Relation zum gesamten Werbesektor - weit überdurchschnittlich ausfielen.

6.3.4. PRODUKTGRUPPE "PLAKATE"

Die Produktgruppe Plakate dürfte im Jahr 1988 schätzungsweise mit ca.110-120 Mio. DM bzw. einem Anteil von knapp 2% zum Bruttoproduktionswert des

Produktbereichs Werbedrucksachen beigetragen haben.[1] Obwohl der Plakatdruck demzufolge die Produktionsentwicklung des Produktbereichs Werbedrucksachen nur marginal beeinflußte, soll dennoch im folgenden untersucht werden, soweit dies die Datenlage ermöglicht, wie sich der Plakatdruck im Referenzzeitraum entwickelte.

Da der Bruttoproduktionswert von Plakaten vom Statistischen Bundesamt nicht separat erfaßt wurde und die Entwicklung des Druckvolumens ebenfalls unbekannt ist, können im weiteren ausschließlich die vom Fachverband Außenwerbung e.V./Frankfurt a.M. erhobenen Werbeträgerkosten der Plakatwerbung als grober Wachstumsindikator für die Entwicklung des Plakatdrucks herangezogen werden. Die Entwicklung der Werbeträgerkosten ist in diesem Zusammenhang deshalb aussagefähig, weil das Verhältnis von Werbeträger- zu Werbematerialkosten bei der Plakatwerbung - wie entsprechende Berechnungen von *Klein-Blenkers* zeigen - im Zeitablauf anscheinend konstant blieb.[2] Dementsprechend ist davon auszugehen, daß sich der Bruttoproduktionswert von Plakaten gleichgerichtet zu den Werbeträgerkosten der Plakatwerbung

---

[1] Die Schätzung des Bruttoproduktionswertes von Plakaten basiert auf der von *Klein-Blenkers* in seinen Untersuchungen getroffenen Annahme, wonach bei der Plakatwerbung Ø rd.2/3 der gesamten Werbekosten auf die Werbeträger und Ø rd.1/3 auf das Werbematerial entfielen. Für das Jahr 1988 bedeutet dies, daß bei Werbeträgerkosten in Höhe von 451 Mio. DM die Werbematerialkosten der Plakatwerbung folglich ca.225 Mio. DM betrugen. Zu beachten ist hierbei jedoch, daß *Klein-Blenkers* auch die Werbeverwaltungskosten zu den Werbematerialkosten zählt. Die Werbeverwaltungskosten beeinhalten im Fall der Plakatwerbung die Kosten für die Werbeagenturen, die Verteilung und das Ankleben der Plakate und dürften mit knapp 50% zu den Werbematerialkosten der Plakatwerbung beigetragen haben, so daß die Druck- und Papierkosten der Plakate im Jahr 1988 schätzungsweise 110-120 Mio. DM betrugen. Vgl.: F. KLEIN-BLENKERS/ J. HILLESHEIM (1986), Die Werbekosten...a.a.O., S.45: Übersicht 7.

[2] Dies ergibt sich aus den Untersuchungen, die *Klein-Blenkers* über die Werbekosten in der BR Deutschland durchführte, denn in seinen Untersuchungen für die Jahre 1972, 1975, 1978, 1981, 1982 und 1984 bezifferte *Klein-Blenkers* die Werbematerialkosten von Plakaten jeweils mit rd.1/3 der Gesamtkosten der Plakatwerbung. Vgl.: F. KLEIN-BLENKERS/ J. HILLESHEIM (1986), Die Werbekosten... a.a.O., S.45: Übersicht 7.

entwickelte.[1]

Tab.63: Entwicklung der Werbeträgerkosten der Plakatwerbung, in nominalen Werten, durchschnittliche jährliche Veränderungsraten

Plakatwerbung \ Periode	1961-68	1969-76	1977-82	1983-88	1961-76	1977-88
Werbeträgerkosten *	13,7%	2,1%	6,2%	7,2%	7,7%	6,7%

* Netto-Umsätze errechnet aufgrund von Erhebungen bei den Mitgliedern des Fachverbandes Außenwerbung; 1961-1968: Einschl. Verkehrsmittelwerbung; 1969-1988: Ohne Verkehrsmittelwerbung. Quelle: Fachverband Außenwerbung veröff. u.a. in: ZAW-Jahrbuch, versch. Jgg.; eigene Berechnung der Werte.

Die Werbeträgerkosten der Plakatwerbung nahmen in der Periode 1961-1968 zunächst mit Ø 13,2% p.a. außerordentlich stark zu, was vorwiegend darauf zurückzuführen war, daß die Plakatwerbung während der 60er Jahre - neben der Fernseh- und Anzeigenwerbung - zu den Basismedien für die Markenartikelwerbung zählte.[2] Die wichtigsten Vorteile des Werbemittels Plakate[3] bestanden dabei speziell in der hohen Reichweite, der präzisen zeitlichen und regionalen Streubarkeit sowie in der großen Kontakthäufigkeit, die seit Mitte der 50er Jahre durch die Aufstellung der sog. Großflächen noch wesentlich gesteigert werden konnte.[4] Mit der Plakatierung dieser Großfläche in

---

[1] Hierbei wird implizit unterstellt, daß der Anteil der Werbeverwaltungskosten während des betreffenden Zeitraums gleichfalls unverändert blieb, denn die Werbeverwaltungskosten wurden von *Klein-Blenkers* zu den Werbematerialkosten gerechnet. Vgl. im Anhang S.XLII f.: Tab.XV.

[2] Die Werbeträgerkosten der Außenwerbung übertrafen dabei bis zum Jahr 1959 sogar diejenigen der Fernsehwerbung. Vgl.: ZAW (1971), ZAW-Jahrbuch a.a.O., S.31 sowie ZAW (1975), ZAW-Jahrbuch a.a.O., S.140.

[3] Zu den Vorteilen und Nachteilen der Plakatwerbung, vgl.: H. KOPSCH, Außenwerbung, in: K. Chr. Behrens (1970), Handbuch der Werbung a.a.O., S.587-612, Wiesbaden 1970, S.588.

[4] Die Anschlagstellen für Plakate werden unterschieden in: Allgemeine Stellen, Ganzstellen, Spezialstellen, Großflächen und Kleintafeln. Vgl.: H. KOPSCH (1970), Außenwerbung a.a.O., S.589ff.

den Abmessungen 360 cm x 260 cm wurde eine erheblich größere Aufmerksamkeit erzielt als mit den traditionellen Litfaßsäulen, die eher für kleinformatige Plakate geeignet waren.

Der spezifische Werbevorteil, den die Plakate dabei während der 60er Jahre im Vergleich zur Fernsehwerbung aufwiesen,[1] bestand in der Möglichkeit zur mehrfarbigen Darstellung, die insbesondere bei der Markenartikelwerbung von zentraler Bedeutung war, da hier weniger die Textinformation als vielmehr die bildhafte und häufig gefühlsbetonte Symbolik dominierte, deren Wirkung entscheidend von der Mehrfarbigkeit abhing.

Mit der Einführung des Farbfernsehens im Jahr 1967 und dessen rapider Verbreitung in den folgenden Jahren trat dann ein grundlegender Bedeutungswandel ein, denn nun lagen die Werbevorteile eindeutig bei der Fernsehwerbung, da die bewegte Optik im Gegensatz zu den Druckmedien eine praktische Demonstration der Anwendungs- und Nutzungsmöglichkeiten der beworbenen Produkte zuließ. Das Werbemittel Plakate wurde deshalb von den meisten Werbetreibenden nicht mehr als Basismedium eingesetzt, sondern nur noch als ein ergänzendes Werbemittel benutzt,[2] so daß die Plakatwerbung dementsprechend erheblich an Bedeutung einbüßte. Dies wird auch daran deutlich, daß die Werbeträgerkosten der Plakatwerbung in der Periode 1969-1976 nur noch um Ø 2,1% p.a. wuchsen, so daß gegenüber der Vorperiode eine drastische Wachstumsverlangsamung zu verzeichnen war, während die Werbeaufwendungen für andere Werbemittel wie die Fernseh- und Anzeigenwerbung weiterhin unvermindert stark anstiegen.[3]

In den Jahren 1975/1976 zeichnete sich jedoch bereits erneut eine Trend-

---

[1] Die Plakatwerbung steht insbesondere mit der Fernsehwerbung in Substitutionskonkurrenz, da Plakate im Unterschied zu Zeitungs- und Zeitschriftenanzeigen nicht gelesen, sondern vom Betrachter i.d.R. visuell ganzheitlich wahrgenommen werden. O.V., Plakatwerbung im Media-Mix, in: Absatzwirtschaft, 19.Jg., Heft Nr.7, S.30-32, Düsseldorf u. Nürnberg 1976, S.32.

[2] Vgl.: ZAW (1975), ZAW-Jahrbuch a.a.O., S.140.

[3] Eine Quantifizierung ist allerdings für die Periode 1969-1976 wegen statistischer Brüche nicht möglich. Vgl.: ZAW (1972), ZAW-Jahrbuch a.a.O., S.35, S.40/41 und S.46 sowie ZAW (1977), ZAW-Jahrbuch a.a.O., S.99.

wende ab, denn die Plakatwerbung wurde damals von den Werbetreibenden quasi wiederentdeckt, wozu verschiedene Faktoren beitrugen: Einerseits wurde im Jahr 1975 im Auftrag des Fachverbandes Außenwerbung erstmals eine empirische Untersuchung zur Reichweite und Kontaktstärke der Plakatwerbung von Infratest/München durchgeführt, die zu dem überaus positiven Ergebnis kam, daß sich - je nach Art des Werbeträgers - immerhin zwischen 18% und 29% der Befragten an einzelne Plakatmotive erinnern konnten.[1] Andererseits nahm die Attraktivität des Werbemittels Plakate deshalb stetig zu, weil die Mietpreise für die Anschlagstellen in Relation zu anderen Werbeträgern nur unbedeutend erhöht wurden.[2] Einzelne spektakuläre Werbekampagnen, bei denen ausschließlich Plakate verwendet wurden, verdeutlichten zudem das vergleichsweise günstige Preis/Leistungsverhältnis der Plakatwerbung und wirkten insofern als eine Art "Initialzündung"[3].

Die Folge war, daß die Zahl der Produkte bzw. Marken, die mit Plakaten beworben wurde, sprunghaft von ca.20-30 Anfang der 70er Jahre auf ca.150 Produkte im Jahr 1977 anstieg, wobei nicht mehr allein die Nahrungs- und Genußmittel im Vordergrund standen, sondern insbesondere auch hochwerti-

---

[1] Vgl.: R.O. FRIEDRICH, Außenwerbung - Das Plakat ist wieder "in", in: Der Arbeitgeber, 28.Jg., Heft Nr.13, Köln 1976, S.567 sowie ZAW (1976), ZAW-Jahrbuch Werbung 1975/1976 a.a.O., S.151f. In den Folgejahren wurden dann mehrere Untersuchungen zur Werbewirkung von Plakaten durchgeführt. Vgl.: ZAW (1979), ZAW-Jahrbuch a.a.O., S.166.

[2] Die durchschnittlichen Mietpreise für Anschlagstellen wurden zwischen 1962 und 1973 lediglich um knapp 20% erhöht und der Preis für eine 10tägige Nutzung von Großflächen betrug im Jahr 1975 nur 5,- DM. Vgl.: ZAW (1975), ZAW-Jahrbuch a.a.O., S.141 sowie R.O. FRIEDRICH (1976), Außenwerbung... a.a.O., S.567.

[3] Zu erwähnen ist vor allem die im Jahr 1975 von der Firma Pfanni/München durchgeführte Werbekampagne, die nicht nur besonderes Aufsehen erregte und mehrfach prämiert wurde, sondern die zudem das Werbemittel Plakate in den Blickpunkt der Fachöffentlichkeit rückte. Vgl.: O.V., Impulse-Bildreportage - Die Renaissance des Plakats, in: Impulse, Jg.1988, Heft Nr.5, S.109-S.113, Hamburg 1988, S.109; ZAW (1976), ZAW-Jahrbuch a.a.O., S.149 sowie O.V., Werber auf Plakat-Trip, in: Absatzwirtschaft, 19.Jg., Heft Nr.7, S.28f., Düsseldorf u. Nürnberg 1976, S.28.

ge Konsumgüter sowie Dienstleistungen.[1]

Dementsprechend stiegen die Werbeträgerkosten der Plakatwerbung in der Periode 1977-1982 mit Ø 6,2% p.a. mit deutlich höheren Zuwachsraten als in der Vorperiode und gleichzeitig nahm auch die Zahl der Anschlagstellen stark zu.[2] In der Periode 1983-1988 setzte sich die dynamische Wachstumsentwicklung der Plakatwerbung mit nominalen Zuwächsen von Ø 7,2% p.a. weiter fort, wobei im Jahr 1988 schon über 500 Produkte bzw. Marken per Plakat beworben wurden.[3]

Zusätzliche Wachstumsimpulse resultierten in der Periode 1983-1988 insbesondere daher, daß seit dem Jahr 1982 in vielen Städten neuartige Anschlagstellen in Form von Städte-Informationsanlagen und verglasten Wartehallen geschaffen wurden,[4] deren spezielles Kennzeichen darin bestand, daß sie bevorzugt an stark frequentierten Standorten aufgestellt wurden und z.T. nachts beleuchtet waren. Die Werbenachfrage nach diesen als "City-Light-Poster" bezeichneten Anschlagstellen stieg weit überdurchschnittlich, so daß bis zum Jahr 1988 bereits 33.000 City-Light-Poster existierten, die mit 71 Mio. DM bzw. mit 12,1% zu den gesamten Werbeträgerkosten der Plakatwerbung beitrugen.[5]

Die Werbeträgerkosten für die Nutzung der anderen Anschlagstellen wuchsen in der Periode 1983-1988 ebenfalls mit hohen Zuwachsraten, was u.a. darauf zurückzuführen war, daß die Beachtung der Plakatwerbung - wie eine Infratest-Studie ergab - gegenüber dem Jahr 1977 noch weiter zugenommen hatte.[6] Außerdem wurde die Transparenz der Plakatwerbung merklich erhöht,

---

[1] Vgl.: <u>ZAW</u> (1978), ZAW-Jahrbuch a.a.O., S.209.

[2] Vgl. im Text S.299: Tab.64.

[3] Vgl.: <u>O.V.</u> (1988), Impulse-Bildreportage a.a.O., S.109.

[4] Die sog. City-Light-Poster wurden bis zum Jahr 1986 u.a. in Berlin, Bremen, Hamburg, Hannover, Krefeld, Köln, Neuss, Ludwigshafen und Saarbrücken aufgestellt. Vgl.: <u>ZAW</u> (1986), ZAW-Jahrbuch a.a.O., S.201.

[5] Vgl.: <u>ZAW</u> (1989), ZAW-Jahrbuch a.a.O., S.222.

[6] Vgl.: <u>ZAW</u> (1987), ZAW-Jahrbuch a.a.O., S.185f.

indem seit Ende der 70er Jahre damit begonnen wurde, die Anschlagstellen nach werberelevanten Kriterien zu beschreiben und abzubilden,[1] so daß die Werbetreibenden seither unter geringem Zeitaufwand bezüglich der Anschlagstellen eine gezielte Standort-Selektion vornehmen konnten.

Tab.64: Entwicklung der Zahl der Anschlagstellen für Plakate, durchschnittliche jährliche Veränderungsraten

Plakatwerbung \ Periode	1969-76	1977-82	1983-88	1977-88
Anschlagstellen *	5,4%	5,0%	-0,5%	2,2%

* 1969-1976: Ohne Kleintafeln. Quelle: IVW-Angaben, veröff. in: ZAW-Jahrbuch, versch. Jgg.; eigene Berechnung der Werte.

Wachstumshemmend wirkten sich hingegen die restriktiven Rechtsvorschriften aus, die in vielen Gemeinden für das Aufstellen von Anschlagstellen erlassen wurden[2] und die wesentlich dazu beitrugen, daß die Gesamtzahl der Anschlagstellen in der Periode 1983-1988 tendenziell zurückging.[3] Die Folge hiervon war, daß für die Plakatwerbung zeitweilig keine ausreichende Zahl von Anschlagstellen zur Verfügung stand, so daß die Nutzung des Werbemittels Plakate z.T. angebotsseitig begrenzt war.[4]

Zusammenfassend bleibt festzuhalten, daß die Plakatwerbung bzw. der Plakatdruck in der Periode 1961-1968 zunächst mit zweistelligen Wachstumsraten expandierte, dann aber in der Periode 1969-1976 in Relation zu den anderen Werbeträgern und -mitteln nur noch unterdurchschnittlich wuchs und somit sukzessive an Bedeutung verlor. In der Mitte der 70er Jahre wurde das Werbemittel Plakate jedoch von den Werbetreibenden - wie schon erwähnt -

---

[1] Vgl.: ZAW (1980), ZAW-Jahrbuch a.a.O., S.183.

[2] Vgl.: ZAW (1983), ZAW-Jahrbuch a.a.O., S.179.

[3] Die Gesamtzahl der bei der IVW gemeldeten Anschlagstellen nahm von 207.463 Stellen im Jahr 1982 auf 201.522 im Jahr 1988 Stellen ab.

[4] Vgl.: ZAW (1986), ZAW-Jahrbuch a.a.O., S.200.

plötzlich wiederentdeckt, so daß die Plakatwerbung seither wieder in stärkerem Umfang an den wachsenden Umsatzerlösen des Werbesektors teilhatte.

Tab.65: Entwicklung des Werbeumsatzes der Plakatwerbung sowie der gesamten Umsatzerlöse des Werbesektors, in nominalen Werten, durchschnittliche jährliche Veränderungsraten

Werbeumsatz \ Periode	1977-82	1983-88	1977-88
Plakatwerbung *	6,2%	7,2%	6,7%
Werbesektor insges.	7,9%	6,6%	7,2%

* Ohne Werbematerial. Quelle: Statistisches Bundesamt, Fs.4: R.3.1, Fs.11: R.5 sowie ZAW-Jahrbuch, versch. Jgg.; eigene Berechnung der Werte.

Wie aus Tab.65 erkennbar ist, blieb der Stellenwert, den das Werbemittel Plakate innerhalb des gesamten Werbesektors besaß, dadurch bedingt in den Perioden 1977-1982 und 1983-1988 nahezu konstant.[1]

6.3.5. ZWISCHENERGEBNIS

Abschließend ist für den gesamten Produktbereich Werbedrucksachen zu konstatieren, daß die Produktgruppen Prospekte, Kataloge und Plakate in den vier Untersuchungsperioden in unterschiedlichem Maße zur Wachstumsentwicklung der Druckproduktion von Werbedrucksachen beitrugen.

In den Perioden 1961-1968 und 1969-1976 entwickelte sich zunächst die Drucknachfrage bei Katalogen besonders dynamisch, denn die realen Produktionszuwächse des Katalogdrucks fielen nahezu mehr als dreimal so hoch

---

[1] Die Nettoumsätze der Prospektwerbung (ohne Werbemittel) stiegen zwischen 1976 und 1988 von 207,5 Mio. DM auf 451 Mio DM. Der prozentuale Anteilswert an den gesamten Umsatzerlösen des Werbesektors betrug im Jahr 1988 1,7% gegenüber 1,8% im Jahr 1976. Quelle der Daten: FACHVERBAND AUSSENWERBUNG e.V./ FRANKFURT a.M.

aus wie die realen Produktionszuwächse der Produktgruppe Prospekte.

Tab.66: Entwicklung der Bruttoproduktionswerte von Prospekten, Katalogen sowie von Werbedrucksachen insgesamt, in realen Werten, durchschnittliche jährliche Veränderungsraten

Produktionswert * \ Periode	1961-68	1969-76	1977-82	1983-88
Prospekte, real **	ca.4-5%	ca.2,5-3%	ca.4-5%	6,4%
Kataloge, real	ca.14-17%	ca.7-8,5%	ca.2,5-3%	-0,4%
Werbedrucksachen, real	6,2%	3,7%	3,9%	4,5%

* 1961-1982: Geschätzte Produktionszuwächse von Prospekten u. Katalogen. ** Einschl. Plakate. Quelle: Statistisches Bundesamt, Fs.4: R.3.1 u. Fs.17: R.2, versch. Jgg.; eigene Berechnung der Werte.

In den Perioden 1977-1982 und 1983-1988 trat jedoch eine grundlegende Änderung ein, denn während die realen Produktionszuwächse bei der Produktgruppe Prospekte deutlich anstiegen, war bei der Produktgruppe Kataloge eine Wachstumsverlangsamung zu verzeichnen, und in der Periode 1983-1988 schrumpfte die Druckproduktion von Katalogen - in realen Werten gemessen - sogar um ∅ 0,4% p.a., was allerdings ausschließlich durch die Produktionseinbußen bei den Versandhauskatalogen bedingt war.

Der Plakatdruck unterlag ebenfalls erheblichen Wachstumsschwankungen, übte aber wegen des relativ geringen Bruttoproduktionswertes keinen gravierenden Einfluß auf die Wachstumsentwicklung des Produktbereichs Werbedrucksachen aus.[1]

Insgesamt betrachtet verloren die zum Produktbereich Werbedrucksachen zählenden Werbemittel zwischen 1976 und 1982 innerhalb des Werbesektors geringfügig an Bedeutung, wiesen aber seit dem Jahr 1983 wieder einen stei-

[1] In Tab.65 konnten die realen Produktionszuwächse des Plakatdrucks nicht gesondert ausgewiesen werden, da lediglich eine Schätzung der nominalen Wachstumsentwicklung von Plakaten möglich war.

genden Anteilswert an den gesamten Umsatzerlösen des Werbesektors auf.[1]

Tab.67: Entwicklung des prozentualen Anteilswertes von Werbedrucksachen an den gesamten Umsatzerlösen des Werbesektors, in nominalen Werten

Werbeumsatz \ Jahr	1976	1979	1982	1985	1987	1987 *	1988 *
Werbedrucksachen **	31,0%	31,3%	30,6%	31,0%	31,7%	32,2%	32,4%

* Neue statistische Abgrenzung. ** Einschl. Plakatwerbung und Streukosten der Direktwerbung per Post. Quelle: Statistisches Bundesamt, Fs.11: R.5 u. Fs.4: R.3.1 sowie ZAW-Jahrbuch, versch. Jgg; eigene Berechnung der Werte.

Der Rückgang des Anteilswertes der Werbedrucksachen von 31,0% im Jahr 1976 auf 30,6% im Jahr 1982 resultierte daher, daß die Drucknachfrage nach den breitstreuenden, d.h. an den Bevölkerungsquerschnitt gerichteten Hauptkatalogen des Sortimentversandhandels, nur noch unwesentlich zunahm und sich - in Relation zum Werbesektor insgesamt - weit unterdurchschnittlich entwickelte.

Zwischen 1982 und 1988 nahm der Umsatzanteil der Werbedrucksachen - trotz einer stagnierenden Nachfrage nach Hauptkatalogen - demgegenüber von 30,6% auf 32,4% zu, und zwar deshalb, weil die Drucknachfrage nach Spezialkatalogen sowie adressierter Prospektwerbung stark zunahm, also solcher Werbemittel, die sich speziell für eine zielgruppenspezifische Werbung eigneten. Allerdings trug hierzu auch die unadressierte Prospektwerbung bei, die gleichfalls überdurchschnittlich wuchs, was vor allem daher resultierte, daß die Werbetreibenden in steigendem Umfang die Beilagenwerbung anstelle der Anzeigenwerbung nutzten, um höherwertige Druck- und Papierqualitäten einsetzen zu können als dies im Zeitungsdruck produktionstechnisch mög-

[1] Der niedrigste Umsatzanteil wurde für die Werbedrucksachen bisher im Jahr 1983 mit 30,2% verzeichnet. Dabei ist wiederum zu beachten, daß der Umsatzanteil der Werbedrucksachen unter Einbeziehung der statistisch nicht erfaßten Umsatzerlöse deutlich höher ausgefallen wäre und schätzungsweise bei rd.40% gelegen hätte. Vgl. im Anhang S.XLII f.: Tab.XV.

lich gewesen ist.

7. PRODUKTBEREICH "SONSTIGE DRUCKSACHEN"

7.1. TYPISIERUNG DES PRODUKTBEREICHS

Unter dem Produktbereich Sonstige Drucksachen werden im weiteren die folgenden Güterklassen der Produktionsstatistik zusammengefaßt: Erstens "Wandkalender, Bilddrucke und Karten" (Melde-Nr.5717 0.), wie z.B. Bild-, Kunst-, Abreiß-, Monats- und Adventskalender, Kunstbilder und -blätter, Ansichts-, Glückwunsch- und Weihnachtskarten, Trauerkarten, Spielkarten und Bilddrucke für Wände; zweitens "Kartographische Erzeugnisse" (Melde-Nr. 5718 0.), wie z.B. Landkarten, Atlanten, Globen und wissenschaftliche Wandkarten sowie drittens "Sonstige Druckerzeugnisse" (Melde-Nr.5719 0.), wozu u.a. Abziehbilder, Modellier- und Bilderbogen sowie Schießscheiben zählen. Da die oben angeführten Drucksachen jeweils nur in relativ geringem Umfang zum gesamten Bruttoproduktionswert der Druckindustrie beigetragen haben, wird nachfolgend auf eine separate Untersuchung verzichtet.

Der Bruttoproduktionswert des derart abgegrenzten Produktbereichs betrug im Jahr 1988 1.086,1 Mio. DM, wovon auf die "Wandkalender, Bilddrucke und Karten" 36,1%, auf die "Kartographischen Erzeugnisse" 5,4% und auf die "Sonstigen Druckerzeugnisse" 58,5% entfielen. Der Produktbereich Sonstige Drucksachen vereinigte damit zugleich 4,4% des gesamten Bruttoproduktionswertes der Druckindustrie, wobei der Produktionsanteil bei einer Berücksichtigung der nicht erfaßten Kleinbetriebe wahrscheinlich noch niedriger ausgefallen wäre.[1]

---

[1] In der Betriebsgrößenklasse mit 10-19 Beschäftigten betrug der Produktionsanteil von Sonstigen Drucksachen im Jahr 1976 nur 2,6%, wohingegen der Produktionsanteil von Druckbetrieben mit 20 und mehr Beschäftigten zugleich 4,8% betrug.

Die zum Produktbereich Sonstige Drucksachen zählenden Produkte wurden überwiegend von mittleren und größeren Druckbetrieben gefertigt, die sich häufig auf bestimmte Produkte, wie z.B. auf Wandkalender, Ansichts- und Glückwunschkarten, Spielkarten oder kartographische Erzeugnisse spezialisiert hatten, da zu deren Herstellung teilweise besondere produktionstechnische Voraussetzungen erforderlich waren.

7.2. DARSTELLUNG UND ANALYSE DER PRODUKTIONS- UND AUSSENHANDELSENTWICKLUNG DES PRODUKTBEREICHS

Für den Produktbereich Sonstige Drucksachen wurden in allen vier Untersuchungsperioden weit unterdurchschnittliche nominale und reale Produktionszuwächse registriert. Die negative Wachstumsdifferenz im Vergleich zur Gesamtentwicklung der Druckproduktion verringerte sich allerdings im Zeitablauf und war in der Periode 1983-1988 am niedrigsten.

Tab.68: Entwicklung der Bruttoproduktionswerte von Sonstigen Drucksachen sowie von Drucksachen insgesamt, in nominalen und realen Werten, durchschnittliche jährliche Veränderungsraten

Produktionswert \ Periode	1961-68	1969-76	1977-82	1983-88	1961-76	1977-88
Sonstige Drucksachen, nom.	6,5%	7,9%	5,9%	4,4%	7,2%	5,1%
Drucksachen insges., nom.	8,2%	8,9%	6,9%	5,0%	8,5%	5,9%
Sonstige Drucksachen, real	3,4%	1,8%	1,4%	1,9%	2,6%	1,6%
Drucksachen insges., real	5,1%	2,8%	2,3%	2,3%	3,9%	2,3%

Quelle: Statistisches Bundesamt, Fs.4: R.3.1 u. Fs.17: R.2, versch. Jgg.; eigene Berechnung der Werte.

Über die Entwicklung der Erzeugerpreise des Produktbereichs Sonstige Drucksachen sind keine spezifischen Aussagen möglich, da vom Statistischen Bundesamt lediglich für die Güterklasse "Wandkalender, Bilddrucke und Karten" ein entsprechender Preisindex erhoben wurde.

Der Produktbereich Sonstige Drucksachen[1] wies mit einer Importquote von 10,9% im Jahr 1988 und einer Exportquote von 23,6% neben dem Produktbereich Bücherdrucksachen die stärkste Außenhandelsverflechtung innerhalb der Druckindustrie auf.[2] Der Außenhandel basierte dabei zum größten Teil auf solchen Drucksachen, die nicht nur im Herkunftsland gedruckt, sondern auch dort zuvor konzipiert bzw. gestaltet wurden, wie z.B. Wandkalender, Glückwunschkarten, Spielkarten und kartographische Erzeugnisse etc. Der Austausch von reinen Druckleistungen stand demnach nicht im Vordergrund, weshalb auch der Außenhandel nur in geringem Umfang seitens der Druckbetriebe abgewickelt wurde.

Zu konstatieren ist dementsprechend, daß die überdurchschnittlich hohe Außenhandelsverflechtung des Produktbereichs Sonstige Drucksachen nicht unbedingt bedeutet, daß die Druckaufträge hinsichtlich der produktionstechnischen Bedingungen für den Außenhandel besonders prädestiniert waren.

Wie Tab.69 zeigt, sind von der Außenhandelsentwicklung im Verlauf des Untersuchungszeitraums gegenläufige Impulse auf die Wachstumsentwicklung der Inlandsproduktion ausgegangen. Während die Inlandsproduktion in der Periode 1969-1976 - in realen Werten gemessen - mit Ø 1,8% p.a. weit geringere Zuwachsraten aufwies als die Inlandsnachfrage, die um Ø 2,8% p.a. anstieg, wirkte sich der Außenhandel in der Periode 1977-1982 eindeutig ex-

---

[1] Die Warenposten "Andere Bilder und Bilddrucke" (Melde-Nr.4911 91 910), "Andere Drucke" (Melde-Nr.4911 99 900) sowie "Photographien" (Melde-Nr.4911 91 990) wurden nicht berücksichtigt, da hierunter vermutlich überwiegend Prospekte, Formulare, Bildbände u.a. erfaßt wurden. Die Zuordnung dieser drei Warenposten zum Produktbereich Sonstige Drucksachen führt dementsprechend zu weit überhöhten Außenhandelswerten; die Importquote hätte danach im Jahr 1988 18,7% und die Exportquote sogar 47,0% betragen. Festzuhalten bleibt jedoch, daß die Import- und Exportquote im Produktbereich Sonstige Drucksachen bei exakter Zuordnung möglicherweise noch höher ausgefallen wäre.

[2] Der Einfuhrwert des Produktbereichs Sonstige Drucksachen betrug im Jahr 1988 132,2 Mio. DM, wohingegen der Ausfuhrwert mit 256,1 Mio. DM annähernd doppelt so hoch lag. Dementsprechend betrug der Außenhandelsüberschuß im Jahr 1988 123,9 Mio. DM.

pansiv auf die inländische Produktionsentwicklung von Sonstigen Drucksachen aus.

Tab.69: Entwicklung der Import-, Export- und Saldenquote im Produktbereich Sonstige Drucksachen, in nominalen Werten

Sonst. Drucksachen * \ Jahr	1960	1968	1976	1979	1982	1985	1988
Importquote	2,4%	4,3%	9,0%	10,1%	9,1%	9,3%	10,9%
Exportquote	10,3%	15,3%	14,0%	19,9%	20,9%	23,2%	23,6%
Saldenquote	7,8%	10,7%	4,2%	8,7%	10,8%	12,9%	11,4%

* Ohne Andere Bilder u. Bilddrucke, Photographien sowie Andere Drucke. Quelle: Statistisches Bundesamt, Fs.4: R.3.1 u. Fs.7: R.2, versch. Jgg.; eigene Berechnung der Werte.

Insgesamt betrachtet kompensierten sich jedoch die wachstumshemmenden und wachstumsfördernden Außenhandelseinflüsse weitestgehend,[1] so daß die unterdurchschnittliche Wachstumsentwicklung des Produktbereichs Sonstige Drucksachen demzufolge nicht auf die Außenhandelsentwicklung zurückgeführt werden kann.

Zu den Bestimmungsgründen der inländischen Nachfrageentwicklung können im weiteren keine genauen Angaben gemacht werden, da hierzu eine detaillierte Untersuchung auf der Ebene von zuvor abgegrenzten, homogenen Produktgruppen notwendig wäre. Nachfolgend wird deshalb nur auf die drei heterogenen Güterklassen "Wandkalender, Bilddrucke und Karten", "Kartographische Erzeugnisse" und "Sonstige Druckerzeugnisse", die in der Produk-

[1] Die Inlandsproduktion und die Inlandsnachfrage wuchsen in den Jahren 1961-1988 in realen Werten gemessen gleichermaßen um Ø 2,2% p.a. Vgl. im Anhang S.LXI: Tab.XLVIII.

tionsstatistik seit dem Jahr 1982 unterschieden werden, kurz eingegangen,[1] wobei einerseits die Produktionsentwicklung und andererseits mögliche Nachfragedeterminanten erwähnt werden.

Tab.70: Entwicklung der Inlandsproduktion und Inlandsnachfrage von Sonstigen Drucksachen, in realen Werten, durchschnittliche jährliche Veränderungsraten

Sonst. Drucksachen \ Periode	1961-68	1969-76	1977-82	1983-88	1961-76	1977-88
Inlandsproduktion, real	3,4%	1,8%	1,4%	1,9%	2,6%	1,6%
Inlandsnachfrage, real	3,2%	2,8%	0,4%	2,0%	3,0%	1,2%

Quelle: Statistisches Bundesamt, Fs.4: R.3.1, Fs.7: R.2 sowie Fs.17: R.2 u. R.8, versch. Jgg.; eigene Berechnung der Werte.

Die Produktionsentwicklung von "Wandkalendern, Bilddrucken und Karten" war während der Periode 1983-1988 durch reale Produktionseinbußen von ∅ 0,5% p.a. gekennzeichnet, wobei die Druckproduktion von Wandkalendern in realen Werten bereits seit dem Jahr 1976 stagnierte.[2] Mitentscheidend hierfür war u.a., daß die mengenmäßige Nachfrage nach Wandkalendern - bedingt durch die demographische Entwicklung - nicht mehr zunahm sowie der Umstand, daß im Privatbereich anstelle der schriftlichen Kommunikation mit Ansichts- und Glückwunschkarten immer häufiger das Telefon benutzt wurde.

Der reale Bruttoproduktionswert von "Kartographischen Erzeugnissen" sowie "Sonstigen Druckerzeugnissen" wuchs demgegenüber in der Periode 1983-1988 um ∅ 3,1% p.a. bzw. um ∅ 3,6% p.a. Im Fall der "Kartographischen Erzeugnisse" ist dies vermutlich maßgebend auf die unvermindert

---

[1] Die bis zum Jahr 1981 gültige statistische Abgrenzung ist nicht vergleichbar, denn damals wurden die zum Produktbereich Sonstige Drucksachen zählenden Produkte in die drei Güterklassen "Bild-, Abreiß- und Monatskalender" (Melde-Nr.5712 5.), "Kunstdruckblätter und -karten" (Melde-Nr. 5715 0.) sowie "Sonstige Druckerzeugnisse" (Melde-Nr.5719 0.) unterteilt.

[2] In den Jahren 1976-1981 wuchs der reale Bruttoproduktionswert von "Bild-, Abreiß- und Monatskalendern" (Melde-Nr.5712 5.) lediglich um ∅ 0,7% p.a.

wachsende Nachfrage nach Autokarten und Autoatlanten zurückzuführen, die auch zum erheblichen Teil zu Werbezwecken verschenkt wurden. Über die Bestimmungsgründe für den gestiegenen Bruttoproduktionswert von Sonstigen Druckerzeugnissen ist hingegen keine dezidierte Aussage möglich, da in der Produktionsstatistik hierunter nicht nur Abziehbilder, Modellier- und Bilderbogen, sondern sämtliche Drucksachen subsummiert wurden, die sich nicht anderweitig zuordnen ließen.

Abschließend ist für den Produktbereich Sonstige Drucksachen festzuhalten, daß die weit unterdurchschnittliche Wachstumsentwicklung auf einer Vielzahl von Gründen basierte, die nicht im einzelnen untersucht werden konnten. Allerdings ist davon auszugehen, daß durch die dynamische Entwicklung des Werbesektors keine wesentlichen Wachstumsimpulse induziert wurden, denn obwohl Wandkalender, Autokarten und Autoatlanten teilweise zu Werbezwekken eingesetzt wurden, diente die Mehrzahl der zum Produktbereich Sonstige Drucksachen zählenden Produkte weder als Werbeträger noch als Werbemittel.

8. ZUSAMMENFASSENDE BETRACHTUNG DER WACHSTUMSPROZESSE

Die detaillierte Analyse der Wachstumsprozesse auf der Ebene der einzelnen Produktbereiche und -gruppen zeigt, daß im Untersuchungszeitraum zwischen den Produktbereichen und -gruppen eine Wachstumsdifferenzierung eingetreten ist, die im Zeitablauf noch tendenziell zunahm.

Tab.71: Entwicklung der Bruttoproduktionswerte auf der Ebene der einzelnen Produktbereiche der Druckindustrie, in nominalen Werten, durchschnittliche jährliche Veränderungsraten

Produktionswert \ Periode	1961-68	1969-76	1977-82	1983-88	1961-76	1977-88	1961-88
Geschäftsdrucksachen	4,4%	2,6%	-0,9%	0,5%	3,5%	-0,2%	1,9%
Bücherdrucksachen	5,8%	0,9%	1,7%	1,3%	3,3%	1,5%	2,5%
Pressedrucksachen	5,2%	2,8%	3,4%	1,7%	4,0%	2,6%	3,4%
Verpackungsdrucksachen	4,4%	5,4%	2,9%	4,6%	4,9%	3,8%	4,4%
Werbedrucksachen	6,2%	3,7%	3,9%	4,5%	5,0%	4,2%	4,6%
Sonstige Drucksachen	3,4%	1,8%	1,4%	1,7%	2,6%	1,6%	2,2%
Drucksachen insges.	5,1%	2,8%	2,3%	2,3%	3,9%	2,3%	3,2%

Quelle: Statistisches Bundesamt, Fs.4: R.3.1 u. Fs.17: R.2, versch. Jgg.; eigene Berechnung der Werte.

Während in der Periode 1961-1968 - wie aus Tab.71 erkennbar - mit Ausnahme des Produktbereichs Sonstige Drucksachen, der eine Sonderstellung einnahm,[1] in sämtlichen Produktbereichen annähernd gleichhohe reale Produktionszuwächse erzielt wurden, verlief die Wachstumsentwicklung in den folgenden Perioden ungleichgewichtig.

Die Produktbereiche Werbedrucksachen und Verpackungsdrucksachen wiesen dabei überdurchschnittlich hohe reale Produktionszuwächse auf, während die realen Produktionszuwächse im Produktbereich Pressedrucksachen durchschnittlich und in den Produktbereichen Bücherdrucksachen, Geschäftsdrucksachen sowie Sonstige Drucksachen unterdurchschnittlich ausfielen.

Der Prozeß der Wachstumsdifferenzierung ist dabei weitestgehend auf die Entwicklung der inländischen Nachfrage zurückzuführen, denn die Auslandsnachfrage wirkte sich in keinem der Produktbereiche wesentlich auf die inländische Produktionsentwicklung aus.

Im Unterschied zu den 60er Jahren als sich nahezu sämtliche Absatzmärkte der Druckindustrie in der Expansionsphase befanden, traten während der Perioden 1969-1976, 1977-1982 und 1983-1988 sukzessive in den traditionellen Absatzmärkten Sättigungserscheinungen auf, wovon in erster Linie Bücher, Tages- und Wochenzeitungen sowie Publikumszeitschriften betroffen waren. Ursächlich hierfür war einerseits die stagnierende demographische Entwicklung und andererseits die konstant bleibende Zeitdauer, die von den Rezipienten für die Lektüre aufgewendet wurde. Die Substitutionskonkurrenz seitens der Elektronischen Medien hatte in diesem Zusammenhang - zumindest auf dem Lesermarkt - keine unmittelbaren Auswirkungen auf die Nachfrageentwicklung von Büchern, Tages- und Wochenzeitungen sowie Publikumszeitschriften, da hinsichtlich der publizistischen Funktionen nur in sehr begrenztem Umfang intermediäre Überschneidungen bestanden.

Demgegenüber war die unterdurchschnittliche Wachstumsentwicklung der

---

[1] Da der Produktbereich Sonstige Drucksachen sämtliche Drucksachen umfaßte, die nicht anderen Produktbereichen zugeordnet werden konnten, bildete er eine Residualgröße. Die Produktionsentwicklung des Produktbereichs Sonstige Drucksachen wurde deshalb in hohem Maße dadurch bestimmt, ob die Betriebe ihre Druckproduktion exakt auf die einzelnen Produktbereiche aufteilten oder vereinfachend den Sonstigen Drucksachen zurechneten.

Produktgruppen Formulare und Briefpapiere nicht auf eine stagnierende Marktentwicklung, sondern ausschließlich auf eine verstärkte Substitutionskonkurrenz durch die Elektronische Datenverarbeitung, -übermittlung und -speicherung zurückzuführen. Der Bedarf an Information, Kommunikation und Datenspeicherung hat dabei sogar sprunghaft zugenommen, wobei jedoch anstelle der Datenträger aus Papier zunehmend elektronische Nutzungsmöglichkeiten präferiert wurden, deren Einsatzgebiete im Verlauf des technischen Fortschritts in der Mikroelektronik und der damit verbundenen drastischen Leistungssteigerungen beständig ausgeweitet wurden.

Die Wachstumsimpulse beschränkten sich dadurch in der Druckindustrie während der Perioden 1969-1976, 1977-1982 und 1983-1988 zunehmend auf zwei zentrale Verwendungsbereiche, in denen die Drucksachen weiterhin vermehrt genutzt wurden, und zwar erstens als Medien zur Verbreitung von fachspezifischen Informationen in Form von Fachbüchern sowie berufs- und branchenbezogen Fachzeitschriften[1] und zweitens als Werbemittel bzw. Werbeträger für diverse Arten von Werbezwecken. Die überdurchschnittlich hohen Nachfragezuwächse resultierten daher, daß sich die entsprechenden Absatzmärkte in der Expansionsphase befanden und die Drucksachen trotz verstärkter Substitutionskonkurrenz durch die Elektronischen Medien ihre Marktposition weitgehend behaupten konnten.

Neben den Fachbüchern und -zeitschriften wiesen dementsprechend in den 70er und 80er Jahren diejenigen Drucksachen die höchsten Produktionszuwächse auf, die wie Prospekte, Reisekataloge, Plakate, Anzeigenblätter, Kundenzeitschriften, Adreßbücher und Unternemensbroschüren als Werbemittel fungierten oder, die sich wenigstens als Werbeträger eigneten, wie Tages- und Wochenzeitungen, Publikumszeitschriften sowie Verpackungsdrucksachen, und dadurch an den gestiegenen Werbeumsätzen partizipieren konnten.

Die Produktgruppen, die nicht oder nur in geringem Umfang zu Werbezwekken verwendet wurden, wie Formulare, Briefpapiere oder Unterhaltungslite-

---

[1] Die wissenschaftlichen Fachzeitschriften stellen insofern einen Sonderfall dar, als daß deren Nachfrageentwicklung durch die Kopiertätigkeit stark beeinträchtigt wurde.

ratur, wozu der weit überwiegende Auflagenanteil von Büchern zählt, waren dagegen seit den 70er Jahren durch eine stagnierende bzw. sogar rückläufige Produktionsentwicklung gekennzeichnet. Eine Ausnahme bildeten in diesem Kontext lediglich die Versandhauskataloge, für die trotz ihrer Werbemittelfunktion nur unterdurchschnittliche Produktionszuwächse registriert wurden sowie die Wertpapiere, deren Druckproduktion stark anstieg, obwohl sie keine Werbefunktionen erfüllten.

Die ungleichgewichtige Entwicklung der Wachstumsprozesse ist demnach darauf zurückzuführen, daß sich der Stellenwert der Wachstumsdeterminanten im Zeitablauf nachhaltig verändert hat. Die gestiegene Bedeutung, die insbesondere der Werbung als Wachstumsdeterminante der Druckindustrie zukam, läßt sich daran verdeutlichen, daß im Jahr 1988 bereits ca.43% der Druckproduktion ausschließlich zu Werbezwecken erstellt wurden, wohingegen der entsprechende Anteilswert im Jahr 1976 nur ca.38% und im Jahr 1960 sogar erst 30% betrug.[1] Der Bedeutungszuwachs der Werbung war jedoch weitaus stärker als dies anhand der Anteilsentwicklung ablesbar ist, denn bei den Werbeträgern Tages- und Wochenzeitungen sowie Publikums- und Fachzeitschriften wurden die zusätzlichen Werbeeinnahmen in erheblichem Umfang zur internen Subventionierung der Vertriebspreise verwendet, um dadurch die Reichweiten der Werbeträger und die Attraktivität der redaktionellen Teile, also der Werbeumfelder, zu steigern. Diese Unternehmensstrategie hatte Auflagenerhöhungen zur Folge sowie eine Ausweitung der Textseitenumfänge, die insbesondere bei Tages- und Wochenzeitungen maßgeblich zum Wachstum der Druckproduktion beitrug.

Außerdem ist in der Berechnung der Anteilswerte unberücksichtigt geblieben, daß bei Formularen, Briefpapieren und speziell bei Verpackungsdrucksachen die Produktionssteigerungen verstärkt daher resultierten, daß allein

---

[1] Berücksichtigt wurden hierbei die Bruttoproduktionswerte von Werbedrucksachen, Unternehmensbroschüren, Adreßbüchern, unentgeltlich verteilten Pressedrucksachen wie Anzeigenblättern und Kundenzeitschriften sowie die geschätzten Bruttoproduktionswerte der Anzeigenteile von Tages- und Wochenzeitungen, Publikums- und Fachzeitschriften und anderen käuflich zu erwerbenden Pressedrucksachen.

aufgrund von Werbezwecken immer häufiger höherwertige Druckausstattungen nachgefragt wurden. Demnach ist festzuhalten, daß die Drucksachen in sämtlichen Produktgruppen - mit Ausnahme von Büchern und Wertpapieren - Werbefunktionen erfüllten und somit wenn auch in unterschiedlichem Ausmaß von der Werbeentwicklung abhängig waren.

Die Entwicklung des Werbesektors ist dabei - wie Tab.72 zeigt - in den beiden Perioden 1977-1982 und 1983-1988, für die entsprechende Daten verfügbar sind, dadurch gekennzeichnet, daß die Werbeumsätze mit deutlich höheren Zuwachsraten angestiegen sind als das Bruttoinlandsprodukt der BR Deutschland.

Tab.72: Entwicklung der Umsatzerlöse des Werbesektors sowie des Bruttoinlandsproduktes, in nominalen Werten, durchschnittliche jährliche Veränderungsraten

BR Deutschland \ Periode	1977-82	1983-88	1977-88
Werbeumsatz, nom.	7,9%	6,3%	7,2%
Bruttoinlandsprodukt, nom.	6,1%	4,7%	5,4%

Quelle: Statistisches Bundesamt, Fs.4: R.3.1, Fs.7: R.7, Fs.11: R.5 u. Fs.18: R.1.2 sowie ZAW-Jahrbuch, versch. Jgg.; eigene Berechnung der Werte.

Obwohl die Druckmedien z.T. mit den Elektronischen Medien in Substitutionskonkurrenz standen, konnte in erster Linie die Druckindustrie von den wachsenden Werbeumsätzen profitieren, denn auf die Elektronischen Medien entfielen im Jahr 1988 lediglich 10,7% der Umsatzerlöse des Werbesektors. Der Umsatzanteil lag damit zugleich nur geringfügig höher als im Jahr 1976, denn die Elektronischen Medien hatten damals bereits mit 9,8% zu den Umsatzerlösen des Werbesektors beigetragen.[1]

Abschließend ist festzustellen, daß die Druckindustrie in den 70er Jahren, vor allem jedoch in den 80er Jahren, allein deswegen überdurchschnittliche Zuwachsraten im interindustriellen Vergleich erzielte, weil der Werbesektor im Verhältnis zur gesamtwirtschaftlichen Entwicklung überproportional expandierte und die Drucksachen als Werbemedien nahezu unverändert stark dominierten.

[1] Vgl. im Anhang S.LI: Tab.XXX.

V. ENTWICKLUNG DER NACHFRAGE- UND ANGEBOTSSTRUKTUREN IN DER DRUCKINDUSTRIE UNTER BESONDERER BERÜCKSICHTIGUNG DER WACHSTUMSPROZESSE

1. VORBEMERKUNG

In Kap.V werden die wichtigsten Strukturwandlungsprozesse, die während des Untersuchungszeitraums in der Druckindustrie stattfanden, detailliert untersucht, wobei in diesem Zusammenhang insbesondere auch die Interdependenzen, die zwischen den Wachstumsprozessen sowie den nachfrage- und angebotsseitigen Strukturveränderungen bestanden, verdeutlicht werden sollen.

Die Entwicklung der Nachfragestrukturen wird dazu anhand der Produktstruktur sowie der Auftragsstruktur untersucht, die sich dadurch unterscheiden, daß die Drucksachen einerseits nach funktionalen und andererseits nach bestimmten produktionstechnisch-relevanten Kriterien abgegrenzt werden.

Die Veränderungen der Produktstruktur, die als Folge der ungleichgewichtigen Wachstumsentwicklung der Produktbereiche bzw. Produktgruppen eintraten, beeinflußten dabei zugleich die Entwicklung der Auftragsstruktur und sind demnach auch für den weiteren Untersuchungsverlauf von Bedeutung. Trotz der kundenindividuellen Fertigungsweise wiesen die zu einem Produktbereich zählenden Drucksachen in hohem Maße gleichartige produktionstechnische Anforderungen auf, da diese bereits weitgehend durch den jeweiligen Verwendungszweck vorgegeben waren. Die Drucksachen der Produktbereiche lassen sich demzufolge zumindest grob nach den Kriterien Druck- und Papierqualität, Auflagengröße sowie Einzel- oder Serienfertigung klassifizieren.

Nachdem aufgezeigt worden ist, ob und in welche Richtung die Auftragsstruktur durch die Veränderungen der Produktstruktur beeinflußt wurde, sollen die auf der Ebene der Produktbereiche bzw. Produktgruppen eingetretenen Veränderungen der Auftragsstruktur untersucht werden, wobei allerdings ausschließlich die beiden Kriterien Druck- und Papierqualität sowie Auflagengröße in die Betrachtung miteinbezogen werden, da für die einzelnen Produktbereiche keine detaillierteren Daten über das Verhältnis von Einzel- zu Serienfertigung verfügbar sind.

Die Untersuchung der Angebotsstrukturen beschränkt sich im folgenden auf die Veränderungen der Produktionsstruktur und der Marktstruktur, wobei unter der Produktionsstruktur ausschließlich die Zusammensetzung der Produktionsprozesse nach Druckverfahren und Maschinentypen betrachtet wird.[1] Die Entwicklungen der Produktionsstruktur stehen dabei in engem Zusammenhang mit der Auftragsstruktur, denn die Auswahl der eingesetzten Druckverfahren und Maschinentypen ist entscheidend von der Art der Druckaufträge abhängig. Im Rahmen der Analyse der Bestimmungsgründe, die für die Veränderungen der Produktionsstruktur ausschlaggebend waren, müssen deshalb die zuvor festgestellten Veränderungen der Auftragsstruktur explizit mitberücksichtigt werden.

Die Marktstruktur wird daran anschließend bezüglich der zahlenmäßigen Entwicklung der Druckbetriebe sowie deren Größenstruktur untersucht, wobei einerseits zu klären ist, inwieweit die veränderte Produktionsstruktur hierfür ursächlich war und andererseits abgeschätzt werden soll, ob die Wettbewerbsverhältnisse in der Druckindustrie durch Veränderungen der Marktstruktur beeinflußt wurden.

Zum Abschluß des Kap.V soll kurz diskutiert werden, inwieweit zwischen den Wachstums- und Strukturwandlungsprozessen bzw. den nachfrage- und angebotsseitigen Strukturveränderungen möglicherweise zirkuläre Interdependenzen existierten.

---

[1] Die Produktionsfaktorenstruktur - also das quantitative bzw. qualitative Einsatzverhältnis von Arbeit zu Kapital - wird demgegenüber nicht untersucht. Vgl.: W. DOSTAL, Beschäftigtenentwicklung in der Druckerei- und Vervielfältigungsindustrie vor dem Hintergrund technischer Änderungen, in: Mitteilungen zur Arbeitsmarkt- und Berufsforschung, Heft Nr.1, Nürnberg 1988, S.97-114.

2. NACHFRAGESEITIGE STRUKTURVERÄNDERUNGEN

2.1. VERÄNDERUNGEN DER PRODUKTSTRUKTUR

Der auf der Ebene der Produktbereiche und -gruppen eingetretene Prozeß der Wachstumsdifferenzierung führte zwangsläufig zu Veränderungen der Produktstruktur, die in Tab.73 erkennbar sind. Bezüglich der Interpretation der Daten ist zu beachten, daß das Statistische Bundesamt in den Jahren 1976/1977 den meldepflichtigen Berichtskreis umgestellt hat, und zwar von Industriebetrieben mit mindestens 10 Beschäftigten auf Betriebe von Unternehmen des Produzierenden Gewerbes mit mindestens 20 Beschäftigten. Aus diesem Grund werden die Produktionsanteile der Produktbereiche in Tab.73 für das Jahr 1976 entsprechend der beiden unterschiedlichen Berichtskreisabgrenzungen angegeben.

Tab.73: Entwicklung der prozentualen Anteilswerte der einzelnen Produktbereiche am gesamten Bruttoproduktionswert der Druckindustrie, in realen Werten **

Produktionswert \ Jahr	1960	1968	1976 *	1976 ⁺	1979	1982	1985	1988
Geschäftsdrucksachen	26,1%	24,8%	24,2%	22,4%	20,6%	18,2%	17,7%	16,5%
Bücherdrucksachen	8,8%	9,3%	7,9%	8,2%	7,7%	7,4%	7,3%	7,4%
Pressedrucksachen	34,9%	35,1%	34,9%	35,9%	37,1%	38,5%	37,0%	36,7%
Verpackungsdrucksachen	6,7%	6,4%	7,7%	7,8%	7,7%	8,2%	8,8%	9,2%
Werbedrucksachen	17,8%	19,4%	20,7%	20,9%	22,6%	22,9%	24,7%	25,9%
Sonstige Drucksachen	5,7%	5,0%	4,6%	4,8%	4,3%	4,8%	4,5%	4,3%

* Industriebetriebe mit mind. 10 Beschäftigten. ⁺ Betriebe von Unternehmen des Produzierenden Gewerbes mit mind. 20 Beschäftigten. ** Zur Deflationierung wurden Preisindizes mit der Basis 1960 = 100 verwendet. Quelle: Statistisches Bundesamt, Fs.4: R.3.1 u. Fs.17: R.2, versch. Jgg; eigene Berechnung der Werte.

Die Produktstruktur veränderte sich während des Untersuchungszeitraums dahingehend, daß die Produktbereiche Geschäftsdrucksachen, Bücherdrucksachen und Sonstige Drucksachen mit trendmäßig rückläufigen Anteilswerten zum Bruttoproduktionswert der Druckindustrie beitrugen, während der Produktionsanteil des Produktbereichs Pressedrucksachen gleichzeitig nahezu unverändert blieb und die Produktionsanteile der Produktbereiche Verpackungsdrucksachen und Werbedrucksachen sukzessive anstiegen.[1]

Die Folgen, die die Veränderungen der Produktstruktur für die Auftragsstruktur hatte, werden nachfolgend untersucht, indem die Produktbereiche - wie bereits erwähnt - bezüglich der Druck- und Papierqualität, der Auflagengröße sowie des Verhältnisses von Einzel- zu Serienfertigung klassifiziert werden. Der Produktbereich Sonstige Drucksachen, der äußerst heterogene Drucksachen umfaßt, muß dabei z.T. unberücksichtigt bleiben, da weder über deren Druck- und Papierqualität noch über deren Auflagengröße generalisierende Aussagen möglich sind.

Die Klassifikation der Produktbereiche in bezug auf die vorherrschende Druck- und Papierqualität ergibt, daß in den Produktbereichen Verpackungsdrucksachen und Werbedrucksachen insbesondere qualitativ hochwertige Druckausstattungen, d.h. mehrfarbige, bildintensive Darstellungen dominierten, was damit zu begründen ist, daß hierdurch die Werbewirksamkeit wesentlich mitbestimmt wurde. Demgegenüber wurden in den Produktbereichen Geschäftsdrucksachen und Bücherdrucksachen vorwiegend einfache und mittlere Druck- und Papierqualitäten nachgefragt, da Geschäftsdrucksachen wie Formulare und Briefpapiere ausgehend von ihren originären Funktionen weder Bildreproduktionen noch eine mehrfarbige Druckgestaltung erforderten und bei den Bücherdrucksachen - bedingt durch die hohe Textintensität - ebenfalls i.d.R. nur ein geringer Anteil des Druckvolumens auf bebilderte bzw. mehrfarbige Druckdarstellungen entfiel. Der Produktbereich Pressedrucksachen muß dagegen unterteilt werden, und zwar einerseits in den Zeitungs-

---

[1] Zur Entwicklung der Produktionsanteile auf der Basis nominaler Werte, vgl. im Anhang S.LXIII: Tab.XLIX.

druck mit typischerweise einfachen Druck- und Papierqualitäten, sowie andererseits in den Zeitschriftendruck, dessen konstitutives Merkmal gerade die mehrfarbige illustrierte Gestaltung bildet.[1]

Der Produktionsanteil von Verpackungsdrucksachen und Werbedrucksachen nahm dabei zusammengerechnet zwischen den Jahren 1960 und 1988 - in realen Werten gemessen - von 24,5% auf 35,1% zu, während derjenige von Geschäftsdrucksachen und Bücherdrucksachen vice versa von 34,9% auf 23,9% abnahm. Der Produktionsanteil von Pressedrucksachen entwickelte sich mit 34,9% gegenüber 36,7% dagegen nahezu konstant, wobei allerdings zumindest seit dem Jahr 1970 eine Verschiebung in Richtung des Zeitungsdrucks eintrat.[2] Obwohl der zunehmende Produktionsanteil von Verpackungsdrucksachen und Werbedrucksachen z.T. auf die Berichtskreisumstellung zurückzuführen ist und der Produktionsanteil von Pressedrucksachen in steigendem Umfang auf dem qualitativ einfachen Zeitungsdruck basierte, ist dennoch eindeutig festzustellen, daß die Veränderungen der Produktstruktur eine trendmäßige Erhöhung der eingesetzten Druck- und Papierqualitäten zur Folge hatten.

In bezug auf die Auflagengrößen sind die Pressedrucksachen und Verpackungsdrucksachen als diejenigen Produktbereiche zu klassifizieren, in denen hauptsächlich mittlere und große Druckauflagen gefertigt wurden. Die Bücherdrucksachen und Werbedrucksachen wiesen hingegen vergleichsweise heterogene Auflagengrößen auf, wobei vermutlich jedoch die kleinen und mittleren Auflagengrößen - trotz der z.T. großauflagig gefertigten Taschenbücher, Ver-

---

[1] Der Zeitschriftendruck zählt deshalb auch - neben dem Werbedruck - zum sog. Illustrationsdruck.

[2] Vgl. im Anhang S.XLVII: Tab.XXIII.

sandhaus- und Reisekataloge sowie Prospektbeilagen - überwogen.[1] Der Produktbereich Geschäftsdrucksachen war demgegenüber in erster Linie durch vergleichsweise kleine und mittlere Auflagengrößen gekennzeichnet.

Der Produktionsanteil von Pressedrucksachen und Verpackungsdrucksachen nahm dabei im Untersuchungszeitraum von 41,2% auf 45,9% zu, während derjenige von Geschäftsdrucksachen, Bücherdrucksachen und Werbedrucksachen zugleich von 52,7% auf 49,8% abnahm. Unter der Berücksichtigung, daß die gegenläufigen Anteilsentwicklungen z.T. auch durch die Berichtskreisumstellung verursacht wurden, ist demnach zu konstatieren, daß die Veränderungen der Produktstruktur keinen wesentlichen Einfluß auf die Entwicklung der Auflagengrößenstruktur ausübten.

Abschließend sollen die Produktbereiche danach klassifiziert werden, ob die betreffenden Drucksachen überwiegend im Wege der Einzel- oder der Serienfertigung[2] erstellt wurden. Die Drucksachen sind dazu entsprechend der Art der Absatzmarktbeziehung in auftragsorientiert gefertigte Akzidenzdrucksachen sowie in marktorientiert bzw. vertragsgebunden gefertigte Werkdrucksachen zu unterteilen,[3] wodurch typischerweise zugleich die Art der Fertigungsorganisation determiniert wird. Die Akzidenzdrucksachen erfordern nämlich eine Einzelfertigung[4], da die produktionstechnischen Auftragsanforderungen aufgrund der kundenindividuellen Bestellweise stark variieren und eine Produktionsplanung lediglich im Rahmen des Auftragsbestandes unter Be-

---

[1] Diese Annahme beruht darauf, daß die Mehrzahl der Bücher, und zwar sowohl der Unterhaltungs- als auch der Fachliteratur, in kleinen und mittleren Auflagengrößen gedruckt wurden und daß im Fall der Werbedrucksachen lediglich ein Produktionsanteil von ca.20-25% auf die Versandhaus und Reisekataloge entfiel, während für die zielgruppenspezifische Prospektwerbung typischerweise kleine und mittlere Auflagengrößen nachgefragt wurden.

[2] Vgl.: H.-U. KÜPPER (1979), Produktionstypen a.a.O., S.1639.

[3] Vgl.: R. MAASS (1979), Produktion in der Druckindustrie a.a.O., S.416f.

[4] Die Druckexemplare werden hierbei nicht als eine Kleinserie betrachtet, sondern jeder kundenindividuell spezifizierte Druckauftrag stellt ein einzelnes Produkt dar.

rücksichtigung von Terminabsprachen durchführbar ist. Die Werkdrucksachen ermöglichen hingegen im allgemeinen eine Serienfertigung, denn sowohl bei Eigenverlagsaufträgen als auch bei regelmäßig wiederkehrenden Fremdaufträgen lassen sich die produktionstechnischen Anforderungen in quantitativer und qualitativer Hinsicht zumeist weitgehend standardisieren.[1] Außerdem besteht die Möglichkeit, die Auftragsabfolge mittel- oder sogar langfristig zu planen, so daß gleichartige Druckaufträge zusammengefaßt und nacheinander erstellt werden können.

Allerdings ist zu erwähnen, daß die Unterschiede zwischen der Einzel- und der Serienfertigung in der Realität teilweise nicht besonders ausgeprägt sind,[2] da die produktionstechnischen Anforderungen der Akzidenzdrucksachen häufig zu einem hohen Grad produktspezifisch prädisponiert sind und sich vor allem die mittleren und großen Druckbetriebe auf bestimmte Auftragsarten spezialisiert haben,[3] so daß zumindest bei einem Teil der Einzelaufträge die Fertigung - quasi in Serie - erfolgen kann.

Die Untersuchung des Verhältnisses von Einzel- zu Serienfertigung bzw. von Akzidenz- zu Werkdrucksachen ist trotz gewisser Übereinstimmungen in der Fertigungsorganisation deswegen zweckmäßig, weil hierdurch - wie noch zu zeigen ist - sowohl die Produktionsstruktur als auch die Marktstruktur beeinflußt wurde.[4]

Der Akzidenzdruck umfaßt dabei die Produktbereiche Geschäftsdrucksachen, Verpackungsdrucksachen, Werbedrucksachen sowie die bislang nicht berücksichtigten Sonstigen Drucksachen, wohingegen zum Werkdruck allein

---

[1] Vgl.: R. STÄMPFLI, Kalkulation in der graphischen Industrie, Diss. Hochschule St.Gallen, veröff. in Bern 1985, S.73ff.

[2] Vgl.: W. MENZ/ H. ECKERT, Absatzplanung und Verkaufssteuerung in der Druckindustrie, München 1973, S.15.

[3] Als Beispiel hierfür sind Druckbetriebe anzuführen, die sich auf Endlosformulare, großauflagige Kataloge und Prospekte oder Etiketten spezialisiert haben.

[4] Vgl. im Text S.339f., S.387f., S.395f., S.422ff. sowie S.429f.

die Produktbereiche Bücherdrucksachen und Pressedrucksachen zählen.[1] Die Entwicklung des Produktionsanteils von Geschäftsdrucksachen, Werbedrucksachen, Verpackungsdrucksachen und Sonstigen Drucksachen verlief dabei zwischen den Jahren 1960 und 1988 mit 56,3% gegenüber 55,9% nahezu konstant, so daß sich auch der Produktionsanteil von Bücherdrucksachen und Pressedrucksachen mit 43,7% gegenüber 44,1% nur geringfügig veränderte. Damit ist zugleich erkennbar, daß sich nicht nur das Verhältnis von Akzidenz- zu Werkdrucksachen, sondern auch das Verhältnis von Einzel- zu Serienfertigung im wesentlichen gleichbleibend entwickelt haben dürfte.

Festzuhalten ist an dieser Stelle, daß sich die Veränderungen der Produktstruktur dahingehend auf die Auftragsstruktur ausgewirkt haben, daß diejenigen Produktbereiche, in denen typischerweise höherwertige Druck- und Papierqualitäten verwendet wurden, im Jahr 1988 mit einem deutlich größeren Anteilswert zur Druckproduktion beitrugen als im Jahr 1960. Die Auflagengrößenstruktur sowie das Verhältnis von Einzel- zu Serienfertigung wurde dagegen nur unwesentlich durch die Veränderungen der Produktstruktur tangiert.

2.2. VERÄNDERUNGEN DER AUFTRAGSSTRUKTUR

2.2.1. AUFLAGENGRÖSSEN

Im folgenden soll untersucht werden, inwieweit sich die Auflagengrößenstruktur der Druckaufträge in den einzelnen Produktbereichen veränderte und welche Bestimmungsfaktoren hierfür ursächlich waren.

---

[1] Allerdings werden kleinauflagige Bücher bzw. Broschüren auch als Einzelaufträge verlagsunabhängig gefertigt und umgekehrt ist speziell bei großauflagigen Verpackungsdrucksachen und Werbedrucksachen, die in regelmäßigen Abständen in Auftrag gegeben werden, auch eine längerfristige Vertragsbindung zwischen Druckunternehmen und Kunden üblich.

Im Produktbereich Geschäftsdrucksachen hat sich der Anteil der großauflagigen Druckaufträge seit Anfang der 70er Jahre drastisch verringert, denn sowohl in den großen Industrie- und Dienstleistungsbetrieben als auch in den öffentlichen Verwaltungen wurde der EDV-Einsatz schrittweise dezentralisiert. Außerdem wurden speziell zur Übermittlung und Speicherung von großen Datenmengen anstelle von Formularen und Briefpapieren zunehmend elektronische Informations-, Kommunikations- und Datenspeicherungssysteme benutzt.

Obwohl zur Entwicklung der Auflagengrößenstruktur von Wertpapieren keine fundierten Aussagen möglich sind, ist im Produktbereich Geschäftsdrucksachen ein Entwicklungstrend in Richtung kleiner und mittlerer Druckauflagen unverkennbar.[1]

Im Produktbereich Bücherdrucksachen entwickelten sich die Auflagengrößen von gebundenen Büchern und Taschenbüchern während des Untersuchungszeitraums stark rückläufig, was vor allem darauf zurückzuführen ist, daß die Zahl der Buchtitel von 22.524 Erst- und Neuerscheinungen im Jahr 1960 auf 68.611 im Jahr 1988 sprunghaft anstieg, während die Buchauflage seit Ende der 60er Jahre nur noch mit vergleichsweise geringen Zuwachsraten anstieg. Außerdem nahmen als Folge der Ausweitung des Buchangebots die Absatzrisiken beträchtlich zu, so daß die Buchverlage - trotz höherer Stückkosten - vermehrt niedrige Erstauflagen wählten[2] und bei ausreichend hohen Verkaufszahlen eine Neuauflage durchführten.

Die durchschnittliche Auflagengröße von Adreßbüchern veränderte sich hingegen nur unwesentlich, da die Titelzahl und die gesamte Auflagenhöhe gleichermaßen ausgeweitet wurden; bei Telefonbüchern war sogar eine Zunahme der Auflagengrößen festzustellen, denn die Ausgabenzahl wurde bei weitem

---

[1] Vgl.: M. MARSCHNER, Formular-Ratgeber, Hrsg.: Feldmühle AG/Düsseldorf, Düsseldorf 1990, S.11.

[2] Vgl.: H. KNAUEL (1980), Rationell? Automatisch? Preiswert?... a.a.O., S.648.

nicht in dem Umfang erhöht, wie die Zahl der Telefonhauptanschlüsse bzw. die Gesamtauflage von Telefonbüchern wuchs.

Bei den Unternehmensbroschüren ist ebenfalls ein Anstieg der Auflagengrößen festzustellen, da diese an zunehmend größere Empfängerkreise verteilt wurden. Dies wird insbesondere am Beispiel von Geschäftsberichten deutlich, denn während der Verteilerkreis in den 60er Jahren zumeist auf die Großaktionäre beschränkt war, werden die Geschäftsberichte inzwischen nicht nur an die Aktionäre, sondern auch an Lieferanten, Kunden, Behörden, wissenschaftliche Institute und z.T. auch an die Belegschaften abgegeben.

Insgesamt gesehen ist der Produktbereich Bücherdrucksachen jedoch durch eine anteilsmäßige Zunahme der kleinen und mittleren Auflagengrößen gekennzeichnet, denn die Telefonbücher und Unternehmensbroschüren trugen zusammengerechnet mit weniger als 15% zum Bruttoproduktionswert des Produktbereichs bei.

Im Produktbereich Pressedrucksachen kann die Entwicklung der Auflagengrößen im Gegensatz zu den anderen Produktbereichen zumindest teilweise quantifiziert werden.

Wie Tab.74 zeigt, ist für die Tageszeitungen festzustellen, daß der Auflagenanteil der großauflagigen Ausgaben mit mehr als 100.000 Exemplaren je Erscheinungstag bis zum Jahr 1976 sprunghaft zunahm, wohingegen die Auflagengrößenstruktur seither nur noch unwesentlich variierte.[1] Dementsprechend fiel die durchschnittliche Verkaufsauflage je Ausgabe und Erscheinungstag - lt. Pressestatistik - mit 17.064 Exemplaren gegenüber 16.926 Exemplaren im Jahr 1987 nahezu gleichhoch aus wie im Jahr 1976.

Entscheidend für die seit Mitte der 70er Jahre konstant verlaufene Entwicklung des Auflagenanteils von großauflagigen Zeitungsausgaben mit über 250.000 Exemplaren je Erscheinungstag waren vor allem zwei Gründe:

---

[1] Die Pressestatistik bestätigt dieses Ergebnis, denn im Zeitraum von 1979-1987 - für den entsprechende Daten vorliegen - blieb die Auflagengrößenstruktur von Tageszeitungen gleichfalls nahezu unverändert. Vgl. im Anhang S.LXIV: Tab.L

Erstens nahm der Auflagenanteil der überregionalen Zeitungsausgaben, die i.d.R. in großen Druckauflagen gefertigt wurden, nur noch geringfügig zu,[1] da die Mehrzahl der Zeitungsleser in erster Linie an einer ausführlichen regionalen bzw. lokalen Berichterstattung interessiert waren.

Tab.74: Entwicklung der Verkaufsauflage von Tageszeitungen je Erscheinungstag nach Auflagengrößenklassen

Auflagengrößenklassen \ Monat Jahr	Dez. 1954	Nov. 1964	Sept. 1967	Juli 1976	März 1983	Juni 1985	April 1989
unter 10.000	11,6%	7,7%	6,9%	4,7%	3,8%	3,7%	3,3%
10.000 - 40.000	21,4%	16,3%	14,8%	13,6%	13,1%	13,8%	13,6%
40.000 - 100.000	21,3%	19,5%	15,5%	12,6%	12,9%	12,7%	11,7%
100.000 - 250.000	31,5%	27,6%	30,4%	31,5%	30,2%	30,7%	35,8%
über 250.000	14,2%	29,0%	32,4%	37,7%	40,0%	39,1%	35,6%

Quelle: W.J. Schütz, Stichtagssammlungen, veröff. u.a. in: BDZV-Jahrbuch, Jgg. 1987 u. 1989; eigene Berechnung der Werte.

Zweitens wurde der Prozeß der Anzeigen-Auflagen-Spirale in zunehmendem Maße dadurch beeinträchtigt, daß die regional und lokal ausgerichtete Anzeigen- und Beilagenwerbung eine wachsende Bedeutung erlangte.[2] Im Unterschied zur überregionalen Werbung war die Insertionsattraktivität bei der regionalen und lokalen Werbung maßgeblich von der Höhe der Streuverluste und damit von der Größe des Verbreitungsgebietes der Zeitungsausgaben abhängig, weshalb zu regionalen und lokalen Werbezwecken Zeitungsausga-

[1] Der Auflagenanteil der Zeitungsausgaben ohne Lokalberichterstattung stieg - lt. Pressestatistik - von 15,6% im Jahr 1976 auf 16,7% im Jahr 1987.

[2] Während die überregionale Werbung Anfang der 60er Jahre noch mit mehr als 30% zum Werbeumsatz von Zeitungen beigetragen hatte, sank der Anteilswert fortwährend und lag im Jahr 1985 bereits unterhalb von 10%. Vgl.: BDZV, BDZV-Jahresbericht 1985/86, Bonn 1986, S.11: Schaubild.

ben mit kleinen und mittleren Verbreitungsgebieten bzw. Auflagengrößen als Werbeträger präferiert wurden, die somit - trotz ihrer vergleichsweise hohen Tausenderpreise - in den 80er Jahren wieder stärker an der Anzeigen- und Beilagenwerbung partizipieren konnten.

Zur Auflagengrößenstruktur der verbreiteten Auflage von Anzeigenblättern sind - anders als bei den Tageszeitungen - keine Daten verfügbar,[1] so daß für die Anzeigenblätter lediglich konstatiert werden kann, daß die durchschnittlichen Auflagenhöhe je Hauptausgabe und Erscheinungstag im Zeitraum von 1976-1987 deutlich zurückging.

Tab.75: Entwicklung der durchschnittlich verbreiteten Auflage von Anzeigenblättern je Ausgabe und Erscheinungstag sowie der Zahl der Hauptausgaben von Anzeigenblättern

Anzeigenblätter \ Jahr	1976 *	1979	1982	1985	1987
Durchschnittl. Auflage	78.131	60.846	58.743	56.717	53.380
Zahl der Hauptausgaben	342	508	654	836	1.047

* 1976 einschl. kommunaler Amtsblätter. Quelle: Statistisches Bundesamt, Fs.11: R.5, versch. Jgg; eigene Berechnung der Werte.

Die Ursache hierfür war, daß die Insertionsattraktivität von Anzeigenblättern als einem lokalen bzw. sublokalen Werbemedium insbesondere von der Möglichkeit zur zielgenauen Streuung abhängig war. Die Herausgeber von Anzeigenblättern besaßen deshalb kein Interesse daran, die Auflagenhöhe je Ausgabe zu erhöhen, sondern vielmehr vergrößerten sie angesichts wachsender Werbeeinnahmen die Zahl der Anzeigenblattausgaben und verkleinerten zugleich die Verbreitungsgebiete, mit der Folge, daß die durchschnittliche Auf-

---

[1] In der Pressestatistik wurden ausschließlich Daten zur Auflagengrößenstruktur der Anzeigenblattausgaben, nicht jedoch zur Auflagengrößenstruktur der verbreiteten Auflage veröffentlicht. Außerdem sind nur für den Zeitraum von 1979-1986 Daten verfügbar, weshalb auch auf eine entsprechende Darstellung verzichtet wird.

lagenhöhe je Ausgabe sank.

Im Fall der Publikumszeitschriften, Fachzeitschriften und Sonstigen Zeitschriften wurde die Auflagengrößenstruktur der verbreiteten Auflage in der Pressestatistik ebenfalls nicht erhoben, sondern lediglich die Auflagengrößenstruktur der Ausgaben. Im Unterschied zur Auflagengrößenstruktur der verbreiteten Auflage, anhand derer zumindest näherungsweise die Höhe der Produktionsanteile von kleinen, mittleren und großen Auflagen ablesbar ist, gibt die Auflagengrößenstruktur der Ausgaben lediglich die zahlenmäßige Verteilung der Druckaufträge auf die verschiedenen Auflagengrößenklassen wieder, so daß deren Aussagefähigkeit eingeschränkt ist.

Tab.76: Entwicklung der durchschnittlich verbreiteten Auflage von Publikumszeitschriften je Ausgabe und Erscheinungstag sowie der Auflagengrößenstruktur und Ausgabenzahl von Publikumszeitschriften

Auflagengrößenklasse \ Jahr *	1976	1979	1982	1985	1987
unter 10.000	·	44,6%	45,0%	46,5%	52,6%
10.000 - 50.000	·	34,0%	34,5%	33,2%	25,6%
50.000 - 125.000	·	9,9%	11,2%	10,7%	11,6%
125.000 - 250.000	·	5,2%	3,9%	3,4%	4,2%
über 250.000	·	6,3%	5,4%	6,2%	6,0%
Durchschnittl. Auflage je Ausgabe	95.468	80.170	76.295	81.593	77.697
Zahl der Ausgaben	807	1.020	1.332	1.282	1.440

* Daten zur Auflagengrößenstruktur werden erst seit 1978 veröffentlicht. Quelle: Statistisches Bundesamt, Fs.11: R.5, versch. Jgg.; eigene Berechnung der Werte.

Wie Tab.76 zeigt, entfiel bei den Publikumszeitschriften ein wachsender Anteil der Ausgaben auf kleinauflagige Publikumszeitschriften mit weniger als 10.000 Exemplaren je Erscheinungstag und zudem verringerte sich die durchschnittliche Auflagenhöhe je Ausgabe und Erscheinungstag. Zurückzuführen ist dies darauf, daß der Auflagenanteil von sach- und zielgruppenorientierten Publikumszeitschriften, also der sog. "Special-Interest-Zeitschriften", zunahm,[1] während der Auflagenanteil von Illustrierten, Programmzeitschriften, Magazinen und anderen großauflagigen Publikumszeitschriften abnahm, und zwar - lt. Pressestatistik - von 42,1% der verbreiteten Auflage je Erscheinungstag im Jahr 1977 auf 38,4% im Jahr 1987.

Tab.77: Entwicklung der durchschnittlich verbreiteten Auflage von Fachzeitschriften und Sonstigen Zeitschriften je Ausgabe und Erscheinungstag sowie der Ausgabenzahl von Fachzeitschriften und Sonstigen Zeitschriften

Fachzeitschriften und Sonstige Zeitschriften \ Jahr	1976	1979	1982	1985	1987
Durchschnittl. Auflage	78.131	60.846	58.743	56.717	53.380
Zahl der Ausgaben	342	508	654	836	1.047

Quelle: Statistisches Bundesamt, Fs.11: R.5, versch. Jgg.; eigene Berechnung der Werte.

Die Fachzeitschriften und Sonstigen Zeitschriften müssen im folgenden zusammen betrachtet werden, da im Jahr 1981 in der Pressestatistik die Verbandszeitschriften umgruppiert wurden.

Das ist auch der Grund, weshalb die Entwicklung der Auflagengrößenstruktur nicht nachvollzogen werden kann, sondern ausschließlich die Entwicklung der durchschnittlichen Auflagenhöhe je Ausgabe und Erscheinungstag, die

[1] Zugenommen hat insbesondere der Auflagenanteil derjenigen Publikumszeitschriften, die thematisch auf Freizeitaktivitäten ausgerichtet waren. So stieg der Auflagenanteil von Publikumszeitschriften, mit den Themengebieten Motor, Reise, Freizeit und Hobby zwischen 1977 und 1987 von 15,4% auf 20,2%, derjenige von Publikumszeitschriften, mit den Schwerpunkten Politik, Kultur und Populärwissenschaft, von 3,8% auf 6,2% und derjenige von Sportzeitschriften von 1,5% auf 2,9%.

sich - wie Tab.77 zeigt - im Zeitraum von 1976-1987 stark rückläufig entwikkelte. Dies war insbesondere dadurch bedingt, daß bei Fachzeitschriften, und zwar speziell bei den berufs- und branchenbezogenen, eine zunehmende inhaltliche Differenzierung zu beobachten war, die dazu führte, daß die Ausgabenzahl stärker wuchs als die gesamte Auflagenhöhe von Fachzeitschriften.

Zusammenfassend ist für den Produktbereich Pressedrucksachen festzuhalten, daß seit Mitte der 70er Jahre die durchschnittliche Auflagenhöhe je Ausgabe und Erscheinungstag - mit Ausnahme der Tageszeitungen - in allen Produktgruppen trendmäßig abnahm, da sich die Zahl der in kleinen und mittleren Auflagengrößen gedruckten Ausgaben stark vergrößerte. Obwohl entsprechende Daten allein für die Tageszeitungen existieren, ist davon aus zugehen, daß die kleinen bzw. mittleren Anzeigenblatt- und Zeitschriftenausgaben zugleich einen wachsenden Produktionsanteil auf sich vereinigen konnten.

Im Produktbereich Verpackungsdrucksachen war die Entwicklung der Auflagengrößen durch keinen einheitlichen Verlauf gekennzeichnet. Einerseits wurden aufgrund der starken Kostendegressionen größere Druckauflagen durch eine Zusammenfassung von Druckaufträgen angestrebt; andererseits trat - bedingt durch die verstärkte Produktdifferenzierung bei Konsumgütern - tendenziell eine Verkleinerung der Losgrößen ein, so daß keine exakten Aussagen über die Entwicklung der Auflagengrößenstruktur getroffen werden können.

Im Produktbereich Werbedrucksachen war demgegenüber eindeutig ein Entwicklungstrend in Richtung kleinerer Auflagengrößen festzustellen, was insbesondere daher resultierte, daß Prospekte und Kataloge gezielter eingesetzt wurden, um die Streuverluste der Werbung zu senken. Die zielgruppenorientierte Werbung wurde dabei maßgeblich durch die wachsende Leistungsfähigkeit von EDV-Systemen begünstigt, deren Einsatz eine effiziente Adressenselektion überhaupt erst ermöglichte. Die eingetretene Verschiebung in den Auflagengrößen ist vor allem bei den Versandhaus- und Reisekatalogen offensichtlich, denn soweit eine Zielgruppenbestimmung überhaupt praktikabel war, wurden anstelle von großauflagigen Hauptkatalogen immer häufiger Spezialkataloge verteilt, deren Auflagengrößen wesentlich niedriger lagen. Darüber hinaus wuchs die Zahl der kleinauflagigen Druckaufträge im Produktbereich Werbedrucksachen auch deswegen überdurchschnittlich, weil ein Großteil der Klein- und Mittelbetriebe erst in den letzten Jahren damit begonnen hat, die Prospektwerbung als Informations- und Kommunikationsmittel zu nutzen.

Zusammenfassend ist zu konstatieren, daß die Wachstumsprozesse seit Mitte der 70er Jahre in der Mehrzahl der Produktgruppen der Druckindustrie mit einer Veränderung der Auflagengrößenstruktur zugunsten kleiner und mittlerer Auflagengrößen einhergingen, wobei speziell bei den Pressedrucksachen gegenüber den 60er Jahren eine Umkehrung des Entwicklungstrends stattgefunden hat.

2.2.2. DRUCK- UND PAPIERQUALITÄTEN

Nachdem festgestellt wurde, daß allein aufgrund der veränderten Produktstruktur in steigendem Umfang höherwertige Druck- und Papierqualitäten zum Einsatz kamen, soll anschließend untersucht werden, inwieweit sich innerhalb der Produktbereiche qualitative Veränderungen bezüglich der Druckausstattung vollzogen haben.

Im Produktbereich Geschäftsdrucksachen war in zweifacher Hinsicht ein Anstieg der Druck- und Papierqualitäten zu beobachten. Zum einen wurden die betriebsextern genutzten Formulare und Briefpapiere, deren Anteil stetig zulasten der betriebsinternen Formulare wuchs, in steigendem Umfang mehrfarbig bedruckt. Dieser Entwicklungstrend basierte darauf, daß Formulare, die zu betriebsexternen Zwecken eingesetzt wurden, neben ihrer originären Funktion als Datenträger immer häufiger zusätzlich Werbefunktionen im Rahmen von Corporate-Identity-Konzepten erfüllten und zu diesem Zweck werbewirksam in den jeweiligen "Hausfarben" gestaltet wurden. Zum anderen wurden anstelle von Formularsätzen mit Kohlepapier, das häufig einen unerwünschten Informationsträger darstellt, vermehrt hochwertige selbstdurchschreibende Druckpapiere (SD-Papiere) verwendet. Speziell bei betriebsinternen Anwendungen sowie bei Formularen von Behörden und anderen staatlichen Institutionen war allerdings zugleich eine entgegengesetzte Entwicklung zu beobachten, und zwar insofern, als daß die Nutzung von überwiegend aus Altpapier bestehenden Papiersorten (AP-Papiere[1]) merklich ausgeweitet wurde.[2]

Im Produktbereich Bücherdrucksachen deutet der wachsende Auflagenanteil der Buchform Taschenbücher darauf hin, daß in steigendem Umfang Bücher mit qualitativ einfacher Druckausstattung präferiert wurden. Diese Entwicklung wurde jedoch wenigstens partiell dadurch kompensiert, daß sowohl bei Taschenbüchern als auch bei gebundenen Büchern tendenziell höherwertige Druck- und Papierqualitäten zum Einsatz kamen. Außerdem ist zu vermuten, daß sich insbesondere in den 80er Jahren der Auflagenanteil von Bildbänden erhöht hat, da diese extrem hochwertige Buchform[3] wegen ihrer geringen Textintensität nicht negativ durch die stagnierende Lesedauer beeinflußt wurde, zumal die als besonders prestigeträchtig geltenden Bildbände auch von sog. Nichtlesern erworben wurden.

Auffällig war darüber hinaus, daß der Anteil der mehrfarbigen Bildreproduktionen bei allen Buchformen stark ausgeweitet wurde,[4] wobei speziell die Bucheinbände zunehmend aufwendiger gestaltet wurden; anscheinend mit

---

[1] Vgl.: VDZ (o.J.), Kleines Papier-ABC a.a.O.

[2] Vgl.: M. MARSCHNER (1990), Formular-Ratgeber a.a.O., S.16f.

[3] Bildbände werden i.d.R. auf Kunstdruckpapieren gedruckt, auf denen auch Bilder mit feinstem Raster wiedergeben werden können. Vgl.: VDZ (o.J.), Kleines Papier-ABC a.a.O.

[4] Vgl.: J. SCHILLING (1984), Basisstudie zum Thema Buchmarkt a.a.O., S.54 sowie G. THIELEN, Perspektiven im internationalen Druckgeschäft, in: Der Polygraph, 39.Jg., Heft Nr.24, S.2308-2314, Frankfurt a.M. 1986, S.2312.

dem Ziel, dadurch die Aufmerksamkeit und das Kaufinteresse zu steigern.[1]

Im Produktbereich Pressedrucksachen muß wiederum zwischen dem Zeitungs- und Zeitschriftendruck unterschieden werden. Im Zeitungsdruck trat insofern eine Veränderung der Druckausstattung ein, als daß vermehrt mehrfarbige Bilddarstellungen verwendet wurden, und zwar gleichermaßen im Text- wie auch im Anzeigenteil. Ermöglicht wurde dies durch die seit Mitte der 70er Jahre einsetzende Umstellung vom Hoch- auf das Flachdruckverfahren, da hierdurch in Verbindung mit dem Fotosatz erst die produktionstechnischen Voraussetzungen für einen effizienten Einsatz von mehrfarbigen Bildreproduktionen geschaffen wurden.

Im Zeitschriftendruck bestanden demgegenüber bereits zuvor die produktionstechnischen Voraussetzungen, da traditionell entweder das Tief- oder das Flachdruckverfahren angewendet wurde. Eine deutliche Erhöhung des Farbanteils war dabei insbesondere seit Ende der 60er Jahre zu registrieren, denn durch den Einzug der Farbfotografie, die Ausbreitung des Farbfernsehens und zuletzt durch die farbige Darstellung von Grafiken auf Computerbildschirmen änderten sich die visuellen Gewohnheiten der Betrachter, so daß sowohl die Zeitschriftenherausgeber als auch die Inserenten sukzessive eine entsprechende Adaption vornahmen.

Abgesehen von der trendmäßigen Zunahme des Farbanteils war bezüglich der Druckausstattung von Zeitschriften ähnlich wie bei Büchern eine gegensätzliche Entwicklung festzustellen. Einerseits wurden hochauflagige Niedrig-Preis-Objekte eingeführt, die im Tiefdruckverfahren auf Zeitungsdruckpapier erstellt wurden; andererseits nahm die Bedeutung von extrem hochwertig aus-

---

[1] Die höheren Qualitätsanforderungen dürften dabei entscheidend dazu beigetragen haben, daß das Hochdruckverfahren, das traditionell auch als "Buchdruck" bezeichnet wird, seit Anfang der 70er Jahre schrittweise nahezu vollständig durch das Flachdruckverfahren ersetzt wurde (Produktionsanteil 1988: 10,2%), das vor allem eine wesentlich kostengünstigere Herstellung von mehrfarbigen Bildreproduktionen ermöglichte als das Hochdruckverfahren.

gestatteten Zeitschriftenausgaben zu,[1] wobei einzelne Titel - quasi als Sammelbände - zur mehrfachen Nutzung konzipiert wurden und damit in Konkurrenz zu gebundenen Büchern traten.[2]

Insgesamt gesehen ist für den Produktbereich Pressedrucksachen zu konstatieren, daß sich der Anteil der höherwertigen Druckausstattungen vergrößerte, wobei auch die eingesetzten Papierqualitäten schrittweise erhöht wurden, da die qualitative Wiedergabe von mehrfarbigen Bilddarstellungen hierdurch entscheidend mitbestimmt wurde.

Im Produktbereich Verpackungsdrucksachen bildete die Druckausstattung - wie bereits erwähnt - einen integralen Produktbestandteil, so daß im Zuge von qualitativen Produktverbesserungen i.d.R. auch höherwertige Verpackungen verwendet wurden. Eine Ausnahme stellten in diesem Zusammenhang die Handelsmarken bzw. No-Name-Produkte[3] dar, die allerdings zumeist auf solche Produktgruppen beschränkt waren, die eine Qualitätsdifferenzierung nur in engen Grenzen zuließen und die zudem von den Konsumenten nicht als Imageträger angesehen wurden, wie z.B. Grundnahrungsmittel und bestimmte Drogerieartikel.

Die Erhöhung der Druck- und Papierqualitäten bedeutete im Fall der Verpackungsdrucksachen, daß verstärkt Sonderfarben, metallisierte und beschichtete Druckpapiere eingesetzt wurden und daß immer häufiger eine aufwendige Druckweiterverarbeitung in Form des Lackierens bzw. der Folienkaschierung erfolgte.

---

[1] Beispielgebend hierfür sind die monatlich erscheinenden Luxusmagazine für Frauen, die abgesehen von einer Ausnahme alle erst in den 80er Jahren eingeführt wurden, und zwar insbesondere deshalb, weil die Hersteller von Luxusartikeln ein passendes Anzeigenumfeld suchten. Vgl.: P. TURI, Zeitschriften: Billige Frauentitel fallen zurück, in: Wirtschaftswoche, 43.Jg., Heft Nr.47, S.268-270, Düsseldorf 1989, S.268.

[2] Dies gilt speziell für Publikumszeitschriften mit den Themenkreisen Motor, Reise, Freizeit und Hobby.

[3] Vgl.: L. BEREKOVEN, No-Names, Versuch einer Standortbestimmung, in: Markenartikel, 45.Jg., Heft Nr.5, S.180-184, Wiesbaden 1983, S.180.

Im Produktbereich Werbedrucksachen ist festzustellen, daß die Werbetreibenden aufgrund der höheren Werbewirksamkeit in steigendem Maße eine mehrfarbige Darstellung wählten und zudem den Anteil der Bildreproduktionen ausweiteten, da Bildinformationen im Vergleich zu Textinformationen eine schnellere Rezeption ermöglichten, was - angesichts der fortschreitenden Informationsüberlastung[1] - zunehmend an Bedeutung gewann. Darüber hinaus wurde - forciert durch die farbige Fernsehwerbung - von den Rezipienten nicht nur eine farbgetreue, bildliche Darstellung der beworbenen Produkte erwartet, sondern offenbar wurden von der Druck- und Papierqualität der Werbedrucksachen auch Rückschlüsse auf die Qualität der beworbenen Produkte gezogen.

Eine qualitativ einfache Druckausstattung war demgegenüber unter dem Gesichtspunkt der Werbewirksamkeit ausschließlich bei weitgehend homogenen Konsumgütern mit einer hohen Preiselastizität der Nachfrage zweckmäßig, um hierdurch die Preiswürdigkeit der beworbenen Produkte zu dokumentieren.

Dementsprechend war grundsätzlich, unabhängig davon, ob es sich um adressierte oder unadressierte Prospekte bzw. um Haupt- oder Spezialkataloge handelte, eine trendmäßige Erhöhung der eingesetzten Druck- und Papierqualitäten bemerkbar, die insbesondere auch den Bereich der Druckweiterverarbeitung betraf. Hinsichtlich der Papierqualitäten ist zudem festzustellen, daß die Nachfrage nach besonders leichtgewichtigen gestrichenen Druckpapieren (LWC-Papieren) mit Flächengewichten von 52 g/m^2 bis 70 g/m^2 bei

---

[1] Die Informationsüberlastung wird dadurch deutlich, daß zum Lesen einer gedruckten Anzeige je nach Genauigkeit und Leseroutine Ø 38-40 Sekunden benötigt werden, wohingegen die tatsächliche Betrachtungsdauer nur Ø 2 Sekunden beträgt, so daß die Informationsüberlastung demzufolge bei 94-95% liegt. Für die Aufnahme eines Bildes mittlerer Komplexität sind hingegen nur Ø 1,5-2 Sekunden notwendig. Vgl.: W. KROEBER-RIEL (1987), Weniger Informationsüberlastung... a.a.O., S.485f. sowie W. KROEBER-RIEL, Informationsüberlastung durch Massenmedien und Werbung in Deutschland. Messung - Interpretation - Folgen, in: DBW, 47.Jg., S.257-264.

gleichzeitig hoher Opazität[1] überdurchschnittlich stark zunahm, und zwar deshalb, weil die Portokosten als gewichtsabhängiger Kostenfaktor bei der Direktwerbung von zunehmender Bedeutung waren.

Zusammenfassend ist festzuhalten, daß während des Untersuchungszeitraums in sämtlichen Produktbereichen - wenn auch mit Einschränkungen im Produktbereich Bücherdrucksachen - die Anwendungsgebiete des Mehrfarben- bzw. Vielfarbendrucks[2] stetig ausgeweitet wurden und daß damit einhergehend in steigendem Umfang höherwertige Papierqualitäten zum Einsatz kamen. Gegenläufige Entwicklungen, wie der vermehrte Einsatz von AP-Papieren und die Verwendung von zielgerichtet einfach gestalteten Drucksachen[3] blieb hingegen auf wenige Randbereiche begrenzt, so daß ausschließlich die Verschiebung der Auflagenanteile zugunsten von Taschenbüchern als ein bedeutender Entwicklungstrend in Richtung einer qualitativ einfacheren Druckausstattung anzuführen ist.

Der stetig zunehmende Farbanteil läßt sich dabei anhand von Tab.78 verdeutlichen, denn während des Untersuchungszeitraums nahm der inländische Verbrauch an Druckfarben mengenmäßig wesentlich stärker zu als der reale Bruttoproduktionswert von Drucksachen.

Bei der Interpretation der Tab.78 ist zudem zu berücksichtigen, daß der spezifische Verbrauch an Druckfarben im Zeitablauf abnahm, wofür zwei

---

[1] Die Opazität, d.h. die Undurchsichtigkeit der Papiere, hängt vom jeweiligen Anteil der Füllstoffe ab.

[2] Vielfarbendruck bedeutet, daß zusätzlich zu den vier Grundfarben Cyan, Magenta, Gelb und Schwarz Sonderfarben, wie z.B. Gold oder Silber, verwendet werden. Vgl.: R. AGTE (1981), Der richtige Fachbegriff a.a.O., S.135.

[3] Im Werbebereich war z.B. in den letzten Jahren ein vermehrter Einsatz von bewußt schwarz-weiß gestalteten Drucksachen zu beobachten, die im aufwendigen Duplex- bzw. Triplexverfahren gedruckt wurden, wozu mehrere Druckwerke benötigt werden. Vgl.: W. WALENSKI, Offsetdruck Schwarz auf Weiss - Einfarbiger Schwarzdruck, Duplex- und Triplexdruck werden in heutiger Zeit wieder neu entdeckt, in: Offset-Technik, Jg.1990, Heft Nr.3, S.36-44, Oberursel/Taunus 1990, S.36.

Gründe bestimmend waren. Erstens bewirkte der technische Fortschritt im Bereich der Maschinensteuerung, daß bei der Farbeinstellung weniger Makulatur anfiel und daß beim Fortdruck ein geringerer Druckfarbenverbrauch eintrat. Zweitens hing der Druckfarbenverbrauch bezogen auf die bedruckte Fläche in hohem Maße vom eingesetzten Druckverfahren ab, da die aufgetragenen Farbschichten verfahrensbedingt unterschiedlich dick waren.

Tab.78: Entwicklung des mengenmäßigen Inlandsverbrauchs an Druckfarben sowie des Bruttoproduktionswertes von Drucksachen insgesamt, in realen Werten, durchschnittliche jährliche Veränderungsraten

BR Deutschland \ Periode	1961-68	1969-76	1977-82	1983-88	1961-76	1977-88
Druckfarbenverbrauch *	9,5%	5,1%	2,5%	5,2%	7,3%	3,8%
Produktionswert, real	5,1%	2,8%	2,3%	2,3%	3,9%	2,3%

* Inländische Druckfarbenproduktion abzügl. Ausfuhrmenge, zuzügl. Einfuhrmenge. Quelle: Statistisches Bundesamt, Fs.4: R.3.1 u. Fs.7: R.2, versch. Jgg.; eigene Berechnung der Werte.

Den höchsten Druckfarbenverbrauch weist dabei das Hochdruckverfahren auf, während das Tiefdruckverfahren durch mittlere und das Flachdruckverfahren durch extrem niedrige Verbrauchswerte gekennzeichnet ist.[1] Da der Produktionsanteil des Flachdruckverfahrens sprunghaft zulasten des Hochdruckverfahrens angestiegen ist,[2] während der Produktionsanteil des Tiefdruckverfahrens nahezu unverändert blieb, ist zu folgern, daß der Druckfarbenverbrauch ohne diese strukturellen Veränderungen noch erheblich stärker zugenommen hätte.

[1] Die aufgetragene Farbschicht ist beim Tiefdruckverfahren ca.8/1000 - 12/1000 mm dick, beim Flachdruckverfahren hingegen nur 5/1000 mm. Vgl.: K. GREFERMANN (1990), Druckindustrie a.a.O., S.90.

[2] Vgl. im Text S.343: Tab.80.

Die trendmäßige Nachfrageverschiebung zugunsten hochqualitativer Druckpapiere ist hingegen aus Tab.79 ablesbar,[1] denn in den Perioden 1977-1982 und 1983-1988 wuchs der mengenmäßige Inlandsverbrauch an gestrichenen Papieren, d.h. besonders hochwertigen, oberflächenbehandelten Druckpapieren, mit Ø 6,4% p.a. gegenüber Ø 3,8% p.a. weitaus stärker als der mengenmäßige Inlandsverbrauch an graphischen Papieren insgesamt.

Tab.79: Entwicklung des mengenmäßigen Inlandsverbrauchs * an Gestrichenen Papieren sowie an Graphischen Papieren insgesamt, durchschnittliche jährliche Veränderungsraten

BR Deutschland \ Periode	1977-82	1983-88	1977-88
Gestrichene Papiere	6,5%	6,3%	6,4%
Graphische Papiere insges. ⁺	3,5%	4,0%	3,8%

* Inländische Papierproduktion abzügl. Ausfuhrmenge, zuzügl. Einfuhrmenge. ⁺ Seit 1984: Druck- und Administrationspapiere. Quelle: VDP, Jahresbericht Papier, versch. Jgg.; eigene Berechnung der Werte.

2.3. ZWISCHENERGEBNIS

Die wichtigsten nachfrageseitigen Strukturveränderungen bestanden darin, daß der Anteil der kleinen und mittleren Auflagengrößen, sowohl an der Zahl der Druckaufträge als auch am Bruttoproduktionswert gemessen, in den 70er Jahren und verstärkt in den 80er Jahren gewachsen ist. Parallel dazu wurden in steigendem Ausmaß höherwertige Druck- und Papierqualitäten nachgefragt,

[1] Entsprechend lautende Aussagen wurden auch von Papierherstellern getroffen, die vor allem eine stark wachsende Nachfrage bei Druckpapieren mit hohen Weißegraden verzeichneten. Vgl.: O.V., Was tut sich denn beim Druckpapier?, in: Offset-Technik, Jg.1989, Heft Nr.11, S.29-32, Oberursel/ Taunus 1989, S.30.

denn zum einen nahm der Produktionsanteil derjenigen Produktbereiche und -gruppen zu, die typischerweise überdurchschnittlich hohe Qualitätsanforderungen stellten und zum anderen wurden die Drucksachen in sämtlichen Produktbereichen unabhängig von deren Verwendungszweck zunehmend mehrfarbig gestaltet. Das Verhältnis von Akzidenz- zu Werkdrucksachen blieb demgegenüber trotz der Veränderungen der Produktstruktur nahezu unverändert, so daß demzufolge auch das Verhältnis von Einzel- zu Serienfertigung annähernd gleichgeblieben sein dürfte.

3. ANGEBOTSSEITIGE STRUKTURVERÄNDERUNGEN

3.1. VERÄNDERUNGEN DER PRODUKTIONSSTRUKTUR

3.1.1. CHARAKTERISIERUNG DER PRODUKTIONSPROZESSE

Die Produktionsprozesse in der Druckindustrie lassen sich in drei Produktionsstufen unterteilen: Erstens in die Druckvorstufe, wozu die Satzherstellung, die Bildreproduktion sowie die anschließende Druckformherstellung zählen, zweitens in den eigentlichen Druckvorgang[1] und drittens in die Druckweiterverarbeitung, die u.a. das Zusammentragen, Beschneiden, Perforieren, Stanzen, Prägen, Lackieren, Kaschieren, Falzen, Lochen, Heften, Leimen und Binden umfaßt.[2] Eine vollständige Trennung der Produktionsstufen Druck und Druckweiterverarbeitung ist allerdings nicht möglich, da in den Druckmaschinen z.T. Komponenten der Druckweiterverarbeitung integriert sind, so daß die Druckweiterverarbeitung "In-line", d.h. zusammen mit dem Druckvorgang in einem Maschinendurchlauf, erfolgt.[3]

Die Produktionsprozesse sind dabei in hohem Maße durch die Auftragsfertigung geprägt, deren Besonderheit darin besteht, daß der Bestellvorgang dem Herstellungsprozeß zeitlich vorgelagert ist und daß die Druckaufträge art-, mengen- und terminmäßig jeweils kundenindividuell spezifiziert werden.[4] Die Druckmaschinen müssen deshalb für jeden Auftrag neu eingerichtet wer-

---

[1] Der Druckvorgang ist dabei unter verfahrenstechnischen Kriterien als ein Veredlungsprozeß zu klassifizieren, da das Grundmaterial Papier - im Gegensatz zur synthetischen bzw. analytischen Stoffverwertung - durch den Druckvorgang stofflich nicht verändert wird. Vgl.: G. FISCHER-SAATH (1979), Die Anwendung... a.a.O., Berlin (West), S.48.

[2] Vgl.: H.J. EIDENBENZ, Die operative Jahresplanung in der Druckereiunternehmung, Diss. Hochschule St.Gallen 1977, S.232.

[3] Vgl.: O.V., Rotationsdruck mit integrierter Nachbearbeitung im Trend der Zeit?, in: Druckwelt, 39.Jg., Heft Nr.14-15, S.46/47, Hannover 1989, S.46.

[4] Vgl.: H.-U. KÜPPER (1979), Produktionstypen a.a.O., S.1639f.

den, so daß eine simultane Fertigung mehrerer Druckaufträge auf derselben Druckmaschine i.d.R. ausgeschlossen ist. Jeder Druckauftrag stellt demzufolge aus Sicht der Druckunternehmen eine Art Sonderanfertigung dar.

Die große Bedeutung der auftragsorientierten Fertigungsweise ist daran ersichtlich, daß im Jahr 1987 86% der Umsatzerlöse der Druckindustrie auf die Auftragsfertigung und lediglich 14% des Gesamtumsatzes auf die marktorientierte Eigenverlagsfertigung[1] entfielen.[2] Allerdings ist in der Auftragsfertigung hierbei die vertragsgebundene Fertigung miteingeschlossen, die bezüglich der Fertigungsorganisation weitestgehend mit der marktorientierten Fertigung übereinstimmt, so daß auf die Auftragsfertigung im engeren Sinn lediglich rd.56% der Druckproduktion entfielen.[3]

Die Auftragsfertigung hat gravierende Auswirkungen auf die Organisation und den Ablauf der Produktionsprozesse, denn die Druckunternehmen sind hierdurch bedingt nur in äußerst begrenztem Umfang - nämlich im Rahmen ihres Auftragsbestandes - in der Lage, das betriebliche Instrument der Produktionsplanung einzusetzen. Daraus folgt, daß der wichtigste unternehmerische Aktionsparameter in der Druckindustrie darin besteht, Produktionsanlagen, d.h. Produktionskapazitäten bereitzustellen, mit denen die nachgefragten Druckleistungen erstellt werden können. Die verfahrens- und maschinenmäßige Zusammensetzung des Produktionspotentials ist dementsprechend in

---

[1] Eine marktorientierte Fertigung liegt dann vor, wenn Verlag und Druckbetrieb eine juristische und wirtschaftliche Einheit bilden. Das spezifische Merkmal der marktorientierten Fertigung besteht in der Druckindustrie - aufgrund des hohen Aktualitätsgrades der meisten Werkdrucksachen - weniger in deren Lagerfähigkeit als vielmehr in der Anonymität der Lieferbeziehungen zwischen Produzenten und Käufern. Vgl.: R. MAASS (1979), Produktion in der Druckindustrie a.a.O., S.416.

[2] Die Anteilswerte beziehen sich auf die Druckbetriebe von Unternehmen mit 20 und mehr Beschäftigten. Einschließlich der nicht berücksichtigten Kleinbetriebe betrug der Anteil der marktorientierten Fertigung sogar nur schätzungsweise 12%. Vgl.: IFO-INSTITUT (1988), Zu den Ergebnissen... a.a.O., S.35.

[3] Hierbei wurde der Produktionsanteil von Akzidenzdrucksachen zugrundegelegt. Vgl. im Text S.321f.

entscheidendem Maße von den strukturellen Entwicklungen bei den Druckaufträgen abhängig, wobei die Druckunternehmen in einem fortwährenden Anpassungsprozeß um einen kostenoptimalen Maschinenbestand bemüht sind.

Die auftrags- und marktorientierte Fertigung steht zudem - wie schon erwähnt - in engem Zusammenhang mit dem Verhältnis von Einzel- zu Serienfertigung, denn die Auftragsfertigung ist bezogen auf den einzelnen Druckauftrag als Einzelfertigung zu klassifizieren. Demgegenüber weisen die Drucksachen im Fall der marktorientierten Eigenverlagsfertigung typischerweise keine oder nur geringfügige produktionstechnische Unterschiede hinsichtlich der Auflagengröße, der Formatgröße, der Papiersorten, der Weiterverarbeitung sowie des Aktualitätsgrades auf, so daß zumeist eine Serienfertigung möglich ist. Einschränkend ist zu erwähnen, daß die Auftragsfertigung in praxi nicht unbedingt mit einer Einzelfertigung gleichzusetzen ist,[1] denn erstens werden in erheblichem Umfang regelmäßig wiederkehrende Druckaufträge gefertigt[2] und zweitens haben sich die Druckbetriebe z.T. auf bestimmte Auftragsarten spezialisiert.

Die Einzel- und Serienfertigung unterscheiden sich dabei vor allem dadurch, daß die auflagenfixen Wechselkosten[3], die beim Neueinrichten, d.h. beim sog. Rüsten der Druckmaschinen entstehen, bei der Einzelfertigung anteilsmäßig stärker zu den Produktionskosten beitragen als bei der Serienfertigung. Bei der Einzelfertigung werden deshalb auch Universal- bzw. Mehrzweckmaschinen mit einem breiten Leistungsspektrum und einer hohen Angebotsumstel-

---

[1] Vgl.: W. MENZ/ H. ECKERT (1973), Absatzplanung... a.a.O., S.14f.

[2] Im Jahr 1987 entfielen - gemessen an den Umsatzerlösen - 19,8% der Fremdaufträge auf regelmäßig wiederkehrende Druckaufträge. Hierzu zählen insbesondere Zeitungen, Zeitschriften und Bücher, die nicht in verlagseigenen Druckbetrieben gefertigt werden. Vgl.: IFO-INSTITUT (1988), Zu den Ergebnissen... a.a.O., S.35.

[3] Die Produktionsprozesse in der Druckindustrie sind deshalb auch als Wechselfertigung zu bezeichnen, deren spezifisches Merkmal darin besteht, daß "...die zur Herstellung benötigten Produktionsmittel in einem bestimmten mengenmäßigen Verhältnis zueinander stehen..." müssen. Zitat: H. SCHLÖGL (1972), Mehrproduktunternehmung... a.a.O., S.10.

lungsflexibilität verwendet,[1] während bei der Serienfertigung im allgemeinen Spezial- bzw. Einzweckmaschinen eingesetzt werden, bei denen zudem häufig mehrere Produktionsschritte der Druckweiterverarbeitung integriert sind.

Die produktionstechnischen Merkmale der einzelnen Druckverfahren und Druckmaschinentypen sollen an dieser Stelle nicht dargelegt werden, da dies unter den Gliederungspunkten 3.1.2 bzw. 3.1.3. in Zusammenhang mit den Veränderungen der Produktionsstruktur erfolgt.

3.1.2. VERÄNDERUNGEN IN DEN EINGESETZTEN DRUCKVERFAHREN

In der Druckindustrie werden insbesondere drei Druckverfahren angewendet, und zwar das Hochdruckverfahren, das Flachdruckverfahren sowie das Tiefdruckverfahren[2], wobei das Hoch- und das Flachdruckverfahren weiter differenziert werden können. Das Hochdruckverfahren umfaßt den Buchdruck, dessen Druckform entweder aus Bleilettern gesetzt oder aus Blei bzw. Zink zu einer festen Druckform gegossen wird sowie den Flexodruck, der durch eine flexible Druckform aus Gummi bzw. elastischem Kunststoff gekennzeichnet ist.[3] Das Flachdruckverfahren läßt sich in den Offsetdruck[4] als indirektes Druckverfahren sowie in den Licht- und Steindruck als direktes Druckverfah-

---

[1] Vgl.: E. GUTENBERG, Grundlagen der Betriebswirtschaftslehre, Bd.I: Die Produktion, 23.unveränd. Aufl., Berlin (West); Heidelberg u. New York 1979, S.81ff. sowie W. MÄNNEL, Eignung von Produktionsanlagen, in: W. Kern u.a. (Hrsg.), Handwörterbuch der Produktionswirtschaft, Bd.7, S.1466-1481, Stuttgart 1979, S.1473.

[2] Vgl.: E.D. STIEBNER/ H. ZAHN/ W. MENSBERGER, Drucktechnik heute, München 1985, S.133ff.

[3] Vgl.: E.D. STIEBNER/ H. ZAHN/ W. MENSBERGER (1985), Drucktechnik heute a.a.O., S.119ff.

[4] Die Bezeichnung Offsetdruck stammt aus dem Englischen "to set off", was "absetzen" bedeutet und darauf zurückzuführen ist, daß beim Offsetdruck die Druckfarbe von der Druckform auf einen mit Gummituch überzogenen Druckzylinder und von dort auf den Bedruckstoff abgesetzt wird. Vgl.: R. AGTE (1981), Der richtige Fachbegriff... a.a.O., S.48f.

ren unterteilen;[1] sowohl der Lichtdruck als auch der Steindruck tragen allerdings nur unwesentlich zur Druckproduktion bei und können deshalb nachfolgend vernachlässigt werden.

In diesem Kontext ist zu erwähnen, daß in der Produktionsstatistik unter dem Flachdruckverfahren auch der Siebdruck subsummiert wird, obwohl der Siebdruck drucktechnisch gesehen zu den Durchdruckverfahren zählt. Der Siebdruck und in eingeschränktem Maße auch der Flexodruck unterscheiden sich dabei insofern drucktechnisch von den anderen Verfahren, als daß sich neben dem Bedruckstoff Papier hiermit auch andere Bedruckstoffe wie Karton, Pappe, Textilien, Kunststoffe, Metall, Glas, Holz etc. bearbeiten lassen.[2]

Tab.80: Entwicklung der prozentualen Anteilswerte, mit denen das Hoch-, Flach- und Tiefdruckverfahren zur Druckproduktion beitrugen, in nominalen Werten

Druckverfahren \ Jahr	1960	1968	1976 *	1976 +	1979	1982	1985	1988
Hochdruckverfahren	65,9%	61,0%	47,0%	45,3%	42,5%	32,9%	26,3%	22,8%
Flachdruckverfahren **	19,4%	21,4%	34,4%	34,8%	38,5%	48,0%	55,4%	59,6%
Tiefdruckverfahren	14,7%	17,6%	18,7%	19,9%	19,0%	19,1%	18,3%	17,6%

* Industriebetriebe mit mind. 10 Beschäftigten. + Betriebe von Unternehmen des Produzierenden Gewerbes mit mind. 20 Beschäftigten. ** Einschl. des Siebdruckverfahrens. Quelle: Statistisches Bundesamt, Fs.4: R.3.1, versch. Jgg; eigene Berechnung der Werte.

Wie Tab.80 zeigt, traten zwischen den drei Druckverfahren im Untersuchungszeitraum trendmäßige Anteilsverschiebungen ein, denn während sich der Produktionsanteil des Hochdruckverfahrens mehr als halbierte, nahm der-

---

[1] Vgl.: E.D. STIEBNER/ H. ZAHN/ W. MENSBERGER (1985), Drucktechnik heute a.a.O., S.126ff.

[2] Mit Flexodruckmaschinen lassen sich neben Karton und Wellpappe auch dünne und dehnbare Kunststoffolien verarbeiten. Vgl.: E. SCHULZ, Flexodruck im Wandel der Zeit: Entwicklung zu einem modernen Druckverfahren, in: Der Polygraph, 40.Jg., Heft Nr.II v. 05.06.1987, S.1122-1131, Frankfurt a.M. 1987, S.1124.

jenige des Flachdruckverfahrens auf nahezu das Dreifache zu. Demgegenüber entwickelte sich der Produktionsanteil des Tiefdruckverfahrens verhältnismäßig konstant, zumal die registrierte Zunahme maßgeblich auf die Berichtskreisumstellung im Jahr 1976 zurückzuführen ist.[1]

Im weiteren ist zu untersuchen, welche Gründe für den Substitutionsprozeß zwischen den Druckverfahren und für die daraus resultierende Veränderung der Produktionsstruktur ausschlaggebend waren. Grundsätzlich zu unterscheiden sind dabei nachfrage- und angebotsseitige Einflußfaktoren, die sich in unterschiedlichem Maße auf die Produktionsentwicklung der einzelnen Druckverfahren ausgewirkt haben. Die Untersuchung wird deshalb nach Druckverfahren gegliedert durchgeführt, wobei das Tiefdruckverfahren aufgrund seines begrenzten Einsatzgebietes zuerst untersucht wird.

Das Tiefdruckverfahren ist drucktechnisch dadurch gekennzeichnet, daß hiermit die höchsten Druckqualitäten erzielt werden können, und zwar insbesondere bei mehrfarbigen Bildreproduktionen.[2] Das Tiefdruckverfahren kann dabei ausschließlich im Hochauflagenbereich effizient eingesetzt werden, da die auflagenfixen Herstellungskosten der Tiefdruckzylinder im Vergleich zu den Hoch- und Flachdruckformen extrem hoch sind.[3] Der dadurch bedingte Kostennachteil des Tiefdruckverfahrens wird jedoch durch größere Massen-

---

[1] Im Unterschied zum Hoch- und Flachdruckverfahren wird das Tiefdruckverfahren ausschließlich in Druckunternehmen mit mehr als 20 Beschäftigten eingesetzt.

[2] Das Tiefdruckverfahren weist u.a. folgende spezifische Vorzüge auf: Eine hohe Farbintensität und Tiefenwirkung bei äußerst geringen Farbschwankungen sowie die Möglichkeit, Halbtöne wiederzugeben und preiswerte, füllstoffreiche und ungeleimte Papiersorten zu verwenden. Darüber hinaus wird eine hohe Gleichmäßigkeit des Druckbildes über die gesamte Auflagenhöhe erreicht, wofür die extreme Verschleißfestigkeit von Tiefdruckzylindern - im Vergleich zu Offsetdruckplatten - ursächlich ist. Ein weiterer Vorteil ergibt sich aus der Formatvariabilität der Tiefdruckzylinder, die im Unterschied zum Rollen-Rotationsoffset auswechselbar sind. Vgl.: R. REFFERT, Die technische Entwicklung im Tiefdruck, in: Der Druckspiegel, 45.Jg., Heft Nr.11, S.1441-1447, Heusenstamm 1990, S.1441.

[3] Vgl.: P. MEIER (1971), Die Möglichkeiten... a.a.O., S.49.

produktionsvorteile im Fortdruck[1] kompensiert,[2] so daß das Tiefdruckverfahren ab einer bestimmten "kritischen Menge"[3] vorteilhafter ist als der Rollen-Rotations-Offsetdruck, zu dem - bedingt durch die produktionstechnischen Eigenschaften - die engsten Substitutionsbeziehungen bestehen.

Die Mindestauflagengröße, die für einen effizienten Einsatz des Tiefdruckverfahrens erforderlich ist, läßt sich nicht exakt quantifizieren, da sie in hohem Maße auftragsabhängig ist und je nach Druckmaschinenbaujahr variiert.[4] Als grober Anhaltspunkt ist allerdings davon auszugehen, daß die durchschnittlichen Kosten je Druckexemplar - bei Zylinderformaten von 24 bzw. 32 Seiten[5] - derzeit ab einer Auflagengröße von ca.700.000-750.000 Druckexemplaren niedriger liegen als bei Rollen-Rotations-Offsetdruckmaschinen.[6] Das Tiefdruckverfahren wird deshalb in erster Linie zur Herstellung von großauflagigen und zugleich qualitativ hochwertigen Drucksachen wie Zeitschriften,

---

[1] Der Druckvorgang läßt sich in den Andruck und den Fortdruck unterscheiden.

[2] Im Tiefdruckverfahren werden deshalb größere Massenproduktionsvorteile erzielt als im Rollen-Rotationsoffset, weil i.d.R. die Druckformate breiter und die Druckgeschwindigkeiten höher sind.

[3] Vgl.: E. GUTENBERG (1979), Grundlagen der Betriebswirtschaftslehre a.a.O., S.111f.

[4] Vgl.: DIW, Empirische Untersuchung von industriellen Größenvorteilen (Economies of Scale) nach der Methode der Ingenieurschätzungen, Gutachten i.A. der Monopolkommission, Berlin (West) 1985, S.298ff.

[5] Die Zylinderbreite der 24 bzw. 32seitigen Druckformate hängt davon ab, ob die Laufrichtung längs- oder querformatig ausgerichtet ist und schwankt zwischen 965 mm und 1.260 mm.

[6] Vgl.: K. FRANZ, Rollenoffset: Zwischen Bogen- und Tiefdruck, in: Der Druckspiegel, 44.Jg., Heft Nr.9, S.867-874, Heusenstamm 1989, S.872: Abb.3 u. Abb.4. Die kritische Menge kann jedoch bei bestimmten Auftragsarten deutlich niedriger liegen, so daß das Tiefdruckverfahren z.T. schon ab 100.000 Druckbogen wettbewerbsfähig ist. Vgl.: O.V., Drucktechnik: Zum Druck gibt es aus heutiger Sicht keine Alternative, in: Offset-Technik, Jg.1990, Heft Nr.2, S.18-22, Oberursel/Taunus 1990, S.22.

Katalogen, Prospekten sowie Verpackungsdrucksachen verwendet.[1]

Tab.81: Entwicklung der Bruttoproduktionswerte des Tiefdruckverfahrens sowie von Drucksachen insgesamt, in realen Werten, durchschnittliche jährliche Veränderungsraten

Produktionswert \ Periode	1961-68	1969-76	1977-82	1983-88	1961-76	1977-88
Tiefdruckverfahren, real	7,4%	3,4%	2,0%	1,3%	5,4%	1,6%
Drucksachen insges., real	5,1%	2,8%	2,3%	2,3%	3,9%	2,3%

Quelle: Statistisches Bundesamt, Fs.4: R.3.1 u. Fs.17: R.2, versch. Jgg.; eigene Berechnung der Werte.

Wie Tab.81 zeigt, war die Produktionsentwicklung des Tiefdruckverfahrens in den Perioden 1961-1968 und 1969-1976 durch eine weit überdurchschnittliche Wachstumsentwicklung gekennzeichnet, wohingegen in den Perioden 1977-1982 und 1983-1988 die realen Zuwachsraten unterdurchschnittlich ausfielen.

Um untersuchen zu können, inwieweit die Produktionsentwicklung des Tiefdruckverfahrens nachfrage- und/oder angebotsseitig bestimmt wurde, müssen die Produktbereiche Pressedrucksachen, Werbedrucksachen und Verpackungsdrucksachen, in denen das Tiefdruckverfahren hauptsächlich eingesetzt wird,[2] im einzelnen betrachtet werden.

Der Produktbereich Pressedrucksachen trug im Untersuchungszeitraum mit Abstand am stärksten zur Tiefdruckproduktion bei, und zwar im Jahr 1988 mit 55,1% bzw. 2.411,1 Mio. DM.[3] Das Tiefdruckverfahren wurde - abgesehen

[1] Ein spezielles Einsatzgebiet stellen zudem die im sog. Stichtiefdruck gefertigten Banknoten, Briefmarken und Aktien dar, die jedoch wertmäßig nur unwesentlich zur Tiefdruckproduktion beitrugen.

[2] Im Jahr 1988 entfielen 91,2% der Tiefdruckproduktion auf diese drei Produktbereiche.

[3] Der Bruttoproduktionswert der insgesamt im Tiefdruckverfahren erstellten Drucksachen betrug im Jahr 1988 4.373,5 Mio. DM.

von wenigen Ausnahmen - im Zeitschriftendruck[1] und dabei speziell für großauflagige Publikumszeitschriften genutzt.

Tab.82: Entwicklung der prozentualen Anteilswerte des Tiefdruckverfahrens am Bruttoproduktionswert von Pressedrucksachen bzw. Zeitschriften, in nominalen Werten

Tiefdruckanteil \ Jahr	1960	1968	1976 *	1976 +	1979	1982	1985	1988
Pressedrucksachen	25,6%	31,2%	29,7%	·	·	·	·	·
- Zeitschriften	·	·	60,9%	61,5%	59,5%	59,7%	56,4%	58,8%

* Industriebetriebe mit mind. 10 Beschäftigten. + Betriebe von Unternehmen des Produzierenden Gewerbes mit mind. 20 Beschäftigten. Quelle: Statistisches Bundesamt, Fs.4: R.3.1, versch. Jgg; eigene Berechnung der Werte.

Wie Tab.82 zeigt, stieg der Tiefdruckanteil im Produktbereich Pressedrucksachen zunächst von 25,6% im Jahr 1960 auf 29,7% im Jahr 1976. Zurückzuführen ist dies vermutlich darauf, daß in dieser Zeitspanne die Produktionszuwächse im Zeitschriftendruck deutlich höher ausfielen als im Zeitungsdruck. Demgegenüber entwickelte sich der Tiefdruckanteil zwischen 1976 und 1988 bezogen auf den Zeitschriftendruck leicht rückläufig, nämlich von 61,5% auf 58,8%.

Entscheidend hierfür war, daß im Zeitschriftendruck speziell seit Anfang der 80er Jahre die Wachstumsimpulse nicht mehr von den großauflagigen Magazinen und Illustrierten ausgingen, sondern vielmehr von themen- bzw. zielgruppenorientierten Publikumszeitschriften sowie von Fachzeitschriften, die gleichermaßen wegen ihrer kleinen und mittleren Auflagengrößen im Offsetverfahren gedruckt wurden.[2] Der Anteilsrückgang des Tiefdruckverfahrens ist demnach mit einer veränderten Auftragsstruktur zu erklären, wohingegen für

[1] Im Jahr 1988 entfielen 99,6% der Tiefdruckproduktion des Produktbereichs Pressedrucksachen in Höhe von 2.411 Mio. DM auf den Zeitschriftendruck und nur 0,4% auf den Zeitungsdruck.

[2] Vgl. im Text S.327: Tab.76 sowie S.328: Tab.77.

eine angebotsseitig bedingte Substitution durch andere Druckverfahren keine Anhaltspunkte erkennbar sind.

Der Produktbereich Werbedrucksachen trug im Jahr 1988 mit 26,5% bzw. 1.157,4 Mio. DM zur Tiefdruckproduktion bei und bildete damit den zweitwichtigsten Anwendungsbereich des Tiefdruckverfahrens, wobei ca.60% auf Versandhauskataloge, ca.35% auf großauflagige Prospekte und die restlichen 5% auf Reisekataloge entfielen.

Tab.83: Entwicklung der prozentualen Anteilswerte des Tiefdruckverfahrens am Bruttoproduktionswert von Werbedrucksachen bzw. Katalogen und Prospekten, in nominalen Werten

Tiefdruckanteil \ Jahr	1960	1968	1976 *	1976 +	1979	1982	1985	1988
Werbedrucksachen	23,3%	25,1%	24,9%	26,4%	25,2%	23,8%	21,9%	17,3%
- Versandhauskataloge	.	.	.	.	.	57,4%	66,1%	64,7%
- Prospekte	.	.	.	.	.	11,9%	10,4%	8,1%

* Industriebetriebe mit mind. 10 Beschäftigten. + Betriebe von Unternehmen des Produzierenden Gewerbes mit mind. 20 Beschäftigten. Quelle: Statistisches Bundesamt, Fs.4: R.3.1, versch. Jgg; eigene Berechnung der Werte.

Wie Tab.83 zeigt, trat im Produktbereich Werbedrucksachen bis zum Jahr 1976 eine geringfügige Erhöhung des Tiefdruckanteils ein, die in erster Linie auf die drastischen Produktionszuwächse von großauflagigen Versandhauskatalogen zurückzuführen ist.[1] Umgekehrt war in den Jahren 1976 bis 1988 ein deutlicher Anteilsrückgang von 26,4% auf 17,3% zu registrieren, wobei die Entwicklung bei den Versandhauskatalogen und Prospekten - zumindest seit dem Jahr 1982 - insofern konträr verlief, als daß der Tiefdruckanteil bei den Versandhauskatalogen tendenziell zunahm, bei den Prospekten dagegen sukzessive abnahm.

Im Fall der Versandhauskataloge ist in diesem Zusammenhang zu beach-

[1] Vgl. im Text S.274: Tab.57 sowie S.275: Tab.58.

ten, daß sich gleichzeitig die Auftragsstruktur zulasten des Tiefdruckverfahrens veränderte, da die Wachstumsimpulse nicht mehr von den großauflagigen Hauptkatalogen, sondern von den Spezialkatalogen mit kleinen und mittleren Auflagengrößen induziert wurden.[1] Demzufolge ist der zunehmende Tiefdruckanteil dahingehend zu interpretieren, daß die Versandhandelsunternehmen für ihre großauflagigen Hauptkataloge vermehrt höherwertige Druckqualitäten nachfragten und deshalb in steigendem Maße den Tiefdruck anstelle des Offsetdrucks präferierten.

Im Fall der Prospekte ist die eingetretene Anteilsverringerung dagegen eindeutig mit der Ausweitung der zielgruppenspezifischen Werbung und dem damit verbundenen Trend in Richtung kleinerer Auflagengrößen zu begründen.

Die gegenläufige Anteilsentwicklung des Tiefdruckverfahrens bei den Versandhauskatalogen und Prospekten führte dabei zu keiner Kompensation, da die Druckproduktion von Versandhauskatalogen in der Periode 1983-1988 - in realen Werten gemessen - um Ø 2,8% p.a. sank, während die Druckproduktion von Prospekten zugleich mit Ø 6,4% p.a. stark anstieg.

Die abnehmende Bedeutung des Tiefdruckverfahrens im Produktbereich Werbedrucksachen kann somit einerseits mit der veränderten Auftragsstruktur in der Produktgruppe Prospekte sowie andererseits mit der veränderten Produktstruktur im Produktbereich Werbedrucksachen - zulasten der Versandhauskataloge - erklärt werden.

Der Produktbereich Verpackungsdrucksachen trug im Jahr 1988 mit 9,6% bzw. 420,4 Mio. DM zur gesamten Tiefdruckproduktion bei. Der Produktionsanteil des Tiefdruckverfahrens an den Verpackungsdrucksachen wurde dabei - wie Tab.84 zeigt - im Zeitablauf sprunghaft ausgeweitet und erreichte im Jahr 1985 mit 27,1% den bisherigen Maximalwert.

Ursächlich hierfür war, daß insbesondere in den 60er Jahren eine forcierte Ausbreitung von Markenartikeln erfolgte, die als ein integraler Produktbestandteil qualitativ hochwertige mehrfarbige Verpackungen aufwiesen, die zudem

---

[1] Vgl. im Text S.281f.

im allgemeinen in großen Druckauflagen nachgefragt wurden.

Tab.84: Entwicklung der prozentualen Anteilswerte des Tiefdruckverfahrens am Bruttoproduktionswert von Verpackungsdrucksachen, in nominalen Werten

Tiefdruckanteil \ Jahr	1960	1968	1976 *	1976 +	1979	1982	1985	1988
Verpackungsdrucksachen	4,6%	6,1%	19,4%	20,5%	21,5%	25,8%	27,1%	24,7%

* Industriebetriebe mit mind. 10 Beschäftigten. + Betriebe von Unternehmen des Produzierenden Gewerbes mit mind. 20 Beschäftigten. Quelle: Statistisches Bundesamt, Fs.4: R.3.1, versch. Jgg; eigene Berechnung der Werte.

Darüber hinaus nahm die Bedeutung des Tiefdruckverfahrens im Verpackungsdruck deshalb zu, weil mit den Tiefdruckformen die unterschiedlichsten Arten von Druckfarben verarbeitet werden konnten,[1] was angesichts der gewachsenen drucktechnischen Qualitätsanforderungen bezüglich der Produktpräsentation, der mechanischen und thermischen Beanspruchbarkeit sowie der Farb- und Lebensmittelechtheit bzw. Geschmacksneutralität von besonderer Relevanz war.

Zusammenfassend ist festzuhalten, daß sich der Tiefdruckanteil von Zeitschriften annähernd gleichbleibend entwickelte, während im Produktbereich Werbedrucksachen ein sinkender Produktionsanteil und im Produktbereich Verpackungsdrucksachen ein steigender Produktionsanteil auf das Tiefdruckverfahren entfiel.

Die Wachstumsentwicklung der Tiefdruckproduktion wurde aber nicht allein durch die anteilsmäßige Entwicklung des Tiefdruckverfahrens bestimmt, sondern war daneben in hohem Maße von der Nachfrageentwicklung in den Produktbereichen Pressedrucksachen, Werbedrucksachen und Verpackungs-

[1] Im Gegensatz zum Offsetdruckverfahren können mit dem Tiefdruckverfahren auch Druckfarben auf Folien und metallisierte Druckpapiere aufgebracht werden und zudem lassen sich Metallfarben und Deckweiß einfacher verarbeiten.

drucksachen abhängig.

Tab.85: Entwicklung der Bruttoproduktionswerte von im Tiefdruckverfahren erstellten Zeitschriften, Werbedrucksachen, Verpackungsdrucksachen sowie der Tiefdruckproduktion insgesamt, in realen Werten, durchschnittliche jährliche Veränderungsraten

Tiefdruckverfahren \ Periode	1961-68	1969-76	1977-82	1983-88	1961-76	1977-88
Zeitschriften *	7,8%	2,3%	1,3%	1,4%	5,1%	1,3%
Werbedrucksachen	7,3%	3,6%	2,1%	-0,9%	5,4%	0,6%
Verpackungsdrucksachen	8,1%	21,8%	6,9%	3,8%	14,7%	5,4%
Tiefdruckproduktion insges.	7,4%	3,4%	2,0%	1,3%	5,4%	1,6%

* Bis einschl. 1970 Zeitungs- und Zeitschriftendruck. Quelle: Statistisches Bundesamt, Fs.4: R.3.1 u. Fs.17: R.2, versch. Jgg.; eigene Berechnung der Werte.

Wie Tab.85 zeigt, verlief die Wachstumsentwicklung des Zeitschriftentiefdrucks - in Relation zur gesamten Tiefdruckproduktion - in den Perioden 1969-1976, 1977-1982 und 1983-1988 unterdurchschnittlich, obwohl sich der Tiefdruckanteil an der Zeitschriftenproduktion zugleich nahezu konstant entwickelt hatte. Ausschlaggebend für die unterdurchschnittliche Wachstumsentwicklung des Zeitschriftentiefdrucks war demnach, daß im Zeitschriftendruck insgesamt nur unterdurchschnittliche Produktionszuwächse erwirtschaftet wurden.[1]

Die Werbedrucksachen trugen demgegenüber - trotz eines stark rückläufigen Produktionsanteils des Tiefdruckverfahrens - in den Perioden 1961-1968, 1969-1976 und 1977-1982 überdurchschnittlich zur Wachstumsentwicklung der Tiefdruckproduktion bei, was daher resultierte, daß die Produktionszuwächse im Produktbereich Werbedrucksachen weit überdurchschnittlich ausgefallen waren.[2]

Für den Verpackungstiefdruck wurden die mit Abstand höchsten Produk-

[1] Vgl. im Text S.142: Tab.31.

[2] Vgl. im Text S.238: Tab.51.

tionszuwächse verzeichnet, denn zum einen stieg der Tiefdruckanteil bei den Verpackungsdrucksachen drastisch an und zum anderen wurden im Produktbereich Verpackungsdrucksachen weit überdurchschnittlich hohe Produktionszuwächse realisiert.[1] Die vom Verpackungstiefdruck ausgehenden Wachstumsimpulse blieben dennoch begrenzt, denn die Verpackungsdrucksachen trugen während des Untersuchungszeitraums lediglich mit weniger als 10% zur gesamten Tiefdruckproduktion bei.

Abschließend ist zu konstatieren, daß der schwankende Produktionsanteil des Tiefdruckverfahrens im wesentlichen auf die nachfrageseitig induzierten Veränderungen in der Produkt- und Auftragsstruktur zurückzuführen sind. Eine produktionstechnisch bedingte Substitution des Tiefdruckverfahrens durch das Hoch- bzw. das Flachdruckverfahren ist hingegen nicht festzustellen, so daß offenbar der verfahrensbezogene technische Fortschritt ausreichend war, um die Attraktivität des Tiefdruckverfahrens gegenüber den anderen Druckverfahren zu sichern. Hierfür spricht auch, daß der Anteilswert des Tiefdruckverfahrens an den gesamten Druckmaschineninvestitionen - lt. Untersuchungen des IFO-Instituts - zwischen 1976 und 1988 nur unwesentlich, und zwar von 20% auf 18% abnahm.[2]

Im Gegensatz zum Tiefdruckverfahren existieren weder beim Hoch- noch beim Flachdruckverfahren verfahrensmäßig bedingte mindestoptimale Maschinengrößen[3], was damit zusammenhängt, daß die auflagenfixen Herstellungskosten von Hoch- und Flachdruckformen deutlich niedriger sind als diejenigen von Tiefdruckformen, deren Druckzylinder zeit- und materialaufwendig bearbeitet werden müssen. Demzufolge können im Hoch- und Flachdruckverfahren auch kleine und mittlere Auflagengrößen auf entsprechend dimensio-

---

[1] Vgl. im Text S.224: Tab.46.

[2] Vgl. im Anhang S.LXIV: Tab.LI.

[3] Vgl.: K. MELLEROWICZ, Kosten und Kostenrechnung, Bd.I : Theorie der Kosten, 5.unveränd. Aufl. Berlin (West) u. New York 1973, S.421.

nierten Druckmaschinentypen effizient erstellt werden.[1]

Das Hoch- und das Flachdruckverfahren wurden somit während des Untersuchungszeitraums für nahezu sämtliche Auftragsarten genutzt, wobei jedoch abhängig von den produktionstechnischen Anforderungen die verschiedensten Druckmaschinentypen zum Einsatz kamen, nämlich Bogen- und Rollendruckmaschinen, klein- und großformatige Druckmaschinen sowie Ein- und Mehrfarben-Druckmaschinen.[2]

Das Hoch- und das Flachdruckverfahren wiesen dadurch, daß sie produktionstechnisch annähernd das gleiche Leistungsspektrum abdeckten, eine enge Substitutionsbeziehung auf, so daß die aus Tab.80 ersichtlichen gegenläufigen Anteilsentwicklungen des Hoch- und des Flachdruckverfahrens in einem direkten Zusammenhang standen.

Die schrittweise erfolgte Substitution des Hochdruckverfahrens durch das Flachdruckverfahren hatte dabei im wesentlichen drei Ursachen, auf die nachfolgend näher einzugehen ist. Erstens die Prozeßinnovationen im Foto- bzw.

---

[1] Die Tiefdruckzylinder werden dabei auf elektrolytischem Wege zuerst aufgekupfert und anschließend wird das Druckbild entweder durch eine chemische Ätzung oder eine elektromechanische Gravur bzw. eine Lasergravur übertragen.

[2] Demgegenüber werden im Tiefdruckverfahren fast ausschließlich großformatige Rollen-Rotationsmaschinen eingesetzt, da die Druckherstellung nur unter Ausnutzung der im Fortdruck realisierbaren Massenproduktionsvorteile effizient ist. Von den Bogen-Tiefdruckmaschinen, die ausschließlich zu Andruckzwecken bzw. für Spezialaufträge dienen, existierten deshalb bei der letztmalig durchgeführten Bestandserhebung im Jahr 1977 lediglich noch 39 Ein- und Mehrfarbenmaschinen. Vgl.: BVD, Maschinenerhebung 1977 - Ergebnisse einer Maschinenerhebung in der Druckindustrie für das Jahr 1977, Wiesbaden 1979, S.32f.

Lichtsatz[1], zweitens die technische Weiterentwicklung des Flachdruckverfahrens und drittens die Veränderungen der Auftragsstruktur.

Die Entwicklung des Fotosatzverfahrens zur Herstellung von Druckbildern läßt sich bis in das 19.Jahrhundert zurückverfolgen;[2] der entscheidende technische Durchbruch gelang jedoch erst in den 60er Jahren des 20.Jahrhunderts mit der Entwicklung leistungsfähiger, elektromechanischer Fotosetzgeräte.[3] Der grundlegende Vorzug gegenüber dem traditionellen Bleisatz resultierte dabei aus der drastischen Erhöhung der Setzgeschwindigkeiten, denn während mit Fotosetzgeräten Anfang der 70er Jahre bereits zwischen 200.000-1.000.000 Zeichen je Stunde verarbeitet werden konnten, lag die Leistung im Bleisatz mit manuell zu bedienenden Zeilengußmaschinen lediglich bei ca. 7.000 Zeichen je Stunde und mit lochbandgesteuerten Zeilengußmaschinen bei ca.30.000 Zeichen je Stunde.[4]

Eine erneute Prozeßinnovation stellten die elektronischen, d.h. computergestützten Fotosetzsysteme dar,[5] bei denen die Datenausgabe auf digitalem Wege erfolgte, und zwar entweder über sog. Kathodenstrahlbelichter[6] oder

---

[1] Eine allgemein anerkannte Begriffsabgrenzung von Fotosatz und Lichtsatz existiert derzeit nicht, zumal die Begriffe "Foto" und "Licht" sprachlich gleichzusetzen sind. Unter Lichtsatz werden jedoch zumeist fotoelektronische Verfahren mit punktweisem Bildaufbau verstanden, während zum Fotosatz diejenigen Verfahren zählen, bei denen ein Matrizenbild fotografisch auf eine lichtempfindliche Schicht projiziert wird. Im folgenden wird jedoch auf eine derartige Differenzierung verzichtet und stattdessen die Bezeichnung Fotosatz als Oberbegriff für sämtliche Verfahrensvarianten benutzt. Vgl.: R. AGTE (1981), Der richtige Fachbegriff... a.a.O., S.77ff.

[2] Vgl.: K. GREFERMANN (1980), Druckerei- und Vervielfältigungsindustrie a.a.O., S.96.

[3] Dabei wurden sog. Perforatoren zur lochbandgesteuerten Dateneingabe verwendet.

[4] Vgl.: R. LEMPEN (1973), Selektives Marketing... a.a.O., S.34: Abb.10.

[5] Diese elektronisch gesteuerten Setzanlagen sind i.d.R. mit Bildschirmsichtgeräten ausgestattet und verfügen über interne Speichermöglichkeiten.

[6] Kathodenstrahlbelichter werden auch als CRT-Belichter (cathode-ray-tube) bezeichnet.

über Laserbelichter, die seit Mitte der 80er Jahre zunehmend eingesetzt wurden. Der in den 70er Jahren vollzogene Übergang von den elektromechanischen zu den elektronischen Fotosetzgeräten bzw. -systemen bewirkte abermals eine sprunghafte Zunahme der Setzleistung, die infolge der drastischen Leistungssteigerungen im Bereich der Mikroelektronik zwischenzeitlich auf mehr als 10 Mio. Zeichen je Stunde erhöht werden konnte.[1]

Zum Produktivitätsanstieg des Fotosatzes trug zudem die immaterielle Bearbeitung von Textkorrekturen bei, die erst durch den "Computersatz" ermöglicht wurde. Daneben konnte erstmals eine räumliche Trennung von Texterfassung und -verarbeitung realisiert werden, die zu nachhaltigen Konsequenzen für die Druckindustrie führte, auf die noch an anderer Stelle eingegangen wird.[2]

Darüber hinaus wurden in den 80er Jahren anstelle der konventionellen Bildreproduktion mit Hilfe von Kameras, Farbauszugsgeräten und Kontaktkopiergeräten neuentwickelte elektronische Reproduktionssysteme eingesetzt, wobei deren Konfiguration zumeist aus einem Farbscanner[3] zur digitalisierten Eingabe von Bild- und Textvorlagen bestand, einem zentralen Minicomputer mit Magnetplattenspeicher, an den verschiedene Bearbeitungsstationen angeschlossen waren, einem Laserbelichter zur Ganzseitenausgabe sowie einem Thermotransferdrucker zur Herstellung von Korrekturvorlagen.

Mit der Digitalisierung der Text-, Grafik- und Bilddaten wurde gleichzeitig die Integration von Satzherstellung und Bildreproduktion eingeleitet, die zuvor gerätetechnisch separat erfolgte. Die manuell durchgeführte und deswegen besonders arbeitsintensive Filmmontage, die ansonsten zum Zusammenfügen des Druckbildes notwendig war, entfiel somit bei der Nutzung von elek-

---

[1] Vgl.: COUNCIL OF EUROPE, The Effects of Development of Micro-technology on the Organisation of Work and Employment in the Printing Industry, Straßburg 1987, S.30f.

[2] Vgl. im Text S.414f.

[3] Als Scanner (engl. "to scan" = abtasten) werden Geräte bezeichnet, die mit einem gebündelten Lichtstrahl die Druckvorlage zeilenweise abtasten und die ermittelten Meßwerte in digitalisierte Daten umsetzen.

tronischen Bildverarbeitungssystemen (EBV-Systeme) weitgehend.

Die Text-/Bildintegration war dabei technisch zunächst nur mit Hilfe von kapitalintensiven Großanlagen, d.h. mit Minicomputern und Trommelscannern[1] möglich, so daß die Verbreitung der EBV-Systeme, von denen Ende 1987 ungefähr 300 Exemplare installiert waren, im wesentlichen auf die Großbetriebe und einstufigen Reproduktionsbetriebe beschränkt blieb.[2]

Die Fortschritte in der Mikroprozessortechnik ermöglichten jedoch in den letzten Jahren die Einführung von vergleichsweise preisgünstigen, offenen Systemen[3], deren Konfiguration - im Unterschied zu den firmenbezogenen Spezialsystemen - auf (Industrie-) Standard-Hardware und Software basierte und die unter der Bezeichnung "Desktop-Publishing" (DTP) lanciert wurden.[4] Die DTP-Systeme wurden dabei auf der Grundlage von leistungsfähigen Mikrocomputern (Work-Stations) sowie kleinformatigen Schwarz-weiß-Flachbett-

---

[1] Bei den großformatigen Trommelscannern erfolgt der Abtastvorgang über eine rotierende Plexiglastrommel.

[2] Vgl.: M.W. UMBACH, Ungebrochener EBV-Boom, in: Deutscher Drucker, 24.Jg., Heft Nr.26, Ostfildern 1988, S.w64.

[3] Vgl.: W. HÜLSBUSCH, Die Druckindustrie in der Informationsgesellschaft, Teil 2: Entwicklungen der Informationstechnologien, in: Der Druckspiegel, 44.Jg., Heft Nr.9, S.959-963, Heusenstamm 1989, S.960f.

[4] Der Begriff "Desktop-Publishing" zielt darauf, daß Mikrocomputer bzw. Personalcomputer und kleinformatige Flachbettscanner genutzt werden, die in Verbindung mit einem Laserdrucker - unabhängig von der Druckindustrie - das Publizieren am Arbeitsplatz ermöglichen sollen. Die Text-/ Bildintegration basiert dabei zumeist auf der Seitenbeschreibungssprache "PostScript" der Fa. Adobe, die sich quasi als Industriestandard durchgesetzt hat, wobei alle Gestaltungselemente wie Text, Grafik und Bilder in Mio. von digitalen Einzelinformationen zerlegt und mittels der sog. Raster-Image-Processor-Technik (RIP) zur kompletten Seite zusammengeführt werden. Vgl.: L.W. WALLIS, Trends im Fotosatz durch viele Richtungen gekennzeichnet, in: Druckwelt, 37.Jg., Heft Nr.18, S.46-51, Hannover 1987, S.47ff.; J. PETERS, Desktop Publishing - Was bringt's wirklich?, Hrsg.: Arthur D. Little International, Wiesbaden 1988 sowie K.M. MEINECKE, Desktop Publishing in der Druckindustrie, Ergebnisse einer BVD/FOGRA-Studie, Hrsg.: BVD, Wiesbaden 1988.

scannern[1] konzipiert und mit standardisierten Softwareprogrammen betrieben.[2] Die DTP-Systeme blieben in den ersten Jahren aufgrund des begrenzten Qualitätsstandards auf den semiprofessionellen Bereich beschränkt und wurden vor allem außerhalb der Druckindustrie genutzt. Angesichts der enormen quantitativen und qualitativen Leistungssteigerungen änderte sich dies inzwischen dahingehend, daß die kleinen und mittleren Druckbetriebe anstelle von Fotosetzgeräten und Kameras im Schwarz-weiß-Bereich vermehrt DTP-Systeme mit angeschlossenem Laserbelichter nutzten und dadurch den Umfang der manuellen Filmmontage erheblich senken konnten.

Die enormen Produktivitätszuwächse infolge der stufenweisen Einführung von elektromechanischen Fotosetzgeräten in den 60er Jahren, von elektronischen Fotosetzsystemen in den 70er Jahren sowie von EBV- und DTP-Systemen in den 80er Jahren, entschieden in hohem Maße über die Wirtschaftlichkeit der einzelnen Druckverfahren, denn von der Digitalisierung aller Arbeitsschritte konnten nur diejenigen Druckverfahren profitieren, deren Druckformen entweder auf fotochemischer Basis erstellt wurden, wie Offsetdruckplatten, geätzte Tiefdruckzylinder sowie Flexodruckplatten, oder deren Bearbeitung auf elektronisch-mechanischer Grundlage erfolgte, wie im Fall der gravierten Tiefdruckzylinder.[3]

Die auf dem konventionellen Bleisatzverfahren basierenden Hochdruckformen verloren demgegenüber im Zuge des technischen Fortschritts im Fotosatz zunehmend ihre Wettbewerbsfähigkeit, so daß der Buchdruck als traditionell wichtigstes Hochdruckverfahren sukzessive durch den Offsetdruck verdrängt wurde, während der Flexodruck aufgrund der Kompatibilität mit dem Fotosatz hiervon nicht in dem Maße betroffen war.

---

[1] Flachbettscanner sind durch eine plane Abtastfläche gekennzeichnet und besitzen zumeist ein DIN A4-Format, maximal jedoch DIN A3-Format.

[2] Vgl.: W. PRECHSL, Desktop-Publishing-Systeme und Netzwerke zwingen Satzhersteller ganz schnell zum Umdenken, in: Deutscher Drucker, 23.Jg., Heft Nr.7, S.w10-w23, Ostfildern 1987, S.w10ff.

[3] Dies gilt gleichermaßen für die elektronisch-mechanische Gravur von Tiefdruckzylindern.

Die Substitution des Hochdruckverfahrens durch das Flachdruckverfahren bzw. die Substitution des Buchdrucks durch den Offsetdruck ist allerdings nicht allein auf die technische Entwicklung in der Druckvorstufe zurückzuführen, denn zumindest bis zu den 60er Jahren bestanden zwischen diesen beiden Verfahren auch erhebliche drucktechnische Qualitätsunterschiede, die sich dahingehend äußersten, daß das Offsetdruckverfahren für einfache, ungestrichene Druckpapiere, der Buchdruck dagegen für hochwertige Kunstdruckpapiere prädestiniert waren.[1] Der technische Fortschritt im Offsetdruckmaschinenbau, durch den eine exaktere Regelung des Farb-/Wasser-Verhältnisses und damit eine merkliche Reduktion der Wasserführung erreicht wurde, führte in Zusammenhang mit der Entwicklung von mikrogekörnten Offsetdruckplatten - die einen höheren Auflösungsgrad ermöglichten - sowie der Entwicklung von speziellen Offsetdruckfarben, seit den 60er Jahren zu einer Nivellierung der Druckqualitäten.[2] Die Substituierbarkeit des Hoch- und des Flachdruckverfahrens wurde somit nicht mehr durch die unterschiedlichen drucktechnischen Qualitätsmerkmale präjudiziert, sondern ausschlaggebend waren vielmehr allein die verfahrensbedingten Produktionskosten.[3]

Die Wirtschaftlichkeit des Hoch- und des Flachdruckverfahrens hing dabei im wesentlichen von der Druckvorstufe ab, da die Leistungsfähigkeit der Druckmaschinen im Fortdruck im wesentlichen nicht verfahrensabhängig war.[4] Der Offsetdruck wies dabei insbesondere bei mehrfarbigen bildintensiven Drucksachen hohe Kostenvorteile auf, da Offsetlithos deutlich niedrigere Her-

---

[1] Vgl.: P. MEIER (1971), Die Möglichkeiten und Grenzen... a.a.O., S.46.

[2] Vgl.: H. SCHABMAIR, Selektive Marketing-Politik in der Druckindustrie, Diplomarbeit im Fachbereich Marketing bei Prof.Dr. R.Nieschlag, Univ. München 1974, S.103.

[3] Vgl.: R. MAASS, Integrierte kurzfristige Prozeßplanung bei auftragsorientierter Fertigung unter besonderer Berücksichtigung von Druckereibetrieben, Diss. Univ. Köln 1975, S.17f.

[4] Dies ist darauf zurückzuführen, daß die Druckmaschinen unabhängig vom Druckverfahren weitgehend dieselbe technologische Produktionsbasis besitzen.

stellungskosten verursachten als die im Buchdruck verwendeten Klischees. Der Buchdruck besaß dagegen in den 60er Jahren bei den textintensiven Drucksachen Kostenvorteile gegenüber dem Offsetdruck, da der Maschinenbleisatz zunächst noch leistungsfähiger war als die elektromechanischen Fotosetzgeräte. Der sprunghafte Anstieg der Setzgeschwindigkeit im Fotosatz führte jedoch seit Ende der 60er Jahre dazu, daß der Offsetdruck zunehmend kostengünstiger wurde als der Buchdruck, so daß sich der Einsatz des Buchdrucks zunehmend auf solche Drucksachen beschränkte, die weder besonders bild- noch besonders textintensiv waren, wie z.B. die Mehrzahl der Geschäftsdrucksachen.

Tab.86: Entwicklung der prozentualen Anteilswerte des Hochdruckverfahrens am gesamten Bruttoproduktionswert der Produktbereiche, in nominalen Werten

Hochdruckanteil \ Jahr	1960	1968	1976 *	1976 +	1979	1982	1985	1988
Geschäftsdrucksachen	87,7%	87,2%	68,9%	67,6%	63,2%	47,5%	41,0%	37,0%
Bücherdrucksachen	76,0%	66,6%	36,2%	34,6%	28,6%	14,4%	10,6%	10,2%
Pressedrucksachen	70,7%	63,9%	58,5%	57,5%	56,9%	47,5%	38,2%	31,1%
Verpackungsdrucksachen	24,0%	27,7%	22,8%	21,9%	23,6%	22,1%	22,9%	25,1%
Werbedrucksachen	45,2%	38,1%	21,7%	20,2%	16,1%	10,7%	7,2%	7,6%
Sonstige Drucksachen	34,6%	30,5%	14,1%	13,2%	12,6%	12,3%	10,1%	11,2%

* Industriebetriebe mit mind. 10 Beschäftigten. + Betriebe von Unternehmen des Produzierenden Gewerbes mit mind. 20 Beschäftigten. Quelle: Statistisches Bundesamt, Fs.4: R.3.1 u. Fs.17: R.2, versch. Jgg; eigene Berechnung der Werte.

Wie Tab.86 zeigt, wurde das Hochdruckverfahren zwischen 1960 und 1988 in den Produktbereichen Bücherdrucksachen und Werbedrucksachen mit Anteilsrückgängen in Höhe von 85,6% bzw. 83,2% am stärksten substituiert.[1]

[1] Zur Entwicklung des Produktionsanteils des Flachdruckverfahrens gegliedert nach Produktbereichen, vgl. im Anhang S.LXV: Tab.LII.

Im Fall der Werbedrucksachen ist dies damit zu erklären, daß in diesem Produktbereich Druckaufträge mit hoher Bildintensität und mehrfarbiger Druckausstattung dominierten, bei denen der Offsetdruck große Kostenvorteile aufwies. Im Produktbereich Bücherdrucksachen war die Substitution des Hochdruckverfahrens hingegen in erster Linie mit der sprunghaften Zunahme der Taschenbuchproduktion verbunden, die größtenteils in Form der In-line-Fertigung auf speziell konzipierten Offsetdruckmaschinen erfolgte. Darüber hinaus ermöglichten die drucktechnischen Fortschritte im Offsetdruck auch bei den hochwertigen - auf Kunstdruckpapieren gefertigten - Bildbänden einen Verfahrenswechsel zum kostengünstigeren Offsetdruck.

Demgegenüber fiel der Rückgang des Hochdruckanteils in den Produktbereichen Geschäftsdrucksachen und Pressedrucksachen mit 57,8% und 56,0% unterdurchschnittlich aus[1] und im Produktbereich Verpackungsdrucksachen lag der Produktionsanteil des Hochdruckverfahrens im Jahr 1988 mit 25,1% sogar geringfügig höher als im Jahr 1960, denn damals hatte der Hochdruckanteil erst 24,0% betragen.

Im Produktbereich Pressedrucksachen wurde das Hochdruckverfahren überwiegend im Zeitungsdruck genutzt, während im Zeitschriftendruck traditionell das Tiefdruckverfahren dominierte.[2] Im Zeitungsdruck wurde die Wirtschaftlichkeit - bedingt durch die hohe Textintensität und den hohen Aktualitätsgrad - vor allem durch die Setzgeschwindigkeit bestimmt. Obwohl die Setzleistung im Fotosatz bereits Anfang der 70er Jahre deutlich höher war als beim lochbandgesteuerten Maschinenbleisatz wurde der Buchdruck in den Zeitungsdruckbetrieben erst mit zeitlicher Verzögerung substituiert,[3] da in den

---

[1] Der durchschnittliche Anteilsrückgang des Hochdruckverfahrens zwischen 1960 und 1988 betrug 65,4%

[2] Vgl. im Text S.347: Tab.82.

[3] Die Einführung des elektronisch gesteuerten Fotosatzes im Verlagsbereich stieß zudem in den Jahren 1975-1978 auf entschiedenen gewerkschaftlichen Widerstand, der auch zu Streikmaßnahmen führte. Vgl.: L. MAHLEIN, Streik in der Druckindustrie: Erfolgreicher Widerstand, in: Gewerkschaftliche Monatshefte, 29.Jg., Heft Nr.5, Köln 1978, S.261-271.

spezialisierten Zeitungsdruckbetrieben unteilbare Produktionsanlagen installiert waren, wodurch ein schrittweiser Übergang zum Offsetdruck durch Auswechseln einzelner Druckmaschinen i.d.R. nicht vollzogen werden konnte.[1] Der Flexodruck wurde - trotz der erheblichen technischen Fortschritte seit Anfang der 80er Jahre - bislang in bundesdeutschen Zeitungsdruckbetrieben nicht genutzt, da qualitative Einschränkungen bei der Farbwiedergabe bestanden.[2]

Im Produktbereich Geschäftsdrucksachen verlief der Substitutionsprozeß deshalb relativ langsam, weil ein Großteil der Druckaufträge, wie z.B. Briefpapiere und Formulare, wenig Text und keine Bildreproduktionen aufwies, so daß trotz des technischen Fortschritts im Fotosatz und Offsetdruck bei vielen Druckaufträgen mit dem Bleisatz und Buchdruck weiterhin eine effiziente Druckproduktion möglich war. Außerdem trat z.T. nicht der Offsetdruck, sondern die Kombination Fotosatz und Flexodruck an die Stelle des konventionellen Buchdrucks, der sich drucktechnisch für einfache und mittlere Qualitäten - wie z.B. zur Herstellung von Formularen - eignete.[3]

Im Produktbereich Verpackungsdrucksachen ist die Sonderstellung des Hochdruckverfahrens sogar allein darauf zurückzuführen, daß der Bleisatz und Buchdruck durch den Flexodruck und nicht durch den Offsetdruck ersetzt wurde.[4] Im Verpackungsdruck besaß der Flexodruck insofern einen spezifi-

---

[1] In den 70er und 80er Jahren haben sich deshalb mehrere Zeitungsverlage anläßlich der Umstellung auf den Offsetdruck zu Betriebsneubauten entschlossen. Vgl.: H.B. BOLZA-SCHÜNEMANN, Offsetdruck - Technik und Marktentwicklung, in: Der Polygraph, 40.Jg., Heft Nr.II, S.874-876, Frankfurt a.M. 1987, S.875.

[2] Vgl.: O.V., Drucktechnik: Zum Druck gibt es aus heutiger Sicht keine Alternative, in: Offset-Technik, Jg.1990, Heft Nr.2, S.18-22, Oberursel/Taunus 1990, S.20.

[3] Vgl.: M. MARSCHNER (1990), Formular-Ratgeber a.a.O., S.53.

[4] Das Flexodruckverfahren trug im Jahr 1988 schätzungsweise mit einem Produktionsanteil von 18% zum Verpackungsdruck bei. Vgl.: O.V., Verpackungsdruck - Jetzt kommt Farbe in die "Schwarze Zunft", in: Neue Verpackung, 43.Jg., Heft Nr.3, S.48-51, Frankfurt a.M. 1990, S.49.

schen drucktechnischen Vorteil gegenüber dem Offsetdruck, als daß neben dem Bedruckstoff Papier auch Folien, Kartonagen und Wellpappe problemlos verarbeitet werden konnten.

Der Substitutionsprozeß zwischen dem Hoch- und dem Flachdruckverfahren war jedoch nicht ausschließlich angebotsseitig, d.h. durch den technischen Fortschritt bedingt, sondern wurde daneben auch nachfrageseitig durch den Wandel der Produkt- und Auftragsstruktur in Richtung höherwertiger Druck- und Papierqualitäten begünstigt. Insbesondere bei Prospekten und Katalogen, aber auch bei Publikums- und Fachzeitschriften, bei Tages- und Wochenzeitungen, bei Taschenbüchern und gebundenen Büchern sowie bei Unternehmensbroschüren hat der Anteil der bildintensiven, mehrfarbig gefertigten Druckaufträge seit den 60er Jahren drastisch zugenommen, so daß sowohl die im Akzidenzdruck als auch die im Werkdruck tätigen Druckbetriebe schrittweise dazu gezwungen waren, den Fotosatz und den Offsetdruck in ihr Leistungsangebot aufzunehmen, um ihre Wettbewerbsfähigkeit zu sichern.[1]

Zusammenfassend ist festzuhalten, daß durch den technischen Fortschritt bei den Druckplatten sowie im Druckmaschinenbau in den 60er Jahren überhaupt erst die qualitativen Voraussetzungen für einen universellen Einsatz des Offsetdrucks geschaffen wurden. Die Geschwindigkeit des Substitutionsprozesses zugunsten des Flachdruckverfahrens wurde dagegen zum einen durch die Prozeßinnovationen im Bereich der Satz- und Reproduktionstechnik und zum anderen durch die Veränderung der Auftragsstruktur in Richtung einer mehrfarbigen bildintensiven Druckausstattung determiniert.

Abschließend ist zu erwähnen, daß die Verdrängung des Hochdruckverfah-

---

[1] Im Jahr 1978 nutzten bereits 72% der Druckbetriebe den Fotosatz und damit i.d.R. auch den Offsetdruck. Vgl.: IFO-INSTITUT, Zu den Ergebnissen der jährlichen Sonderbefragung im Druckgewerbe i.A. des BVD, Geschäftsjahr 1978, unveröff., wird nur an Befragungsteilnehmer abgegeben, München 1979.

rens durch das Flachdruckverfahren bei den Druckmaschineninvestitionen bereits wesentlich weiter fortgeschritten ist als bei der Druckproduktion, denn im Jahr 1988 entfielen nur noch 11% der Investitionssumme auf das Hochdruckverfahren und bereits 71% auf das Flachdruckverfahren.[1] Außerdem war in den letzten Jahren zu beobachten, daß neben den typischen Einverfahrenmaschinen vereinzelt auch Mehrverfahrenmaschinen installiert wurden, um die verfahrensbedingten drucktechnischen Vorteile zu kombinieren. Am häufigsten war dabei die Konversion von Offset- und Tiefdruck,[2] die dazu genutzt wurde, um anspruchsvolle, aus dem Rahmen fallende Werbedrucksachen mit speziellen drucktechnischen Effekten herzustellen.[3]

3.1.3. VERÄNDERUNGEN IN DEN EINGESETZTEN MASCHINENTYPEN

Die Veränderungen der Produktionsstruktur äußerten sich - unabhängig von den Druckverfahren - auch in einem Wandel der maschinenmäßigen Zusammensetzung des Produktionspotentials. Abgesehen vom organisatorischen Fortschritt[4], in Form einer verbesserten betrieblichen Produktionsplanung, war der technische Fortschritt in der Druckindustrie nahezu ausschließlich kapitalgebunden, denn die Aufwendungen, die seitens der Druckindustrie für Forschungs- und Entwicklungstätigkeiten geleistet wurden, waren vergleichs-

---

[1] Vgl. im Anhang S.LXIV: Tab.LI.

[2] Die Offset-/Tiefdruck-Konversion steht allerdings in Deutschland erst am Anfang ihrer Entwicklung, während beispielsweise in Japan die Verwendung von Mehrverfahrenmaschinen bereits weit verbreitet ist. Vgl.: G. THIELEN, Perspektiven und Rückwirkungen des Druckgeschäfts, in: Deutsche Papierwirtschaft, Jg.1986, Heft, Nr.2, S.39-48, München 1986, S.46.

[3] Zu den unterschiedlichen Kombinationen von Druckverfahren, vgl.: JOHANNES-GUTENBERG-SCHULE, Impuls 1990, Jahreszeitschrift des 20.Technikerlehrgangs an der Johannes-Gutenberg-Schule, Stuttgart 1990.

[4] Organisatorischer Fortschritt ist gleichbedeutend mit einer Produktivitätssteigerung, die unabhängig vom Faktoreinsatz und seiner mengenmäßigen Variationen erreicht wird. Vgl.: H. WALTER, Technischer Fortschritt I: In der Volkswirtschaft, in: W. Albers u.a. (Hrsg.), Handwörterbuch der Wirtschaftswissenschaften, Bd.7, S.569-583, Stuttgart u.a. 1977, S.569.

weise unbedeutend.[1] Die Prozeßinnovationen in der Druckindustrie beruhten demzufolge auf Produktinnovationen in den vorgelagerten Industriezweigen,[2] wobei diverse Industriezweige hierzu beitrugen: Die Chemische Industrie mit der Neu- und Weiterentwicklung von Druckplatten und Druckfarben, die Papierverarbeitende Industrie mit der Entwicklung von speziellen Druckpapieren, deren Bedruckeigenschaften auf die Druckverfahren abgestimmt wurden, die Elektrotechnische Industrie mit der Entwicklung von leistungsfähigen Geräten bzw. Systemen zur Satzherstellung und Bildreproduktion sowie der Maschinenbau mit der Entwicklung von Druckmaschinen bzw. Maschinen und Zusatzaggregaten zur Druckweiterverarbeitung, die für die unterschiedlichsten Einsatzbereiche konzipiert wurden.

Nachfolgend werden für die drei Produktionsstufen der Druckindustrie die wichtigsten Veränderungen in der maschinellen Zusammensetzung des Produktionspotentials aufgezeigt und zudem soll untersucht werden, inwieweit nachfrage- oder angebotsseitige Determinanten hierfür maßgebend waren. Die Zusammensetzung des Produktionspotentials der Druckindustrie kann dazu anhand der Maschinenbestandsstatistik, die im vierjährigen Intervall i.A.

---

[1] Im Jahr 1986 entfielen von den Innovationsaufwendungen der Druckindustrie - lt. IFO-Innovationstest - lediglich 3,0% auf die Forschung. Vgl.: IFO-INSTITUT, Innovationsbericht - Ergebnisse des IFO-Innovationstests 1986/1987, unveröff., wird nur an teilnehmende Druckunternehmen abgegeben, München 1988. Die Berechnungen des Stifterverbandes für die Deutsche Wissenschaft zeigen übereinstimmend damit - allerdings für das Holz-, Papier- und Druckgewerbe zusammengerechnet - daß die Aufwendungen für Forschung und Entwicklung weit unter dem Industriedurchschnitt lagen. Vgl: G. FELS/ K.-D. SCHMIDT, Die deutsche Wirtschaft im Strukturwandel, Kieler Studien Nr.166, Tübingen 1981, S.68: Tab.3-11.

[2] Zu den Unterschieden, die zwischen Produkt- und Prozeßinnovationen bestehen, vgl.: H. SCHMALHOLZ/ L. SCHOLZ/ J. GÜRTLER, Innovationen in der Industrie, IFO-Studien zur Industriewirtschaft Nr.28, München 1985, S.22ff.

des BVD durchgeführt wird, nachvollzogen werden.[1] Allerdings lassen die Bestandszahlen nur in beschränktem Umfang Rückschlüsse auf die maschinelle Leistungsfähigkeit zu, da diese modellbedingt, d.h. abhängig vom jeweiligen Baujahr und Hersteller, stark variiert. Außerdem sind weder Aussagen über den Auslastungsgrad einzelner Maschinentypen möglich, noch darüber, mit welchem Anteilswert die verschiedenen Maschinentypen zur Druckproduktion beitrugen.

Die Druckvorstufe war - wie bereits erwähnt - im Untersuchungszeitraum durch die Umstellung vom Bleisatz auf den Fotosatz als dominierendes Verfahren zur Satzherstellung gekennzeichnet sowie durch eine fortschreitende Digitalisierung sämtlicher Produktionsschritte, wobei das angestrebte Ziel des technischen Fortschritts darin bestand, unter höchsten Qualitätsmaßstäben eine gleichzeitige Belichtung von Text, Grafiken und Bildern auf den Film bzw. sogar direkt auf die Druckplatte (Computer to Plate[2]) zu ermöglichen.

In der Satzherstellung ist die Diffusion des technischen Fortschritts, d.h. die Anpassung der angewandten Technik an den Stand der Technik und die damit verbundene Verfahrensumstellung auf den Fotosatz, daran erkennbar, daß

---

[1] Im weiteren werden die Maschinenerhebungen der Jahre 1965, 1969, 1973, 1977, 1981 und 1986 berücksichtigt. Im Jahr 1961 wurde keine Maschinenerhebung durchgeführt und die Maschinenerhebung 1957 wird deshalb nicht miteinbezogen, weil die Ergebnisse aufgrund von Unterschieden in der statistischen Gliederung nur bedingt vergleichbar sind. Der Repräsentationsgrad der Maschinenerhebungen war dabei extrem hoch; so wurden im Jahr 1986 die Angaben von 8.952 Druckbetrieben ausgewertet, die 85,6% der insgesamt in der Druckindustrie Beschäftigten umfaßten. Vgl.: BGV, Untersuchung über eine Maschinenerhebung im graphischen Gewerbe für das Jahr 1965, Wiesbaden 1967, S.1 sowie BVD, Maschinenerhebung 1986 - Ergebnisse einer Erhebung des Maschinenbestandes in der Druckindustrie zum Stichtag 1.1.1986, Wiesbaden 1987, S.5f.

[2] Die direkte Belichtung von Druckplatten ohne "den Umweg" über Filme oder Fotopapier wird derzeit nur bei der Lasergravur von Tiefdruckformen sowie in geringem Umfang bei kleinformatigen Offsetdruckplatten (bis DIN A3) praktiziert. Vgl.: E. FRIEMEL, Setzen, Belichten, Drucken - Der schnellste Weg vom Satz zum Druck, in: Deutscher Drucker, 24.Jg., Heft Nr.9, S.w49-S.w54, Ostfildern 1988, S.w49ff.

die Zahl der elektromechanischen Fotosetzgeräte bzw. der elektronischen Fotosetzsysteme, die seit Mitte der 70er Jahre schrittweise an deren Stelle traten, drastisch zunahm, wohingegen die Bestandszahl von Bleisetzmaschinen - wie Tab.87 zeigt - zugleich stark abnahm. Die Zahl der Neuzugänge an Bleisetzmaschinen verringerte sich dabei noch deutlicher, denn während in den Jahren 1966-1969 insgesamt 558 Monotype- und Zeilengießmaschinen angeschafft wurden, sank die Zahl der Neuanschaffungen in den Jahren 1982-1985 auf lediglich 39 Exemplare.

Tab.87: Entwicklung ausgewählter Maschinenbestände im Bereich der Satzherstellung und Bildreproduktion

Maschinenbestand * \ Jahr *	1965	1969	1973	1977	1981	1986
Bleisetzmaschinen (Monotype- u. Zeilengießmaschinen)	7.220	7.110	6.930	5.880	2.830	1.499
Fotosetzgeräte (Titel- u. Akzidenzsatz, Linierarb.)	330	1.120	2.300	2.800	3.690	3.264
Fotosetzsysteme (Kompaktsysteme u. Belichter)	30	70	580	2.840	5.410	7.883
Kameras (aller Art ohne Vergrößerungsgeräte)	2.150	2.670	3.870	4.900	7.340	8.190
Trommel- u. Flachbettscanner (einschl. Scanner von EBV-Systemen)	90	120	210	300	600	1.017

* Die Maschinenbestände der Jahre 1965 bis 1981 wurden auf den Grad der Beschäftigtenrepräsentanz der Maschinenerhebung 1986 umgerechnet. * Die Erhebungen 1965 bis 1981 beziehen sich auf den 31.12. d.J. als Stichtag; die Erhebung 1986 gibt dagegen den Stand am 1.1.1986 wieder. Quelle: BVD, Maschinenerhebung, versch. Jgg.; eigene Berechnung der Werte.

In der Bildreproduktion wurde dagegen die konventionelle Kameratechnik bislang nicht durch elektronische Geräte in Form von Scannern verdrängt, denn in den Jahren 1982-1985 erreichte die Zahl der neuinstallierten Kameras mit 2.685 Exemplaren ihren bisherigen Höhepunkt. Anscheinend wurden die beiden Techniken jeweils für bestimmte Einsatzgebiete genutzt, wobei allerdings in den letzten Jahren die Nutzung von Scannern sprunghaft ausgeweitet wurde, was sich damit belegen läßt, daß mehr als 60% des Scannerbestandes am 1.1.1986 in den Jahren 1982-1985 angeschafft wurde.

Die elektronischen Fotosetz- bzw. Bildverarbeitungssysteme wurden dabei im Jahr 1986 vor allem in Großbetrieben mit mehr als 500 Beschäftigten, und zwar speziell in einstufigen Reproduktionsbetrieben sowie Tiefdruckbetrieben eingesetzt,[1] denn diese EBV-Systeme erforderten große Investitionssummen und konnten wegen ihrer kurzen technischen Lebensdauer nur unter der Voraussetzung einer hohen Kapazitätsauslastung effizient genutzt werden. Demgegenüber wurden in kleinen und mittleren Druckbetrieben in den letzten Jahren vermehrt die neuentwickelten relativ preisgünstigen DTP-Systeme zur schwarz-weißen Wiedergabe genutzt.

Die angebotsseitig induzierten Veränderungen der Produktionsstruktur im Bereich der Druckvorstufe wirkten sich dabei wiederum auf die Drucknachfrage aus, denn sowohl die Satzherstellung als auch die Bildreproduktion konnten aufgrund der produktionstechnisch bedingten Kostenreduktionen zunehmend preisgünstiger angeboten werden.[2] Dies betraf insbesondere die Herstellung mehrfarbiger bildintensiver Offsetdruckformen, so daß die zuvor festgestellte Veränderung der Auftragsstruktur in Richtung hochwertiger mehrfarbiger Drucksachen[3] maßgeblich auf den technischen Fortschritt in der Druck-

---

[1] In der Sonderbefragung des Jahres 1986 gaben 7% der Druckbetriebe an, daß sie schwarz-weiße Computersysteme nutzten und 8% der befragten Druckbetriebe verwendeten sogar farbige Computersysteme. Der Anteil der Tiefdruckbetriebe fiel dabei mit 36% mit Abstand am höchsten aus. Vgl.: IFO-INSTITUT, Zu den Ergebnissen der jährlichen Sonderbefragung im Druckgewerbe i.A. des BVD - Geschäftsjahr 1986, unveröff., wird nur an Befragungsteilnehmer abgegeben, München 1987, S.35: Tab.15.

[2] Die durch den technischen Fortschritt in der Druckvorstufe erzielten Produktivitätszuwächse wurden nämlich nicht vollständig durch die Erhöhung der Faktorkosten kompensiert, was u.a. dadurch bedingt war, daß der technische Fortschritt gleichermaßen arbeits- und kapitalsparend war. Zum arbeits- und kapitalsparenden Fortschritt, vgl.: H. WALTER (1977), Technischer Fortschritt I a.a.O., S.571f.

[3] Vgl. im Text S.335f.

vorstufe zurückzuführen ist, dessen wichtigste technologische Grundlage die Mikroelektronik bildete.

In der Produktionsstufe Druck zielte der technische Fortschritt bei sämtlichen Maschinentypen grundsätzlich darauf ab, die Rüstzeiten[1] und den Makulaturanfall zu reduzieren, die Druckgeschwindigkeiten zu erhöhen und gleichzeitig die Druckqualität bei vereinfachter Maschinenbedienung zu steigern.[2]

Die Rüstzeiten und der Makulaturanfall wurden dabei während des Untersuchungszeitraums u.a. mit Hilfe von Farbwalzen- und Gummituchwaschanlagen, eine automatische Paßregistersteuerung sowie den Einsatz von Plattenscannern zur automatischen Farbvoreinstellung drastisch gesenkt.[3] Die Druckgeschwindigkeiten konnten durch die Weiterentwicklung der Mechanik und Steuerungstechnik allein in der letzten Dekade annähernd verdoppelt werden, wobei zugleich maschinentechnisch bedingte Verbesserungen in der Druckqualität erreicht wurden, die insbesondere auf die Verwendung von automatisch gesteuerten Filmfeuchtwerken, die Nutzung von Infrarot- oder UV-Trokkenaggregaten sowie auf eine sensorgesteuerte Fernbedienung der Farb- und

---

[1] Die Rüstzeit läßt sich in die Rüstvorbereitung, das eigentliche Maschinenrüsten sowie den Probelauf unterteilen, wobei die Maschinenstillstandszeit auf das Maschinenrüsten begrenzt ist. Vgl.: R. STEFFEN, Flexibilitätssteigerung durch Rüstzeitsenkung, in: Management Zeitschrift, 56.Jg, Heft Nr.11, S.507-511, Zürich 1987, S.507.

[2] Vgl.: H. SCHÖNE, Mehr Produktivität beim Bogendruck, in: Druckwelt, 37.Jg, Heft Nr.14-15, S.44/45, Hannover 1987, S.44.

[3] Durch die automatische Farbvoreinstellung konnte z.B. bei Bogendruckmaschinen eine Verringerung der Rüstzeiten und Makulatur um rd.40% erzielt werden. Vgl.: HEIDELBERGER DRUCKMASCHINEN AG, Heidelberger Nachrichten, 43.Jg., Heft Nr.2: Heidelberg CPC, Heidelberg 1985, S.20.

Registerwerke über zentrale Maschinenleitstände zurückzuführen war.[1] Darüber hinaus wurden vermehrt Zusatzaggregate zur Druckweiterverarbeitung in die Druckmaschinen integriert, wie z.B. Lackier-, Schneide-, Perforations-, Falz-, Heft- und Klebewerke, wobei im Extremfall versandfertige Drucksachen in einem Maschinendurchgang hergestellt werden konnten.

Die Diffusion des technischen Fortschritts und die Realisierung der dadurch ermöglichten Produktivitätssteigerungen war dabei von der Investitionsbereitschaft der Druckunternehmen abhängig, da die neuinstallierten Druckmaschinen jeweils den technischen Fortschritt bzw. den erreichten Wissensstand inkorperierten, ohne normalerweise jedoch am weiteren technischen Fortschritt teilzunehmen.[2] Die Diffusionsgeschwindigkeit des technischen Fortschritts wurde wiederum durch die Investitionsentwicklung bestimmt, wobei sich die Investitionszuwächse in realen Werten gemessen im Periodenvergleich stark erhöhten,[3] so daß sich dementsprechend auch die Diffusionsgeschwindigkeit im Zeitablauf beschleunigte. Die Altersstruktur des Maschinenbestandes wurde zudem durch die Zielsetzung der Investitionen beeinflußt, denn während bei Erweiterungs- und Rationalisierungsinvestitionen die älteren Baujahrgänge nicht bzw. nur in bestimmten Fällen stillgelegt wurden, waren die Ersatzinvestitionen i.d.R. mit einer Außerbetriebnahme der zuvor genutzten Druckmaschinen verbunden. Demzufolge sank das Durchschnittsalter bei Investitionen, die zu Ersatzzwecken durchgeführt wurden, in stärkerem Maße als bei Erweiterungs- oder Rationalisierungsinvestitionen.

---

[1] Vgl.: K.-J. OPPERMANN, Qualitätssteigerungen im Kleinoffsetdruck - Maschinen- und verfahrenstechnische Perspektiven, vervielf. Referat, hrsg. v. BVD, gehalten am 25.10.1988, anläßlich der Fachveranstaltung: "Kleinoffsetdruck", die im Rahmen der XIV.Woche der Druckindustrie in Nürnberg stattfand, S.5f. Die modernsten Rollen-Rotations-Offsetdruckmaschinen sind z.B. mit über 1.500 elektronischen Kontroll- und Befehlsstellen ausgestattet. Vgl.: HEIDELBERGER DRUCKMASCHINEN AG, Heidelberger Nachrichten, Jg.48, Heft 1: DRUPA 90, Heidelberg 1990, S.15.

[2] Einen Ausnahmefall bildet die Umrüstung von Druckmaschinen bzw. die Nachrüstung von Zusatzaggregaten.

[3] Vgl. im Text S.52: Tab.16.

Wie Tab.88 zeigt, nahm der prozentuale Anteil der Erweiterungs- und Rationalisierungsinvestitionen im Untersuchungszeitraum tendenziell ab, wohingegen der Anteil der Ersatzinvestitionen zunahm. Damit übereinstimmend ist lt. DIW festzustellen, daß auch das Durchschnittsalter des Ausrüstungsvermögens gemessen anhand der Kennziffer "Brutto-Anlagevermögen bezogen auf die Abgänge, jeweils berechnet aus den Jahresdurchschnittswerten zu Preisen von 1980" von 26,6 im Jahr 1960 auf 19,6 im Jahr 1987 gesunken ist.[1]

Tab.88: Entwicklung der Investitionstätigkeit der Druckunternehmen *, durchschnittliche prozentuale Anteilswerte

Investitionsziele \ Periode	1961-68	1969-76	1977-82	1983-87
Erweiterungsinvestitionen	35,3%	31,4%	30,0%	24,8%
Ersatzinvestitionen	19,4%	22,8%	28,3%	41,0%
Rationalisierungsinvestitionen	45,2%	45,9%	41,7%	34,2%

* Zu beachten ist dabei, daß bei den jährlichen Erhebungen die Beteiligung u. Repräsentation des Berichtskreises schwankte. Quelle: IFO-Institut, Investitionsbericht - Druckerei u. Vervielfältigung, versch. Jgg.; eigene Berechnung der durchschnittlichen Anteilswerte.

Die damit zum Ausdruck kommende Verkürzung der durchschnittlichen Nutzungsdauer ist in erster Linie damit zu erklären, daß sich die technische Le-

---

[1] Der Modernitätsgrad der Ausrüstungen, der vom DIW als Relation des (abgeschriebenen) Netto-Anlagevermögens zum (nicht abgeschriebenen) Brutto-Anlagevermögen berechnet wird, entwickelte sich hingegen "im Druckgewerbe" konstant, und zwar von 54,6% im Jahr 1960 auf 55,4% im Jahr 1987, so daß die Abschreibungsdauer anscheinend parallel zur Nutzungsdauer verkürzt wurde. Zum Begriff des Modernitätsgrades, vgl.: R. KRENGEL, Drastische Verschlechterung des Altersaufbaus und des Modernitätsgrades des industriellen Anlagevermögens in der Bundesrepublik Deutschland, in: Vierteljahreshefte zur Wirtschaftsforschung, Hrsg.: DIW, Jg.1978, Heft 1, S.22-28, Berlin (West) 1978, S.22. Quelle der Daten: DIW, Anlagevermögensrechnung des DIW, Kennziffern für das Ausrüstungsvermögen im Druckgewerbe, unveröff., Berlin (West).

bensdauer von Druckmaschinen verringert hat. Die einzelnen Maschinentypen waren hiervon allerdings in unterschiedlichem Grad betroffen, denn am ausgeprägtesten war die technische Veralterung bei den Rollen-Rotations-Druckmaschinen[1], die speziell für große Druckauflagen konzipiert waren. Die Produktivitätssteigerungen, die - bedingt durch höhere Maschinengeschwindigkeiten - im Fortdruck ermöglicht wurden, konnten nämlich bei Großauflagen in weitaus stärkerem Umfang realisiert werden als bei mittleren oder kleinen Auflagengrößen. Demgegenüber ließen sich bei den kleinformatigen Bogen-Druckmaschinen auch ältere Baujahrgänge insbesondere zur Fertigung von Kleinauflagen effizient einsetzen, zumal der technische Fortschritt im Druckmaschinenbau - im Gegensatz zur Druckvorstufe - zwar arbeits- aber nicht kapitalsparend war, so daß die geringere Arbeitsproduktivität älterer Druckmaschinen oftmals durch niedrigere Kapitalkosten kompensiert werden konnte.[2]

Festzuhalten ist an dieser Stelle, daß im Wege des investitionsinduzierten technischen Fortschritts schrittweise Veränderungen in der Zusammensetzung des Druckmaschinenbestandes stattfanden. Die Diffusionsgeschwindigkeit des technischen Fortschritts vergrößerte sich dabei im Zeitablauf merklich, wodurch - in Verbindung mit veränderten Investitionszielsetzungen - die durchschnittliche Nutzungsdauer von Druckmaschinen sank.

Nachdem die Diffusionsgeschwindigkeit des technischen Fortschritts sowie das Durchschnittsalter des Maschinenbestandes betrachtet wurde, soll anschließend untersucht werden, inwieweit strukturelle Veränderungen in bezug auf die verschiedenen Maschinentypen zu registrieren sind.

Die Druckmaschinen werden dazu zunächst entsprechend der Form des Bedruckstoffs klassifiziert, wobei - unabhängig vom Druckverfahren - grundsätz-

---

[1] Vgl. im Text S.372f.

[2] Der hohe Gebrauchswert von kleinformatigen Bogen-Druckmaschinen älterer Baujahrgänge wird auch daran deutlich, daß 10 Jahre und ältere Druckmaschinen häufig zum Einstandspreis gehandelt werden.

lich zwischen Bogen- und Rollen-Druckmaschinen zu unterscheiden ist.

Die Rollen-Druckmaschinen arbeiten typischerweise nach dem Druckprinzip rund/rund, d.h. sowohl die Druckform als auch die Gegendruckform bestehen aus rotierenden Zylindern, weshalb im folgenden die Bezeichnung Rollen-Rotationsdruckmaschinen benutzt wird. Dagegen wird bei den Bogen-Druckmaschinen auf eine weitere Spezifizierung verzichtet, da alle drei Druckprinzipien angewendet werden, und zwar im Hochdruckverfahren überwiegend die Druckprinzipien flach/flach (sog. Tiegeldruckmaschinen) und rund/flach (sog. Zylinder-Flachform-Druckmaschinen), wohingegen im Offsetdruckverfahren das Druckprinzip rund/rund dominiert.[1]

Die produktionstechnischen Unterschiede zwischen Bogen-Druckmaschinen und Rollen-Rotationsdruckmaschinen bestehen einerseits in der Höhe der Druckgeschwindigkeiten und andererseits im Grad der Angebotsumstellungsflexibilität. Die Druckgeschwindigkeit von Bogen-Druckmaschinen, die derzeit bei max. 15.000 Druckbogen je Std. liegt, ist dabei zumeist deutlich niedriger als die Fortdruckleistung von Rollen-Rotationsdruckmaschinen, deren Fortdruckleistung bis zu 80.000 Zylinderumdrehungen je Std. betragen kann.[2] Demgegenüber weisen die Bogen-Druckmaschinen i.d.R. eine weitaus größere Angebotsumstellungsflexibilität auf als die Rollen-Rotationsdruckmaschinen. Hierfür sind insbesondere drei Gründe anzuführen: Erstens ermöglichen die Bogen-Druckmaschinen kürzere Rüstzeiten sowie einen geringeren Makulaturanfall; zweitens sind die Druckformate bis hin zum Maximalformat stufenlos variabel und drittens können - anders als bei Rollen-Rotationsdruckmaschinen[3] - mehrere Druckvorgänge nacheinander ausgeführt werden, so daß die Herstellung von mehrfarbigen Drucksachen auf Einfarben-Druckma-

---

[1] Vgl.: R. AGTE (1981), Der richtige Fachbegriff... a.a.O., S.88ff.

[2] Der Grund, weshalb die Bogen-Druckmaschinen vergleichsweise niedrige Druckgeschwindigkeiten ermöglichen, besteht in der Schwierigkeit bei hohen Geschwindigkeiten eine exakte Papierführung zu gewährleisten.

[3] Durch eine Installation von Zusatzaggregaten sind allerdings bei Rollen-Rotationsdruckmaschinen z.T. ebenfalls mehrere Maschinendurchgänge möglich.

schinen ebenso möglich ist, wie das Bedrucken von Vorder- und Rückseite in zwei Maschinendurchgängen.[1]

Demzufolge werden Bogen-Druckmaschinen vor allem für kleine und mittlere Auflagengrößen eingesetzt, bei denen niedrige Wechselkosten[2] von größerer Bedeutung sind als hohe Druckgeschwindigkeiten, da die Massenproduktionsvorteile im Fortdruck nur in begrenztem Umfang realisiert werden können. Umgekehrt sind die Rollen-Rotationsdruckmaschinen für mittlere und große Auflagen prädestiniert und dabei zugleich durch die Zahl der Druckwerke und die Druckformate i.d.R. weitaus stärker auf bestimmte Auftragsarten spezialisiert als Bogen-Druckmaschinen. Allerdings bestehen bei den Rollen-Rotations-Druckmaschinen erhebliche Unterschiede im Grad der Spezialisierung, der entscheidend von der Zahl der Druckwerke, der jeweiligen Formatgröße der Druckzylinder sowie der Integration von Zusatzaggregaten abhängig ist.

Wie Tab.89 zeigt, wurden die auf dem Hochdruckverfahren basierenden Bogen-Druckmaschinen im Zeitablauf schrittweise durch Offsetdruckmaschinen ersetzt, wobei die Verfahrensumstellung bei den Neuinstallationen bereits weitestgehend abgeschlossen ist, was daran ersichtlich ist, daß in den Jahren 1982-1985 lediglich noch 299 Bogen-Hochdruckmaschinen neu aufgestellt wurden. Darüber hinaus zeigt sich, daß die Gesamtzahl der installierten Bogen-Druckmaschinen tendenziell zurückging, wobei jedoch davon auszugehen ist, daß die Druckkapazität trotzdem zunahm, da die Fortdruckleistung von Bogen-Druckmaschinen drastisch gesteigert werden konnte.

---

[1] Vgl.: O.V., Rolle kontra Bogen?, in: Der Druckspiegel, 43.Jg., Heft Nr.5, S.575-577, Heusenstamm 1988, S.557.

[2] Die Wechselkosten von Bogen-Druckmaschinen sind im Vergleich zu den Rollen-Rotationsdruckmaschinen nicht nur wegen der kürzeren Rüstzeiten geringer, sondern vor allem auch deshalb, weil die Maschinenstundenkosten, die von der Höhe der Investitionssumme abhängig sind, zumeist deutlich niedriger ausfallen.

Tab.89: Entwicklung der Bestandszahlen von Bogen-Hochdruckmaschinen und Bogen-Offsetdruckmaschinen

Druckmaschinenbestand * \ Jahr +	1965	1969	1973	1977	1981	1986
Bogen-Hochdruckmaschinen	31.810	27.840	23.630	18.040	15.940	13.415
Bogen-Offsetdruckmaschinen	4.280	6.860	10.980	13.240	16.950	18.030
Bogen-Druckmaschinen insges.	36.090	34.700	34.610	31.280	32.890	31.445

* Die Maschinenbestände der Jahre 1965 bis 1981 wurden auf den Grad der Beschäftigtenrepräsentanz der Maschinenerhebung 1986 umgerechnet. + Die Erhebungen 1965 bis 1981 beziehen sich jeweils auf den 31.12. d.J. als Stichtag; die Erhebung 1986 gibt dagegen den Stand am 1.1.1986 wieder. Quelle: BVD, Maschinenerhebung, versch. Jgg.; eigene Berechnung der Werte.

Wie Tab.90 zeigt, vergrößerte sich gleichzeitig der Anteil der Zweifarben-Druckmaschinen wie auch derjenige der Vier-, Fünf- und Sechsfarben-Druckmaschinen bis zum Jahr 1986 auf zusammengerechnet 17% des Bogen-Druckmaschinenbestandes und von den Neuinstallationen entfielen in den Jahren 1982-1985 bereits rd.40% auf Bogen-Druckmaschinen mit mehreren Druckwerken.[1]

Die Bestandszunahme von Mehrfarben-Bogen-Druckmaschinen ist damit zu erklären, daß die Nachfrage nach mehrfarbigen Drucksachen sowohl im Akzidenzdruck als auch im Werkdruck weit überdurchschnittlich wuchs, wobei dies speziell bei den kleinauflagigen Druckaufträgen dadurch begünstigt wurde, daß beim Mehrfarbendruck mit dem Einsatz des Fotosatzverfahrens in Verbindung mit dem Offsetdruck erhebliche Kostenreduktionen erzielt wurden.

---

[1] Von den 4.885 Bogen-Druckmaschinen, die in den Jahren 1982-1985 neu angeschafft wurden, entfielen 24,8% auf Zweifarben- und 15,5% auf Vier-, Fünf- und Sechsfarben-Druckmaschinen.

Tab.90: Entwicklung des Bestandes an Einfarben- und Zweifarben-Bogen-Druckmaschinen sowie an Vier-, Fünf- und Sechsfarben-Bogen-Druckmaschinen, in prozentualen Anteilswerten

Bogen-Druckmaschinen \ Jahr *	1965	1969	1973	1977	1981	1986
Einfarben	95,4%	93,2%	91,8%	90,2%	87,6%	83,0%
Zweifarben	4,2%	6,1%	6,9%	7,7%	9,0%	11,5%
Vier-, Fünf- u. Sechsfarben	0,4%	0,7%	1,3%	2,1%	3,4%	5,5%

* Die Erhebungen 1965 bis 1981 beziehen sich jeweils auf den 31.12. d.J. als Stichtag; die Erhebung 1986 gibt dagegen den Stand am 1.1.1986 wieder. Quelle: BVD, Maschinenerhebung, versch. Jgg.; eigene Berechnung der Werte.

Wie Tab.91 zeigt, traten dagegen in bezug auf die Formatgrößen nur geringfügige Veränderungen in der Bestandsstruktur von Bogen-Druckmaschinen ein, und zwar nahmen die mittleren Formatgrößen anteilsmäßig zulasten der großen Druckformate zu.

Tab.91: Entwicklung der Bestandszahlen an Einfarben-, Zweifarben- und Vierfarben-Bogen-Druckmaschinen gegliedert nach Formatgrößen, in prozentualen Anteilswerten.

Bogen-Druckmaschinen \ Jahr *	1965	1969	1973	1977	1981	1986
Druckformate bis 56x83 cm *	89,2%	89,3%	88,4%	88,5%	90,1%	89,3%
Druckformate 61x86 cm bis 78x112 cm *	7,1%	7,4%	8,7%	9,0%	7,8%	8,8%
Druckformate 90x126 cm u. größer	3,7%	3,3%	2,9%	2,5%	2,1%	1,9%

* Bei Hochdruckmaschinen bis 57x82 cm bzw. bis 78x104 cm, bei Offsetdruckmaschinen im Jahr 1986 61x86 cm bis 72x104 cm. * Die Erhebungen 1965 bis 1981 beziehen sich jeweils auf den 31.12. d.J. als Stichtag; die Erhebung 1986 gibt dagegen den Stand am 1.1.1986 wieder. Quelle: BVD, Maschinenerhebung, versch. Jgg.; eigene Berechnung der Werte.

Dieser Entwicklungstrend zeigt sich verstärkt anhand der Neuinstallationen in den Jahren 1982-1985, denn hiervon entfielen bereits 13,6% auf die mittleren Formatgrößen zwischen 61x86 cm und 78x112 cm, wohingegen für die großformatigen, aber auch für die kleinformatigen Bogen-Druckmaschinen mit 1,5% bzw. 84,9% deutlich niedrigere Anteilswerte zu verzeichnen waren.[1] Die Entwicklung der Formatgrößenstruktur von Bogen-Druckmaschinen stand dabei mit der Entwicklung der Auflagengrößenstruktur der Druckaufträge in Zusammenhang. Die Mindestgröße des Druckformats ist zwar grundsätzlich durch die Formatgröße der betreffenden Drucksachen determiniert, aber ab einer bestimmten Auflagengröße ist - zumindest bei ein- und zweiseitigen Drucksachen - die Wahl eines größeren Druckformats effizient, wodurch das Druckobjekt mehrfach auf einem Druckbogen wiedergegeben, d.h. in mehreren Nutzen gefertigt werden kann.

Die Entscheidung hängt dabei insofern von der Auflagengröße ab, als daß die Kostenersparnisse bei einer Fertigung in mehreren Nutzen ausschließlich im Fortdruck erzielt werden können, und zwar dadurch, daß die Druckauflage und somit die Maschinennutzungszeit drastisch sinkt. Andererseits stehen der kürzeren Maschinennutzungszeit höhere Maschinenstundenkosten gegenüber, da diese mit der Formatgröße der Druckmaschinen ansteigen. Außerdem fallen die auflagenfixen Kosten höher aus, denn erstens steigen - bedingt durch die höheren Maschinenstundenkosten - die Rüstkosten und zweitens sind größere und damit teurere Druckplatten erforderlich. Ausschlaggebend für die Wahl größerer Druckformate ist deshalb in erster Linie das Verhältnis von auflagenfixen zu auflagenvariablen Kosten, weshalb auch Kleinauflagen im allgemeinen nicht in mehreren Nutzen, sondern auf kleinformatigen Druckmaschinen gedruckt werden. Die unverändert bestehende Dominanz von kleinformatigen Bogen-Druckmaschinen ist demzufolge auf den hohen Anteil von kleinauflagigen Druckaufträgen zurückzuführen.

---

[1] Die Gliederung nach Formatgrößen bezieht sich ausschließlich auf die Ein-, Zwei- und Vierfarben-Druckmaschinen, da in den Maschinenerhebungen für die Drei-, Fünf- und Sechsfarben-Druckmaschinen aufgrund der geringen Bestandszahl keine Unterscheidung hinsichtlich der Formatgrößen erfolgte.

Der Einfluß, den die Auflagengrößenstruktur auf die Entwicklung der Formatgrößenstruktur ausübte, war jedoch auf die ein- und zweiseitigen Drucksachen begrenzt, denn bei denjenigen Drucksachen, die mehrere Seiten umfaßten, wurden auch die Kleinauflagen am effizientesten in mittleren oder großen Druckformaten gefertigt. Dadurch konnten in einem Maschinendurchgang zugleich mehrere Seiten gedruckt werden, so daß sich sowohl die Rüst- als auch die Fortdruckzeiten drastisch verkürzten. Die trendmäßige Zunahme der kleinauflagigen Druckaufträge führte deshalb auch nicht zu einer entsprechenden Veränderung der Druckmaschinenformate in Richtung kleinformatiger Bogen-Druckmaschinen.

Der wachsende Anteil von mittleren Formatgrößen ist zudem auf die schrittweise Senkung der Rüstzeiten im Verlauf des technischen Fortschritts zurückzuführen, denn die dadurch bedingten Einsparungen bei den auflagenfixen Rüstkosten fielen bei den mittel- und großformatigen Bogen-Druckmaschinen wegen deren höherer Maschinenstundenkosten größer aus als bei den kleinformatigen Bogen-Druckmaschinen. Die kritische Auflagengröße, ab der ein- und zweiseitige Drucksachen in mehreren Nutzen effizienter produziert wurden, lag somit bei den neueren Baujahrgängen niedriger, so daß auch aus diesem Grund für kleinauflagige Druckaufträge zunehmend mittlere Druckformate gewählt wurden.[1]

Der Anteils- und Bestandsrückgang von großformatigen Bogen-Druckmaschinen ist dagegen im wesentlichen damit zu erklären[2], daß diese in wachsendem Umfang durch kleinformatige Rollen-Rotationsdruckmaschinen substituiert wurden, deren Leistungsspektrum - wie im folgenden zu zeigen ist - nach unten ausgeweitet wurde.

---

[1] Die Bedeutung der Rüstzeiten ist daran erkennbar, daß in vielen Druckbetrieben mehr als 50% der Maschinennutzungszeit auf die Rüstzeiten entfällt. Vgl.: H. SCHÖNE (1987), Mehr Produktivität... a.a.O., S.45.

[2] Während lt. der Maschinenerhebung des Jahres 1965 noch 1.477 großformatige Bogen-Druckmaschinen existierten, wurde im Jahr 1986 nur noch ein Bestand von 598 Exemplaren registriert.

Die Bestandszahl von Rollen-Rotationsdruckmaschinen wird in der Maschinenstatistik erst seit dem Jahr 1981 veröffentlicht, wohingegen zuvor die Bestandszahl der Druckwerke ausgewiesen wurde. Der Druckwerkebestand der Jahre 1977 und 1981 ist dabei nur eingeschränkt vergleichbar, da beginnend mit dem Jahr 1981 explizit nach der Zahl der Einzeldruckwerke gefragt wurde. Die sprunghafte Bestandszunahme im Jahr 1981 ist demnach maßgeblich dadurch bedingt, daß die Doppeldruckwerke in den vorangegangenen Erhebungen z.T. als ein einziges Druckwerk erfaßt wurden.[1]

Tab.92: Entwicklung des Druckwerkebestandes von Rollen-Rotations-Hochdruckmaschinen, -Offsetdruckmaschinen und -Tiefdruckmaschinen sowie von -Endlosdruckmaschinen aller Verfahren.

Druckwerkebestand * \ Jahr *	1965	1969	1973	1977	1981	1986
Rollen Rotations-Hochdruck	3.590	3.450	3.110	2.850	3.750	3.748
Rollen-Rotations-Offsetdruck	210	540	770	990	2.480	3.244
Rollen-Rotations-Tiefdruck	1.570	1.590	1.640	1.900	1.910	1.891
Rollen-Rotations-Endlosdruck	4.280	940	1.390	1.880	2.110	2.570
Rollen-Rotationsdruckwerke insges.	6.310	6.980	7.390	7.850	10.690	12.291

* Die Druckwerkebestände der Jahre 1965 bis 1981 wurden auf den Grad der Beschäftigtenrepräsentanz der Maschinenerhebung 1986 umgerechnet. * Die Erhebungen 1965 bis 1981 beziehen sich jeweils auf den 31.12. d.J. als Stichtag; die Erhebung 1986 gibt dagegen den Stand am 1.1.1986 wieder. Quelle: BVD, Maschinenerhebung, versch. Jgg.; eigene Berechnung der Werte.

Wie Tab.92 zeigt, erhöhte sich die Anzahl der installierten Druckwerke kontinuierlich, wobei die Druckkapazität von Rollen-Rotationsdruckmaschinen noch weitaus stärker zunahm, da bei den neueren Baujahrgängen die Druckgeschwindigkeiten drastisch gesteigert wurden.

---

[1] Vgl.: BVD (1983), Maschinenerhebung 1981 a.a.O., S.40.

Die Entwicklung der Maschinenbestände verlief dabei in den einzelnen Druckverfahren sehr unterschiedlich, denn während sich die Druckwerkezahl beim Rollen-Rotations-Offsetdruck sowie beim Rollen-Rotations-Endlosdruck vervielfachte, war beim Rollen-Rotations-Tiefdruck ein stagnierender und beim Rollen-Rotations-Hochdruck sogar ein rückläufiger Druckwerkebestand zu registrieren. Die hohen Bestandszuwächse des Rollen-Rotations-Offsetdrucks, die in den Jahren 1982-1985 mit 210 neuinstallierten Druckmaschinen und 1.327 Druckwerken ihren bisherigen Höhepunkt erreichten, hatten mehrere Ursachen. Die Rollen-Rotations-Offsetdruckmaschinen sind dabei in sog. "Heatset" und "Coldset" zu unterscheiden.[1] Die Heatset-Druckmaschinen verfügen über ein Infrarot- oder ein UV-Trockenaggregat, wodurch oberflächenveredelte, glatte Druckpapiere verarbeitet werden können, während sich die Coldset-Druckmaschinen ausschließlich zum Bedrucken von saugfähigen Zeitungsdruckpapieren eignen.

Im Jahr 1986 waren 58,5% der Rollen-Rotations-Offsetdruckmaschinen mit Trockenaggregaten ausgestattet und wurden demnach für den Illustrationsdruck, d.h. für bildintensive, zumeist auf oberflächenveredelten Papiersorten gefertigte Drucksachen, wie Kataloge, Prospekte, Zeitschriften, Bildbände u.ä. genutzt. Die restlichen 41,5% der Rollen-Rotations-Offsetdruckmaschinen entfielen auf Coldset-Druckmaschinen, die überwiegend für den Zeitungsdruck verwendet wurden.

Der Druckmaschinen- bzw. Druckwerkebestand dürfte dabei sowohl bei Heatset- als auch bei Coldset-Druckmaschinen zugenommen haben,[2] denn zum einen wurden im Zeitungsdruck seit Mitte der 70er Jahre die traditionell genutzten Rollen-Rotations-Hochdruckmaschinen gegen entsprechende Off-

---

[1] Vgl.: E. FRANK, Entwicklungstendenzen aus Sicht des Farbherstellers, in: Druck Print, Jg.1988, Heft Nr.6, S.172-174, Heusenstamm 1988, S.173f.

[2] Die getrennte Erfassung von Heatset- und Coldset-Druckmaschinen erfolgte erstmals in der Maschinenerhebung 1986. Die Altersstruktur verdeutlicht jedoch, daß der Investitionsschwerpunkt sowohl bei den Heatset- als auch bei den Coldset-Druckmaschinen mit 33,7% bzw. 50,2% des Maschinenbestandes eindeutig in den Jahren 1982-1985 lag.

setdruckmaschinen ausgetauscht,[1] wofür neben den Produktivitätsvorteilen des Fotosatzes gegenüber dem Bleisatz vor allem die Möglichkeit zur mehrfarbigen Gestaltung des Text- und Anzeigenteils ausschlaggebend war.

Zum anderen wurde im Illustrationsdruck der effiziente Auflagengrößenbereich gleichermaßen nach oben als auch nach unten ausgeweitet. Durch die Verkürzung der Rüstzeiten und die Integration von Zusatzaggregaten zum Inline-Finishing konnte die kritische Menge bis auf rd.100.000 Druckbogen bzw. bei einzelnen Druckaufträgen sogar auf 30.000 Druckbogen gesenkt werden.[2] Dies hatte zur Folge, daß anstelle von großformatigen Bogen-Offsetdruckmaschinen vermehrt kleinformatige Rollen-Rotations-Offsetdruckmaschinen verwendet wurden, die im Fortdruck leistungsfähiger waren und somit bei mittleren und großen Druckauflagen eine kostengünstigere Fertigung ermöglichten.

Die maximale Auflagengröße konnte zugleich auf rd.750.000 Druckbogen nach oben verschoben werden,[3] und zwar durch die Verwendung breiterer Druckzylinder sowie die Erhöhung der Druckgeschwindigkeiten. Die großformatigen Rollen-Rotations-Offsetdruckmaschinen wurden dabei in erster Linie zur Herstellung von Reisekatalogen sowie von Zeitungs- und Zeitschriftenbeilagen verwendet, die in den 80er Jahren durch eine drastisch expandierende Drucknachfrage gekennzeichnet waren.[4]

Die Rollen-Rotations-Tiefdruckmaschinen wurden dagegen - aufgrund ihrer verfahrensspezifischen Druckqualität - bislang weder im Zeitschriften- und Verpackungsdruck noch bei den Versandhauskatalogen verdrängt. Dies ist u.a. auch daran ersichtlich, daß die Tiefdruckkapazitäten - trotz eines nahezu unveränderten Druckwerkebestandes - stetig erhöht wurden, indem neue Baujahrgänge mit höheren Fortdruckleistungen und größeren Zylinderbreiten installiert wurden, und zwar in den Jahren 1982-1985 allein 39 Druckmaschinen

---

[1] Der Produktionsanteil des Offsetdrucks bzw. des Flachdruckverfahrens stieg im Zeitungsdruck zwischen 1970 und 1988 von 3,2% auf 48,2%.

[2] Vgl.: K. FRANZ (1989), Rollenoffset... a.a.O., S.867 u. S.870.

[3] Vgl.: K. FRANZ (1989), Rollenoffset... a.a.O., S.867.

[4] Vgl. im Text S.269.

mit 252 Druckwerken.[1]

Der verzeichnete Bestandsrückgang von Rollen-Rotations-Hochdruckwerken ist demgegenüber auf die bereits erwähnte Verfahrensumstellung im Zeitungsdruck zurückzuführen.[2] Im Verpackungsdruck wurden dagegen weiterhin schmale Rollen-Rotations-Hochdruckmaschinen neuinstalliert, wobei die Flexodruckmaschinen in den Jahren 1982-1985 mit 43 von insgesamt 75 neuaufgestellten Hochdruckmaschinen eindeutig dominierten.

Die Endlosdruckwerke, die hauptsächlich auf dem Offsetdruck oder Flexodruck basierten, sind in Tab.91 deshalb gesondert ausgewiesen worden,[3] weil es sich dabei größtenteils um kleinformatige Druckzylinder mit Arbeitsbreiten unter 70 cm bzw. sogar unter 50 cm handelte, die hinsichtlich ihrer Druckleistung nicht mit anderen Rollen-Rotationsdruckmaschinen vergleichbar waren.[4] Die Endlosdruckmaschinen wurden dabei insbesondere zur Herstellung von Endlosformularen und adressierter Prospektwerbung, wie z.B. Mailern eingesetzt, deren Personalisierung über endlosfähige, computergestützte Tintenstrahl- bzw. Laserdruckwerke erfolgte. Die kontinuierliche Zunahme der Endlosdruckwerke war überwiegend nachfragebedingt, denn durch die wachsende betriebliche Nutzung von EDV-Anlagen wurden die Einzelformulare sukzessive durch Endlosformulare substituiert.[5] Außerdem wuchs die Nachfrage

---

[1] Die Druckgeschwindigkeiten wurden allein seit Anfang der 80er Jahre von 25.000 auf über 40.000 Zylinderumdrehungen gesteigert und die maximale Zylinderbreite wurde auf mehr als 240 cm vergrößert. Vgl.: BVD (1987), Maschinenerhebung 1986 a.a.O., S.43.

[2] Im Gegensatz zu den Bogen-Hochdruckmaschinen tragen die Rollen-Rotations-Hochdruckmaschinen jedoch weiterhin maßgeblich zur Druckproduktion bei, denn im Jahr 1988 wurden immerhin noch 51,5% der Zeitungsproduktion im Hochdruckverfahren gefertigt.

[3] In der Maschinenerhebung werden die Endlosdruckmaschinen gleichfalls gesondert erfaßt, wobei im Jahr 1986 mehr als 50% des Maschinenbestandes auf Endlos-Offsetdruckmaschinen entfiel.

[4] Die Druckgeschwindigkeiten sind niedriger und die Druckqualität ist insofern beschränkt, als daß Endlosdruckmaschinen i.d.R. über keine Trockenaggregate verfügen.

[5] Vgl. im Text S.89.

nach adressierten Prospekten und Mailern überdurchschnittlich,[1] so daß der Endlosdruck auch aus diesem Grund vermehrt genutzt wurde. In den Jahren 1982-1985 wurden dabei allein 224 Endlosdruckmaschinen mit 801 Druckwerken neu aufgestellt, worunter sich 14 Endlos-Stapeldruckmaschinen[2] befanden, die wegen der Zunahme von kleinauflagigen Druckaufträgen[3] verstärkt verwendet wurden und deren Zahl zwischenzeitlich sprunghaft gewachsen sein dürfte.

Die Bestandszunahme von Rollen-Rotations-Druckwerken und die z.T. erfolgte Verfahrensumstellung war dabei - ebenso wie bei den Bogen-Druckmaschinen - mit keiner gravierenden Veränderung der Formatgrößenstruktur verbunden.

Wie Tab.93 zeigt, erhöhte sich lediglich der Anteil der großformatigen Druckwerke geringfügig, und zwar ausschließlich bei den im großauflagigen Illustrationsdruck eingesetzten Tiefdruck- und Offsetdruckmaschinen. Demgegenüber ist bei den im Zeitungs- bzw. Verpackungsdruck verwendeten Rollen-Rotations-Offsetdruckmaschinen sowie den Rollen-Rotations-Hochdruckmaschinen ein Entwicklungstrend in Richtung mittlerer Druckzylinderbreiten festzustellen. Die weitgehend konstante Formatgrößenstruktur läßt sich damit erklären, daß die nachfrage- und angebotsseitigen Impulse entgegengesetzt wirkten und sich weitgehend kompensierten. Auf der einen Seite veränderte sich die Auftragsstruktur zugunsten der kleinen und mittleren Auflagengrößen, wovon kleinformatige Druckmaschinen profitierten; auf der anderen Seite ermöglichte der technische Fortschritt speziell bei den neuentwickelten Druckmaschinen mit mittleren und großen Zylinderbreiten eine deutliche Reduzierung der kritischen Mindestauflagengrößen, so daß sich auf den Rollen-Rota-

---

[1] Vgl. im Text S.269f.

[2] Endlos-Stapeldruckmaschinen verarbeiten keine Papierrollen, sondern vorkonfektionierte Papierstapel und sind deshalb produktionstechnisch für Kleinauflagen konzipiert.

[3] Insbesondere bei Endlosformularen wurden vermehrt kleine Auflagengrößen nachgefragt, da immer mehr Kleinbetriebe EDV-Anlagen nutzten. Vgl. im Text S.83.

tionsdruckmaschinen zunehmend kleinere Druckauflagengrößen effizient erstellen ließen.

Tab.93: Entwicklung des Bestandes an Rollen-Rotationsdruckwerken gegliedert nach Formatgrößen, in prozentualen Anteilswerten.

Rollen-Rotationsdruckwerke \ Jahr +	1965	1969	1973	1977	1981	1986
Zylinderbreiten bis 70 cm *	55,7%	59,4%	59,9%	57,3%	51,1%	53,2%
Zylinderbreiten 70 cm bis 130 cm *	29,7%	26,0%	23,7%	24,5%	28,7%	29,0%
Zylinderbreiten über 130 cm *	14,6%	14,6%	16,4%	18,2%	20,3%	17,8%

* Bei Offsetdruckmaschinen in den Jahren 1965-1981: Zylinderbreiten bis 76 cm bzw. 126 cm und im Jahr 1986: Zylinderbreiten bis 66 cm bzw. 100 cm. + Die Erhebungen 1965 bis 1981 beziehen sich jeweils auf den 31.12. d.J. als Stichtag; die Erhebung 1986 gibt dagegen den Stand am 1.1.1986 wieder. Quelle: BVD, Maschinenerhebung, versch. Jgg.; eigene Berechnung der Werte.

Die durchschnittliche Druckwerkezahl von Rollen-Rotationsdruckmaschinen veränderte sich - bezogen auf die Druckverfahren - in den Jahren 1965 bis 1986 nur unwesentlich, denn bei den Rollen-Rotations-Tiefdruckmaschinen und -Offsetdruckmaschinen verfügten bereits die älteren Baujahrgänge über Ø 6 Einzeldruckwerke und waren somit für den Vierfarbendruck ausgelegt.[1] Die trendmäßige Zunahme von vier- und mehrfarbigen Druckaufträgen wirkte sich jedoch insofern auf die Zusammensetzung des Maschinenbestandes aus, als daß die Rollen-Rotations-Hochdruckmaschinen, die mit Ø 4 Druckwerken i.d.R. nur für den Zweifarbendruck konzipiert waren, sukzessive durch Rollen-Rotations-Offsetdruckmaschinen mit 6 und mehr Druckwerken ersetzt wurden.

Zusammenfassend ist zur strukturellen Entwicklung des Druckmaschinenbestandes zu konstatieren, daß sich die Diffusionsgeschwindigkeit des techni-

[1] Mit 6 Einzeldruckwerken kann die Vorderseite vierfarbig und die Rückseite zweifarbig bedruckt werden.

schen Fortschritts tendenziell erhöhte und eine Verschiebung der Altersstruktur zulasten der älteren Baujahrgänge stattfand.

Hinsichtlich der Druckmaschinentypen ist festzustellen, daß sowohl die Druckkapazitäten von Bogen-Druckmaschinen als auch von Rollen-Rotations-Druckmaschinen ausgeweitet wurden, wobei jedoch die Bogen-Druckmaschinen mit einem rückläufigen Anteil zur gesamten Druckkapazität beitrugen, da durch den technischen Fortschritt inzwischen auch bei mittleren Auflagengrößen ein effizienter Einsatz von Rollen-Rotations-Druckmaschinen ermöglicht wurde.

In bezug auf die Formatgrößenstruktur traten keine bedeutenden Veränderungen ein, denn die Auswirkungen, die mit der Veränderung der Auftragsstruktur zugunsten der kleinen und mittleren Auflagengrößen verbunden waren, wurden durch den technischen Fortschritt im Druckmaschinenbau weitgehend ausgeglichen, so daß bei den Bogen-Druckmaschinen die mittleren Formatgrößen und bei den Rollen-Rotationsdruckmaschinen sogar die großen Zylinderbreiten - wenn auch nur in geringem Umfang - anteilsmäßig zunahmen.

Darüber hinaus war, verbunden mit der Umstellung vom Buchdruck auf den Offsetdruck, sowohl bei den Bogen-Druckmaschinen wie auch bei den Rollen-Rotationsdruckmaschinen eine trendmäßige Zunahme der durchschnittlichen Druckwerkezahl je Maschine festzustellen.

In der Produktionsstufe Druckweiterverarbeitung ist bei kleinen Auflagengrößen eine fortschreitende Mechanisierung der bislang manuell durchgeführten Tätigkeiten zu beobachten, wohingegen bei mittleren und großen Auflagen eine zunehmende Verkettung von einzelnen Arbeitsschritten bei gleichzeitig wachsendem Automatisierungsgrad festzustellen ist. Beispielhaft anzuführen sind: Sammelhefter mit Dreiseitenbeschnitt, Falz- und Zusammentragmaschinen mit Klebebindung sowie als Extremfall vollautomatische Buchfertigungsstraßen, die gekoppelt mit Druckmaschinen eine In-line-Fertigung ermöglichen.

Der technische Fortschritt in der Druckweiterverarbeitung zielte dabei - vergleichbar zum Druckmaschinenbau - im wesentlichen auf eine Verringerung der Rüstzeiten, auf eine Erhöhung der Maschinenleistungen sowie auf eine verbesserte Qualitätssicherung ab, die mit Hilfe diverser elektronisch gesteuerter Kontrollaggregate[1] sowie vereinfachter Bedienungsanforderungen ermöglicht wurde. Die Angebotsumstellungsflexibilität und die Maschinenleistung konnte vor allem dadurch vergrößert werden, daß manuelle Verrichtungen, wie z.B. die Stapeleinlage bei Schneidemaschinen oder die Handauflage bei Heftmaschinen, automatisiert wurden und daß die Mikroelektronik verstärkt zur Produktionsplanung und -steuerung genutzt wurde.[2]

Die Produktionsstufe Druckweiterverarbeitung, die erstmals in der Maschinenerhebung 1977 berücksichtigt wurde, umfaßt äußerst heterogene Maschinentypen, so daß die nachfolgend aufgezeigte Bestandsentwicklung in den sechs - nach funktionalen Kriterien gegliederten - Maschinenbereichen[3] lediglich in begrenztem Umfang Aussagen über die Kapazitätsentwicklung zuläßt.[4]

Wie Tab.94 zeigt, nahm der Falzmaschinenbestand tendenziell zu und der Anteil, der in den Jahren 1982-1985 neuinstallierten Falzmaschinen, lag mit 22,5% vergleichsweise hoch. Ausschlaggebend hierfür ist, daß bei mehrseitigen Drucksachen in wachsendem Umfang größere Druckformate genutzt wurden, um somit die Rüst- und Fortdruckzeiten senken zu können. Der "Falzbedarf" nahm demnach produktionstechnisch bedingt zu, denn die mehrere

---

[1] Vgl.: R. DAMMKÖHLER, IPEX 88 - Aktuelle Entwicklungstendenzen in der Stufe nach dem Druck, in: Druckwelt, 39.Jg., Heft Nr.16, S.100-102, Hannover 1988, S.101.

[2] Mit der Digitalisierung der Produktions-, Planungs- und Steuerungssysteme wurde erstmals ein übergreifender Datenaustausch zwischen den einzelnen Fertigungsstufen ermöglicht. Vgl.: R. DAMMKÖHLER (1988), IPEX 88 - Aktuelle Entwicklungstendenzen... a.a.O., S.100.

[3] Die in der Maschinenerhebung separat ausgewiesenen Stanzmaschinen, Endlosformular-Weiterverarbeitungsmaschinen und Sonstigen Druckweiterverarbeitungsmaschinen werden hierbei nicht berücksichtigt.

[4] Beispielsweise zählen zu den Verpackungs- und Versandmaschinen sowohl Adressier- und Etikettiermaschinen als auch vollautomatische Zeitungs- und Zeitschriftenversandanlagen.

Seiten umfassenden Druckbogen mußten vor der Weiterverarbeitung zunächst auf das jeweilige Endformat zurückgefalzt werden.

Die Zahl der Schneidemaschinen blieb dagegen annähernd konstant, was u.a. darauf zurückzuführen ist, daß durch die Möglichkeit zur Programmierung komplexer Schneidfolgen bei neueren Baujahrgängen erhebliche Leistungssteigerungen eintraten. Außerdem wurden die Beschneideeinrichtungen bei den vermehrt eingesetzten Rollen-Rotationsdruckmaschinen größtenteils in den Produktionsprozeß integriert, wodurch drastische Produktivitätserhöhungen gegenüber einer Verwendung von separaten Bogen-Schneidemaschinen realisiert wurden.

Tab.94: Entwicklung des Maschinenbestandes in der Druckweiterverarbeitung sowie der prozentuale Anteil, der in den Jahren 1982-1985 neuinstallierten Maschinen am Gesamtbestand im Jahr 1986.

Druckweiterverarbeitung * \ Jahr *	1977	1981	1986	1982-85
Falzmaschinen	5.220	6.950	7.023	22,5%
Heftmaschinen	7.130	7.330	7.243	14,0%
Klebemaschinen	1.550	2.210	2.347	22,1%
Schneidemaschinen	10.770	10.230	9.965	19,4%
Deckenbändemaschinen	1.480	760	648	12,5%
Verpackungs- u. Versandmaschinen	2.690	3.960	5.483	32,4%

* Die Maschinenbestände der Jahre 1965 bis 1981 wurden auf den Grad der Beschäftigtenrepräsentanz der Maschinenerhebung 1986 umgerechnet. * Die Erhebungen 1965 bis 1981 beziehen sich jeweils auf den 31.12 d.J. als Stichtag; die Erhebung 1986 gibt dagegen den Stand am 1.1.1986 wieder. Quelle: BVD, Maschinenerhebung, versch. Jgg.; eigene Berechnung der Werte.

Die Bestandsentwicklung von Heft- und Deckenbändemaschinen muß in Zusammenhang mit den Klebebindemaschinen gesehen werden, denn anstelle der Heftung von Prospekten und Broschüren bzw. der Verwendung von

Deckenbändemaschinen wie Buchblockbearbeitungsmaschinen wurde offenbar in wachsendem Maße die Klebebindung präferiert.[1] Daneben konnten die Maschinenleistungen durch den Einsatz von vollautomatischen Buchfertigungsstraßen sprunghaft gesteigert werden, so daß auch aus diesem Grund weniger konventionelle Deckenbändemaschinen notwendig waren.

Die mit Abstand größten Bestandszuwächse sind bei den Verpackungs- und Versandmaschinen zu verzeichnen, deren Gesamtbestand zu 32,4% auf die Neuinstallationen der Jahre 1982-1985 entfiel. Entscheidend waren dabei insbesondere die Rationalisierungsmaßnahmen, die im Verlagsbereich sowie bei anderen großauflagigen Serienaufträgen durchgeführt wurden, mit dem Ziel die Arbeitsschritte im Versandraum weitestgehend zu automatisieren.

Zusammenfassend ist festzuhalten, daß der Umfang der Druckweiterverarbeitung zum einen aus produktionstechnischen Gründen und zum anderen durch die überdurchschnittlich wachsende Nachfrage nach höherwertigen Druckausstattungen erheblich ausgeweitet wurde. Anhand der Bestandszahlen ist dies allerdings nur eingeschränkt nachvollziehbar, da im Verlauf des technischen Fortschritts bei neueren Baujahrgängen z.T. drastische Leistungssteigerungen erzielt wurden und weil zudem die Druckweiterverarbeitung zunehmend in-line erfolgte.

Zur Integration von Weiterverarbeitungsschritten eigneten sich dabei insbesondere die großformatigen Rollen-Rotationsdruckmaschinen, die überwiegend zur Serienfertigung von standardisierten Druckaufträgen mit gleichartigen produktionstechnischen Anforderungen genutzt wurden. Darüber hinaus kamen speziell bei großauflagigen Werkdrucksachen wie Zeitungen, Zeitschriften und Büchern vermehrt komplette Fertigungsstraßen zum Einsatz, mit denen sich in einem Durchgang versandfertige Endprodukte erstellen ließen.[2]

Demgegenüber bildete bei den Akzidenzdrucksachen, deren produktions-

---

[1] Vgl.: BVD (1979), Maschinenerhebung 1977 a.a.O., S.34.

[2] Der Einsatz von Fertigungsstraßen setzt eine gleiche Bearbeitungsfolge und gleiche Operationszeiten für jeden Bearbeitungsschritt voraus.

technische Anforderungen auftragsspezifisch z.T. stark variierten, eine hohe Angebotsumstellungsflexibilität die Voraussetzung für eine effiziente Fertigung. Bei den Bogen-Druckmaschinen und kleinformatigen Rollen-Rotationsdruckmaschinen, die zur Einzelfertigung verwendet wurden, erfolgte die Druckweiterverarbeitung deshalb weiterhin größtenteils off-line, d.h. mit separaten Druckweiterverarbeitungsmaschinen, über deren Einsatz flexibel, entsprechend der jeweiligen Auftragsanforderungen, bestimmt werden konnte. Die In-line-Fertigung blieb demzufolge in erster Linie auf die Serienfertigung beschränkt, die im Untersuchungszeitraum - bedingt durch die Entwicklung der Auftragsstruktur - zumindest nicht wesentlich zulasten der Einzelfertigung ausgeweitet werden konnte, so daß der Spezialisierung der Druckmaschinen und der Integration von Weiterverarbeitungsschritten von daher Grenzen gesetzt waren.

3.2. VERÄNDERUNGEN DER MARKTSTRUKTUR

Die Veränderungen der Marktstruktur betreffen elementar die Anzahl und die Größenverteilung der Unternehmen bzw. der Betriebe der Druckindustrie, wobei der Begriff Industriestruktur in diesem Kontext deshalb nicht verwendet wird, weil hierunter im allgemeinen "...das relative Gewicht einer Industrie im Rahmen der gesamten wirtschaftlichen Aktivität eines Landes"[1] verstanden wird. Um die zahlen- und größenmäßige Entwicklung der Druckunternehmen bzw. -betriebe erklären zu können, müssen zuerst die wettbewerblich relevanten Märkte der Druckindustrie abgegrenzt werden, wobei jedoch nicht primär die Funktionen der Drucksachen das entscheidende Kriterium bilden, sondern vielmehr deren produktionstechnische Anforderungen, die auftragsspezifisch variieren. Die Druckbetriebe sind nämlich durch ihre maschinellen Ausrüstungen auf die Erstellung von bestimmten Druckleistungen spezialisiert, die sich hinsichtlich der Auflagengröße, des Seitenumfangs, der Druck- und Papier-

---

[1] Zitat: E. KAUFER (1980), Industrieökonomik a.a.O., S.18.

qualität sowie des Aktualitätsgrades klassifizieren lassen. Aus diesem Grund wird nachfolgend in einem Exkurs näher auf die Zusammenhänge eingegangen, die zwischen den Auftrags-, den Maschinen- und den Betriebsgrößen bestehen. Daran anschließend wird versucht, mit Hilfe der zuvor gewonnenen Erkenntnisse die Bestimmungsgründe für die Veränderungen der Marktstruktur darzulegen und die Auswirkungen auf die Wettbewerbsverhältnisse abzuschätzen.

Den Untersuchungsgegenstand bilden dabei im weiteren die Druckbetriebe, da über die Entwicklung der Größenstruktur der Druckunternehmen keine Daten vorhanden sind. Obwohl unter wettbewerblichen Aspekten die Unternehmen und nicht die Betriebe die entscheidende Bezugsgröße darstellen,[1] wird die Aussagefähigkeit im Fall der Druckindustrie hierdurch nur unwesentlich beeinträchtigt, denn im Jahr 1988 existierten - bei einer Gesamtzahl von 11.471 Druckbetrieben - lediglich 63 Mehrbetriebsunternehmen mit 225 dazugehörigen Betrieben.[2]

Ursächlich für die starke Dominanz von Einbetriebsunternehmen ist, daß die mehrbetrieblichen Kostenvorteile[3] in der Druckindustrie vergleichsweise gering ausfielen, wofür die folgenden Gründe anzuführen sind. Erstens waren die Forschungs- und Entwicklungsaufwendungen der Druckunternehmen im allgemeinen derart gering, daß eine Verteilung auf mehrere Druckbetriebe zu keinen bedeutenden Kostenreduktionen führte. Zweitens war bei interregional tätigen Mehrbetriebsunternehmen eine Zusammenfassung von suboptimalen Losgrößen nur eingeschränkt möglich, da zum einen die Mehrzahl der Druck-

---

[1] Vgl.: E. KANTZENBACH (1966), Die Funktionsfähigkeit... a.a.O., S.58.

[2] Hierbei sind nur die Betriebe von Unternehmen des Produzierenden Gewerbes mit mindestens 20 Beschäftigten berücksichtigt, wobei jedoch davon auszugehen ist, daß nur sehr wenige Mehrbetriebsunternehmen mit 1-19 Beschäftigten existierten. Quelle der Daten: STATISTISCHES BUNDESAMT (1988), Fs.4: R.4.1.1 a.a.O.

[3] Vgl.: E. KAUFER (1980), Industrieökonomik a.a.O., S.74ff. sowie M. KRAKOWSKI, Dekonzentrationsprozesse in der Bundesrepublik Deutschland, Köln, Berlin u.a. 1985, S.81.

aufträge spezifische produktionstechnische Anforderungen stellte und zum anderen die Transaktions- und Transportkosten mit zunehmender räumlicher Distanz zwischen Kundensitz und Druckort stark anstiegen. Drittens ließen sich durch eine zeitliche und räumliche Koordination der betrieblichen Kapazitätserweiterungen demzufolge auch nur in begrenztem Umfang Kosteneinsparungen realisieren. Die Kostenvorteile von Mehrbetriebsunternehmen waren deshalb in der Druckindustrie im wesentlichen auf den zentralen Materialeinkauf, und zwar insbesondere von Druckpapieren, beschränkt, wobei die Kostenvorteile z.T. rein pekuniärer Art, d.h. durch Nachfragemacht, bedingt waren.[1]

Die Mehrbetriebsunternehmen der Druckindustrie gehörten zum überwiegenden Teil großen Verlags- und Verpackungsunternehmen an, die nicht aus produktionstechnischen Gründen mehrere Druckbetriebe interregional verteilt aufbauten, sondern vor allem, um die Transportwege zu verkürzen und hierdurch sowohl die Transportkosten als auch die Transportzeiten zu reduzieren, wobei letzteres speziell bei Tageszeitungen von besonderer Relevanz war.

Dementsprechend bleibt festzuhalten, daß im klein- und mittelständischen Bereich zwischen der Gliederung nach Unternehmenseinheiten und derjenigen nach Betriebseinheiten mit Sicherheit keine gravierenden Differenzen bestanden. Von den großen Druckbetrieben mit 100 und mehr Beschäftigten entfiel demgegenüber ein erheblicher Teil auf die Mehrbetriebsunternehmen. Die zahlenmäßige Entwicklung der Druckbetriebe wurde dabei jedoch nur in geringem Maße durch das Verhältnis von Ein- zu Mehrbetriebsunternehmen beeinflußt, denn die Zahl der Druckbetriebe, die zu Mehrbetriebsunternehmen zählten, blieb im Zeitablauf weitgehend stabil.[2]

---

[1] Vgl.: E. KANTZENBACH, Wirtschaftliche Ursachen und Auswirkungen der Nachfragemacht, in: Bayrisches Staatsministerium für Wirtschaft und Verkehr (Hrsg.), Wettbewerbskongreß 1977, S.125-138, München 1977, S.131ff.

[2] Die Zahl der zu Mehrbetriebsunternehmen gehörenden Druckbetriebe blieb zumindest seit dem Jahr 1977, als erstmals eine entsprechende Erhebung durchgeführt wurde, nahezu konstant, denn damals zählten hierzu 235 Druckbetriebe gegenüber 225 Druckbetrieben im Jahr 1988.

Tab.95: Entwicklung der Gesamtzahl der industriellen und handwerklichen Druckbetriebe

Druckbetriebe \ Jahr *	1963	1968	1976	1979	1982	1985	1988
Industriebetriebe	6.153	6.342	6.760	6.405	6.966	7.362	7.780
Handwerksbetriebe	3.136	3.529	3.949	3.949	3.905	3.785	3.694
Gesamtzahl	9.289	9.871	10.709	10.354	10.871	11.147	11.474

* Für die Jahre 1979 bis 1988 wird unterstellt, daß die Zahl der Handwerksbetriebe mit mind. 20 Beschäftigten, wozu lt. Handwerkszählung 1977 177 Betriebe zählten, seither unverändert blieb. Quelle: Statistisches Bundesamt, Fs.4: R.4.1.2 u. R.7.1, versch. Jgg. sowie Fs.D: Handwerkszählung 1963, 1968 u. Fs.4: Handwerkszählung 1977; eigene Berechnung der Werte.

Wie Tab.95 zeigt, war die Druckindustrie im Untersuchungszeitraum durch einen ausgeprägten Dekonzentrationsprozeß gekennzeichnet, denn mit 11.474 lag die Zahl der Druckbetriebe im Jahr 1988 um 23,5% höher als im Jahr 1963, für das erstmals - unter Zuhilfenahme der Handwerkszählung des Jahres 1963 - eine derartige Berechnung durchgeführt werden kann.[1]

Die Druckbetriebe setzten sich im Jahr 1988 - wie schon im Jahr 1963 - zu rd.2/3 aus Industriebetrieben und zu rd.1/3 aus Handwerksbetrieben zusammen, wobei die Zahl der Handwerksbetriebe zunächst bis zum Jahr 1979

[1] Demgegenüber zählten lt. Umsatzsteuerstatistik im Jahr 1988 sogar 14.491 steuerpflichtige Unternehmen zum Wirtschaftszweig Druckerei und Vervielfältigung, wovon allerdings eine Vielzahl zu Nebenerwerbszwecken betrieben wurde, was daran erkennbar ist, daß allein 1.040 Druckunternehmen einen Jahresumsatz von unter 50.000 DM aufwiesen. Die Zahl der Arbeitsstätten fiel mit 16.493 im Jahr 1987 noch größer aus, wobei 74,8% auf mehrstufige Druckereien, 15,3% auf einstufige Satz- und Reproduktionsbetriebe und 9,9% auf Vervielfältigungsbetriebe entfielen. Vgl.: STATISTISCHES BUNDESAMT, Fs.14: R.8, Jg.1988, sowie Fs.2: Unternehmen und Arbeitsstätten, Heft 11.

überdurchschnittlich stark zunahm und seither schrittweise zurückging.[1] Die Unterscheidung von Industrie- und Handwerksbetrieben ist in diesem Zusammenhang deshalb von Interesse, weil eine weitergehende Untersuchung der Druckbetriebe gegliedert nach Beschäftigtengrößenklassen - aufgrund der Datenverfügbarkeit - ausschließlich für die Industriebetriebe möglich ist, so daß sich die Handwerksbetriebe nachfolgend nicht bzw. nur diejenigen mit 20 und mehr Beschäftigten berücksichtigen lassen.

Wie Tab.96 zeigt, hat sich die Zahl der industriellen Kleinbetriebe sowohl in der Beschäftigtengrößenklasse mit 1-9 Beschäftigten als auch in derjenigen mit 10-19 Beschäftigten drastisch erhöht, und zwar zwischen dem Jahr 1960 und dem Jahr 1988 um 50,6% bzw. um 32,2%. Die Zahl der Mittelbetriebe, wozu in der Druckindustrie die Beschäftigtengrößenklassen mit 20-49 Beschäftigten sowie mit 50-99 Beschäftigten zu zählen sind, entwickelten sich dagegen seit Ende der 60er Jahre gleichermaßen rückläufig. Die Zahl der Großbetriebe schwankte dagegen im Untersuchungszeitraum und lag im Jahr 1988 ungefähr auf dem gleichen Niveau wie im Jahr 1960, wobei auch die Verteilung der Druckbetriebe auf die drei Beschäftigtengrößenklassen 100-199 Beschäftigte, 200-499 Beschäftigte sowie 500 und mehr Beschäftigte weitestgehend mit dem Ausgangsjahr 1960 übereinstimmte.

Die zahlenmäßige Zunahme von Druckbetrieben und die gleichzeitig eingetretene stetige Veränderung der Betriebsgrößenstruktur zugunsten der Kleinbetriebe, auf die im Jahr 1988 bereits mehr als 3/4 aller industriellen Druckbetriebe entfielen, hatte mehrere Ursachen, die nachfolgend zu untersuchen sind. Die Grundlage hierfür bildet ein Exkurs, in dem die Zusammenhänge,

---

[1] Dies ist damit zu erklären, daß die in den 80er Jahren neugegründeten Druckbetriebe in der Mehrzahl ausschließlich industrielle Techniken wie den Fotosatz und Offsetdruck anwendeten, während zugleich viele kleine Handwerksbetriebe von den Betriebsinhabern altersbedingt aufgegeben wurden. Vgl.: U. PEKRUHL, Aspekte der Entwicklung der nordrhein-westfälischen Druckbranche seit 1978, in: W. Fricke/ K. Johannson u.a. (Hrsg.), Jahrbuch Arbeit und Technik in Nordrhein-Westfalen 1986, S.351-368, Bonn 1986, S.365: FN.8.

die grundsätzlich zwischen den Auftrags-, den Maschinen- sowie den Betriebsgrößen bestehen, aufgezeigt und begründet werden sollen.

Tab.96: Entwicklung der Beschäftigtengrößenstruktur der industriellen Druckbetriebe

Druckbetriebe * \ Jahr	1960	1968	1976	1979	1982	1985	1988
1-9 Beschäftigte	3.184	2.933	3.612	3.555	4.134	4.508	4.796
10-19 Beschäftigte	996	1.160	1.211	1.108	1.119	1.210	1.317
Zwischensumme	4.180	4.093	4.823	4.663	5.253	5.718	6.113
20-49 Beschäftigte	1.105	1.274	1.109	1.057	1.060	1.012	1.028
50-99 Beschäftigte	460	522	450	452	450	455	435
Zwischensumme	1.565	1.796	1.559	1.509	1.510	1.467	1.463
100-199 Beschäftigte	216	264	224	249	215	200	223
200-499 Beschäftigte	122	144	109	112	119	118	121
≥ 500 Beschäftigte	39	45	45	49	46	36	37
Zwischensumme	377	453	378	410	380	354	381
Gesamtzahl	6.122	6.342	6.760	6.582	7.143	7.539	7.957

* Industriebetriebe aller Beschäftigtengrößenklassen; 1979 bis 1988: Einschl. Handwerksbetriebe mit mind. 20 Beschäftigten. Quelle: Statistisches Bundesamt, Fs.4: R.4.1.2, versch. Jgg.; eigene Berechnung der Werte.

Die Größeneinteilung von Druckaufträgen kann dabei sowohl wert- als auch mengenmäßig durchgeführt werden. Der Auftragswert und das Auftragsvolumen sind jedoch positiv korreliert, da der Auftragswert - neben der Druck- und Papierqualität - in entscheidendem Maße von der Auflagen- und Formatgröße sowie von der Seitenzahl und somit vom Druckvolumen abhängig ist, weshalb auch im folgenden auf eine Unterscheidung zwischen wert- und mengenmäßiger Auftragsgröße verzichtet wird.[1] Die Maschinengröße wird hingegen durch die Zahl der Druckwerke, die Größe des Druckformats, die Druckgeschwindigkeit sowie durch den Umfang der Zusatzaggregate, die zum Zwecke der Druckweiterverarbeitung integriert sind, bestimmt. Die Klassifizierung der Druckbetriebe nach Größenklassen erfolgt weiterhin - wie allgemein üblich - anhand der Beschäftigtenzahl.

Zwischen den Auftrags- und Maschinengrößen besteht nun deswegen ein unmittelbarer Zusammenhang, weil die Fertigungskosten dadurch minimiert werden können, daß die Druckaufträge auf solchen Druckmaschinentypen erstellt werden, die hinsichtlich ihrer qualitativen und quantitativen Leistungsmerkmale möglichst weitgehend den jeweiligen produktionstechnischen Anforderungen der Druckaufträge entsprechen. Die kostenoptimale Maschinengröße wird dabei in bezug auf die Druckwerkezahl durch die Druck- und Papierqualität, in bezug auf die Maschinengeschwindigkeit durch die Auflagengröße und in bezug auf das Druckformat durch die Formatgröße sowie die Seitenzahl der Drucksachen bestimmt.

Die Kostenminimierung, die durch die Abstimmung von auftragsspezifischen Anforderungen und maschineller Leistungsfähigkeit erzielt wird, resultiert in erster Linie daher, daß mit wachsender qualitativer und quantitativer Druckleistung die Maschinenstundenkosten ansteigen. Dementsprechend ist eine Nutzung von Mehrfarben-Druckmaschinen für einfarbige Drucksachen ebenso ineffizient, wie die Verwendung von Rollen-Rotationsdruckmaschinen für kleine Auflagengrößen, bei denen nur in sehr begrenztem Umfang Massenproduktionsvorteile realisiert werden können.[2] Dies trifft ebenso für den Einsatz von großformatigen Druckmaschinen wie für die Fertigung von kleinformatigen Drucksachen zu, solange diese nur in kleinen Druckauflagen zu erstellen

---

[1] Vgl.: R. LEMPEN (1973), Selektives Marketing... a.a.O. , S.68ff.

[2] Bei kleinen Auflagengrößen entfällt ein größerer Zeitanteil der Maschinennutzung auf die Rüstzeiten als bei mittleren und großen Druckauflagen, so daß die Höhe der Maschinenstundenkosten von zentraler Bedeutung für die Höhe der durchschnittlichen Stückkosten ist.

sind.[1]

Umgekehrt lassen sich mehrfarbige Drucksachen - sofern dies technisch überhaupt möglich ist - nicht wirtschaftlich auf Einfarben-Druckmaschinen herstellen, da hierzu mehrere Maschinendurchgänge erforderlich sind und die Maschinennutzungszeiten dadurch drastisch zunehmen. Dies gilt gleichermaßen für große Druckauflagen, die auf Bogen-Druckmaschinen erstellt werden, denn die niedrigen Maschinenstundenkosten werden wegen der relativ geringen Druckgeschwindigkeiten durch lange Fertigungszeiten überkompensiert. Die Mindestformatgröße der Druckmaschinen wird bereits durch die Formatgröße der Drucksachen präjudiziert, wohingegen bezüglich der Druckseiten zumindest technisch die Wahlmöglichkeit besteht, anstelle von mehrseitigen Druckformaten kleinformatige Druckmaschinen einzusetzen, was aber wiederum zu verlängerten Fertigungszeiten führt und deshalb i.d.R. unrentabel ist.

Einschränkend ist zu erwähnen, daß die Höhe der Produktionskosten in der Realität in bedeutendem Maße vom Auslastungsgrad der maschinellen Kapazitäten beeinflußt wird, so daß die Druckbetriebe oftmals produktionstechnisch suboptimale Druckaufträge erstellen, um eine hohe Kapazitätsauslastung zu sichern, oder weil die kundenindividuell kalkulierten Preise trotz suboptimaler Fertigung akzeptable Deckungsbeiträge ermöglichen. Außerdem besteht auch deshalb die Notwendigkeit, Druckaufträge entgegenzunehmen, die sich mit der betrieblichen Maschinenausrüstung nur suboptimal fertigen lassen, weil häufig Nachfrageverbundenheit vorherrscht, die dadurch zum Ausdruck kommt, daß die Kunden - aufgrund von Transaktionskostenersparnissen, wegen Qualitätsunsicherheit oder aus persönlichen Präferenzen - sämtliche Drucksachen bei einem Druckbetrieb in Auftrag geben. Allerdings besteht in diesem Fall die Alternative, die Druckaufträge zumindest teilweise von entsprechend spezialisierten Subunternehmen erstellen zu lassen. Einen Sonderfall stellen zudem die Werkdrucksachen dar, die weitgehend unabhängig von der Auflagengröße überwiegend auf großen Druckmaschinentypen mit

---

[1] Dagegen ist bei großauflagigen Drucksachen häufig die Wahl eines größeren Druckformates kostenoptimal, wobei entweder mehrere Seiten oder mehrere Nutzen auf einem Druckbogen wiedergegeben werden.

einem hohen Spezialisierungsgrad erstellt werden, da deren standardisierte produktionstechnische Anforderungen eine Serienfertigung ermöglichen.

Die Größe der Druckbetriebe, die sich sowohl anhand der Beschäftigtenzahl als auch anhand der Umsatzerlöse messen läßt, wird entscheidend durch die Größe und die Anzahl der eingesetzten Druckmaschinen bestimmt. Die Kapazitäten der Druckvorstufe und der Druckweiterverarbeitung sind nämlich typischerweise auf die Druckkapazität abgestimmt und der Umfang der Verwaltungstätigkeiten, wozu Beschaffung, Finanzierung, Absatz und Leitung zählen, steht in unmittelbarem Zusammenhang mit der Größe des technischen Betriebsteils. Die Maschinengröße determiniert dabei die Mindestbetriebsgröße,[1] so daß die großformatigen Rollen-Rotationsdruckmaschinen - je nach Druckverfahren - i.d.R. Betriebsgrößen von mehr als 100 Beschäftigten erzwingen.

Darüber hinaus ergeben sich in der Druckindustrie mit zunehmender Betriebsgröße Kostendegressionen, weshalb in den Druckbetrieben zumeist mehrere Druckmaschinen installiert sind. Die Kostenvorteile[2] entstehen erstens im Einkauf von Druckpapieren, zweitens im Personalbereich, da die Arbeitskräftereserven für urlaubs- und krankheitsbedingte Ausfallzeiten sowie für die betriebsinterne Aus- und Weiterbildung zentralisiert werden können und drittens wird durch den Einsatz mehrerer gleichartiger Druckmaschinen die Flexibilität der Produktions- und Terminplanung vergrößert, wodurch speziell im Fall der Einzelfertigung eine gleichmäßigere Kapazitätsauslastung erreichbar ist.

Das Ausmaß der Betriebsgrößenvorteile variiert dabei in Abhängigkeit von den Maschinengrößen, die in den Druckbetrieben jeweils eingesetzt werden.

---

[1] Vgl.: K. MELLEROWICZ, Kosten und Kostenrechnung, Bd.I: Theorie der Kosten, 5.veränd. Aufl., Berlin u. New York 1973, S.414f.

[2] In diesem Kontext kann nur auf die wichtigsten Kostendegressionen eingegangen werden. Im Einzelfall sind weitergehende Betriebsgrößenvorteile in anderen Bereichen denkbar. Vgl.: A. KOUTSOYIANNIS, Modern Microeconomics, 2nd Ed., New York 1988, S.126ff.

Die Kostenvorteile, die mit wachsender Betriebsgröße beim Einkauf von Druckpapieren erzielt werden, sind bei mittleren und großen Druckaufträgen deshalb weitaus gewichtiger als bei Kleinaufträgen, weil der prozentuale Anteilswert, mit dem die Papierkosten zu den gesamten Produktionskosten beitragen, mit zunehmender Auftragsgröße stark ansteigt.[1] Darüber hinaus hat der Umstand, daß die Nutzung von mehreren Druckmaschinen zu betrieblichen Kostenvorteilen führt, bei den kleinformatigen Bogen-Druckmaschinen erheblich geringere Auswirkungen auf die absolute Höhe der Beschäftigtenzahl der Druckbetriebe als bei den großformatigen Rollen-Rotationsdruckmaschinen.

Die optimale Betriebsgröße, die ebenso wie die optimale Unternehmensgröße "...dann vorliegt, wenn alle Möglichkeiten gesamtwirtschaftlicher Kostenersparnis, solche technologischer und solche organisatorischer Art, voll ausgeschöpft sind"[2], ist zudem nach oben begrenzt. Den Kostendegressionen, die sich mit steigender Betriebsgröße realisieren lassen, stehen nämlich Kostenprogressionen gegenüber, die daher resultieren, daß eine zahlenmäßige Zunahme der Druckaufträge im allgemeinen mit einer Ausweitung des Absatzgebietes einhergeht, wodurch wiederum die entfernungsabhängigen Transaktions- und Transportkosten je Druckauftrag ansteigen.[3] Die Kostenprogressionen, die mit zunehmender räumlicher Distanz zwischen dem Druckort und dem Kundensitz eintreten, sind deshalb in der Druckindustrie von besonderer

---

[1] Dementsprechend entfielen bei den Mittelbetrieben mit 20-49 Beschäftigten im Jahr 1987 nur 28,4% des Bruttoproduktionswertes auf den Materialverbrauch, wohingegen bei den Großbetrieben mit 100-199 Beschäftigten der Materialverbrauch mit 36,7% zum Bruttoproduktionswert beitrug. Vgl.: STATISTISCHES BUNDESAMT, Fs.4: R.4.3.3, Jg.1987, Stuttgart 1989, S.125.

[2] Zitat: E. KANTZENBACH (1966), Die Funktionsfähigkeit... a.a.O., S.58. Vgl. auch: E.A.G. ROBINSON, The Structure of Competitive Industry, rev.Ed. 1958, Cambridge u. Digswell Place 1959, S.11.

[3] Die Transaktionskosten besitzen dabei in der Druckindustrie einen größeren Stellenwert als in anderen Wirtschaftszweigen, denn die Auftragsfertigung erfordert i.d.R. eine mehrfache, wechselseitige Abstimmung zwischen dem Kunden und dem Produzenten.

Relevanz, weil eine Produktdifferenzierung - im Gegensatz zur marktorientierten Fertigung - kaum möglich ist, so daß im Wege der Auftragserteilung exakt spezifizierte Druckleistungen von sämtlichen Druckbetrieben erstellt werden können, die über entsprechende maschinelle und personelle Kapazitäten verfügen.

Die räumliche Begrenzung der Absatzmärkte und damit zugleich der optimalen Betriebsgrößen betrifft dabei diejenigen Druckbetriebe am stärksten, die schwerpunktmäßig Kleinaufträge fertigen, denn dadurch, daß die Transaktionskosten auflagenfix sind und die Grenzkosten des Transportes mit zunehmender Transportmenge sinken, tragen die entfernungsabhängigen Kosten bei Kleinaufträgen anteilsmäßig in wesentlich größerem Umfang zu den Gesamtkosten bei als dies bei mittleren oder großen Druckaufträgen der Fall ist.

Die Fertigung von Kleinaufträgen ist dementsprechend größtenteils auf lokale Kundenkreise begrenzt, weshalb auch in der Druckindustrie keine Großbetriebe existieren, die schwerpunktmäßig Kleinaufträge fertigen bzw. deren Maschinenpark sich aus einer Vielzahl von Kleinmaschinen zusammensetzt. Mit wachsender Auftragsgröße kann dagegen die Belieferung regionaler, nationaler und im Extremfall sogar internationaler Absatzgebiete effizient sein. Neben der abnehmenden Relevanz der Transaktions- und Transportkosten ist hierfür ausschlaggebend, daß sich bei Großaufträgen durch die Nutzung von großformatigen Rollen-Rotationsdruckmaschinen statische Größenvorteile[1] gegenüber kleinen und mittleren Maschinengrößen ergeben.[2] Die Anzahl der Druckbetriebe, die aufgrund ihrer maschinellen Ausrüstung die Voraussetzungen für eine effiziente Fertigung erfüllen, beschränkt sich dadurch mit zunehmender Auftragsgröße auf den Kreis der mittleren bzw. großen Druckbetriebe. Die Auftragsvergabe an lokal ansässige Druckbetriebe ist somit bei mitt-

---

[1] Vgl.: E. KAUFER (1980), Industrieökonomik a.a.O., S.66.

[2] Die Vorbedingung für die Realisierung von statischen Größeneinsparungen ist eine angemessene Kapazitätsauslastung, denn andernfalls schlägt die leistungssteigernde Funktion in das Gegenteil um.

leren und großen Druckaufträgen nur dann effizient, wenn deren Maschinenpark bezüglich der quantitativen und qualitativen Leistungsmerkmale auf die produktionstechnischen Anforderungen der Druckaufträge abgestimmt ist. Andernfalls können die betreffenden Druckaufträge von räumlich entfernter liegenden Druckbetrieben, die darauf maschinell spezialisiert sind, preisgünstiger erstellt werden. Umgekehrt sind die Druckbetriebe, die unteilbare, großformatige Rollen-Rotationsdruckmaschinen einsetzen, zumeist dazu gezwungen, ihre Druckleistungen auch regional, national bzw. international anzubieten, da die lokale Nachfrage i.d.R. nicht ausreichend ist, um die Druckkapazitäten angemessen auszulasten. Die Begrenzung des Absatzgebietes ist somit erstens von der Auftragsgröße, zweitens von der Zahl und der räumlichen Verteilung der Druckbetriebe mit vergleichbaren Maschinenausrüstungen[1] und drittens von der Nachfragedichte abhängig.[2]

Festzuhalten ist an dieser Stelle, daß die optimalen Betriebsgrößen in der Druckindustrie variieren, und zwar vor allem in Abhängigkeit von den Auftragsgrößen, auf die sich die Druckbetriebe durch ihre maschinelle Ausrüstung ausgerichtet haben. Das bedeutet, daß Kleinaufträge kostenoptimal von Kleinbetrieben erstellt werden, deren Absatzgebiete weitgehend lokal begrenzt sind.[3] Eine Ausnahme bilden hierbei die kleinauflagigen Werkdrucksachen, die wegen ihrer standardisierten produktionstechnischen Anforderungen häufig von mittleren bzw. großen Druckbetrieben - die maschinell entsprechend spezialisiert sind - in Serie gefertigt werden. Eine kostenoptimale Fertigung von mittleren und großen Druckaufträgen erfordert dagegen grundsätzlich den

---

[1] Bei gegebener Nachfragedichte sind die Absatzgebiete umso begrenzter, je größer die Zahl der Druckbetriebe und je gleichmäßiger deren räumliche Verteilung ist.

[2] Die für eine effiziente Fertigung notwendige Mindestauslastung der betrieblichen Druckkapazitäten erfordert bei geringer Nachfragedichte ein größeres Absatzgebiet als bei hoher Nachfragedichte.

[3] Damit übereinstimmend entfielen bei den Kleinbetrieben mit 1-19 Beschäftigten - lt. IFO-Sonderbefragung 1988 - 72,7% der Umsatzerlöse von Kundenaufträgen aus einem Absatzgebiet mit weniger als 30 km Umkreis. Vgl. im Anhang S.LXV: Tab.LIII.

Einsatz entsprechend dimensionierter Maschinengrößen, wodurch wiederum die Betriebsgrößen entscheidend mitbestimmt werden.[1]

Die sachliche Abgrenzung der wettbewerblich relevanten Absatzmärkte unterscheidet sich in der Druckindustrie aufgrund der auftragsorientierten Fertigung von den funktional abgegrenzten Produktmärkten,[2] denn in diesem Kontext sind nicht die späteren Verwendungszwecke der Drucksachen relevant,[3] sondern entscheidend sind vielmehr die produktionstechnischen Anforderungen der Druckaufträge, so daß zweckmäßigerweise die nachgefragten Druckleistungen abgegrenzt werden.[4] Als zentrale Kriterien sind dabei die Auflagen- und Formatgröße, der Seitenumfang sowie die Druck- und Papierqualität anzuführen, die die mengen- und wertmäßige Auftragsgröße bestimmen. Die Absatzmärkte der Druckindustrie lassen sich demzufolge vereinfachend nach der Auftragsgröße abgrenzen, denn kleine, mittlere und große Druckaufträge werden im allgemeinen auf unterschiedlichen Druckmaschinen erstellt. Einen Sonderfall stellen dabei die Werkdrucksachen dar, die weitgehend unabhängig von der Auflagengröße überwiegend auf Spezialmaschinen erstellt werden.

Da die Auftrags- und Maschinengrößen in engem Zusammenhang mit den

---

[1] Dementsprechend wurden Anfang der 70er Jahre rd.90% der Rollen-Rotations-Offsetdruckmaschinen in Mittel- und Großbetrieben eingesetzt. Vgl.: R. LEMPEN (1973), Selektives Marketing... a.a.O., S.36.

[2] Vgl.: O. SANDROCK, Grundprobleme der sachlichen Marktabgrenzung, in: H. Merz u. W.R. Schluep (Hrsg.), Recht und Wirtschaft heute, Festschrift zum 65.Geburtstag von Max Kummer, Bern 1980, S.449-486.

[3] Vgl.: MONOPOLKOMMISSION, 5.Hauptgutachten der Monopolkommission 1982/83, Köln 1984, S.196f.

[4] Die Aussagefähigkeit der Konzentrationsraten bzw. -koeffizienten, die für die Produktbereiche der Druckindustrie berechnet werden, ist dementsprechend sehr begrenzt, zumal bei der Mehrzahl der Druckaufträge nicht die nationale Ebene die adäquate räumliche Marktabgrenzung darstellt, sondern die regionale bzw. lokale Ebene wettbewerbliche Relevanz besitzt. Vgl.: MONOPOLKOMMISSION, Hauptgutachten 1986/87: Die Wettbewerbsordnung erweitern, Anlagenband, Baden-Baden 1988, S.109f.

Betriebsgrößen stehen, ist zu folgern, daß die Intensität der Wettbewerbsbeziehungen, d.h. die Reaktionsverbundenheit zwischen Druckbetrieben gleicher Größenordnung, am höchsten ist. Allerdings bestehen speziell zwischen den angrenzenden Betriebsgrößenklassen insofern Überschneidungen in den Wettbewerbsbeziehungen, als daß mittlere Druckbetriebe aufgrund von Nachfrageverbundenheit[1] zur Ergänzung ihres Leistungsspektrums häufig kleine Druckmaschinen einsetzen bzw. kleine Druckbetriebe mittlere Auftragsgrößen auf kleinen Druckmaschinen fertigen.[2] Außerdem werden suboptimale Druckaufträge dann vermehrt gefertigt, wenn die Druckkapazitäten anderweitig nicht ausgelastet werden können. Entsprechende Überschneidungen treten analog zwischen mittleren und großen Druckbetrieben auf, wohingegen zwischen kleinen und großen Druckbetrieben typischerweise keine ausgeprägten Wettbewerbsbeziehungen existieren.[3]

Hinsichtlich der Wettbewerbsbeziehungen ist neben der Auftragsgröße speziell bei großen Druckbetrieben eine weitere Differenzierung nach der Art der Druckaufträge notwendig. Während nämlich in kleinen und mittleren Druckbetrieben größtenteils Universalmaschinen[4] mit einer hohen Angebotsumstellungsflexibilität verwendet werden, sind in Großbetrieben typischerweise Druckmaschinen mit einem hohen Spezialisierungsgrad installiert. Ursächlich hierfür ist, daß der Einsatz von Spezialmaschinen mit integrierten Zusatzag-

---

[1] Vgl.: W.H. ENGELHARDT, Erscheinungsformen und absatzpolitische Probleme von Angebots- und Nachfrageverbundenheit, in: Schmalenbachs Zeitschrift für Betriebswirtschaftliche Forschung, 28.Jg., S.77-90, Wiesbaden 1976, S.83.

[2] Hinsichtlich der Produktionskosten resultierten dagegen aus der Nutzung verschiedenartiger Druckmaschinentypen keine relevanten Verbundvorteile.

[3] Wie eine Untersuchung Anfang der 70er Jahre zeigte, erwirtschafteten die Druckbetriebe mit 1-19 Beschäftigten weit über 90% ihrer Umsatzerlöse mit Druckaufträgen bis 5.000 DM, wohingegen die Druckbetriebe mit 100 und mehr Beschäftigten rd.75% ihrer Umsatzerlöse mit Druckaufträgen über 5.000 DM erzielten. Vgl.: R. LEMPEN (1973), Selektives Marketing... a.a.O., S.43.

[4] Vgl.: E. GUTENBERG (1979), Grundlagen der... a.a.O., Bd.I, S.6ff.

gregaten zur Druckweiterverarbeitung bzw. von kompletten Fertigungsstraßen bestimmte Mindestauflagengrößen voraussetzt, da die höheren Maschinenstundenkosten nur durch die Realisierung von Kostendegressionen im Fortdruck kompensiert werden können. Insbesondere bei Werkdrucksachen, deren produktionstechnische Anforderungen weitestgehend produktspezifisch prädisponiert und damit standardisiert sind,[1] können jedoch auch kleine und mittlere Auflagengrößen auf großen Spezialmaschinen in Serie gefertigt werden, da bei einem Auftragswechsel nur relativ niedrige Rüstkosten entstehen.[2] Zwischen den großen Druckbetrieben bestehen deshalb nur partiell Wettbewerbsbeziehungen, wobei die Verlagsdruckbetriebe z.T. überhaupt keine Fremdaufträge akquirieren, sondern ausschließlich Eigenverlagsaufträge erstellen und demzufolge auch nicht mit anderen Druckbetrieben im Wettbewerb stehen.

Nachfolgend sollen die Ursachen für die zuvor aufgezeigte zahlenmäßige Entwicklung der Druckbetriebe,[3] gegliedert nach Kleinbetrieben mit 1-19 Beschäftigten, Mittelbetrieben mit 20-99 Beschäftigten und Großbetrieben mit 100 und mehr Beschäftigten, untersucht werden, wobei zunächst auf die Umsatzentwicklung eingegangen wird.

Wie Tab.97 zeigt, lagen die Umsatzanteile von Klein-, Mittel- und Großbetrieben im Jahr 1988 auf annähernd dem gleichen Niveau wie im Jahr 1960, wobei die Umsatzanteile in den 60er und 70er Jahren leichten Schwankungen unterlagen, während seit Anfang der 80er Jahre eine trendmäßige Zunahme der Umsatzanteile von Klein- und Mittelbetrieben festzustellen ist.

---

[1] Beispielhaft hierfür ist die Serienfertigung von gebundenen Büchern und Taschenbüchern mit kompletten Buchfertigungsstraßen.

[2] Der Umfang der Rüstzeiten ist entscheidend von der Auftragsfolge abhängig, nämlich u.a. davon, ob mit dem Auftragswechsel ein Papier-, ein Format- und/oder ein Farbwechsel bzw. eine Veränderung in der Druckweiterverarbeitung verbunden ist. Vgl.: P. MEIER (1971), Die Möglichkeiten... a.a.O., S.56.

[3] Vgl. im Text S.393: Tab.96.

Tab.97: Entwicklung der Umsatzerlöse der Druckbetriebe nach Beschäftigtengrößenklassen, in prozentualen Anteilswerten

Druckbetriebe * \ Jahr	1960	1968	1976	1979	1982	1985	1988
1-9 Beschäftigte	6,2%	4,6%	5,5%	4,7%	5,4%	5,7%	6,0%
10-19 Beschäftigte	5,8%	5,7%	6,6%	5,8%	6,4%	7,0%	7,1%
Zwischensumme	12,0%	10,2%	12,2%	10,5%	11,8%	12,8%	13,2%
20-49 Beschäftigte	14,3%	14,3%	14,2%	13,2%	13,9%	13,8%	14,1%
50-99 Beschäftigte	14,8%	13,4%	14,5%	13,9%	13,9%	14,5%	14,2%
Zwischensumme	29,1%	27,7%	28,6%	27,1%	27,8%	28,3%	28,2%
100-199 Beschäftigte	14,3%	15,7%	15,5%	14,9%	14,0%	14,8%	15,5%
200-499 Beschäftigte	20,7%	20,7%	17,0%	19,5%	19,5%	20,2%	18,3%
≥ 500 Beschäftigte	24,0%	25,7%	26,7%	28,0%	26,9%	23,9%	24,8%
Zwischensumme	58,9%	62,1%	59,2%	62,4%	60,4%	58,9%	58,6%

* Industriebetriebe aller Beschäftigtengrößenklassen; 1979 bis 1988: Einschl. Handwerksbetriebe mit mind. 20 Beschäftigten. Quelle: Statistisches Bundesamt, Fs.4: R.4.1.2, versch. Jgg.; eigene Berechnung der Werte.

Die Entwicklung der Umsatzanteile nach Beschäftigtengrößenklassen wurde dabei prinzipiell durch zwei Faktoren bestimmt, nämlich zum einen durch die Entwicklung der Wettbewerbsbeziehungen, die zwischen den Klein- und Mittelbetrieben bzw. den Mittel- und Großbetrieben bestanden, und zum anderen durch die Entwicklung der Auftragsstruktur.

Die Entwicklung der Wettbewerbsbeziehungen zwischen den Klein- und Mittelbetrieben bzw. den Mittel- und Großbetrieben wurde in erster Linie durch den technischen Fortschritt im Druckmaschinenbau und dessen Diffusion beeinflußt. Von Bedeutung war in diesem Zusammenhang vor allem, daß die neuentwickelten Druckmaschinen eine drastische Reduzierung der Rüstzeiten und damit der auflagenfixen Rüstkosten ermöglichten. Die Mindestauflagengrößen für einen rentablen Einsatz waren dadurch bedingt bei den neueren Baujahrgängen von Druckmaschinen deutlich niedriger, wobei die kritische Auflagengröße bei den großformatigen Rollen-Rotationsdruckmaschinen am stärksten gesenkt werden konnte. Ursächlich hierfür war einerseits, daß die Verkürzung der Rüstzeiten bei hohen Maschinenstundensätzen zu den größten Kostenreduktionen führte und andererseits, daß die technischen Neuerungen, wie z.B. die elektronische Maschinensteuerung, zuerst bei den großen Maschinentypen eingeführt wurden.

Dies hatte zur Folge, daß die Reaktionsverbundenheit zwischen den Druckbetrieben unterschiedlicher Größenordnung zunahm. Die kleinen Druckbetriebe investierten vermehrt in größere, leistungsfähigere Druckmaschinentypen,[1] die gleichermaßen eine effiziente Fertigung von kleinen und mittleren Auftragsgrößen ermöglichten. Die mittleren Druckbetriebe besaßen hingegen bei Neuinvestitionen die Option, entweder weiterhin mittlere Druckmaschinengrößen einzusetzen, die jedoch gegenüber den älteren Baujahrgängen ein erweitertes Leistungsspektrum in Richtung kleiner Druckaufträge aufwiesen, oder auf größere Druckmaschinentypen umzustellen, mit denen sich neben mittleren auch große Druckaufträge wirtschaftlich erstellen ließen. Die Großbetriebe konnten mit der Installation von neuen Druckmaschinentypen ihr betriebliches Leistungsspektrum einerseits nach unten ausdehnen oder sich andererseits durch die Verwendung von extrem großformatigen und leistungsfähigen Rollen-Rotationsdruckmaschinen ausschließlich auf die Serienfertigung von bestimmten Arten von Großaufträgen spezialisieren.

Die Wettbewerbsfähigkeit von Druckbetrieben bestimmter Beschäftigten

---

[1] Die Veränderung der Bestandsstruktur bei den Bogen-Druckmaschinen in Richtung der mittleren Formatgrößen dürfte z.B. vorwiegend auf deren vermehrten Einsatz in Kleinbetrieben zurückzuführen sein. Dies gilt gleichermaßen für die anteilsmäßige Zunahme von Zwei- und Vierfarben-Bogen-Druckmaschinen, denn bei Kleinaufträgen war ebenso wie bei mittleren und großen Druckaufträgen ein Trend zu mehrfarbigen Druckausstattungen festzustellen.

größenklassen wurde somit nicht per se durch den technischen Fortschritt im Druckmaschinenbau beeinträchtigt. Von zentraler Bedeutung für die Wettbewerbsfähigkeit war hingegen im Einzelfall die Funktion des Unternehmers, und zwar speziell bei kleinen und mittleren Druckbetrieben,[1] die größtenteils als Familienbetriebe zu typisieren sind. Die Entwicklung der Umsatzanteile dürfte demnach nur in geringem Ausmaß auf technisch bedingte Veränderungen in den Wettbewerbsbeziehungen zwischen Klein- und Mittelbetrieben bzw. Mittel- und Großbetrieben zurückzuführen sein.

Ausschlaggebend waren offenbar vielmehr die Veränderungen der Auftragsstruktur, und zwar einerseits die unterschiedliche Nachfrageentwicklung bei kleinen, mittleren und großen Druckaufträgen, sowie andererseits bei Akzidenz- und Werkdrucksachen. Die während der 60er und 70er Jahre zu verzeichnende schwankende Entwicklung der Umsatzanteile von Klein- und Mittelbetrieben auf der einen sowie von Großbetrieben auf der anderen Seite, resultierte in erheblichem Maße daher, daß die Nachfrageentwicklung bei Akzidenz- und Werkdrucksachen ungleichgewichtig verlief.[2] Die Umsatzentwicklung der großen Druckbetriebe war nämlich wesentlich von der Nachfrageentwicklung bei Werkdrucksachen abhängig, da diese größtenteils von Großbetrieben erstellt wurden, die zumeist auf bestimmte Arten von Werkdrucksachen spezialisiert waren, wobei die Werkdrucksachen mit schätzungsweise 60% zu deren Umsatzerlösen beitrugen.[3] Die trendmäßig rückläufigen Umsatzanteile von Großbetrieben, die seit Anfang der 80er Jahre zu registrieren waren, sind zudem darauf zurückzuführen, daß in nahezu sämtlichen Produktbereichen bzw. -gruppen ein Wandel der Auflagengrößenstruktur in Richtung kleiner und mittlerer Druckauflagen eintrat.

Die divergierende Umsatzentwicklung von Klein-, Mittel- und Großbetrieben

---

[1] Vgl.: C. BELZ (1989), Konstruktives Marketing a.a.O., S.521.

[2] Vgl. im Text S.321f. sowie S.317: Tab.73.

[3] Die Umsatzerlöse der Druckbetriebe mit 100 und mehr Beschäftigten betrugen im Jahr 1987 17.369,2 Mio. DM, während der Bruttoproduktionswert von Werkdrucksachen zugleich bei 10.555,2 Mio. DM lag.

kann folglich in erster Linie damit erklärt werden, daß die Klein-, Mittel- und Großbetriebe schwerpunktmäßig auf verschiedenen Absatzmärkten tätig waren, deren Wachstumsentwicklung sich ungleichgewichtig entwickelte, wohingegen Veränderungen in den Wettbewerbsbeziehungen zwischen Klein- und Mittelbetrieben bzw. Mittel- und Großbetrieben hierzu anscheinend nur unwesentlich beitrugen. Im Anschluß wird deshalb für die Klein-, Mittel- und Großbetriebe separat untersucht, welche Gründe für deren zahlenmäßige Entwicklung jeweils entscheidend waren.

Wie Tab.98 zeigt, nahmen die durchschnittlichen Betriebsumsätze der kleinen Druckbetriebe in realen Werten zwar stark zu, jedoch in weit geringerem Ausmaß als die Umsatzerlöse, die insgesamt von den Kleinbetrieben erwirtschaftet wurden.

Tab.98: Entwicklung der durchschnittlichen Betriebsumsätze von kleinen Druckbetrieben mit 1-9 bzw. 10-19 Beschäftigten sowie die Entwicklung der insgesamt von den Kleinbetrieben erwirtschafteten Umsatzerlöse, in realen Indexwerten 1960=100

Druckbetriebe * \ Jahr	1960	1968	1976	1979	1982	1985	1988
1-9 Beschäftigte	100	121,2	154,8	176,1	171,0	178,5	188,5
10-19 Beschäftigte	100	127,1	188,7	233,5	250,6	273,4	268,2
Umsatzerlöse insges.	100	129,1	201,6	227,0	250,7	290,9	311,9

* Industriebetriebe. Quelle: Statistisches Bundesamt, Fs.4: R.4.1.2, versch. Jgg.; eigene Berechnung der Werte.

Diese Entwicklung kann dahingehend interpretiert werden, daß die optimalen Betriebsgrößen von Kleinbetrieben - gemessen an den Umsatzerlösen - in Relation zum Marktvolumen von Kleinaufträgen nur unterdurchschnittlich gewachsen sind,[1] so daß eine größere Anzahl von Druckbetrieben mit 1-9 Beschäftigten bzw. 10-19 Beschäftigten existieren konnte, die maschinell auf die Fertigung von Kleinaufträgen spezialisiert waren.

Die Entwicklung der optimalen Betriebsgrößen ist dabei generell vom technischen Fortschritt abhängig,[2] der im Druckmaschinenbau u.a. zu einer Verkürzung der Rüstzeiten sowie zu einer Erhöhung der Maschinengeschwindigkeiten führte. Die neueren Baujahrgänge von ansonsten produktionstechnisch vergleichbaren Druckmaschinen wiesen dadurch bedingt deutlich größere Druckkapazitäten auf, die i.d.R. unteilbar waren. Die Realisierung der Kostenreduktionen, die durch den Einsatz von neuentwickelten Druckmaschinen technisch ermöglicht wurden, erforderte dabei eine angemessene Kapazitätsauslastung, so daß die optimalen Betriebsgrößen bezogen auf die realen Umsatzerlöse im Zeitablauf zunahmen. Die kapazitätssteigernde Wirkung des technischen Fortschritts war allerdings bei den kleinen Druckmaschinen vergleichsweise begrenzt, denn bei Kleinaufträgen konnten die Fertigungszeiten bei weitem nicht in dem Umfang durch die Erhöhung der Maschinengeschwindigkeiten verkürzt werden, wie dies bei mittleren und großen Druckaufträgen der Fall war.

Obwohl die Arbeitsproduktivität in den Kleinbetrieben stetig erhöht wurde, konnten die hohen realen Umsatzzuwächse nur erzielt werden, indem zugleich die Beschäftigtenzahl deutlich vergrößert wurde. Die durchschnittliche Beschäftigtenzahl je Betrieb nahm dagegen - wie Tab.99 zeigt - geringfügig ab, so daß bei den Kleinbetrieben der Anstieg der Arbeitsproduktivität offenbar mit einem Rückgang der optimalen Betriebsgrößen - gemessen an der Beschäftigtenzahl - verbunden war.

---

[1] Hierbei wird entsprechend der sog. Survivor-Technik unterstellt, daß diejenigen Betriebsgrößen, die den Test des Marktes bestehen, effizient sind. Vgl.: M. KRAKOWSKI (1985), Dekonzentrationsprozesse... a.a.O., S.76f.

[2] Vgl.: K. HERDZINA (1981), Wirtschaftliches Wachstum... a.a.O., S.161.

Tab.99: Entwicklung der durchschnittlichen Beschäftigtenzahl von kleinen Druckbetrieben mit 1-19 Beschäftigten sowie die Entwicklung der Beschäftigtenzahl von Kleinbetrieben insgesamt

Druckbetriebe * \ Jahr	1960	1968	1976	1979	1982	1985	1988
Beschäftigte insges.	27.966	29.040	31.087	28.647	30.263	33.415	35.911
Ø Beschäftigte je Betrieb	6,7	7,1	6,4	6,1	5,8	5,8	5,9

* Industriebetriebe. Quelle: Statistisches Bundesamt, Fs.4: R.4.1.2, versch. Jgg.; eigene Berechnung der Werte.

Die starke zahlenmäßige Zunahme der industriellen Kleinbetriebe um 46,2% von 4.180 Druckbetrieben im Jahr 1960 auf 6.113 Druckbetriebe im Jahr 1988 wurde dabei nachhaltig dadurch begünstigt, daß die Markteintrittsbarrieren bei der Fertigung von Kleinaufträgen extrem niedrig waren, denn für eine effiziente Fertigung von Kleinaufträgen waren kleine Druckmaschinentypen prädestiniert, so daß der Aufbau einer mindestoptimalen Betriebsgröße[1] folglich nur ein verhältnismäßig geringes Investitionsvolumen erforderte. Darüber hinaus waren die bei Betriebsschließung anfallenden irreversiblen Kosten begrenzt, da zum Markteintritt weder Forschungs- und Entwicklungsausgaben[2] noch hohe Werbeausgaben notwendig waren, die beim Marktaustritt als sog. sunk costs unwiederbringlich verloren gewesen wären.[3] Außerdem konnten bei klei-

[1] Die mindestoptimale Betriebsgröße ist definiert als "the smallest scale at which a plant or a firm may achieve the lowest attainable unit costs...", wohingegen viele optimale Betriebsgrößen existieren können, wenn "...further increases in size will neither increase nor decrease unit costs". Zitate: J.S. BAIN, Barriers to New Competition, Cambridge 1956, S.53.

[2] Der Zugang der Druckbetriebe zu den Produktionstechniken ist generell nahezu unbeschränkt, denn die technische Entwicklung wird von den Druckbetrieben i.d.R. nicht direkt beeinflußt.

[3] Die Höhe der Irreversibilitäten ist mitentscheidend für die Höhe der Markteintrittsbarrieren. Vgl.: J. KRUSE, Ökonomie der Monopolregulierung, Göttingen 1985, S.55.

nen Druckmaschinen generell hohe Liquidationserlöse erzielt werden, da diese universell nutzbar waren und deren räumliche Verlagerung nur relativ geringe Transport- und Montagekosten verursachte. Da die Absatzmärkte für kleine Druckaufträge auch unter Berücksichtigung der räumlichen Marktschranken polypolistisch strukturiert waren, bestanden zudem in der Nacheintrittsphase keine Möglichkeiten für ein kollusives Verhalten seitens der etablierten Druckbetriebe.

Tab.100: Entwicklung der Zu- und Abgänge von kleinen Druckbetrieben mit 1-19 Beschäftigten

Druckbetriebe * \ Jahr	1978	1979	1980	1981	1982	1983	1984	1985
Zugänge	887	953	902	907	943	833	986	999
Abgänge	729	634	657	734	864	772	790	789
Saldo	158	319	245	173	79	61	196	210

* Druckbetriebe mit sozialversicherungspflichtig Beschäftigten. Quelle: Institut für Arbeitsmarkt- und Berufsforschung in Nürnberg.

Die etablierten Druckbetriebe waren demzufolge einem starken Wettbewerb durch neu eintretende Druckbetriebe ausgesetzt,[1] wodurch ineffiziente Druckbetriebe verdrängt wurden, was auch in Tab.100 an der hohen Zahl von Betriebsabgängen im Zeitraum von 1978-1985 zu erkennen ist,[2] für den entspre-

[1] Allerdings lassen sich die Kleinbetriebe ausgehend von der jeweiligen maschinellen Ausrüstung in verschiedene Betriebstypen differenzieren, zwischen denen eine unterschiedlich hohe Wettbewerbsintensität bestanden hat. Vgl.: U. PEKRUHL (1986), Aspekte der... a.a.O., S.358ff.

[2] Die Konkurse tragen allerdings nur zu einem geringen Anteil zu den statistisch verzeichneten Betriebsabgängen bei; so meldeten im Jahr 1985 insgesamt 120 Druckbetriebe aller Beschäftigtengrößenklassen einen Konkurs an. Vgl.: BVD (1988), Jahresbericht a.a.O., S.13.

chende Daten zur Verfügung stehen.[1]

Die Zugänge bei den Kleinbetrieben dürften größtenteils Neugründungen gewesen sein, denn - wie bereits erwähnt - blieb die Zahl der Mehrbetriebsunternehmen im Zeitablauf nahezu unverändert, so daß die Betriebsgründungen von etablierten Druckunternehmen eine seltene Ausnahme bildeten. Zum geringen Teil dürfte die Zunahme jedoch auf reale Betriebsaufspaltungen zurückzuführen sein, die entweder aus arbeits- und steuerrechtlichen oder aus erbrechtlichen Gründen vorgenommen wurden.[2] Der Dekonzentrationsprozeß bei den Kleinbetrieben betraf dabei nur z.T. die mehrstufigen Druckereien, denn darüber hinaus nahmen insbesondere bei den einstufigen Satz- und Reproduktionsbetrieben[3], aber auch bei den Vervielfältigungsbetrieben[4], die schwerpunktmäßig Kopier- und Laserdruckgeräte, d.h. Non-Impact-Drucktechniken[5] nutzten, die Betriebszahlen drastisch zu.[6] In der Beschäftigtenstatistik der Bundesanstalt für Arbeit wurden die Vervielfältigungsbetriebe, wie z.B. die sog. Copy-Shops, allerdings nur unvollständig unter dem Wirtschaftszweig "Druckerei, Vervielfältigung" erfaßt, da die Steuerpflichtigen daran interessiert waren, zu anderen Wirtschaftszweigen zugeordnet zu werden, um dadurch bei der Berufsgenossenschaft in niedrigere Sicherheitsklassen eingeordnet zu

---

[1] Vgl.: U. CRAMER, Klein- und Mittelbetriebe: Hoffnungsträger der Beschäftigtenpolitik, in: Mitteilungen aus der Arbeitsmarkt- und Berufsforschung, 20.Jg., Heft Nr.1, Nürnberg 1987, S.15-29.

[2] Vgl.: U. PEKRUHL (1986), Aspekte der... a.a.O., S.360 sowie S.364.

[3] Die amtliche Bezeichnung der Satz- und Reproduktionsbetriebe lautet "Vervielfältigung ohne Licht- und Fotopauserei" (Wz.-Nr.268 4).

[4] Die amtliche Bezeichnung der Vervielfältigungsbetriebe lautet "Licht- und Fotopauserei" (Wz.-Nr.268 7).

[5] Als Non-Impact-Drucktechniken werden anschlaglose Druckverfahren wie die Elektrofotografie bezeichnet. Vgl.: J. SCHNEIDER (1987), Intelligente Drucksysteme... a.a.O., S.2f.

[6] Die einstufigen Buchbindereibetriebe sind in den Betriebszahlen für die Druckindustrie hingegen nicht enthalten, da sie vom Statistischen Bundesamt dem Wirtschaftszweig Papier- und Pappeverarbeitung zugeordnet werden.

werden.[1]

Tab.101: Entwicklung der Anzahl von mehrstufigen Druckereien, einstufigen Satz- und Reprobetrieben sowie Vervielfältigungsbetrieben in der Umsatzgrößenklasse von 100.000 bis 2.000.000 DM

Druckindustrie \ Jahr	1980	1982	1984	1986	1988
Druckerei	7.121	7.340	7.447	7.552	7.597
Satz- und Reproduktion	764	833	952	1.098	1.186
Vervielfältigung	647	661	688	689	699

* Steuerpflichtige Unternehmen des Wirtschaftszweiges "Druckerei, Vervielfältigung". Quelle: Statistisches Bundesamt, Fs.14: R.8, versch. Jgg.; eigene Berechnung der Werte.

Wie Tab.101 zeigt, vergrößerte sich die Anzahl der Druckbetriebe[2] in der Umsatzgrößenklasse 100.000 bis 2.000.000 DM in den Jahren 1980 bis 1988 von 8.532 Betrieben auf 9.482 Betriebe,[3] wobei von den 950 zusätzlichen Druckbetrieben 476 Betriebe bzw. 50,1% auf die mehrstufigen Druckereien, 422 Betriebe bzw. 44,4% auf die einstufigen Satz- und Reproduktionsbetrie-

[1] Anfang der 80er Jahre dürften schätzungsweise bereits 1.000 Vervielfältigungsbetriebe (Copy-Shops und Sofortdruckbetriebe) existiert haben. Vgl.: H. FLOTHMANN, Der Sofortdruck-Markt in der Bundesrepublik Deutschland, Großbritannien, Schweden und den USA, Hrsg.: BVD, Wiesbaden 1982, S.2.

[2] Obwohl in der Umsatzsteuerstatistik steuerpflichtige Unternehmen erfaßt werden, kann in diesem Zusammenhang von Betrieben gesprochen werden, da es sich von wenigen Ausnahmen abgesehen um Einbetriebsunternehmen handelt.

[3] Die Betriebszahlen sind in dieser Gliederung ausschließlich für Umsatzgrößenklassen verfügbar, und zwar in zweijährigem Abstand, beginnend mit dem Jahr 1980. Die gewählte Umsatzgrößenklasse 100.000 bis 2.000.000 DM stimmt dabei von allen erhobenen Umsatzgrößenklassen am ehesten mit der Beschäftigtengrößenklasse 1-19 Beschäftigte überein.

be sowie 52 Betriebe bzw. 5,5% auf die Vervielfältigungsbetriebe entfielen.

Die vertikale Desintegration, die mit der zahlenmäßigen Zunahme von einstufigen Satz- und Reproduktionsbetrieben zum Ausdruck kommt, hatte verschiedene Ursachen. Das grundsätzliche Problem bestand darin, daß die mehrstufigen Druckereien gezwungen waren, die Kapazitäten der einzelnen Produktionsstufen gleichmäßig hoch auszulasten, da dies die Vorbedingung für eine effiziente Fertigung bildete. Die Inanspruchnahme der Druckvorstufe war jedoch auftragsabhängig und differierte danach, ob die Druckvorlagen bereits existierten oder erst erstellt werden mußten, wobei zudem die Text- und Bildintensität der Druckaufträge stark variierten, und zwar insbesondere bei Akzidenzdrucksachen. Die Verarbeitung von mehrfarbigen Bildvorlagen erforderte darüber hinaus den Einsatz von großen unteilbaren EBV-Systemen, die nur im Mehrschichtenbetrieb wirtschaftlich genutzt werden konnten, da hierzu zum einen Investitionssummen in Millionenhöhe notwendig waren und da zum anderen die technische Lebensdauer wegen der immer kürzeren Innovationszyklen bei Hard- und Software sukzessive begrenzt wurde. Dementsprechend wurden EBV-Systeme nahezu ausnahmslos von einstufigen Reproduktionsbetrieben sowie von mehrstufigen Großbetrieben genutzt,[1] wohingegen die kleinen und mittleren Druckbetriebe die mehrfarbigen Bildreproduktionen typischerweise fremdbezogen. Die Druckvorstufe von kleinen und mittleren Druckereien war somit i.d.R. auf den Satzbereich und die Verarbeitung von schwarz-weißen Bildvorlagen beschränkt, wobei Nachfrageschwankungen zumeist nicht durch betriebsinterne Reservekapazitäten ausgeglichen wurden, sondern durch eine Auftragsvergabe an einstufige Satzbetriebe bzw. an mehrstufige Großbetriebe, die zur Auslastung ihrer Druckvorstufe auch

---

[1] Bedingt durch den kapitalsparenden Fortschritt in der Reproduktionstechnik wurden in den letzten Jahren EBV-Systeme in größerer Zahl in mehrstufigen Druckereien installiert, die zuvor auf den Fremdbezug angewiesen waren, so daß vor allem bei den Großbetrieben ein Trend zur Rückwärtsintegration hinsichtlich der Herstellung von mehrfarbigen Bildreproduktionen zu beobachten war. Vgl.: K. WASSERMANN, Die vierte Welle schwappt auf die Repro über, in: Der Druckspiegel, 45.Jg., Heft Nr.5, S.734-736, Heusenstamm 1990, S.734.

Fremdaufträge akquirierten.[1]

Tab.102: Entwicklung der Bruttoproduktionswerte von Reproduktionen und Druckformen sowie Satzleistungen, die im Fremdauftrag erstellt wurden, in realen Werten, durchschnittliche jährliche Veränderungsraten

Produktionswert \ Periode *	1977-82	1984-88
Reproduktionen u. Druckformen, real	5,3%	7,8%
Produktionswert \ Periode	1977-82	1983-88
Setzleistungen, real	15,0%	8,4%

* Wegen einer statistischen Umstellung ist für 1983 keine Vergleichszahl verfügbar. Quelle: Statistisches Bundesamt, Fs.4: R.3.1 u. Fs.17: R.2, versch. Jgg.; eigene Berechnung der Werte.

Die wachsende Zahl von Reproduktionsbetrieben läßt sich im wesentlichen darauf zurückführen, daß die Drucknachfrage nach mehrfarbigen Bilddarstellungen[2] - speziell zu Werbezwecken - drastisch anstieg,[3] während der wachsende Fremdbezug von Setzleistungen[4] im wesentlichen mit der sukzessiven

[1] Vgl.: R. BOSSE, Filmmontage - ein Anachronismus?, in: Offsetpraxis, 31.Jg., Heft Nr.7-8, S.128-131, Fellbach 1989, S.131.

[2] Die Kundenstruktur der einstufigen Reproduktionsbetriebe setzte sich dabei überwiegend aus den Kunden der Druckindustrie, d.h. aus Industrie- und Handelsunternehmen sowie Werbeagenturen zusammen, die die Aufträge direkt vergaben. Die Druckbetriebe und Verlage trugen hingegen im Jahr 1986 nur mit knapp 40% zu deren Auftragswert bei. Vgl.: H. WILLKOMM, Wirtschafts-Panorama der Reproduktionstechnik im westlichen Europa, in: Deutscher Drucker, 23.Jg., Heft Nr.37, Ostfildern 1987, S.w22ff.

[3] Der Bruttoproduktionswert der fremdbezogenen Reproduktionen und Druckformen betrug 1988 1.098,4 Mio. DM, wovon 81,8% auf den Flachdruck, 10,2% auf den Hochdruck und 8,0% auf den Tiefdruck entfielen.

[4] Der Bruttoproduktionswert der fremdbezogenen Setzleistungen, die zum größten Teil den Fotosatz betrafen, betrug 1988 262,8 Mio. DM.

Umstellung vom Bleisatz auf den Fotosatz verbunden war, denn hierdurch wurde erst eine räumliche Trennung der Texterfassung und -verarbeitung von der Druckformherstellung ermöglicht.[1]

Mit Einführung der preisgünstigen DTP-Systeme war allerdings seit Mitte der 80er Jahre eine Verschiebung der Druckvorstufenarbeiten zu den Auftraggebern bzw. zu den eingeschalteten Werbeagenturen zu beobachten, die jedoch bislang aus technischen Gründen auf schwarz-weiße, qualitativ einfache Drucksachen beschränkt blieb, zumal häufig die zur Gestaltung notwendigen Fachkenntnisse fehlten.[2]

Die technische Ausstattung der Vervielfältigungbetriebe war sehr heterogen und reichte von Schwarz-weiß- sowie Farbkopiergeräten[3] verschiedenster Leistungsklassen, die vorwiegend in sog. Copy-shops installiert waren, bis hin zum Einsatz von DTP-Systemen, an die Laserdrucker und/oder Kathodenstrahl- bzw. Laserbelichter angeschlossen waren, wobei letztere speziell von Sofortdruckbetrieben[4] genutzt wurden, die für den Druckvorgang zumeist Kleinoffsetmaschinen und damit traditionelle Druckverfahren anwendeten,[5] da diese ab bestimmten Mindestauflagengrößen weiterhin kostengünstiger waren als die Non-Impact-Drucktechniken.

Die Vervielfältigungsbetriebe wiesen dabei insofern ein gemeinsames Merkmal auf, als daß deren maschinelle Ausrüstung auf die preisgünstige Fertigung von Drucksachen mit geringen Qualitätsanforderungen ausgerichtet war,

---

[1] Im Zuge der Umstellung auf den Offsetdruck wurde die Druckvorstufe von den kleinen Druckbetrieben z.T. sogar ganz aufgegeben.

[2] Vgl.: H.J. CARBONI, Druckerei- und Verlagswesen - Ein Wirtschaftszweig im Umbruch, in: Verkauf & Marketing, 16.Jg., Heft Nr.1, S.4/5, St.Gallen 1988, S.4f.

[3] Vgl.: H. MARTSCHINA/ H. FLOTHMANN, Die Farbkopie als zusätzliches Leistungsmerkmal einer Kleinoffset-Druckerei, Hrsg.: BVD, Wiesbaden 1987.

[4] Vgl.: H. FLOTHMANN, Entwicklungstendenzen im Sofortdruck, Hrsg.: BVD, Wiesbaden 1988.

[5] Vgl.: O.V., Franchise-Systeme in Deutschland, in: Franchise Report, 9.Jg., Heft Nr.4, S.43-45, München 1988, S.43.

die sich sofort bzw. in relativ kurzer Zeitspanne erstellen ließen. Der technische Fortschritt bei den Non-Impact-Drucktechniken ermöglichte insbesondere bei Kleinstauflagen eine bedeutende Ausweitung der Leistungsangebote, wobei mit dem Einsatz der neuentwickelten DTP-Systeme zuletzt auch die Leistungen im Bereich der Druckvorstufe wesentlich preisgünstiger angeboten werden konnten, zumal die Kunden auf Personalcomputern die Texterfassung und -gestaltung selbst durchführen konnten, da eine Datenübernahme möglich war. Die gestiegene Zahl von Vervielfältigungsbetrieben kann folglich in erster Linie damit erklärt werden, daß durch den Einsatz der neuentwickelten Techniken zusätzliche Marktsegmente für die Druckindustrie erschlossen wurden.

Tab.103: Entwicklung der durchschnittlichen Betriebsumsätze von mittleren Druckbetrieben mit 20-49 bzw. 50-99 Beschäftigten sowie die Entwicklung der insgesamt von den Mittelbetrieben erwirtschafteten Umsatzerlöse, in realen Indexwerten 1960=100

Druckbetriebe * \ Jahr	1960	1968	1976	1979	1982	1985	1988
20-49 Beschäftigte	100	130,4	195,0	248,2	255,7	286,3	304,3
50-99 Beschäftigte	100	120,4	198,8	246,3	243,3	271,2	291,9
Umsatzerlöse insges.	100	143,6	195,1	239,8	241,6	265,3	274,5

* Industriebetriebe; 1979-1988 einschl. Handwerksbetriebe. Quelle: Statistisches Bundesamt, Fs.4: R.4.1.2, versch. Jgg.; eigene Berechnung der Werte.

Die Zahl der mittleren Druckbetriebe mit 20-49 Beschäftigten bzw. mit 50-99 Beschäftigten, die sich seit Ende der 60er Jahre rückläufig entwickelte, und zwar von 1.796 Betrieben im Jahr 1968 auf 1.463 Betriebe im Jahr 1988,[1] ist darauf zurückzuführen, daß die durchschnittlich erzielten Betriebsumsätze - wie Tab.103 zeigt - in dieser Zeitspanne stärker wuchsen als die betreffenden Absatzmärkte der Mittelbetriebe.

[1] Vgl. im Text S.393: Tab.96.

Ursächlich hierfür war, daß die Installation neuentwickelter Druckmaschinen bei den Mittelbetrieben zu einer weitaus stärkeren Erhöhung der optimalen Betriebsgrößen führte als bei den Kleinbetrieben. Die zunehmende Mechanisierung und Automatisierung der Arbeitsschritte setzte generell bestimmte Auflagen- und Maschinengrößen als Untergrenze voraus und zudem waren die maschinellen Leistungssteigerungen beim Fortdruck am ausgeprägtesten, so daß der kapazitätssteigernde Effekt des technischen Fortschritts mit wachsender Auftrags- und Maschinengröße zunahm.

Da die Druckmaschinentypen, sofern sie bestimmte Leistungsmerkmale erfüllten, weitestgehend unteilbar waren, führte die Diffusion des technischen Fortschritts zwangsläufig dazu, daß die betrieblichen Druckkapazitäten in den Mittelbetrieben wesentlich stärker ausgeweitet wurden als dies bei den Kleinbetrieben der Fall war.

Tab.104: Entwicklung der durchschnittlichen Beschäftigtenzahl von mittleren Druckbetrieben mit 20-99 Beschäftigten sowie die Entwicklung der Beschäftigtenzahl von Mittelbetrieben insgesamt

Druckbetriebe * \ Jahr	1960	1968	1976	1979	1982	1985	1988
Beschäftigte insges.	65.604	75.457	65.310	64.923	64.100	63.373	63.004
Ø Beschäftigte je Betrieb	41,9	42,0	41,9	43,0	42,5	43,2	43,1

* Industriebetriebe; 1979-1988 einschl. Handwerksbetriebe. Quelle: Statistisches Bundesamt, Fs.4: R.4.1.2, versch. Jgg.; eigene Berechnung der Werte.

Wie Tab.104 zeigt, veränderte sich die durchschnittliche Beschäftigtenzahl der Mittelbetriebe dagegen nur geringfügig, denn der technische Fortschritt war derart arbeitssparend, daß die neueren Baujahrgänge von mittelgroßen Druckmaschinen trotz drastisch höherer Druckleistungen häufig weniger technisches Personal zur Bedienung erforderten, wobei die Überwachungsfunktionen stetig zunahmen. Stattdessen waren jedoch mehr Außendienstmitarbeiter und kaufmännische Angestellte erforderlich, da zusätzliche Druckaufträge akquiriert und bearbeitet werden mußten, so daß eine Umschichtung der Beschäftigtenstruktur von Arbeitern, und zwar insbesondere von Hilfsarbeitern zugunsten von Angestellten, zu beobachten war.[1]

Die verzeichnete Zunahme der Betriebsgrößen gemessen an den realen Umsatzerlösen wurde allerdings bei den Mittelbetrieben - abgesehen vom technischen Fortschritt - auch dadurch begünstigt, daß die Absatzmärkte für mittlere Auftragsgrößen im Vergleich zu den Kleinaufträgen deutlich höhere Markteintrittsbarrieren aufwiesen. Dies ist damit zu begründen, daß erstens für mittlere Maschinengrößen bedeutend höhere Investitionssummen benötigt wurden, zweitens eine angemessene Kapazitätsauslastung normalerweise eine längere Anlaufzeit beanspruchte, drittens eine größere Zahl speziell von höher qualifizierten Mitarbeitern notwendig war und daß viertens die Irreversibilitäten mit der Maschinengröße und dem Spezialisationsgrad drastisch zunahmen, da hierdurch die alternativen Verwendungsmöglichkeiten eingeschränkt wurden und bei einem Standortwechsel weitaus höhere Transport- und Montagekosten anfielen.

Wie Tab.105 zeigt, war die Eintrittshäufigkeit dementsprechend verhältnismäßig gering, denn während im Jahr 1985 von den Kleinbetrieben mit sozialversicherungspflichtig Beschäftigten 10,6% auf die neu eingetretenen Druckbetriebe entfielen, lag der entsprechende Anteil bei den Mittelbetrieben dagegen nur bei 1,7%.[2]

---

[1] Dies ist damit zu belegen, daß die Zahl der in der Druckindustrie beschäftigten Arbeiter in Indexwerten gemessen zwischen 1973 und 1985 von 100 auf 78 Indexpunkte sank, während der entsprechende Indexwert für die Angestellten zugleich von 100 auf 160 Indexpunkte wuchs. Vgl.: W. DOSTAL (1988), Beschäftigtenentwicklung... a.a.O., Tab.10. Der Beschäftigtenanteil der Angestellten (1988 = 33,7%) übertrifft dabei seit 1981 denjenigen der Hilfsarbeiter (1988 = 24,2%), wohingegen sich der Anteil der Facharbeiter (1988 = 36,2%) gleichbleibend entwickelte und derjenige der Auszubildenden (1988 = 6,2%) leicht zunahm. Vgl.: BVD (1990), Jahresbericht 1989 a.a.O., S.60.

[2] Die Zahl der Kleinbetriebe mit sozialversicherungspflichtig Beschäftigten betrug 9.407 und diejenige der Mittelbetriebe betrug 1.572. Die Betriebszahlen fallen deutlich höher aus als diejenigen, die im Text S.393 in Tab.96 angeführt sind, weil in der Beschäftigtenstatistik der Bundesanstalt für Arbeit auch die Handwerksbetriebe mit berücksichtigt werden.

Tab.105: Entwicklung der Zu- und Abgänge von mittleren Druckbetrieben mit 20-99 Beschäftigten

Druckbetriebe * \ Jahr	1978	1979	1980	1981	1982	1983	1984	1985
Zugänge	26	11	34	18	20	18	31	26
Abgänge	20	15	24	20	23	20	18	28
Saldo	6	-4	10	-2	-3	-2	13	-2

* Druckbetriebe mit sozialversicherungspflichtig Beschäftigten. Quelle: Institut für Arbeitsmarkt- und Berufsforschung in Nürnberg.

Die Betriebskonzentration war dabei auf die mehrstufigen Druckereien begrenzt, denn die Zahl der einstufigen Satz- und Reproduktionsbetriebe erhöhte sich ebenso wie die der Vervielfältigungsbetriebe.

Tab.106: Entwicklung der Anzahl von einstufigen Satz- und Reproduktionsbetrieben sowie Vervielfältigungsbetrieben in der Umsatzgrößenklasse von 5 bis 250 Mio. DM

Druckindustrie \ Jahr	1980	1982	1984	1986	1988
Satz- und Reproduktion	39	34	40	48	62
Vervielfältigung	13	9	11	11	15

* Steuerpflichtige Unternehmen des Wirtschaftszweiges "Druckerei, Vervielfältigung". Quelle: Statistisches Bundesamt, Fs.14: R.8, versch. Jgg.; eigene Berechnung der Werte.

Obwohl die großen Satz- und Reproduktionsbetriebe bzw. Vervielfältigungsbetriebe mit mehr als 20 Mio. DM Jahresumsatz aus statistischen Gründen mitberücksichtigt sind, trugen diese prozentual mit weniger als 5% zur Gesamtzahl der Mittelbetriebe bei, was damit zusammenhängt, daß mit Ausnahme der spezialisierten Reproduktionsbetriebe typischerweise nur lokale Absatzgebiete beliefert wurden, wodurch die optimalen Betriebsgrößen nach oben begrenzt waren.[1]

Ausschlaggebend hierfür war, daß die Auftragsabwicklung eine intensive Kommunikation zwischen den einstufigen Satz- und Reproduktionsbetrieben und den Kunden erforderte sowie der Tatbestand, daß mit zunehmender räumlicher Distanz sowohl die Kommunikationskosten als auch der benötigte Zeitaufwand anstiegen.

Die Einzugsgebiete der Vervielfältigungsbetriebe waren hingegen deshalb i.d.R. auf den lokalen Bereich begrenzt, weil die "Laufkundschaft" typischerweise die wichtigste Kundengruppe darstellte.

Die zahlenmäßige Entwicklung der großen Druckbetriebe mit 100-199 Beschäftigten, 200-499 Beschäftigten sowie mit 500 und mehr Beschäftigten schwankte während des Untersuchungszeitraums und lag im Jahr 1988 mit 381 Betrieben annähernd gleich hoch wie im Jahr 1960, wobei zwischen den drei Beschäftigtengrößenklassen keine wesentlichen Anteilsverschiebungen festzustellen waren.[2]

Die Großbetriebe mit 500 und mehr Beschäftigten konnten dabei ihre durchschnittlichen Betriebsumsätze deutlich stärker erhöhen als sämtliche anderen Druckbetriebe mit weniger Beschäftigten, was wiederum damit zusammenhängt, daß die optimalen Betriebsgrößen beim Einsatz von großen Druckmaschinen im Verlauf des technischen Fortschritts wesentlich stärker anstiegen als bei der betrieblichen Verwendung von kleinen oder mittleren Maschinengrößen. Abweichend hiervon erwirtschafteten die Großbetriebe mit 200-499 Beschäftigten nur vergleichsweise geringe betriebliche Umsatzzuwächse, wo-

---

[1] Lt. IFO-Sonderbefragung stammten im Jahr 1988 bei den "Fotosetzereien" 84,9%, bei den "Reproanstalten" hingegen nur 41,5% der Umsatzerlöse von Kundenaufträgen aus einem Absatzgebiet mit weniger als 30 km Umkreis. Vgl.: IFO-INSTITUT, Zu den Ergebnissen der jährlichen Sonderbefragung im Druckgewerbe i.A. des BVD, Geschäftsjahr 1988, unveröff., wird nur an Befragungsteilnehmer abgegeben, München 1989, S.51: Tab.19.

[2] Vgl. im Text S.393: Tab.96.

zu allerdings möglicherweise Umgruppierungen einzelner Druckbetriebe beigetragen haben.[1] Die Entwicklung der durchschnittlichen Betriebsumsätze von Großbetrieben mit 100-199 Beschäftigten entspricht hingegen der Annahme, daß die Umsatzzuwächse mit der Maschinen- und Betriebsgröße steigen.[2]

Tab.107: Entwicklung der durchschnittlichen Betriebsumsätze von großen Druckbetrieben mit 100-199, 200-499 bzw. 500 und mehr Beschäftigten sowie die Entwicklung der insgesamt von den Großbetrieben erwirtschafteten Umsatzerlöse, in realen Indexwerten 1960=100

Druckbetriebe * \ Jahr	1960	1968	1976	1979	1982	1985	1988
100-199 Beschäftigte	100	135,1	206,7	232,5	249,1	304,5	301,1
200-499 Beschäftigte	100	127,6	182,4	263,9	244,5	275,1	243,2
≥ 500 Beschäftigte	100	140,3	191,6	240,1	240,5	294,9	336,1
Umsatzerlöse insges.	100	158,7	199,0	272,7	259,1	272,4	281,4

* Industriebetriebe; 1979-1988 einschl. Handwerksbetriebe. Quelle: Statistisches Bundesamt, Fs.4: R.4.1.2, versch. Jgg.; eigene Berechnung der Werte.

Die Entwicklung der durchschnittlichen Betriebsumsätze bzw. der optimalen Betriebsgrößen läßt dabei anders als bei den Klein- und Mittelbetrieben keine Rückschlüsse auf deren zahlenmäßige Entwicklung zu, denn die insgesamt von den Großbetrieben erzielten Umsatzerlöse sind nicht mit Marktvolumen der Großbetriebe gleichzusetzen. Die Großbetriebe waren nämlich in beträchtlichem Umfang auf international abzugrenzenden Absatzmärkten tätig, wobei die räumliche Marktausdehnung in den letzten Dekaden sukzessive zunahm, was u.a. an der steigenden Außenhandelsverflechtung der bundesdeutschen Druckindustrie erkennbar ist. Die Umsatzerlöse der inländischen Großbetriebe

---

[1] Dies ist dann der Fall, wenn Druckbetriebe je nach Konjunkturlage unterschiedlichen Beschäftigtengrößenklassen zuzurechnen sind.

[2] Vgl. im Text S.406: Tab.98 sowie S.415: Tab.103.

stellen demzufolge nur einen Teil des Marktvolumens dar, denn die Inlandsnachfrage, die durch ausländische Druckbetriebe gedeckt wurde, ist nicht berücksichtigt und die Auslandsnachfrage nur in dem Maße, wie sie auf inländische Druckbetriebe entfiel. Um die Entwicklung der optimalen Betriebsgrößen respektive diejenige des Marktvolumens von Großbetrieben untersuchen zu können, müßten deshalb diejenigen ausländischen Großbetriebe, zu denen Wettbewerbsbeziehungen bestanden, miteinbezogen werden.

Außerdem ist zu beachten, daß die Großbetriebe zu einem hohen Anteil Verlagsdruckbetriebe waren, deren Existenz entscheidend von verlagseigenen Druckaufträgen abhing. Das bedeutet, daß mit der Neugründung oder Schließung von Verlagsdruckbetrieben zugleich eine Ausweitung bzw. eine Verringerung des Marktvolumens verbunden war. Die anderen Großbetriebe waren hiervon nur insofern unmittelbar betroffen, als daß die Verlagsdruckbetriebe z.T. auch Fremdaufträge akquirierten.

Tab.108: Entwicklung der durchschnittlichen Beschäftigtenzahl von großen Druckbetrieben mit 100 und mehr Beschäftigten sowie die Entwicklung der Beschäftigtenzahl von Großbetrieben insgesamt

Druckbetriebe * \ Jahr	1960	1968	1976	1979	1982	1985	1988
Beschäftigte insges.	97.794	125.090	105.310	115.923	108.076	99.436	104.294
Ø Beschäftigte je Betrieb	259,4	276,1	278,6	282,4	280,4	280,9	273,7

* Industriebetriebe; 1979-1988 einschl. Handwerksbetriebe. Quelle: Statistisches Bundesamt, Fs.4: R.4.1.2, versch. Jgg.; eigene Berechnung der Werte.

Die vergleichsweise starken Veränderungen der Beschäftigtenzahl von Großbetrieben wurden dementsprechend hauptsächlich dadurch induziert, daß die Zahl der Großbetriebe schwankte, denn wie Tab.108 zeigt, blieb die durchschnittliche Beschäftigtenzahl je Betrieb im Zeitablauf nahezu stabil.

Die Markteintrittsbarrieren waren dabei im Fall der Großbetriebe extrem hoch, denn zur Installation von großformatigen Rollen-Rotationsdruckmaschinen bzw. kompletten Fertigungsstraßen einschließlich der dazugehörigen

Bauinvestitionen waren i.d.R. zweistellige Millionenbeträge erforderlich, die überwiegend irreversibel waren, denn derartige Produktionsanlagen wiesen einen extrem hohen Spezialisationsgrad auf[1] und waren zudem weitgehend immobil.[2] Ein Marktaustritt hatte jedoch nicht allein erhebliche Liquidationsverluste bei den Produktionsanlagen zur Folge, sondern hiermit waren auch hohe finanzielle Verpflichtungen verbunden, die aus der Aufstellung von Sozialplänen resultierten. Die Neugründungen von großen Druckbetrieben beschränkten sich deshalb im wesentlichen auf bereits etablierte Verlagsunternehmen, die entweder ausschließlich zur Fertigung von verlagseigenen Drucksachen zusätzliche Großbetriebe gründeten, wie z.B. Zeitungsverlage, oder die zumindest die Grundauslastung der neugeschaffenen Druckkapazitäten durch Eigenaufträge absichern konnten, wofür die neugegründeten Druckbetriebe von Zeitschriften- und Buchverlagen beispielgebend sind, in denen auch Fremdaufträge erstellt wurden. Die Verlagsunternehmen waren dadurch in der Lage, die ansonsten hohen Anlaufkosten auf ein Minimum zu senken. Außerdem wurde die Marktzutrittsfähigkeit der Verlagsunternehmen im allgemeinen nicht durch begrenzte Finanzierungsmöglichkeiten erschwert, wie dies bei verlagsunabhängigen Druckunternehmen häufig der Fall war.

Die - wie Tab.109 zeigt - bei den großen Druckbetrieben nur in geringer Zahl erfolgten Marktzutritte wurden deshalb in der Mehrzahl durch Verlagsunternehmen vollzogen. Die Zeitungsverlage führten im Rahmen der Verfahrensumstellung von Blei- auf Fotosatz bzw. von Buch- auf Offsetdruck, die seit Ende der 70er Jahre vorgenommen wurde, in vermehrtem Umfang eine Neuordnung ihrer Druckkapazitäten durch, wobei die Betriebsneubauten teilweise mit einem Standortwechsel verbunden waren, um die Transportkosten

---

[1] Die maschinellen Großanlagen waren häufig sogar Spezialanfertigungen, die nur für wenige Druckaufträge mit bestimmten produktionstechnischen Anforderungen effizient eingesetzt werden konnten. Vgl.: DIW (1985), Empirische Untersuchung von industriellen Größenvorteilen a.a.O., S.301f.

[2] Vgl.: J. KRUSE, Irreversibilität und natürliche Markteintrittsbarrieren, in: Jahrbuch für Nationalökonomie und Statistik, Bd.204/6, S.508-517, Stuttgart 1988, S.510.

und -zeiten so niedrig wie möglich zu halten.

Tab.109: Entwicklung der Zu- und Abgänge von großen Druckbetrieben mit 100 und mehr Beschäftigten

Druckbetriebe * \ Jahr	1978	1979	1980	1981	1982	1983	1984	1985
Zugänge	4	2	3	7	2	2	9	6
Abgänge	5	4	2	3	7	1	4	3
Saldo	-1	-2	1	4	-5	1	5	3

* Druckbetriebe mit sozialversicherungspflichtig Beschäftigten. Quelle: Institut für Arbeitsmarkt- und Berufsforschung in Nürnberg.

Daneben weiteten die großen Zeitschriftenverlage, von denen viele Eigentümer mehrerer Druckbetriebe waren, ihre Druckkapazitäten durch Betriebsneugründungen aus und gleichzeitig nahm auch die Zahl der Zeitschriftenverlage mit eigenen Druckbetrieben zu, und zwar von 116 Verlagen im Jahr 1975 auf 176 Verlage im Jahr 1987.[1]

Von den Marktaustritten entfiel hingegen ein großer Teil auf die verlagsunabhängigen Druckbetriebe, die insofern Wettbewerbsnachteile gegenüber Verlagsdruckbetrieben hatten, als daß sie nicht dazu in der Lage waren, die Grundauslastung ihrer Druckkapazitäten durch Eigenaufträge zu sichern. Die Verlagsdruckbetriebe konnten jedoch nicht nur wegen der gleichmäßigeren und im Durchschnitt höheren Kapazitätsauslastung ihre Druckleistungen preisgünstiger anbieten, sondern auch deshalb, weil die Angebotspreise für Fremdaufträge nicht unbedingt auf Vollkostenbasis kalkuliert werden mußten. Die betrieblichen Druckkapazitäten waren größenmäßig primär auf die Serienfertigung der Eigenaufträge ausgerichtet, die jedoch speziell bei Pressedrucksachen termingebunden war und deshalb auf bestimmte Tages- bzw. Wochenzeiten beschränkt blieb. In der Zwischenzeit waren die Druckkapazitäten so-

[1] Vgl.: STATISTISCHE BUNDESAMT, Fs.11: R.5, versch. Jgg.

mit frei für die Entgegennahme von Fremdaufträgen, wobei deren Fertigung aus betriebswirtschaftlicher Sicht bereits dann zweckmäßig war, wenn diese einen Beitrag zur Deckung der betrieblichen Fixkosten leisteten.

Der Wettbewerb seitens der Verlagsdruckbetriebe intensivierte sich dabei im Untersuchungszeitraum, denn obwohl die durchschnittlichen Auflagengrößen von Pressedrucksachen stagnierten oder sogar zurückgingen, setzten die Verlage fortwährend leistungsfähigere Rollen-Rotationsdruckmaschinen ein, um dadurch die Produktionszeiten verkürzen und den Aktualitätsgrad ihrer Erzeugnisse steigern zu können. Dementsprechend vergrößerten sich auch die freien, d.h. nicht für Eigenaufträge reservierten Druckkapazitäten, so daß die Verlagsdruckbetriebe in verstärktem Maße Fremdaufträge akquirierten. Von besonderer Relevanz war dies bei der Nutzung des kapitalintensiven Tiefdruckverfahrens, so daß sich die Wettbewerbsfähigkeit der verlagsunabhängigen Tiefdruckbetriebe zunehmend auf Druckaufträge mit einem hohen Aktualitätsgrad begrenzte, die von den Verlagsdruckbetrieben aufgrund der Terminpriorität der verlagseigenen Erzeugnisse nicht rechtzeitig erstellt werden konnten.

Die Zahl der Tiefdruckbetriebe entwickelte sich demzufolge stark rückläufig, während nämlich im 1.Quartal 1976 noch 30 Tiefdruckbetriebe im Zeitschriftendruck sowie 31 Tiefdruckbetriebe im Werbedruck tätig waren, verringerten sich die Betriebszahlen bis zum 1.Quartal 1990 im Zeitschriftendruck auf 17 Tiefdruckbetriebe und im Werbedruck auf 13 Tiefdruckbetriebe.[1]

Abschließend soll diskutiert werden, welche Auswirkungen die Veränderungen der Marktstruktur auf die Wettbewerbsverhältnisse in der Druckindustrie hatten, wobei die Untersuchung der Absatzmärkte nach Klein-, Mittel- und Großaufträgen differenziert wird.

---

[1] Quelle der Daten: STATISTISCHES BUNDESAMT, Fs.4: R.3.1, Quartalsstatistik, versch. Jgg. In den 80er Jahren meldeten vorwiegend solche Tiefdruckbetriebe Konkurs an, die nur in geringem Umfang über Eigenaufträge verfügten, und zwar zuletzt im Jahr 1988 die Fa. W.Giradet Druck und Verlag GmbH & Co./Essen. Vgl.: O.V., Giradets Hoffnung: Durch Konkurs zu neuer Zukunft, in: Druckwelt, 38.Jg., Heft Nr.13, Hannover 1988, S.16.

Die lokal verketteten Absatzmärkte für Kleinaufträge[1] wiesen auch während der 80er Jahre weiterhin eine polypolistische Marktstruktur auf, wobei sich die Zahl der Kleinbetriebe gegenüber den 60er Jahren drastisch erhöhte.[2] Eine hohe Produktionseffizienz war dabei trotz der fortwährenden Dominanz der Kleinbetriebe sichergestellt, weil die Unternehmens- bzw. Betriebsgrößen nachfragebedingt durch die Auftragsstruktur nach oben begrenzt wurden, denn - wie bereits erwähnt - führte eine wachsende Betriebsgröße bei den Kleinaufträgen zu Kostenprogressionen. Darüber hinaus konnten die Kleinbetriebe bei kurzfristigen Terminvorgaben - u.a. begünstigt durch den Arbeitseinsatz von Familienmitgliedern - wesentlich flexibler reagieren als Mittel- oder Großbetriebe, deren Termin- und Produktionsplanung vor allem deshalb vergleichsweise starr war, weil der organisatorische Aufwand mit zunehmender Betriebsgröße überproportional wuchs.[3]

Die Wettbewerbsintensität, d.h. das Ausmaß der Reaktionsverbundenheit der Druckbetriebe, wurde allerdings durch verschiedene Branchenbesonderheiten beeinträchtigt, die sich verstärkt bei den Kleinbetrieben auswirkten. Erstens war die Markttransparenz bedingt durch die kundenindividuelle Einzelfertigung verhältnismäßig gering, da die Auftragsausschreibung bzw. das Einholen von Vergleichsangeboten zeit- und kostenintensiv war, wodurch die Nachfragebeweglichkeit der Kunden vor allem bei Kleinaufträgen eingeschränkt wurde. Zweitens bestand aufgrund der auftragsorientierten Einzelfertigung erhebliche Unsicherheit über die qualitative und terminliche Gewährleistung, so daß eine enge Kundenbindung an "mehrfach bewährte Druckbetriebe" weit verbreitet war. Drittens zählten die Druckvorlagen - soweit keine abweichenden Vereinbarungen getroffen wurden - grundsätzlich zum Eigen-

---

[1] Die Verkettung der lokalen Absatzmärkte für Kleinaufträge kommt dadurch zum Ausdruck, daß jeder Anbieter unter Berücksichtigung der räumlichen Präferenzen mit anderen Anbietern in Konkurrenz steht. Vgl.: I. SCHMIDT (1987), Wettbewerbspolitik... a.a.O., S.54.

[2] Vgl. im Text S.393: Tab.96.

[3] Zu den betriebgrößenbedingten Wettbewerbsvorteilen kleiner Druckbetriebe, vgl.: C. BELZ (1989), Konstruktives Marketing a.a.O., S.521f.

tum der Druckbetriebe, weshalb die Vergabe von gleichartigen Folgeaufträgen an andere Druckbetriebe häufig an den zusätzlichen Kosten für eine erneute Erstellung der Druckvorlagen scheiterte.

Die Bedeutung dieser Wettbewerbshemmnisse ging jedoch im Zeitablauf zurück, da auch die Kleinbetriebe vermehrt dazu übergingen, aktiv mit Hilfe von Direktwerbung, Telefonmarketing oder Außendienstmitarbeitern bestimmte Druckleistungen zu offerieren, so daß die Markttransparenz bzw. der Informationsstand der Kunden im Zeitablauf merklich zunahm, was sich günstig auf deren Verhandlungsposition bei der Festlegung der Auftragskonditionen auswirkte. Außerdem wurde die Qualitätsunsicherheit durch den technischen Fortschritt bei den Produktionsanlagen reduziert, denn die handwerklichen Komponenten des Produktionsprozesses wurden durch die fortschreitende Mechanisierung und Automatisierung sukzessive verdrängt.

Insgesamt betrachtet ist der Wettbewerb auf den Absatzmärkten für Kleinaufträge als weitestgehend funktionsfähig einzuschätzen, wofür auch die ausgeprägte Fluktuation bei den Kleinbetrieben als Indiz anzusehen ist. Die extrem niedrigen Markteintrittsbarrieren, die eine große Zahl von Neugründungen ermöglichten, trugen maßgeblich dazu bei, daß die etablierten Druckbetriebe permanent zur Diffusion des technischen Fortschritts gezwungen waren, um so ihre Wettbewerbsfähigkeit zu sichern. Obwohl sich die Absatzmärkte für Kleinaufträge in der Expansionsphase befanden, war die Zahl der Marktaustritte hoch, wodurch zugleich verdeutlicht wird, daß Druckbetriebe mit immobilen Unternehmern, die technisch veraltete Maschinen einsetzten und somit ineffizient produzierten, aufgrund des Konkurrenzdrucks weichen mußten.

Die Marktzutritte erfolgten dabei gerade in den Bereichen vermehrt, wo der technische Fortschritt am ausgeprägtesten war, nämlich im Satz- und Reproduktionsbereich sowie bei den Non-Impact-Drucktechniken.[1] Neben der Marktausweitung in Richtung kleinstauflagiger Drucksachen wurde hierdurch eine vertikale Desintegration bewirkt, da speziell die kleinen mehrstufigen Drucke-

[1] Vgl. im Text S.411: Tab.101.

reien zunehmend ihre Druckvorstufenkapazitäten ganz oder teilweise durch Zulieferungen ersetzten. Diese wettbewerblichen Prozesse, die durch den technischen Fortschritt induziert wurden und eine Veränderung der Marktstruktur zur Folge hatten, trugen damit ebenfalls dazu bei, daß die Produktionseffizienz bei der Fertigung von Kleinaufträgen gesteigert werden konnte.

Die Entwicklung der Marktstruktur in den regional begrenzten Absatzmärkten für mittlere Auftragsgrößen war in erster Linie durch die seit Ende der 60er Jahre zu verzeichnende Betriebskonzentration bei den mittleren Druckbetrieben gekennzeichnet.[1] Die horizontale Konzentration war darauf zurückzuführen,[2] daß die optimalen Betriebsgrößen für die Fertigung von mittleren Auftragsgrößen im Verlauf des technischen Fortschritts stärker anstiegen als das entsprechende Marktvolumen, so daß damit eine Zunahme der Produktionseffizienz verbunden war.

Außerdem war zu beobachten, daß sich eine wachsende Zahl von Mittelbetrieben auf bestimmte Arten von Druckaufträgen spezialisierte,[3] so daß sich vermehrt Teilmärkte herausbildeten, auf denen sowohl "Spezialisten" als auch "Generalisten" tätig waren, wobei letztere unterschiedliche Druckmaschinentypen verwendeten. Die Wettwerbsvorteile der Spezialisten bestanden darin, daß auch Akzidenzdrucksachen durch die Spezialisierung auf gleichartige Druckaufträge quasi in Serie gefertigt werden konnten, wobei im Vergleich zu den Generalisten für eine angemessene Kapazitätsauslastung jedoch größere Absatzgebiete notwendig waren, wodurch wiederum Kostenprogressionen entstanden. Die Wettbewerbsvorteile der Generalisten resultierten hingegen aus

---

[1] Vgl. im Text S.393: Tab.96.

[2] Demgegenüber war bei den Mittelbetrieben ebenso wie bei den Kleinbetrieben tendenziell eine vertikale Desintegration bezüglich der Funktionen der Druckvorstufe festzustellen.

[3] Im Unterschied zu den Verlagsdruckbetrieben, die maschinell auf die Fertigung von Zeitungen und Anzeigenblättern, Zeitschriften oder Büchern ausgerichtet waren, spezialisierten sich die verlagsunabhängigen Mittelbetriebe produktionstechnisch vor allem auf Prospekte, Kalender, Endlosformulare, Mailer, Etiketten, Plakate sowie Wertpapiere.

ihrem breiten Leistungsspektrum, das der vorherrschenden Nachfrageverbundenheit, z.B. bei Geschäfts- und Werbedrucksachen, entgegenkam und zugleich kleinräumigere Absatzgebiete zuließ, so daß die Transaktions- und Transportkosten bedeutend niedriger ausfielen als bei den Spezialisten.

Die sinkende Anbieterzahl sowie der Trend zur betrieblichen Spezialisierung hatte zur Folge, daß in den Absatzmärkten für mittlere Auftragsgrößen - unter Berücksichtigung der räumlichen Marktabgrenzung - eine Transformation der polypolistischen Marktstrukturen in Richtung weiter Oligopole stattfand, die wesentlich zur Erhöhung der Markttransparenz beitrug. Die Veränderungen der Marktstruktur führten demnach nicht nur zu einer gesteigerten Produktionseffizienz, sondern bewirkten zudem eine Intensivierung der Wettbewerbsbeziehungen. Darüber hinaus hat der sog. "competitive check"[1], d.h. der Disziplinierungsdruck der potentiellen Konkurrenz, stark zugenommen, und zwar insbesondere seitens der etablierten Großbetriebe, denn mit der Verkürzung der Rüstzeiten im Verlauf des technischen Fortschritts wurde ein Teil der Großbetriebe zumindest maschinell dazu in die Lage versetzt, auch mittlere Auflagengrößen effizient zu erstellen.

Als Fazit ist somit festzuhalten, daß sich die Funktionsfähigkeit des Wettbewerbs in den Absatzmärkten für mittlere Auftragsgrößen während des Untersuchungszeitraums tendenziell erhöhte.

Die Absatzmärkte für große Druckaufträge müssen sachlich nach der Art der Druckaufträge abgegrenzt werden, wobei zwischen Großaufträgen, die im Rollen-Rotations-Offsetdruck und solchen, die im Rollen-Rotations-Tiefdruck produziert wurden, zu unterscheiden ist. Die im Offsetdruck erstellten Großaufträge sind desweiteren danach zu unterteilen, ob deren Fertigung auf Coldset- oder Heatset-Druckmaschinen erfolgte. Die auf Coldset-Druckmaschinen erstellten Großaufträge stimmten dabei - von wenigen Ausnahmen

---

[1] Vgl.: S.C. SALOP, Measuring Ease of Entry, in: The Antitrust Bulletin, Vol.XXXI, Summer, S.551-570, New York 1986, S.556.

abgesehen[1] - bezüglich der produktionstechnischen Anforderungen weitestgehend mit den auf Rollen-Rotations-Hochdruckmaschinen gefertigen Großaufträgen überein und werden deshalb nachfolgend zusammen betrachtet.

Die Einsatzgebiete der großformatigen Coldset-Druckmaschinen sowie der Rollen-Rotations-Hochdruckmaschinen beschränkten sich im wesentlichen auf die Herstellung von Zeitungen, Anzeigenblättern und Büchern, da die drucktechnische Qualität von Coldset-Druckmaschinen weder für Werbedrucksachen noch für Zeitschriften ausreichte.[2] Die Druckkapazitäten waren dabei i.d.R. produktionstechnisch auf die Serienfertigung von bestimmten Verlagsobjekten ausgerichtet und wiesen somit einen hohen Spezialisationsgrad auf. Die Investitionen in derartige Produktionsanlagen waren dadurch bedingt zum großen Teil transaktionsspezifisch und damit irreversibel,[3] weshalb auch die Mehrzahl der Zeitungen, Anzeigenblätter und Bücher[4] in vertikal integrierten Verlagsdruckbetrieben gefertigt wurde oder andernfalls im Rahmen langfristiger Verträge, sozusagen als Daueraufträge, an rechtlich selbständige Druckbetriebe vergeben wurde.[5] Dementsprechend existierten auch keine Absatz-

---

[1] Eine Ausnahme bildeten die Flexodruckmaschinen, auf denen vorwiegend Verpackungsdrucksachen mit einfachen und mittleren Qualitätsanforderungen hergestellt wurden.

[2] Vgl.: E. FRANK (1988), Entwicklungstendenzen... a.a.O., S.174. Die Druckkapazitäten von Zeitungsdruckbetrieben konnten deswegen während der ungenutzten Tageszeiten auch nicht mit Hilfe von Fremdaufträgen ausgelastet werden.

[3] Vgl.: E. BÖSSMANN, Unternehmen, Märkte, Transaktionskosten: Die Koordination ökonomischer Aktivitäten, in: WiSt, 12.Jg., Heft Nr.3, S.105-111, München 1983, S.109.

[4] Die Anzeigenblätter wurden allerdings z.T. auch von selbständigen Druckbetrieben herausgegeben, die damit eine höhere Kapazitätsauslastung anstrebten. Vgl.: BDZV, Jahresbericht 1983/84, Bonn 1984, S.25.

[5] Im Jahr 1987 entfielen Ø 77% der Umsatzerlöse von Zeitungsdruckbetrieben auf Eigenverlagsaufträge und regelmäßig wiederkehrende Fremdaufträge. Vgl.: IFO-INSTITUT, Zu den Ergebnissen der jährlichen Sonderbefragung im Druckgewerbe i.A. des BVD, Geschäftsjahr 1987, unveröff., wird nur an Befragungsteilnehmer abgegeben, München 1988, S.35.

märkte für Druckaufträge, die auf großformatigen Coldset-Druckmaschinen bzw. Rollen-Rotations-Hochdruckmaschinen produziert wurden.

Die auf Heatset-Druckmaschinen produzierten Großaufträge, wie Zeitschriften, Kataloge, Prospekte, Bildbände u.ä. wurden dagegen nicht nur im Wege der verlagseigenen bzw. vertragsgebundenen Fertigung erstellt, sondern auch als Einzelaufträge vergeben. Der relevante Absatzmarkt ist räumlich weitgehend auf die nationale Ebene begrenzt, wobei einzelne Druckbetriebe allerdings auch grenzüberschreitend tätig waren. Die eigenständigen Druckbetriebe standen grundsätzlich auch mit den Verlagsdruckbetrieben in Konkurrenz, bei denen jedoch die verlagseigenen Druckaufträge eine terminliche Dominanz besaßen. Die Entwicklung der Marktstruktur läßt sich zwar nicht quantifizieren, aber angesichts des Tatbestandes, daß von den 303 Heatset-Druckmaschinen, die Anfang 1986 existierten, allein 101 Exemplare in den Jahren 1982-1985 angeschafft wurden, ist davon auszugehen, daß sich die Anbieterzahl in den letzten Jahren vergrößert hat. Ursächlich für die drastische Bestandszunahme an Heatset-Druckmaschinen und die damit vermutlich einhergegangene Dekonzentration waren in erster Linie die weit überdurchschnittlichen Nachfragezuwächse bei Prospekten, und zwar speziell bei Fremdbeilagen.

Der Absatzmarkt für Tiefdruckaufträge unterschied sich insofern von den anderen Absatzmärkten der Druckindustrie, als daß die Wettbewerbsverhältnisse maßgeblich durch die Auslandskonkurrenz beeinflußt wurden, was u.a. an der hohen Exportquote von Tiefdruckbetrieben, die lt. IFO-Sonderumfrage im Jahr 1988 24,3% betrug,[1] ersichtlich ist. Aufgrund der hohen Auftragswerte trugen die Transport- und Transaktionskosten nur in verhältnismäßig geringem Umfang zu den Gesamtkosten bei und waren deshalb als Außenhandels-

---

[1] Die Umsatzerlöse aus Fremdaufträgen stammten bei den Tiefdruckbetrieben zu 57,7% aus einem Umkreis von mehr als 300 km Entfernung zum Druckort. Vgl.: IFO-INSTITUT (1989), Zu den Ergebnissen... a.a.O., Geschäftsjahr 1988, S.26 u. S.51.

hemmnis von untergeordneter Relevanz.[1]

Die in der BR Deutschland eingetretene Betriebskonzentration auf weniger als 20 Tiefdruckbetriebe Ende der 80er Jahre[2] kann jedoch nicht dahingehend interpretiert werden, daß etwa die Wettbewerbsfähigkeit der bundesdeutschen Tiefdruckbetriebe nachgelassen hätte. Ausschlaggebend war vielmehr der technische Fortschritt, der zu einer drastischen Zunahme der Druckleistungen von Rollen-Rotations-Tiefdruckmaschinen führte und damit zugleich einen Anstieg der optimalen Betriebsgrößen zur Folge hatte.

Die Wettbewerbsverhältnisse veränderten sich - wie bereits erwähnt - zulasten der verlagsunabhängigen Tiefdruckbetriebe, die schrittweise von den verlagseigenen Tiefdruckbetrieben verdrängt wurden. Die Produktionseffizienz nahm dadurch bedingt zu, denn die Verlagsdruckbetriebe wiesen zumeist eine deutlich höhere Kapazitätsauslastung auf als diejenigen Tiefdruckbetriebe, die ihre Grundauslastung nicht oder nur in geringem Umfang durch regelmäßig wiederkehrende Druckaufträge decken konnten. Die Tiefdruckbetriebe waren dabei einer starken Nachfragemacht seitens der Kunden ausgesetzt, was u.a. daran erkennbar ist, daß im Jahr 1987 im Durchschnitt mit lediglich 5 Kunden rd.50% der Umsatzerlöse bzw. mit 16 Kunden rd.75% der Umsatzerlöse erzielt wurden.[3] Um die Kapazitätsauslastung zu sichern bzw. die hohen betrieblichen Fixkosten wenigstens partiell decken zu können, waren deshalb speziell die verlagsunabhängigen Tiefdruckbetriebe zeitweise gezwungen, auch solche Druckaufträge entgegenzunehmen, die keine Vollkosten-

---

[1] In diesem Zusammenhang ist auch von Bedeutung, daß die Transportkosten im Güterverkehr in der BR Deutschland aufgrund der hoheitlich verordneten Tarifsysteme höher lagen als in den meisten anderen EG-Ländern, so daß der Transport im Ausland oftmals kostengünstiger war als im Inland. Vgl.: J. PFEFFER, Berücksichtigung des internationalen Wettbewerbs bei der räumlichen Abgrenzung des relevanten Marktes, in: Wirtschaft und Wettbewerb, 36.Jg, Heft Nr.11, S.853-861, Düsseldorf 1986, S.860.

[2] Vgl. im Text S.424.

[3] Vgl.: IFO-INSTITUT (1988), Zu den Ergebnissen... a.a.O., Geschäftsjahr 1987, S.45.

deckung ermöglichten.

Die Wettbewerbsintensität war wegen der geringen Zahl von Tiefdruckbetrieben sowie der stark ausgeprägten Nachfragemacht extrem hoch, zumal die westeuropäische Auslandskonkurrenz durch niedrigere Arbeitskosten[1] und längere Maschinennutzungszeiten z.T. über erhebliche Wettbewerbsvorteile verfügte. Obwohl sich mit der Fertigung von Tiefdruckaufträgen dementsprechend nur unterdurchschnittliche Umsatzrenditen erzielen ließen, wurde die Investitionstätigkeit bzw. die Diffusion des technischen Fortschritts zumindest bei den verlagseigenen Tiefdruckbetrieben hierdurch nicht beeinträchtigt, denn die großen Zeitschriftenverlage verfügten über eine hinreichende Finanzkraft und waren schon allein wegen der Eigenfertigung, die die wirtschaftliche Basis der Verlagsdruckbetriebe bildete, an einer fortwährenden Modernisierung ihrer Druckkapazitäten interessiert. Die Investitionen zielten dabei in erster Linie auf eine Verkürzung der Fertigungsdauer ab, um dadurch den Aktualitätsgrad der Publikumszeitschriften erhöhen und deren Position im intermediären Subsitutionswettbewerb festigen zu können.

3.3. ZWISCHENERGEBNIS

Die angebotsseitigen Strukturveränderungen, die in bezug auf die Produktions- und Marktstruktur festgestellt wurden, standen z.T. miteinander in Zusammenhang, denn die optimalen Betriebsgrößen waren ebenso wie die Markteintrittsbarrieren unmittelbar davon abhängig, welche Druckverfahren und Maschinentypen in den Druckbetrieben eingesetzt wurden. Dies gilt auch für das Ausmaß der vertikalen Integration, denn die sprunghafte Zunahme von einstufigen Setzbetrieben ist ursächlich auf die Verfahrensumstellung von Blei- auf Fotosatz zurückzuführen, die eine betriebliche Auslagerung dieser Funktionen ermöglichte.

Die Veränderungen der Marktstruktur waren ihrerseits mitentscheidend für

[1] Vgl.: K. GREFERMANN (1990), Druckindustrie a.a.O., S.199: Tab.38.

die Funktionsfähigkeit des Wettbewerbs in den verschiedenen Absatzmärkten der Druckindustrie, die die Voraussetzung dafür bildete, daß die Druckbetriebe durch dynamische Wettbewerbsprozesse einerseits dazu gezwungen wurden, ihre maschinellen Ausrüstungen produktionstechnisch auf die nachgefragten Druckleistungen auszurichten und andererseits die Produktionseffizienz durch eine fortwährende Diffusion des technischen Fortschritts zu steigern.

4. ZUSAMMENFASSENDE BETRACHTUNG DER STRUKTURVERÄNDERUNGEN

Die Hypothese, daß sich die Angebotsstruktur letztlich den Veränderungen der Nachfragestruktur angepaßt und demnach in erster Linie auf veränderte Nutzungsintensitäten und Konsumgewohnheiten der Nachfrager zurückzuführen ist,[1] trifft in der Druckindustrie - trotz überwiegend auftragsorientierter Fertigungsweise - nur bedingt zu, denn zwischen den aufgezeigten angebots- und nachfrageseitigen Strukturveränderungen bestanden in wesentlichem Umfang zirkuläre Interdependenzen.

Insbesondere der Wandel der Auftragsstruktur in Richtung kleinerer Auflagengrößen sowie höherwertiger Druckqualitäten wurde entscheidend durch den technischen Fortschritt in der Druckvorstufe sowie im Druckbereich begünstigt, denn hiermit wurden erst die produktionstechnischen Möglichkeiten geschaffen, um Kleinauflagen oder mehrfarbige bildintensive Drucksachen zu ermäßigten Preisen anzubieten, wodurch für derartige Druckleistungen neue Kundenkreise bzw. Einsatzgebiete erschlossen werden konnten.

Umgekehrt war die Diffusion des technischen Fortschritts maßgeblich von der Reaktion der Nachfrager auf die veränderten relativen Preise für bestimmte Druckleistungen abhängig. Die Verfahrensumstellung von Blei- auf Fotosatz bzw. von Buch- auf Offsetdruck wurde beispielsweise wesentlich durch die

---

[1] Vgl.: K. HERDZINA (1981), Wirtschaftliches Wachstum... a.a.O., S.173.

Veränderungen der Auftragsstruktur forciert.

Die Veränderungen der Produktstruktur waren dagegen größtenteils auf autonome Veränderungen der Nachfragepräferenzen zurückzuführen und wirkten sich nachhaltig auf die Zusammensetzung des Druckmaschinenbestandes aus.[1] Die produktspezifischen Anforderungen beeinflußten dabei nicht allein die Formatgrößen und die Zahl der Druckwerke, sondern auch die maschinelle Konzeption. Während bei den Werkdrucksachen, die eine Serienfertigung ermöglichten, großformatige Druckmaschinentypen mit hohen Spezialisationsgraden bzw. vollautomatisierte Fertigungsstraßen zum Einsatz kamen, wurden zur Herstellung von Akzidenzdrucksachen in der Mehrzahl kleine und mittelgroße Druckmaschinentypen mit hohen Flexibilitätsgraden, d.h. mit kurzen Rüstzeiten und breiten Leistungsspektren, genutzt.

Die Veränderungen der Produkt- und Auftragsstruktur bestimmten somit im Zusammenwirken mit dem technischen Fortschritt die Entwicklung der Produktionsstruktur, die sich ihrerseits prägend auf die Entwicklung der Marktstruktur und damit auf die Funktionsfähigkeit des Wettbewerbs auswirkte. Die wettbewerbliche Koordination der Märkte über den Preismechanismus stellte wiederum eine Vorbedingung für die stetige Anpassung der Angebotsstruktur an die mit den Wachstumsprozessen einhergehenden Veränderungen der Nachfragestruktur dar, womit zugleich der interdependente Zusammenhang zwischen den Wachstums-, Strukturwandlungs- und Wettbewerbsprozessen in der Druckindustrie offenkundig wird.

---

[1] Beispielsweise wäre die sprunghafte Bestandszunahme von Heatset-Druckmaschinen ohne den Wandel der Produktstruktur von Zeitungsanzeigen zugunsten von beigelegten Prospekten nicht eingetreten.

VI. AUSBLICK

Die wirtschaftliche Entwicklung der bundesdeutschen Druckindustrie wird - wie in der vorangegangenen Dekade - in den 90er Jahren entscheidend durch die Wachstumsentwicklung des Werbesektors bestimmt werden, da die Druckproduktion - mit Ausnahme weniger Produktgruppen - direkt oder wenigstens indirekt von der Höhe der Werbeaufwendungen abhängig ist.

Hinsichtlich der Entwicklung des Werbesektors wird in den neuesten Studien eine geringfügige Anteilszunahme der Werbeaufwendungen am Bruttoinlandsprodukt und damit ein überdurchschnittliches Wachstum prognostiziert,[1] wobei vor allem folgende Annahmen zugrundegelegt werden: Erstens, daß sich in Zukunft die Zahl der Werbetreibenden vergrößert, zweitens, daß die Produktvielfalt ebenso wie die Erklärungsbedürftigkeit der Produkte zunimmt und drittens, daß die Unternehmen vermehrt versuchen werden, mit Hilfe einer auf Werbemaßnahmen basierenden Imagebildung die Produktdifferenzierung zu verstärken.

Neben der Werbeentwicklung ist die Substitutionskonkurrenz seitens der Elektronischen Medien ausschlaggebend für die Wachstumsentwicklung der Druckindustrie, und zwar sowohl auf den Leser- als auch auf den Werbemärkten, denn für die Attraktivität der käuflich zu erwerbenden Werbeträger Tages- und Wochenzeitungen bzw. Publikums- und Fachzeitschriften ist die Auflagen- bzw. Reichweitenentwicklung maßgebend, während bei den unentgeltlich verteilten Anzeigenblättern und Kundenzeitschriften ebenso wie bei den Katalogen und Prospekten die Nutzungsintensität über deren Werbewirksamkeit entscheidet.

Die Attraktivität der Druckmedien auf den Lesermärkten wird vermutlich

---

[1] Vgl.: C.-M. RIDDER-AAB, Der Werbemarkt der Zukunft - Prognosen, Prämissen, Probleme, in: Media Perspektiven, Jg.1988, Heft Nr.4, S.185-197, Frankfurt a.M. 1988, S.186f.; B.-P. LANGE, Die Werbemärkte der Zukunft, in: Media Perspektiven, Jg.1989, Heft Nr.3, S.117-126 sowie M. WÖSSNER, Vielfalt auf den Medienmärkten der 90er Jahre, in: F.A.Z., Ausgabe v. 6.3.1990, Frankfurt a.M. 1990, S.B4.

trotz der stetigen Ausbreitung der elektronischen Informations- und Kommunikationsalternativen im wesentlichen bestehen bleiben, wofür als Hauptgründe die Möglichkeit der zeit- und orts- bzw. geräteunabhängigen Nutzung von gedruckten Informationen sowie deren besondere Eignung zur kontemplativen, d.h. betrachtenden, besinnlichen Informationsaufnahme anzuführen sind. Im Fall der Fachliteratur ist neben den "...einfache(n) Möglichkeiten des schnellen assoziativen und komplexen Aufnehmens..."[1] von aufbereiteten Informationen der sog. Browsing-Effekt, also das "produktive Stöbern", als ein gewichtiger Vorteil gegenüber den bildschirmgestützten Informationsmitteln anzusehen, denn die beim Durchblättern von Fachbüchern oder Fachzeitschriften zufällig aufgenommenen Informationen sind für die Rezipienten gerade deshalb besonders wertvoll, weil sie oftmals vorher noch nicht bekannt waren und demzufolge auch nicht bewußt gesucht werden konnten.

Die Auflagenstagnation, die in den 80er Jahren bedingt durch die demographische Entwicklung sowie durch die konstante Nutzungsdauer bei Büchern, Zeitungen und Zeitschriften eingetreten ist, wird in den 90er Jahren möglicherweise überwunden werden. Ursächlich hierfür ist die politische Öffnung, die Ende der 80er Jahre in den Ländern Mittel- und Osteuropas vollzogen wurde, denn zum einen führte der hierdurch ausgelöste Zustrom von Aus- und Übersiedlern in der BR Deutschland zu einem merklichen Anstieg der Bevölkerungszahl und zum anderen ist die Vereinigung Deutschlands für die bundesdeutschen Verlage mit einer räumlichen Marktausweitung gleichzusetzen. Von dieser zusätzlichen Nachfrage werden zunächst in erster Linie die bundesdeutschen Druckbetriebe profitieren,[2] da entsprechende Druckkapazitäten im

---

[1] Zitat: W. HÜLSBUSCH, Die Druckindustrie in der Informationsgesellschaft, Teil 3: Rahmenbedingungen der Entwicklung neuer Tele-Kommunikationsmittel, in: Der Druckspiegel, 44.Jg., Heft Nr.10, S.1100-1105, Heusenstamm 1989, S.1101.

[2] Im Juli 1990 wurden lt. Angaben des Berliner Werbebüros Omnia von den bundesdeutschen Zeitungsverlagen Ø 1,93 Mio. Zeitungsexemplare pro Tag in die DDR geliefert.

Gebiet der ehemaligen DDR mittelfristig erst aufgebaut werden müssen.[1]

Ob die fortschreitende Programmausweitung der Elektronischen Medien speziell im Unterhaltungsbereich einen Wandel des Nutzerverhaltens zulasten der Druckmedien auslösen wird, ist bislang nicht exakt abzuschätzen, wohingegen bereits jetzt deutlich wird, daß die Werbewirksamkeit der Fernseh- und Hörfunkwerbung mit zunehmender Zahl von Programmanbietern und "Kabelhaushalten" merklich abnimmt, da sich die durchschnittlichen Einschaltquoten und damit die Reichweiten der Werbebotschaften rückläufig entwickeln.[2] Die Programmausweitung ist demnach nicht - wie z.T. vermutet wurde - zwangsläufig mit einer verstärkten Nutzung der sich zusätzlich im Bereich der Elektronischen Medien bietenden Werbemöglichkeiten verbunden, zumal der Stellenwert der global ausgerichteten Werbung zugunsten der zielgruppenspezifischen Werbung tendenziell abnimmt, wovon speziell die Fernsehwerbung negativ betroffen ist. Darüber hinaus zeigte sich in den letzten Jahren, daß die finanzielle Überlebensfähigkeit der neugegründeten lokalen Hörfunksender in vielen Fällen mittelfristig nicht als gesichert erscheint, weshalb auch anzunehmen ist, daß in den 90er Jahren keine drastischen Verschiebungen in den Werbeanteilen stattfinden und die Druckmedien demzufolge unverändert die mit Abstand wichtigsten Werbemedien darstellen werden.

Die Nachfrageentwicklung bei Drucksachen, die zur betrieblichen Information, Kommunikation und Datenspeicherung dienen, dürfte demgegenüber ein-

---

[1] Die Begrenztheit der Druckkapazitäten speziell im Zeitschriftendruck sind daran erkennbar, daß im Jahr 1988 in der DDR lediglich 288 Mio. Zeitschriften gedruckt wurden, während in der BR Deutschland im Jahr 1987 die Zeitschriftenauflage 8.100 Mio. Exemplare betrug. Vgl.: STAATLICHE ZENTRALVERWALTUNG FÜR STATISTIK, Statistisches Jahrbuch der Deutschen Demokratischen Republik, 34.Jg., Berlin (Ost) 1989, S.320 sowie STATISTISCHES BUNDESAMT, Fs.11: R.5, Jg.1987, Stuttgart 1990.

[2] Außerdem wird die Werbeeffizienz mit zunehmender Programmauswahl dadurch negativ beeinflußt, daß das sog. "Zapping", also das Hin- und Herschalten zwischen verschiedenen Programmen, mit dem Ziel, den Werbespots zu entgehen, tendenziell zunimmt. Vgl.: C.C. MÜLLER, Neue Medien - neue Marktchancen?, in: Der Arbeitgeber, 37.Jg., Heft Nr.8, S.295-297, Köln 1985, S.297.

deutig negativ durch die Substitutionskonkurrenz seitens der elektronischen Systeme beeinflußt werden, deren potentielle Anwendungsbereiche sich im Verlauf des technischen Fortschritts mit hoher Geschwindigkeit ausweiten. Die erforderliche Umstellung des Nutzerverhaltens von gedruckten zu bildschirmgestützten Kommunikationsmitteln verläuft dabei jedoch mit einer zeitlichen Verzögerung, die kaum vorhersehbar ist, wofür die bislang vergleichsweise unbedeutende Btx-Nutzung und der im Gegensatz dazu in kurzer Zeitspanne sprunghaft gestiegene Einsatz von Telefaxgeräten beispielgebend ist. Der wesentliche Vorteil von Datenträgern aus Papier, wie Formularen oder Nachschlagewerken besteht darin, daß die Aufnahme von gedruckten Informationen keine spezifischen zuvor zu erlernenden Nutzungsregeln voraussetzt, wie sie zum Abruf von bildschirmgestützten Informationen erforderlich sind.[1] Aus diesem Grund werden Leistungsangebote, die unter die Begriffe "Elektronic Mail", "Elektronic Banking", "Elektronic Shopping" u.ä. fallen, bislang nur in geringem Umfang genutzt, obwohl die technischen Voraussetzungen gegeben sind. Dementsprechend kann auch für die nächsten Jahre unterstellt werden, daß Formulare, Adreß- und Telefonbücher, aber auch Versandhaus- und Reisekataloge wahrscheinlich nur in bestimmten Teilbereichen und von ausgewählten Anwenderkreisen durch bildschirmgestützte Informationssysteme verdrängt werden, wodurch sich die Druckproduktion insbesondere von Geschäftsdrucksachen - in realen Werten gemessen - weiterhin leicht rückläufig entwickeln wird, obwohl auch in diesem Produktbereich Wachstumsimpulse durch den deutschen Vereinigungsprozeß induziert werden.

Der Wandel der Produktstruktur wird sich allerdings - wenn auch verzögert - trendmäßig in Richtung einer anteilsmäßigen Zunahme von Werbedrucksachen, aber auch von Verpackungsdrucksachen zulasten von Geschäfts-, Bücher- und Pressedrucksachen fortsetzen. Vom Außenhandel dürften dabei im Unterschied zum "innerdeutschen Handel" trotz hoher Zuwachsraten weiterhin keine nachhaltigen Impulse auf die Entwicklung der bundesdeutschen

---

[1] Vgl.: W. HÜLSBUSCH (1989), Die Druckindustrie... a.a.O., Teil 3, S.1101.

Druckindustrie induziert werden. Im Gegensatz zur Mehrzahl der anderen Industriezweige hat der westeuropäische Integrationsprozeß, der mit dem Abbau der nicht-tarifären Handelshemmnisse und der Vollendung des EG-Binnenmarktes Anfang 1993 seinen vorläufigen Höhepunkt erreichen wird, für die Druckindustrie insofern keine umwälzenden Folgen,[1] als daß die Transport- und Transaktionskosten sowie die Zeitkomponente die wesentlichen Handelshemmnisse darstellen, die eine räumliche Marktausweitung verhindern.

Die Produktionsstruktur wird sich dem Wandel der Auftragsstruktur anpassen, der weiterhin in Richtung kleiner und mittlerer Auftragsgrößen sowie höherer Druckqualitäten verlaufen wird. Daneben wird der technische Fortschritt zu einer stärkeren Mechanisierung und Automatisierung der Produktionsprozesse führen, wobei dieser Entwicklung durch die Dominanz kleiner und mittlerer Auftragsgrößen sowie der kundenindividuellen Anforderungen jedoch Grenzen gesetzt sind. Hinsichtlich der Druckverfahren wird sich der Produktionsanteil des Offsetdrucks - wenn auch verlangsamt - stetig erhöhen, wobei vor allem der Einsatz von Rollen-Rotationsdruckmaschinen zunehmen wird, da die Mindestauflagengrößen, die die Untergrenze für einen effizienten Einsatz bilden, durch die Verkürzung der Rüstzeiten in Zukunft weiter reduziert werden. Ein steigender Anteil der Druckproduktion wird zudem auf die Hochleistungs-Kopier- und Laserdruckgeräte entfallen, wobei diese auch von den Kunden der Druckindustrie vermehrt genutzt werden. Dies gilt gleichermaßen für den Einsatz von DTP-Systemen im Druckvorstufenbereich, der insbesondere zu einer fortschreitenden Verlagerung der Texterfassung zu den Auftraggebern der Druckindustrie führen wird. Da die Erstellung von qualititativ höherwertigen Drucksachen jedoch neben den technischen Möglichkeiten auch profunde gestalterische Fachkenntnisse erfordert, ist nicht davon auszugehen, daß die bisherige Arbeitsteilung zwischen den Druckbetrieben und ihren Auftraggebern in weiten Bereichen aufgehoben wird, sondern daß viel-

[1] Insbesondere bei den Zeitschriftenverlagen ist hingegen auf europäischer Ebene eine zunehmende Kapitalverflechtung festzustellen, wobei die Verlagsdruckbetriebe hiervon jedoch nicht unmittelbar betroffen sind.

mehr in erster Linie professionelle Druckbetriebe die neuen Druckvorstufen- und Drucktechniken zur Ergänzung ihrer Leistungsangebote nutzen werden.

Die Veränderungen der Marktstruktur werden in der Druckindustrie wie bisher durch eine gegenläufige Entwicklung gekennzeichnet sein, denn die wachsende Nachfrage nach Kleinaufträgen wird verbunden mit den Angebotsausweitungen durch die Verwendung von DTP-Systemen sowie NIP-Drucktechniken zu weiteren Marktzutritten und einer steigenden Zahl von ein- und mehrstufigen Kleinbetrieben führen. Demgegenüber dürfte sich bei den Mittelbetrieben die zunehmende Spezialisierung auf bestimmte Auftragsarten bzw. Produktgruppen bei gleichzeitiger Betriebskonzentration fortsetzen. Die Zusammensetzung der Großbetriebe wird sich stetig in Richtung der Verlagsdruckbetriebe verändern, wobei deren Zahl maßgeblich von der Entwicklung der Nachfrage bei Werkdrucksachen und deren regionaler Verteilung bestimmt wird.

Insgesamt betrachtet ist zu konstatieren, daß die klein- und mittelständische Unternehmensstruktur der Druckindustrie in den 90er Jahren mit Sicherheit erhalten bleiben wird und daß die Funktionsfähigkeit des Wettbewerbs durch die zu erwartenden Dekonzentrations- respektive Konzentrationsprozesse auf den Absatzmärkten der Druckindustrie nicht beeinträchtigt werden wird.

ANHANG

A. ERLÄUTERUNGEN ZU KAP.III:

I. ABGRENZUNG DER BERICHTSKREISE IN DEN STATISTIKEN FÜR DAS PRODUZIERENDE GEWERBE WÄHREND DES UNTERSUCHUNGSZEITRAUMS VON 1960-1988

1. INDUSTRIEBETRIEBE

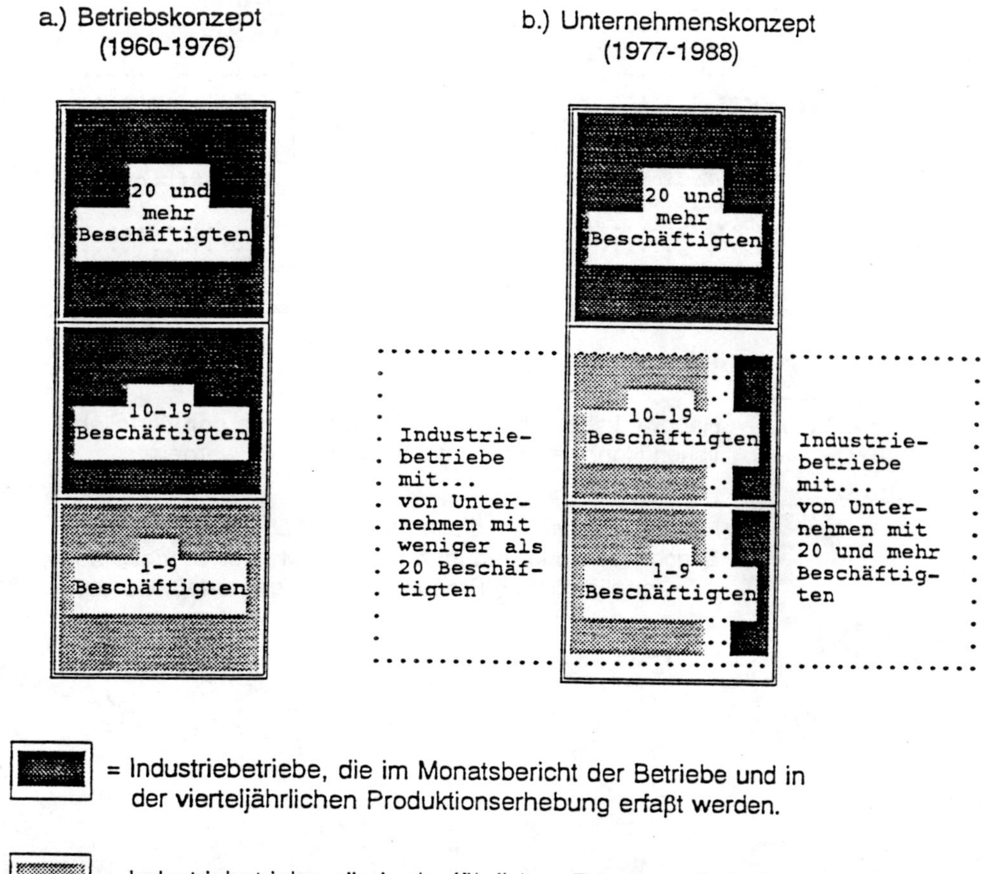

2. HANDWERKSBETRIEBE

a.) Betriebskonzept (1960-1976) | b.) Unternehmenskonzept (1977-1988)

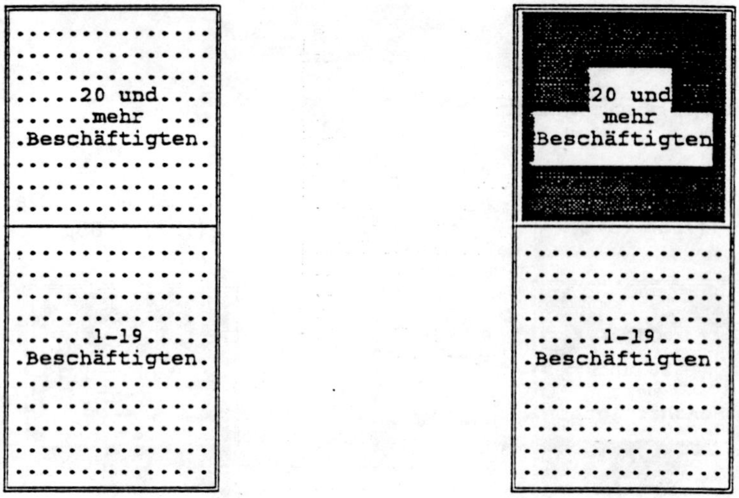

= Handwerksbetriebe, die **ausschließlich** in der vierteljährlichen Handwerksberichterstattung erfaßt werden.

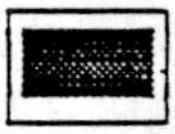
= Handwerksbetriebe, die in der vierteljährlichen Handwerksberichterstattung **und** im Monatsbericht der Betriebe sowie der vierteljährlichen Produktionserhebung erfaßt werden.

II. ERLÄUTERUNGEN ZUR BERECHNUNGSMETHODE DER GESAMTZAHL DER BETRIEBE UND DER BESCHÄFTIGTEN SOWIE DER GESAMTEN UMSATZERLÖSE DER DRUCKINDUSTRIE

1. BERECHNUNG DER GESAMTZAHL DER DRUCKBETRIEBE

Die Druckbetriebe werden zum einen in den Statistiken für das Produzierende Gewerbe entsprechend der Systematik des Güterverzeichnisses unter der Melde-Nr.57: "Druckerei und Vervielfältigung"[1] und zum anderen in der Handwerkszählung entsprechend der Systematik der Wirtschaftszweige unter der Melde-Nr.26 8: "Druckerei und Vervielfältigung" erfaßt,[2] die bezüglich der Abgrenzung miteinander übereinstimmen.

Die Gesamtzahl von Druckbetrieben läßt sich deswegen schwierig berechnen, weil die Industrie- und Handwerksbetriebe vom Statistischen Bundesamt erstens in drei unterschiedlichen Berichtskreisen erfaßt werden und zweitens in den Jahren 1976/1977 die Berichtskreisabgrenzung geändert wurde.

Im Zeitraum von 1960-1976 umfaßte sowohl der Berichtskreis des Monatsberichts der Betriebe als auch der Berichtskreis der vierteljährlichen Produktionserhebung ausschließlich Industriebetriebe mit im allgemeinen 10 und mehr Beschäftigten.[3] Eine Erhebung der in diesen beiden zentralen Erhebungen des Statistischen Bundesamtes unberücksichtigt gebliebenen industriellen Kleinbetriebe mit weniger als 10 Beschäftigten wurde dagegen nur einmal jährlich jeweils im Berichtsmonat September durchgeführt.[4] Dies hat zur Folge,

---

[1] Bis zum Jahr 1976 lautete die Bezeichnung "Druckerei- und Vervielfältigungsindustrie".

[2] Vgl.: STATISTISCHES BUNDESAMT, Systematik der Wirtschaftszweige mit Betriebs- und ähnlichen Benennungen, Ausgabe 1979, Stuttgart u. Mainz 1982, S.243ff.

[3] Vgl.: E. HEPPT (1979), Umstellung des kurzfristigen...a.a.O., S.396.

[4] Vgl.: STATISTISCHES BUNDESAMT, Fs.D: R.4 (bis einschl. Jg.1976) bzw. Fs.4: R.4.1.2 (ab Jg.1977), Stuttgart u. Mainz.

daß die Gesamtzahl der Industriebetriebe jeweils nur für den Monat September berechnet werden kann.

Die Grundlage für die zahlenmäßige Ermittlung der Handwerksbetriebe bildet im weiteren die Betriebsstatistik des Deutschen Handwerkskammertages in Bonn, die seit dem Jahr 1965 aus den Handwerksrolleneintragungen der Handwerkskammern zusammengestellt wird,[1] da das Statistische Bundesamt während des Untersuchungszeitraums lediglich in den Jahren 1968 und 1977 eine Handwerkszählung durchgeführt hat. In diesem Zusammenhang treten insofern Berechnungsprobleme auf, als daß die Handwerksbetriebe in der Betriebsstatistik des Deutschen Handwerkskammertages nicht nach ihrem wirtschaftlichen Schwerpunkt, sondern nach einer berufsbezogenen Gewerbezweig-Systematik gegliedert sind. Das bedeutet, daß die Zuordnung der Haupt- und Nebenbetriebe allein von der Berufsbezeichnung des Inhabers oder Leiters des Handwerksunternehmens abhängig ist. Eine Aufbereitung der Betriebsstatistik nach dem wirtschaftlichen Schwerpunkt der Handwerksunternehmen erfolgte dagegen für den Wirtschaftszweig Druckerei und Vervielfältigung nur anläßlich der Handwerkszählungen des Statistischen Bundesamtes in den Jahren 1968 und 1977.

Um die Gesamtzahl der Handwerks- und Industriebetriebe für möglichst viele Jahrgänge berechnen zu können, muß deshalb nachfolgend die Zahl der Handwerksbetriebe in der Gliederung nach Gewerbezweigen zugrundegelegt werden. Die Abweichungen zwischen der Zahl der Handwerksbetriebe des Wirtschaftszweigs Druckerei und Vervielfältigung (Melde-Nr.26 8) und derjenigen der Gewerbezweige Nr.709-715 lassen sich exemplarisch für die Jahre 1967 und 1976 anhand der Ergebnisse der Handwerkszählungen 1968 und 1977 aufzeigen.

Zum Bereich Druckerei und Vervielfältigung werden folgende berufsbezo-

---

[1] Vor dem Jahr 1965 existierte keine Betriebsstatistik, da die einzelnen Betriebe - im Unterschied zu den Inhabern bzw. Leitern der Handwerksunternehmen - erst seit dem Jahr 1965 in die Handwerksrollen eingetragen werden. Vgl.: DEUTSCHER HANDWERKSKAMMERTAG, Statistik der Betriebseintragungen in den Handwerksrollen, Bonn 1988.

gene Gewerbezweige gezählt:[1]

- Nr.709 Buchdrucker: Schriftsetzer, Drucker
- Nr.710 Steindrucker
- Nr.711 Siebdrucker
- Nr.712 Flexografen
- Nr.713 Chemigrafen
- Nr.714 Stereotypeure
- Nr.715 Galvanoplastiker

Im Jahr 1967 wurden für den Wirtschaftszweig Druckerei und Vervielfältigung 3.415 Haupt- und Nebenbetriebe ermittelt, während in den Gewerbezweigen der Druckbranche 3.498 Handwerksbetriebe gemeldet waren.[2] Im Jahr 1976 betrug das Verhältnis 3.559 zu 3.703 Betrieben für den Wirtschaftszweig Druckerei und Vervielfältigung bzw. für die Gewerbezweige Nr.709-Nr.715.[3] Demzufolge waren im Jahr 1967 lediglich rd.2,5% und im Jahr 1976 knapp 4% der unter den Gewerbezweigen Nr.709-715 eingetragenen Handwerksbetriebe nicht schwerpunktmäßig in der Druckbranche tätig,[4] so daß der zahlenmäßige Unterschied zwischen der Gewerbezweig- und Wirtschafts-

---

[1] Vgl.: Verzeichnis der Gewerbe, die als Handwerk betrieben werden können, Anlage A der Handwerksordnung vom 28.12.1965 in der Fassung vom 1.8.1978. Der Gewerbezweig Nr.708 Buchbinder wird nicht mitberücksichtigt, da einstufige Buchbindereibetriebe in der Wirtschaftszweig-Systematik der Handwerkszählungen zum Wirtschaftszweig "Papier- und Pappeverarbeitung" (Melde-Nr.26 5) gerechnet werden.

[2] Berücksichtigt sind nur diejenigen Betriebe, die das ganze Jahr 1967 und am Zählungsstichtag Ende März 1968 bestanden. Vgl.: STATISTISCHES BUNDESAMT, Fs.D: Handwerkszählung 1968, Stuttgart u. Mainz 1969, Heft 1, S.21 sowie Heft 3, S.26 u. S.81.

[3] Berücksichtigt sind nur diejenigen Betriebe, die das ganze Jahr 1976 und am Zählungsstichtag Ende März 1977 bestanden. Vgl.: STATISTISCHES BUNDESAMT, Fs.4: Handwerkszählung 1977, Heft 1, S.24 sowie Heft 3, S.84 u. S.172, Stuttgart u. Mainz 1978.

[4] Die Verwendung der Handwerksbetriebszahl entsprechend der Gewerbezweig-Systematik bewirkt, daß die Gesamtzahl der Druckbetriebe - gegenüber der Wirtschaftszweig-Systematik - im Jahr 1967 um 0,8% und im Jahr 1976 um 1,4% höher ausfällt.

zweig-Systematik somit zu vernachlässigen ist.[1]

Die Gesamtzahl aller Druckbetriebe läßt sich nach dieser Berechnungsmethode für die Jahre 1965-1976 sowie aufgrund einer Handwerkszählung auch für das Jahr 1962 berechnen,[2] wobei die Zahl der Industriebetriebe jeweils dem Stand Ende September und die Zahl der Handwerksbetriebe dem Stand am 31.Dezember des Jahres entspricht.

Demgegenüber muß für den Zeitraum 1977-1988 zur Ermittlung der Gesamtzahl der Druckbetriebe - aufgrund der Berichtskreisumstellung - eine andere Berechnungsmethode benutzt werden. Die Zahl der im Monatsbericht nicht erfaßten industriellen Kleinbetriebe wird dabei unverändert einmal jährlich jeweils für den Monat September erhoben.

Eine grundsätzliche Änderung trat dagegen bei den Handwerksbetrieben ein, denn beginnend mit dem Jahr 1977 werden Handwerksbetriebe mit im allgemeinen 20 und mehr Beschäftigten im Monatsbericht erfaßt, ohne daß deren Zahl jedoch separat ausgewiesen wird. Dies hat zur Folge, daß die Handwerksbetriebe mit 20 und mehr Beschäftigten seit 1977 sowohl in der amtlichen Statistik als auch von der Betriebsstatistik des Deutschen Handwerkskammertages erfaßt werden. Um eine Doppelzählung zu vermeiden, muß deshalb die Zahl der Handwerksbetriebe mit 20 und mehr Beschäftigten ermittelt werden. Dies ist wiederum ausschließlich auf Basis der zuletzt im Jahr 1977 durchgeführten Handwerkszählung möglich. Demnach zählten im Jahr 1977 177 Druckbetriebe mit 20 und mehr Beschäftigten zu den Gewerbe-

---

[1] Dabei wird unterstellt, daß die Differenz zwischen den Handwerksbetriebszahlen nach Gewerbe- bzw. Wirtschaftszweigen in den anderen Jahren in ähnlicher Größenordnung lag wie in den Jahren 1967 und 1976.

[2] In der Handwerkszählung 1963 wurde die Zahl der Handwerksbetriebe ebenso wie in den Jahren 1949 und 1956 ausschließlich nach Gewerbezweigen aufbereitet. In der damals gültigen Gewerbezweig-Systematik waren dabei sämtliche Druckbetriebe unter dem Gewerbezweig Nr.709 "Graphische Handwerke" zusammengefaßt. Vgl.: STATISTISCHES BUNDESAMT, Fs.D: Handwerkszählung 1963, Heft 1: Methodische Einführung; Betriebe, Beschäftigte, Gesamtumsatz, Stuttgart u. Mainz 1963, S.60.

zweigen Nr.709-715.[1] Da seither keine Daten über die zahlenmäßige Entwicklung der Handwerksbetriebe mit 20 und mehr Beschäftigten erhoben wurden, kann für die Jahre 1978-1988 lediglich unterstellt werden, daß unverändert 177 Handwerksbetriebe mit 20 und mehr Beschäftigten in den Gewerbezweigen Nr.709-715 existierten.

2. BERECHNUNG DER GESAMTEN UMSATZERLÖSE DER DRUCKINDUSTRIE

Die insgesamt von den Druckbetrieben erwirtschafteten Umsatzerlöse[2] müssen - bedingt durch die Berichtskreisumstellung - für die Zeiträume 1960-1976 und 1977-1988 mit Hilfe von zwei verschiedenen Berechnungsansätzen ermittelt werden. Für den Zeitraum 1960-1976 läßt sich dabei ausschließlich für die Jahre 1962, 1967 und 1976 der Gesamtumsatz berechnen, da in diesen Jahren Handwerkszählungen stattfanden. Für die anderen Jahrgänge bis 1976 sind zwar die Umsatzdaten der Industriebetriebe, nicht jedoch diejenigen der Handwerksbetriebe verfügbar.[3]

Für das Jahr 1962 werden die gesamten Umsatzerlöse ermittelt, indem die Umsatzerlöse der Industriebetriebe des Wirtschaftzweigs Druckerei und Vervielfältigung mit denjenigen der Handwerksbetriebe des Gewerbezweigs

---

[1] Vgl.: STATISTISCHES BUNDESAMT, Fs.4: Handwerkszählung 1977, Heft 3, S.46 u. S.48, Stuttgart u. Mainz. Berücksichtigt wurden nur diejenigen Druckbetriebe, die das gesamte Jahr 1976 sowie am Zählungsstichtag Ende März 1977 bestanden.

[2] Zur Abgrenzung des Umsatzbegriffs, vgl.: STATISTISCHES BUNDESAMT, Fs.4, R.4.1.2 u. Fs.4, R.7.1. Die Umsatzwerte beruhten dabei bis 1967 auf Rechnungswerten, also einschließlich der damaligen kumulativen Umsatzsteuer, während seit 1968 Rechnungswerte ohne Umsatz-(Mehrwert-)steuer zugrundegelegt werden.

[3] Für den Zeitraum von 1960-1976 wurden im Rahmen der Handwerksberichterstattung (HwB) vom Statistischen Bundesamt in der Fs.D: R.7.1 lediglich für die Wirtschaftsgruppe "Holz-, Papier- und Druckgewerbe" (Melde-Nr.26) die aggregierten Umsatzerlöse der Handwerksbetriebe veröffentlicht.

Nr.709 "Graphische Handwerke" addiert wurden.[1] Demgegenüber ist für die Jahre 1967 und 1976 eine Ermittlung des Gesamtumsatzes auf Jahresbasis unmöglich, da die Umsatzwerte für die industriellen Kleinbetriebe - im Gegensatz zum Jahr 1962 - nur noch für den Monat September erhoben wurden.[2] Demzufolge können für die Jahre 1967 und 1976 lediglich Monatsumsätze berechnet werden, indem die Umsatzerlöse der Industriebetriebe im Monat September und die jahresdurchschnittlichen Monatsumsätze der Handwerksbetriebe addiert werden.[3] Dabei werden für die Jahre 1967 und 1976 die Handwerksumsätze nach Gewerbezweigen verwendet, obwohl entsprechende Umsatzdaten auch in der Wirtschaftszweig Systematik verfügbar sind, um somit eine Vergleichbarkeit mit den Umsatzdaten des Jahres 1962 zu gewährleisten.[4]

Für den Zeitraum 1977-1988, also nach der Berichtskreisumstellung, läßt sich für sämtliche Jahrgänge der Gesamtumsatz der Druckindustrie berechnen; eine Ausnahme bildet nur das Jahr 1977, in dem die Berechnung aufgrund einer Datenlücke unmöglich ist.[5] Im Unterschied zu den Jahren vor 1977 veröffentlicht das Statistische Bundesamt seither die Umsatzerlöse der

---

[1] Vgl.: STATISTISCHES BUNDESAMT, Fs.D, Handwerkszählung 1963, Heft 1. Die Handwerksumsätze wurden 1963 nur nach Gewerbezweigen, nicht jedoch nach Wirtschaftszweigen aufbereitet.

[2] Vgl.: STATISTISCHES BUNDESAMT, Fs.D: R.4, Jg.1967 u. Fs.4: R.S.2, Jg.1976. Die Umsätze der industriellen Kleinbetriebe wurden zwischen 1960 und 1976 mit Ausnahme des Jahres 1962 ausschließlich für den Monat September veröffentlicht.

[3] Für die Handwerksbetriebe sind keine September-Umsätze verfügbar, so daß jahresdurchschnittliche Monatsumsätze zugrundegelegt werden. Vgl.: STATISTISCHES BUNDESAMT, Fs.D: Handwerkszählung 1968, Heft 3 und Fs.4: Handwerkszählung 1977, Heft 3, Stuttgart u. Mainz.

[4] Der Gesamtumsatz der Druckbetriebe wird dadurch jedoch nur unwesentlich erhöht, nämlich um 0,6% im Jahr 1967 und um 0,5% im Jahr 1976. STATISTISCHES BUNDESAMT, Fs.D: Handwerkzählung 1968, Heft 2 u. Heft 3 sowie Fs.4: Handwerkszählung 1977, Heft 2 u. Heft 3, Stuttgart u. Mainz.

[5] Für das Jahr 1977 wurden vom Statistischen Bundesamt keine Umsatzzahlen von Handwerksbetrieben erhoben.

Industriebetriebe nicht mehr allein für den Monat September, sondern auch auf Jahresbasis.[1]

Die Umsatzerlöse von Handwerksbetrieben werden seit dem Jahr 1978 in der Handwerksberichterstattung (HwB) für die Untergruppe "Druckerei" (Melde-Nr.26 81), nicht jedoch für den Wirtschaftszweig "Druckerei und Vervielfältigung" (Melde-Nr.26 8) aufbereitet.[2] Die Untergruppen "Vervielfältigung" (Melde-Nr.26 84) sowie "Licht- und Fotopauserei" (Melde-Nr.26 87) müssen deshalb bei der Berechnung des Gesamtumsatzes der Druckindustrie unberücksichtigt bleiben, so daβ die Umsatzerlöse der Handwerksbetriebe tendenziell zu niedrig angesetzt werden. Die quantitativen Auswirkungen der Nichtberücksichtigung sind allerdings gering, wie sich anhand des Jahres 1976 exemplarisch verdeutlichen läßt, denn 95,0% der Umsatzerlöse des Wirtschaftszweigs "Druckerei und Vervielfältigung" entfielen auf die Untergruppe "Druckerei" und nur 5,0% auf die beiden anderen Untergruppen des Wirtschaftszweigs.[3]

Bei der Berechnung des Gesamtumsatzes der Druckindustrie ist zu beachten, daβ eine Doppelzählung der Handwerksbetriebe mit 20 und mehr Be-

---

[1] Vgl.: STATISTISCHES BUNDESAMT, Fs.4: R.4.1.2, Tab.1.4 und Tab.2.2, Stuttgart u. Mainz, versch. Jgg. In der Tab.1.4 werden die Jahresumsätze von Industriebetrieben, die zu Unternehmen mit 20 und mehr Beschäftigten zählen, sowie diejenigen von Handwerksbetrieben mit 20 und mehr Beschäftigten veröffentlicht. Diese Umsatzerlöse beziehen sich dabei nur auf diejenigen Betriebe, die im September existierten. Dadurch ergeben sich Differenzen zu den Umsatzzahlen, die in der Fs.4: R.4.1.1 verzeichnet sind. In Tab.2.2 der Fs.4: R.4.1.2 sind hingegen die Jahresumsätze sämtlicher industrieller Kleinbetriebe verzeichnet, so daβ bei der Zusammenfassung der Tab.1.4 und der Tab.2.2 diese Überschneidungen zu berücksichtigen sind.

[2] Vgl.: STATISTISCHES BUNDESAMT, Fs.4: R.7.1, Stuttgart u. Mainz. Diese Statistik beruht auf der HwB, die als vierteljährliche Stichprobenstatistik auf der Grundlage einer repräsentativen Teilerhebung bei den Hauptbetrieben durchgeführt wird.

[3] Vgl.: STATISTISCHES BUNDESAMT, Fs.4: Handwerkszählung 1977, Heft 1: Methodische Einführung; Unternehmen nach Wirtschaftszweigen, Stuttgart u. Mainz 1978, S.28.

schäftigten vermieden wird.[1] Die Umsatzerlöse von Handwerksbetrieben dieser Beschäftigtengrößenklasse wird zwar in keiner der amtlichen Statistiken gesondert ausgewiesen, aber im Jahr 1988 wurde vom Statistischen Bundesamt zumindest eine Arbeitsunterlage über den Umsatz und die Beschäftigten von Handwerksunternehmen mit weniger als 20 Beschäftigten auf Grundlage der HwB - u.a auch für die Untergruppe "Druckerei" (Melde-Nr.26 81) - für den Zeitraum beginnend mit dem Jahr 1978 aufbereitet.[2] Dabei ist zu berücksichtigten, daß sich die Umsatzdaten auf Unternehmens- und nicht auf Betriebsgrößenklassen beziehen. Im Fall der Untergruppe "Druckerei" ist dieser Umstand allerdings von untergeordneter Bedeutung, da im Jahr 1988 lediglich ein Mehrbetriebsunternehmen mit mehr als 20 Beschäftigten existierte,[3] das zur HwB meldete und dessen Betriebe somit möglicherweise doppelt erfaßt wurden.[4] Eine Zusammenfassung der Umsatzerlöse der Handwerksunternehmen mit weniger als 20 Beschäftigten mit denjenigen der Handwerksbetriebe von Handwerksunternehmen mit 20 und mehr Beschäftigten führt somit zumindest zu keinen gravierenden Überschneidungen, so daß für die Jahre von 1978-1988 der Gesamtumsatz sämtlicher Druckbetriebe ermittelt

---

[1] Die Umsatzerlöse der Handwerksbetriebe mit 20 und mehr Beschäftigten sind nämlich gleichermaßen in der Fs.4: R.4.1.2, Tab. 1.4 und in der Fs.4: R.7.1 enthalten.

[2] Vgl.: STATISTISCHES BUNDESAMT, Abteilung IV B3, bislang unveröff. Arbeitsunterlage: Beschäftigte und Umsatz von Unternehmen des Handwerks im Verarbeitenden Gewerbe und Im Ausbaugewerbe mit weniger als 20 Beschäftigten, I.Quartal 1978 - IV.Quartal 1988, vervielf., Wiesbaden 1989.

[3] Vgl.: STATISTISCHES BUNDESAMT, Auszug aus der Bundeskartei des Statistischen Bundesamtes (13, 0388), Mehrbetriebs- und Mehrländerunternehmen der SYPRO 5700 nach Beschäftigtengrößenklassen und HwB; Stand: 29.Juni 1988.

[4] Dies trat unter der Bedingung ein, daß die Betriebe des betreffenden Handwerksunternehmens weniger als 20 Beschäftigte aufwiesen.

werden kann.[1]

3. BERECHNUNG DER GESAMTBESCHÄFTIGTENZAHL DER DRUCKINDUSTRIE

Zur Ermittlung der Gesamtzahl der in der Druckindustrie Beschäftigten[2] gelten weitgehend die gleichen Berechnungsansätze wie bei der Umsatzberechnung, weswegen an dieser Stelle nur einige spezielle Anmerkungen erfolgen.

Die Beschäftigtenzahl bezieht sich dabei in den Jahren 1963, 1967, 1976 und in den Jahren 1978-1988 jeweils auf den Beschäftigtenstand im Monat September.

Für die Handwerksbetriebe wird in den Jahren 1967 und 1976 wiederum die Beschäftigtenzahl in der Systematik der Gewerbezweige Nr.709-715 anstelle des Wirtschaftszweigs Nr.26 8 zugrundegelegt, um somit eine Vergleichbarkeit mit dem Jahr 1963 zu gewährleisten.[3]

Für die Jahre 1978-1988 ist für die Handwerksbetriebe mit weniger als 20 Beschäftigten nur die Beschäftigtenzahl der Untergruppe "Druckerei" und nicht diejenige des gesamten Wirtschaftszweigs "Druckerei und Vervielfältigung" verfügbar. Wie eine exemplarische Berechnung für das Jahr 1976 zeigt, besteht zwischen dem Wirtschaftszweig "Druckerei und Vervielfältigung" und der Untergruppe "Druckerei" lediglich eine geringfügige Differenz, die im

---

[1] Einschränkend ist allerdings zu erwähnen, daß die Arbeitsunterlage für Handwerksunternehmen mit weniger als 20 Beschäftigten möglicherweise Stichprobenfehler aufweist, da für diese Berechnung vom Statistischen Bundesamt bislang keine Fehlerrechnung durchgeführt wurde.

[2] In der Beschäftigtenzahl sind tätige Inhaber und mithelfende Familienangehörige, nicht jedoch Heimarbeiter miteinbezogen.

[3] Die dadurch verursachte Überhöhung der Gesamtbeschäftigtenzahl der Druckindustrie belief sich 1967 und 1976 jeweils nur auf 0,6%. Vgl.: STATISTISCHES BUNDESAMT, Fs.D: Handwerkzählung 1968, Heft 2 u. Heft 3 sowie Fs.4: Handwerkszählung 1977, Heft 2 u. Heft 3, Stuttgart u. Mainz.

Jahr 1976 4,7% betrug.[1]

III. ERLÄUTERUNGEN ZUR BEGRENZUNG DES UNTERSUCHUNGSZEITRAUMS UND ZUR PERIODENEINTEILUNG

Die Begrenzung des Untersuchungszeitraums auf die Jahre 1960-1988 erfolgt unter Berücksichtigung von zwei Kriterien. Zum einen ist zur Darstellung von Wachstums- und Strukturwandlungsprozessen - soweit es sich nicht um Strukturbrüche handelt - eine möglichst langfristige Betrachtung über mehrere Dekaden erforderlich und zum anderen muß die Verfügbarkeit von entsprechenden statistischen Daten sowie deren Vergleichbarkeit gewährleistet sein.

Das Jahr 1960 eignet sich dabei deshalb als Ausgangsjahr für die Untersuchung, da für die Jahre vor 1960 in den amtlichen Statistiken eine andere Gebietsabgrenzung, nämlich das Bundesgebiet ohne das Saarland, zugrundeliegt. Obwohl für die Jahre 1960-1963 Berlin (West) in den Industriestatistiken nicht erfaßt wurde, ist dennoch eine vollständige Vergleichbarkeit der in Kap.III verwendeten Daten gesichert, da Berlin (West) vom Statistischen Bundesamt nachträglich im Rahmen einer Neuberechnung miteinbezogen wurde.[2]

Der Untersuchungszeitraum endet mit dem Jahr 1988, da die erhobenen Daten in den amtlichen Statistiken i.d.R. erst mit ein- bis dreijähriger Verzögerung (wie z.B. im Fall der Pressestatistik) veröffentlicht werden, so daß derzeit keine aktuelleren Daten verfügbar sind. Die Begrenzung des Untersuchungszeitraums auf die Jahre 1960-1988 hat zudem den Vorteil, daß jeweils zwei gleichlange Perioden gebildet werden können.

Die Periodeneinteilung hat zum Ziel, den Einfluß von konjunkturellen

---

[1] Vgl.: STATISTISCHES BUNDESAMT, Fs.4: Handwerkszählung 1977, Heft 1, S.28, Stuttgart u. Mainz 1978.

[2] Demgegenüber beziehen sich die in Kap.IV verwendeten Bruttoproduktionswerte für die Jahre 1960-1963 ausschließlich auf das Bundesgebiet ohne Berlin (West), da keine entsprechende Neuberechnung durchgeführt wurde. Vgl.: STATISTISCHES BUNDESAMT, Fs.D: R.3, versch. Jgg., Stuttgart u. Mainz.

Schwankungen soweit wie möglich zu minimieren, da die langfristige Entwicklung untersucht werden soll. Die Periodenbildung enthält jedoch grundsätzlich ein willkürliches Element,[1] da eine vollständige Eliminierung von konjunkturellen Einflüssen mit einer Berechnung von Periodendurchschnittswerten nicht erreicht werden kann, zumal die Länge der Konjunkturzyklen im Zeitablauf stark variierte. Die Berücksichtigung der Konjunkturphasen bei Periodeneinteilung ist aber trotzdem zweckmäßig, da hierdurch zumindest grobe Verzerrungen ausgeschaltet werden.

Desweiteren ist bei der Periodeneinteilung die Vergleichbarkeit der statistischen Daten zu berücksichtigen und zudem soll die Periodenlänge möglichst übereinstimmen.

Dementsprechend muß der gewählte Untersuchungszeitraum zunächst zweigeteilt werden, und zwar in die Zeitspannen von 1960-1976 und 1977-1988, da in den Jahren 1976/1977 die bereits erwähnte Umstellung des Berichtskreises von Industriebetrieben mit mindestens 10 Beschäftigten auf Betriebe von Unternehmen des Produzierenden Gewerbes mit mindestens 20 Beschäftigten durchgeführt wurde. Die weitere Unterteilung in zwei jeweils gleichlange Perioden, die acht bzw. sechs Jahrgänge umfassen, erscheint insofern zweckmäßig, als daß damit eine annähernd gleichmäßige Verteilung der Konjunkturphasen auf die vier Untersuchungsperioden erreicht wird.

Wie Abb.I zeigt, schließen die Perioden 1961-1968, 1969-1976 und 1977-1982 - gemessen an den jährlichen Veränderungsraten der Umsatzerlöse in realen Werten - jeweils eine Rezessionsphase sowie zumindest einen oberen Wendepunkt ein, wohingegen in der Periode 1983-1988 in der Druckindustrie keine ausgeprägten konjunkturellen Schwankungen zu verzeichnen waren.

Die Ø jährlichen Veränderungsraten in den vier Untersuchungsperioden sind dabei in Kap.III, Kap.IV und Kap.V grundsätzlich in Form des Geometrischen Mittels berechnet worden.

---

[1] Vgl.: E. HELMSTÄDTER (1979), Gestaltete Expansion... a.a.O., S.9.

Abb.I: Prozentuale Veränderungsraten der realen Umsatzerlöse der Druckindustrie

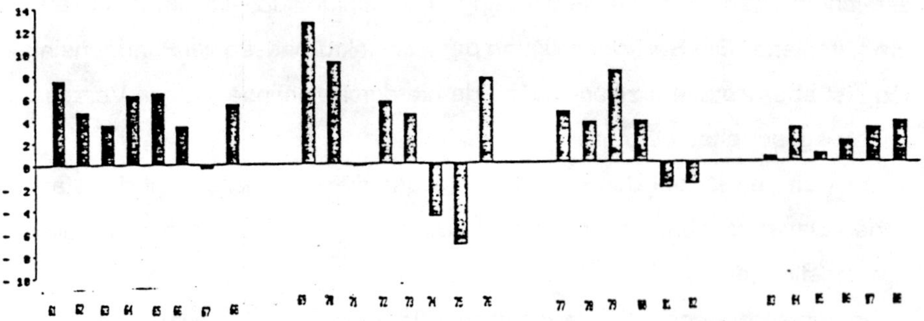

Quelle: STATISTISCHES BUNDESAMT, Fs.4: R.4.1.1 sowie Fs.17: R.2.

IV. TABELLEN ZUM KAP.III

Tab.I: Entwicklung der Zahl der Druckbetriebe insgesamt sowie der Anteilswerte der in den Statistiken für das Produzierende Gewerbe erfaßten bzw. nicht erfaßten Druckbetriebe

Druckindustrie \ Jahr	1963	1967	1976	1979	1982	1985	1988
Betriebe, insges.	9.289	9.804	10.709	10.354	10.871	11.147	11.474
Betriebe, erfaßt	36,0%	34,5%	29,4%	19,5%	18,4%	17,1%	16,9%
Betriebe, nicht erfaßt	64,0%	65,5%	70,6%	80,5%	81,6%	82,9%	83,1%

Quelle: Statistisches Bundesamt, Fs.4: R.4.1.2, Fs.D: Handwerkszählung 1963 u. Fs.4: Handwerkszählung 1977 sowie die Betriebsstatistik des Dt. Handwerkskammertages/Bonn; eigene Berechnung der Werte.

Tab.II: Entwicklung der Brutto-Wertschöpfung sowie der Umsatzerlöse der Druckindustrie, in realen Werten, durchschnittliche jährliche Veränderungsraten

Druckindustrie \ Periode	1961-68	1969-76	1977-82	1983-88	1961-76	1977-88
Brutto-Wertschöpfung, real	4,5%	2,5%	1,7%	2,4%	3,5%	2,0%
Umsatzerlöse, real	4,5%	3,2%	2,5%	2,1%	3,9%	2,3%

Quelle: Statistisches Bundesamt, Fs.4: R.2.1, R.4.1.1 u. R.4.3 sowie Fs.17: R.2, versch. Jgg.; Berechnung der Bruttowertschöpfung seitens des DIW; eigene Berechnung der jährlichen Veränderungsraten.

Tab.III: Entwicklung der Einfuhr- und Ausfuhrwerte der Druckindustrie sowie des Verbrauchsgüter- und Industriesektor, in nominalen Werten, durchschnittliche jährliche Veränderungsraten

Einfuhrwert \ Periode	1961-68	1969-76	1977-82	1983-88	1961-76	1977-88
Druckindustrie, nom. *	12,5%	14,3%	9,3%	9,4%	13,4%	9,3%
Verbrauchsgütersektor, nom.	11,7%	15,5%	7,2%	6,6%	13,6%	6,9%
Industriesektor, nom.	10,2%	14,5%	9,8%	2,8%	12,3%	6,3%
Ausfuhrwert \ Periode	**1961-68**	**1969-76**	**1977-82**	**1983-88**	**1961-76**	**1977-88**
Druckindustrie, nom. *	15,3%	11,5%	12,1%	8,4%	13,4%	10,3%
Verbrauchsgütersektor, nom.	11,6%	13,0%	8,4%	6,9%	12,3%	7,6%
Industriesektor, nom.	9,5%	12,5%	8,8%	5,0%	11,0%	6,9%

* Außenhandelswerte von Druckereierzeugnissen, bereinigt um den geschätzten Verlagsanteil. Quelle: Statistisches Bundesamt, Fs.7: R.2, versch. Jgg.; eigene Berechnung der Werte.

Tab.IV: Entwicklung der Investitionsquote in der Druckindustrie, im Verbrauchsgüter- sowie im Industriesektors, in realen Werten

Investitionsquote \ Jahr	1960	1968	1976 *	1976 +	1979	1982	1985	1988
Druckindustrie	12,6%	7,7%	6,6%	8,5%	11,4%	10,2%	11,6%	14,4%
Verbrauchsgütersektor	10,7%	7,8%	6,1%	8,6%	10,0%	8,8%	10,5%	12,6%
Industriesektor	13,3%	9,1%	7,7%	10,4%	10,6%	11,2%	11,4%	12,7%

* Industriebetriebe mit mind. 10 Beschäftigten. + Betriebe von Unternehmen des Produzierenden Gewerbes mit mind. 20 Beschäftigten. Quelle: IFO-Investitionstest u. Statistisches Bundesamt, Fs.4: R.2.1, R.4.3 u. Fs.18: R.1; Berechnungen des DIW, veröff. in: B. Görzig/J. Schintke u. M. Schmidt, Produktionsvolumen und -potential, versch. Ausgaben.

Tab.V: Entwicklung der Brutto-Lohn- und Gehaltssumme je Beschäftigten, in nominalen Werten, durchschnittliche jährliche Veränderungsraten

Arbeitskosten \ Periode	1961-68	1969-76	1977-82	1983-88	1961-76	1977-88
Druckindustrie, nom.	8,2%	10,5%	6,5%	3,6%	9,3%	5,0%
Verbrauchsgütersektor, nom.	8,1%	10,5%	6,2%	4,0%	9,3%	5,1%
Industriesektor, nom.	8,1%	10,8%	6,3%	3,9%	9,4%	5,1%

Quelle: Statistisches Bundesamt, Fs.4: R.2.1 u. R.4.1.1, versch. Jgg.; eigene Berechnung der Werte.

Tab.VI: Entwicklung der Erzeugerpreise für Papier- und Pappewaren, unveredelt, durchschnittliche jährliche Veränderungsraten

Erzeugerpreise \ Periode	1961-68	1969-76	1977-82	1983-88	1961-76	1977-88
Papier- u. Pappewaren	0,1%	4,6%	3,8%	0,5%	2,3%	2,1%

Quelle: Statistisches Bundesamt, Fs.17: R.2, versch. Jgg.; eigene Berechnung der Werte.

B. ERLÄUTERUNGEN ZU KAP.IV:

I. BEWERTUNG DER DRUCKPRODUKTION

Das Statistische Bundesamt erhebt die Bruttoproduktionswerte von "Druckerzeugnissen" (Melde-Nr.57 1), also von Drucksachen, von "Vervielfältigungen u. sonstigen Druckereierzeugnissen" (Melde-Nr.57 5) sowie von "Lohnveredelungsarbeiten an Erzeugnissen dieser Gütergruppe" (Melde-Nr.57 9).[1] Berücksichtigt wird dabei ausschließlich die zum Absatz bestimmte Produktion, und zwar bewertet mit den Verkaufspreisen ab Werk einschließlich Verpackung, jedoch abzüglich gewährter Rabatte und gesondert in Rechnung gestellter Frachtkosten.

Statistische Brüche entstanden dabei zum einen in den Jahren 1963/1964, da der Bruttoproduktionswert von Berlin (West) erstmals im Jahr 1964 berücksichtigt wurde[2] und zum anderen in den Jahren 1967/1968, da das Umsatzsteuersystem von der kumulativen Umsatzsteuer auf die Umsatz-(Mehrwert-)steuer umgestellt wurde. Im Gegensatz zur kumulativen Umsatzsteuer[3] war die neueingeführte Mehrwertsteuer dabei nicht in den Bruttoproduktionswerten enthalten.[4] Insgesamt gesehen dürften sich diese gegenläufig wirkenden Effekte in der Periode 1961-1968 jedoch weitgehend kompensiert haben, so daß die periodendurchschnittlichen jährlichen Produktionszuwächse trotz der statistischen Brüche aussagefähig sind.

Die Bruttoproduktionswerte von Drucksachen werden zudem nach verschie-

---

[1] Vgl.: STATISTISCHES BUNDESAMT Systematisches Güterverzeichnis für Produktionstatistiken, Ausgabe 1982, Stuttgart u. Mainz 1982.

[2] Vgl.: STATISTISCHES BUNDESAMT, Fs.D: R.3, Jg.1964, Stuttgart u. Mainz 1965.

[3] Vgl.: STATISTISCHES BUNDESAMT, Fs.D: R.3, Jg.1967, Stuttgart u. Mainz 1968, S.3.

[4] Vgl.: STATISTISCHES BUNDESAMT, Fs.4, R.3.1, Jg.1986, Stuttgart u. Mainz 1987, S.5.

denen Druckverfahren getrennt veröffentlicht, wobei für die Jahre 1970-1975 für bestimmte Drucksachen und Druckverfahren aus Geheimhaltungsgründen keine Bruttoproduktionswerte ausgewiesen wurden. Die fehlenden Werte wurden allerdings seitens des BVD geschätzt und liegen den folgenden Berechnungen zugrunde. Mögliche Schätzfehler können dabei nur sehr begrenzte Auswirkungen haben, da die nicht veröffentlichten Bruttoproduktionswerte - wie die Jahre vor 1970 und nach 1975 zeigen - quantitativ vergleichsweise unbedeutend sind.

II. DEFLATIONIERUNG DER BRUTTOPRODUKTIONSWERTE AUF DER EBENE DER PRODUKTBEREICHE UND -GRUPPEN

Zur Deflationierung der ausschließlich in nominalen Werten veröffentlichten Bruttoproduktionswerte müssen für die einzelnen Produktbereiche und -gruppen während des Untersuchungszeitraums jeweils verschiedene Preisindizes benutzt werden, da spezielle Preisindizes für einzelne Produktgruppen vom Statistischen Bundesamt erst schrittweise erhoben wurden, wie auch Tab.VII zeigt.

.VII: Die Erzeugerpreisindizes mit den folgenden Melde-Nrn. der Wirtschaftszweig-Systematik werden zur Deflationierung der nominalen Bruttoproduktionswerte der einzelnen Produktbereiche und -gruppen während des Untersuchungszeitraums verwendet.

RODUKTBEREICH/ -GRUPPE	1960-67	1968-75	1976-79	1980-82	1982-84	1985-88
eschäftsdrucksachen	57	5711	5711 2/6			5711
- Endlosformulare	.	.	.	.	5711 7	5711 3
ücherdrucksachen	57	5713				
ressedrucksachen	57	5714 5		5714		5714/15
- Zeitungen	.	5714 5		5714 1		5714
- Zeitschriften		5714 5				5715
erpackungsdrucksachen	57	5711	5711 7			5716
erbedrucksachen	57	5712 1				5712
- Kataloge	.	.	.	.	5712 1	5712 7
- Prospekte	.	.	.	.	5712 1	5712 2/4

Fortsetzung Tab.VII

Sonstige Drucksachen	57		57 1	
- Kalender	57	5712	5712 5/15	5717

Vgl.: STATISTISCHES BUNDESAMT, Fs.17, R.2 sowie Systematik der Wirtschaftszweige mit Betriebs- und ähnlichen Benennungen, Stuttgart u. Mainz, versch. Ausgaben.

III. BERECHNUNG DER EINFUHR- UND AUSFUHRWERTE AUF DER EBENE DER PRODUKTBEREICHE

Die Berechnungsgrundlage für die Einfuhr- und Ausfuhrwerte bilden die in der Fachserie 7: "Außenhandel", Reihe 2: "Außenhandel nach Waren und Ländern (Spezialhandel)" veröffentlichten Daten. Das Warenverzeichnis der Außenhandelsstatistik stimmte dabei jedoch nicht mit der Gütersystematik für Produktionsstatistiken überein, denn während die Drucksachen in der Außenhandelsstatistik unter dem Kap.49: "Bücher, Zeitungen, Bilddrucke und andere Erzeugnisse des Graphischen Gewerbes; hand- und maschinengeschriebene Schriftstücke und Pläne" erfaßt wurden, zählten die Drucksachen in der Produktionsstatistik zur Gütergruppe 57: "Druckereierzeugnisse und Vervielfältigungen". Außerdem wurde in der Außenhandelsstatistik der gesamte "grenzüberschreitende Warenverkehr" berücksichtigt, d.h. die Ein- und Ausfuhren der in der Produktionsstatistik nicht erfaßten Kleinbetriebe wurden ebenso miteinbezogen wie die Ein- und Ausfuhren von Unternehmen, die nicht zum Produzierenden Gewerbe zählten, wie auch diejenigen von Privatpersonen ab bestimmter Untergrenzen.

Eine Zuordnung der Außenhandelswerte auf die einzelnen Produktbereiche ist deshalb nur bedingt möglich, wobei die jeweils zugrundeliegenden Berechnungsmethoden im folgenden für die einzelnen Produktbereiche erläutert werden sollen.

a) Geschäftsdrucksachen

Für den Produktbereich Geschäftsdrucksachen kann weder ein Einfuhr- noch ein Ausfuhrwert berechnet werden, da im Warenverzeichnis der Außenhandelsstatistik entsprechende Warenposten fehlen, so daß die Geschäftsdrucksachen vermutlich größtenteils unter der Position "Andere Drucke" (Melde-Nr.4911 99 900) bzw. fälschlicherweise in Kapitel 48: "Papier und Pappe, Waren aus Papierhalbstoff Papier oder Pappe", und zwar unter den Warenposten "Endlosformulare aus gestrichenem Papier" (Melde-Nr.4811 90 100), "Endlosformularsätze" (Melde-Nr.4820 40 100) bzw. "Endlosformulare bedruckt" (Melde-Nr.4823 51 100) erfaßt werden.[1]

Eine Ausnahme bildet lediglich die Produktgruppe Wertpapiere, denn "Briefmarken" (Melde-Nr.4907 00 100), "Banknoten" (Melde-Nr.4907 00 300) und "Aktien" (Melde.Nr.4907 00 910/990) werden in der Außenhandelsstatistik gesondert ausgewiesen.

Tab.VIII: Die Warenposten mit den folgenden Melde-Nrn. des Warenverzeichnisses der Außenhandelsstatistik werden zur Berechnung der Einfuhr- und Ausfuhrwerte der Produktgruppe Wertpapiere verwendet

1960-1964	1965	1966	1967-1975	1976-1987	1988
4907 00	4907 000	4907 10,30,50	4907 10	4907 100	4907 00 100
			4907 30	4907 200	4907 00 300
			4907 50	4907 990	4907 00 910
					4907 00 990

Vgl.: STATISTISCHES BUNDESAMT, Warenverzeichnis der Außenhandelsstatistik, Stuttgart u. Mainz, versch. Ausgaben.

b) Bücherdrucksachen

Um für den Produktionsbereich Bücherdrucksachen die Einfuhr- und Ausfuhrwerte ermitteln zu können, müssen die gehandelten Waren - wie bereits im Text erwähnt - zunächst in zwei verschiedene Gruppen unterteilt werden, nämlich in Bücherdrucksachen mit Verlagsanteil und solche ohne Verlagsan-

[1] Bedruckte Endlosformulare werden erst seit der Umstellung des Warenverzeichnisses der Außenhandelsstatistik im Jahr 1988 als eine separate Position in Kap.48: "Papier und Pappe, Waren aus Papierhalbstoff Papier oder Pappe" ausgewiesen, wobei diese Zuordnung unter funktionalen Kriterien nicht nachvollziehbar ist.

teil, da in diesem Zusammenhang ausschließlich die wertmäßige Druckleistung und nicht die Verlagsleistung zu berücksichtigen ist.

Die Bücherdrucksachen ohne Verlagsanteil werden dementsprechend wertmäßig vollständig in die Berechnung miteinbezogen, wohingegen die Verlagserzeugnisse um den wertmäßigen Verlagsanteil bereinigt werden.

Die Daten der Außenhandelsstatistik ermöglichen dabei seit dem Jahr 1966 eine Unterteilung in Bücherdrucksachen mit bzw. ohne Verlagsanteil.[1] Für die Jahre 1960-1965 ist dies hingegen nicht möglich, da unter dem Warenposten "Bücher, Broschüren u.ä. Drucke" (Melde-Nr.4901 51,91,99) sowohl Verlagserzeugnisse als auch reine Druckerzeugnisse erfaßt wurden. Deshalb wird für die Jahre 1960-1965 eine Anteilsverteilung wie im Jahr 1966 unterstellt, d.h. daß 75,6% des Einfuhrwertes sowie 92,0% des Ausfuhrwertes von "Büchern, Broschüren u.ä. Drucke" zu den Bücherdrucksachen mit Verlagsanteil und umgekehrt 24,4% des Einfuhrwertes sowie 8,0% des Ausfuhrwertes zu den Bücherdrucksachen ohne Verlagsanteil gerechnet werden.

Darüber hinaus ist für die Jahre 1960-1965 zu berücksichtigen, daß der Warenposten "Kartographische Erzeugnisse aller Art" (Melde-Nr.4905 10,30, 50,80,99) nur zum Teil den Bücherdrucksachen zuzuordnen ist, da die hierunter erfaßten "Erd- und Himmelsgloben" (Melde-Nr.4905 50) zu den Sonstigen Drucksachen zählen. Seit dem Jahr 1966 werden die entsprechenden Außenhandelswerte getrennt ausgewiesen, weshalb auch im folgenden unterstellt wird, daß der Einfuhr- und Ausfuhranteil der "Erd- und Himmelsgloben" in den Jahren 1960-1965, ebenso wie im Jahr 1966, 24,3% bzw. 37,2% betrug.

Der Verlagsanteil von Bücherdrucksachen, also die Wertschöpfung der Buchverlage, kann lediglich grob geschätzt werden, da entsprechende stati-

---

[1] Vgl.: BVD, Statistischer Quartalsbericht III/1987 - Teil 1: Ergebnisse des Außenhandels, Wiesbaden 1987 sowie Statistischer Quartalsbericht I/1989, Teil 3: Außenhandel nach Waren und Ländern, Wiesbaden 1989.

stische Daten fehlen.[1] Die Schätzgrundlage bildet dabei der Nettobuchpreis, da im Grenzübergangswert von Verlagserzeugnissen i.d.R. keine Einzelhandelsspanne enthalten ist. Die Schätzung des Verlagsanteils beruht im folgenden auf Kalkulationsbeispielen, die von einzelnen Buchverlagen für Taschenbücher aufgezeigt wurden und die auch für Gebundene Bücher als exemplarisch anzusehen sind. Demnach entfallen ungefähr 30% des Nettobuchpreises auf die Druckherstellung und ungefähr 70% auf die Wertschöpfung seitens der Buchverlage.[2]

Die Einfuhr- und Ausfuhrwerte von Bücherdrucksachen mit Verlagsanteil wurden deshalb nur mit einem Anteilswert von 30% berücksichtigt, so daß die derart bereinigten Werte wesentlich niedriger ausfallen als die unbereinigten Werte, deren Verwendung dazu beigetragen hat, daß die Bedeutung des Außenhandels für die Druckindustrie häufig überschätzt wurde.[3]

Die folgenden Tab.IXa-d zeigen, welche Warenposten mit den entsprechenden Melde-Nrn. des Warenverzeichnisses der Außenhandelsstatistik zur Berechnung der Einfuhr- und Ausfuhrwerte verwendet werden.

---

[1] Vgl.: IFO-INSTITUT, IFO-Studien zur Industriewirtschaft, Heft Nr.13: Innovationspolitik zur Modernisierung der Produktions- und Fertigungstechnik, Teil I: Strukturanalysen, München 1977, S.78.

[2] Vgl.: C. LEONHARDT (1985), Das Taschenbuch... a.a.O., S.1965: Tab.3 und S.1966: Tab.4.

[3] So betrug die Importquote der Druckindustrie beispielsweise lt. Berechnungen der Commerzbank AG im Jahr 1986 "gut 7%"; tatsächlich dürfte die Importquote jedoch lediglich 4,9% betragen haben. Vgl.: COMMERZBANK AG, Brancheninformation: Druckindustrie, Ausgabe 1987, vervielf., Frankfurt a.M. 1987, S.6.

Tab.IXa: Einfuhrwert Bücherdrucksachen <u>mit</u> Verlagsanteil

1960-1965		1966	1967-1974	1975-1978	1979-1987	1988
75,6%	4901 51,91,99	4901 51	4901 51	4901 002	4901 002	4901 91 002
						4901 99 002
						4903 00 002
	4904 00	4904 00	4904 00	4904 000	4904 000	4904 00 000
75,7%	49C5 10,30,50,80		4905 10,30,80	4905 902	4905 902	
				4905 904	4905 908	4905 91 000
				4905 909		4905 99 000

Tab.IXb: Einfuhrwert Bücherdrucksachen <u>ohne</u> Verlagsanteil

1960-1965		1966	1967-1974	1975-1978	1979-1987	1988
24,4%	4901 51,91,99	4901 91	4901 91	4901 009	4901 009	4901 10 000
						4901 91 009
						4901 99 009
	4903 10,90	4903 10,90	4903 10,90	4903 002	4903 002	4903 00 009
				4903 009	4903 009	
		4911 01	4911 01	4911 100	4911 100	4911 91 100

Vgl.: <u>STATISTISCHES BUNDESAMT</u>, Warenverzeichnis der Außenhandelsstatistik, Stuttgart u. Mainz, versch. Ausgaben.

Tab.IXc: Ausfuhrwert Bücherdrucksachen <u>mit</u> Verlagsanteil

1960-1965	1966	1967-1974	1975-1978	1979-1987	1988
92,0% 4901 51,91,99	4901 91,99	4901 91,99	4901 009	4901 009	4901 91 009
					4901 99 009
4903 10,90,99	4903 10,90	4903 10,90	4903 002	4903 002	4903 00 009
	4903,99	4903,99	4903 009	4903 009	
4904 00	4904 00	4904 00	4904 000	4904 000	4904 00 000
62,8% 4905 10,30,50,80,99		4905 10,30,80	4905 902	4905 902	4905 91 000
		4905,99	4905 904	4905 908	4905 99 000
			4905 909		
			4997 004	4997 004	9920 49 004

Tab.IXd: Ausfuhrwert Bücherdrucksachen <u>ohne</u> Verlagsanteil

1960-1965	1966	1967-1974	1975-1978	1979-1987	1988
8,0% 4901 51,91,99	4901 51	4901 51	4901 002	4901 002	4901 10 000
					4901 91 002
					4901 99 002
					4903 00 002
			4903 009	4903 009	
			4911 100	4911 100	4911 91 100

Vgl.: <u>STATISTISCHES BUNDESAMT</u>, Warenverzeichnis der Außenhandelsstatistik, Stuttgart u. Mainz, versch. Ausgaben.

c) Pressedrucksachen

Für den Produktbereich Pressedrucksachen ist zur Berechnung der Einfuhr- und Ausfuhrwerte gleichfalls eine Unterscheidung zwischen Verlagserzeugnissen und reinen Druckerzeugnissen erforderlich, die jedoch in der Außenhandelsstatistik erstmalig für das Jahr 1988 durchgeführt wurde.[1]

Nachfolgend wird deshalb unterstellt, daß die Anteilsverteilung von Pressedrucksachen mit bzw. ohne Verlagsanteil im Zeitraum von 1960-1987 mit derjenigen übereinstimmte, die für das Jahr 1988 festgestellt wurde. Dementsprechend sind 72,3% des Einfuhrwertes sowie 94,6% des Ausfuhrwertes auf Pressedrucksachen mit Verlagsanteil entfallen und vice versa 27,7% bzw. 5,4% auf Pressedrucksachen ohne Verlagsanteil.

Der Verlagsanteil von Pressedrucksachen wird ebenso wie bei den Bücherdrucksachen auf 70% geschätzt, wofür die veröffentlichten Kostenstrukturerhebungen von Tageszeitungen und Fachzeitschriften einen Anhaltspunkt bieten. Im Fall der Tageszeitungen trugen die Druck- und Papierkosten zwar mit einem Anteilswert von Ø 40-45% zu den Gesamtkosten bei,[2] aber hierbei ist zu berücksichtigen, daß die Auslandsausgaben i.d.R. keinen Anzeigenteil umfassen, so daß der prozentuale Anteil der Druck- und Papierkosten am grenzüberschreitenden Wert deutlich niedriger ausfällt. Demgegenüber entfallen bei den Fachzeitschriften nur Ø 30-35% der gesamten Herstellungskosten auf die Druck- und Papierkosten,[3] und für die Publikumszeitschriften ist von einem ähnlichen Wert auszugehen. Ein Verlagsanteil in Höhe von 70% erscheint demzufolge als realistisch, so daß im weiteren lediglich 30% der Einfuhr- und Ausfuhrwerte von Pressedrucksachen mit Verlagsanteil bei der Berechnung der bereinigten Werte berücksichtigt werden.

Die Tab.Xa-f geben wiederum die bei den Berechnungen der Einfuhr- und Ausfuhrwerte für den Produktbereich Pressedrucksachen zugrundeliegenden

---

[1] Vgl.: STATISTISCHES BUNDESAMT, Warenverzeichnis der Außenhandelsstatistik, Ausgabe 1989, Stuttgart 1989.

[2] Vgl. im Anhang S.XLIV: Tab.XXIV.

[3] Vgl. im Anhang S.LI: Tab.XXXVI.

Warenposten mit den entsprechenden Melde-Nrn. des Warenverzeichnisses der Außenhandelsstatistik wieder.

Tab.Xa: Einfuhrwert Pressedrucksachen mit und ohne Verlagsanteil

1960-1962	1963-1965	1966-1974	1975-1987
4902 10,30,50,90,99	4902 50,80,99	4902 50	4902 002
		4902 80	4902 009

Tab.Xb: Einfuhrwert Pressedrucksachen mit Verlagsanteil

1988
4902 10 000
4902 90 002
4902 90 006

Tab.Xc: Einfuhrwert Pressedrucksachen ohne Verlagsanteil

1988
4902 90 004
4902 90 008

Tab.Xd: Ausfuhrwert Pressedrucksachen mit und ohne Verlagsanteil

1960-1962	1963-1965	1966-1974	1975-1987
4902 10,30,50,90,99	4902 50,80,99	4902 50	4902 002
		4902 80	4902 009
		4902 99	4997 002

Tab.Xe: Ausfuhrwert Pressedrucksachen mit Verlagsanteil

1988
4902 10 000
4902 90 002
4902 90 006

Tab.Xf: Ausfuhrwert Pressedrucksachen ohne Verlagsanteil

1988
4902 90 004
4902 90 008
9920 49 002

Vgl.: STATISTISCHES BUNDESAMT, Warenverzeichnis der Außenhandelsstatistik, Stuttgart u. Mainz, versch. Ausgaben.

d) Verpackungsdrucksachen

Für den Produktbereich Verpackungsdrucksachen ergeben sich besonders große Schwierigkeiten, die Einfuhr- und Ausfuhrwerte zu berechnen, denn die betreffenden Warenposten wurden während des Untersuchungszeitraums nur zeitweilig und zudem unter Kap.48: "Papier und Pappe, Waren aus Papierhalbstoff Papier oder Pappe" erfaßt, obwohl sie überwiegend bedruckte Verpackungen umfaßten.[1]

Dies hat zur Folge, daß für die Jahre 1961-1976 ausschließlich die Einfuhr- und Ausfuhrwerte von bedruckten und unbedruckten "Etiketten aus Papier oder Pappe" (Melde-Nr.4819 00) berücksichtigt werden können, nicht jedoch diejenigen von "Verpackungszuschnitten" (Melde-Nr.4815 994), die erst seit dem Jahr 1975 erfaßt werden. Allerdings ergibt sich zumindest teilweise dadurch eine Kompensation, daß auch die Einfuhr- und Ausfuhrwerte von unbedruckten Etiketten hierin enthalten sind.

Für die Jahre 1977-1985 werden demgegenüber neben den bedruckten und unbedruckten Etiketten auch die Verpackungszuschnitte aus Papier und Pappe berücksichtigt, wodurch die Einfuhr- und Ausfuhrwerte von Verpackungsdrucksachen tendenziell überschätzt werden.

Für die Jahre 1986 und 1987 lassen sich - neben den Verpackungszuschnitten - erstmals die bedruckten Etiketten separat in die Berechnung einbeziehen, so daß die für diese beiden Jahrgänge berechneten Einfuhr- und Ausfuhrwerte von Verpackungsdrucksachen am aussagekräftigsten sind.

Seit dem Jahr 1988 werden dagegen keine Außenhandelswerte mehr für Verpackungszuschnitte aus Papier und Pappe erhoben, so daß die entsprechenden Werte geschätzt werden müssen. Dazu wird unterstellt, daß die Anteilswerte der Verpackungszuschnitte, die im Jahr 1987 mit 29,0% zum Einfuhrwert und mit 31,3% zum Ausfuhrwert von Verpackungsdrucksachen beitrugen, im Jahr 1988 gleichhoch ausfielen.

---

[1] Aus diesem Grund werden bei der Berechnung der gesamten Einfuhr- und Ausfuhrwerte von Drucksachen ausschließlich die bedruckten und unbedruckten Etiketten berücksichtigt, für die durchgehende Zeitreihen verfügbar sind.

Tab.XI: Die Warenposten mit den folgenden Melde-Nrn. des Warenverzeichnisses der Außenhandelsstatistik werden zur Berechnung der Einfuhr- und Ausfuhrwerte des Produktbereich Verpackungsdrucksachen verwendet

1960-1974	1975-1976	1977-1985	1986-1987	1988
4819 00	4819 000	4819 000	4819 110	4821 10 100
		4815 994	4819 190	4821 10 900
			4819 910	
			4819 990	

Vgl.: STATISTISCHES BUNDESAMT, Warenverzeichnis der Außenhandelsstatistik, Stuttgart u. Mainz, versch. Ausgaben.

e) Werbedrucksachen

Für den Produktbereich Werbedrucksachen ist eine exakte Berechnung der Einfuhr- und Ausfuhrwerte möglich, wobei allerdings für die Jahre 1960-1965 wiederum eine Schätzung notwendig ist, da unter dem Warenposten "Bilder, Bilddrucke und andere Drucke" (Melde.Nr.4911 10,31,39,50,90) neben den Werbedrucksachen auch andere Drucksachen erfaßt wurden, die nicht auf einzelne Produktbereiche zugeordnet werden können.

Eine getrennte Erhebung der Werbedrucksachen erfolgt seit dem Jahr 1966, so daß im weiteren unterstellt wird, daß die Werbedrucksachen in den Jahren 1960-1965 mit denselben Anteilswerten zu dem Warenposten "Bilder, Bilddrucke und andere Drucke" beitrugen wie im Jahr 1966, und zwar mit 64,0% des Einfuhrwertes und mit 69,6% des Ausfuhrwertes.

Die Warenposten mit den folgenden Melde-Nrn. des Warenverzeichnisses der Außenhandelsstatistik werden dabei zur Berechnung der Einfuhr- und Ausfuhrwerte des Produktbereichs Werbedrucksachen verwendet.

Tab.XIIa: Einfuhrwert Werbedrucksachen

1960-1965	1970-1974	1975-1977	1978-1984	1985-1987	1988
64,0% 4911 10,31,39,50,90	4911 39	4911 950	4911 210	4911 300	4911 10 900

Tab.XIIb: Ausfuhrwert Werbedrucksachen

1960-1965	1970-1974	1975-1977	1978-1984	1985-1987	1988
69,6% 4911 10,31,39,50,90	4911 39	4911 950	4911 210	4911 300	4911 10 900

Vgl.: <u>STATISTISCHES BUNDESAMT</u>, Warenverzeichnis der Außenhandelsstatistik, Stuttgart u. Mainz, versch. Ausgaben.

f) Sonstige Drucksachen

Für den Produktbereich Sonstige Drucksachen lassen sich die Einfuhr- und Ausfuhrwerte wiederum nur näherungsweise berechnen, da eine exakte Abgrenzung zu den Drucksachen, für die keine gesonderten Warenposten existieren, wie z.B. für die Geschäftsdrucksachen, nicht durchführbar ist. Aus diesem Grund werden die Warenposten "Andere Bilder und Bilddrucke" (Melde.Nr.4911 91 910), "Andere Drucke" (Melde-Nr.4911 99 900) sowie "Photographien" (Melde-Nr.4911 91 990) nicht zu den Sonstigen Drucksachen gerechnet, sondern als separat zuzuordnende Warenposten ausgewiesen.

Bei der Berechnung der Einfuhr- und Ausfuhrwerte von Sonstigen Drucksachen ist zudem für die Jahre 1960-1965 eine Schätzung durchzuführen, denn der Warenposten "Kartographische Erzeugnisse aller Art" umfaßt größtenteils Bücherdrucksachen wie Atlanten. Entsprechend der Anteilsverteilung des Jahres 1966 wird deshalb unterstellt, daß in den Jahren 1960-1965 24,3% des Einfuhrwertes und 37,2% des Ausfuhrwertes auf die "Erd- und Himmelsgloben" (Melde-Nr.4905 50) entfiel, die den Sonstigen Drucksachen zuzurechnen sind.

In den Tab.XIIIa,b sowie den Tab.XIVa,b werden die Warenposten mit den Melde-Nrn. des Warenverzeichnisses der Außenhandelsstatistik angeführt, die zur Berechnung der Einfuhr- und Ausfuhrwerte des Produktbereichs Sonstige Drucksachen bzw. der nicht zuzuordnenden Drucksachen dienen. Die Außenhandelswerte derjenigen Drucksachen, die sich nicht einzelnen Produktbereichen zuordnen lassen, werden dabei in den für die Druckindustrie insgesamt zu berechnenden Einfuhr- und Ausfuhrwerten berücksichtigt.

Tab.XIIIa: Einfuhrwert Sonstige Drucksachen

1960-1962	1963-1966	1967-1972	1973-1974	1975-1987	1988
24,3% 4905 10,30,50,80			4905 50	4905 100	4905 10 000
4908 00	4908 10,90	4908 10,90	4908 00	4908 000	4908 10 000
					4908 90 000
4909 11,19,50				4909 002	4909 00 002
				4909 004	4909 00 009
				4909 009	
4910 10,51,59,90				4910 002	4910 00 002
				4910 009	4910 00 009
			4818 61	4818 610	4820 10 502
9704 10				9704 100	9504 40 000

Tab.XIIIb: Ausfuhrwert Sonstige Drucksachen

1960-1962	1963-1966	1967-1972	1973-1974	1975-1987	1988
37,2% 4905 10,30,50,80			4905 50	4905 100	4905 10 000
4908 00	4908 10,90	4908 10,90	4908 00	4908 000	4908 10 000
					4908 90 000
4909 11,19,50				4909 002	4909 00 002
				4909 004	4909 00 009
				4909 009	
4910 10,51,59,90				4910 002	4910 00 002
				4910 009	4910 00 009
			4818 61	4818 610	4820 10 502
9704 10				9704 100	9504 40 000

Tab.XIVa: Einfuhrwert der nicht zuzuordnenden Drucksachen

1960-1965	1967-1974	1975-1984	1985-1987	1988
36,0% 4911 01,10,31,39,50,90	4911 10,50,90	4911 920	4911 400	4911 91 910
		4911 930	4911 500	4911 99 100
		4911 992	4911 902	4911 91 990
		4911 999	4911 909	

Tab.XIVb: Ausfuhrwert der nicht zuzuordnenden Drucksachen

1960-1965	1967-1974	1975-1984	1985-1987	1988
30,4% 4911 01,10,31,39,50,90	4911 10,50,90	4911 920	4911 400	4911 91 910
		4911 930	4911 500	4911 99 100
		4911 992	4911 902	4911 91 990
		4911 999	4911 909	

Vgl.: STATISTISCHES BUNDESAMT, Warenverzeichnis der Außenhandelsstatistik, Stuttgart u. Mainz, versch. Ausgaben.

IV. ERLÄUTERUNGEN ZUR ABGRENZUNG DES WERBESEKTORS SOWIE ZUR VERWENDETEN BERECHNUNGSMETHODE DES WERBEUMSATZES

1. ABGRENZUNG DES WERBESEKTORS

Der Werbesektor wird im weiteren eng abgegrenzt, denn es werden ausschließlich die zu den Druckmedien und Elektronischen Medien zählenden Werbeträger bzw. -mittel in die Berechnung einbezogen. Im Unterschied zu *Klein-Blenkers*[1], der seit dem Jahr 1972 in dreijährigem Abstand die Gesamtkosten der Wirtschaftswerbung in der BR Deutschland berechnet hat, bleiben somit folgende Werbebereiche[2] unberücksichtigt:

- Wertwerbung mit Werbeartikeln, Preisausschreiben, Warenproben Werbegeschenken oder Bewirtung
- Schauwerbung wie Schaufenster- und Verkaufsraumwerbung
- Verkehrsmittelwerbung
- Werbeveranstaltungen wie Messen und Ausstellungen

Die Druckmedien umfassen dabei Pressedrucksachen, wie Tages- und Wochenzeitungen, Anzeigenblätter, Publikumszeitschriften, Fachzeitschriften und Sonstige Zeitschriften; Werbedrucksachen, wie Kataloge, Prospekte, Handzettel u.ä.; Adreß- und Telefonbücher sowie Plakate. Von den Elektronischen Medien wird die Werbung im Fernsehen, im Hörfunk sowie in Film-

---

[1] Die letzte Berechnung wurde von *Klein-Blenkers* für das Jahr 1984 durchgeführt; seither wurde der dreijährige Erscheinungsrhythmus unterbrochen. Vgl.: F. KLEIN-BLENKERS / J. HILLESHEIM, Die Werbekosten in der Bundesrepublik Deutschland 1984, Mitteilungen des Instituts für Handelsforschung an der Universität zu Köln, Sonderheft Nr.32, Göttingen 1986 sowie C.-M. RIDDER-AAB, Die Werbekosten in der Bundesrepublik Deutschland - Anmerkungen zu den Berechnungen des Handels- und Absatzseminars der Universität zu Köln, in: Media Perspektiven, Jg.1986, Heft Nr.9, S.563-566, Frankfurt a.M. 1986.

[2] Vgl.: F. KLEIN-BLENKERS / J. HILLESHEIM (1986), Die Werbekosten... a.a.O., S.45.

theatern berücksichtigt, wohingegen das Werbemedium Bildschirmtext (Btx) aufgrund fehlender Daten nicht berücksichtigt werden kann.

2. BERECHNUNGSGRUNDLAGE DER UMSATZERLÖSE DES WERBESEKTORS

Die Berechnung zielt darauf ab, soweit die Datenlage dies ermöglicht, die Umsatzerlöse, resultierend aus der Nutzung der Werbeträger, aus der Streuung der Werbemittel sowie aus der Herstellung des Werbematerials, zu erfassen.

Die Berechnung des Werbeumsatzes muß dabei auf den Zeitraum von 1976-1988 begrenzt bleiben, weil in den Jahren zuvor zumindest für einige Werbemedien keine Umsatzdaten erfaßt wurden,[1] bzw. diese Daten nur eingeschränkt vergleichbar sind. Außerdem basiert die Berechnung des Werbeumsatzes für das Jahr 1988 teilweise auf anderen Datenerhebungen als im Zeitraum von 1976-1987, und zwar deshalb, weil die Umsatzdaten in der Pressestatistik erst mit zweijähriger Verzögerung veröffentlicht werden.[2] Um dennoch einen aussagefähigen Vergleich gegenüber dem Vorjahr zu gewährleisten, werden die Umsatzdaten für das Jahr 1987 auf der gleichen Datengrundlage berechnet wie für das Jahr 1988.

Für den Zeitraum 1976-1987 lagen dabei zur Berechnung der Umsatzerlöse der einzelnen Werbemedien die folgenden statistischen Daten zugrunde:

a) Tages- und Wochenzeitungen

"Anzeigenumsatz von Tages- und Wochenzeitungen", worunter auch die

---

[1] Die Pressestatistik wurde erstmals für das Jahr 1975 durchgeführt und auch in Verbandsstatistiken ist der Werbeumsatz z.B. von Wochenzeitungen und Publikumszeitschriften erst seit dem Jahr 1974 erfaßt worden.

[2] Die Pressestatistik für das Jahr 1988 wird voraussichtlich zu Beginn des Jahres 1991 veröffentlicht.

Umsatzerlöse der Beilagenwerbung erfaßt werden.
Quelle: STATISTISCHES BUNDESAMT, Fs.11: R.5.

b) Anzeigenblätter

Anzeigenumsatz von "Anzeigenblättern", "Amtlichen Blättern" und "Kostenlos verteilten kommunalen Amtsblättern", worunter auch die Umsatzerlöse der Beilagenwerbung erfaßt werden.
Quelle: STATISTISCHES BUNDESAMT, Fs.11: R.5 (Pressestatistik).

c) Publikumszeitschriften

Anzeigenumsatz von "Publikumszeitschriften", worunter auch die Umsatzerlöse der Beilagenwerbung erfaßt werden.
Quelle: STATISTISCHES BUNDESAMT, Fs.11: R.5.

d) Fachzeitschriften

Anzeigenumsatz von "Fachzeitschriften mit überwiegend wissenschaftlichem Inhalt" und "Anderen Fachzeitschriften", worunter auch die Umsatzerlöse der Beilagenwerbung erfaßt werden.
Quelle: STATISTISCHES BUNDESAMT, Fs.11: R.5.

e) Sonstige Zeitschriften

Anzeigenumsatz von "Politischen Wochenblättern", "Konfessionellen Zeitschriften", "Kundenzeitschriften" und "Sonstigen Zeitschriften", worunter auch die Umsatzerlöse der Beilagenwerbung erfaßt werden.
Quelle: STATISTISCHES BUNDESAMT, Fs.11: R.5.

f) Prospekte und Kataloge

Bruttoproduktionswert von "Prospekten", "Versandhaus- und Reisekatalogen" sowie "Plakaten" abzüglich des Exportwertes und zuzüglich des Im-

portwertes von Werbedrucksachen.
Quelle: STATISTISCHES BUNDESAMT, Fs.4: R.3.1 u. Fs.7: R.2.

Streukosten der per Post verteilten "Direktwerbung" (ohne Haus-zu-Haus-Verteilung durch private Werbekolonnen oder Hostessen).
Quelle: DEUTSCHER DIREKTMARKETING-VERBAND e.V.

g) Nachschlagewerke

Umsatzerlöse der Anzeigenwerbung in "Adreß- und Telefonbüchern" vor Mehrwertsteuer nach Skonti einschl. rd.10% Vertriebserlöse.
Quelle: VERBAND DEUTSCHER ADRESSBUCHVERLEGER e.V.

h) Plakate

Umsatzerlöse der Außenwerbung, abzüglich von Rabatten, Mittlergebühren und Skonti, für: "Allgemeinen Anschlag", "Ganzsäulen", "Großflächen", "4/1-Bogen-Plakate", "City-light-Poster" und "City-Poster", jedoch ohne Verkehrsmittelwerbung, da es sich hierbei überwiegend um Karosserielackierungen handelt.
Quelle: FACHVERBAND AUSSENWERBUNG e.V.

i) Fernsehen

Umsatzerlöse der Fernsehwerbung von öffentlich-rechtlichen und privaten Sendeanstalten vor Skonti nach Abzug von Rabatten und Mittlergebühren. Die Umsatzerlöse, resultierend aus der Herstellung der Werbemittel, bleiben hierbei unberücksichtigt.
Quelle: ARBEITSGEMEINSCHAFT RUNDFUNKWERBUNG; ZDF-WERBEFERNSEHEN; RTL plus; SAT 1; TELE 5.

j) Hörfunk

Umsatzerlöse der Hörfunkwerbung von öffentlich-rechtlichen und privaten

Sendeanstalten vor Skonti nach Abzug von Rabatten und Mittlergebühren. Die Umsatzerlöse, resultierend aus der Herstellung der Werbemittel, bleiben hierbei unberücksichtigt.

Quelle: ARBEITSGEMEINSCHAFT RUNDFUNKWERBUNG; RADIO TÉLÉ LUXEMBOURG; BUNDESVERBAND KABEL UND SATELLIT.

k) Filmtheater

Netto-Umsatzerlöse der Film- und Diapositiv-Werbung. Die Umsatzerlöse, resultierend aus der Herstellung der Werbemittel, bleiben hierbei unberücksichtigt.

Quelle: FACHVERBAND FILM- UND DIAPOSITIV-WERBUNG e.V.

3. UNTERSCHIEDE ZU DEN BERECHNUNGEN VON KLEIN-BLENKERS SOWIE DES ZAW

Im Unterschied zu *Klein-Blenkers* werden erstens ausschließlich die Druckmedien und die Elektronischen Medien in die Berechnung einbezogen.[1] Zweitens bleiben die Leistungen, die im Bereich der Werbegestaltung und -verwaltung erbracht werden, unberücksichtigt, da eine exakte Quantifizierung nicht möglich ist[2] und eine entsprechende Schätzung, wie sie von *Klein-Blenkers* durchgeführt wurde,[3] den Rahmen der Arbeit bei weitem übersteigen würde.

---

[1] Zu den Unterschieden zwischen den Berechnungen von *Klein-Blenkers* und denjenigen des *ZAW*, vgl.: E. HALEFELDT, Gesamtkosten der Wirtschaftswerbung in der BR Deutschland 1981 und 1982, in : Media Perspektiven, Jg.1985, Heft Nr.5, S.337-341, Frankfurt a.M. 1985.

[2] Die Umsatzerlöse aus der Gestaltung bzw. Konzeption der Werbung fallen überwiegend bei den Werbeagenturen an und lassen sich nicht auf die einzelnen Werbeträger bzw. -mittel zurechnen. Die Leistungen der Werbeverwaltung, wie z.B. der Werbeplanung sowie der Abrechnung und Kontrolle der betrieblichen Werbeaktivitäten, können ebenfalls nicht quantifiziert werden, da sie größtenteils von den Werbetreibenden selbst erbracht werden.

[3] Die Gestaltungskosten werden dabei von *Klein-Blenkers* den Werbematerialkosten und die Verwaltungskosten den Werbeträgerkosten zugerechnet.

Drittens werden aus demselben Grund die fehlenden statistischen Angaben grundsätzlich nicht durch Schätzwerte ergänzt, sondern es werden vielmehr - vergleichbar mit der Vorgehensweise des Zentralausschusses der Werbewirtschaft (*ZAW*)[1] - ausschließlich statistisch erfaßte Daten bei der Berechnung zugrundegelegt.

Im Unterschied zum *ZAW* werden jedoch die Umsatzerlöse aus der Herstellung des Werbematerials - soweit entsprechende Daten verfügbar sind - explizit in die Berechnung einbezogen.[2] Dementsprechend werden im Gegensatz zum *ZAW* nicht nur die Streukosten der Direktwerbung berücksichtigt, sondern auch der Bruttoproduktionswert von Werbedrucksachen, wobei anders als bei *Klein-Blenkers* der Einfuhrwert addiert und der Ausfuhrwert subtrahiert wird, denn ausschließlich die in der BR Deutschland eingesetzten Werbeträger bzw. Werbemittel bilden im weiteren den Bezugspunkt.

Im Fall der Pressedrucksachen werden wie beim *ZAW* die Umsatzerlöse aus der Anzeigen- und Beilagenwerbung verwendet, wobei allerdings zu erwähnen ist, daß hierin entgegen den Aussagen des *ZAW* auch die Druckleistungen eingeschlossen sind,[3] so daß eine zusätzliche Berücksichtigung des Werbematerials zu Doppelzählungen führen würde.[4] Außerdem werden im Unterschied zum *ZAW* und zu *Klein-Blenkers* die in der amtlichen Pressestatistik erhobenen Werbeumsätze von Pressedrucksachen verwendet, da in der Pressestatistik eine wesentlich größere Ausgabenzahl erfaßt wird als in den

---

[1] Vgl.: ZAW, ZAW-Jahrbuch Werbung in Deutschland 1989, Bonn 1989.

[2] Der ZAW veröffentlicht demgegenüber die Netto-Werbeeinnahmen bzw. Netto-Werbeumsätze ohne Produktionskosten, d.h. daß die Umsatzerlöse aus der Herstellung der Werbematerialien demnach nicht berücksichtigt sind. Vgl.: ZAW (1984), ZAW-Jahrbuch a.a.O., S.13f.

[3] Entsprechend den Angaben des *ZAW* müßten die Werbeumsätze von Pressedrucksachen allein aus der Bereitstellung der Werbeträger stammen, denn lt. *ZAW* werden ausschließlich Netto-Werbeeinnahmen ohne Produktionskosten erfaßt. Vgl.: ZAW (1984), ZAW-Jahrbuch a.a.O., S.13f.

[4] Die Druckherstellung der beigelegten Prospekte ist bereits im Bruttoproduktionswert von Prospekten enthalten.

vom *ZAW* sowie von *Klein-Blenkers* zugrundegelegten Verbandsstatistiken des *BDZV* bzw. *VDZ*. Darüber hinaus ist die Aussagefähigkeit von Verbandsstatistiken grundsätzlich dadurch eingeschränkt, daß keine Meldepflicht besteht, wodurch der Beteiligungsgrad z.T. erheblichen Schwankungen unterliegt.

Die Werbeumsätze von Adreß- und Telefonbüchern schließen ebenfalls die Druckleistung mit ein, und zwar wie bei Anzeigenblättern bzw. unentgeltlich verteilten Zeitschriften[1] sowohl diejenige für den Textteil als auch für den Anzeigenteil. Daneben wird auch der Vertriebsumsatz von Adreßbüchern miteinbezogen, da nicht nur die Anzeigenwerbung, sondern auch die Adreßbücher selbst als ein eigenständiges Werbemedium zu klassifizieren sind.

Keine Unterschiede zu den Berechnungen des *ZAW* bestehen hingegen im Fall der Elektronischen Medien, denn Umsatzdaten über die Herstellung der Werbemittel sind nicht verfügbar, so daß ausschließlich die Werbeumsätze, die aus der Bereitstellung der Werbeträger stammen, berücksichtigt werden können.

In welchem Maße die Aussagefähigkeit der eigenen Berechnung hierdurch bzw. durch andere Faktoren eingeschränkt wird, soll nachfolgend untersucht werden.

4. AUSSAGEFÄHIGKEIT DER EIGENEN BERECHNUNG DES WERBEUMSATZES

Mit der eigenen Berechnung wird in erster Linie das Ziel verfolgt, die Entwicklung der prozentualen Anteilswerte der Werbemedien an den gesamten Umsatzerlösen des Werbesektors aufzuzeigen. Die Voraussetzung hierfür ist, daß die Datengrundlage möglichst nicht verändert wird; die unvollständige Erfassung der Werbeumsätze wirkt sich hingegen vor allem auf die absolute Höhe der Anteilswerte aus, denn die nicht erfaßten Werbeumsätze dürften

[1] Allerdings dürften im Fall von Kundenzeitschriften die Umsatzerlöse der Druckbetriebe höher ausfallen als die entsprechenden Umsatzerlöse der Anzeigenwerbung, denn deren Herstellung wird typischerweise z.T. von den Herausgebern finanziert.

sich weitgehend parallel zu den erfaßten Werbeumsätzen entwickelt haben.

Wie eine exemplarische Berechnung für das Jahr 1984 zeigt, fielen lt. *Klein-Blenkers* die "gesamten Werbekosten", die für die Druckmedien und die Elektronischen Medien aufgewendet wurden, mit 27,8 Mrd. um rd.30% höher aus als der Werbeumsatz ohne Berücksichtigung der statistisch nicht erfaßten Werbeleistungen, der entsprechend eigener Berechnungen 21,0 Mrd. DM betrug. Diese Differenz ist überwiegend darauf zurückzuführen,[1] daß von *Klein-Blenkers* die folgenden Werbeleistungen in Form von Schätzwerten berücksichtigt wurden:

- Werbegestaltung und -verwaltung
- Herstellung des Werbematerials bei den Elektronischen Medien
- Btx-Werbung
- Werbedrucksachen, die von Kleinbetrieben erstellt werden, die in der Produktionsstatistik nicht erfaßt werden.
- Eigenwerbung der Druckbetriebe
- Streuung von Werbedrucksachen durch private Werbekolonnen bzw. Hostessen.

Wie Tab.XV zeigt, wird die Anteilsverteilung auf die Druckmedien und die Elektronischen Medien hierdurch aber nur unwesentlich beeinflußt, denn sowohl bei *Klein-Blenkers* als auch bei der eigenen Berechnung entfallen rd. 90% des Werbeumsatzes bzw. der Werbekosten auf die Druckmedien und rd.10% auf die Elektronischen Medien. Gravierende Unterschiede ergeben sich allerdings hinsichtlich der Anteilsverteilung des Werbeumsatzes bzw. der Werbekosten auf die einzelnen Druckmedien, denn wie aus den Berechnungen von *Klein-Blenkers* hervorgeht, führt die eigene Berechnung, insbesondere jedoch die Berechnung des *ZAW* dazu, daß die Bedeutung von Werbedrucksachen stark unterschätzt und diejenige der anderen Druckmedien, und

---

[1] Vergleichsweise geringfügige Abweichungen resultieren daher, daß in den eigenen Berechnungen der Außenhandel mit Werbedrucksachen berücksichtigt wird und daß nicht die Werbeumsätze aus den Verbandsstatistiken, sondern diejenigen aus der Pressestatistik zugrundeliegen.

zwar speziell der Tages- und Wochenzeitungen, stark überschätzt wird, was bei der Interpretation der eigen berechneten Daten im folgenden unbedingt zu berücksichtigen ist.

Tab.XV: Der Werbeumsatz bzw. die Werbekosten der Druckmedien und der Elektronischen Medien in der BR Deutschland im Jahr 1984, unter Verwendung unterschiedlicher Berechnungsgrundlagen.

WERBEMEDIEN	EIGENE BERECHNUNG	ZAW	KLEIN-BLENKERS
Tages- u. Wochenzeitungen	Werbeumsatz lt. Pressestatistik: 6.490 Mio. DM (30,9%)	Werbeumsatz lt. BDZV: 6.209 Mio. DM (41,1%)	Werbematerial: 823 Mio. DM Werbeträger: 6.395 Mio. DM Summe: 7.218 Mio. DM (25,9%)
Anzeigen- u. Amtsblätter	Werbeumsatz lt. Pressestatistik: 1.113 Mio. DM (5,3%)	Keine Angabe; erst seit 1986 berücksichtigt	Werbematerial: 112 Mio. DM Werbeträger: 1.200 Mio. DM Summe: 1.312 Mio. DM (4,7%)
Publikumszeitschriften	Werbeumsatz lt. Pressestatistik: 2.450 Mio. DM (11,7%)	Werbeumsatz lt. VDZ: 2.678 Mio. DM (17,7%)	Werbematerial: 344 Mio. DM Werbeträger: 2.678 Mio. DM Summe: 3.022 Mio. DM (10,9%)
Fachzeitschriften	Werbeumsatz lt. Pressestatistik: 1.324 Mio. DM (6,3%)	Werbeumsatz lt. VDZ: 1.266 Mio. DM (8,4%)	Werbematerial: 159 Mio. DM Werbeträger: 1.238 Mio. DM Summe: 1.397 Mio. DM (5,0%)
Sonstige Zeitschriften	Werbeumsatz lt. Pressestatistik: 461 Mio. DM (2,2%)	Keine Angabe	Werbematerial: 35 Mio. DM Werbeträger: 183 Mio. DM Summe: 218 Mio. DM (0,8%)
Adreßbücher	Werbeumsatz lt. VDA: 738 Mio. DM (3,5%)	Werbeumsatz lt. VDA 738 Mio. DM (4,9%)	Werbematerial: 68 Mio. DM Werbeträger: 729 Mio. DM Summe: 797 Mio. DM (2,9%)
Werbedrucksachen: - Katologe - Prospekte - Plakate	Bruttoproduktionswert lt. Produktionsstatistik ohne Außenhandel: 4.321 Mio. DM Streukosten der Direktwerbung per Post lt. DDV: 1.759 Mio. DM	Keine Berücksichtigung des Bruttoproduktionswertes Streukosten der Direktwerbung per Post lt. DDV 1.759 Mio. DM	Werbedrucksachen: Werbematerial: 7.410 Mio. DM Werbeträger: 3.480 Mio. DM Zwischensumme: 10.890 Mio. DM

Fortsetzung Tab.XV

- Plakate	Umsatzerlöse der Außenwerbung <u>ohne</u> Verkehrsmittelwerbung 341 Mio. DM	Umsatzerlöse der Außenwerbung <u>mit</u> Verkehrsmittel-Werbung 455 Mio. DM	Anschlagwerbung: Werbematerial: 167 Mio. DM Werbeträger: 341 Mio. DM Zwischensumme: 508 Mio DM
	Summe: 6.421 Mio. DM (30,6%)	Summe: 2.214 Mio. DM (14,7%)	Summe: 11.398 Mio. DM (40.9%)
DRUCKMEDIEN	18.997 Mio. DM (90,4%)	13.104 Mio. DM (86,7%)	25.314 Mio. DM (91,1%)
Fernsehen	Umsatzerlöse der Fernsehwerbung 1.356 Mio. DM (6,5%)	Umsatzerlöse der Fernsehwerbung 1.356 Mio. DM (9,0%)	Werbematerial: 360 Mio. DM Werbeträger: 1.378 Mio. DM Summe: 1.738 Mio. DM (6,2%) (davon entfielen 111 Mio. DM auf die Btx-Werbung)
Hörfunk	Umsatzerlöse der Hörfunkwerbung 534 Mio. DM (2,5%)	Umsatzerlöse der Hörfunkwerbung 534 Mio. DM (3,5%)	Werbematerial: 66 Mio. DM Werbeträger: 534 Mio. DM Summe: 600 Mio. DM (2,2%)
Filmtheater	Umsatzerlöse der Film- und Diapositiv-Werbung 117 Mio. DM (0,6%)	Umsatzerlöse der Film- und Diapositiv-Werbung 117 Mio. DM (0,8%)	Werbematerial: 22 Mio. DM Werbeträger: 117 Mio. DM Summe: 139 Mio. DM (0,5%)
ELEKTRON. MEDIEN	2.008 Mio. DM (9,6%)	2.008 Mio. DM (13,3%)	2.477 Mio. DM (8,9%)
WERBEMEDIEN INSG.	21.004 Mio. DM	15.111 Mio. DM	27.839 Mio. DM*

* = Ohne Einbeziehung der Außenwerbung (mit Ausnahme der Anschlagwerbung), der Wertwerbung, der Schauwerbung sowie der Werbeveranstaltungen. Quelle: Statistisches Bundesamt, Fs.4: R.3.1, Fs.7: R.2; ZAW-Jahrbuch Werbung '86 sowie F. Klein-Blenkers, Die Werbekosten in der BR Deutschland 1984; z.T. eigene Berechnung der Werte.

V. TABELLEN ZUM KAP.IV

1. PRODUKTBEREICH "GESCHÄFTSDRUCKSACHEN"

Tab.XVI: Entwicklung der Erzeugerpreise von Geschäftsdrucksachen sowie von Drucksachen insgesamt, durchschnittliche jährliche Veränderungsraten

Erzeugerpreise \ Periode	1961-68	1969-76	1977-82	1983-88	1961-76	1977-88
Geschäftsdrucksachen	·	5,2%	5,8%	3,5%	·	4,7%
Drucksachen insges.	2,9%	5,9%	4,5%	2,6%	4,4%	3,5%

Quelle: Statistisches Bundesamt, Fs.17: R.2, versch. Jgg.; eigene Berechnung der Werte.

Tab.XVII: Entwicklung der Bruttoproduktionswerte von Geschäftsdrucksachen sowie des Bruttoinlandsproduktes, in realen Werten, durchschnittliche jährliche Veränderungsraten

Produktionswert \ Periode	1961-68	1969-76	1977-82	1983-88	1961-76	1977-88
Geschäftsdrucksachen, real	4,4%	2,6%	-0,9%	0,5%	3,5%	-0,2%
Bruttoinlandsprodukt, real	4,1%	3,5%	1,8%	2,4%	3,8%	2,1%

Quelle: Statistisches Bundesamt, Fs.4: R.3.1, Fs.17: R.2 u. Fs.18: R.1.2, versch. Jgg.; eigene Berechnung der Werte.

Tab.XVIII: Entwicklung der prozentualen Anteilswerte einzelner Güterklassen am Bruttoproduktionswert des Produktbereichs Geschäftsdrucksachen, in nominalen Werten

Geschäftsdrucksachen \ Jahr	1970	1976	1981	1982	1985	1988
Einzel- u. Endlosformulare	72,1%	67,7%	69,6%	·	·	·
Brief- u. Wertpapiere	27,9%	32,3%	30,4%	·	·	·
Geschäftsdrucksachen \ Jahr	1970	1976	1981	1982	1985	1988
Endlosformulare	·	·	·	28,9%	33,5%	31,6%
Einzelform. Brief- u. Wertpapiere	·	·	·	71,1%	66,5%	68,4%

Quelle: Statistisches Bundesamt, Fs.4: R.3.1, versch. Jgg.; eigene Berechnung der Werte.

2. PRODUKTBEREICH "BÜCHERDRUCKSACHEN"

Tab.XIX: Entwicklung des Bruttoproduktionswertes von Bücherdrucksachen sowie von Drucksachen insgesamt, in realen Werten, jährliche Veränderungsraten

Produktionswert \ Jahr	1976	1977	1978	1979
Bücherdrucksachen, real	2,0%	7,6%	1,7%	2,4%
Drucksachen, real	5,9%	7,0%	5,3%	6,8%

Quelle: Statistisches Bundesamt, Fs.4: R.3.1, versch. Jgg.; eigene Berechnung der Werte.

Tab.XX: Entwicklung der Erzeugerpreise von Bücherdrucksachen sowie von Drucksachen insgesamt, durchschnittliche jährliche Veränderungsraten

Erzeugerpreise \ Periode	1961-68	1969-76	1977-82	1983-88	1961-76	1977-88
Bücherdrucksachen	·	7,0%	4,9%	2,6%	·	3,7%
Drucksachen insges.	2,9%	5,9%	4,5%	2,6%	4,4%	3,5%

Quelle: Statistisches Bundesamt, Fs.17: R.2, versch. Jgg.; eigene Berechnung der Werte.

Tab.XXI: Entwicklung der Einfuhr- und Ausfuhrwerte im Produktbereich Bücherdrucksachen ohne Verlagsanteil, in nominalen und realen Werten, durchschnittliche jährliche Veränderungsraten

Bücherdrucksachen * \ Periode	1961-68	1969-76	1977-82	1983-88	1961-76	1977-88
Einfuhrwert, nom.	11,5%	10,3%	7,5%	6,6%	10,9%	7,0%
Ausfuhrwert, nom.	12,6%	6,1%	8,7%	8,2%	9,3%	8,5%
Einfuhrwert, real	10,6%	6,2%	5,0%	5,5%	8,4%	5,3%
Ausfuhrwert, real	7,2%	-0,4%	4,2%	5,8%	3,3%	5,0%

* Außenhandelswerte bereinigt um den geschätzten 70%igen Verlagsanteil. Quelle: Statistisches Bundesamt, Fs.7: R.2 u. Fs.17: R.8, versch. Jgg.; eigene Berechnung der Werte.

3. PRODUKTBEREICH "PRESSEDRUCKSACHEN"

Tab.XXII: Entwicklung der Erzeugerpreise von Pressedrucksachen sowie von Drucksachen insgesamt, durchschnittliche jährliche Veränderungsraten

Erzeugerpreise \ Periode	1961-68	1969-76	1977-82	1983-88	1961-76	1977-88
Pressedrucksachen	•	6,4%	3,8%	1,9%	•	2,8%
Drucksachen insges.	2,9%	5,9%	4,5%	2,6%	4,4%	3,5%

Quelle: Statistisches Bundesamt, Fs.17: R.2, versch. Jgg.; eigene Berechnung der Werte.

Tab.XXIII: Entwicklung der prozentualen Anteilswerte des Zeitungs- und Zeitschriftendrucks am Bruttoproduktionswert des Produktbereichs Pressedrucksachen, in realen Werten *

Pressedrucksachen \ Jahr	1970	1973	1976	1979	1982	1985	1988
Zeitungsdruck	49,5%	48,9%	51,6%	54,4%	55,1%	56,2%	55,3%
Zeitschriftendruck	50,5%	51,1%	48,4%	45,6%	44,9%	43,8%	44,7%

* Zur Deflationierung wurden Preisindizes mit der Basis 1970=100 verwendet. Quelle: Statistisches Bundesamt, Fs.4: R.3.1, versch. Jgg.; eigene Berechnung der Werte.

Tab.XXIV: Entwicklung der Einfuhr- und Ausfuhrwerte im Produktbereich Pressedrucksachen ohne Verlagsanteil, in nominalen und realen Werten, durchschnittliche jährliche Veränderungsraten

Pressedrucksachen * \ Periode	1961-68	1969-76	1977-82	1983-88	1961-76	1977-88
Einfuhrwert, nom.	11,0%	14,4%	14,4%	10,8%	12,7%	12,6%
Ausfuhrwert, nom.	13,0%	11,8%	9,2%	8,8%	12,4%	9,0%
Einfuhrwert, real	10,1%	10,1%	11,7%	9,7%	10,1%	10,7%
Ausfuhrwert, real	7,6%	4,9%	4,7%	6,3%	6,3%	5,5%

* Außenhandelswerte bereinigt um den geschätzten 70%igen Verlagsanteil. Quelle: Statistisches Bundesamt, Fs.7: R.2 u. Fs.17: R.8, versch. Jgg.; eigene Berechnung der Werte.

Tab.XXV: Entwicklung der Kostenstruktur von Abonnements-Tageszeitungen

Abonnements-Tageszeitungen \ Jahr	1979	1982	1985	1987
Druck- und Papierkosten	44,0%	42,7%	40,3%	43,8%
Vertriebskosten	20,6%	22,2%	22,2%	17,7%
Verwaltungskosten	7,6%	7,8%	8,4%	8,5%
Redaktionskosten	15,5%	15,6%	17,0%	17,9%
Anzeigenbearbeitungskosten	12,4%	11,7%	12,1%	12,1%

Quelle: Stichprobenuntersuchung im Auftrag des BDZV, veröff. in: BDZV-Jahrbücher Zeitungen 1987 u.1988.

Tab.XXVI: Entwicklung der Mediennutzungsdauer pro durchschnittlichen Werktag in Stunden : Minuten

Gesamtbevölkerung \ Jahr	1964	1970	1974	1980	1985
Tageszeitungen	0:35	0:35	0:38	0:38	0:33
Fernsehen	1:10	1:53	2:05	2:05	2:05
Hörfunk	1:29	1:13	1:53	2:15	2:34
Mediennutzung insges. *	3:08	3:34	4:26	4:46	4:55
Bevölkerung mit Fernsehgerät + \ Jahr	**1964**	**1970**	**1974**	**1980**	**1985**
Tageszeitungen	0:34	0:35	0:38	0:38	0:33

* Bei gleichzeitiger Nutzung zweier Medien wurde die Nutzungsdauer nur einfach gezählt. Quelle: Trendanalyse zur Mediennutzung und Medienbewertung 1964-1985, u.a. veröff. in: Media Perspektiven, Jg. 1987, Heft Nr.3, S.139: Tab.3.

\+ Personen in Haushalten mit Fernsehgerät.

Tab.XXVII: Entwicklung der durchschnittlichen Anteilswerte des Vertriebs- und Werbeumsatzes an den gesamten Umsatzerlösen von Tageszeitungen

Tageszeitungen \ Jahr	1976	1979	1982	1985	1987
Vertriebsumsatz	34,7%	32,1%	36,3%	5,5%	36,1%
Werbeumsatz	65,3%	67,9%	63,7%	64,5%	63,9%

Quelle: Statistisches Bundesamt, Fs.11: R.5, versch. Jgg.; eigene Berechnung der Werte.

Tab.XXVIII: Entwicklung der durchschnittlichen Anteilswerte der Text- und Anzeigenseiten am Seitenumfang von Tageszeitungen

Tageszeitungen \ Jahr	1976	1979	1982	1985	1987
Textseiten	54,6%	53,8%	56,3%	57,5%	58,3%
Anzeigenseiten	45,4%	46,2%	43,7%	42,5%	41,7%

Quelle: Statistisches Bundesamt, Fs.11: R.5, versch. Jgg.; eigene Berechnung der Werte.

Tab.XXIX: Entwicklung des Vertriebs- und Werbeumsatzes von Tageszeitungen, in nominalen und realen Werten, durchschnittliche jährliche Veränderungsraten

Tageszeitungen \ Periode	1977-82	1983-87	1977-87
Vertriebsumsatz, nom.	7,9%	4,0%	6,1%
Werbeumsatz, nom.	6,7%	4,2%	5,6%
Vertriebsumsatz, real	1,5%	-0,1%	0,7%
Werbeumsatz, real	1,8%	1,1%	1,5%

Quelle: Statistisches Bundesamt, Fs.11: R.5, versch. Jgg.; eigene Berechnung der Werte.

Tab.XXX: Entwicklung der durchschnittlichen Anteilswerte der Druckmedien und der Elektronischen Medien an den gesamten Umsatzerlösen des Werbesektors

Werbemedien \ Jahr	1976	1979	1982	1985	1987	1987 *	1988 *
Tages- u. Wochenzeitungen	33,6%	32,9%	31,5%	30,1%	28,5%	29,8%	29,2%
Anzeigenblätter	2,1%	3,3%	4,2%	5,5%	5,9%	5,8%	6,2%
Zwischensumme Zeitungen	35,7%	36,3%	35,7%	35,6%	34,4%	35,6%	35,4%
Publikumszeitschriften	11,7%	11,6%	11,6%	10,9%	10,8%	11,2%	10,7%
Fach- u. Sonst. Zeitschriften	9,2%	9,2%	8,6%	8,5%	8,7%	6,4%	6,2%
Zwischensumme Zeitschriften	20,9%	20,9%	20,2%	19,4%	19,5%	17,7%	16,9%
Prospekte u. Kataloge	29,2%	29,4%	29,0%	29,4%	30,1%	30,5%	30,7%
Plakate	1,8%	1,9%	1,6%	1,5%	1,7%	1,7%	1,7%
Zwischensumme Werbedrucksachen	31,0%	31,3%	30,6%	31,0%	31,7%	32,2%	32,4%
Adreßbücher +	2,6%	2,6%	3,4%	4,5%	4,6%	4,7%	4,5%
Summe Druckmedien	90,2%	91,0%	89,9%	90,5%	90,3%	90,1%	89,3%
Fernsehen	7,4%	6,3%	6,8%	6,6%	6.5%	6,6%	7,0%
Hörfunk	1,8%	2,2%	2,7%	2,4%	2,5%	2,6%	3,0%
Filmtheater	0,5%	0,5%	0,6%	0,5%	0,7%	0,7%	0,7%
Summe Elektronische Medien	9,8%	9,0%	10,1%	9,5%	9,7%	9,9%	10,7%

* Andere Statistische Abgrenzung u.a. ohne Sonstige Zeitschriften. + Ab 1985 einschl. Amtliche Telefonbücher. Quelle: Statistisches Bundesamt, Fs.4: R.3.1, Fs.11: R.5 sowie ZAW-Jahrbuch, versch. Jgg.; eigene Berechnung der Werte.

Tab.XXXI: Entwicklung des Auflagen- bzw. Umsatzanteils von Anzeigen- und Amtsblättern an der gesamten Zeitungsauflage des Jahrgangs bzw. am gesamten Zeitungsumsatz

Anzeigen- u. Amtsblätter \ Jahr	1976	1979	1982	1985	1987
Auflagenanteil	13,4%	16,8%	19,4%	24,6%	27,9%
Umsatzanteil	4,2%	6,8%	8,1%	11,0%	12,0%

Quelle: Statistisches Bundesamt, Fs.11: R.5, versch. Jgg.; eigene Berechnung der Werte.

Tab.XXXII: Entwicklung des Bruttoproduktionswertes von Anzeigen- u. Amtsblättern sowie vom Zeitungsdruck insgesamt, in realen Werten, durchschnittliche jährliche Veränderungsraten

Produktionswert \ Periode	1977-82	1983-87	1977
Anzeigen- u. Amtsblätter, real *	ca.17%	ca.11%	ca.14%
Zeitungsdruck, real	4,9%	2,4%	3,7%

* Geschätzte Werte. Quelle: Statistisches Bundesamt, Fs.11: R.5, versch. Jgg.; eigene Berechnung der Werte.

Tab.XXXIII: Entwicklung der Druckauflage je Erscheinungstag lt. IVW im Vergleich zur Entwicklung der Verkaufsauflage je Erscheinungstag bzw. je Jahrgang lt. Pressestatistik, durchschnittliche jährliche Veränderungsraten

Druckauflage je Erscheinungstag lt. IVW \ Periode	1961-68	1969-76	1977-82	1983-87
Tages- u. Wochenzeitungen	2,4%	1,0%	1,8%	0,1%
Publikumszeitschriften	4,7%	3,2%	4,0%	4,4%
Fachzeitschriften	3,4%	0,6%	-2,3% *	0,0%
Kundenzeitschriften	2,9%	-1,9%	0,8%	6,0%
Zeitschriften insges.	4,1%	1,9%	2,8%	4,0%
Verkaufsauflage je Erscheinungstag lt. Pressestatistik \ Periode	**1961-68**	**1969-76**	**1977-82**	**1983-87**
Tages- u. Wochenzeitungen	.	.	1,4%	0,1%
Publikumszeitschriften	.	.	4,7%	1,6%
Fachzeitschriften	.	.	4,9%	4,0%
Sonstige Zeitschriften	.	.	3,2%	1,4%
davon: Kundenzeitschriften	.	.	0,3%	2,6%
Zeitschriften insges.	.	.	2,8%	2,1%

Fortsetzung Tab.XXXIII, S.LIV.

Fortsetzung Tab.XXXIII

Verkaufsauflage je Jahrgang lt. Pressestatistik \ Periode	1961-68	1969-76	1977-82	1983-87
Tages- u. Wochenzeitungen	·	·	1,3%	0,0%
Publikumszeitschriften	·	·	2,8%	0,4%
Fachzeitschriften	·	·	3,9%	3,2%
Sonstige Zeitschriften	·	·	5,3%	2,2%
davon: Kundenzeitschriften	·	·	-2,6%	4,7%
Zeitschriften insges.	·	·	2,4%	1,3%

* Daten beziehen sich auf die Periode 1977-1980, da im Jahr 1981 eine statistische Umgruppierung erfolgte. Quelle: IVW-Auflagenliste u. Statistisches Bundesamt, Fs.11: R.5, versch. Jgg.; eigene Berechnung der Werte.

Tab.XXXIV: Entwicklung der Anteilswerte des Vertriebs- und Werbeumsatzes an den gesamten Umsatzerlösen von Publikumszeitschriften, in nominalen Werten

Publikumszeitschriften \ Jahr	1976	1978	1980	1982	1985	1987
Vertriebsumsatz	59,9%	59,6%	57,3%	59,0%	57,1%	56,0%
Werbeumsatz	40,1%	40,4%	42,7%	41,0%	42,9%	44,0%

Quelle: Statistisches Bundesamt, Fs.11: R.5, versch. Jgg.; eigene Berechnung der Werte.

Tab.XXXV: Entwicklung der Anteilswerte von Text- und Anzeigenseiten am Seitenumfang von Publikumszeitschriften

Publikumszeitschriften \ Jahr	1978	1980	1982	1985	1987
Textseiten *	67,2%	67,2%	68,6%	69,2%	69,2%
Anzeigenseiten *	32,8%	32,8%	31,4%	30,8%	30,8%

* Seitenzahl der Jahresauflage. Quelle: Statistisches Bundesamt, Fs.11: R.5, versch. Jgg.; eigene Berechnung der Werte.

Tab.XXXVI: Entwicklung der Kostenstruktur von Fachzeitschriften

Fachzeitschriften \ Jahr	1979	1982	1985	1987
Druck- und Papierkosten	35,6%	33,5%	32,5%	32,9%
Vertriebskosten	15,5%	15,6%	15,4%	17,2%
Verwaltungskosten	19,3%	21,3%	18,3%	17,7%
Redaktionskosten	14,5%	15,1%	17,0%	16,2%
Anzeigenbearbeitungskosten	15,2%	14,5%	16,8%	16,0%

Quelle: VDZ-Erlös- u. Kostenvergleiche, veröff. in: Fachpresse '88, Hrsg.: Fachgruppe Fachzeitschriften im VDZ, Bonn 1988.

Tab.XXXVII: Entwicklung des Bruttoproduktionswertes und der Auflagenhöhe des Zeitungs- und Zeitschriftendrucks, in realen Werten, durchschnittliche jährliche Veränderungsraten

Zeitungsdruck \ Periode	1961-68	1969-76	1977-82	1983-87
Produktionswert, real *	ca.3%	ca.3%	4,9%	2,4%
Auflagenhöhe	2,4%	1,0%	2,5%	1,9%
Zeitschriftendruck \ Periode	**1961-68**	**1969-76**	**1977-82**	**1983-87**
Produktionswert, real *	ca.8%	ca.2,5%	1,8%	1,2%
Auflagenhöhe	4,1%	1,9%	2,4%	1,3%

* 1961-1970: Geschätzte Werte. Quelle: Statistisches Bundesamt, Fs.4: R.3.1, Fs.17: R.2 u. Fs.11: R.5, versch. Jgg; eigene Berechnung der Werte.

4. PRODUKTBEREICH "VERPACKUNGSDRUCKSACHEN"

Tab.XXXVIII: Entwicklung der Erzeugerpreise von Verpackungsdrucksachen sowie von Drucksachen insgesamt, durchschnittliche jährliche Veränderungsraten

Erzeugerpreise \ Periode	1961-68	1969-76	1977-82	1983-88	1961-76	1977-88
Verpackungsdrucksachen	.	3,4%	2,9%	2,3%	.	2,6%
Drucksachen insges.	2,9%	5,9%	4,5%	2,6%	4,4%	3,5%

Quelle: Statistisches Bundesamt, Fs.17: R.2, versch. Jgg.; eigene Berechnung der Werte.

Tab.XXXIX: Entwicklung der Import-, Export- und Saldenquote im Produktbereich Verpackungsdrucksachen, in nominalen Werten

Verpackungsdrucksachen \ Jahr	1960	1968	1976	1979	1982	1985	1987
Importquote	0,9%	2,2%	3,1%	3,9%	4,6%	5,3%	4,8%
Exportquote	2,4%	6,3%	9,9%	14,1%	16,8%	19,7%	18,4%
Saldenquote	1,5%	4,1%	6,8%	10,0%	12,0%	14,1%	13,3%

* 1960-1976: Etiketten, bedruckt u. unbedruckt; 1979-1987: Etiketten bedruckt u. unbedruckt sowie Verpackungszuschnitte aus Papier. Quelle: Statistisches Bundesamt, Fs.4: R.3.1 u. Fs.7: R.2, versch. Jgg.; eigene Berechnung der Werte.

Tab.XL: Entwicklung der Bruttoproduktionswerte von Verpackungsdrucksachen aus Papier, von Verpackungsmitteln aus Papier und Pappe sowie von Verpackungsmitteln insgesamt, in nominalen Werten, durchschnittliche jährliche Veränderungsraten

Produktionswert \ Periode	1961-68	1969-76	1977-82	1983-88	1961-76	1977-88
Verpackungsdrucksachen	7,5%	9,0%	5,9%	6,9%	8,2%	6,4%
Papier u. Pappe	6,6%	6,4%	5,4%	4,5%	6,5%	4,9%
Verpackungsmittel insges.	7,3%	8,6%	5,4%	4,7%	7,9%	5,1%

Quelle: RGW, Produktionsmenge und Produktionswert der Verpackungsindustrie in der BR Deutschland u. Berlin (West); eigene Berechnung der Werte.

5. PRODUKTBEREICH "WERBEDRUCKSACHEN"

Tab.XLI: Entwicklung der Erzeugerpreise von Werbedrucksachen sowie von Drucksachen insgesamt, durchschnittliche jährliche Veränderungsraten

Erzeugerpreise \ Periode	1961-68	1969-76	1977-82	1983-88	1961-76	1977-88
Werbedrucksachen	.	5,9%	4,5%	2,9%	.	3,7%
Drucksachen insges.	2,9%	5,9%	4,5%	2,6%	4,4%	3,5%

Quelle: Statistisches Bundesamt, Fs.17: R.2, versch. Jgg.; eigene Berechnung der Werte.

Tab.XLII: Entwicklung der Einfuhr- und Ausfuhrwerte im Produktbereich Werbedrucksachen, in nominalen und realen Werten, durchschnittliche jährliche Veränderungsraten

Werbedrucksachen * \ Periode	1961-68	1969-76	1977-82	1983-88	1961-76	1977-88
Einfuhrwert, nom.	19,9%	14,5%	14,2%	11,1%	17,2%	12,7%
Ausfuhrwert, nom.	21,2%	13,5%	16,0%	9,9%	17,3%	12,9%
Einfuhrwert, real	18,9%	10,3%	11,5%	10,0%	14,5%	10,8%
Ausfuhrwert, real	15,5%	6,5%	11,2%	7,4%	10,9%	9,3%

Quelle: Statistisches Bundesamt, Fs.7: R.2 u. Fs.17: R.8.; versch. Jgg., eigene Berechnung der Werte.

Tab.XLIII: Entwicklung des Bruttoproduktionswertes von Werbedrucksachen sowie des Bruttoinlandsproduktes, in realen Werten, jährliche Veränderungsraten

Produktionswert \ Jahr	1967	1974	1975	1980	1981	1982
Werbedrucksachen, real	-1,2%	-5,0%	-5,7%	0,9%	-1,6%	-2,0%
Bruttoinlandsprodukt, real	-0,1%	0,3%	-1,6%	1,4%	0,2%	-0,6%

Quelle: Statistisches Bundesamt, Fs.4: R.3.1, Fs.17: R.2 u. Fs.18: R.1.2, versch. Jgg.; eigene Berechnung der Werte.

Tab.XLIV: Entwicklung der Zahl der im Inlandverkehr beförderten Massendrucksachen und Postwurfsendungen, durchschnittliche jährliche Veränderungsraten

Inlandsverkehr \ Periode	1961-68	1969-76	1977-82	1983-88
Massendrucksachen	8,1%	1,8%	4,3%	4,3%
Postwurfsendungen	•	-0,9%	24,0%	0,6%

Quelle: Statistisches Jahrbuch der Deutschen Bundespost, versch. Jgg.; eigene Berechnung der Werte.

Tab.XLV: Entwicklung der Zahl der Erst- und Mehrfachreisen, durchschnittliche jährliche Veränderungsraten

Urlaubsreisen * \ Periode	1977-82	1983-88	1977-88
Erstreisen	1,5%	3,1%	2,3%
Mehrfachreisen	3,2%	6,8%	5,0%
Urlaubsreisen insges.	1,8%	3,8%	2,8%

* Urlaubsreisen, die 5 Tage und länger dauerten. Quelle: StfT/Starnberg, Reiseanalysen, versch. Jgg.; eigene Berechnung der Werte.

Tab.XLVI: Entwicklung der Veranstalter- bzw. der Auslandsreisen in Prozent aller Urlaubsreisen, die länger als 5 Tage dauerten

Urlaubsreisen \ Jahr	1962	1968	1976	1979	1982	1985	1988
Veranstalterreisen	11,4%	17,0%	20,7%	26,8%	26,5%	34,3%	39,4%
Auslandsreisen	31,0%	51,0%	57,0%	61,4%	61,0%	66,4%	60,6%

Quelle: StfT/Starnberg, Reiseanalysen, versch. Jgg.

Tab.XLVII: Entwicklung der prozentualen Anteilswerte von Versandhaus- und Reisekatalogen am gesamten Bruttoproduktionswert von Katalogen, in nominalen Werten

Produktionsanteil \ Jahr *	1960	1968	1976	1982	1985	1988
Versandhauskataloge	ca.82%	ca.85%	ca.84%	81,0%	78,4%	69,6%
Reisekataloge **	ca.18%	ca.15%	ca.16%	19,0%	21,6%	30,4%

* 1960, 1968 u. 1976 geschätzte Werte, ** Einschl. Sonstige Kataloge. Quelle: Statistisches Bundesamt, Fs.4: R.3.1, versch. Jgg.; eigene Berechnung der Werte.

6. PRODUKTBEREICH "SONSTIGE DRUCKSACHEN"

Tab.XLVIII: Entwicklung der Einfuhr- und Ausfuhrwerte im Produktbereich Sonstige Drucksachen, in nominalen und realen Werten, durchschnittliche jährliche Veränderungsraten

Sonstige Drucksachen * \ Periode	1961-68	1969-76	1977-82	1983-88	1961-76	1977-88
Einfuhrwert, nom.	15,0%	18,8%	5,5%	7,8%	16,9%	6,6%
Ausfuhrwert, nom.	11,9%	6,7%	12,3%	6,5%	9,3%	9,4%
Einfuhrwert, real	14,1%	14,4%	3,0%	6,7%	14,3%	4,9%
Ausfuhrwert, real	6,6%	0,1%	7,7%	4,1%	3,3%	5,9%

Quelle: Statistisches Bundesamt, Fs.7: R.2 u. Fs.17: R.8.; versch. Jgg., eigene Berechnung der Werte.

C. ERLÄUTERUNGEN ZU KAP.V:

I. ABBILDUNGEN ZUM KAP.V

Abb.II: Druckformen und Druckablauf beim Hoch-, Flach-, Tief- und Durchdruckverfahren im Vergleich

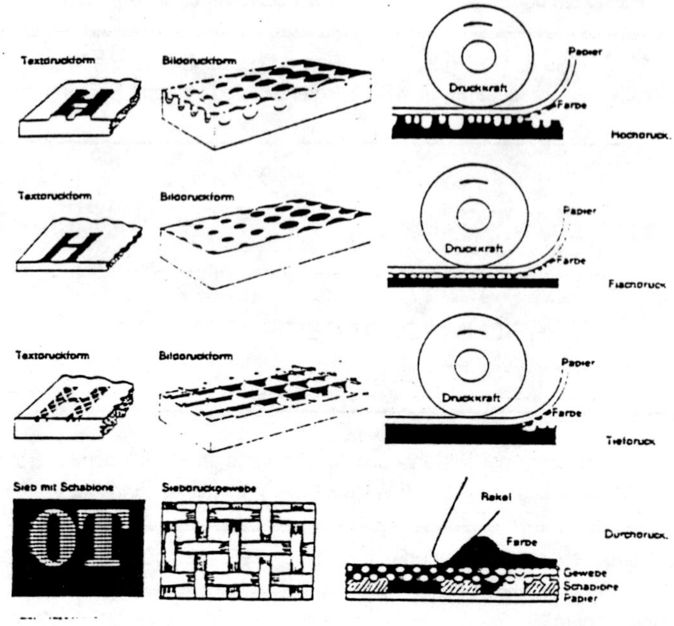

Quelle: E.D. STRIEBNER u.a., Drucktechnik heute, München 1985, S.119.

II. TABELLEN ZUM KAP.V

1. NACHFRAGESEITIGE STRUKTURVERÄNDERUNGEN

Tab.XLIX: Entwicklung der prozentualen Anteilswerte der einzelnen Produktbereiche am gesamten Bruttoproduktionswert der Druckindustrie, in nominalen Werten

Produktionswert \ Jahr	1960	1968	1976 *	1976 ⁺	1979	1982	1985	1988
Geschäftsdrucksachen	26,1%	24,8%	23,1%	21,3%	19,6%	18,9%	18,8%	18,0%
Bücherdrucksachen	8,8%	9,3%	8,7%	9,0%	8,8%	8,8%	8,3%	8,3%
Pressedrucksachen	34,9%	35,1%	36,4%	37,3%	38,7%	38,4%	36,7%	35,5%
Verpackungsdrucksachen	6,7%	6,4%	6,4%	6,5%	5,9%	6,2%	6,4%	6,8%
Werbedrucksachen	17,8%	19,4%	20,8%	21,1%	22,8%	23,2%	25,3%	26,9%
Sonstige Drucksachen	5,7%	5,0%	4,6%	4,8%	4,4%	4,5%	4,6%	4,4%

* Industriebetriebe mit mind. 10 Beschäftigten. ⁺ Betriebe von Unternehmen des Produzierenden Gewerbes mit mind. 20 Beschäftigten. Quelle: Statistisches Bundesamt, Fs.4: R.3.1, versch. Jgg; eigene Berechnung der Werte.

Tab.L: Entwicklung der durchschnittlichen Verkaufsauflage von Tageszeitungen je Ausgabe und Erscheinungstag sowie der Auflagengrößenstruktur der Verkaufsauflage

Auflagengrößenklasse \ Jahr *	1979	1982	1985	1987
unter 10.000	3,4%	3,2%	3,1%	3,1%
10.000 - 50.000	13,6%	13,9%	13,8%	13,6%
50.000 - 125.000	15,5%	16,2%	16,9%	17,0%
125.000 - 250.000	30,5%	27,6%	27,5%	30,2%
über 250.000	37,0%	39,1%	38,7%	36,1%
Durchschnittl. Auflage je Ausgabe	17.231	17.652	17.113	17.064

* Bis 1978 wurden die Wochenzeitungen mit berücksichtigt, weshalb die Daten nicht vergleichbar sind. Quelle: Statistisches Bundesamt, Fs.11: R.5, versch. Jgg.; eigene Berechnung der Werte.

2. ANGEBOTSSEITIGE STRUKTURVERÄNDERUNGEN

Tab.LI: Entwicklung der prozentualen Anteilswerte des Hoch-, Flach- und Tiefdruckverfahrens an den Druckmaschineninvestitionen *

Druckverfahren \ Jahr	1976	1979	1982	1985	1988
Hochdruckverfahren	35%	25%	25%	16%	11%
Flachdruckverfahren	45%	54%	60%	68%	71%
Tiefdruckverfahren	20%	20%	15%	16%	18%

* Geschätzte Werte. Quelle: IFO-Institut, Investitionsbericht - Druckerei u. Vervielfältigung: Sonderauswertung; unveröff., wird nur an Befragungsteilnehmer abgegeben, München, versch. Jgg.

Tab.LII: Entwicklung der prozentualen Anteilswerte des Flachdruckverfahrens am Bruttoproduktionswert der Produktbereiche, in nominalen Werten

Flachdruckanteil \ Jahr	1960	1968	1976 *	1976 +	1979	1982	1985	1988
Geschäftsdrucksachen	11,3%	10,7%	28,5%	29,5%	33,1%	48,9%	55,2%	59,7%
Bücherdrucksachen	21,4%	32,0%	63,0%	64,5%	71,2%	85,3%	88,7%	89,8%
Pressedrucksachen	3,7%	4,9%	11,8%	11,9%	15,8%	25,3%	36,7%	41,5%
Verpackungsdrucksachen	71,3%	66,2%	57,8%	57,5%	55,0%	52,1%	50,0%	50,2%
Werbedrucksachen	31,6%	36,8%	53,4%	53,3%	58,7%	65,5%	70,8%	75,1%
Sonstige Drucksachen	49,9%	55,1%	68,2%	68,9%	72,3%	68,2%	67,8%	67,0%

* Industriebetriebe mit mind. 10 Beschäftigten. + Betriebe von Unternehmen des Produzierenden Gewerbes mit mind. 20 Beschäftigten. Quelle: Statistisches Bundesamt, Fs.4: R.3.1, versch. Jgg; eigene Berechnung der Werte.

Tab.LIII: Umsatzerlöse von kleinen, mittleren und großen Druckbetrieben *, gegliedert nach der räumlichen Distanz zwischen dem Betriebsstandort und dem Kundensitz, in prozentualen Anteilswerten

Druckbetriebe \ Distanz	< 30 km	30-100 km	100-300 km	> 300 km
1-19 Beschäftigte	72,7%	15,4%	7,3%	4,6%
20-49 Beschäftigte	50,4%	26,1%	11,7%	11,7%
50-199 Beschäftigte	38,3%	26,2%	19,2%	16,3%
200-499 Beschäftigte	21,6%	18,6%	32,3%	27,6%
> 500 Beschäftigte	25,6%	11,2%	24,4%	38,9%

* Ohne Eigenverlagsaufträge. Quelle: IFO-Institut, Sonderbefragung im Druckgewerbe i.A. des BVD, Geschäftsjahr 1988; unveröff., wird nur an Befragungsteilnehmer abgegeben, München 1989.

D. ABKÜRZUNGSVERZEICHNIS:

a.a.O. ...... am angegebenen Ort
Abb. .... Abbildung
Abs. .... Absatz
AG .... Aktiengesellschaft
AktG .... Aktiengesetz
AP .... Altpapier
Apr. .... Allgemeine Papier-Rundschau/Frankfurt a.M.
ASW .... Absatzwirtschaft/Düsseldorf
Aufl. .... Auflage

Bbl. .... Börsenblatt des Deutschen Buchhandels/Frankfurt a.M.
Bd. .... Band
bearb. ...... bearbeitet(e)
BDZV .... Bundesverband Deutscher Zeitungsverleger e.V./Bonn
BGV .... Bundesvereinigung der Deutschen Graphischen Verbände e.V./Wiesbaden (bis 1967)

BMPF .... Bundesministerium für das Post- und Fernmeldewesen
BR .... Bundesrepublik
Btx .... Bildschirmtext
BVD .... Bundesverband Druck e.V./Wiesbaden (seit 1968)
BVH .... Bundesverband des Versandhandels e.V./Frankfurt a.M.

ca. .... circa

DBW .... Die Betriebswirtschaft/Stuttgart
DDV .... Deutscher Direktmarketing Verband e.V./Wiesbaden
DIN .... Deutsches Institut für Normung e.V./Berlin (West)
Diss. .... Dissertation
DIW .... Deutsches Institut für Wirtschaftsforschung/Berlin (West)
d.J. .... des Jahres
DRUPA .... Internationale Messe Druck und Papier/Düsseldorf
DTP .... Desktop-Publishing

EBV .... Elektronische Bildverarbeitung
Ed. .... Edition
EDV .... Elektronische Datenverarbeitung
einschl. .... einschließlich
erw. .... erweitert(e)
e.V. .... eingetragener Verein

Fa. .... Firma
F.A.Z. ...... Frankfurter Allgemeine Zeitung
FN. .... Fußnote
Fs. .... Fachserie
FVW .... Fremdenverkehrswirtschaft International/Hamburg

GmbH .... Gesellschaft mit beschränkter Haftung
GenG .... Genossenschaftsgesetz
ggf. .... gegebenenfalls

HDSW .... Handwörterbuch der Sozialwissenschaften
Hrsg. .... Herausgeber
hrsg. .... herausgegeben
HwB .... Handwerksberichterstattung
HWWA .... Hamburger Weltwirtschaftsarchiv/Hamburg

i.A. .... im Auftrag
i.d.R. ...... in der Regel
i.e.S. ...... im engeren Sinn
IfD .... Institut für Demoskopie/Allensbach
IFO .... Institut für Wirtschaftsforschung e.V./München
IfW .... Institut für Weltwirtschaft/Kiel
insbes. ..... insbesondere
insges. ..... insgesamt
ISB .... Institut für Selbstbedienung und Warenwirtschaft/ Köln
IVW .... Informationsgemeinschaft zur Feststellung der Verbreitung von Werbeträgern e.V./Bonn
i.w.S. ...... im weiteren Sinn

Jg. .... Jahrgang
Jgg. .... Jahrgänge

LAN .... Local area network
lt. .... laut

mm .... Millimeter
Mio. .... Million(en)
Mrd. .... Milliarde(n)

No. .... Number
N.F. .... Neue Folge
Nr. .... Nummer
NIP .... Non-Impact-Printing

o.J. .... ohne Jahresangabe
O.V. .... ohne Verfasser

p.a. .... per anno

R. .... Reihe
rd. .... rund
repr. .... reprint
rev. .... revidiert(e)
RGV .... Rationalisierungsgemeinschaft Verpackung
RIP .... Raster-Image-Processor
RKW .... Rationalisierungs-Kuratorium der Deutschen Wirtschaft e.V./Eschborn
RTL .... Radio und Télé Luxembourg
RWI .... Rheinisch-Westfälisches Insitut für Wirtschaftsforschung/Essen

S. .... Seite
SAT1 .... Satelliten Fernsehen GmbH
SB .... Selbstbedienung
SD .... selbstdurchschreibend
sog. .... sogenannte(r)
StfT .... Studienkreis für Tourismus e.V./Starnberg
S+P .... Schmidt und Pohlmann/Hamburg
SYPRO .... Systematik für das Produzierende Gewerbe

Tab. .... Tabelle
TUI .... Touristik Union International/Hannover

u.a. .... unter anderem
u.ä. .... und ähnliches
Univ. .... Universität
unveränd. ... unverändert(e)
unveröff. ... unveröffentlicht

VDAV .... Verband Deutscher Adreßbuchverleger e.V./Düsseldorf
VDP .... Verband Deutscher Papierfabriken e.V./Bonn
VDZ .... Verband Deutscher Zeitschriftenverleger e.V./Bonn
veränd. ..... verändert(e)
verbess. .... verbessert(e)
vervielf. ... vervielfältigt
vgl. .... vergleiche
veröff. ..... veröffentlicht
versch. ..... verschiedene
VO .... Verordnung
Vol. .... Volumen

WiSt .... Wirtschaft und Studium/München u. Frankfurt a.M.
WiSta .... Wirtschaft und Statistik/Stuttgart u. Mainz
WISU .... Wirtschaftsstudium/Tübingen u. Düsseldorf
WSI .... Wirtschafts- und Sozialwissenschaftliches Institut des Deutschen Gewerkschaftsbundes GmbH/Düsseldorf

ZAW .... Zentralausschuß der Werbewirtschaft/Bonn
z.B. .... zum Beispiel
z.T. .... zum Teil
zugl. .... zugleich
ZfN .... Zeitschrift für Nationalökonomie

E. LITERATURVERZEICHNIS:

AGTE, R.
Der richtige Fachbegriff in der Druckindustrie,
Frankfurt a.M. 1981.

ÅKERMANN, J.
Theory of Industrialism, Causal Analysis and Economic Plans,
Lund/Schweden 1960.

ANTONOFF, R.
Die Identität des Unternehmens - Ein Wegbegleiter zur
Corporate Identity, Hrsg.: F.A.Z., Frankfurt a.M. 1987.

BAIN, J.S.
Barriers to New Competition, Cambridge 1956.

BAIN, J.S.
Industrial Organization, New York 1959.

BEHRENS, P.F.
Der Intermediavergleich, Hrsg.: Lintas Werbeagentur GWA,
Hamburg 1981.

BELECKE, N.
Adreßbücher wird es auch noch übermorgen geben, in:
Der Polygraph, 40.Jg., Heft Nr.II v. 05.06.1987,
Frankfurt a.M. 1987, S.893/894.

BELZ, C.
Konstruktives Marketing, Diss. Hochschule St.Gallen 1989.

BENZING, H.
Was tut sich auf dem Buchmarkt?, in: Lektüre, Zeitschrift
für die Mitarbeiter der Verlagsgruppe Bertelsmann, Heft
Nr.1, Gütersloh 1980.

BEREKOVEN, L.
No-Names, Versuch einer Standortbestimmung, in: Markenartikel, 45.Jg., Heft Nr.5, Wiesbaden 1983, S.180-184.

BERG, H.
Wettbewerbspolitik, in: Vahlens Kompendium der Wirtschaftstheorie und Wirtschaftspolitik, 2.überarb. u. erw. Aufl.,
München 1985, Bd.2, S.231-291.

BERKE, J.
Datenfernübertragung - Elektronische Partner, in: Wirtschaftswoche-Special-Supplement, 41.Jg., Heft Nr.5, Düsseldorf 1987, S.48-53.

BERTELSMANN STIFTUNG
Kommunikationsverhalten und Buch, Gütersloh 1978.

BEZ, T.
Der deutschsprachige Buchmarkt, in: Börsenblatt für den Deutschen Buchhandel, Heft Nr.99, Frankfurt a.M. 1978, S.907-983.

BILLETER-FREY, E.P./ VLACH, V.
Grundlagen der statistischen Methodenlehre, Stuttgart 1982.

BLEYMÜLLER, J./ GEHLERT, G./ GÜLICHER, H.
Statistik für Wirtschaftswissenschaftler, München 1983.

BLOHM, H.
Geschäftsbericht, in: Verlag Moderne Industrie (Hrsg.), Management-Enzyklopädie, 3.Bd., München 1970, S.109-119.

BÖRSENVEREIN DES DEUTSCHEN BUCHHANDELS e.V.
Kopierrecht, Frankfurt a.M. 1978.

BÖRSENVEREIN DES DEUTSCHEN BUCHHANDELS e.V.
Buch und Buchhandel in Zahlen, Frankfurt a.M., versch. Jgg.

BÖRSENVEREIN DES DEUTSCHEN BUCHHANDELS e.V.
Jahrbuch '89, Frankfurt a.M. 1989.

BOLZA-SCHÜNEMANN, H.B.
Offsetdruck - Technik und Marktentwicklung, in: Der Polygraph, 40.Jg., Heft Nr.II, Frankfurt a.M. 1987, S.874-876.

BOMBACH, G.
Der Strukturbegriff in der Ökonomie, in: F. Neumark (Hrsg.), Strukturwandlungen einer wachsenden Wirtschaft, Schriften des Vereins für Socialpolitik, N.F. Bd.30/I, Berlin (West) 1964, S.10-17.

BOSSE, R.
Filmmontage - ein Anachronismus ?, in: Offsetpraxis, 31.Jg., Heft Nr.7-8, Fellbach 1989, S.128-131.

BREITHAUPT, K./ HORN, E.-J./ KLODT, H./ KRIEGSMANN u.a.
Analyse der strukturellen Entwicklung der deutschen Wirtschaft, Hrsg.: Institut für Weltwirtschaft Kiel, Kiel 1979.

BRENDEL, M.
Werbung: Warten auf Antwort, in: Wirtschaftswoche, 43.Jg., Heft Nr.47, Düsseldorf 1989, S.88-91.

BRITSCHGI, E.C.
Geschäftsdrucksachen - Entdecken Sie ein unterschätztes Werbemittel (wieder), in: Marketing-Journal, 22.Jg., Heft Nr.5, Hamburg 1989, S.478-481.

BRODBECK, H.
Ökonomische Wirkungen des Technischen Fortschritts in der westdeutschen Druck-Industrie (1951-1967), CH-Freiburg 1972.

BUNDESMINISTERIUM FÜR DAS POST- UND FERNMELDEWESEN
Telekommunikationsbericht, Anlageband 4, Bonn 1976.

BUNDESMINISTERIUM FÜR DAS POST- UND FERNMELDEWESEN
Dateldienste - Fragen und Antworten zum Thema Datenkommunikation, Bonn 1986.

BUNDESMINISTERIUM FÜR DAS POST- UND FERNMELDEWESEN
Statistisches Jahrbuch, Bonn, versch. Jgg.

BUNDESVERBAND DRUCK e.V.
Jahresbericht, Wiesbaden, versch. Jgg.

BUNDESVERBAND DRUCK e.V.
Marketing-Umfrage, Wiesbaden 1977.

BUNDESVERBAND DRUCK e.V.
Maschinenerhebung - Ergebnisse einer Erhebung des Maschinenbestandes in der Druckindustrie, Wiesbaden, versch. Jgg.

BUNDESVERBAND DRUCK e.V.
Statistischer Quartalsbericht, vervielf., Wiesbaden, versch. Ausgaben.

BUNDESVERBAND DES DEUTSCHEN VERSANDHANDELS e.V.
Der deutsche Versandhandel, 1.Aufl., Frankfurt a.M. 1988.

BUNDESVERBAND DEUTSCHER ZEITUNGSVERLEGER e.V.
BDZV-Jahresbericht, Bonn, versch. Jgg.,
veröff. bis einschl. 1986.

BUNDESVERBAND DEUTSCHER ZEITUNGSVERLEGER e.V.
BDZV-Jahresbuch Zeitungen, Bonn, versch. Jgg.,
veröff. seit 1987.

BUNDESVEREINIGUNG DER DEUTSCHEN GRAPHISCHEN VERBÄNDE e.V.
Untersuchung über eine Maschinenerhebung im graphischen Gewerbe für das Jahr 1965, Wiesbaden 1967.

BUSSE, D.
Der Schlüssel zur Computer-Hardware, Hrsg.: M.F. Wolters, Düsseldorf u. Wien 1981.

CARBONI, H.J.
Druckerei- und Verlagswesen - Ein Wirtschaftszweig im Umbruch, in: Verkauf & Marketing, 16.Jg., Heft Nr.1, St.Gallen 1988, S.4/5.

CLARK, J.M.
Competition as a Dynamic Process, 2nd Printing, Washington 1963.

COMMERZBANK AG
Brancheninformation: Druckindustrie, Ausgabe 1987, vervielf., Frankfurt a.M. 1987.

COMMERZBANK AG
Handbuch Elektronic Banking, 3.veränd. Aufl., Frankfurt a.M. 1989.

COMPAGNON MARKTFORSCHUNGS-INSTITUT GMBH
Die kommunikative Bedeutung von Werbedruckschriften für gewerbliche und private Kaufentscheidungen, Untersuchung erfolgte i.A. des BVD, Hrsg.: BVD, Wiesbaden 1984.

CORDUAN, H.-J.
Werdegang einer Briefmarke, in: Zeitschrift für das Post- und Fernmeldewesen, Heft Nr.8,, Starnberg u. Bonn 1988, S.1.

CORSTEN, S./ PFLUG, G. u.a.
Lexikon des gesamten Buchwesens, 2.bearb. u. erw. Aufl., Bd.I, Stuttgart 1987, S.583ff.

COUNCIL OF EUROPE
The Effects of Development of Micro-Technology on the Organisation of Work and Employment in the Printing Industry, Straßburg 1987.

CRAMER, U.
Klein- und Mittelbetriebe: Hoffnungsträger der Beschäftigtenpolitik, in: Mitteilungen aus der Arbeitsmarkt- und Berufsforschung, 20.Jg., Heft Nr.1, Nürnberg 1987, S.15-29.

DAMMKÖHLER, R.
IPEX 88 - Aktuelle Entwicklungstendenzen in der Stufe nach dem Druck, in: Druckwelt, 39.Jg., Heft Nr.16, Hannover 1988, S.100-102.

DARKOW, M./ ECKHARDT, J.
Massenmedien und Ausländer in der Bunderepublik Deutschland, in: Media Perspektiven, Jg.1982, Heft Nr.7, Frankfurt a.M. 1982, S.462-473.

DEBRUNNER, P.
Die Verpackung als Marketinginstrument - Kosten und Nutzen ihres Einsatzes, Diss. Univ. Zürich 1977.

DENSE, H.-G.
Die rechtliche Problematik der Anzeigenblätter, Diss. Univ. Münster 1974.

DEUSS, J.
Die Packung in der betrieblichen Absatzpolitik, Göttingen 1985.

DEUTSCHE BUNDESBANK
Geschäftsbericht der Deutschen Bundesbank, Frankfurt a.M, versch. Jgg.

DEUTSCHE BUNDESPOST
Studie Direktwerbung, Untersuchung des Instituts für Verbrauchs- und Einkaufsforschung IVE Research International/ Hamburg i.A. der Deutschen Bundespost, Bonn 1981.

DEUTSCHE BUNDESPOST
Direktwerbung-Akzeptanz beim Verbraucher, Untersuchung der Deutschen Bundespost in Zusammenarbeit mit der Werbeagentur Lintas/Hamburg und dem IVE-Research International/Hamburg, Bonn 1986.

DEUTSCHER HANDWERKSKAMMERTAG
Statistik der Betriebseintragungen in den Handwerksrollen, Bonn 1988.

DEUTSCHES BIBLIOTHEKSINSTITUT
Deutsche Bibliotheksstatistik, Berlin (West), versch. Jgg.

DEUTSCHES INSTITUT FÜR WIRTSCHAFTSFORSCHUNG
Empirische Untersuchung von industriellen Größenvorteilen (Economies of Scale) nach der Methode der Ingenieurschätzungen, Gutachten i.A. der Monopolkommission, Projektleitung: J. Müller, Berlin (West) 1985.

DOHMEN, J.
Supplements im Medienmarkt - Der unaufhaltsame Aufstieg eines neuen Mediums, in: ZV+ZV, Zeitschrift für Presse und Werbung, 76.Jg., Heft Nr.24, Bonn 1979, S.983-987.

DOSTAL, W.
Beschäftigtenentwicklung in der Druckerei- und Vervielfältigungsindustrie vor dem Hintergrund technischer Änderungen, in: Mitteilungen zur Arbeitsmarkt- und Berufsforschung, 21.Jg., Heft Nr.1, Nürnberg 1988, S.97-114.

DREPPENSTEDT, E.
Der Zeitungs- und Zeitschriftenmarkt, Diss. Univ. Erlangen-Nürnberg 1968.

DÜRR, H.
Zeitungsverlage greifen zum Buch, in: Die Zeit, Ausgabe v. 15.05.1981, Hamburg 1981.

DUNDLER, F.
Urlaubsreisen 1987, Einige Ergebnisse der Reiseanalyse 1987 - Kurzfassung, Hrsg.: Studienkreis für Tourismus e.V., Starnberg 1988.

ECK, E.-M.
Zwischen Buch und Bildschirm, in: Medienspiegel des Instituts der deutschen Wirtschaft, Heft Nr.8, Köln 1980, S.6.

EDER, M.A.
Wie Werbung war - und werden wird, in: Direkt-Marketing, 22.Jg., Heft.Nr.4, Ettlingen 1986, S.144-153.

EIDENBENZ, H.J.
Die operative Jahresplanung in der Druckereiunternehmung, Diss. Hochschule St.Gallen 1977.

ELI, M./ LAUMER, L.
Der Versandhandel - Struktur und Wachstum im internationalen Vergleich, Berlin u. München 1970.

ENGELHARDT, W.H.
Erscheinungsformen und absatzpolitische Probleme von Angebots- und Nachfrageverbundenheit, in: Schmalenbachs Zeitschrift für Betriebswirtschaftliche Forschung, 28.Jg., Wiesbaden 1976, S.77-90.

ENKE, H./ GESCHWENDTNER, H./ KÖRBER-WEIK, M./ LINDNER, H.
Struktur, Konjunktur und Wirtschaftswachstum, Tübingen 1984.

ERTEL, R./ MEYER, W.
Zur Abgrenzung substitutiver und komplementärer Gutsbeziehungen, Diskussionspapier der Fakultät für Wirtschaftswissenschaften der Technischen Universität Hannover, Heft Nr.20, Serie C, Hannover 1977.

EUROPA BIRKNER MARKETING REPORT
Bd.2, Länderprofile, Hamburg 1979.

FASSING, W.
Konzentration, Wachstum und Strukturwandel, in: WSI-Mitteilungen, Jg.1983, Heft Nr.3, Düsseldorf 1983, S.301-309.

FELS, G./ SCHMIDT, K.-D.
Die deutsche Wirtschaft im Strukturwandel, Kieler Studien Nr.166, Hrsg.: H. Giersch, Tübingen 1981.

FELS, G./ SCHMIDT, K.-D.
Stellungnahme des Instituts für Weltwirtschaft, in: B. Gahlen (Hrsg.), Strukturberichterstattung der Wirtschaftsforschungsinstitute, Tübingen 1982, S.162-173.

FERTIG, E.
Bibliogaphie: Buch und Lesen, Hrsg.: H. Steinberg u. K.H. Teckentrup, Gütersloh 1979.

FISCHER, H.
Drucksachenwerbung, in: K.Chr. Behrens (Hrsg.), Handbuch der Werbung, Wiesbaden 1970, S.571-578.

FISCHER-SAATH, G.
Die Anwendung der Absatzpolitik im Druckereibetrieb, Diss. Freie Univ. Berlin (West) 1979.

FLOTHMANN, H.
Der Sofortdruck-Markt in der Bundesrepublik Deutschland, Großbritannien, Schweden und den USA, Hrsg.: BVD, Wiesbaden 1982.

FLOTHMANN, H.
Entwicklungstendenzen im Sofortdruck, Hrsg.: BVD, Wiesbaden 1988.

FÖRSTER, E./ RÖNZ, B.
Methoden der Korrelations- und Regressionsanalyse, Berlin (Ost) 1979.

FRANK, E.
Entwicklungstendenzen aus Sicht des Farbherstellers, in: Druck Print, Jg.1988, Heft Nr.6, Heusenstamm 1988, S.172-174.

FRANZ, K.
Rollenoffset: Zwischen Bogen- und Tiefdruck, in: Der Druckspiegel, 44.Jg., Heft Nr.9, Heusenstamm 1989, S.867-874.

FRANZMANN, B.
Buchmarkt- und Leserforschung in Deutschland, in: Buch und Lesen, Bertelsmann Texte Nr.7, Gütersloh 1978, S.147-173.

FRANZMANN, B.
Plädoyer für Buch und Lesen, in: Buch und Lesen, Bertelsmann Texte Nr.7, Gütersloh 1978, S.175-191.

FRANZMANN, B.
Leseverhalten im Spiegel neuerer Untersuchungen, in: Media Perspektiven, Jg.1989, Heft Nr.2, Frankfurt a.M. 1989, S.86-98.

FREMDENVERKEHRSWIRTSCHAFT INTERNATIONAL
Veranstaltermarkt-Statistik, Hamburg, versch. Jgg.

FREUDENBERG, F.P.
Anzeigenblätter gibt es schon lange, in: Zeitschrift für Presse + Werbung, Jg.76, Heft Nr.34, Bonn 1979, S.1326-1328.

FRIEDRICH, R.O.
Außenwerbung - Das Plakat ist wieder "in", in:
Der Arbeitgeber, 28.Jg., Heft Nr.13, Köln 1976,
S.567.

FRIEMEL, E.
Setzen, Belichten, Drucken - Der schnellste Weg
vom Satz zum Druck, in: Deutscher Drucker, 24.Jg.,
Heft Nr.9, S.w49-w54.

FUCHS, H.
Peripherie: Ergänzungsmöglichkeiten für moderne Personalcomputer, in: Wirtschaftswoche-Special-Supplement, 42.Jg.,
Heft Nr.3, Büroautomation II: Vielfalt für die Praxis,
Düsseldorf 1988, S.38-42.

FÜHLER, W.
Steigender Einsatz metallisierter Bedruckstoffe weltweit, in:
Verpackungs-Rundschau, 37.Jg., Heft Nr.6, Heusenstamm 1986,
S.696-699.

GAHLEN, B.
Probleme des Strukturwandels und der Strukturpolitik, in:
G. Bombach/ B. Gahlen/ A. Ott (Hrsg.), Probleme des Strukturwandels und der Strukturpolitik, Tübingen 1977, S.3-27.

GAHLEN, B.
Vorwort des Herausgebers, in: B. Gahlen (Hrsg.), Strukturberichterstattung der Wirtschaftsforschungsinstitute, Tübingen 1982,
S.VII-XIII.

GERSTENBERGER, W.
Ansätze und Methoden zur Strukturanalyse - Ausgewählte
Beispiele zur Strukturberichterstattung, Sonderhefte zum
Allgemeinen Statistischen Archiv, Heft Nr.24, Göttingen
1986.

GIERSCH, H.
Konjunktur- und Wachstumspolitik in der offenen Wirtschaft,
Bd.2, Wiesbaden 1977.

GLAUBITZ, J./ MIDDEKE, M.
Rationalisierung im Versandhandel, in: WSI-Mitteilungen,
36.Jg. Heft Nr.8, Köln 1983, S.502-511.

GÖRGENS, E.
Wandlungen der industriellen Produktionsstruktur im wirtschaftlichen Wachstum, Bern u. Stuttgart 1975.

GÖRGENS, E.
Investitionsquote und Kapitalkoeffizient als Anknüpfungspunkte wachstumspolitscher Empfehlungen, in: WiSt, 6.Jg., Heft Nr.3, München u. Frankfurt 1977, S.103-109.

GÖRZIG, B./ SCHINTKE, J./ SCHMIDT, M.
Produktionsvolumen und -potential, Produktionsfaktoren des Bergbaus und des Verarbeitenden Gewerbes in der Bundesrepublik Deutschland, Hrsg.: DIW, 31.Folge 1970-1988, Berlin (West) 1989.

GOLDSTONE, M.
Aussichten für den Druck: Marktchancen und Kundenanforderungen in Deutschland und im benachbarten Ausland, vervielf. Referat hrsg. v. BVD, gehalten am 25.10.1988 anläßlich der Fachveranstaltung: "Druckmärkte im Wandel", die im Rahmen der XIV.Woche der Druckindustrie in Nürnberg stattfand.

GREFERMANN, K.
Papierverarbeitung und Druckerei-Industrie aus Sicht der siebziger Jahre, Hrsg.: IFO-Institut, Reihe Industrie, Heft 22, Berlin (West) u. München 1973.

GREFERMANN, K.
Der Verpackungsmarkt in den achtziger Jahren, in: Allgemeine Papier-Rundschau, 27.Jg., Heft Nr.31, Frankfurt a.M. 1976, S.984/985.

GREFERMANN, K.
Druckerei- und Vervielfältigungsindustrie, Hrsg.: IFO-Institut, Reihe Industrie Heft 32, Berlin (West) u. München 1980.

GREFERMANN, K.
Papier- und Pappeverarbeitung, Reihe Industrie Heft 41, Hrsg.: IFO-Institut, Berlin (West) u. München 1986.

GREFERMANN, K.
Druckindustrie - Strukturwandlungen und Entwicklungsperspektiven, Hrsg.: IFO-Institut, Reihe Industrie Heft 45, Berlin (West) u. München 1990.

GROSSE, J.
Über die Zukunft des Endlosformulardrucks entscheidet neben dem Markt auch das Maschinenangebot der Lieferindustrie, in: Druckwelt, 36.Jg., Heft Nr.3, Hannover 1986, S.24-26.

GROSSE, J.
Der Formulardrucker als Dienstleister - den Nutzen hat der Kunde, vervielf. Referat, gehalten am 28.10.1988 anläßlich der XIV.Woche der Druckindustrie bei der Fachveranstaltung Endlosformulardruck, Nürnberg 1988.

GUTENBERG, E.
Grundlagen der Betriebswirtschaftslehre, Bd.I: Die Produktion, 23.unveränd. Aufl., Berlin (West), Heidelberg u. New York 1979.

HÄRTEL, H.-H.
Internationale Wettbewerbsposition der deutschen Wirtschaft, in: W. Gerstenberger (Hrsg.), Ansätze und Methoden zur Strukturanalyse, Sonderhefte zum Allgemeinen Statistischen Archiv, Heft Nr.24, Göttingen 1986, S.47-69.

HAMER, E.
Wenn der TÜV Drucksachen anbietet, Hausdruckereien als unlautere Konkurrenz, in: F.A.Z., Ausgabe v. 16.12.1986, Frankfurt a.M. 1986.

HAJEK, E./ PULANEK, J.
Verpackungskostenrechnung auf Basis von Vollkosten, in: RGV (1978), RGV-Handbuch Verpackung a.a.O., Bd.1, Nr.2112 (1982).

HAKE, L.
Der Aufbau einer Pressestatistik, in: Wirtschaft und Statistik, Jg. 1977, Heft Nr.5, Stuttgart u. Mainz 1977, S.291-296.

HALEFELDT, E.
Gesamtkosten der Wirtschaftswerbung in der BR Deutschland 1981 und 1982, in : Media Perspektiven, Jg 1985, Heft Nr.5, Frankfurt a.M. 1985, S.337-341.

HAMER, E.
Regiedruckereien verzerren Wettbewerb, in: Druckwelt, 37.Jg., Heft Nr.3, Hannover 1987, S.16/17.

HANSEN, U.
Verpackung und Konsumentenverhalten - Aktuelle Tendenzen, in: Marketing ZFP, 8.Jg., Heft Nr.1, München u. Frankfurt a.M. 1986, S.5-12.

HAPPEL, H.
Vorteile und Vorurteile - Erfolgreich werben mit Handzetteln, in: Selbstbedienung - Dynamik im Handel, Jg. 1981, Heft Nr.2, Köln 1981, S.12-19.

HAUPTVERBAND DER GRAPHISCHEN UNTERNEHMUNGEN ÖSTERREICHS
(Hrsg.), Druck 2000 - Denkanstöße für eine erfolgreiche Zukunft, Wien 1984.

HEGERING, H.-G.
Grenzen sprengen - LANs vielfältig einsetzbar, in: F.A.Z., Ausgabe v. 17.10.1989, Frankfurt a.M. 1989, S.B7.

HEIDELBERGER DRUCKMASCHINEN AG
Heidelberger Nachrichten, 43.Jg., Heft Nr.2: Heidelberg CPC, Heidelberg 1985.

HEIDELBERGER DRUCKMASCHINEN AG
Heidelberger Nachrichten, Jg.48, Heft 1: DRUPA 90, Heidelberg 1990.

HELMSTÄDTER, E.
Gestaltete Expansion bei Vollbeschäftigung - Strukturwandel als Erkenntnis- und Gestaltungsaufgabe, in: IFO-Studien, Heft Nr.25, München 1979, S.1-18.

HELMSTÄDTER, E.
Ordnungspolitische Probleme der Strukturberichterstattung, in: B. Gahlen (Hrsg.), Strukturberichterstattung der Wirtschaftsforschungsinstitute, Tübingen 1982, S.53-68.

HELMSTÄDTER, E.
Sektorales Wachstum, Zur Leistungsfähigkeit der Hoffmann'schen Typisierung des Industrialisierungsprozesses, in: E. Helmstädter (Hrsg.), Die Bedingungen des Wirtschaftswachstums in Vergangenheit und Zukunft, Tübingen 1984, S.143-151.

HENKSMEIER, K.H.
Ansprüche der Selbstbedienung an die Verpackungsgestaltung, in: RGV im RKW e.V. (Hrsg.), RGV-Handbuch Verpackung (Loseblattsammlung), Berlin (West) 1978, Bd.1, Nr.0151 (1980).

HEPPT, E.
Umstellung des kurzfristigen Berichtssystems im Bergbau und im Verarbeitenden Gewerbe, in: Wirtschaft und Statistik, Jg.1979, Heft Nr.6, Stuttgart u. Mainz 1979, S.394-402.

HERDZINA, K.
Wirtschaftliches Wachstum, Strukturwandel und Wettbewerb, Quaestiones oeconomicae Bd.7, Hrsg.: H.Besters, Berlin (West) 1981.

HEUER, G.F.
Adreß- und Fernsprechbücher, in: J. Ruland (Hrsg.), Werbeträger, 6.veränd. Aufl., Bad Homburg 1981, S.203-216.

HEUSS, E.
Allgemeine Markttheorie, Tübingen u. Zürich 1965.

HINZE, F.
Wandlungen am Buchmarkt - Der Taschenbuchmarkt in Deutschland, in: W. Adrian, F. Hinze u.a. (Hrsg.) Das Buch in der dynamischen Gesellschaft, Trier 1970, S.185-200.

HOCHREITER, R.
Tourismusindustrie, in: P. Oberender (Hrsg.), Marktstruktur und Wettbewerb in der Bundesrepublik Deutschland, München 1984, S.631-657.

HÖLZEL, R.-D.
Veredelungsprozeß - über neue Entwicklungen im Adressenmanagement, in: Industriemagazin, Jg.1986, Heft Nr.11, München 1986, S.124.

HOFSÄHS, R.
Zukunft des Buches, Anmerkungen zu medienpolitischen Fragen des Buches, in: Bertelsmann Briefe, Heft Nr.100 4/79, Gütersloh 1979, S.25-31.

HOLSCHER, C.
Absatzanbahnung, in: P.W. Meyer/ A. Hermanns (Hrsg.), Integrierte Marketingfunktionen, Stuttgart; Mainz u.a. 1978, S.57-77.

HOPPMANN, E.
Die Abgrenzung des relevanten Marktes im Rahmen der Mißbrauchsaufsicht über marktbeherrschende Unternehmen, Baden-Baden 1974.

HÜLSBUSCH, W.
Die Druckindustrie in der Informationsgesellschaft, Teil 2: Entwicklungen der Informationstechnologien, in: Der Druckspiegel, 44.Jg., Heft Nr.9, Heusenstamm 1989, S.959-963.

HÜLSBUSCH, W.
Die Druckindustrie in der Informationsgesellschaft, Teil 3: Rahmenbedingungen der Entwicklung neuer (Tele-)Kommunikationsmittel, in: Der Druckspiegel, 44.Jg., Heft Nr.10, Heusenstamm 1989, S.1100-1105.

IBIELSKI, E.
Verpackung als Instrument der Werbung und Verkaufsförderung für Konsumgüter, in: RGV (1978), RGV-Handbuch Verpackung a.a.O., Bd.1, Nr.2095 (1981).

IFO-INSTITUT FÜR WIRTSCHAFTSFORSCHUNG e.V.
IFO-Studien zur Industriewirtschaft, Heft Nr.13: Innovationspolitik zur Modernisierung der Produktions- und Fertigungstechnik, Teil I: Strukturanalysen, München 1977.

IFO-INSTITUT FÜR WIRTSCHAFTSFORSCHUNG e.V.
Strukturdaten der Industrie, 15.Folge 1970-1985, München 1986.

IFO-INSTITUT FÜR WIRTSCHAFTSFORSCHUNG e.V.
Strukturdaten der Industrie, 16.Folge 1970-1986, München 1987.

IFO-INSTITUT FÜR WIRTSCHAFTSFORSCHUNG e.V.
Investitionsbericht - Druckerei und Vervielfältigung, unveröff., wird nur an Befragungsteilnehmer abgegeben, München, versch. Jgg.

IFO-INSTITUT FÜR WIRTSCHAFTSFORSCHUNG e.V.
Innovationsbericht - Ergebnisse des IFO-Innovationstests 1986/1987, unveröff., wird nur an Befragungsteilnehmer abgegeben, München 1988.

IFO-INSTITUT FÜR WIRTSCHAFTSFORSCHUNG e.V.
Zu den Ergebnissen der jährlichen Sonderbefragung im Druckgewerbe i.A. des BVD, versch. Geschäftsjahre, unveröff., wird nur an Befragungsteilnehmer abgegeben, München.

INFORMATIONSGEMEINSCHAFT ZUR FESTSTELLUNG DER VERBREITUNG VON WERBETRÄGERN e.V.
Auflagenliste der IVW, Bonn, versch. Jgg.

INFORMATIONSGEMEINSCHAFT ZUR FESTSTELLUNG DER VERBREITUNG VON WERBETRÄGERN e.V.
Die IVW - Aufgaben und Bedeutung, Hrsg: IVW, Bonn 1979.

INFRATEST-MARKETINGFORSCHUNG GMBH & CO KG
Werbedrucksachen und ihre Empfänger, Kurzbericht einer Repräsentativerhebung i.A. des BVD, München 1977, Teil I.

INSTITUT FÜR DEMOSKOPIE ALLENSBACH
Allensbacher Archiv, IfD-Umfragen 2032, 2098, 3053 und 3096, Allensbach.

INSTITUT FÜR HANDELSFORSCHUNG/ UNIVERSITÄT ZU KÖLN
Katalog E - Begriffsdefinitionen aus der Handels- und Absatzwirtschaft, 3.Ausg., Köln 1982.

INSTITUT FÜR SELBSTBEDIENUNG UND WARENWIRTSCHAFT GMBH
SB in Zahlen, Ausgabe 1988, Köln 1988.

INTERMARKET GESELLSCHAFT FÜR INTERNATIONALE MARKT- UND MEINUNGSFORSCHUNG MBH/ DÜSSELDORF
Die Einstellungen von werbungtreibenden Firmen und Werbeagenturen gegenüber Werbedrucksachen, Ergebnisbericht einer i.A. des BVD durchgeführten Untersuchung, Hrsg.: BVD, Wiesbaden 1982.

IRES-MARKETING GESELLSCHAFT FÜR MARKT-, MOTIV- UND WERBEFORSCHUNG
Nutzung und Resonanz von Versicherungs-Druckschriften, Ergebnisbericht einer i.A. des BVD und der ÖMARK Marketinggesellschaft öffentlicher Versicherer mbH durchgeführten Untersuchung, Düsseldorf 1987.

JÄGER, G.
Werbefernsehen, in: J. Ruland (Hrsg.), Werbeträger, Bad Homburg 1981, S.225-244.

JOHANNES-GUTENBERG-SCHULE,
Impuls 1990, Jahreszeitschrift des 20.Technikerlehrgangs an der Johannes-Gutenberg-Schule, Stuttgart 1990.

JOSCHKE, H.K.
Formulare, in: Management-Enzyklopädie, Hrsg.: Verlag Moderne Industrie, Bd.2, München 1972, S.1029-1040.

KANTZENBACH, E.
Die Funktionsfähigkeit des Wettbewerbs, Wirtschaftspolitsche Studien, Heft Nr.1, Göttingen 1966.

KANTZENBACH, E.
Wirtschaftliche Ursachen und Auswirkungen der Nachfragemacht, in: Bayrisches Staatsministerium für Wirtschaft und Verkehr (Hrsg.), Wettbewerbskongreß 1977, München 1977, S.125-138.

KAUFER, E.
Die Bestimmung von Marktmacht, Diss. Univ. Marburg 1965, veröff. in Bern u. Stuttgart 1967.

KAUFER, E.
Industrieökonomik - Eine Einführung in die Wettbewerbstheorie, München 1980.

KERN, W. u.a.
Handwörterbuch der Produktionswirtschaft, Enzyklopädie der Betriebswirtschaftslehre, Bd.7, Stuttgart 1979.

KIEFER, M.-L.
Massenkommunikation 1964 bis 1980, in: Media Perspektiven, Jg.1981, Heft Nr.4, Frankfurt a.M. 1981, S.261-286.

KIEFER, M.-L.
Zielgruppen - Wer, Wie, Wo?, in: Media Perspektiven, Jg.1983, Heft Nr.9, Frankfurt a.M. 1983, S.601-609.

KIEFER, M.-L.
Massenkommunikation 1964 bis 1985 - Trendanalyse zur Mediennutzung und Medienbewertung, in: Media Perspektiven, Jg. 1987, Heft Nr.3, Frankfurt a.M. 1987, S.137-148.

KLEIN-BLENKERS, F./ ROBL, K.
Die Werbekosten in der Bundesrepublik Deutschland 1972, in: Mitteilungen des Instituts für Handelsforschung an der Universität zu Köln, Hrsg.: E. Sundhoff, 27.Jg., Heft Nr.5, Köln 1975, S.61-72.

KLEIN-BLENKERS, F./ ROBL, K.
Die Werbekosten in der Bundesrepublik Deutschland 1975, in: Mitteilungen des Instituts für Handelsforschung an der Universität zu Köln, 29.Jg., Heft Nr.3, Köln 1977, S.43-45.

KLEIN-BLENKERS, F./ ROBL, K.
Die Werbekosten in der Bundesrepublik Deutschland 1978, Seminarinformationen des Seminars für Allgemeine Betriebswirtschaftslehre, Handel und Absatz an der Universität zu Köln, Heft Nr.1, Köln 1980, S.1-12.

KLEIN-BLENKERS, F./ HILLESHEIM, J.
Die Werbekosten in der Bundesrepublik Deutschland 1981 und 1982, Seminarinformationen des Seminars für Allgemeine Betriebswirtschaftslehre, Handel und Absatz an der Universität zu Köln, Heft Nr.17, Köln 1984, S.1-35.

KLEIN-BLENKERS, F./ HILLESHEIM, J.
Die Werbekosten in der Bundesrepublik Deutschland 1984, Mitteilungen des Instituts für Handelsforschung an der Universität zu Köln, Sonderheft Nr.32, Göttingen 1986.

KLINGE, H.
Zeitschriften garantieren Kontinuität auf dem Medienmarkt, in: Der Polygraph, 40.Jg., Heft Nr.II, Frankfurt a.M. 1987, S.891.

KNAUEL, H.
Rationell? Automatisch? Preiswert? - Herstellung: Taschenbücher vom Fließband, in: Börsenblatt, Jg.1980, Heft Nr.24, Frankfurt a.M. 1980, S.647-651.

KOCH, H.
Anzeigenmärkte in Bildschirmtext: Gefahren und neue Möglichkeiten für Zeitungen, München 1985.

KOCHENDÖRFER, P.
Verpackungsdruck heute - Aufgaben, Technik und Einsatzgebiete, in: Verpackungs-Rundschau, 35.Jg., Heft Nr.5, Heusenstamm 1984, S.784-795.

KOPSCH, H.
Außenwerbung, in: K. Chr. Behrens (Hrsg.), Handbuch der Werbung, Wiesbaden 1970, S.587-612.

KORNELI, H.
Haushaltswerbung, in: J. Ruland (Hrsg.), Werbeträger, Bad Homburg 1981, S.322-334.

KOUTSOYIANNIS, A.
Modern Microeconomics, 2nd Ed., New York 1988.

KRAKOWSKI, M.
Dekonzentrationsprozesse in der Bundesrepublik Deutschland, Köln, Berlin, Bonn u. München 1985.

KRENGEL, R./ BAUMGART, E./ BOENESS, A./ PISCHNER, R./ DRÖGE, K.
Produktionsvolumen und -potential, Produktionsfaktoren der Industrie im Gebiet der Bundesrepublik Deutschland, Hrsg.: DIW, 16.Folge 1960-1970, Berlin (West) 1975.

KRENGEL, R.
Drastische Verschlechterung des Altersaufbaus und des Modernitätsgrades des industriellen Anlagevermögens in der Bundesrepublik Deutschland, in: Vierteljahreshefte zur Wirtschaftsforschung, Hrsg.: DIW, Jg.1978, Heft 1, Berlin (West) 1978, S.22-28.

KROEBER-RIEL, W.
Weniger Informationsüberlastung durch Bildkommunikation, in: Wirtschaft und Studium, 16.Jg., Heft Nr.10, München u. Frankfurt a.M. 1987, S.485-489.

KROEBER-RIEL, W.
Informationsüberlastung durch Massenmedien und Werbung in Deutschland. Messung - Interpretation - Folgen, in: Die Betriebswirtschaft, 47.Jg., Stuttgart 1987, S.257-264.

KRUBER, K.-P.
Marktentwicklung im Wirtschaftswachstum, in: Wirtschaftsstudium, Heft Nr.10, 2.Jg., Tübingen u. Düsseldorf 1973, S.467-473.

KRUSE, J.
Ökonomie der Monopolregulierung, Göttingen 1985.

KÜCHLER, M.
Image-Broschüren - von Planung bis Einsatz, in: Der Arbeitgeber, 36.Jg., Heft Nr.24, Köln 1984, S.1035/1036.

KUNZ, G.M.
Direktwerbung - Die meisten akzeptieren sie, in: Absatzwirtschaft, 29.Jg., Heft Nr.4, Düsseldorf 1986, S.76-81.

KÜPPER, H.-U.
Produktionstypen, in: Handwörterbuch der Produktionswirtschaft, W. Kern u.a. (Hrsg.), Enzyklopädie der Betriebswirtschaftslehre, Bd.7, Stuttgart 1979, S.1636-1647.

LAMBERTS, W.
Geldzins, Güterzins und Arbeitsproduktivität, Teil 1: Die Determinanten der Produktivitätsrate, in: Mitteilungen des RWI, 34.Jg., Essen 1983, S.143-159.

LAMBERTS, W.
Geldzins, Güterzins und Arbeitsproduktivität, Teil 2: Der Einfluß der Realzins-Rendite-Spanne auf die Produktivitätsgestaltung, in: Mitteilungen des RWI, 34.Jg., Essen 1983, S.161-177.

LAUKHUFF-TEAM
Einstellungen und Urteile von Meinungsbildnern zur Direktwerbung, Ergebnisbericht einer i.A. des BVD und des ADV durchgeführten Untersuchung, Frankfurt a.M. 1981.

LEHMANN, U.
Das gestaltete Formular ist unersetzbar, in: Der Polygraph, 40.Jg., Heft Nr.II, Frankfurt a.M. 1987, S.937-942.

LEMPEN, R.
Selektives Marketing für die Druckindustrie, Diss. Hochschule St. Gallen 1973, veröff. in Winterthur 1973.

LEONHARDT, C.
Das Taschenbuch - seine Stellung und sein Einfluß im deutschen Buchmarkt, Diss. Univ. Würzburg 1982, veröff. in: Beilage zum Börsenblatt für den Deutschen Buchhandel - Frankfurter Ausgabe -, Heft Nr.77, Frankfurt a.M. 1985, S.1947-2048.

von LUCIUS, W.D.
Wachsende Märkte für das Buch?, in: Börsenblatt, Jg.1973, Heft Nr.14, Frankfurt a.M. 1973, S.204-211.

LÜCKMANN, R.
Versandhandel - Die Großen Vollsortimenter mußten im vergangenen Geschäftsjahr Stagnation hinnehmen, in: Handelsblatt, Ausgabe v. 17.02.1986, Düsseldorf 1986.

MAASS, R.
Integrierte kurzfristige Prozeßplanung bei auftragsorientierter Fertigung unter besonderer Berücksichtigung von Druckereibetrieben, Diss. Univ. Köln 1975.

MAASS, R.
Produktion in der Druckindustrie, in: W. Kern u.a. (Hrsg.), Handwörterbuch der Produktionswirtschaft - Enzyklopädie der Betriebswirtschaftslehre, Bd.7, Stuttgart 1979, S.415-421.

MACHILL, H.
Weihnachtserhebung des Sortimentsbuchhandels 1979, in: Archiv für Soziologie und Wirtschaftsfragen des Buchhandels XLVIII, Börsenblatt des Deutschen Buchhandels Heft Nr.25, Frankfurt a.M. 1980, S.1167.

MACHLUP, F.
Structure and structural change: Weaselwords and Jargon, in: Zeitschrift für Nationalökonomie, Bd.XVIII, Wien 1958, S.280-298.

MACK, U.
Struktur und Entwicklungsperspektiven der Verpackungsbranche aus Sicht der verpackenden Industrie, in: Verpackungs-Rundschau, 35.Jg., Heft Nr.6, Heusenstamm 1984, S.928-935.

MAHLEIN, L.
Streik in der Druckindustrie: Erfolgreicher Widerstand, in: Gewerkschaftliche Monatshefte, 29.Jg., Heft Nr.5, Köln 1978, S.261-271.

MANGOLD, H.G.
Versandhandel, in: Management-Enzyklopädie a.a.O., Bd.6, München 1972, S.182-190.

MÄNNEL, W.
Eignung von Produktionsanlagen, in: W. Kern u.a. (Hrsg.), Handwörterbuch der Produktionswirtschaft, Bd.7, Stuttgart 1979, S.1466-1481.

MARSCHNER, M.
Formular-Ratgeber, Hrsg.: Feldmühle AG/Düsseldorf, Düsseldorf 1990.

MARSHALL, A.
Principles of Economics, London, 8.Ed.(repr.), London 1961.

MARTSCHINA, H./ FLOTHMANN, H.
Die Farbkopie als zusätzliches Leistungsmerkmal einer Kleinoffset-Druckerei, Hrsg.: BVD, Wiesbaden 1987.

MEIER, P.
Die Möglichkeiten und Grenzen der Planung und Steuerung im Druckereibetrieb, Diss. Hochschule St. Gallen 1971, veröff. in Zürich 1971.

MEINECKE, K.M.
Desktop Publishing in der Druckindustrie, Ergebnisse einer BVD/FOGRA-Studie, Hrsg.: BVD, Wiesbaden 1988.

MELLEROWICZ, K.
Kosten und Kostenrechnung, Bd.I: Theorie der Kosten, 5.veränd. Aufl., Berlin u. New York 1973.

MENZ, W./ ECKERT, H.
Absatzplanung und Verkaufssteuerung in der Druckindustrie, Hrsg.: Verband der Bayerischen Druckindustrie e.V., München 1973.

MERBOLD, C.
Fachzeitschriften - Mediaplanung, Würzburg 1983.

MEYER, P.W./ HERMANNS, A.
Theorie der Wirtschaftswerbung, Stuttgart; Mainz u.a. 1981.

MIDDEKE, N.
Ohne Existenzangst in der Welt der Neuen Medien, Gespräch mit dem Druck-Verbandspräsidenten H.-F. Sutter, in: Handelsblatt, Jg.1983, Ausgabe Nr.208 v. 26.10. 1983, Düsseldorf 1983.

MONOPOLKOMMISSION
5.Hauptgutachten der Monopolkommission 1982/83, Köln 1984.

MÜLLER, C.C.
Neue Medien - neue Marktchancen?, in: Der Arbeitgeber, 37.Jg., Heft Nr.8, Köln, S.295-297.

MÜLLER, S.
Das Anzeigenblatt - Ein neuer Werbeträger im Widerstreit der Interessen, in: Marketing - Zeitschrift für Forschung und Praxis, 5.Jg., Heft Nr.3, München 1983, S.161-164.

MÜLLER-MERKERT, A.
Anzeigenblätter, in: J. Ruland (Hrsg.), Werbeträger - Handbuch für die Praxis des Werbeträgereinsatzes, Bad Homburg 1981, S.111-118.

NICKEL, V.
Werbung - Werbeträger in den achtziger Jahren, in: Der Arbeitgeber, 33.Jg., Heft Nr.8, Köln 1981, S.379-386.

NICKEL, V.
Was Verbraucher wissen sollten - Post von der Werbung, Hrsg.: Bundesministerium für das Post- und Fernmeldewesen, Bonn 1987.

NIELSEN WERBEFORSCHUNG S+P/ HAMBURG
Horizont - Zeitung für Marketing, Werbung und Medien, Frankfurt a.M. u. New York, versch. Ausgaben.

NOLTE, E.
Die Bedarfsfaktoren im Büchermarkt, Diss. Univ. Mannheim 1962.

OBERENDER, P./ VÄTH, A.
Von der Industrieökonomie zur Marktökonomie, in: P. Oberender (Hrsg.), Marktökonomie, München 1989, S.3-27.

OPPENLÄNDER, K.H.
Begründung, Funktion und Fundierung der Strukturberichterstattung, in: B. Gahlen (Hrsg.), Strukturberichterstattung der Wirtschaftsforschungsinstitute, Tübingen 1982, S.148-160.

OPPERMANN, K.-J.
Qualitätssteigerungen im Kleinoffsetdruck - Maschinen- und verfahrenstechnische Perspektiven, vervielf. Referat hrsg. v. BVD, gehalten am 25.10.1988 anläßlich der Fachveranstaltung: "Kleinoffsetdruck", die im Rahmen der XIV.Woche der Druckindustrie in Nürnberg stattfand.

ORGANISATOR
EXTRA-Themaheft Nr.4: Direct Mail - Direktwerbung auch für Sie, Zürich 1981.

O.V.
Plakatwerbung im Media-Mix, in: Absatzwirtschaft, 19.Jg., Heft Nr.7, Düsseldorf u. Nürnberg 1976, S.30-32.

O.V.
Werber auf Plakat-Trip, in: Absatzwirtschaft, 19.Jg., Heft Nr.7, Düsseldorf u. Nürnberg 1976, S.28/29.

O.V.
ASW-Report, Packung: Weißer Fleck in der Medienlandschaft, in: Absatzwirtschaft, 19.Jg., Heft Nr.1, Düsseldorf 1976, S.20-32.

O.V.
Formulardruck: Probleme einer Branche unter >Fremdbestimmung<, in: Der Druckspiegel, 33.Jg., Heft Nr.2, Stuttgart u. Heusenstamm 1978, S.96-101.

O.V.
Besonders gefragt bei Luxusverpackungen: Das Heißprägen, in: Verpackungs-Rundschau, 29.Jg., Heft Nr.10, Heusenstamm 1978, S.1568-1570.

O.V.
Handelskonzepte - Die Katalogschneider, in: Absatzwirtschaft, 21.Jg., Heft Nr.12, Nürnberg u. Düsseldorf 1978, S.28-34.

O.V.
ZO-Firmenprofil: Otto Versand - Hamburg, in: Zeitschrift für Organisation, 48.Jg., Heft Nr.1, Wiesbaden 1979, S.25-29.

O.V.
Spezialversender - Karrieren in Marktnischen, in: Wirtschaftswoche, 33.Jg., Heft Nr.46, Düsseldorf 1979, S.50-62.

O.V.
Kataloge '80/'81: Kosten und Nutzen der "Bilderbücher" - Millionen für Träume auf Hochglanz, in: Die Welt, Ausgabe v. 05.09.1980, Hamburg 1980.

O.V.
Geschäftsberichte - Mehr Pflicht als Kür, in: Wirtschaftswoche, 37.Jg., Heft Nr.23, Düsseldorf 1983, S.42-46.

O.V.
Fachversender haben Zukunft - Mit Spezialitäten in die Marktnische, in: Impulse, Jg.1983, Heft Nr.5, Hamburg 1983, S.104-111.

O.V.
Versandhandel gewinnt wieder an Dynamik, in: Direkt-Marketing, 20.Jg., Heft Nr.6, Ettlingen 1984, S.232.

O.V.
Dekorieren - Profilieren - Informieren - Rund um die Etikettentechnik, in: Verpackungs-Rundschau, 35.Jg., Heft Nr.2, Heusenstamm 1984, S.108-122.

O.V.
Wälle gegen die Informationsflut in: Diebold Management Report, Jg.1985, Heft Nr.8, Frankfurt a.M. 1985.

O.V.
Branchen & Märkte: Versandhandel - Fast jeder Haushalt ist Kunde, in: Informationen für die Außenwirtschaft, Hrsg.: Deutscher Sparkassenverlag GmbH, Jg.1985, Heft Nr.11, Stuttgart 1985, S.10/11.

O.V.
Vermarktung durch Btx, in: Der neue Vertrieb, 37.Jg., Heft Nr.9, Hamburg 1985, S.48-54.

O.V.
Marketing-Mix: Kundenbindung per Brief, asw-Schwerpunkt: Mailings, in: Absatzwirtschaft - Zeitschrift für Marketing, 29.Jg., Heft Nr.4, Düsseldorf 1986, S.87/88.

O.V.
Fotokopien bringen Schulbuchverlage in Not, in: Frankfurter Rundschau, Ausgabe v. 22.07.1986, Frankfurt a.M. 1986.

O.V.
Endloskarteikarten decken vielfältigen Bedarf, in: Allgemeine Papier-Rundschau, Jg.1986, Heft Nr.9, Heusenstamm 1986, S.255.

O.V.
Direktwerbung gewinnt an Bedeutung, in: Direkt-Marketing, Zeitschrift für Direktwerbung und Verkaufsförderung, 22.Jg., Heft Nr.2, Ettlingen 1986, S.72/73.

O.V.
Redaktionsgespräch - Der Bundesverband des Deutschen Versandhandels e.V., in: Direkt-Marketing, 22.Jg., Heft Nr.10, Ettlingen 1986, S.396-401.

O.V.
Veredelung: Glänzende Drucksachen werben besser..., in: Druckwelt, 36.Jg., DRUPA-Sondernummer II, Hannover 1986, S.140-142.

O.V.
Computer machen Direktwerbung möglich, in: Druckwelt, 36.Jg., Heft Nr.13, Hannover 1986, S.17-20.

O.V.
Goebel - Ein Pionier im Endlosdruck, in: Profit - Fachzeitschrift für Rationalisierung und Marketing in der Druckindustrie, 3.Jg., Heft Nr.12, Offenbach a.M. 1986, S.24-25.

O.V.
Perspektiven im internationalen Druckgeschäft, in: Der Polygraph, 39.Jg., Heft Nr.24, Frankfurt a.M. 1986, S.2308-2314.

O.V.
Datenträgeretiketten für EDV-Anwender, in: Allgemeine Papier-Rundschau, Jg.1987, Heft Nr.46, Heusenstamm 1987, S.1386.

O.V.
Elektronische Farbreproduktion für Tageszeitungen - von "Groβen" genutzt, von "Kleinen" beargwöhnt, in: Deutscher Drucker, 23.Jg., Heft Nr.9, Ostfildern 1987, S.g9.

O.V.
Endlosdruck - Erfa-Kreis packt die Probleme selbst an, in: Druckwelt, 37.Jg., Heft Nr.3, Hannover 1987, S.42-44.

O.V.
Endlosdruck- Kleinauflagen zwingen zum Umdenken, in: Druckwelt, 37.Jg., Heft Nr.3, Hannover 1987, S.46-48.

O.V.
Endlosdruck - Markt fordert Technik heraus, in: Druckwelt, 37.Jg., Heft Nr.3, Hannover 1987, S.34-36.

O.V.
Der Markt für Endlosformulare ist in Bewegung, in: Der Polygraph, 40.Jg., Heft Nr.17, Frankfurt a.M. 1987, S.1651-1653.

O.V.
Teleshopping: Zweifel am Durchbruch, in: Absatzwirtschaft, 31.Jg., Heft Nr.1, Nürnberg u. Düsseldorf 1988, S.24-31.

O.V.
Franchise-Systeme in Deutschland, in: Franchise Report, 9.Jg., Heft Nr.4, München 1988, S.43-45.

O.V.
Impulse-Bildreportage - Die Renaissance des Plakats, in: Impulse, Jg.1988, Heft Nr.5, Hamburg 1988, S.109-113.

O.V.
Der beste Geschäftsbericht, in: Industriemagazin, Jg.1988, Heft Nr.11, München 1988, S.84/85.

O.V.
Giradets Hoffnung: Durch Konkurs zu neuer Zukunft, in: Druckwelt, 38.Jg., Heft Nr.13, Hannover 1988, S.16.

O.V.
Papiermarkt - Reißfeste Zukunft, in: Wirtschaftswoche-Special-Supplement, 42.Jg., Heft Nr.2, Büroautomation I: Wettlauf der Systeme, Düsseldorf 1988, S.63-68.

O.V.
Rolle kontra Bogen?, in: Der Druckspiegel, 43.Jg., Heft Nr.5, Heusenstamm 1988, S.575-577.

O.V.
Was tut sich denn beim Druckpapier?, in: Offset-Technik, Jg.1989, Heft Nr.11, Oberursel/Taunus 1989, S.29-32.

O.V.
Bücher, Broschüren, Drucksachen - heute und morgen, in: Druckwelt, 39.Jg., Heft Nr.14-15, Hannover 1989, S.53-56.

O.V.
Rotationsdruck mit integrierter Nachbearbeitung im Trend der Zeit?, in: Druckwelt, 39.Jg., Heft Nr.14-15, Hannover 1989, S.46/47.

O.V.
Es muß nicht immer 1/1 Seite 4c ang. sein, in:
Print, Jg.1989, Heft Nr.4, Mainz 1989, S.14-16.

O.V.
Drucktechnik: Zum Druck gibt es aus heutiger Sicht keine Alternative, in: Offset-Technik, Jg.1990, Heft Nr.2, Oberursel/Taunus 1990, S.18-22.

O.V.
Verpackungsdruck - Jetzt kommt Farbe in die "Schwarze Zunft", in: Neue Verpackung, 43.Jg., Heft Nr.3, Frankfurt a.M. 1990, S.48-51.

PANTFÖRDER, K.
Die Substitutionskonkurrenz in der modernen volkswirtschaftlichen Theorie und ihre Bedeutung für die Marktformenlehre, Diss. Univ. Freiburg/Schweiz 1969, veröff. in Reinheim/Odw. 1969.

PASSAUER, M.
Anzeigenblätter und ihre Auswirkungen im Wettbewerb, Diss. Univ. Gießen 1976.

PAUS, A.
Kundenzeitschriften, in: J. Ruland (Hrsg.), Werbeträger, Bad Homburg 1981, S.151-162.

PEKRUHL, U.
Aspekte der Entwicklung der nordrhein-westfälischen Druckbranche seit 1978, in: W. Fricke/ K. Johannson u.a. (Hrsg.), Jahrbuch Arbeit und Technik in Nordrhein-Westfalen 1986, Bonn 1986, S.351-368.

PETERS, J.
Desktop Publishing - Was bringt's wirklich?, Hrsg.: Arthur D.Little International, Wiesbaden 1988.

PFEFFER, J.
Berücksichtigung des internationalen Wettbewerbs bei der räumlichen Abgrenzung des relevanten Marktes, in: Wirtschaft und Wettbewerb, 36.Jg, Heft Nr.11, Düsseldorf 1986, S.853-861.

PICOT, A.
Transaktionskostenansatz in der Organisationstheorie - Stand der Diskussion und Aussagewert, in: Die Betriebswirtschaft, 42.Jg., Heft Nr.2, Stuttgart 1982, S.267-284.

POLANE, B.W.
The Role of Business Forms in Office Automation, Seminar der OECD in Paris von 10.-12. Dez. 1985 zum Thema: "Impact of new Information and Communication Technologies on the Pulp and Paper Industry", vervielf. Referat, Paris 1986.

PRECHSL, W.
Desktop-Publishing-Systeme und Netzwerke zwingen Satzhersteller ganz schnell zum Umdenken, in: Deutscher Drucker, 23.Jg., Heft Nr.7, Ostfildern 1987, S.w10-w23.

PRIEWE, J.
Produktivität - Sektoraler Strukturwandel und Produktivitätsentwicklung, in: Wirtschaftsdienst, 59.Jg., Heft Nr.II, Hamburg 1979, S.82-89.

PROCHAZKA, K.
Der Versandhandelsmarkt in Deutschland hat sich verändert, in: Direkt-Marketing, 23.Jg., Heft Nr.3, Ettlingen 1987, S.98-103.

PSOTTA, M.
Süddeutscher Verlag hofft auf neue Leser in der DDR, in: F.A.Z., Ausgabe v. 19.12.1989, Frankfurt a.M. 1989.

PÜRER, H.
Zur Zukunft der Zeitung, in: Publizistik - Vierteljahreshefte für Kommunikationsforschung, 27.Jg., Heft Nr.4, Konstanz 1982, S.541-550.

RAHMEYER, F.
Sektorale Preisentwicklung in der Bundesrepublik Deutschland: 1951-1977, Tübingen 1983.

RAITHEL, H.
Unternehmen: TUI - Schwitzkur für die Urlaubsmacher, in: Manager Magazin, 18.Jg., Heft Nr.4, Hamburg 1988, S.59-85.

REFFERT, R.
Die technische Entwicklung im Tiefdruck, 45.Jg., Heft Nr.11, Heusenstamm 1990, S.1441-1447.

REITER, M.
Publikumszeitschriften, in : J. Ruland (Hrsg.), Werbeträger, Bad Homburg 1981, S.125-150.

REITZ, M.
Lokale Netze - Kommunizierende Kanäle, in: Wirtschaftswoche-Special-Supplement, 42.Jg., Heft Nr.5, Computer und Kommunikation, Düsseldorf 1987, S.33-39.

REUTHER, B.
Der Substitutionswettbewerb zwischen Konsum-Verpackungen aus unterschiedlichen Packstoffen, Diss. Wirtschaftsuniv. Wien 1977.

RICHTER, H,
Pressekonzentration und neue Medien, zugl. Diss. Univ. Hamburg 1989, veröff. in Göttingen 1989.

RIDDER-AAB, C.-M.
Anzeigenblätter 1985 - gebremstes Wachstum, in: Media Perspektiven, Jg.1985, Heft Nr.8, Frankfurt a.M. 1985, S.634-643.

RIDDER-AAB, C.-M.
Die Werbekosten in der Bundesrepublik Deutschland - Anmerkungen zu den Berechnungen des Handels- und Absatzseminars der Universität zu Köln, in: Media Perspektiven, Jg.1986, Heft Nr.9, Frankfurt a.M. 1986, S.563-566.

RIDDER-AAB, C.-M.
Der Werbemarkt der Zukunft - Prognosen, Prämissen, Probleme, in: Media Perspektiven, Jg.1988, Heft Nr.4, Frankfurt a.M. 1988, S.185-197.

RIECK, A.
Effiziente Handelswerbung - Auswirkungen auf die Druckindustrie, vervielf. Referat hrsg. v. BVD, gehalten am 25.10.1988 anläßlich der Fachveranstaltung: "Druckmärkte im Wandel", die im Rahmen der XIV.Woche der Druckindustrie in Nürnberg stattfand.

ROBINSON, E.A.G.
The Structure of Competitive Industry, rev. Ed.1958, Cambridge u. Digswell Place 1959.

ROBINSON, J.
The Economics of Imperfect Competition, Ed.1961, London 1961.

RÖHM, W.
Tageszeitung und "Neue Medien", Diss. Univ. Mannheim 1982.

RULAND, J.
Werbeträger - Handbuch für die Praxis des Werbeträgereinsatzes, 6.Aufl., Bad Homburg 1981.

RULAND, J.
Gastarbeiter und ihre Medien, in: J.Ruland (Hrsg.), Werbeträger, Bad Homburg 1981, S.171-180.

SALOP, S.C.
Measuring Ease of Entry, in: The Antitrust Bulletin, Vol.XXXI, Summer, New York 1986, S.551-570.

SANDROCK, O.
Grundprobleme der sachlichen Marktabgrenzung, in: H. Merz u. W.R. Schluep (Hrsg.), Recht und Wirtschaft heute, Festschrift zum 65.Geburtstag von Max Kummer, Bern 1980, S.449-486.

SAXER, U./ LANGENBUCHER, W. / FRITZ, A.
Kommunikationsverhalten und Medien, Hrsg.: Bertelsmann Stiftung, Gütersloh 1989.

SCHABMAIR, H.
Selektive Marketing-Politik in der Druckindustrie, Diplomarbeit im Fachbereich Marketing bei Prof.Dr. R. Nieschlag, Univ. München 1974.

SCHEFER, D.
Direktwerbung: Das diskrete Medium, in: Absatzwirtschaft, 22.Jg., Heft Nr.5, Düsseldorf 1979, S.90-94.

SCHEFER, D.
Die Gestaltung und die wirtschaftliche Bedeutung der Direktwerbung, in: B. Tietz (Hrsg.), Die Werbung, Bd.2, Frankfurt a.M. 1982, S.1474-1506.

SCHEITER, D.
Photokopieren im digitalen Zeitalter, in: F.A.Z., Ausgabe v. 17.10.1989, S.B19, Frankfurt a.M. 1989.

SCHILLING, J.
Basisstudie zum Thema Buchmarkt, vervielf., Gütersloh 1984.

SCHLÖGL, H.
Mehrproduktunternehmung, Marktentwicklung und Wettbewerb, Diss. Univ. Marburg 1972, veröff. in Frankfurt a.M. 1972.

SCHMALHOLZ, H./ SCHOLZ, L./ GÜRTLER, J.
Innovationen in der Industrie, IFO-Studien zur Industriewirtschaft Nr.28, München 1985.

SCHMIDT, B.
Bildschirmtext ist immer noch kein Medium für den privaten Markt, in: F.A.Z, Ausgabe v. 04.10.1989, Frankfurt a.M. 1989.

SCHMIDT, I.
Wettbewerbspolitik und Kartellrecht, 2.bearb. u. erw. Aufl., Stuttgart u. New York 1987.

SCHMIDT, K.-D./ GUNDLACH, E./ KLODT, H.
Im Strukturwandel vorangekommen?, Hrsg.: Institut für Weltwirtschaft, Kieler Diskussionsbeiträge, Heft Nr.122, Kiel 1986.

SCHMIDT, L.
Reproduzierbares Anlagevermögen in erweiterter Bereichsgliederung, in: Wirtschaft und Statistik, Jg.1986, Heft Nr.7, Stuttgart u. Mainz 1986, S.499-509.

SCHMIDTCHEN, G.
Lesekultur in Deutschland, Allensbach-Untersuchungen aus den Jahren 1968 und 1974, in: Börsenblatt für den Deutschen Buchhandel, Heft Nr.39, Frankfurt a.M. 1974, S.707-896.

SCHNEIDER, J.
Intelligente Drucksysteme als Hilfsmittel bzw. Alternative in der Satzherstellung, Hrsg.: BVD, Wiesbaden 1987.

SCHÖNE, H.
Mehr Produktivität beim Bogendruck, in: Druckwelt, 37.Jg., Heft Nr.14-15, Hannover 1987, S.44/45.

SCHOLZ, L.
Ursachen und Ausmaß sektoraler Strukturwandlungen in der verarbeitenden Industrie, in: IFO-Schnelldienst, 30.Jg., Heft 11/12, München 1977.

SCHRAPE, K.
Mediennutzung im Wandel - Der Endverbraucher zwischen Möglichkeiten und Machbarkeiten, vervielf. Referat gehalten anläßlich der Imprinta 1984 in Düsseldorf, Hrsg.: BVD, Wiesbaden 1984.

SCHROEDER, R.
Papierverarbeitung und Druckerei-Industrie, Hrsg.: IFO-Institut/ München, Reihe Industrie, Heft 12, Berlin (West) u. München 1965.

SCHULZ, E.
Flexodruck im Wandel der Zeit: Entwicklung zu einem modernen Druckverfahren, in: Der Polygraph, 40.Jg., Heft Nr.II v. 05.06.1987, Frankfurt a.M. 1987, S.1122-1131.

SCHÜTZ, W.J.
Zwischen Kooperation und Konzentration, Rückblick und Ausblick auf die deutsche Presse, in: G. Mantwill (Hrsg.), Medien und Archive, Pullach b. München 1974, S.58-74.

SCHÜTZ, W.J.
Zur Struktur der Zeitungen in der Bundesrepublik Deutschland 1987, in: BDZV-Jahrbuch Zeitungen '87, Bonn 1987, S.16-51.

SCHÜTZ, W.J.
Zur Struktur der Zeitungen in der Bundesrepublik Deutschland 1989, in: BDZV-Jahrbuch Zeitungen '89, Bonn 1989, S.32-73.

SCHWALBE, H./ ZANDER, E.
Schneller besser mehr verkaufen, Heidelberg 1986.

SIEGERT, W.
Wesen und Bedeutung der Absatzwerbung im Versandhandel, Diss. Freie Univ. Berlin (West) 1974.

SIEPMANN, H.
Welches Papier für welches Mailing?, in : Direkt-Marketing, 20.Jg., Heft Nr.6, Ettlingen 1984, S.224-227.

SOBOTSCHINSKI, A.
Die Neuordnung der Statistik des Produzierenden Gewerbes, in: Wirtschaft und Statistik, Heft Nr.7, Jg.1976, Stuttgart u. Mainz 1976, S.405-412.

SPIEGEL-VERLAG
Spiegel-Dokumentation - Daten, Fakten, Trends 1947-87, Hamburg 1987.

STAATLICHE ZENTRALVERWALTUNG FÜR STATISTIK
Statistisches Jahrbuch der Deutschen Demokratischen Republik, 34.Jg., Berlin (Ost) 1989.

STATISTISCHES BUNDESAMT
Systematik der Wirtschaftszweige mit Betriebs- und ähnlichen Benennungen, Ausgabe 1979, Stuttgart u. Mainz 1982.

STATISTISCHES BUNDESAMT
Systematisches Warenverzeichnis für die Industriestatistik, Stuttgart u. Mainz, versch. Jgg.

STATISTISCHES BUNDESAMT
Systematisches Güterverzeichnis für Produktionsstatistiken, Ausgabe 1982, Stuttgart u. Mainz 1982.

STATISTISCHES BUNDESAMT
Warenverzeichnis für die Außenhandelsstatistik, Stuttgart u. Mainz, versch. Jgg.

STATISTISCHES BUNDESAMT
Fachserie 2: Unternehmen und Arbeitsstätten, Heft 11: Arbeitsstätten, Unternehmen und Beschäftigte 1987, 1970, 1961 u. 1950, Stuttgart 1989.

STATISTISCHES BUNDESAMT
Fachserie D: Industrie und Handwerk, Reihe 4: Sonderbeiträge zur Industriestatistik, Material- und Wareneingang in der Industrie 1967, Stuttgart u. Mainz 1969.

STATISTISCHES BUNDESAMT
Fachserie 4: Produzierendes Gewerbe, Reihe S.5: Material- und Wareneingang im Bergbau und Verarbeitenden Gewerbe, Stuttgart u. Mainz, Jg.1978 u. Jg.1982.

STATISTISCHES BUNDESAMT
Fachserie 4: Produzierendes Gewerbe, Reihe 4.2.4: Material- und Wareneingang im Bergbau und im Verarbeitenden Gewerbe, Jg.1986, Stuttgart 1989.

STATISTISCHES BUNDESAMT
Fachserie D: Industrie und Handwerk, Reihe 3: Industrielle Produktion, Stuttgart u. Mainz, versch. Jgg. bis einschl. Jg.1976.

STATISTISCHES BUNDESAMT
Fachserie 4: Produzierendes Gewerbe, Reihe 3.1: Produktion im Produzierenden Gewerbe des In- und Auslandes, Stuttgart u. Mainz, versch. Jgg.

STATISTISCHES BUNDESAMT
Fachserie 4: Produzierendes Gewerbe, Reihe 4.1.1: Beschäftigung, Umsatz und Energieversorgung der Unternehmen und Betriebe im Bergbau und im Verarbeitenden Gewerbe, Stuttgart u. Mainz, versch. Jgg.

STATISTISCHES BUNDESAMT
Fachserie D: Industrie und Handwerk, Reihe 4: Sonderbeiträge zur Industriestatistik, Betriebe, Beschäftigte und Umsatz nach Umsatzgrößenklassen, Stuttgart u. Mainz, versch. Jgg. bis einschl. Jg.1976.

STATISTISCHES BUNDESAMT
Fachserie 4: Produzierendes Gewerbe, Reihe 4.1.2: Betriebe, Beschäftigte und Umsatz im Bergbau und im Verarbeitenden Gewerbe nach Beschäftigtengrößenklassen, Stuttgart u. Mainz, versch. Jgg.

STATISTISCHES BUNDESAMT
Fachserie 4: Produzierendes Gewerbe, Reihe 4.3.3: Kostenstruktur der Unternehmen im Verbrauchsgüter produzierenden Gewerbe und im Nahrungs- und Genußmittelgewerbe, Jg.1987, Stuttgart 1989.

STATISTISCHES BUNDESAMT
Fachserie 4: Produzierendes Gewerbe, Reihe 7.1: Beschäftigte und Umsatz im Handwerk, versch. Jgg.

STATISTISCHES BUNDESAMT
Abteilung IV B3, bislang unveröff. Arbeitsunterlage: Beschäftigte und Umsatz von Unternehmen des Handwerks im Verarbeitenden Gewerbe und im Ausbaugewerbe mit weniger als 20 Beschäftigten, I.Quartal 1978 - IV.Quartal 1988, vervielf., Wiesbaden 1989.

STATISTISCHES BUNDESAMT
Fachserie D: Handwerkszählung 1963, Heft 1: Methodische Einführung; Betriebe, Beschäftigte, Gesamtumsatz, Stuttgart u. Mainz 1963.

STATISTISCHES BUNDESAMT
Fachserie D: Industrie und Handwerk, Handwerkszählung 1968, Heft 2: Unternehmen nach Wirtschaftszweigen und Größenklassen, Stuttgart u. Mainz 1969.

STATISTISCHES BUNDESAMT
Fachserie D: Industrie und Handwerk, Handwerkszählung 1968, Heft 3: Unternehmen nach Gewerbezweigen; Nebenbetriebe, Stuttgart u. Mainz 1969.

STATISTISCHES BUNDESAMT
Fachserie 4: Produzierendes Gewerbe, Handwerkszählung 1977, Heft 1: Methodische Einführung; Unternehmen nach Wirtschaftszweigen, Stuttgart u. Mainz 1978.

STATISTISCHES BUNDESAMT
Fachserie 4: Produzierendes Gewerbe, Handwerkszählung 1977, Heft 2: Unternehmen nach Wirtschaftszweigen und Größenklassen, Stuttgart u. Mainz 1978.

STATISTISCHES BUNDESAMT
Fachserie 4: Produzierendes Gewerbe, Handwerkszählung 1977, Heft 3: Unternehmen nach Gewerbezweigen; Nebenbetriebe, Stuttgart u. Mainz 1978.

STATISTISCHES BUNDESAMT
Fachserie 6: Handel, Gastgewerbe, Reiseverkehr; Reihe 6: Warenverkehr mit der Deutschen Demokratischen Republik und Berlin (Ost), Stuttgart u. Mainz, versch. Jgg.

STATISTISCHES BUNDESAMT
Fachserie 7: Außenhandel, Reihe 2: Außenhandel nach Waren und Ländern (Spezialhandel), Stuttgart u. Mainz, versch. Jgg.

STATISTISCHES BUNDESAMT
Fachserie 7: Außenhandel, Reihe 7: Ein- und Ausfuhr (Spezialhandel) nach Gütergruppen und -zweigen des Güterverzeichnisses für Produktionsstatistiken, Stuttgart u. Mainz, versch. Jgg.

STATISTISCHES BUNDESAMT
Fachserie 11: Bildung und Kultur, Reihe 5: Presse, Stuttgart u. Mainz, versch. Jgg.

STATISTISCHES BUNDESAMT
Fachserie 14: Finanzen und Steuern, Reihe 8: Umsatzsteuern Stuttgart u. Mainz, versch. Jgg.

STATISTISCHES BUNDESAMT
Fachserie 17: Preise, Reihe 2: Preise und Preisindizes für gewerbliche Produkte (Erzeugerpreise), Stuttgart u. Mainz, versch. Jgg.

STATISTISCHES BUNDESAMT
Fachserie 17: Preise, Reihe 8: Preise und Preisindizes für die Ein- und Ausfuhr, Stuttgart u. Mainz, versch. Jgg.

STATISTISCHES BUNDESAMT
Fachserie 18: Volkswirtschaftliche Gesamtrechnungen, Reihe 1.2: Vorbericht, Stuttgart u. Mainz, versch. Jgg.

STATISTISCHES BUNDESAMT
Fachserie 18: Volkswirtschaftliche Gesamtrechnungen, Reihe S.7: Lange Reihe 1950-1984, Stuttgart u. Mainz 1985.

STATISTISCHES BUNDESAMT
Fachserie 18: Volkswirtschaftliche Gesamtrechnungen, Reihe S.8: Revidierte Ergebnisse 1960-1984, Stuttgart u. Mainz 1985.

STEFFEN, R.
Flexibilitätssteigerung durch Rüstzeitsenkung, in: Management Zeitschrift, 56.Jg, Heft Nr.11, Zürich 1987, S.507-511.

STIEBNER, E.D./ ZAHN, H./ MENSBERGER, W.
Drucktechnik heute, München 1985.

STOBBE, A.
Volkswirtschaftslehre, Bd.I, 6.rev. Aufl., Berlin (West); Heidelberg u.a. 1984.

TAUBERT, W.
Anzeigenblätter 1982, in: Wirtschaft und Statistik, Stuttgart u. Mainz 1984, Heft Nr.9.

TEICHMANN, H.-J./ BEUTLER, B./ HERTWIG, J. u.a.
Neue technische Kommunikation in der Druckindustrie, Hrsg.: BVD, Wiesbaden 1982.

THIELEN, G.
Perspektiven im internationalen Druckgeschäft, in: Der Polygraph, 39.Jg., Heft Nr.24, Frankfurt a.M. 1986, S.2308-2314.

THIELEN, G.
Perspektiven und Rückwirkungen des Druckgeschäfts, in: Deutsche Papierwirtschaft, Jg.1986, Heft, Nr.2, München 1986, S.39-48.

THOMA, H.
Der Hörfunk - Angebot und Nachfrage beim Hörfunk, in: B. Tietz (Hrsg.), Die Werbung, Landsberg a.Lech 1982, S.1817-1844.

TIETZ, B.
Die Werbung - Handbuch der Kommunikations- und Werbewirtschaft, Bd.2: Die Werbebotschaften, die Werbemittel und die Werbeträger, Landsberg a.Lech 1982.

TURI, P.
Zeitschriften: Billige Frauentitel fallen zurück, in: Wirtschaftswoche, 43.Jg., Heft Nr.47, Düsseldorf 1989, S.268-270.

UENK, R.
Die Tageszeitungen, in: B. Tietz (Hrsg.), Die Werbung, Bd.2, Landsberg a.Lech 1982, S.1925-1954.

UMBACH, M.W.
Ungebrochener EBV-Boom, in: Deutscher Drucker, 24.Jg., Heft Nr.26, Ostfildern 1988, S.w64.

UNHOLZER, G.
Die Tageszeitung in der Medienlandschaft der Zukunft, in: D. Schnurr, Vom Zeitungsverkauf zum Zeitungsmarketing, Düsseldorf u. Wien 1986, S.53-78.

VERBAND DEUTSCHER ADRESSBUCHVERLEGER e.V.
Offizielles Verzeichnis der bei den Mitgliedern des Verbandes Deutscher Adreβbuchverleger e.V. erscheinenden Adreβbücher und Fernsprechbücher 1987/1988, Düsseldorf 1987.

VERBAND DEUTSCHER PAPIERFABRIKEN e.V.
Kleines Papier-ABC, Bonn, o.J.

VERBAND DEUTSCHER ZEITSCHRIFTENVERLEGER e.V.
Zentrale Anzeigen-Statistik des VDZ, Hrsg.: Fachgruppe Publikumszeitschriften, Bonn, versch. Jgg.

VERBAND DEUTSCHER ZEITSCHRIFTENVERLEGER e.V.
Intermedia-Information, Publikumszeitschriften - Werbefernsehen, Hrsg.: Fachgruppe Publikumszeitschriften, Bonn 1987.

VESPER, V.D.
Direktmarketing mit groβer Zukunft und kleinen Problemen, in: Absatzwirtschaft, 29.Jg., Heft Nr.1, Düsseldorf 1986, S.46/47.

VOGLER-LUDWIG, K.
Kapitalstockentwicklung und Einflußnahme des Staates auf auf die Kapitalbildung, in: W. Gerstenberger, Ansätze und Methoden zur Strukturanalyse, Göttingen 1986, S.70-96.

WALENSKI, W.
Offsetdruck Schwarz auf Weiss - Einfarbiger Schwarzdruck, Duplex- und Triplexdruck werden in heutiger Zeit wieder neu entdeckt, in: Offset-Technik, Jg.1990, Heft Nr.3, Oberursel/ Taunus 1990, S.36-44.

WALLIS, L.W.
Trends im Fotosatz durch viele Richtungen gekennzeichnet, in: Druckwelt, 37.Jg., Heft Nr.18, Hannover 1987, S.46-51.

WALTER, H.
Technischer Fortschritt I: in der Volkswirtschaft, in: W. Albers u.a. (Hrsg.), Handwörterbuch der Wirtschaftswissenschaften, Bd.7, Stuttgart u.a. 1977, S.569-583.

WASSERMANN, K.
Die vierte Welle schwappt auf die Repro über, in: Der Druckspiegel, 45.Jg., Heft Nr.5, Heusenstamm 1990, S.734-736.

WEBER, W.
Gut, in: Handwörterbuch der Sozialwissenschaften, Hrsg.: E. v.Beckerath u.a., 4.Bd., Göttingen 1965, S.735-741.

WEGENER, M.
Das Buch und die neuen Medien, in: Neue Medien, Hrsg.: Konrad Adenauer-Stiftung e.V., Forschungsbericht Nr.33, S.249-252, Melle 1984.

WENZEL, G.-E.
Marketinginstrument Druckschriften, in: Harvard Manager, Jg.1988, Hamburg 1988, S.106-110.

WIEDMANN, K.-P.
Corporate Identity als Unternehmensstrategie, in: Wirtschaft und Studium, 17.Jg., Heft Nr.5, München u. Frankfurt a.M. 1988, S.236-242.

WILLKOMM, H.
Wirtschafts-Panorama der Reproduktionstechnik im westlichen Europa, in: Deutscher Drucker, 23.Jg., Heft Nr.37, S.w22ff.

WITT, U.
Zeitungen, in: J. Ruland (Hrsg.), Werbeträger, Bad Homburg 1981, S.69-103.

WITTE, E.
Zeitungen im Medienmarkt der Zukunft, Stuttgart 1984.

WÖSTE, M.
Anzeigenblätter - Überlegungen zu ihrer Expansion und Rolle im Bereich lokaler Kommunikation, in: Media Perspektiven, Jg.1982, Heft Nr.6, Frankfurt a.M. 1982, S.373-383.

WÖSSNER, M.
Vielfalt auf den Medienmärkten der 90er Jahre, in: F.A.Z., Ausgabe v. 6.3.1990, Frankfurt a.M. 1990, S.B4.

WOLDT, R.
Teleshopping - Aktuelle Entwicklungen in vier Ländern, in: Media Perspektiven, Jg.1988, Heft Nr.7, Frankfurt a.M. 1988, S.421-435.

ZENTRALAUSSCHUSS DER WERBEWIRTSCHAFT
ZAW-Jahrbuch Werbung, Bonn, versch. Jgg.

ZENTRALAUSSCHUSS DER WERBEWIRTSCHAFT
ZAW-service, Heft Nr.136, Bonn 1986.

ZENTRALAUSSCHUSS DER WERBEWIRTSCHAFT
Edition ZAW - Werbung in Deutschland 1989, Bonn 1989.

ZOHLNHÖFER, W.
Zur Ökonomie des Pressewesens in der Bundesrepublik Deutschland, in: B. Röper (Hrsg.), Wettbewerb im Medienbereich, Schriften des Vereins für Socialpolitik, N.F., Bd.162, Berlin (West) 1987, S.45-87.